中國歷代畫家存世作品總覽

第二冊

佘　城　編著

文史哲出版社印行

名稱		質地	色彩	尺寸 高x寬㎝	創作時間	收藏處所	典藏號碼

明　代（續）

文伯仁

名稱		質地	色彩	尺寸 高x寬㎝	創作時間	收藏處所	典藏號碼
丹臺春曉圖	卷	紙	設色	30.1 x 124.8		台北 故宮博物院	故畫 01060
楊季靜小像	卷	紙	設色	29.1 x 23.9	嘉靖丙戌（五年，1526）秋八月七日	台北 故宮博物院	故畫 01061
山水（22幀合裱成卷）	卷	紙	設色	1至12幀，每幀27.7 x 31.6；13至22幀，每幀23.5 x 14		台北 故宮博物院(蘭千山館寄存)	
赤壁圖	卷	紙	設色	30.8 x ?		台北 陳啟斌畏罍堂	
醉翁亭圖	卷	紙	設色	30.4 x ?		台中 葉啟忠先生	
園林十五景圖	卷	紙	設色	24 x 50.5		香港 劉作籌虛白齋	
山水圖	卷	絹	設色	31.1 x ?	嘉靖甲辰（二十三年，1544）仲春	香港 黃仲方先生	
秋山蕭寺圖	卷	絹	設色	25.4 x 225.5		長春 吉林省博物館	
谿山無盡圖	卷	紙	設色	44.4 x 183.6	嘉靖甲子（四十三年，1564）冬	北京 故宮博物院	
雲巖佳勝圖	卷	紙	設色	31.5 x 63.6	隆慶戊辰（二年，1568）	北京 故宮博物院	
南溪草堂圖（為天錫寫）	卷	紙	設色	34.6 x 703.5	隆慶己巳（三年，1569）冬	北京 故宮博物院	
谿山閒適	卷	絹	設色	25.7 x 151.7	丙午（嘉靖二十五年，1546）秋日	天津 天津市藝術博物館	
秋山遊覽圖	卷	紙	設色	27.9 x 280.3	嘉靖丙寅（四十五年，1566）七月	上海 上海博物館	
朱氏七景圖	卷	紙	設色	29.5 x 48		上海 上海博物館	
石湖草堂圖	卷	紙	設色	25.8 x 142.4	嘉靖癸丑（三十二年，1553）	蘇州 江蘇省蘇州博物館	
江上雲山圖	卷	絹	設色	30.5 x 245.5	辛酉（嘉靖四十年，1561）	南寧 廣西壯族自治區博物館	
青綠山水圖	卷	絹	設色	不詳		日本 東京岩崎小彌太先生	
山水圖	卷	紙	設色	18.1 x ?		美國 紐約大都會藝術博物館	13.220.98
平橋遠水圖	卷	紙	水墨	26.2 x 183	庚午（隆慶四年，1570）秋	美國 克利夫蘭藝術博物館	85.370
潯陽送客圖	卷	紙	設色	20.8 x 59		美國 克利夫蘭藝術博物館	54.581

名稱	質地	色彩	尺寸 高×寬㎝	創作時間	收藏處所	典藏號碼
仿趙孟頫筆作潯陽送客圖	卷	紙	設色	不詳	隆慶四年（庚午，1570）	美國 堪薩斯市納爾遜-艾金斯藝術博物館	
日小隱圖	卷	紙	設色	27.2 × ？	辛未（隆慶五年，1571）三月既望	美國 勃克萊加州大學藝術館（高居翰教授寄存）	
深林讀書圖	卷	紙	設色	25.7 × 130.3		美國 私人	
山水圖	卷	絹	設色	18.8 × 164.5		瑞士 蘇黎士黎德堡博物館	RCH.11532
長江無盡圖	卷	紙	設色	30.4 × 454.5		荷蘭 阿姆斯特丹 Rijks 博物館（私人寄存）	55
吳山春霽	軸	紙	水墨	232.3 × 42.7	嘉靖癸卯（二十二年，1543）秋	台北 故宮博物院	故畫 02206
溪山秋霽	軸	紙	水墨	154.9 × 32.5	丁未（嘉靖二十六年，1547）三月望	台北 故宮博物院	故畫 00534
圓嶠書屋圖	軸	紙	設色	133.2 × 46	嘉靖庚戌（二十九年，1550）七月	台北 故宮博物院	故畫 00535
天池石壁	軸	紙	設色	89.6 × 31.1	嘉靖戊午（三十七年，1558）仲夏既望	台北 故宮博物院	故畫 02205
方壺圖	軸	紙	設色	120.6 × 31.8	嘉靖癸亥（四十二年，1563）三月望	台北 故宮博物院	故畫 00536
松岡竹塢圖	軸	紙	設色	132.6 × 30.7	嘉靖甲子（四十三年，1564）春日	台北 故宮博物院	故畫 00533
山水圖	軸	紙	設色	50.2 × 27.3	隆慶改元（丁卯，1567）六月既望	台北 故宮博物院（蘭千山館寄存）	
山水圖	軸	絹	設色	110 × 29.5	隆慶改元（丁卯，1567）	台北 故宮博物院	故畫 01340
溪山仙館圖	軸	紙	設色	103.8 × 34.5	隆慶二年（戊辰，1568）六月望日	台北 故宮博物院	故畫 02204
新水晴巒圖	軸	紙	設色	125 × 32.8	庚午（隆慶四年，1570）春日	台北 故宮博物院	故畫 00537
品茶圖	軸	紙	設色	96.9 × 31.3	隆慶辛未（五年，1571）春	台北 故宮博物院	故畫 02209
五月江深圖	軸	紙	設色	110.3 × 45.3		台北 故宮博物院	故畫 00532
秋巖飛瀑	軸	紙	設色	130.1 × 34.1		台北 故宮博物院	故畫 02207
西洞庭山圖	軸	紙	設色	33.5 × 35		台北 故宮博物院	故畫 02208
松陰策杖	軸	紙	設色	120.8 × 35.3		台北 故宮博物院	故畫 02210
山水圖	軸	紙	設色	不詳		台北 故宮博物院	國贈 031052
山水圖(雪山行旅)	軸	紙	設色	119.9 × 41.1		台北 蘭千山館	
遠浦歸帆圖(師巨然筆意)	軸	絹	設色	127.6 × 53.1	甲辰（嘉靖二十三年，1544）春和	台北 張添根養和堂	
淨墨山水（棹舟楓林下）	軸	紙	水墨	93.3 × 46.3	隆慶二年（戊辰，	香港 何耀光至樂樓	

名稱		質地	色彩	尺寸 高x寬cm	創作時間	收藏處所	典藏號碼
					1568）穀雨前三日		
松壑秋爽圖	軸	紙	設色	128.3 x 59.5	嘉靖癸丑（三十二年，1553）冬十月既望後二日	香港 香港大學馮平山博物館	HKU.P.67.11.
李白詩意圖	軸	紙	設色	不詳		瀋陽 故宮博物院	
松泉逸士圖	軸	紙	水墨	93.5 x 26.9	嘉靖癸丑（三十二年，1553）	瀋陽 遼寧省博物館	
仿趙孟頫松風高士圖	軸	紙	設色	98.7 x 27.6	隆慶庚午（四年，1570）春	瀋陽 遼寧省博物館	
雪山行旅圖	軸	絹	設色	146.4 x 64.6	嘉靖庚申（三十九年，1560）秋九月	北京 故宮博物院	
樵谷圖（為子密作）	軸	紙	設色	79 x 47.2	嘉靖庚申（三十九年，1560）十二月六日	北京 故宮博物院	
泛太湖圖	軸	紙	設色	60.5 x 41.7	隆慶己巳（三年，1569）	北京 故宮博物院	
虎丘圖	軸	紙	設色	不詳	隆慶己巳（三年，1569）	北京 故宮博物院	
青山白雲圖	軸	紙	水墨	不詳		北京 故宮博物院	
萬壑松風圖	軸	紙	設色	104.7 x 26		北京 故宮博物院	
谿山深處圖	軸	紙	設色	165.6 x 40.2	嘉靖乙卯（三十四年，1555）秋	北京 中國歷史博物館	
湘潭雲盡暮山出詩意圖（為幼靈作）	軸	紙	設色	143.5 x 36.5	嘉靖壬子（三十一年，1552）冬	北京 首都博物館	
聽鸝圖	軸	紙	水墨	不詳	戊申（嘉靖二十七年，1548）	天津 天津市藝術博物館	
曲水釣艇圖	軸	紙	設色	124 x 27		天津 天津市歷史博物館	
江上風帆圖	軸	紙	設色	不詳	隆慶戊辰（二年，1568）	濟南 山東省博物館	
山村送客圖	軸	紙	水墨	38.2 x 32	嘉靖甲辰（二十三年，1544）	上海 上海博物館	
都門柳色圖（為顧孝先作）	軸	紙	水墨	155.3 x 50.6	嘉靖壬戌（四十一年，1562）春二月朔旦	上海 上海博物館	

名稱		質地	色彩	尺寸 高x寬㎝	創作時間	收藏處所	典藏號碼
仿王蒙山水圖（為憶檜作）	軸	紙	設色	62.5 x 45	隆慶元年（丁卯，1567）中秋日	上海 上海博物館	
花谿漁隱圖	軸	紙	設色	126 x 33.2	隆慶己巳（三年，1569）	上海 上海博物館	
雪景山水	軸	紙	設色	138.1 x 38.9	隆慶己巳（三年，1569）冬十一月	上海 上海博物館	
前後赤壁賦圖	軸	紙	設色	不詳	隆慶庚午（四年，1570）秋月	上海 上海博物館	
驪山弔古圖	軸	紙	設色	152 x 47	萬曆乙亥（三年，1575）孟夏四日	上海 上海博物館	
具區林屋圖	軸	紙	設色	166.8 x 57.6		上海 上海博物館	
秋巖觀瀑圖	軸	紙	水墨	342.7 x 97.6		上海 上海博物館	
松徑石磯圖	軸	紙	設色	85.5 x 35.8		南京 南京博物院	
為懷谷上人作山水圖	軸	紙	設色	120.5 x 29	隆慶己巳（三年，1569）	蘇州 江蘇省蘇州博物館	
秋山隱居圖	軸	紙	設色	141 x 30		廣州 廣東省博物館	
楓江漁艇圖	軸	紙	設色	74 x 29.2		廣州 廣東省博物館	
溪山仙館圖（為允謙作）	軸	紙	設色	71 x 39	嘉靖甲子（四十三年，1564）冬十二月	廣州 廣州市美術館	
萬頃晴波（四萬圖之一）	軸	紙	水墨	191.1 x 74.6		日本 東京國立博物館	
萬竿煙雨（四萬圖之二）	軸	紙	水墨	191.1 x 74.6		日本 東京國立博物館	
萬壑松風（四萬圖之三）	軸	紙	水墨	191.1 x 74.6		日本 東京國立博物館	
萬山飛雪（四萬圖之四）	軸	紙	水墨	191.1 x 74.6	嘉靖辛亥（三十年，1551）夏日	日本 東京國立博物館	
高士觀泉圖（重巖懸瀑圖）	軸	紙	設色	151.5 x 47	萬曆癸酉（元年，1573）秋	日本 東京小室翠雲先生	
四萬山水圖（4幅）	軸	紙	水墨	不詳		日本 東京三井高公先生	
山水圖	軸	紙	設色	120 x 30.1		日本 東京林宗毅先生	
仿黃公望山水圖	軸	紙	水墨	64.2 x 34	丁卯（隆慶元年，1567）秋日	日本 京都國立博物館	
李龜年彈絃圖	軸	絹	設色	72.1 x 29.6	嘉靖乙未（十四年，1535）	日本 大阪市立美術館	
松陰散逸圖（為南溟先生寫）	軸	絹	設色	不詳	嘉靖乙丑（四十四	日本 組田昌平先生	

名稱		質地	色彩	尺寸 高x寬㎝	創作時間	收藏處所	典藏號碼
						年，1565）季夏	
重巖懸瀑圖	軸	紙	設色	151.2 × 46.9		日本 私人	
天目紀遊圖	軸	紙	設色	140.4 × 39.3		日本 私人	
溪山仙館圖	軸	紙	設色	180 × 63.2		美國 紐約大都會藝術博物館	1989.363.74
秋山疊翠圖	軸	紙	設色	150.5 × 31		美國 華盛頓特區弗瑞爾藝術館	81.7
濯足圖	軸	紙	設色	141.8 × 66.9	隆慶四年（庚午，1570）	美國 克利夫蘭藝術博物館（Mrs Perry 寄存）	
江樹山色圖	軸	紙	水墨	241.9 × 56.1	辛酉（嘉靖四十年，1561）春日	美國 西雅圖市藝術館	51.133
山水圖	軸	絹	設色	80.3 × 37	嘉靖壬戌（四十一年，1562）春日	美國 勃克萊加州大學藝術館（高居翰教授寄存）	CM78
一梧軒圖	軸	紙	設色	不詳		美國 原 Mr.Morse 收藏	
獅子林圖	軸	紙	設色	61 × 37		加拿大 多倫多皇家安大略博物館	974.270
洞庭春色（文伯仁姑蘇十景冊之1）	冊頁	紙	設色	32 × 25.6		台北 故宮博物院	故畫 01134-1
虎山夜月（文伯仁姑蘇十景冊之2）	冊頁	紙	設色	32 × 25.6		台北 故宮博物院	故畫 01134-2
滄浪清夏（文伯仁姑蘇十景冊之3）	冊頁	紙	設色	32 × 25.6		台北 故宮博物院	故畫 01134-3
胥江競渡（文伯仁姑蘇十景冊之4）	冊頁	紙	設色	32 × 25.6		台北 故宮博物院	故畫 01134-4
鄧尉觀梅（文伯仁姑蘇十景冊之5）	冊頁	紙	設色	32 × 25.6		台北 故宮博物院	故畫 01134-5
支硎春曉（文伯仁姑蘇十景冊之6）	冊頁	紙	設色	32 × 25.6		台北 故宮博物院	故畫 01134-6
石湖秋泛（文伯仁姑蘇十景冊之7）	冊頁	紙	設色	32 × 25.6		台北 故宮博物院	故畫 01134-7
寶塔現瑞（文伯仁姑蘇十景冊之8）	冊頁	紙	設色	32 × 25.6		台北 故宮博物院	故畫 01134-8
江村漁父（文伯仁姑蘇十景冊之9）	冊頁	紙	設色	32 × 25.6		台北 故宮博物院	故畫 01134-9
靈巖雪霽（文伯仁姑蘇十景冊	冊頁	紙	設色	32 × 25.6		台北 故宮博物院	故畫 01134-10

名稱		質地	色彩	尺寸 高x寬㎝	創作時間	收藏處所	典藏號碼
之10）							
紅綻雨肥梅（文伯仁詩意圖冊之1）	冊頁	紙	設色	27.8 x 31.2		台北 故宮博物院	故畫 01135-1
山從人面起（文伯仁詩意圖冊之2）	冊頁	紙	設色	27.8 x 31.2		台北 故宮博物院	故畫 01135-2
樹杪百重泉（文伯仁詩意圖冊之3）	冊頁	紙	水墨	27.8 x 31.2		台北 故宮博物院	故畫 01135-3
傍舍連高竹（文伯仁詩意圖冊之4）	冊頁	紙	設色	27.8 x 31.2		台北 故宮博物院	故畫 01135-4
歸雲時抱峰（文伯仁詩意圖冊之5）	冊頁	紙	水墨	27.8 x 31.2		台北 故宮博物院	故畫 01135-5
清風松下來（文伯仁詩意圖冊之6）	冊頁	紙	設色	27.8 x 31.2		台北 故宮博物院	故畫 01135-6
坐愛楓林晚（文伯仁詩意圖冊之7）	冊頁	紙	設色	27.8 x 31.2		台北 故宮博物院	故畫 01135-7
人訪蓽門稀（文伯仁詩意圖冊之8）	冊頁	紙	設色	27.8 x 31.2		台北 故宮博物院	故畫 01135-8
臥柳自生枝（文伯仁詩意圖冊之9）	冊頁	紙	設色	27.8 x 31.2		台北 故宮博物院	故畫 01135-9
目送歸鴻（文伯仁詩意圖冊之10）	冊頁	紙	水墨	27.8 x 31.2		台北 故宮博物院	故畫 01135-10
采菊東籬下（文伯仁詩意圖冊之11）	冊頁	紙	水墨	27.8 x 31.2		台北 故宮博物院	故畫 01135-11
門對雪滿山（文伯仁詩意圖冊之12）	冊頁	紙	設色	27.8 x 31.2	隆慶壬申（六年，1572）秋日	台北 故宮博物院	故畫 01135-12
溪橋山寺（明人書畫扇元冊之25）	冊頁	紙	設色	17.4 x 50.2		台北 故宮博物院	故畫 03564-25
溪畔坐讀（宋元明集繪冊之15）	冊頁	紙	設色	29.4 x 29.7		台北 故宮博物院	故畫 03473-15
江廓晴帆（明人畫扇冊二冊之12）	摺扇面	紙	設色	不詳		台北 故宮博物院	故畫 03528-12
李愿歸盤谷圖（明人畫扇冊二冊之15）	摺扇面	紙	設色	不詳		台北 故宮博物院	故畫 03528-15
山水（明人畫扇面（甲）冊之	摺扇面	紙	設色	不詳		台北 故宮博物院	故畫 03532-11

名稱		質地	色彩	尺寸 高×寬㎝	創作時間	收藏處所	典藏號碼
11)							
松溪亭館（明人畫扇集冊貳冊（上）之9）		摺扇面 紙	設色	不詳		台北 故宮博物院	故畫 03534-9
青溪放棹（明人便面畫冊肆冊（一）之13）		摺扇面 紙	設色	不詳		台北 故宮博物院	故畫 03537-13
野橋水榭（明人便面畫冊肆冊（一）之14）		摺扇面 紙	設色	不詳		台北 故宮博物院	故畫 03537-14
山水（明諸臣書畫扇面冊頁冊之16）		摺扇面 紙	水墨	不詳		台北 故宮博物院	故畫 03546-16
山中塔寺（明人書畫扇（元）冊之25）		摺扇面 紙	水墨	19.2 × 56.5		台北 故宮博物院	故畫 03564-25
松徑杖節（名人書畫合冊之10）		冊頁 紙	水墨	18.1 × 52.9		台北 故宮博物院	故畫 03582-10
採芝圖		摺扇面 紙	設色	不詳		台北 故宮博物院	故扇 00142
偷桃圖		摺扇面 紙	設色	不詳		台北 故宮博物院	故扇 00143
桃源圖		摺扇面 紙	設色	不詳		台北 故宮博物院	故扇 00144
山水圖		摺扇面 金箋	水墨	16.2 × 50	嘉靖丙午（二十五年，1546）之秋	台北 華叔和後真賞齋	
山水圖		摺扇面 金箋	設色	15.5 × 46.5		台北 華叔和後真賞齋	
落墨渚（潯陽十四景圖冊之1）		冊頁 紙	水墨	24.2 × 25.9		台北 私人	
琵琶亭（潯陽十四景圖冊之2）		冊頁 紙	設色	23.8 × 26.8		台北 私人	
庾樓（潯陽十四景圖冊之3）		冊頁 紙	設色	23.3 × 25.8		台北 私人	
五柳館（潯陽十四景圖冊之4）		冊頁 紙	設色	23.8 × 25.7		台北 私人	
翻經台（潯陽十四景圖冊之5）		冊頁 紙	設色	23.7 × 25.7		台北 私人	
大孤山（潯陽十四景圖冊之6）		冊頁 紙	設色	23.7 × 21.8		台北 私人	
天池寺（潯陽十四景圖冊之7）		冊頁 紙	設色	23.6 × 25.9		台北 私人	
梵王谷（潯陽十四景圖冊之8）		冊頁 紙	設色	23.8 × 26.5		台北 私人	
九疊樓（潯陽十四景圖冊之9）		冊頁 紙	設色	23.8 × 21.6		台北 私人	
石鐘山（潯陽十四景圖冊之10）		冊頁 紙	設色	23.7 × 26		台北 私人	
虎谿谷（潯陽十四景圖冊之11）		冊頁 紙	設色	23.3 × 23.4		台北 私人	
宮亭湖（潯陽十四景圖冊之12）		冊頁 紙	設色	23.8 × 25.6		台北 私人	

名稱		質地	色彩	尺寸 高×寬㎝	創作時間	收藏處所	典藏號碼
廬山草堂（潯陽十四景圖冊之13）	冊頁	紙	設色	23.5 × 25.8		台北 私人	
東林圖（潯陽十四景圖冊之14）	冊頁	紙	水墨	23.6 × 25.7		台北 私人	
雲山江村圖	摺扇面	金箋	設色	16 × 47.2		香港 莫華釗承訓堂	K92.47
長松圖（文家書畫便面合冊之5）	摺扇面	紙	水墨	15.4 × 47.2		香港 潘祖堯小聽颿樓	CP90
柳汀圖（文家書畫便面合冊之6）	摺扇面	紙	設色	17 × 47.2		香港 潘祖堯小聽颿樓	CP91
山水圖（文家書畫便面合冊之7）	摺扇面	紙	設色	15.8 × 48.1		香港 潘祖堯小聽颿樓	CP92
養鶴澗圖（壽袁方齋詩書畫冊22之1幀）	冊頁	紙	設色	不詳	（嘉靖六年二月，丁亥，1527）	北京 故宮博物院	
長洲苑圖（壽袁方齋詩書畫冊22之1幀）	冊頁	紙	設色	不詳	（嘉靖六年二月，丁亥，1527）	北京 故宮博物院	
行春橋圖（壽袁方齋詩書畫冊22之1幀）	冊頁	紙	設色	不詳	（嘉靖六年二月，丁亥，1527）	北京 故宮博物院	
萬笏林圖（壽袁方齋詩書畫冊22之1幀）	冊頁	紙	設色	不詳	（嘉靖六年二月，丁亥，1527）	北京 故宮博物院	
千人坐圖（壽袁方齋詩書畫冊22之1幀）	冊頁	紙	設色	不詳	（嘉靖六年二月，丁亥，1527）	北京 故宮博物院	
秋山行旅圖	摺扇面	金箋	設色	17.5 × 56	嘉靖庚子（十九年，1540）	北京 故宮博物院	
雲山圖	摺扇面	金箋	設色	17.5 × 51.7	嘉靖辛酉（四十年，1561）	北京 故宮博物院	
溪橋策杖圖	摺扇面	金箋	設色	16.5 × 50.5	嘉靖壬戌（四十一年，1562)春	北京 故宮博物院	
山水圖	摺扇面	金箋	設色	18.3 × 51.7		北京 故宮博物院	
山水圖	摺扇面	金箋	設色	不詳	癸亥（嘉靖四十二年，1563）	北京 中國美術館	
山水圖	摺扇面	紙	設色	不詳	丙申（嘉靖十五年，1536）	北京 中央美術學院	
雲山圖	摺扇面	金箋	水墨	不詳		合肥 安徽省博物館	
溪橋策杖圖	摺扇面	金箋	設色	不詳	己亥（嘉靖十八年	上海 上海博物館	

名稱		質地	色彩	尺寸 高x寬cm	創作時間	收藏處所	典藏號碼
					，1539）		
杜甫詩意圖（為用藏作）		摺扇面 金箋	設色	不詳	嘉靖壬子（三十一年，1552）初夏	上海 上海博物館	
晴波煙樹圖		摺扇面 金箋	設色	不詳	嘉靖戊午（三十七年，1558）	上海 上海博物館	
後赤壁賦圖		摺扇面 金箋	設色	不詳	隆慶庚午（四年，1570）	上海 上海博物館	
金陵十八景圖（18幀）		冊　　紙	設色	（每幀）22.8 x 20.5	隆慶壬申（六年，1572)端午	上海 上海博物館	
溪山泛舟圖		摺扇面 金箋	水墨	不詳	萬曆癸酉（元年，1573)冬	上海 上海博物館	
遠水歸帆圖		摺扇面 雲母箋 設色		不詳	萬曆戊寅（六年，1578）	上海 上海博物館	
仿米雲山圖		摺扇面 金箋	設色	不詳		上海 上海博物館	
村樹江天圖		摺扇面 金箋	設色	不詳		上海 上海博物館	
前赤壁圖		摺扇面 金箋	設色	不詳		上海 上海博物館	
仿郭熙山水圖		摺扇面 金箋	設色	不詳		上海 上海博物館	
雲山圖		摺扇面 雲母箋 設色		不詳		上海 上海博物館	
溪山垂釣圖		摺扇面 金箋	設色	不詳		上海 上海博物館	
天際歸舟圖		摺扇面 金箋	設色	18 x 51.6	隆慶庚午（四年，1570）	南京 南京博物院	
雲山圖		摺扇面 金箋	水墨	不詳		成都 四川大學	
秋山釣艇圖		摺扇面 金箋	設色	不詳	嘉靖庚申（三十九年，1560）	佛山 廣東省佛山市博物館	
蘭亭修禊圖		摺扇面 金箋	設色	不詳		貴陽 貴州省博物館	
金陵十八景(18幀)		冊　　紙	設色	不詳	隆慶壬申（六年，1572）端午	日本 東京江藤濤雄先生	
潑墨山水（名人書畫扇丙冊之6）		摺扇面 金箋	水墨	不詳		日本 東京橋本辰二郎先生	
山水圖		摺扇面 紙	設色	不詳	萬曆八年（庚辰，1580）春三月	日本 東京村上與四郎先生	
溪橋策杖圖		摺扇面 金箋	設色	16.7 x 50.3		日本 琦玉縣萬福寺	
山水（溪山村舍圖）		摺扇面 紙	設色	17.2 x 51.7	嘉靖壬戌（四十一年，1562）秋日	日本 私人	

名稱		質地	色彩	尺寸 高x寬㎝	創作時間	收藏處所	典藏號碼
山水圖	摺扇面	紙	設色	16 × 45.7	辛亥（嘉靖三十年，1551）三月	美國　勃克萊加州大學藝術館（高居翰教授寄存）	
山水圖	摺扇面	金箋	設色	17.9 × 52.5		美國　夏威夷火魯奴奴藝術學院	3507.1
山水圖	摺扇面	金箋	設色	18.6 × 56.4		美國　夏威夷火魯奴奴藝術學院	5911.1
遊赤壁圖（明清人畫冊之12）	冊頁	絹	設色	24.9 × 24		英國　倫敦大英博物館	1902.6.6.52.12（ADD352）
山水圖	摺扇面	金箋	設色	18 × 50		德國　柏林東亞藝術博物館	1988-309
附：							
江干送別圖	卷	絹	設色	31.1 × 121.9	嘉靖甲辰（二十三年，1544）仲春	紐約　蘇富比藝品拍賣公司/拍賣目錄1986,06,03.	
仿郭忠恕輞川圖	卷	紙	設色	40.5 × 637.7	嘉靖戊午（三十七年，1558）	紐約　佳仕得藝品拍賣公司/拍賣目錄1986,12,01.	
煙江疊嶂圖	卷	紙	設色	25 × 359.5	嘉靖甲子（四十三年，1564）秋日	紐約　佳士得藝品拍賣公司/拍賣目錄1991,05,29.	
醉翁亭圖	卷	紙	設色	30 × 127.5		紐約　佳士得藝品拍賣公司/拍賣目錄1989,12,04.	
竹深荷淨圖	卷	紙	設色	23 × 216	隆慶庚午（四年，1570）夏日	紐約　佳士得藝品拍賣公司/拍賣目錄1989,12,04.	
赤壁夜遊	卷	紙	設色	31 × 169		紐約　佳士得藝品拍賣公司/拍賣目錄1992,06,02.	
大石雲泉庵圖	卷	紙	設色	25.4 × 85	庚辰（正德十五年，1520）上元	紐約　佳士得藝品拍賣公司/拍賣目錄1992,06,02.	
人間異境圖	卷	紙	設色	21.5 × 635	庚午（隆慶四年，1570）三月至辛未（1571）九月	紐約　佳士得藝品拍賣公司/拍賣目錄1993,12,01.	
山水圖	卷	紙	設色	28 × 376.5	甲子（嘉靖四十三年，1564）春日	紐約　佳士得藝品拍賣公司/拍賣目錄1995,09,19.	
溪橋訪舊圖	軸	紙	設色	不詳	萬曆癸酉（元年，1573）秋九月	北京　北京市文物商店	
仿王蒙山水圖	軸	絹	設色	155 × 62	嘉靖丙寅（四十五年，1566）	上海　上海工藝品進出口公司	
山水圖	軸	灑金箋	設色	89.8 × 33		紐約　蘇富比藝品拍賣公司/拍	

名稱		質地	色彩	尺寸 高x寬cm	創作時間	收藏處所	典藏號碼
山水圖	軸	紙	設色	119.4 x 43.8	隆慶庚午（四年，1570）春五降	紐約 蘇富比藝品拍賣公司/拍賣目錄 1986,06,03.　賣目錄 1988,11,30.	
溪亭對話圖	軸	紙	設色	68 x 28	萬曆甲戌（二年，1574）秋日	紐約 佳士得藝品拍賣公司/拍賣目錄 1990,05,31.	
秋山清泉圖	軸	紙	設色	75.9 x 32.4		紐約 佳士得藝品拍賣公司/拍賣目錄 1990,05,31.	
葛稚川移居圖	軸	紙	設色	218.5 x 138.5	嘉靖甲子（四十三年，1564）秋九月	香港 佳士得藝品拍賣公司/拍賣目錄 1991,03,18.	
松溪清話圖	軸	紙	設色	91.5 x 33.2		紐約 佳士得藝品拍賣公司/拍賣目錄 1995,03,22.	
芝石圖	摺扇面	金箋	設色	16.5 x 51.3		紐約 蘇富比藝品拍賣公司/拍賣目錄 1981,11,05.	
蘆江漁艇圖	摺扇面	紙	設色	16.5 x 52		紐約 蘇富比藝品拍賣公司/拍賣目錄 1985,04,17.	
溪山清話	摺扇面	金箋	設色	28.2 x 58.8	隆慶□午（四年，1570）夏	紐約 佳士得藝品拍賣公司/拍賣目錄 1990,11,28.	
山水	摺扇面	金箋	設色	15.4 x 46.5		香港 佳士得藝品拍賣公司/拍賣目錄 1996,04,28.	
春山閒話（明清人扇面冊 12 之 1 幀）	摺扇面	金箋	設色	不詳		香港 佳士得藝品拍賣公司/拍賣目錄 1998,09,15.	

畫家小傳：文伯仁。字德承。號五峰、葆生、攝山老農。江蘇長洲人。文徵明從子。生於孝宗弘治十五（1502）年。卒於神宗萬曆三（1575）年。善畫山水、人物，山水師法王蒙，筆力清勁，巖巒鬱茂。（見無聲詩史、圖繪寶鑑續纂、文氏族譜續集、中國畫家人名大辭典）

葉雙石

松梅雙鶴圖	軸	絹	設色	192 x 99		廣州 廣東省博物館	

畫家小傳：葉雙石。浙江鄞縣人。為呂紀之甥。善畫山水。（見無聲詩史、中國畫家人名大辭典）

王世昌

桃花春景圖	卷	絹	設色	24.8 x ?		美國 耶魯大學藝術館	1986.86.1
大幅山水	橫幅	絹	設色	245 x 381.5	嘉靖己丑（八年，1529）菊月望後	台北 故宮博物院	故畫 03713
俯瞰激流圖	橫幅	絹	設色	244 x 383		台北 故宮博物院	故畫 03714

名稱		質地	色彩	尺寸 高x寬cm	創作時間	收藏處所	典藏號碼
山水人物圖	軸	絹	設色	206 x 110.5		日本 東京國立博物館	TA-362
高士訪隱圖（篝戚飯牛圖）	軸	絹	水墨	不詳		日本 東京村上與四郎先生	
松陰書屋圖	軸	絹	設色	124.2 x 101.7		美國 華盛頓特區弗瑞爾藝術館	16.95

畫家小傳：王世昌。號歷山。山東人。工畫山水、人物，宗法馬、夏。流傳署款紀年作品見於世宗嘉靖八（1529）年。（見無聲詩史、圖繪寶鑑續纂、中國畫家人名大辭典）

溫汝遂

竹圖	軸	絹	水墨	106 x 50.6	嘉靖八年（己丑，1529）	天津 天津市藝術博物館	

畫家小傳：溫汝遂。字遂之。廣東順德人。善畫墨竹，得元梅道人筆意。好事者，每以炙鵝換其畫。流傳署款紀年作品見於世宗嘉靖八（1529）年。（見劍光樓筆記、中國畫家人名大辭典）

陳子和

名稱		質地	色彩	尺寸 高x寬cm	創作時間	收藏處所	典藏號碼
和合仙人圖	軸	紙	設色	134.3 x 44.6		台北 故宮博物院（蘭千山館寄存）	
蘇武牧羊圖	軸	絹	設色	148.5 x 101.5	七十一叟（？）	嵊縣 浙江省嵊縣文管會	
松石雙雉圖	軸	絹	設色	不詳		日本 東京國立博物館	
花鳥圖（3幅）	軸	絹	水墨	（每幅）140.8 x 67.3		日本 東京國立博物館	TA-354
群仙圖（三星圖）	橫幅	絹	設色	176. x 199.6		日本 東京程琦先生	
松瀑水禽圖	軸	絹	設色	177.3 x 107.3		日本 京都妙心寺東海庵	
蘆月宿雁圖	軸	絹	設色	177.3 x 107.3		日本 京都妙心寺東海庵	
雙雉圖	軸	絹	設色	144.8 x 75.6		日本 京都山岡泰造先生	
高士觀瀑圖	軸	絹	設色	116.3 x 36.7		日本 兵庫藪本莊五郎先生	
五柳先生圖	軸	絹	設色	156.3 x 106.4		日本 私人	
高士觀瀑圖	軸	絹	設色	142.5 x 80.7		日本 私人	
山水人物（江干眺月圖）	軸	絹	設色	119.5 x 85.7		日本 私人	
古木酒仙圖	軸	絹	設色	123.8 x 102.8		美國 紐約王季遷明德堂	

名稱		質地	色彩	尺寸 高×寬㎝	創作時間	收藏處所	典藏號碼
人物圖	軸	絹	設色	115.4 × 75.8		美國 勃克萊加州大學藝術館	1980.42.4
醉歸圖	軸	絹	設色	149.9 × 96.9		美國 勃克萊加州大學藝術館（高居翰教授寄存）	
菊石圖（1）	軸	絹	設色	111.9 × 60.7		英國 倫敦大英博物館	1896.5.11.20（ADD129）；
菊石圖（2）	軸	絹	設色	111.9 × 60.7		英國 倫敦大英博物館	1896.5.11.21（ADD130）
附：							
騎驢圖	軸	絹	設色	46 × 40		紐約 佳士得藝品拍賣公司/拍賣目錄 1996,09,18.	

畫家小傳：陳子和。號酒仙。福建浦城人。初為塑工。後改習畫。專畫水墨人物，瀟灑出塵，殊有仙氣，品在吳偉、郭詡之間。（見明畫錄、閩畫記、浦城縣志、中國畫家人名大辭典）

汪　肇

淵明愛菊圖	軸	絹	設色	137 × 97.9		台北 故宮博物院	國贈 031051
漁樵問答圖	軸	紙	水墨	122.9 × 49.5		香港 私人	K92.86
柳禽白鷴圖	軸	絹	設色	不詳		北京 故宮博物院	
起蛟圖	軸	絹	設色	167.5 × 100.9		北京 故宮博物院	
松風樵話圖	軸	絹	設色	160.5 × 98.6		北京 北京畫院	
蘆雁圖	軸	絹	設色	166 × 86.5		北京 徐悲鴻紀念館	
鷹石雙喜圖	軸	絹	設色	171.5 × 100.2		天津 天津市藝術博物館	
鐵拐仙圖	軸	絹	設色	133.9 × 74.1		上海 上海博物館	
虎溪三笑圖	軸	絹	設色	123.2 × 78		上海 上海博物館	
蘆雁圖	軸	絹	水墨	185.4 × 101.8		杭州 浙江省博物館	
楊柳水禽圖	軸	絹	設色	141.5 × 75		廣州 廣州市美術館	
蘆雁圖	軸	絹	設色	1413 × 89.1		日本 東京德川國順先生	
淵明賞菊圖	軸	絹	設色	130.3 × 98.2		日本 東京岩村成允先生	
月夜蘆雁圖	軸	絹	設色	146.6 × 96.2		日本 東京永青文庫	
月夜撫琴圖	軸	絹	設色	128.2 × 50.5		日本 大阪橋本大乙先生	
山水人物（行旅圖）	軸	絹	設色	128 × 49.2		日本 大阪橋本大乙先生	
松鹿圖	軸	絹	設色	141.6 × 77.8		日本 私人	

名稱		質地	色彩	尺寸 高x寬cm	創作時間	收藏處所	典藏號碼
觀瀑圖	軸	絹	設色	111 x 81.5		美國 普林斯頓大學藝術館	47-94
月夜漁隱圖	軸	絹	設色	147.3 x 72.4		美國 辛辛那提市藝術館	
福祿壽三星圖（為楊玉泉作）	軸	絹	設色	158 x 95.2		美國 德州金貝爾藝術館	AP1985.06
歸樵圖	摺扇面	紙	設色	16.5 x 49.5		昆山 崑崙堂美術館	
附：							
漁樵問答圖(趙昌國題)	軸	紙	水墨	122.5 x 49.5	趙題於萬曆癸未（十一年，1583）	紐約 蘇富比藝品拍賣公司/拍 賣目錄 1985,06,03.	

畫家小傳：汪肇。字德初。號海雲。安徽休寧人。工畫山水、人物，出入戴進、吳偉之間，用筆草率豪放。亦畫翎毛。(見明畫錄、無聲詩
　　　史、圖繪寶鑑續纂、金陵瑣事、徽州府志、中國畫家人名大辭典)

之 章

名稱		質地	色彩	尺寸	創作時間	收藏處所	典藏號碼
墨竹（明人畫扇冊二冊之16）	摺扇面	紙	水墨	不詳		台北 故宮博物院	故畫 03528-16

畫家小傳：之章。畫史無載。身世待考。

彭 年

名稱		質地	色彩	尺寸	創作時間	收藏處所	典藏號碼
香夢紅情圖（蝴蝶荷花紅蓼）	軸	紙	設色	217 x 63		德國 柏林民俗博物館	

畫家小傳：彭年。字孔嘉。號隆池。江蘇吳人。生於明孝宗弘治十八(1505)年，卒於世宗嘉靖四十五(1566)年。以文行被舉為郡諸生，
　　　尋謝病免仕。善書法，初法晉人，後致力於楷，小字學歐陽詢，大字學顏真卿，行草則法蘇軾。兼能作畫。(見佩文齋書畫譜卷
　　　四十三・書家傳二十二)

居 節

名稱		質地	色彩	尺寸	創作時間	收藏處所	典藏號碼
仿唐寅雁宕山圖	卷	紙	設色	32 x 497.5	隆慶辛未（五年，1571）長夏	台北 故宮博物院	故畫 01628
五湖一舸圖	卷	絹	設色	27.3 x 114.3	乙酉（萬曆十三年，1586）春暮	台北 華叔和後真賞齋	
雲嵐松色圖	卷	紙	設色	不詳	萬曆癸未（十一年，1583）春日	北京 故宮博物院	
山水圖	卷	紙	設色	26 x ?		德國 柏林東亞藝術博物館	1988-419
品茶圖	軸	紙	水墨	107.1 x 28.9	嘉靖十三年（甲午，1534）穀雨前二日	台北 故宮博物院	故畫 00547
江南春	軸	絹	設色	113.6 x 31	嘉靖辛卯（十年，1531）四月幾望	台北 故宮博物院	故畫 00548
仿唐子畏松壑高閑圖	軸	紙	水墨	137 x 27	萬曆乙酉（十三年	台北 故宮博物院（蘭千山館寄	

名稱		質地	色彩	尺寸 高x寬cm	創作時間	收藏處所	典藏號碼
					，1585）七夕	存）	
松壑高賢圖（仿唐子畏先生意）	軸	紙	水墨	71.7 x 30.7	隆慶辛未（五年，1571）秋九月既望	台北 故宮博物院（蘭千山館寄存）	
淺絳山水圖（為少南先生寫）	軸	紙	設色	50.5 x 29.1	戊戌（嘉靖十七年，1538）仲春	香港 黃仲方先生	
松壑高賢圖	軸	紙	設色	70 x 33	萬曆辛巳（九年，1581）	香港 劉作籌虛白齋	
醉翁亭圖	軸	紙	水墨	不詳	壬午（嘉靖元年，1522）	北京 故宮博物院	
山水圖	軸	紙	水墨	113.8 x 25.3	嘉靖甲午（十三年，1534）	北京 故宮博物院	
山水圖	軸	紙	水墨	不詳	嘉靖乙未（十四年，1535）七月望	北京 故宮博物院	
松蔭聽泉圖	軸	紙	設色	120 x 30	萬曆甲戌（二年，1574）秋日	北京 故宮博物院	
秋山行旅圖	軸	紙	水墨	108.5 x 35.5	萬曆丁丑（五年，1577）九月	北京 故宮博物院	
為雅適作山水圖	軸	紙	水墨	不詳	萬曆壬午（十年，1582）	北京 故宮博物院	
溪山高逸圖	軸	紙	水墨	104.2 x 30	萬曆壬午（十年，1582）二月既望	北京 故宮博物院	
漁父圖	軸	紙	設色	不詳		北京 故宮博物院	
萬松小築圖	軸	紙	水墨	61.5 x 29.5		上海 上海博物館	
小齋聽雨圖（為師南作）	軸	紙	水墨	29.9 x 28.7	辛亥（嘉靖三十年，1551）十月廿九日	上海 上海博物館	
後赤壁圖并書賦	軸	紙	水墨	不詳	辛亥（嘉靖三十年，1551）冬日	上海 上海博物館	
醉翁亭圖	軸	紙	設色	不詳	萬曆壬午（十年，1582）夏	上海 上海博物館	
松澗閒話圖	軸	紙	設色	不詳		上海 上海博物館	
山水圖	軸	紙	水墨	47.5 x 26.5	辛酉（嘉靖四十七年，1561）	鎮江 江蘇省鎮江市博物館	
初夏山齋圖	軸	紙	設色	111.6 x 31.4	萬曆戊寅（六年，	日本 東京國立博物館	TA-504

名稱		質地	色彩	尺寸 高x寬㎝	創作時間	收藏處所	典藏號碼
					1578）四月既望		
山水圖	軸	紙	水墨	72.7 x 28.8	嘉靖辛卯（十年，1531）立冬前三日	日本 東京橋本辰二郎先生	
訪隱圖	軸	紙	水墨	76 x 37	辛未（隆慶五年，1571）上巳前三日	日本 大阪橋本大乙先生	
山水圖（為桂林作）	軸	紙	水墨	88.4 x 29	戊辰（隆慶二年，1568）六月八日	美國 耶魯大學藝術館	1982.19.1
赤壁遊圖	軸	紙	設色	90 x 40.7	萬曆乙亥（三年，1575）秋日	美國 普林斯頓大學藝術館（Edward Elliott 先生寄存）	L225.70
觀泉圖	軸	紙	水墨	110.3 x 24.8	嘉靖己未（三十八年，1559）小寒日	美國 紐約大都會術藝物博館	13.220.116
春山過雨圖	軸	紙	設色	125.1 x 32.8	萬曆四年（丙子，1576）秋日	瑞典 斯德哥爾摩遠東古物館	NMOK377
春江罷釣（居節詩意八景冊之1，為沿山先生寫）	冊頁	紙	設色	33 x 49.2		台北 故宮博物院	故畫 01142-1
春山晚霽（居節詩意八景冊之2）	冊頁	紙	設色	33 x 49.2		台北 故宮博物院	故畫 01142-2
谿山草閣（居節詩意八景冊之3）	冊頁	紙	設色	33 x 49.2		台北 故宮博物院	故畫 01142-3
松壑雲泉（居節詩意八景冊之4）	冊頁	紙	設色	33 x 49.2		台北 故宮博物院	故畫 01142-4
秋江曉雨（居節詩意八景冊之5）	冊頁	紙	設色	33 x 49.2		台北 故宮博物院	故畫 01142-5
絕壁飛泉（居節詩意八景冊之6）	冊頁	紙	設色	33 x 49.2		台北 故宮博物院	故畫 01142-6
寒林落照（居節詩意八景冊之7）	冊頁	紙	設色	33 x 49.2		台北 故宮博物院	故畫 01142-7
山村積雪（居節詩意八景冊之8）	冊頁	紙	設色	33 x 49.2	癸未（萬曆十一年，1583）八月既望	台北 故宮博物院	故畫 01142-8
畫山水（12幀）	冊	紙	設色、水墨	（每幀）31 x 25.4		台北 故宮博物院	故畫 03162
深林茅舍（明人便面畫冊肆冊（一）之16）	摺扇面	紙	設色	不詳		台北 故宮博物院	故畫 03537-16

名稱		質地	色彩	尺寸 高x寬cm	創作時間	收藏處所	典藏號碼
江南春色（明人便面畫冊肆冊（一）之 17）	摺扇面	紙	設色	不詳		台北 故宮博物院	故畫 03537-17
竹枝菊石（明人書畫扇（辛）冊之 3）	摺扇面	紙	設色	不詳		台北 故宮博物院	故畫 03545-3
幽壑高士	摺扇面	紙	設色	不詳		台北 故宮博物院	故扇 00147
山水（8 幀）	冊	紙	設色	不詳		北京 故宮博物院	
山水圖	摺扇面	紙	水墨	不詳		北京 中國歷史博物館	
仿倪瓚山水圖（明人扇面畫冊之第 4 幀 0）	摺扇面	金箋	淺設色	16.2 × 51.4		日本 京都國立博物館	A甲 685
春困無聊圖（明人扇面畫冊之第 29 幀）	摺扇面	金箋	水墨	16.2 × 47.8		日本 京都國立博物館	A甲 685
臨江坐話圖	摺扇面	金箋	水墨	16.7 × 51.8	乙酉（嘉靖四年，1525）秋日	日本 橫濱岡山美術館	
山水人物圖	摺扇面	金箋	設色	15.8 × 46.9	丁巳（嘉靖三十六年, 1557）冬十月	美國 勃克萊加州大學藝術館（高居翰教授寄存）	CM36
高士濯足圖（寫祝雨香先生壽，明清扇面圖冊之 3）	摺扇面	金箋	設色	17.5 × 52.1	丙子（萬曆四年，1576）春日	美國 勃克萊加州大學藝術館（Schlenker 先生寄存）	
附：							
人物山水圖	卷	紙	設色	28.6 × 233	萬曆戊戌（二十六年，1538）春日	紐約 佳士得藝品拍賣公司/拍賣目錄 1996,09,18.	
山水小景圖	軸	紙	設色	不詳	辛酉（嘉靖四十年，1561）二月十七日	鎮江 鎮江市文物商店	
春江放棹圖	軸	紙	水墨	42.5 × 27.3	辛酉（嘉靖四十年，1561）二月十七日	紐約 佳士得藝品拍賣公司/拍賣目錄 1990,05,31.	
梅花圖	軸	紙	水墨	120 × 27.5	乙酉（萬曆十三年，1585）春日	紐約 佳士得藝品拍賣公司/拍賣目錄 1994,06,01.	
山溪煙雨圖	軸	紙	水墨	91.5 × 30.5	嘉靖丙寅（四十五年，1566）仲春	紐約 佳士得藝品拍賣公司/拍賣目錄 1994,11,30.	
山水（明各家山水書法扇面冊 10 之 1 幀）	摺扇面	金箋	設色	17.8 × 56.7		紐約 佳士得藝品拍賣公司/拍賣目錄 1998,09,15.	

畫家小傳：居節。字士貞。號商谷。江蘇吳縣人。少從文彭習畫，文徵明見其運筆而驚喜，遂授以畫法。工畫山水，簡遠有致。流傳署款紀年作品見於嘉靖十（1531）年至萬曆二十六（1598）年。（見明畫錄、無聲詩史、列朝詩小傳、蘇州志、中國畫家人名大辭典）

名稱		質地	色彩	尺寸 高x寬㎝	創作時間	收藏處所	典藏號碼

錢 穀

名稱		質地	色彩	尺寸 高x寬㎝	創作時間	收藏處所	典藏號碼
石湖圖	卷	紙	設色	31.7 x 220		台北 故宮博物院	故畫 00927
鶴林玉露書畫合璧（與彭年楷書經文合卷）	卷	紙	設色	（畫）28.4 x 392.5		台北 故宮博物院	故畫 01107
山水畫真蹟	卷	紙	設色	不詳		台北 故宮博物院	國贈 024579
山水（謝時臣、錢穀、胡宗信、錢貢山水合卷之第2幅）	卷	紙	設色	24.6 x 84.2		台北 故宮博物院(蘭千山館寄存)	
藥草山房圖（文嘉、朱朗、錢穀合作）	卷	紙	設色	28.3 x ？	嘉靖庚子（十九年，1540）冬	香港 何耀光至樂樓	
群玉遊踪圖	卷	紙	設色	32 x 172		瀋陽 故宮博物院	
梅花水仙圖	卷	紙	水墨	32.5 x 152.1	丙子（萬曆四年，1576）	瀋陽 遼寧省博物館	
秋堂讀書圖	卷	紙	水墨	24.7 x 147.5	嘉靖己亥（十八年，1539）	北京 故宮博物院	
定慧禪院圖	卷	絹	設色	31.5 x 129.4	辛酉（嘉靖四十年，1561）立春日	北京 故宮博物院	
求志園圖（為張伯起作）	卷	紙	設色	29.8 x 190.2	嘉靖甲子（四十三年，1564）夏四月	北京 故宮博物院	
逍遙游圖	卷	紙	設色	不詳	隆慶己巳（三年，1569）	北京 故宮博物院	
蘭竹圖（為懷玉作）	卷	紙	水墨	34 x 292	戊寅（萬曆六年，1578）九月廿六日	北京 故宮博物院	
丹霞圖	卷	絹	設色	28 x 117	隆慶庚午（四年，1570）	北京 首都博物館	
赤壁圖（補文徵明行書赤壁賦）	卷	紙	設色	（畫）43.5 x 200	甲戌（萬曆二年，1574）	北京 首都博物館	
山水圖（文彭、錢穀書畫合卷）	卷	絹	設色	32.7 x 227	錢畫：隆慶改元（丁卯，1567）	天津 天津市藝術博物館	
赤壁賦書畫（吳應卯書、錢穀畫）	卷	絹	設色	（畫）32 x 186	錢畫：庚申（嘉靖三十九年，1560）	濟南 山東省濟南市博物館	
溪山深秀圖	卷	紙	水墨	18.9 x 359.8	辛未（隆慶五年，1571）九月望前一日	上海 上海博物館	
摹吳鎮、倪雲林山水（2段）	卷	紙	水墨	不詳		蘇州 江蘇省蘇州博物館	

名稱		質地	色彩	尺寸 高x寬㎝	創作時間	收藏處所	典藏號碼
上方寺圖	卷	絹	設色	31 x 389.5	隆慶辛未（五年，1571）	廣州 廣州市美術館	
送鷗江居士遊山圖（畫共三段，與錢穀、侯懋功、文嘉三家山水合卷）	卷	絹	設色	（每圖）26.4 x ？	隆慶元年（丁卯，1567）夏四月既望	日本 東京國立博物館	
摹張擇端清明上河圖（仇英、錢穀合作）	卷	絹	設色	29 x ？		日本 山口良夫先生	
山水圖	卷	紙	設色	30.3 x 119.2		日本 佐賀縣鍋島報效會	3-卷-5
蘭亭修禊圖	卷	紙	設色	23.7 x ？	嘉靖庚申（三十九年，1560）夏六月	美國 紐約大都會藝術博物館	1980.80
山林幽亭(冰蘗齋圖)	卷	紙	水墨	129 x ？	嘉靖三十五年（丙辰，1556）長至日	美國 紐約布魯克林博物館	
赤壁圖	卷	絹	設色	25 x ？	萬曆乙亥（三年，1575）九月廿四日	美國 芝加哥大學藝術博物館	1974.90
漁樂圖	卷	紙	設色	31.4 x 355.2	壬申（隆慶六年，1572）秋日	美國 克利夫蘭藝術博物館	
惠山煮泉圖	軸	紙	設色	66.6 x 33.1	庚午（隆慶四年，1570）冬十二月九日	台北 故宮博物院	故畫 00539
雪山行旅圖	軸	紙	設色	288.2 x 56.1	隆慶壬申（六年，1572）十二月	台北 故宮博物院	故畫 00540
南城看雪	軸	紙	設色	116.7 x 26.5	嘉靖壬戌（四十一年，1562）正月既望	台北 故宮博物院	故畫 00541
山水	軸	紙	水墨	117.6 x 24.6		台北 故宮博物院	故畫 00542
鍾馗	軸	紙	設色	105.9 x 30.9	隆慶改元（丁卯，1567）冬十月	台北 故宮博物院	故畫 00543
洗桐圖	軸	紙	設色	129.8 x 44.5		台北 故宮博物院	故畫 00544
杏花喜鵲	軸	紙	設色	16.6 x 34.3	隆慶己巳（三年，1569）冬十二月	台北 故宮博物院	故畫 00545
仿王蒙蕉石	軸	紙	設色	145.8 x 49.8	甲戌（萬曆二年，1574）秋七月六日	台北 故宮博物院	故畫 00546
松陰跌坐	軸	紙	水墨	53.7 x 29.3		台北 故宮博物院	故畫 02224
午日鍾馗	軸	紙	設色	131 x 31.6	癸亥（嘉靖四十二	台北 故宮博物院	故畫 02225

名稱		質地	色彩	尺寸 高×寬㎝	創作時間	收藏處所	典藏號碼
					年，1563）仲冬廿日		
採芝圖	軸	紙	設色	121.4 × 33.1	甲戌（萬曆二年，1574）夏日	台北 故宮博物院	故畫 02226
歲朝圖	軸	紙	設色	92.5 × 29.8	隆慶壬申（六年，1572）春王月	台北 故宮博物院	故畫 02227
百合寫生	軸	紙	設色	133.3 × 30	壬寅（嘉靖二十一年，1542）六月廿五日	台北 故宮博物院	故畫 02228
疏林疊翠圖	軸	紙	設色	138.5 × 33.6		台北 陳啟斌畏墨堂	
山水圖	軸	紙	水墨	67.8 × 26.1	隆慶丁卯（元年，1567）三月八日	香港 徐伯郊先生	
小亭清蔭圖	軸	紙	設色	不詳		長春 吉林省博物館	
蕉亭會棋圖	軸	紙	設色	62.1 × 32.3	丙寅（嘉靖四十五年，1566）中秋四日	瀋陽 遼寧省博物館	
雪後園林圖	軸	紙	設色	不詳	辛丑（嘉靖二十年，1541）十二月	北京 故宮博物院	
雪山策蹇圖（為為揆作）	軸	紙	設色	142.3 × 25.3	嘉靖戊午（三十七年，1558）長至	北京 故宮博物院	
虎丘前山圖（為東洲作）	軸	紙	設色	111.7 × 32	隆慶改元（丁卯，1567）仲冬	北京 故宮博物院	
水閣觀泉圖	軸	紙	設色	162.5 × 35.8	隆慶戊辰（二年，1568）五月	北京 故宮博物院	
臨泉對話圖	軸	紙	設色	118 × 33.8	甲戌（萬曆二年，1574）	北京 故宮博物院	
晴空長松圖	軸	紙	設色	271.6 ×100.3	萬曆三年（乙亥，1575）	北京 故宮博物院	
竹林覓句圖	軸	紙	水墨	79 × 22.8	丁丑（萬曆五年，1577）四月七日	北京 中國美術館	
虎丘圖	軸	紙	設色	107.4 × 42.3	壬申（隆慶六年，1572）五月既望	天津 天津市藝術博物館	
臨唐寅竹石圖	軸	紙	水墨	不詳	壬子（嘉靖三十一年，1552）中秋	鄭州 河南省博物館	

名稱		質地	色彩	尺寸 高x寬㎝	創作時間	收藏處所	典藏號碼
寒林高士圖	軸	紙	設色	不詳	己卯（萬曆七年，1579）春	開封 河南省開封市博物館	
竹堂看雪圖	軸	紙	設色	61.9 x 26	辛丑（嘉靖二十年，1541）	上海 上海博物館	
山居待客圖(山家勺水圖)	軸	紙	設色	86 x 304	癸酉（萬曆元年，1573）秋日	上海 上海博物館	
補沈周重陽酒興詩圖	軸	紙	設色	158.7 x 43.3	萬曆乙亥（三年，1575）十一月廿一日	上海 上海博物館	
溪山策騎圖	軸	紙	設色	84 x 32.6	戊寅（萬曆六年，1578）	上海 上海博物館	
停舟閒眺圖	軸	紙	水墨	127.3 x 33.3	戊寅（萬曆六年，1578）冬十月	上海 上海博物館	
歲朝圖	軸	紙	水墨	不詳	戊寅（萬曆六年，1578）	成都 四川省博物院	
書齋汲泉圖	軸	紙	設色	98.5 x 42	甲戌（萬曆二年，1574）	廣州 廣東省博物館	
柳閣賞荷圖	軸	紙	設色	291 x 100	萬曆丙子（四年，1576）秋七月	廣州 廣州市美術館	
山水人物（松下合樂圖）	軸	絹	設色	不詳		日本 東京根津美術館	
漁樂圖（3幅）	軸	絹	設色	（每幅）110.6 x 72.7		日本 東京毛利元昭先生	
赤壁舟遊圖	軸	紙	設色	96.1 x 35.8	隆慶庚午（四年，1570）上元日	日本 東京山本悌二郎先生	
山水圖（松巖院宇）	軸	紙	設色	177.3 x 54.3	隆慶庚午（四年，1570）上元日	日本 東京小幡醇一先生	
山水圖	軸	絹	設色	不詳	庚申（嘉靖三十九年，1560）夏日	日本 江田勇二先生	
雪景山水圖	軸	絹	設色	160.1 x 79.2		日本 私人	
山水圖（冊頁2幀裝成）	軸	紙	設色	（每幀）28 x 43		美國 華盛頓特區弗瑞爾藝術館	80.133.134
山水圖	軸	絹	設色	138.5 x 49.8		美國 加州史坦福大學藝術博物館	67.64
摹趙文敏筆老子圖	軸	紙	設色	90.1 x 49.2	甲午（嘉靖十三年	英國 倫敦大英博物館	BMOA1982.10-

名稱		質地	色彩	尺寸 高×寬cm	創作時間	收藏處所	典藏號碼
					，1534）春日		9.03(ADD438)
江帆圖	軸	絹	設色	187 × 65		捷克 布拉格 Narodoni Museum V PrazeNaprs tokovo Museum	17436
莳門（錢穀白嶽遊圖冊之1）	冊頁	紙	設色	29.1 × 30		台北 故宮博物院	故畫 01138-1
寶帶橋（錢穀白嶽遊圖冊之2）	冊頁	紙	設色	29.1 × 30		台北 故宮博物院	故畫 01138-2
垂虹橋（錢穀白嶽遊圖冊之3）	冊頁	紙	設色	29.1 × 30		台北 故宮博物院	故畫 01138-3
得勝壩（錢穀白嶽遊圖冊之4）	冊頁	紙	設色	29.1 × 30		台北 故宮博物院	故畫 01138-4
富春山（錢穀白嶽遊圖冊之5）	冊頁	紙	設色	29.1 × 30		台北 故宮博物院	故畫 01138-5
七里瀧（錢穀白嶽遊圖冊之6）	冊頁	紙	設色	29.1 × 30		台北 故宮博物院	故畫 01138-6
白馬夫人廟（錢穀白嶽遊圖冊之7）	冊頁	紙	設色	29.1 × 30		台北 故宮博物院	故畫 01138-7
響山潭（錢穀白嶽遊圖冊之8）	冊頁	紙	設色	29.1 × 30		台北 故宮博物院	故畫 01138-8
乳香台（錢穀白嶽遊圖冊之9）	冊頁	紙	設色	29.1 × 30		台北 故宮博物院	故畫 01138-9
界口巡檢司（錢穀白嶽遊圖冊之10）	冊頁	紙	設色	29.1 × 30		台北 故宮博物院	故畫 01138-10
橫石灘（錢穀白嶽遊圖冊之11）	冊頁	紙	設色	29.1 × 30		台北 故宮博物院	故畫 01138-11
岑山渡（錢穀白嶽遊圖冊之12）	冊頁	紙	設色	29.1 × 30		台北 故宮博物院	故畫 01138-12
屯溪鎮（錢穀白嶽遊圖冊之13）	冊頁	紙	設色	29.1 × 30		台北 故宮博物院	故畫 01138-13
古城巖（錢穀白嶽遊圖冊之14）	冊頁	紙	設色	29.1 × 30		台北 故宮博物院	典畫 01138-14
下汶溪（錢穀白嶽遊圖冊之15）	冊頁	紙	設色	29.1 × 30		台北 故宮博物院	故畫 01138-15
落石（錢穀白嶽遊圖冊之16）	冊頁	紙	設色	29.1 × 30		台北 故宮博物院	故畫 01138-16
齊雲巖（錢穀白嶽遊圖冊之17）	冊頁	紙	設色	29.1 × 30		台北 故宮博物院	故畫 01138-17
石橋巖（錢穀白嶽遊圖冊之18）	冊頁	紙	設色	29.1 × 30	隆慶改元（丁卯，1567）中夏	台北 故宮博物院	故畫 01138-18
石湖（錢穀石湖八景冊之1）	冊頁	絹	設色	23.1 × 19.1		台北 故宮博物院	故畫 01139-1
越來溪（錢穀石湖八景冊之2）	冊頁	絹	設色	23.1 × 19.1		台北 故宮博物院	故畫 01139-2
行春橋（錢穀石湖八景冊之3）	冊頁	絹	設色	23.1 × 19.1		台北 故宮博物院	故畫 01139-3

名稱		質地	色彩	尺寸 高×寬㎝	創作時間	收藏處所	典藏號碼
郊台（錢穀石湖八景冊之4）	冊頁	絹	設色	23.1 x 19.1		台北 故宮博物院	故畫 01139-4
古藤塢（錢穀石湖八景冊之5）	冊頁	絹	設色	23.1 x 19.1		台北 故宮博物院	故畫 01139-5
楞伽寺（錢穀石湖八景冊之6）	冊頁	絹	設色	23.1 x 19.1		台北 故宮博物院	故畫 01139-6
范祠（錢穀石湖八景冊之7）	冊頁	絹	設色	23.1 x 19.1		台北 故宮博物院	故畫 01139-7
橫山（錢穀石湖八景冊之8）	冊頁	絹	設色	23.1 x 19.1		台北 故宮博物院	故畫 01139-8
小祇圖（錢穀紀行圖冊之1）	冊頁	紙	設色	28.5 x 39.1		台北 故宮博物院	故畫 01140-1
太倉（錢穀紀行圖冊之2）	冊頁	紙	設色	28.5 x 39.1		台北 故宮博物院	故畫 01140-2
翁子舖（錢穀紀行圖冊之3）	冊頁	紙	設色	28.5 x 39.1		台北 故宮博物院	故畫 01140-3
新洋港（錢穀紀行圖冊之4）	冊頁	紙	設色	28.5 x 39.1		台北 故宮博物院	故畫 01140-4
崑山（錢穀紀行圖冊之5）	冊頁	紙	設色	28.5 x 39.1		台北 故宮博物院	故畫 01140-5
真義（錢穀紀行圖冊之6）	冊頁	紙	設色	28.5 x 39.1		台北 故宮博物院	故畫 01140-6
維亭（錢穀紀行圖冊之7）	冊頁	紙	設色	28.5 x 39.1		台北 故宮博物院	故畫 01140-7
沙湖（錢穀紀行圖冊之8）	冊頁	紙	設色	28.5 x 39.1		台北 故宮博物院	故畫 01140-8
下雉瀆（錢穀紀行圖冊之9）	冊頁	紙	設色	28.5 x 39.1		台北 故宮博物院	故畫 01140-9
婁門（錢穀紀行圖冊之10）	冊頁	紙	設色	28.5 x 39.1		台北 故宮博物院	故畫 01140-10
金閶（錢穀紀行圖冊之11）	冊頁	紙	設色	28.5 x 39.1		台北 故宮博物院	故畫 01140-11
楓橋（錢穀紀行圖冊之12）	冊頁	紙	設色	28.5 x 39.1		台北 故宮博物院	故畫 01140-12
射瀆（錢穀紀行圖冊之13）	冊頁	紙	設色	28.5 x 39.1		台北 故宮博物院	故畫 01140-13
滸墅（錢穀紀行圖冊之14）	冊頁	紙	設色	28.5 x 39.1		台北 故宮博物院	故畫 01140-14
望亭（錢穀紀行圖冊之15）	冊頁	紙	設色	28.5 x 39.1		台北 故宮博物院	故畫 01140-15
梁谿（錢穀紀行圖冊之16）	冊頁	紙	設色	28.5 x 39.1		台北 故宮博物院	故畫 01140-16
惠山（錢穀紀行圖冊之17）	冊頁	紙	設色	28.5 x 39.1		台北 故宮博物院	故畫 01140-17
洛社（錢穀紀行圖冊之18）	冊頁	紙	設色	28.5 x 39.1		台北 故宮博物院	故畫 01140-18
橫林（錢穀紀行圖冊之19）	冊頁	紙	設色	28.5 x 39.1		台北 故宮博物院	故畫 01140-19
白家橋（錢穀紀行圖冊之20）	冊頁	紙	設色	28.5 x 39.1		台北 故宮博物院	故畫 01140-20
毗陵（錢穀紀行圖冊之21）	冊頁	紙	設色	28.5 x 39.1		台北 故宮博物院	故畫 01140-21
新閘（錢穀紀行圖冊之22）	冊頁	紙	設色	28.5 x 39.1		台北 故宮博物院	故畫 01140-22
奔牛（錢穀紀行圖冊之23）	冊頁	紙	設色	28.5 x 39.1		台北 故宮博物院	故畫 01140-23
呂城（錢穀紀行圖冊之24）	冊頁	紙	設色	28.5 x 39.1		台北 故宮博物院	故畫 01140-24
丹陽（錢穀紀行圖冊之25）	冊頁	紙	設色	28.5 x 39.1		台北 故宮博物院	故畫 01140-25
黃泥壩（錢穀紀行圖冊之26）	冊頁	紙	設色	28.5 x 39.1		台北 故宮博物院	故畫 01140-26
丹徒（錢穀紀行圖冊之27）	冊頁	紙	設色	28.5 x 39.1		台北 故宮博物院	故畫 01140-27
新豐（錢穀紀行圖冊之28）	冊頁	紙	設色	28.5 x 39.1		台北 故宮博物院	故畫 01140-28
京口（錢穀紀行圖冊之29）	冊頁	紙	設色	28.5 x 39.1		台北 故宮博物院	故畫 01140-29

名　　　稱	質地	色彩	尺寸 高x寬㎝	創作時間	收藏處所	典藏號碼
金焦（錢穀紀行圖冊之30）	冊頁 紙	設色	28.5 × 39.1		台北 故宮博物院	故畫 01140-30
瓜洲（錢穀紀行圖冊之31）	冊頁 紙	設色	28.5 × 39.1		台北 故宮博物院	故畫 01140-31
楊子礀（錢穀紀行圖冊之32）	冊頁 紙	設色	28.5 × 39.1		台北 故宮博物院	故畫 01140-32
仿米家山（錢穀雜畫冊之1）	冊頁 紙	設色	28.1 × 35.8		台北 故宮博物院	故畫 01141-1
畫蕉石（錢穀雜畫冊之2）	冊頁 紙	設色	28.1 × 35.8		台北 故宮博物院	故畫 01141-2
雨景（錢穀雜畫冊之3）	冊頁 紙	水墨	28.1 × 35.8		台北 故宮博物院	故畫 01141-3
牧牛（錢穀雜畫冊之4）	冊頁 紙	水墨	28.1 × 35.8		台北 故宮博物院	故畫 01141-4
林屋扁舟（錢穀雜畫冊之5）	冊頁 紙	水墨	28.1 × 35.8		台北 故宮博物院	故畫 01141-5
蝴蝶百合花（錢穀雜畫冊6）	冊頁 紙	設色	28.1 × 35.8		台北 故宮博物院	故畫 01141-6
秋山亭子（錢穀雜畫冊之7）	冊頁 紙	設色	28.1 × 35.8		台北 故宮博物院	故畫 01141-7
葡萄松鼠（錢穀雜畫冊之8）	冊頁 紙	水墨	28.1 × 35.8		台北 故宮博物院	故畫 01141-8
竹石（錢穀雜畫冊之9）	冊頁 紙	水墨	28.1 × 35.8		台北 故宮博物院	故畫 01141-9
古木寒鴉（錢穀雜畫冊之10）	冊頁 紙	水墨	28.1 × 35.8		台北 故宮博物院	故畫 01141-10
雪橋策蹇（錢穀雜畫冊之11）	冊頁 紙	設色	28.1 × 35.8		台北 故宮博物院	故畫 01141-11
蓼花殘荷（錢穀雜畫冊之12）	冊頁 紙	設色	28.1 × 35.8		台北 故宮博物院	故畫 01141-12
小祇園（錢穀張復合畫水程圖第一冊之1）	冊頁 紙	設色	23.2 × 37.7	萬曆二年，甲戌（1574）上元日	台北 故宮博物院	故畫 01226-1
太倉（錢穀張復合畫水程圖第一冊之2）	冊頁 紙	設色	23.2 × 37.7		台北 故宮博物院	故畫 01226-2
新洋江（錢穀張復合畫水程圖第一冊之3）	冊頁 紙	設色	23.2 × 37.7		台北 故宮博物院	故畫 01226-3
翁子舖（錢穀張復合畫水程圖第一冊之4）	冊頁 紙	設色	23.2 × 37.7		台北 故宮博物院	故畫 01226-4
崑山（錢穀張復合畫水程圖第一冊之5）	冊頁 紙	設色	23.2 × 37.7		台北 故宮博物院	故畫 01226-5
信義（錢穀張復合畫水程圖第一冊之6）	冊頁 紙	設色	23.2 × 37.7		台北 故宮博物院	故畫 01226-6
夷亭山（錢穀張復合畫水程圖第一冊之7）	冊頁 紙	設色	23.2 × 37.7		台北 故宮博物院	故畫 01226-7
沙湖（錢穀張復合畫水程圖第一冊之8）	冊頁 紙	設色	23.2 × 37.7		台北 故宮博物院	故畫 01226-8
下雉瀆（錢穀張復合畫水程圖第一冊之9）	冊頁 紙	設色	23.2 × 37.7		台北 故宮博物院	故畫 01226-9
婁門接待寺（錢穀張復合畫水程圖第一冊之10）	冊頁 紙	設色	23.2 × 37.7		台北 故宮博物院	故畫 01226-10

名稱		質地	色彩	尺寸 高×寬㎝	創作時間	收藏處所	典藏號碼
閶門・虹橋・虎丘・山塘橋・渡僧橋（錢穀張復合畫水程圖第一冊之11）	冊頁	紙	設色	23.2 × 37.7		台北 故宮博物院	故畫 01226-11
楓橋・江村・寒山寺（錢穀張復合畫水程圖第一冊之12）	冊頁	紙	設色	23.2 × 37.7		台北 故宮博物院	故畫 01226-12
射瀆（錢穀張復合畫水程圖第一冊之13）	冊頁	紙	設色	23.2 × 37.7		台北 故宮博物院	故畫 01226-13
滸墅鈔關（錢穀張復合畫水程圖第一冊之14）	冊頁	紙	設色	23.2 × 37.7		台北 故宮博物院	故畫 01226-14
望亭巡檢司（錢穀張復合畫水程圖第一冊之15）	冊頁	紙	設色	23.2 × 37.7		台北 故宮博物院	故畫 01226-15
無錫（錢穀張復合畫水程圖第一冊之16）	冊頁	紙	設色	23.2 × 37.7		台北 故宮博物院	故畫 01226-16
高橋巡檢司・錫山・慧山・芙蓉湖・黃阜墩（錢穀張復合畫水程圖第一冊之17）	冊頁	紙	設色	23.2 × 37.7		台北 故宮博物院	故畫 01226-17
洛社（錢穀張復合畫水程圖第一冊之18）	冊頁	紙	設色	23.2 × 37.7		台北 故宮博物院	故畫 01226-18
橫林（錢穀張復合畫水程圖第一冊之19）	冊頁	紙	設色	23.2 × 37.7		台北 故宮博物院	故畫 01226-19
白家橋（錢穀張復合畫水程圖第一冊之20）	冊頁	紙	設色	23.2 × 37.7		台北 故宮博物院	故畫 01226-20
天寧寺・毗陵（錢穀張復合畫水程圖第一冊之21）	冊頁	紙	設色	23.2 × 37.7		台北 故宮博物院	故畫 01226-21
新閘（錢穀張復合畫水程圖第一冊之22）	冊頁	紙	設色	23.2 × 37.7		台北 故宮博物院	故畫 01226-22
奔牛（錢穀張復合畫水程圖第一冊之23）	冊頁	紙	設色	23.2 × 37.7		台北 故宮博物院	故畫 01226-23
呂城（錢穀張復合畫水程圖第一冊之24）	冊頁	紙	設色	23.2 × 37.7		台北 故宮博物院	故畫 01226-24
丹陽（錢穀張復合畫水程圖第一冊之25）	冊頁	紙	設色	23.2 × 37.7		台北 故宮博物院	故畫 01226-25
新豐（錢穀張復合畫水程圖第一冊之26）	冊頁	紙	設色	23.2 × 37.7		台北 故宮博物院	故畫 01226-26
丹徒鎮（錢穀張復合畫水程圖	冊頁	紙	設色	23.2 × 37.7		台北 故宮博物院	故畫 01226-27

名稱		質地	色彩	尺寸 高x寬cm	創作時間	收藏處所	典藏號碼
第一冊之27）							
夾岡（錢穀張復合畫水程圖第一冊之28）	冊頁	紙	設色	23.2 x 37.7		台北 故宮博物院	故畫 01226-28
揚子江・閘口・鎮江（錢穀張復合畫水程圖第一冊之29）	冊頁	紙	設色	23.2 x 37.7		台北 故宮博物院	故畫 01226-29
金山・焦山（錢穀張復合畫水程圖第一冊之30）	冊頁	紙	設色	23.2 x 37.7		台北 故宮博物院	故畫 01226-30
瓜洲（錢穀張復合畫水程圖第一冊之31）	冊頁	紙	設色	23.2 x 37.7		台北 故宮博物院	故畫 01226-31
楊子橋・揚洲（錢穀張復合畫水程圖第一冊之32）	冊頁	紙	設色	23.2 x 37.7		台北 故宮博物院	故畫 01226-32
林屋攤書圖（明人畫扇一冊之6）	摺扇面	紙	設色	17.1 x 50.4		台北 故宮博物院	故畫 03527-6
仿倪瓚山水（明人畫扇冊四冊之9）	摺扇面	紙	水墨	不詳		台北 故宮博物院	故畫 03530-9
江南春圖（明人畫扇集冊貳冊（上）之11）	摺扇面	紙	設色	不詳		台北 故宮博物院	故畫 03534-11
雪泉圖（明人便面畫冊（二）之1）	摺扇面	紙	設色	不詳		台北 故宮博物院	故畫 03538-1
松林亭子（明人便面畫冊（二）之2）	摺扇面	紙	設色	不詳		台北 故宮博物院	故畫 03538-2
春山圖（明人便面畫冊（二）之3）	摺扇面	紙	設色	不詳		台北 故宮博物院	故畫 03538-3
江村訪友（明人便面畫冊（二）之4）	摺扇面	紙	設色	不詳		台北 故宮博物院	故畫 03538-4
山居對客（明人便面畫冊（二）之5）	摺扇面	紙	設色	不詳		台北 故宮博物院	故畫 03538-5
蘭花（明人便面畫冊（二）之6）	摺扇面	紙	水墨	不詳		台北 故宮博物院	故畫 03538-6
風漂夷馬（明人書畫扇（辛）冊之7）	摺扇面	紙	設色	不詳		台北 故宮博物院	故畫 03545-7
赤壁泛舟（明諸臣書畫扇面冊頁冊之11）	摺扇面	紙	設色	不詳		台北 故宮博物院	故畫 03546-11
林亭秋色（明人書畫扇面（己）	摺扇面	紙	設色	不詳		台北 故宮博物院	故畫 03551-7

名稱		質地	色彩	尺寸 高x寬cm	創作時間	收藏處所	典藏號碼
冊之7）							
秦淮煙雨（明人書畫扇面（亨）冊之22，原題明人畫）	摺扇面	紙	設色	17.1 x 50.4		台北 故宮博物院	故畫 03566-22
蒼厓過雨	摺扇面	紙	設色	不詳		台北 故宮博物院	故扇 00146
秋林亭子	摺扇面	紙	設色	不詳		台北 故宮博物院	故扇 00242
板橋策蹇	摺扇面	紙	設色	不詳		台北 故宮博物院	故扇 00247
花鳥	摺扇面	紙	設色	18 x 51		台北 歷史博物館	
山水圖	摺扇面	金箋	設色	18.7 x 53.6		台北 陳啟斌畏罍堂	
獨釣圖	摺扇面	金箋	水墨	18.6 x 53.9		香港 莫華釗承訓堂	K92.78
竹枝小鳥圖（為仰峰作）	摺扇面	金箋	水墨	16 x 50.1		香港 香港藝術館・虛白齋	FA1991.057
山水圖	摺扇面	金箋	設色	15 x 49.7		香港 潘祖堯小聽颿樓	CP83
山水圖（明人書畫扇面冊之2）	摺扇面	金箋	設色	16.7 x 48.5		香港 潘祖堯小聽颿樓	CP35b
秋景山水圖（明人書畫扇面冊之5）	摺扇面	金箋	設色	19.6 x 56.8		香港 潘祖堯小聽颿樓	CP35e
南泉觀瀑圖	摺扇面	金箋	設色	不詳	嘉靖丁未（二十六年，1547）	北京 故宮博物院	
古柏竹石圖	摺扇面	金箋	水墨	17.1 x 50.8	丙子（萬曆四年，1576）	北京 故宮博物院	
仙吏神交圖（8幀）	冊	紙	設色	（每幀）29.2 x 25.3		北京 故宮博物院	
董姬像	冊頁	紙	設色	不詳		北京 故宮博物院	
趙子實作炊圖	冊頁	紙	設色	不詳		北京 故宮博物院	
山水圖	摺扇面	灑金箋	設色	17.7 x 51		北京 故宮博物院	
後赤壁圖	摺扇面	金箋	設色	15 x 47.5		北京 故宮博物院	
山水圖	摺扇	金箋	設色	16.4 x 48.7	甲戌（萬曆二年，1574）	北京 中國歷史博物館	
蘭竹圖	摺扇面	金箋	水墨	17 x 49.3		北京 中國歷史博物館	
山水圖（錢穀等雜畫扇面冊9之1幀）	摺扇面	金箋	設色	17.7 x 49.6		北京 首都博物館	
山水花卉圖（17幀）	冊	紙	設色、水墨	不詳	丙午（嘉靖二十五年，1546）春二月既望	天津 天津市藝術博物館	
山水圖	摺扇面	金箋	設色	不詳		天津 天津市藝術博物館	
山水圖（明藍瑛等山水花鳥冊	摺扇面	金箋	設色	不詳		濟南 山東省博物館	

名稱		質地	色彩	尺寸 高x寬cm	創作時間	收藏處所	典藏號碼
11之1幀）							
松林書屋圖	摺扇面	金箋	設色	不詳	隆慶壬申（六年，1572）秋九月	合肥 安徽省博物館	
惠麓別友圖（為玄洲作）	摺扇面	金箋	設色	不詳	甲辰（嘉靖二十三年，1544）春日	上海 上海博物館	
山水（17幀）	冊	紙	水墨	（每幀）34 x 26.5	嘉靖丙午（二十五年，1546）	上海 上海博物館	
碧浪放舟圖	摺扇面	雲母箋	水墨	不詳	癸丑（嘉靖三十二年，1553）	上海 上海博物館	
善卷洞圖	摺扇面	金箋	設色	不詳	乙卯（嘉靖三十四年，1555）八月	上海 上海博物館	
江南春詞意圖	摺扇面	雲母箋	設色	不詳	丁巳（嘉靖三十六年，1557）秋	上海 上海博物館	
江上扁舟圖	摺扇面	金箋	設色	不詳	庚申（嘉靖三十九年，1560）夏日	上海 上海博物館	
法界香林圖	摺扇面	金箋	水墨	不詳	癸亥（嘉靖四十二年，1563）夏	上海 上海博物館	
曲水流觴圖	摺扇面	雲母箋	水墨	不詳	甲子（嘉靖四十三年，1564）	上海 上海博物館	
江行雨泊圖（為景郊作）	摺扇面	雲母箋	設色	不詳	癸酉（萬曆元年，1573）五日	上海 上海博物館	
仿夏圭騎驢歸莊圖	摺扇面	金箋	水墨	不詳	丁丑（萬曆五年，1577）	上海 上海博物館	
剪燭夜話圖	摺扇面	金箋	設色	不詳	戊寅（萬曆六年，1578）春正月	上海 上海博物館	
仿米雲山圖	摺扇面	金箋	設色	不詳		上海 上海博物館	
看山圖	摺扇面	灑金箋	設色	不詳		上海 上海博物館	
善卷洞上圖	摺扇西	金箋	設色	不詳		上海 上海博物館	
為黃長公作山水圖	摺扇面	金箋	水墨	不詳		上海 上海博物館	
喬木清流圖	摺扇面	金箋	設色	不詳		上海 上海博物館	
松石流泉圖	摺扇面	金箋	設色	不詳	隆慶庚午（四年，1570）	南京 南京博物院	
臨流獨坐圖	摺扇面	金箋	水墨	不詳		蘇州 江蘇省蘇州博物館	
玉女潭圖	摺扇面	金箋	設色	不詳		杭州 浙江省博物館	

名稱		質地	色彩	尺寸 高×寬㎝	創作時間	收藏處所	典藏號碼
人物圖		摺扇面 金箋	設色	不詳	乙亥（萬曆三年，1575）	杭州 浙江省杭州市文物考古所	
春江煙雨圖		摺扇面 金箋	設色	不詳	乙卯（嘉靖三十四年，1555）	寧波 浙江省寧波市天一閣文物保管所	
水閣遠山圖		摺扇面 金箋	設色	不詳	辛未（隆慶五年，1571）	寧波 浙江省寧波市天一閣文物保管所	
停琴聽泉圖		摺扇面 紙	設色	不詳	癸酉（萬曆元年，1573）	寧波 浙江省寧波市天一閣文物保管所	
山水圖		摺扇面 金箋	水墨	不詳	癸酉（萬曆元年，1573）	成都 四川省博物院	
山水圖		摺扇面 金箋	設色	不詳		成都 四川省博物院	
山水圖		摺扇面 金箋	設色	不詳	甲寅（嘉靖二十三年，1554）	廣州 廣州市美術館	
山水（明名家書畫扇集冊之3）		摺扇面 金箋	設色	不詳		日本 東京田邊碧堂先生	
山水圖（書畫扇面帖之55）		摺扇面 金箋	設色	17.7 x 53.4		日本 京都國立博物館	A甲685
山水圖（溪山行旅）		摺扇面 金箋	水墨	不詳	丁卯（隆慶元年，1567）冬十一月	日本 江田勇二先生	
人物圖（蕉蔭閱讀）		摺扇面 紙	設色	16.2 x 47.5	戊寅（萬曆六年，1578）秋日	美國 普林斯頓大學藝術館	68-219
東禪寺圖（諸名賢壽文徵明八十詩畫冊之4）		冊頁 絹	設色	21.8 x 19		美國 紐約王季遷明德堂	
人物圖		摺扇面 紙	設色	16.2 x 47.5		美國 紐約沙可樂先生	
仿沈周山鵲圖		摺扇面 金箋	水墨	17.5 x 52.9		美國 密歇根大學藝術博物館	1976/2.140
山水圖		摺扇面 金箋	水墨	16.3 x 48.7		德國 柏林東亞藝術博物館	1988-264
山水圖		摺扇面 金箋	設色	19 x 53.9		德國 柏林東亞藝術博物館	1988-263
山水圖		摺扇面 紙	水墨	15.6 x 47.3		德國 科隆東亞藝術博物館	A36.12
山水圖		摺扇面 金箋	水墨	14.8 x 46.8		德國 科隆東亞藝術博物館	A36.11
山水圖（策杖訪友）		摺扇面 金箋	設色	16.3 x 48		德國 科隆東亞藝術博物館	A55.22
附：							
補圖文徵明書前後赤壁賦		卷 紙	設色	不詳	萬曆甲戌（二年，1574）六月廿四日	北京 北京市文物商店	
處林上人圖		卷 紙	設色	27.3 x 132.7	丙寅（嘉靖四十五年，1566）夏五月七日	紐約 蘇富比藝品拍賣公司/拍賣目錄 1986,06,03.	

名稱		質地	色彩	尺寸 高x寬cm	創作時間	收藏處所	典藏號碼
鍾馗移家圖	卷	紙	水墨	29.5 x 161	丁巳（嘉靖三十六年，1557）八月	紐約 蘇富比藝品拍賣公司/拍賣目錄 1988,11,30.	
駐節聽歌圖	卷	紙	設色	26 x 65	乙巳（嘉靖二十四年，1545）閏月吉	紐約 佳士得藝品拍賣公司/拍賣目錄 1992,12,02.	
林泉對話圖	軸	紙	設色	不詳	甲戌（萬曆二年，1574）九月朔日	北京 北京市文物商店	
仿文徵明山水圖	軸	紙	設色	不詳	嘉靖甲子（四十三年，1564）	上海 上海文物商店	
岳陽樓大觀圖	軸	絹	設色	不詳		上海 上海文物商店	
山水（溪山晤對圖）	軸	紙	水墨	82 x 26.6	甲子（嘉靖四十三年，1564）九月既望	紐約 蘇富比藝品拍賣公司/拍賣目錄 1982,06,05.	
春元吉慶圖（徐霖、陸師道題）	軸	紙	設色	86 x 30.5		香港 佳士得藝品拍賣公司/拍賣目錄 1991,11,25.	
春林煙雨圖	軸	紙	水墨	111 x 28.3	嘉靖戊午（三十七年，1558）春王正月十又六日	紐約 佳士得藝品拍賣公司/拍賣目錄 1993,12,01.	
春郊試馬圖	軸	紙	設色	120.6 x 27.6	丁丑（萬曆五年，1577）中秋閏月二日	紐約 佳士得藝品拍賣公司/拍賣目錄 1994,11,30.	
八哥圖	摺扇面	紙	設色	不詳	萬曆甲戌（二年，1574）	北京 北京市文物商店	
溪邊對話圖	摺扇面	金箋	水墨	17.8 x 55.7	壬申（隆慶六年，1572）冬日	紐約 佳仕得藝品拍賣公司/拍賣目錄 1986,12,01.	
山水圖	摺扇面	金箋	設色	15 x 48	辛未（隆慶五年，1571）夏日	紐約 佳士得藝品拍賣公司/拍賣目錄 1988,11,30.	
柳岸艤舟圖（明十一家山水扇面冊第八幀）	摺扇面	金箋	設色	18.5 x 53.3	癸酉（萬曆元年，1573）十月	紐約 佳士得藝品拍賣公司/拍賣目錄 1988,11,30.	
觀鶴圖	摺扇面	金箋	設色	23.5 x 52.1	癸卯（嘉靖二十二年，1543）三月	紐約 佳士得藝品拍賣公司/拍賣目錄 1990,11,28.	
松崖高隱圖	摺扇面	金箋	設色	18 x 53	己酉（嘉靖二十八年，1549）六月	紐約 佳士得藝品拍賣公司/拍賣目錄 1993,06,04.	
虎丘六景圖（6幀）	冊	紙	設色	（每幀）28 x 30.5		紐約 佳士得藝品拍賣公司/拍賣目錄 1994,06,01.	

名稱		質地	色彩	尺寸 高×寬cm	創作時間	收藏處所	典藏號碼
花卉圖（6幀）	冊頁	紙	水墨	（每幀）22.5 × 16.5		紐約 佳士得藝品拍賣公司/拍 賣目錄 1995,09,19.	
山水（明清各家山水扇面冊 12 之 1 幀）	摺扇面	金箋	設色	不詳		紐約 佳士得藝品拍賣公司/拍 賣目錄 1997,09,19.	
花石竹雀	摺扇面	金箋	設色	18.8 × 54	丁未（嘉靖二十六 年，1547）夏日	紐約 佳士得藝品拍賣公司/拍 賣目錄 1997,09,19.	
雲山圖	摺扇面	金箋	設色	18.4 × 54	辛酉（嘉靖四十年 ，1561）閏五月	紐約 佳士得藝品拍賣公司/拍 賣目錄 1997,09,19.	
山水（明各家山水書法扇面冊 10 之 1 幀）	摺扇面	金箋	設色	17.8 × 56.7		香港 佳士得藝品拍賣公司/拍 賣目錄 1998,09,15.	

畫家小傳：錢穀。字叔寶。號磬室。江蘇長洲人。生於武宗正德三（1508）年。神宗萬曆六（1578）年尚在世。少孤失學。壯遊文徵明門下，如得書讀，並習繪畫。工畫山水，兼善蘭竹，均爽朗可愛。（見明畫錄、無聲詩史、圖繪寶鑑續纂、明史文徵明傳、蘇州府志、中國畫家人名大辭典）

宗 信

山水圖	摺扇面	金箋	水墨	17.9 × 50.6		美國 勃克萊加州大學藝術館	CC3

畫家小傳：宗信。籍里不詳。為江蘇蘇州、無錫地區木板刻工。世宗嘉靖十三(1534)年曾刻六家文選注。二十五（1546）年刻夏小正戴氏傳。（見中國美術家人名大辭典）

南 鎮

山水圖（有杜大中、文從龍、文嘉、周天球書詩）	摺扇面	金箋	設色	28.2 × 120.9		台北 故宮博物院	故扇 00294

畫家小傳：南鎮。畫史無載。身世待考。

皇甫濂

墨梅圖	軸	紙	水墨	90.9 × 29.1		日本 東京帝室博物館	

畫家小傳：皇甫濂。字子約（一字道隆）。江蘇長洲人。世宗嘉靖十三（1534）年進士。有才名，工詩。善畫花卉、木石，並臻佳妙。（見明史皇甫涍傳、皇甫司勳集、中國畫家人名大辭典）

張 瀚

藻魚圖（對幅）	軸	紙	設色	101.2 × 58.5		日本 山口縣菊屋嘉十郎先生	
附：							
山水圖	摺扇面	紙	設色	不詳	嘉靖庚子（十九年 ，1540）	北京 北京市文物商店	

名稱		質地	色彩	尺寸 高x寬cm	創作時間	收藏處所	典藏號碼

畫家小傳：張瀚。字子文。別號元洲。浙江仁和人。世宗嘉靖十四(1535)年進士，仕至吏部尚書。工詩文。善書畫。畫山水，絕似元吳鎮。流傳署款紀年作品見於嘉靖十九(1540)年。(見明史藝文志、圖繪寶鑑續纂、快雪堂集、中國畫家人名大辭典)

周天球

名稱		質地	色彩	尺寸 高x寬cm	創作時間	收藏處所	典藏號碼
墨蘭	卷	紙	水墨	33.1 x 431.9	庚辰（萬曆八年，1580）閏月之望	台北 故宮博物院	故畫 01071
長門賦	巷	紙	水墨	26.3 x ?		香港 中文大學中國文化研究所文物館	
長門賦（長門賦圖合璧卷之第3段）	卷	紙	水墨	26.3 x ?		香港 利榮森北山堂	
水仙竹枝圖	卷	紙	白描	32 x 386	嘉靖甲寅（三十三年，1554）仲夏	瀋陽 遼寧省博物館	
叢蘭竹石圖	卷	灑金箋	水墨	28.4 x 515.7	隆慶庚午（四年，1570）九月十日	北京 故宮博物院	
蘭花圖	卷	紙	水墨	不詳		北京 故宮博物院	
墨蘭圖	卷	紙	水墨	31.3 x 397.4	庚辰（萬曆八年，1580）中秋三日	上海 上海博物館	
蘭花圖	卷	紙	水墨	不詳	乙酉（萬曆十三年，1585）四月	上海 上海博物館	
墨蘭圖（為肇文作）	卷	紙	水墨	32 x 381	乙酉（萬曆十三年，1585）十月	廣州 廣東省博物館	
墨蘭圖	卷	紙	水墨	23 x ?	萬曆己丑（十七年，1589）秋月	美國 密歇根大學藝術博物館	
蘭花圖	軸	紙	水墨	83.1 x 33.8	庚辰（萬曆八年，1580）冬日	北京 故宮博物院	
蘭花圖（為玄搢作）	軸	紙	水墨	50.5 x 24.4	己卯（萬曆七年，1579）冬仲之望	南京 南京博物院	
吳楚一望圖	軸	紙	設色	200 x 53.3		日本 東京山本悌二郎先生	
山水人物圖	軸	紙	設色	不詳		韓國 首爾國立中央博物館	
空谷幽蘭（明諸臣書畫扇面冊頁冊之18）	摺扇面	紙	水墨	不詳		台北 故宮博物院	故畫 03546-18
蘭花圖（10幀）	冊	紙	水墨	不詳	萬曆己卯（七年，1579）秋七月	北京 故宮博物院	
蘭花圖	摺扇面	紙	水墨	不詳		揚州 江蘇省揚州市博物館	

名稱		質地	色彩	尺寸 高×寬㎝	創作時間	收藏處所	典藏號碼
墨蘭圖（8幀）	冊　紙		水墨	不詳	萬曆戊子（十六年，1588）花朝	上海　上海博物館	
蘭竹石圖（陳道復等雜畫冊12之第6幀）	冊頁　紙		設色	約24.5×25.3		上海　上海博物館	
蘭花圖	摺扇面　金箋		水墨	不詳		上海　上海博物館	
金陵八景圖（蔣乾、周天球等十一人合繪於2摺扇面）	摺扇面　金箋		設色	（每面）17.5×53.5		南京　南京市博物館	
蘭花圖	摺扇面　金箋		水墨	不詳		蘇州　江蘇省蘇州博物館	
蘭花圖	摺扇面　金箋		設色	不詳	辛卯（萬曆十九年，1591）	成都　四川省博物院	
蘭花圖	摺扇面　金箋		水墨	不詳	萬曆己卯（七年，1579）	成都　四川大學	
蘭石圖	摺扇面　金箋		水墨	16.7×49.5		日本　橫濱岡山美術館	
蘭圖（明清諸賢詩畫扇面冊之第18幀）	摺扇面　金箋		水墨	15.9×48.9		日本　私人	
蘭圖	摺扇面　金箋		水墨	15.8×47.4		德國　柏林東亞藝術博物館	1988-381
墨蘭圖	摺扇面　金箋		水墨	17.3×52.8		德國　柏林東亞藝術博物館	1988-380

畫家小傳：周天球。字公瑕。號幻海。江蘇長洲人。生於武宗正德九（1514）年。卒於神宗萬曆二十三（1594）年。少從文徵明遊，因以書名。尤善畫蘭，間作花卉，亦佳。（見明畫錄、無聲詩史、圖繪寶鑑續纂、明史文徵明傳、中國畫家人名大辭典）

毛　翌

| 貓蝶圖 | 軸　絹 | | 設色 | 116×50 | 庚子（？嘉靖十九年，1540） | 澄海　廣東省澄海縣博物館 | |

畫家小傳：毛翌。畫史無載。流傳署款作品紀年疑似世宗嘉靖十九（1540）年。身世待考。

林　達

辛夷竹石（林達花卉翎毛冊8之1）	冊頁　紙		設色	29.7×40.4		台北　故宮博物院	故畫03161-1
月季山雀（林達花卉翎毛冊8之2）	冊頁　紙		設色	29.7×40.4		台北　故宮博物院	故畫03161-2
剪秋羅雞（林達花卉翎毛冊8之3）	冊頁　紙		設色	29.7×40.4		台北　故宮博物院	故畫03161-3
月季竹鵝（林達花卉翎毛冊8之4）	冊頁　紙		設色	29.7×40.4		台北　故宮博物院	故畫03161-4

名稱		質地	色彩	尺寸 高x寬㎝	創作時間	收藏處所	典藏號碼
桃花壽帶（林達花卉翎毛冊8之5）	冊頁	紙	設色	29.7 x 40.4		台北 故宮博物院	故畫 03161-5
玉簪竹石（林達花卉翎毛冊8之6）	冊頁	紙	設色	29.7 x 40.4		台北 故宮博物院	故畫 03161-6
芍藥花草（林達花卉翎毛冊8之7）	冊頁	紙	設色	29.7 x 40.4		台北 故宮博物院	故畫 03161-7
竹葉出禽（林達花卉翎毛冊8之8）	冊頁	紙	設色	29.7 x 40.4		台北 故宮博物院	故畫 031361-8
山水圖	冊頁	紙	水墨	不詳		天津 天津市藝術博物館	

畫家小傳：林達。畫史無載。身世待考。

陸師道

攜卷對山圖	軸	紙	設色	108.3 x 41.6	嘉靖甲辰（二十三年，1544）臘月	台北 故宮博物院	故畫 00553
臨文徵明吉祥庵圖	軸	紙	設色	90.7 x 40.9	辛巳（萬曆九年，1581）二月八日	台北 故宮博物院	故畫 00554
山水	軸	紙	設色	68.9 x 34.6	嘉靖壬子（三十一年，1552）四月	台北 故宮博物院	故畫 00555
溪山圖	軸	紙	水墨	117.8 x 30.3		北京 故宮博物院	
剡溪山色圖	軸	紙	設色	不詳	戊申（嘉靖二十七年，1548）三月	北京 中國歷史博物館	
雪窗春釀圖（為生白作）	軸	紙	設色	49.7 x 29.9	癸丑（嘉靖三十二年，1553）正月三日	上海 上海博物館	
喬柯翠嶺圖（為從川作）	軸	絹	設色	174.8 x 98.2	壬戌（嘉靖四十一年，1562）上春	上海 上海博物館	
平岡垂釣圖	軸	紙	水墨	不詳		上海 上海博物館	
水墨桃花（明花卉畫冊之7）	冊頁	紙	水墨	18.1 x 46.9		台北 故宮博物院	故畫 03514-7
秋江圖	摺扇面	紙	設色	不詳		台北 故宮博物院	故扇 00115
松岸江濤圖（黃昌言等山水冊8之第4幀）	冊頁	絹	設色	22.2 x 22.2		上海 上海博物館	
高齋坐雨圖（為少洲寫）	摺扇面	金箋	水墨	21 x 57	己酉（嘉靖二十八年，1549）四月	日本 東京住友寬一先生	

畫家小傳：陸師道。字子傳。號元洲、五湖。江蘇長洲人。生於武宗正德十二（1517）年。卒於神宗萬曆八（1580）年。嘉靖十七年進士。

名稱		質地	色彩	尺寸 高x寬㎝	創作時間	收藏處所	典藏號碼

曾遊文徵明門下。工詩、古文及書畫。善畫山水，澹遠精麗兼而有之。（見傳載明畫錄、無聲詩史、明史文徵明傳、姑蘇名賢小傳、弇州續稿、中國畫家人名大辭典）

陳 栝

名稱	質地		色彩	尺寸 高x寬㎝	創作時間	收藏處所	典藏號碼
三友圖	卷	紙	水墨	28.7 x 245.1	嘉靖庚戌（二十九年，1550）春暮	台北 故宮博物院	故畫 01063
梨花白燕圖（為芝室作）	卷	紙	設色	29 x 122	壬寅（嘉靖二十一年，1542）冬日	北京 故宮博物院	
蘭石圖（為樗庵作）	卷	紙	設色	不詳	嘉靖壬子（三十一年，1552）春仲既望	北京 故宮博物院	
花鳥圖	卷	紙	水墨	30.5 x 405	癸丑（嘉靖三十二年，1553）	北京 故宮博物院	
四季花卉圖	卷	紙	水墨	28.4 x 232		北京 故宮博物院	
寫生游戲圖	卷	紙	設色	29.4 x 254.3		北京 故宮博物院	
花卉八段圖	卷	紙	設色	不詳	丙午（嘉靖二十五年，1546)冬日	天津 天津市藝術博物館	
梅花圖	卷	紙	水墨	不詳	辛亥（嘉靖三十年，1551）	上海 上海博物館	
花卉圖	卷	紙	水墨	29.1 x 588.5	癸丑（嘉靖三十二年，1553）冬仲	上海 上海博物館	
花卉圖	卷	紙	水墨	20.2 x 220.6	嘉靖乙未（十四年，1535）	蘇州 江蘇省蘇州博物館	
墨筆花卉圖	卷	紙	水墨	不詳	癸丑（嘉靖三十二年，1553）仲春望後	重慶 重慶師範大學	
仿米山水圖	卷	紙	設色	27.5 x 396	嘉靖己酉（二十八年，1549）春日	廣州 廣州市美術館	
端陽景	軸	紙	設色	125.8 x 41.1		台北 故宮博物院	故畫 02219
獻歲祥羹	軸	紙	設色	161.6 x 43.1		台北 故宮博物院	故畫 02220
萬年青	軸	紙	水墨	92.8 x 38	隆慶庚午（四年，1570）夏日」	台北 故宮博物院	故畫 02221
海棠	軸	絹	設色	164.6 x 67.3	嘉靖丁未（二十六年，1547）秋九月	台北 故宮博物院	故畫 02222

名稱		質地	色彩	尺寸 高x寬cm	創作時間	收藏處所	典藏號碼
					既望		
花卉	軸	紙	水墨	134.2 × 29.5		台北 故宮博物院	故畫 02223
湖山明麗圖	軸	紙	水墨	188.5 × 38.5	嘉靖己酉（二十八年，1549）夏孟之朔	香港 護暉堂	
松溪泛舟圖	軸	紙	水墨	149 × 35	嘉靖癸丑（三十二年，1553）秋仲	長春 吉林省博物館	
為肯山作山水圖	軸	紙	水墨	153.2 × 307	嘉靖壬寅（二十一年，1542）仲夏	北京 故宮博物院	
竹石圖	軸	紙	水墨	不詳	戊申（嘉靖二十七年，1548）春日	北京 故宮博物院	
菊石圖	軸	紙	水墨	86 × 33	癸卯（嘉靖二十二年，1543）冬日	天津 天津市藝術博物館	
梔子花圖	軸	紙	水墨	48 × 25		天津 天津市藝術博物館	
端午即景圖	軸	紙	設色	111 × 70.2	嘉靖壬子（三十一年，1552）五月既望	上海 上海博物館	
梅花圖	軸	紙	水墨	不詳		上海 上海博物館	
平安連瑞圖	軸	紙	設色	90.4 × 46.4	嘉靖丙午（二十五年，1546）夏六月	南京 南京博物院	
蜀葵圖	軸	絹	設色	133 × 66.5	嘉靖庚戌（二十九年，1550）	廣州 廣州市美術館	
水墨山水圖	軸	紙	水墨	111.2 × 49.1	庚戌（嘉靖二十九年，1550)秋日	日本 東京岩村成允先生	
白鸚鵡圖（張子畫鸚鵡、陳栝補花枝）	軸	紙	設色	129.2 × 31.6		日本 兵庫縣黑川古文化研究所	
湖山明麗圖	軸	紙	水墨	188.2 × 38.3	嘉靖己酉（二十八年，1549）夏孟朔	美國 底特律市藝術中心	80.2
山茶（陳栝四時花卉冊之 1）	冊頁	紙	水墨	24 × 27.5		台北 故宮博物院	故畫 01137-1
菊花（陳栝四時花卉冊之 2）	冊頁	紙	水墨	24 × 27.5		台北 故宮博物院	故畫 01137-2
木芙蓉（陳栝四時花卉冊之 3）	冊頁	紙	水墨	24 × 27.5		台北 故宮博物院	故畫 01137-3
秋葵（陳栝四時花卉冊之 4）	冊頁	紙	水墨	24 × 27.5		台北 故宮博物院	故畫 01137-4
荷花（陳栝四時花卉冊之 5）	冊頁	紙	水墨	24 × 27.5		台北 故宮博物院	故畫 01137-5
戎葵（陳栝四時花卉冊之 6）	冊頁	紙	水墨	24 × 27.5		台北 故宮博物院	故畫 01137-6

名稱		質地	色彩	尺寸 高x寬cm	創作時間	收藏處所	典藏號碼
梔子（陳栝四時花卉冊之7）	冊頁	紙	水墨	24 x 27.5		台北 故宮博物院	故畫 01137-7
繡球花（陳栝四時花卉冊之8）	冊頁	紙	水墨	24 x 27.5		台北 故宮博物院	故畫 01137-8
蘭花（陳栝四時花卉冊之9）	冊頁	紙	水墨	24 x 27.5		台北 故宮博物院	故畫 01137-9
梅花（陳栝四時花卉冊之10）	冊頁	紙	水墨	24 x 27.5		台北 故宮博物院	故畫 01137-10
杏花（明人便面集錦冊之4）	摺扇面	紙	設色	不詳		台北 故宮博物院	故畫 03541-4
紫羅蘭（明人便面集錦冊之5）	摺扇面	紙	設色	不詳		台北 故宮博物院	故畫 03541-5
牡丹（明人便面集錦冊之6）	摺扇面	紙	設色	不詳		台北 故宮博物院	故畫 03541-6
芭蕉紫薇（明人便面集錦7）	摺扇面	紙	設色	不詳		台北 故宮博物院	故畫 03541-7
竹石百合（明人便面集錦冊8）	摺扇面	紙	水墨	不詳		台北 故宮博物院	故畫 03541-8
芙蓉圖	摺扇面	金箋	設色	17.1 x 48.5		香港 莫華釗承訓堂	K92.73
月季花圖	摺扇面	金箋	水墨	16.5 x 47.3	壬寅（嘉靖二十一年，1542）秋日	北京 故宮博物院	
花卉圖	摺扇面	紙	設色	18.2 x 55		北京 故宮博物院	
花卉圖（與韓世能書合卷，陳畫8段）	卷	紙	設色	29.3 x 485	嘉靖丙午（二十五年，1546）冬日	天津 天津市藝術博物館	
月季花圖	摺扇面	金箋	水墨	不詳	癸丑（嘉靖三十二年，1553）	重慶 重慶市博物館	
燕子桃花圖	摺扇面	金箋	設色	19.4 x 54.1	壬子（嘉靖三十一年，1552）春日	日本 橫濱岡山美術館	
荷花蕩圖(諸名賢壽文徵明八十壽詩畫冊之第7幀)	冊頁	絹	設色	21.8 x 19		美國 紐約王季遷明德堂	
附：							
花鳥圖	卷	紙	水墨	31.8 x 565.1	辛亥（嘉靖三十年，1551）秋日	紐約 蘇富比藝品拍賣公司/拍賣目錄 1985,06,03.	
牡丹松石圖	軸	紙	設色	不詳	辛亥（嘉靖三十年，1551）春	北京 北京市文物商店	
天池晚眺圖	軸	紙	設色	117.2 x 40.5	嘉靖庚戌（二十九年，1550）	武漢 湖北省武漢市文物商店	
桃花圖	摺扇面	金箋	設色	不詳	庚戌（嘉靖二十九年，1550）	上海 朵雲軒	

畫家小傳：陳栝。字子正。號沱江。江蘇長洲人。陳淳之子。為人飲酒縱誕。善畫花卉，筆墨放浪，然有生趣。流傳署款紀年作品見於世宗嘉靖二十一(1542)年，至穆宗隆慶四(1570)年。(見明畫錄、無聲詩史、圖繪寶鑑續纂、弇州山人稿、中國畫家人名大辭典)

張子既

名稱		質地	色彩	尺寸 高x寬cm	創作時間	收藏處所	典藏號碼
白鸚鵡圖（張子既畫鸚鵡、陳	軸	紙	設色	129.2 x 31.		日本 兵庫縣黑川古文化研究	

名稱		質地	色彩	尺寸 高×寬㎝	創作時間	收藏處所		典藏號碼

| 栝補花枝) | | | | 6 | | 所 | | |

畫家小傳：張子旣。畫史無載。白間人。與陳栝同時。善作工筆翎毛。身世待考。

張　幅

| 杏花八哥圖 | | 摺扇面 | 金箋 | 設色 | 不詳 | 壬寅（嘉靖二十一年，1542） | 寧波 | 浙江省寧波市天一閣文物保管所 | |

畫家小傳：張幅。畫史無載。流傳署款紀年作品見於世宗嘉靖二十一（1542）年。身世待考。

王　乾

寫生		軸	絹	設色	152.9 × 84.1		台北	故宮博物院	故畫 00550
雙鷲圖		軸	絹	水墨	172.3 × 104.4		北京	故宮博物院	
水邊群禽圖		軸	絹	設色	147.3 × 80.6		日本	東京小原重雄先生	
松巖仙館圖		軸	金箋	水墨	131.5 × 48.8	甲辰（嘉靖二十三年，1544）春仲	美國	夏威夷火魯奴奴藝術學院	5660.1
仿文伯仁山水圖		軸	紙	設色	不詳	甲辰（嘉靖二十三年，1544）	美國	火魯奴奴 Hutchinson 先生	
花鳥圖		軸	絹	設色	141.7 × 82.2		德國	柏林東亞藝術博物館	D1g7-1971b

畫家小傳：王乾。字一清。號藏春、天峰。浙江臨海人。能以輕墨淺彩作花卉、禽蟲、山石、林藪，尤能妙寫寒塘野水拍湧之態。流傳署款紀年作品見於世宗嘉靖二十三（1544）年。（見明畫錄、無聲詩史、畫史會要、中國畫家人名大辭典）

沈　碩

雲溪圖		卷	絹	設色	27.4 × 128		美國	舊金山亞洲藝術館	B69 D1
古松圖		軸	紙	設色	235 × 78.5	萬曆丙子（四年，1576）	天津	天津市藝術博物館	
山樵歸路圖		軸	紙	設色	不詳	隆慶元年（丁卯，1567）	南京	南京博物院	
秋林落日圖（為竹林先寫）		軸	紙	水墨	97 × 30.7	嘉靖甲辰（二十三年，1544）秋日	美國	勃克萊加州大學藝術館（高居翰教授寄存）	
湖山勝景（明人書畫扇（亨）冊之 2，原題明人畫）		冊頁	紙	設色	16.6 × 48.7		台北	故宮博物院	故畫 03565-2
雲山圖		摺扇面	紙	設色	不詳		重慶	重慶市博物館	
附：									
秋山臥遊圖		軸	紙	設色	347.5 × 104	乙酉（萬曆十三年，1585）夏五月	紐約	佳士得藝品拍賣公司/拍賣目錄 1994,11,30.	

名稱		質地	色彩	尺寸 高x寬cm	創作時間	收藏處所	典藏號碼
聽泉圖		摺扇面 金箋	設色	25 x 53		紐約 佳士得藝品拍賣公司/拍賣目錄 1993,06,04.	

畫家小傳：沈碩。字宜謙。號龍江。江蘇長洲人，流寓江寧。善畫，工於臨摹。畫山水、人物，遠效趙伯駒、劉松年，近仿仇英、唐寅。流傳署款紀年作品見於世宗嘉靖二十三(1544)年至神宗萬曆十三（1585）年 。(見明畫錄、無聲詩史、圖繪寶鑑續纂、金陵瑣事、中國畫家人名大辭典)

常福

名稱		質地	色彩	尺寸 高x寬cm	創作時間	收藏處所	典藏號碼
天將圖		軸	絹	設色	134 x 78	嘉靖二十四年（乙巳，1545）	天津 天津市藝術博物館

畫家小傳：常福。畫史無載。流傳署款紀年作品見於世宗嘉靖二十四（1545）年。身世待考。

陳樾

名稱		質地	色彩	尺寸 高x寬cm	創作時間	收藏處所	典藏號碼
寫生花卉（2幅合裝）		卷	紙	水墨、設色	14.4 x 114.1 ；14.5 x59.1		台北 故宮博物院	故畫 01064
秋溪放棹圖		摺扇面 金箋	設色	不詳	丁巳（嘉靖三十六年，1557）	北京 故宮博物院	

畫家小傳：陳樾。畫史無載。疑為陳淳之子、陳栝兄弟。待考。

姚沾

名稱		質地	色彩	尺寸 高x寬cm	創作時間	收藏處所	典藏號碼
獨釣圖		軸	絹	設色	145.4 x 63		日本 佐賀縣鍋島報效會	

畫家小傳：姚沾。字惟恩。號墨仙。浙江餘姚人。能詩畫。精於蘭石，意致清遠。(見圖繪寶鑑續纂、中國畫家人名大辭典)

徐渭

名稱		質地	色彩	尺寸 高x寬cm	創作時間	收藏處所	典藏號碼
畫竹		卷	紙	水墨	30.4 x 336.5		台北 故宮博物院	故畫 01637
寫生		卷	紙	水墨	29.1 x 525.6		台北 故宮博物院	故畫 01638
蟠桃紫芝圖		卷	紙	木墨	27.5 x 92.5		台北 鴻禧美術館	C1-612
花卉圖		卷	紙	設色	32.3 x 526		香港 潘祖堯小聽颿樓	CP24
四季花卉圖		卷	紙	水墨	29.5 x 487		長春 吉林省博物館	
花卉十六種（為從子十郎作）		卷	紙	水墨	不詳	萬曆五年（丁丑，1577）重九	北京 故宮博物院	
雜畫		卷	紙	水墨	不詳	辛卯（萬曆十九年，1591）	北京 故宮博物院	
花卉九種		卷	紙	水墨	46.3 x 624	萬曆壬辰（二十年，1592）冬	北京 故宮博物院	
花鳥圖（8段）		卷	紙	水墨	26.3 x 519.5		北京 故宮博物院	

名稱		質地	色彩	尺寸 高×寬㎝	創作時間	收藏處所	典藏號碼
四時花卉	卷	紙	水墨	32.5 × 795.5		北京 故宮博物院	
雜畫	卷	紙	水墨	29.9 × 304.7		北京 中國歷史博物館	
雜畫（冊頁 3 幀裝成）	卷	紙	水墨	（每幀）19 × 22		北京 中國歷史博物館	
蟹魚圖	卷	紙	水墨	29 × 79		天津 天津市歷史博物館	
雜花十六種圖并書	卷	紙	水墨	不詳	萬曆四年（丙子，1575）朔日	上海 上海博物館	
雜畫	卷	紙	水墨	28.5 × 859.1	萬曆庚辰（八年，1580）八月望日	上海 上海博物館	
墨花圖（8 段）	卷	紙	水墨	29.5 × 429	萬曆辛卯（十九年，1591）春王雞日	上海 上海博物館	
花卉圖	卷	紙	水墨	28.3 × 375.6	萬曆壬辰（二十年，1592）秋八月	上海 上海博物館	
花果圖	卷	紙	設色	33.5 × 522.8		上海 上海博物館	
雜花四段	卷	絹	水墨	（每段）27.8 × 50.2		上海 上海博物館	
擬鵝圖	卷	紙	水墨	32.4 × 160.8		上海 上海博物館	
雜花圖	卷	紙	水墨	37 × 149		南京 南京博物院	
雜畫	卷	紙	水墨	32.5 × 624	嘉靖壬寅（二十一年，1542）	昆明 雲南省博物館	
墨花七種圖	卷	紙	水墨	28.5 × 790	萬曆三年（乙亥，1575）菊月望日	日本 東京國立博物館	
雜畫	卷	紙	設色	31.3×1104.9	嘉靖辛酉（四十年，1561）九月重九日	日本 大阪市立美術館	
水墨寫生雜卉（冊頁 8 詁幀裝成）	卷	紙	水墨	（每幀）31.5 × 75.8	萬曆二年（甲戌，1574）卯之重九日	日本 兵庫黑川古文化研究所	
花卉雜畫（為史甥繪）	卷	紙	水墨	25.6 × 291.2	萬曆辛卯（十九年，1591）重九日	日本 京都泉屋博古館	
墨花圖	卷	紙	水墨	31.1 × ？		美國 耶魯大學藝術博物館（私人寄存）	
水墨花卉十二種	卷	紙	水墨	32.5 × 535.5		美國 華盛頓特區弗瑞爾藝術館	54.8
擬鳶圖	卷	紙	水墨	不詳		美國 堪薩斯市納爾遜-艾金斯藝術博物館	

名稱		質地	色彩	尺寸 高×寬㎝	創作時間	收藏處所	典藏號碼
墨花圖	卷	紙	水墨	30.2 × ?		美國 夏威夷火魯奴奴藝術學院	2710.1
墨花圖	卷	紙	水墨	33.5 × ?		美國 私人	
花卉雜畫	卷	紙	水墨	32.1 × ?		德國 柏林東亞藝術博物館	1988-456
水墨芭蕉圖	軸	紙	水墨	166.4 × 91		瑞典 斯德哥爾摩遠東古物館	
榴實圖	軸	紙	水墨	91.4 × 26.6		台北 故宮博物院	故畫 00566
花竹	軸	紙	水墨	337.6 × 103		台北 故宮博物院	故畫 00910
荷花	軸	紙	水墨	141.7 × 37.2		台北 故宮博物院	故畫 01347
牡丹	軸	紙	水墨	133.3 × 34.5		台北 故宮博物院	故畫 02252
牡丹	軸	紙	水墨	124.8 × 31.8		台北 故宮博物院	故畫 02253
菊石	軸	紙	水墨	不詳		台北 故宮博物院	國贈 026745
梅花	軸	紙	水墨	85.4 × 37.2		台北 故宮博物院（蘭千山館寄存）	
松鶴圖	軸	紙	水墨	136.5 × 51.2		台北 故宮博物院（蘭千山館寄存）	
牡丹圖	軸	紙	水墨	136.5 × 61.2		台北 鴻禧美術館	C2-835
青籐書屋圖	軸	紙	設色	102.3 × 38.4		香港 鄭德坤木扉齋	
富貴神仙圖	軸	紙	水墨	123.5 × 49		香港 劉作籌虛白齋	
竹枝水仙圖	軸	紙	水墨	124 × 64		長春 吉林省博物館	
雪蕉梅石圖	軸	紙	水墨	134 × 90		瀋陽 故宮博物院	
四時花卉圖	軸	紙	水墨	144.7 × 80.8		北京 故宮博物院	
雪竹圖	軸	紙	水墨	126 × 58.5		北京 故宮博物院	
梅花蕉葉圖	軸	紙	水墨	133.3 × 307		北京 故宮博物院	
黃甲圖	軸	紙	水墨	114.6 × 29.7		北京 故宮博物院	
葡萄圖	軸	紙	水墨	165.7 × 64.5		北京 故宮博物院	
荷蟹圖	軸	紙	水墨	114.6 × 29.6		北京 故宮博物院	
蓮舟觀音圖	軸	紙	水墨	116 × 29.2		北京 中國美術館	
潑墨疏林圖	軸	紙	水墨	97 × 37		合肥 安徽省博物館	
五月蓮花圖	軸	紙	水墨	129.3 × 51		上海 上海博物館	
竹石牡丹圖	軸	紙	水墨	138.7 × 37.1		上海 上海博物館	
竹石牡丹圖	軸	紙	水墨	不詳		上海 上海博物館	
牡丹蕉石圖	軸	紙	水墨	120.6 × 58.4		上海 上海博物館	
蕉石牡丹圖	軸	紙	水墨	不詳		上海 上海博物館	

名稱		質地	色彩	尺寸 高×寬㎝	創作時間	收藏處所	典藏號碼
漁婦圖	軸	紙	水墨	116 × 62		上海 上海博物館	
菊石圖	軸	紙	水墨	124.8 × 30.6		上海 上海博物館	
三友圖	軸	紙	水墨	142.4 × 79.4		南京 南京博物院	
三清圖	軸	紙	水墨	200.9 × 100.8		南京 南京博物院	
葡萄圖	軸	紙	水墨	184.9 × 90.7		杭州 浙江省博物館	
水月觀音圖	軸	紙	水墨	102.6 × 26.4		寧波 浙江省寧波市天一閣文物保管所	
竹石圖	軸	紙	水墨	122 × 38		廣州 廣東省博物館	
花卉圖	軸	紙	水墨	129.5 × 32.2		廣州 廣東省博物館	
梅竹圖	軸	紙	設色	116.5 × 32		廣州 廣東省博物館	
瓶花圖	軸	紙	水墨	96.5 × 27.7		廣州 廣東省博物館	
水墨花卉圖	軸	紙	水墨	不詳		日本 東京國立博物館	
蕉石圖	軸	紙	水墨	129.4 × 50		日本 東京橋本辰二郎先生	
設色椿花圖	橫披	紙	設色	35 × 134		日本 東京高島菊次郎槐安居	
拜孝陵詩畫	軸	紙	水墨	109.1 × 29.1		日本 大阪市立美術館	
松石圖	軸	紙	水墨	123 × 31.5		日本 大阪橋本大乙先生	
九秋圖（禾蟹圖）	軸	紙	水墨	72 × 32		日本 大阪橋本大乙先生	
松石新篁圖	軸	紙	水墨	124.5 × 32.8		日本 兵庫縣黑川古文化研究所	
花卉圖（書畫）	軸	紙	設色	109.6 × 59.7		日本 京都貝塚茂樹先生	
水仙竹石圖	軸	紙	水墨	79.2 × 32.3		美國 普林斯頓大學藝術館（私人寄存）	
蔓瓜圖	軸	紙	水墨	63.5 × 29.9		美國 勃克萊加州大學藝術館	CM116
雞冠花圖	軸	紙	水墨	123.9 × 29.9		德國 柏林東亞藝術博物館	1383
寒林四友圖	軸	紙	水墨	62.7 × 30.5		德國 柏林東亞藝術博物館	1988-457
蓮花圖	軸	紙	水墨	94.3 × 56.8		瑞士 蘇黎士黎得堡博物館	RCH.1222
水墨葡萄	軸	紙	水墨	不詳		荷蘭 阿姆斯特丹萊登博物館	
山水圖	軸	紙	水墨	97.5 × 37.6		瑞典 斯德哥爾摩遠東古物館	NMOK269
墨芭蕉圖	軸	紙	水墨	166.4 × 91		瑞典 斯德哥爾摩遠東古物館	NMOK268
郭索圖（明花卉畫冊之3）	冊頁	紙	水墨	17.8 × 50.2		台北 故宮博物院	故畫 03513-3
歲寒三友圖	摺扇面	金箋	水墨	16.3 × 48.2		香港 潘祖堯小聽颿樓	CP81
山水人物花卉圖（16幀）	冊	紙	水墨	不詳	萬曆戊子（十六年，1588）夏仲	北京 故宮博物院	

名稱		質地	色彩	尺寸 高x寬cm	創作時間	收藏處所	典藏號碼
雜畫（8幀）	冊	紙	設色	（每幀）30.4 x 35		北京 故宮博物院	
花卉圖（8幀）	冊	紙	水墨	（每幀）30.4 x 21.3		杭州 浙江省博物館	
花卉圖（壽節母劉夫人書畫冊 6之1幀）	冊頁	紙	設色	34 x 57.1	（隆慶辛未，五年 ，1571）	成都 四川省博物院	
荷花（名人書畫扇甲冊之4）	摺扇面	金箋	水墨	不詳		日本 東京橋本辰二郎先生	
葡萄樹圖	摺扇面	金箋	水墨	18.5 x 53.5		瑞典 斯德哥爾摩遠東古物館	NMOK409
附：							
花果圖（2段）	卷	紙	水墨	（每段）133 x 30.4不等		濟南 山東省濟南市文物商店	
花卉圖	短卷	紙	水墨	30 x 63.5		紐約 佳士得藝品拍賣公司/拍 賣目錄1990,05,31.	
花卉圖	卷	紙	水墨	30 x 99		紐約 佳士得藝品拍賣公司/拍 賣目錄1990,05,31.	
芭蕉與竹圖	卷	紙	水墨	30 x 154		紐約 佳士得藝品拍賣公司/拍 賣目錄1998,09,15.	
花卉十六種圖	卷	紙	設色	32.3 x 496.5		香港 佳士得藝品拍賣公司/拍 賣目錄1998,09,15.	
葡萄圖	軸	紙	水墨	118.3 x 38		上海 上海文物商店	
墨菊圖	軸	紙	水墨	52 x 35		紐約 佳士得藝品拍賣公司/拍 賣目錄1994,06,01.	
荷塘翠鳥圖	軸	紙	設色	64.1 x 43.8		香港 佳士得藝品拍賣公司/拍 賣目錄2001,04,29.	
葡萄圖	冊頁	紙	水墨	不詳		揚州 揚州市文物商店	

畫家小傳：徐渭。字文長。號天池、青藤老人。浙江山陰人。生於武宗正德十六（1521）年。卒於神宗萬曆廿一（1593）年。善古文辭、
　　書、畫。畫工山水、人物、花卉、竹石，筆墨瀟灑，天趣燦發，無不超逸。（見明畫錄、無聲詩史、圖繪寶鑑續纂、明史本傳、
　　杭州府志、中國畫家人名大辭典）

黃 彪

| 九老圖 | 卷 | 絹 | 設色 | 27.2 x 193 | 皇明萬曆甲午（二 十二年，1594）臘 月立明年春 | 台北 故宮博物院 | 故畫01639 |

畫家小傳：黃彪。號震泉。江蘇蘇州人。生於武宗正德十六（1521）年。善畫，尤精臨摹，嘗仿張擇端清明上河圖，幾欲亂真。（見無聲
　　詩史、中國畫家人名大辭典）

名稱		質地	色彩	尺寸 高x寬cm	創作時間	收藏處所	典藏號碼

尤 求

名稱		質地	色彩	尺寸 高x寬cm	創作時間	收藏處所	典藏號碼
琴棋書畫圖	卷	紙	水墨	28.8 x ？	壬申（隆慶六年，1572）仲秋	香港 中文大學中國文化研究所文物館	95.657
相如屬賦圖（長門賦圖合璧卷之第2段）	卷	紙	水墨	26.3 x 27.5		香港 中文大學中國文化研究所文物館	
高士圖	卷	紙	水墨	33 x 994	萬曆辛巳（九年，1581）	瀋陽 故宮博物院	
白描渡海羅漢圖	卷	紙	水墨	30.4 x 367.5		瀋陽 遼寧省博物館	
飲中八仙圖	卷	紙	水墨	不詳	隆慶辛未（五年，1571）孟春望前三日	北京 故宮博物院	
文姬歸漢圖	卷	紙	設色	不詳	隆慶壬申（六年，1572）	北京 故宮博物院	
琵琶行圖	卷	紙	設色	不詳	辛亥（嘉靖三十年，1611）	北京 故宮博物院	
仿龍眠飲中八仙圖	卷	紙	水墨	不詳	壬子（嘉靖三十一年，1612）冬	北京 故宮博物院	
羅漢渡海圖	卷	紙	水墨	不詳	己未（嘉靖三十八年，1559）秋日	北京 故宮博物院	
蘭亭修禊圖	卷	紙	水墨	不詳		北京 故宮博物院	
昭君出塞圖	卷	紙	白描	25.8 x 376.9	嘉靖甲寅（三十三年，1554）夏日	上海 上海博物館	
漢宮春曉圖	卷	紙	水墨	24.5 x 801.3	隆慶戊辰（二年，1568）	上海 上海博物館	
白描飲中八仙圖	卷	紙	水墨	31.4 x 228.9		蘇州 江蘇省蘇州博物館	
仿李龍眠白描羅漢圖	卷	紙	水墨	32 x 1271.5	始於嘉靖乙巳（二十四年），完成於癸丑（1553）	成都 四川省博物院	
飲中八仙圖	卷	紙	設色	31 x 616	萬曆壬午（十年，1582）	廈門 福建省廈門市博物館	
白描人物（社樂圖）	卷	絹	水墨	25.4 x ？		美國 芝加哥大學藝術博物館	1974.86
園林雅集	卷	紙	水墨	25.2 x 771.4		美國 堪薩斯市納爾遜-艾金斯藝術博物館	50-23

名稱		質地	色彩	尺寸 高x寬cm	創作時間	收藏處所	典藏號碼
渡海羅漢圖	卷	紙	水墨	31.2 x 724	丁亥（萬曆十五年，1587）伏日	美國 鳳凰市美術館(Mr.Roy And Marilyn Papp 寄存)	
雲溪圖	卷	絹	設色	27.4 x 128		美國 舊金山亞洲藝術館	B69 D1
行旅圖	卷	紙	水墨	29.5 x 533.4		英國 倫敦大英博物館	1978.1-23.01
山水人物	軸	紙	水墨	132.2 x 51.1		台北 故宮博物院	故畫 00596
西園雅集圖	軸	紙	白描	106.7 x 31.8	隆慶辛未（五年，1571）重陽日	台北 故宮博物院	故畫 00597
松陰博古圖	軸	紙	水墨	108.6 x 33.6	己卯（萬曆七年，1579）冬十月	台北 故宮博物院	故畫 00598
書閣早梅	軸	紙	設色	104.8 x 38		台北 故宮博物院	故畫 01355
耕織圖	軸	絹	設色	176.4 x 46	戊寅（萬曆六年，1578）冬日	台北 長流美術館	
西園雅集	軸	紙	水墨	121.5 x 41.5	隆慶辛未（五年，1571）春月中浣	香港 利榮森北山堂	
寒山拾得圖	軸	紙	水墨	121 x 30.5	庚辰（萬曆八年，1580）	瀋陽 遼寧省博物館	
品古圖	軸	紙	水墨	94 x 36.5	壬申（隆慶六年，1572）仲秋	北京 故宮博物院	
桐蔭鼓琴圖	軸	紙	水墨	118.4 x 32.7	萬曆辛巳（九年，1581）夏日	北京 故宮博物院	
問禮圖	軸	紙	水墨	87.8 x 32.5	萬曆癸未（十一年，1583）	北京 故宮博物院	
風雲起蟄圖	軸	紙	設色	不詳	癸酉（萬曆元年，1573）仲夏望日	北京 中國美術館	
風雲起蟄圖	軸	絹	設色	89.5 x 28.8	癸酉（萬曆紀元，1573）	北京 中國美術館	
大禹治水圖	軸	絹	水墨	不詳		北京 中央工藝美術學院	
西園雅集圖	軸	紙	水墨	109 x 43.5	萬曆改元（癸酉，1573）春日	天津 天津市藝術博物館	
圍棋報捷圖	軸	紙	水墨	115.4 x 30.8	庚辰（萬曆八年，1580）	天津 天津市藝術博物館	
吹笛送客圖	軸	紙	水墨	100 x 52		天津 天津市藝術博物館	
雲溪雅集圖	軸	紙	水墨	126.5 x 50.9		天津 天津市藝術博物館	
紅拂圖	軸	紙	設色	不詳	乙亥（萬曆三年，1575）夏日	上海 上海博物館	

名稱		質地	色彩	尺寸 高x寬cm	創作時間	收藏處所	典藏號碼
曇陽仙師圖	軸	絹	設色	118.5 x 57.3	庚辰（萬曆八年，1580）	上海 上海博物館	
七夕穿針圖	軸	紙	設色	不詳	癸未（萬曆十一年，1583）春	上海 上海博物館	
補袞圖	軸	紙	水墨	64.5 x 27	萬曆庚辰（八年，1580）	廣州 廣東省博物館	
四弦高士圖	軸	紙	設色	114 x 39.5	萬曆乙酉（十三年，1585）春	廣州 廣東省博物館	
楊柳觀音圖	軸	紙	水墨	42.4 x 21.6		日本 私人	
雅集圖	軸	紙	水墨	156 x 51.2		美國 紐約Habert 先生	
鍾馗圖	軸	絹	設色	94 x 33.2		加拿大 大維多利亞藝術館	67.152
唐子圖（嬰戲圖，此畫作者落款原誤認作王月鵬）	軸	絹	設色	89.3 x 53.4	嘉靖庚申（三十九年，1560）春三月	英國 倫敦大英博物館	
道士圖	軸	紙	水墨	62.9 x 32.3		瑞典 斯德哥爾摩遠東古物館	NMOK516
修禊圖	軸	紙	水墨	135.6 x 60	壬申（隆慶六年，1572）秋日	瑞典 斯德哥爾摩遠東古物館	NMOK413
漁樵問答（明人便面集錦冊之13）	摺扇面	紙	設色	不詳		台北 故宮博物院	故畫 03541-13
秋山圖	摺扇面	紙	不詳	不詳		台北 故宮博物院	故扇 00169
洛神圖	摺扇面	紙	不詳	不詳		台北 故宮博物院	故扇 00170
山水圖（扇面圖冊之8）	摺扇面	金箋	水墨	17 x 51.3		台北 陳啟斌畏罍堂	
七賢過關圖	摺扇面	金箋	設色	17 x 49.1		台北 吳峰彰先生	
松陰覓句圖	摺扇面	紙	水墨	15.8 x 45.3		香港 莫華釗承訓堂	K92.46
王仙師遺言圖	冊頁	紙	設色	不詳		北京 故宮博物院	
對奕圖（尤求等雜畫冊8之1幀）	冊頁	紙	設色	28 x 30.6		北京 故宮博物院	
秋溪放棹圖	摺扇面	金箋	設色	18.5 x 52		北京 故宮博物院	
人物、山水圖（12幀）	冊	紙	設色	（每幀）32.5 x 21.9		上海 上海博物館	
白描羅漢圖（10幀）	冊	紙	設色	（每幀）30 x 38	隆慶六年（壬申，1572）夏佛誕日	武漢 湖北省博物館	
山水圖	摺扇面	雲母箋	設色	16.5 x 52.2		日本 橫濱岡山美術館	
仕女圖（明人扇面冊之2）	摺扇面	金箋	設色	17 x 50.1		日本 私人	
山水人物圖	摺扇面	金箋	設色	24.1 x 70.5		美國 舊金山亞洲藝術館	B68 D1
山水圖	摺扇面	金箋	設色	17.5 x 52.5		德國 柏林東亞藝術博物館	1988-340

名稱		質地	色彩	尺寸 高x寬㎝	創作時間	收藏處所	典藏號碼
附：							
長門望幸圖（仇英、尤求繪周天球書長門賦合卷之第2幅）	卷	紙	水墨	26.4 x 27.3		紐約 佳士得藝品拍賣公司/拍賣目錄1988,06,02.	
對奕圖	卷	絹	設色	31.4 x 127	嘉靖丙寅（四十五年，1566）冬日	紐約 佳士得藝品拍賣公司/拍賣目錄1995,10,29.	
文會圖	軸	紙	水墨	123.2 x 33.6	萬曆辛巳（九年，1581）季春日	紐約 蘇富比藝品拍賣公司/拍賣目錄1982,11,19.	
明妃望月圖	軸	絹	設色	114.4 x 32	萬曆辛巳（九年，1581）春	紐約 蘇富比藝品拍賣公司/拍賣目錄1985,06,03.	
仿李公麟意人物圖	軸	絹	水墨	48 x 35.5		紐約 蘇富比藝品拍賣公司/拍賣目錄1986,06,03.	
山水人物（明十一家山水扇面冊之第7幀）	摺扇面	金箋	設色	17 x 51.5		紐約 佳士得藝品拍賣公司/拍賣目錄1988,11,30.	
福祿壽圖	摺扇面	金箋	設色	17.8 x 53.3	丙午（嘉靖二十五年，1546）秋日	紐約 佳士得藝品拍賣公司/拍賣目錄1992,12,02.	

畫家小傳：尤求。字子求。號鳳丘。江蘇長洲人，寓居太倉。工畫山水；尤長於佛像、人物畫，師法劉松年、錢選。流傳署款紀年作品見於世宗嘉靖二十四（1545）年至神宗萬曆十一（1583）年。（見無聲詩史、太倉州志、五雜俎、中國畫家人名大辭典）

鄧黻

| 歸汾圖 | 卷 | 絹 | 設色 | 不詳 | 丁未（嘉靖二十六年，1547） | 北京 故宮博物院 | |

畫家小傳：鄧黻。一作黻。本姓蔡，育於外家，遂以為姓。字公度。號梓堂。江蘇常熟人。武宗正德二（1507）年舉孝廉。博學。工詩。善畫山水，仿沈周，有逸致。流傳署款紀年作品見於世宗嘉靖二十六（1547）年。（見常熟縣志、海虞文苑、海虞畫苑錄、柳南隨筆、中國畫家人名大辭典）

楊治卿

梅石鷹雀圖	軸	紙	設色	不詳	嘉靖丁未（二十六年，1547）	北京 故宮博物院	
雙鷹圖	軸	絹	設色	不詳	萬曆三十五年（1607）年夏日	北京 首都博物館	
花鳥圖（4幅）	軸	紙	設色	（每幅）229.5 x 119		杭州 浙江省杭州市文物考古所	
枯木雙鷹圖	軸	絹	設色	164.2 x 95.2		日本 私人	

畫家小傳：楊治卿。畫史無載。署款紀年作品見於世宗嘉靖二十六（1547）年，至神宗萬曆三十五（1607）年。身世待考。

名稱		質地	色彩	尺寸 高x寬cm	創作時間	收藏處所	典藏號碼

殷 宏

花鳥圖	軸	絹	設色	不詳		台北 故宮博物院	國贈 006530
秋景花鳥圖	軸	絹	設色	129 x 68.1		日本 私人	A2553
孔雀牡丹圖	軸	絹	設色	240 x 195.5		美國 克利夫蘭藝術博物館	
早春花鳥圖	軸	絹	設色	168.7 x102.7		美國 德州金貝爾藝術館	AP1982.08

畫家小傳：殷宏。籍里、身世不詳。善畫翎毛，品在呂紀、邊文進之間。（見無聲詩史、中國畫家人名大辭典）

宋登春

雲影松間身	摺扇面	金箋	水墨	19.7 x 57.5		日本 大阪橋本大乙先生	

畫家小傳：宋登春。字應元。號海翁。晚居江陵之天鵝池，故又號鵝池生。新河人。素性又奇，里人呼為狂生。工小詩。善畫山水，師吳偉。
　　　（見無聲詩史、後隅集、中國畫家人名大辭典）

黃尚質

旭日雙鯉圖	軸	絹	設色	131 x 94.6		日本 私人	

畫家小傳：黃尚質。字子殿。號墨泉。浙江餘姚人。世宗嘉靖十八(1549)年舉孝廉。善畫山水，得古法；兼工人物。（見明畫錄、紹興府志
　　　、餘姚縣志、畫史會要、中國畫家人名大辭典）

彭舜卿

香山九老圖	軸	絹	設色	不詳		北京 故宮博物院	
山水人物圖	軸	絹	設色	不詳		北京 故宮博物院	
二仙圖	軸	絹	設色	164.2 x 94.5		北京 故宮博物院	
臨流讀書圖	軸	絹	設色	165.1 x104.5		上海 上海博物館	
松亭遠眺圖	軸	絹	設色	106 x 173		杭州 浙江省杭州西泠印社	

附：

人物圖	軸	絹	水墨	158 x 92		上海 朵雲軒	

畫家小傳：彭舜卿。字素仙。長興人。身世不詳。善畫人物，兼工山水。（見明畫錄、畫史會要、元明清書畫人名錄、中國畫家人名大辭
典）

傅 崟

江橫山峻圖	卷	絹	設色	142 x 30.1	嘉靖己酉（二十八年，1549）	合肥 安徽省博物館	
天台石梁飛瀑圖	軸	金箋	設色	60.7 x 27.6	癸卯歲（二十二年，1543）新正六日	日本 染殿花院	

畫家小傳：傅崟。畫史無載。流傳署款紀年作品見於世宗嘉靖二十二（1543）、二十八（1549）年。身世待考。

名稱		質地	色彩	尺寸 高x寬㎝	創作時間	收藏處所	典藏號碼

朱觀熰

附：

山水圖并書詩（？幀）	冊	紙	設色	不詳	嘉靖己酉（二十八年，1549）	北京 中國文物商店總店	

畫家小傳：朱觀熰。字中立。為太祖五世孫。封魯王。善畫蘭竹。嘗繪太平圖上獻世宗，獲嘉獎。著有濟美堂畫稿、畫法權輿傳世。流傳署款紀年作品見於世宗嘉靖二十八(1549)年。（見明史魯荒王傳、圖繪寶鑑續纂、中國畫家人名大辭典）

皇甫淶

清溪釣艇圖（似墨泉道兄）	軸	絹	水墨	119.5 x 45.6	嘉靖己酉（二十八年，1549）春	日本 大阪橋本大乙先生	

畫家小傳：皇甫淶。字時亨。江蘇吳江人。世宗嘉靖二十六（1547）年進士。善畫山水，蕭疎淡遠，有元人筆趣。流傳署款紀年畫作見於嘉靖二十八(1549)年。（見松陵詩徵、中國畫家人名大辭典）

黃昌言

雪夜暮歸圖（為懷親作）	卷	絹	設色	29.4 x 511.2	嘉靖庚申（三十九年，1560）九月	北京 故宮博物院	
山水圖（明藍瑛等山水花鳥冊 11 之 1 幀）	摺扇面 金箋		設色	不詳		濟南 山東省博物館	
庭院戲臺圖（黃昌言等山水冊 8 之第 1 幀）	冊頁	絹	設色	約 22.2 x 22.2		上海 上海博物館	

附：

仿黃公望山水圖	軸	絹	設色	不詳	己酉（嘉靖二十八年，1549）	成都 四川省文物商店	

畫家小傳：黃昌言。籍里、身世不詳。善畫山水，所作大幅，不在文徵明下。流傳署款紀年作品見於世宗嘉靖二十八（1549）至三十九（1560)年。（見明畫錄、畫史會要、中國畫家人名大辭典）

孫 枝

十八羅漢圖	卷	紙	設色	25.6 x 243.1		台南 石允文先生	
九龍山居圖	卷	紙	水墨	21.5 x 116	辛未（隆慶五年，1571）	北京 故宮博物院	
五湖釣叟圖	卷	絹	設色	36.8 x 265	萬曆丁亥（十五年，1587）夏六月	北京 故宮博物院	

名稱		質地	色彩	尺寸 高x寬cm	創作時間	收藏處所	典藏號碼
江干古寺圖	卷	紙	設色	28.5 × 137	癸巳（萬曆二十一年，1593）仲春既望	北京 故宮博物院	
□夏灣圖	卷	紙	設色	不詳		北京 故宮博物院	
上林春曉圖	卷	紙	設色	不詳	萬曆己丑（十七年，1589）三月	北京 中央美術學院	
錦江圖	卷	絹	設色	30 × 491.2	萬曆丁酉（二十五年，1597）五月	天津 天津市藝術博物館	
小春墨卉圖	卷	紙	水墨	27.5 × 684		青島 山東省青島市博物館	
石溪竹林圖（孫克弘等作朱竹圖卷5之第3段）	卷	紙	設色	20.9 × 416.7	萬曆壬辰（二十年，1592）中秋既望	上海 上海博物館	
秋景山水圖	卷	紙	設色	28.2 × 120.9	己卯（萬曆七年，1579）仲秋既望	美國 華盛頓特區弗瑞爾藝術館	45.37
王維輞川別業圖	卷	絹	設色	30.3 × ？		美國 勃克萊加州大學藝術館（加州E.B.Willis女士寄存）	
玉洞桃花	軸	紙	設色	127.2 × 33.9		台北 故宮博物院	故畫00636
梅花水仙	軸	紙	水墨	71.4 × 31.4	嘉靖己未（三十八年，1559）冬日	台北 故宮博物院	故畫00637
杜甫詩意	軸	紙	設色	119.1 × 36.6		台北 故宮博物院	故畫00638
棲霞山圖	軸	紙	設色	342 × 101.8		台北 故宮博物院	故畫00941
山水	軸	紙	水墨	122.1 × 24		台北 故宮博物院（蘭千山館寄存）	
綠蔭清話圖	軸	絹	設色	70 × 35	萬曆丙子（四年，1576）九月	台北 張添根養和堂	
村居客至圖	軸	紙	水墨	125 × 31.2	萬曆戊子（十六年，1588）	瀋陽 遼寧省博物館	
深山訪友圖	軸	紙	設色	125 × 31.2	萬曆庚寅（十八年，1590）	瀋陽 遼寧省博物館	
峰廻徑轉圖	軸	絹	設色	147.5 × 36.2		瀋陽 遼寧省博物館	
攜琴訪友圖	軸	紙	設色	122 × 31.2	萬曆庚寅（十八年，1590）四月	北京 故宮博物院	
清溪放棹圖	軸	紙	設色	112.4 × 25	萬曆戊子（十六年，1588）	北京 北京市文物局	

名稱		質地	色彩	尺寸 高x寬cm	創作時間	收藏處所	典藏號碼
茅屋論文圖	軸	紙	設色	64.3 × 679	萬曆辛卯（十九年，1591）	天津 天津市藝術博物館	
踏雪訪友圖	軸	紙	設色	148 × 37.5	萬曆乙未（二十三年，1595）	蘇州 江蘇省蘇州博物館	
山水圖（春溪花樹）	軸	絹	設色	91.4 × 44.5		日本 私人	
雪景山水圖	軸	絹	設色	不詳	萬曆壬辰（二十年，1592）夏日	美國 私人	
遠水揚帆圖（舊畫扇面冊之1）	摺扇面	金箋	水墨	不詳		台北 故宮博物院	故畫 03526-1
溪山樓閣（明人畫扇一冊之18）	摺扇面	紙	設色	不詳		台北 故宮博物院	故畫 03527-18
松溪繫艇（明人畫扇面（甲）冊之8）	摺扇面	紙	設色	不詳		台北 故宮博物院	故畫 03532-8
戲墨（明人書畫扇（辛）冊之1）	摺扇面	紙	水墨	不詳		台北 故宮博物院	故畫 03545-4
柳岸泊舟圖	摺扇面	金箋	水墨	15.5 × 48		香港 香港美術館・虛白齋	FA1991.060
孫康映雪圖	摺扇面	金箋	設色	15.5 × 48.1		香港 莫華釗承訓堂	K92.76
山水圖（趙左、宋旭等八人合冊8之1幀）	冊頁	紙	設色	不詳		瀋陽 故宮博物院	
山水圖并題	摺扇面	紙	水墨	不詳	丙申（萬曆二十四年，1596）三月	北京 中國歷史博物館	
松蔭講論圖（黃昌言等山水冊8之第7幀）	冊頁	絹	設色	22.2 × 22.2 不等		上海 上海博物館	
山水圖	摺扇面	金箋	設色	不詳	丁酉（萬曆二十五年，1597）	南京 南京博物院	
金山圖（明陸士仁等江左名勝圖冊34之1幀）	冊頁	絹	設色	25.5 × 50		南京 南京博物院	
金陵八景圖（蔣乾、周天球等十一人合繪於2摺扇面）	摺扇面	金箋	設色	（每面）17.5 × 53.5		南京 南京市博物館	
溪山漁隱圖	摺扇面	紙	水墨	不詳	己丑（萬曆十七年，1589）	蘇州 江蘇省蘇州博物館	
西湖紀勝圖（14幀）	冊	絹	設色	（每幀）32.9 × 38.9		寧波 浙江省寧波市天一閣文物保管所	
山水圖（明人扇面畫冊之50）	摺扇面	金箋	設色	18.2 × 55.2		日本 京都國立博物館	A甲 685
山水圖	摺扇面	金箋	水墨	17 × 51.3		日本 橫濱岡山美術館	
山水圖	摺扇面	金箋	設色	15.7 × 48.7		日本 橫濱岡山美術館	

名稱		質地	色彩	尺寸 高×寬cm	創作時間	收藏處所	典藏號碼
山水圖	摺扇面	金箋	設色	15.1 x 47.6		日本 琦玉縣萬福寺	
玉洞桃花圖	摺扇面	金箋	設色	16.5 x 53.2		美國 夏威夷火魯奴奴藝術學院	3542.1
山水圖	摺扇面	金箋	水墨	16.9 x 45.2		美國 夏威夷火魯奴奴藝術學院	3541.1
附：							
山水圖	軸	紙	設色	不詳	戊子（萬曆十六年，1588）秋七月	北京 北京市文物商店	
山林遊展圖	軸	紙	設色	107.5 x 33.3	隆慶壬申（六年，1572）	上海 上海文物商店	
松溪閒話圖	軸	紙	設色	不詳	辛卯（萬曆十九年，1591）	上海 上海文物商店	
山水	摺扇面	金箋	水墨	不詳		紐約 佳士得藝品拍賣公司/拍賣目錄 1990,11,28.	

畫家小傳：孫枝，字叔達。號華林居士。江蘇吳縣人。生於世宗嘉靖四（1525）年。卒於神宗萬曆十八（1590）年。善畫山水，宗法文徵
　　　明。亦能作人物、花卉。(見明畫錄、無聲詩史、畫史會要、中國畫家人名大辭典)

蔣 乾

名稱		質地	色彩	尺寸 高×寬cm	創作時間	收藏處所	典藏號碼
瀟湘白雲圖（明蔣乾等山水花卉卷4之1段）	卷	紙	設色	24.1 x 36.6 不等	戊子（萬曆十六年，1588）仲秋日	瀋陽 遼寧省博物館	
雪江歸棹圖	卷	紙	設色	26 x 131.7	甲辰（萬曆三十二年，1604）冬日，時年八十	北京 故宮博物院	
赤壁圖（為乾峰作）	卷	絹	設色	不詳	癸卯（萬曆三十一年，1603）秋日	北京 故宮博物院	
雪景山水圖	卷	絹	設色	不詳	甲辰（萬曆三十二年，1604）冬日	北京 故宮博物院	
仿王蒙山水	軸	紙	水墨	98.1 x 34	嘉靖癸亥（四十二年，1563）冬日	台北 故宮博物院	故畫 00571
抱琴獨坐圖	軸	紙	水墨	不詳	甲辰（萬曆三十二年，1604）	北京 故宮博物院	
山水圖	軸	紙	設色	不詳	甲辰（萬曆三十二年，1604）春	北京 故宮博物院	
山水圖	軸	紙	水墨	134.5 x 36	丁酉（萬曆二十五	北京 中國歷史博物館	

名稱		質地	色彩	尺寸 高x寬㎝	創作時間	收藏處所	典藏號碼
					年，1597）仲夏		
秋江獨釣圖	軸	紙	水墨	125 x 32.3		天津 天津市藝術博物館	
雪山行旅圖	軸	紙	設色	不詳	乙巳（萬曆三十三年，1605）	寧波 浙江省寧波市天一閣文物保管所	
清泉高士圖	軸	絹	設色	178 x 103.3		廣州 廣東省博物館	
謝安奕中報捷圖	軸	絹	設色	133.9 x 72.2		日本 私人	
長松幽澗圖	軸	紙	水墨	50.2 x 30.8		德國 柏林東亞藝術博物館	1988-415
山水圖	摺扇面	灑金箋	設色	不詳		北京 中國歷史博物館	
山水圖（明蔣乾等山水冊8之1幀）	冊頁	絹	設色	不詳	甲午（萬曆二十二年，1594）	石家莊 河北省博物館	
金陵八景圖（明蔣乾、周天球等十一人合繪於2摺扇面）	摺扇面	金箋	設色	（每面）17.5 x 53.5		南京 南京市博物館	
山水圖	摺扇面	金箋	水墨	15.2 x 48.9	己亥（萬曆二十七年，1599）夏日	日本 橫濱岡山美術館	
山水圖（岸宇江舟）	摺扇面	紙	設色	16.6 x 50.4		日本 琦玉縣萬福寺	
山水圖（雲鎖江峰）	摺扇面	紙	設色	17.7 x 53.5		日本 琦玉縣萬福寺	
山水圖（山澗廊橋）	摺扇面	金箋	設色	16.1 x 49.5		日本 琦玉縣萬福寺	
山水圖	摺扇面	金箋	設色	17.1 x 52.4		德國 柏林東亞藝術博物館	1988-241
附：							
山水圖（晚明八家山水合卷之第6段）	卷	紙	設色	36 x 66		紐約 蘇富比藝品拍賣公司/拍賣目錄1984,12,05.	

畫家小傳：蔣乾。字子健。江蘇金陵人。蔣嵩之子。生於世宗嘉靖四（1525）年，神宗萬曆三十二（1604）年八十歲，尚在世。隱居吳之虹橋，因以為號。善畫山水，清拔古雅，過於其父。。（見明畫錄、無聲詩史、圖繪寶鑑續纂、吳門補乘、中國畫家人名大辭典）

項元汴

名稱		質地	色彩	尺寸 高x寬㎝	創作時間	收藏處所	典藏號碼
梵林圖	卷	紙	設色	25.6 x 86		南京 南京博物院	
詩畫（山水圖）	卷	紙	水墨	29.5 x 92.5	萬曆戊寅（六年，1578）秋莫	美國 紐約顧洛阜先生	
梓竹圖	軸	紙	水墨	45.8 x 27.2		台北 故宮博物院	故畫00567
蘭竹圖	軸	紙	水墨	78 x 34.3		台北 故宮博物院	故畫00568
仿蘇軾壽星竹	軸	紙	水墨	56.8 x 29.2	萬曆庚辰（八年，1580）九月廿五日	台北 故宮博物院	故畫00569
善才頂禮	軸	紙	水墨	130 x 30.5		台北 故宮博物院	故畫01349
花卉圖	軸	紙	水墨	80.9 x 30.6		台北 故宮博物院（蘭千山館寄存）	

名稱		質地	色彩	尺寸 高x寬cm	創作時間	收藏處所	典藏號碼
荷花圖	軸	紙	水墨	101.5 × 32.8		香港 徐伯郊先生	
白毫光圖	軸	紙	水墨	53.5 × 26.2		北京 故宮博物院	
竹石小山圖	軸	紙	水墨	不詳		北京 故宮博物院	
桂枝香園圖	軸	紙	水墨	104.7 × 34.9		北京 故宮博物院	
柏子圖	軸	紙	水墨	84.8 × 26.5		北京 故宮博物院	
荷花圖	軸	紙	水墨	105.1 × 32.2		北京 故宮博物院	
山水圖	軸	紙	設色	不詳	癸丑（嘉靖三十二年，1553）	上海 上海博物館	
雙樹樓圖	軸	紙	水墨	76.6 × 33.8	癸丑（嘉靖三十二年，1553）	上海 上海博物館	
松潤懸崖圖	軸	紙	水墨	102.9 × 27.3		上海 上海博物館	
荷花圖	軸	紙	水墨	122.7 × 31.5		日本 東京山本悌二郎先生	
枯木竹石圖	軸	紙	水墨	92.6 × 27.2		日本 私人	
墨蘭（名畫琳瑯冊之12）	冊頁	紙	水墨	59 × 33		台北 故宮博物院	故畫 01292-12
空山古木（名繪萃珍冊之8）	冊頁	紙	水墨	40.5 × 27.1		台北 故宮博物院	故畫 01294-8
竹石幽蘭（明花卉畫冊之6）	冊頁	紙	水墨	18.2 × 54.3		台北 故宮博物院	故畫 03513-6
墨竹（明人畫扇一冊之13）	摺扇面	紙	水墨	不詳		台北 故宮博物院	故畫 03527-13
枯木竹石（明人便面畫冊肆冊（二）之13）	摺扇面	紙	水墨	不詳		台北 故宮博物院	故畫 03538-13
蘭竹（明人扇頭畫冊之6）	摺扇面	紙	水墨	不詳		台北 故宮博物院	故畫 03542-6
竹石圖并書	摺扇面	金箋	水墨	16 × 50		日本 大阪橋本大乙先生	
花卉圖	摺扇面	金箋	水墨	16 × 48.1		德國 科隆東亞藝術博物館	A36.14
花果五種圖	摺扇面	金箋	水墨	18.1 × 52		瑞士 蘇黎士黎得堡博物館	RCH.1229
附：							
山水圖	軸	紙	水墨	60.3 × 29.8		紐約 蘇富比藝品拍賣公司/拍賣目錄 1984,06,13.	
登山待渡圖	卷	紙	水墨	25.5 × 124.5	萬曆己卯（七年，1579）春仲	紐約 蘇富比藝品拍賣公司/拍賣目錄 1988,11,30.	
仿王叔明山水圖	軸	紙	水墨	75 × 29.5	丁丑（萬曆五年，1577）重九日	紐約 佳士得藝品拍賣公司/拍賣目錄 1989,06,01.	
煙樹風篁圖	軸	紙	水墨	97 × 35.5		紐約 佳士得藝品拍賣公司/拍賣目錄 1992,06,02.	
蒼巖飛瀑圖	軸	紙	水墨	70 × 26.5		紐約 佳士得藝品拍賣公司/拍賣目錄 1998,09,15.	

名稱		質地	色彩	尺寸 高x寬cm	創作時間	收藏處所	典藏號碼
竹石圖	軸	紙	水墨	96.5 x 23.3		香港 蘇富比藝品拍賣公司/拍賣目錄 1999,10,31.	

畫家小傳：項元汴。字子京。號墨林。浙江嘉興人。生於世宗嘉靖四(1525)年。卒於神宗萬曆十八(1590)年。精鑑識，家富收藏。善畫山水，師法黃公望、倪瓚；間能作梅蘭竹石。(見明畫錄、無聲詩史、圖繪寶鑑續纂、嘉興府志、中國畫家人名大辭典)

宋 旭

名稱		質地	色彩	尺寸 高x寬cm	創作時間	收藏處所	典藏號碼
雪景山水（宋旭、沈俊山水合蹟卷之第1幅）	卷	紙	水墨	24.4 x 93.8	甲申（萬曆十二年，1584）二月望	台北 故宮博物院	故畫 01552-1
雪堂清寂圖（宋旭、沈俊山水合蹟卷之第2幅）	卷	紙	水墨	28.5 x 89		台北 故宮博物院	故畫 01552-2
花卉寫生（明王一鵬、宋旭、孫克弘、周之冕花卉寫生合卷之第2幅）	卷	紙	水墨	24.5 x 782.5		台北 故宮博物院（蘭千山館寄存）	
春江漁樂圖	卷	紙	設色	不詳		台北 故宮博物院（王世杰先生寄存）	
江上樓船圖	卷	紙	水墨	24.6 x 180	嘉靖丙寅（四十五年，1566）	瀋陽 故宮博物院	
別意圖	卷	紙	水墨	26.6 x 123.7	隆慶壬申（六年，1572）	瀋陽 遼寧省博物館	
五岳圖（5段）	卷	絹	設色	（每段）24.8 x 79.7不等	萬曆戊子（十六年，1588）六月之望	北京 故宮博物院	
湖山春曉圖	卷	紙	設色	85.7 x 378.5	辛卯（萬曆十九年，1591）	北京 故宮博物院	
籟山別業圖	卷	絹	設色	33.6 x 122.2	乙酉（萬曆十三年，1585）春三月	上海 上海博物館	
雲山訪道圖（為瀛洲禪友作）	卷	紙	設色	27.8 x 125.4	萬曆戊戌（二十六年，1598）中夏日	南京 南京博物院	
三竺禪隱圖	卷	紙	設色	28.3 x 117.4		南京 南京博物院	
摹王蒙輞川圖	卷	絹	設色	31.3 x 1091.3	萬曆甲戌（二年，1574）	無錫 江蘇省無錫市博物館	
桃花源圖	卷	絹	設色	26.3 x 384	萬曆庚寅（八年，1580）	重慶 重慶市博物館	
島嶼晴嵐圖（宋旭畫卷之第1幅）	卷	紙	設色	不詳	庚子（萬曆二十八年，1600）	日本 東京陽明文庫	

名稱		質地	色彩	尺寸 高x寬cm	創作時間	收藏處所	典藏號碼
江寺晨曦圖（宋旭畫卷之第2幅）	卷	紙	設色	不詳		日本 東京陽明文庫	
蛟門雪霽圖（宋旭畫卷之第3幅）	卷	紙	設色	不詳		日本 東京陽明文庫	
山水圖	卷	紙	設色	不詳		日本 京都 Yomei Bunko	
瀟湘八景圖	卷	絹	設色	27 x 75.1		日本 神戶小寺謙吉先生	
輞川圖（臨王叔明畫）	卷	絹	設色	31.4 x 889		美國 舊金山亞州藝術館	B67 D2
歲朝報喜圖	軸	紙	設色	95.8 x 41.8		台北 故宮博物院	故畫 00575
皆大歡喜圖	軸	紙	設色	114.3 x 56.1	嘉靖辛卯（十年，1531）三月朔日	台北 故宮博物院	故畫 00576
雲巒秋瀑圖	軸	紙	設色	125.8 x 32.8	萬曆癸未（十一年，1583）九月廿日	台北 故宮博物院	故畫 00577
清吟消夏圖	軸	絹	設色	101.9 x 50.5	壬午（萬曆十年，1582）七夕	台北 故宮博物院	故畫 02258
畫羅漢	軸	絹	設色	104.6 x 36.3	乙巳（嘉靖二十四年，1545）孟夏三日	台北 故宮博物院	故畫 02259
畫達摩	軸	紙	設色	72.1 x 31.8		台北 故宮博物院	故畫 02260
釋迦牟尼佛（原題明人畫）	軸	絹	設色	135.7 x 76.8		台北 故宮博物院	故畫 02358
達摩面壁圖	軸	絹	設色	49.3 x 26.1	萬曆丙申（二十四年，1596）秋日	台北 故宮博物院	中畫 00079
平沙落雁圖	軸	絹	水墨	99.7 x 31.8	萬曆乙巳（三十三年，1605）秋孟日	香港 利榮森北山堂	
雪居圖	軸	紙	設色	135 x 76.4		長春 吉林省博物館	
仿大癡山水圖	軸	絹	設色	不詳	丁亥（萬曆十五年，1587）	瀋陽 故宮博物院	
達摩面壁圖	軸	紙	設色	121.3 x 32.2	庚子（萬曆二十八年，1600）新春	旅順 遼寧省旅順博物館	
贈馮萬峰詩畫	軸	紙	水墨	66.5 x 32	萬曆己卯（七年，1579）十月廿七日	北京 故宮博物院	
茅屋話舊圖	軸	紙	設色	不詳	萬曆己卯（七年，1579）	北京 故宮博物院	
萬山秋色圖	軸	紙	設色	140.7 x 28.9	萬曆庚辰（八年，1580）初冬	北京 故宮博物院	

名稱		質地	色彩	尺寸 高×寬㎝	創作時間	收藏處所	典藏號碼
城南高隱圖	軸	紙	水墨	76.5 × 32.8	萬曆戊子（十六年，1588）夏	北京 故宮博物院	
秋窗讀書圖	軸	紙	設色	不詳	萬曆己丑（十七年，1589）秋日	北京 故宮博物院	
山水樵漁圖	軸	紙	水墨	129.5 × 33	癸巳（萬曆二十一年，1593）重陽	北京 故宮博物院	
為信甫作山水圖	軸	紙	設色	不詳	萬曆甲午（二十二年，1594）秋孟	北京 故宮博物院	
菊石圖	軸	紙	設色	127.8 × 60.3	萬曆甲午（二十二年，1594）	北京 故宮博物院	
雲壑歸樵圖	軸	絹	設色	103.2 × 31.8	年七十九（萬曆三十一年，1603）	北京 故宮博物院	
雪江獨釣圖	軸	紙	設色	162 × 52.4	萬曆甲辰（三十二年，1604）長至	北京 故宮博物院	
匡廬瀑布圖	軸	絹	設色	192.5 × 99.5		北京 故宮博物院	
臨江聚飲圖	軸	絹	設色	130.6 × 62.2	萬曆丙午（三十四年，1606）元宵後一日	北京 中國歷史博物館	
秋山策杖圖	軸	紙	設色	不詳	萬曆癸巳（二十一年，1593）秋	北京 首都博物館	
山林精舍圖	軸	紙	設色	不詳	萬曆丙午（三十四年，1606）	北京 中央工藝美術學院	
江上風帆圖	軸	絹	設色	132.5 × 50.2	萬曆乙巳（三十三年，1605）	天津 天津市藝術博物館	
煙寺晚鐘圖	軸	絹	設色	126.5 × 31.5	萬曆乙巳（三十三年，1605）八十一翁	天津 天津市藝術博物館	
尋梅覓句圖	軸	絹	設色	119 × 39	萬曆庚子（二十八年，1600）冬日	石家莊 河北省博物館	
松壑雲泉圖	軸	絹	設色	141.5 × 63.5	萬曆戊子（十六年，1588）	濟南 山東省博物館	
江鄉村舍圖	軸	絹	設色	153 × 45.5	萬曆乙巳（三十三年，1605）	合肥 安徽省博物館	
深山閑遊圖	軸	絹	水墨	128.3 × 57.7	萬曆丙午（三十四年，1606）	合肥 安徽省博物館	

名稱		質地	色彩	尺寸 高x寬cm	創作時間	收藏處所	典藏號碼
山水圖	軸	紙	設色	327.9x106.8	萬曆壬午（十年，1582）秋九月望	上海 上海博物館	
天香書屋圖	軸	紙	設色	167.8 x 86.5	萬曆戊子（十六年，1588）秋仲	上海 上海博物館	
古柏凌霄圖	軸	紙	設色	不詳		上海 上海博物館	
關山雪月圖	軸	絹	設色	195.7 x 94.2	萬曆己丑（十七年，1589）春仲	南京 南京博物院	
峨嵋雪霽圖	軸	絹	設色	225 x 101.5	萬曆乙巳（三十三年，1605）秋九月望前	南京 南京博物院	
長松圖	軸	絹	設色	不詳	萬曆丙午（三十四年，1606）秋	常州 江蘇省常州市博物館	
平疇旁釣圖	軸	絹	設色	186.5 x 98.5	萬曆癸卯（三十一年，1603）夏日	鎮江 江蘇省鎮江市博物館	
城南白苧村圖	軸	絹	設色	不詳	萬曆辛巳（九年，1581）十月之望	杭州 浙江省杭州市文物考古所	
達摩像	軸	紙	設色	54 x 29	萬曆辛丑（二十九年，1601）	嘉興 浙江省嘉興市博物館	
橋上看雲圖	軸	紙	水墨	127 x 32.3	萬曆丙戌（十四年，1586）	廣州 廣東省博物館	
達摩面壁圖	軸	紙	設色	121.5 x 31.5	萬曆乙巳（三十三年，1605）	廣州 廣東省博物館	
觀瀑圖	軸	絹	設色	128.7 x 47.5	萬曆庚寅（十八年，1590）	廣州 廣州市美術館	
秋林書屋圖	軸	絹	設色	158 x 69.5	萬曆癸巳（二十一年，1593）	廣州 廣州市美術館	
武林鳳凰山月巖圖	軸	紙	設色	123.5 x 36.3	萬曆庚子（二十八年，1600）六月望前日	廣州 廣州市美術館	
天目垂虹圖	軸	絹	水墨	189.5 x 71.5	萬曆己丑（十七年，1589）初夏十日	日本 東京藝術大學美術館	479
青綠山水圖	軸	紙	青綠	219.7x106.1	萬曆乙巳（三十三年，1605）夏日，時年八十又一	日本 東京佐佐木護邦先生	

名稱		質地	色彩	尺寸 高×寬㎝	創作時間	收藏處所	典藏號碼
松下壽老圖	軸	絹	設色	119.7 × 53	萬曆丙午（三十四年，1606）春三月既望	日本 京都圓山淳一先生	
仿董源法千巖萬壑圖	軸	絹	水墨	131.6 × 91.5	萬曆甲辰（三十二年，1604）冬日，八十翁	美國 波士頓美術館	
千山雪霽圖	軸	絹	設色	151.1 × 79		美國 耶魯大學藝術館	1977.122.1
仿吳鎮臨巨然浮嵐暖翠圖	軸	絹	設色	156.3 × 44.4	萬曆癸卯（十九年，1591）暮春	美國 芝加哥大學藝術博物館	1974.94
雪景山水（雪山飛瀑圖）	軸	紙	設色	187 × 41.5	萬曆己丑（十七年，1589）冬十一月	美國 勃克萊加州大學藝術館（高居翰教授寄存）	CM64
遠浦歸帆圖	軸	絹	設色	124.2 × 31.2	萬曆乙巳（三十三年，1605）初冬朔，八十一翁	瑞典 斯德哥爾摩遠東古物館	NMOK425
鄂渚飛帆（壽珍集古冊之5）	冊頁	絹	設色	27.1 × 27.1		台北 故宮博物院	故畫 01271-5
松谿覓句（明人畫扇面（甲）冊之10）	摺扇面	紙	設色	不詳		台北 故宮博物院	故畫 03532-10
舞雩清興（明人畫扇集冊貳冊（下）之4）	摺扇面	紙	設色	不詳		台北 故宮博物院	故畫 03535-4
風煙水月（明人畫扇集冊之2）	摺扇面	紙	水墨	不詳		台北 故宮博物院	故畫 03536-2
設色山水（明人畫扇集冊之3）	摺扇面	紙	設色	不詳		台北 故宮博物院	故畫 03536-3
朝霞海色（明人畫扇集冊之4）	摺扇面	紙	設色	不詳		台北 故宮博物院	故畫 03536-4
玉蘭圖（明人便面畫冊肆冊（二）之18）	摺扇面	紙	設色	不詳		台北 故宮博物院	故畫 03538-18
雪景圖（明人便面畫冊肆冊（二）之19）	摺扇面	紙	水墨	不詳		台北 故宮博物院	故畫 03538-19
暮雲春樹（明人書畫扇亨冊之10，原題明人畫）	冊頁	紙	設色	15.1 × 47		台北 故宮博物院	故畫 03565-10
松谿蕭寺圖（為紹文作）	摺扇面	金箋	設色	20 × 61.7	萬曆乙未（二十三年，1595）仲春	香港 香港藝術館・虛白齋	FA1991.056
山水圖（趙左、宋旭等八人合冊8之1幀）	冊頁	紙	設色	不詳		瀋陽 故宮博物院	
松竹石圖（9幀）	冊	紙	設色	不詳	癸未（萬曆十一年，1583）	北京 故宮博物院	
武陵仙境圖	摺扇面	紙	設色	不詳	萬曆癸未（十一年	北京 故宮博物院	

名稱		質地	色彩	尺寸 高×寬㎝	創作時間	收藏處所	典藏號碼
					，1583)		
林塘焚興圖		摺扇面 金箋	水墨	18.7 × 55.5	丙戌（萬曆十四年，1586）夏日	北京 故宮博物院	
西湖圖		摺扇面 紙	設色	不詳	萬曆己亥（二十七年，1599）中秋月	北京 故宮博物院	
東山仙墅圖		摺扇面 紙	設色	不詳	萬曆辛丑（二十九年，1601）仲夏	北京 故宮博物院	
山水圖		摺扇面 紙	水墨	不詳	萬曆癸卯（三十一年，1603）夏日	北京 故宮博物院	
山水（6幀）		冊 紙	水墨	（每幀）31 × 42		北京 故宮博物院	
山川名勝（10幀）		冊 絹	設色	不詳		北京 故宮博物院	
山水（7幀）		冊 絹	設色	（每幀）25.7 × 22.5		北京 故宮博物院	
山水圖		摺扇面 紙	水墨	不詳	萬曆辛丑（二十九年，1601）	北京 中國歷史博物館	
山水圖		摺扇面 紙	設色	不詳	丁巳（嘉靖三十六年，1557）	天津 天津市藝術博物館	
仿米雲山圖		摺扇面 金箋	水墨	不詳	萬曆癸卯（三十一年，1603）	合肥 安徽省博物館	
名山圖（12幀）		冊 絹	設色	不詳		上海 上海博物館	
浙景山水（12幀）		冊 紙	設色	（每幀）31.8 × 26		上海 上海博物館	
臨流讀書圖		摺扇面 金箋	水墨	不詳		上海 上海博物館	
仿古山水圖（6幀）		冊 絹	設色	（每幀）26 × 24	萬曆壬寅（三十年，1602）	南京 南京市博物院	
日泊漁舟圖		摺扇面 金箋	設色	不詳	萬曆癸卯（三十一年，1603）	寧波 浙江省寧波市天一閣文物保管所	
山水圖		摺扇面 金箋	水墨	不詳	萬曆丙申（二十四年，1596）	成都 四川省博物院	
山水圖		摺扇面 金箋	水墨	不詳	萬曆辛卯（十九年，1591）	廣州 廣州市美術館	
山水圖（明清諸賢詩畫扇面冊之第26幀）		摺扇面 金箋	水墨	17.2 × 53		日本 私人	

名稱		質地	色彩	尺寸 高×寬cm	創作時間	收藏處所	典藏號碼
山水畫（12幀）	冊	紙	設色	（每幀）25 × 19.1	乙巳（萬曆三十三年，1605）秋日	美國 New Haven 翁萬戈先生	
山水圖	摺扇面	金箋	水墨	不詳	丁亥（萬曆十五年，1587）九月晦日	美國 紐約大都會藝術博物館	
山水圖	摺扇面	金箋	設色	16.1 × 48.4		美國 舊金山亞洲藝術館	B79 D22
山水十二景（12幀）	冊	絹	設色	（每幀）24.1 × 24.7	乙巳（萬曆三十年，1605）秋日	美國 勃克萊加州大學藝術館（高居翰教授寄存）	CM65.1-12
名勝山水（12幀，各為：松陵長橋；消夏灣；岱宗；滕王閣；少室；天梯；靈源古剎；燕磯；武林湖山；小白花岩；黃鶴樓；岳陽）	冊	絹	水墨	不詳		美國 勃克萊加州大學藝術館（高居翰教授寄存）	
米法山水圖（明人畫冊之1）	冊頁	紙	水墨	30.1 × 39.6		英國 倫敦大英博物館	1902.6.6.60-1（ADD360）
山水圖（明人畫冊之9）	冊頁	紙	水墨	30 × 39.2		英國 倫敦大英博物館	1902.6.6.60-9（ADD360）
青綠山水圖（為萊峰先生作，明人畫冊之8）	冊頁	紙	青綠	29.8 × 39.7		英國 倫敦大英博物館	1902.6.6.60-8（ADD360）
山水圖（明人畫冊之7）	冊頁	紙	水墨	30 × 39.8		英國 倫敦大英博物館	1902.6.6.60-7（ADD360）
山水圖（為雪屋先生寫）	摺扇面	金箋	設色	17.8 × 53.7	丁亥（萬曆十五年，1587）秋日	瑞士 蘇黎士黎得堡博物館	RCH.1120
牛首山圖	摺扇面	金箋	設色	18.2 × 55.7		德國 柏林東亞藝術博物館	1988-283
龍湫圖	摺扇面	金箋	設色	17.6 × 51.4		德國 科隆東亞藝術博物館	A55.15.
附：							
湘浦蒸雲圖	卷	絹	設色	26 × 338.5	萬曆乙未（二十三年，1595）春正月	紐約 佳士得藝品拍賣公司/拍賣目錄 1995,09,19.	
萬壑爭流圖	軸	絹	設色	76 × 31	乙酉（萬曆十三年，1585）	天津 天津市文物公司	
瀟湘八景圖（8幅）	軸	絹	設色	（每幅）106 × 37	時年七十有六（萬曆二十八年，庚子，1600）	天津 天津市文物公司	
千巖飛雪圖	軸	紙	設色	不詳	萬曆己丑（十七年，1589）	上海 上海文物商店	

名稱		質地	色彩	尺寸 高x寬cm	創作時間	收藏處所		典藏號碼
柳溪漁舟圖	軸	紙	設色	160 x 90	萬曆己亥（二十七年，1599）	上海	上海文物商店	
觀瀑圖	軸	紙	水墨	不詳	萬曆丙午（三十四年，1606）	上海	上海工藝品進出口公司	
具區林屋圖	軸	紙	設色	267.3 x 55.2	萬曆壬辰（二十年，1592）初秋	紐約	佳仕得藝品拍賣公司/拍賣目錄1986,06,04.	
秋山高隱圖	軸	絹	設色	175 x 89	嘉靖辛酉（四十年，1561）	紐約	佳士得藝品拍賣公司/拍賣目錄1988,11,30.	
西王母圖	軸	絹	設色	189.2 x 93.3	辛未（隆慶五年，1571）夏	紐約	佳士得藝品拍賣公司/拍賣目錄1995,09,19.	
松泉高士圖	軸	絹	設色	114.9 x 47.6	萬曆壬辰（二十年，1592）冬	紐約	佳士得藝品拍賣公司/拍賣目錄1996,09,18.	
坡石竹亭圖（為士載作）	摺扇面	紙	水墨	不詳	癸酉（萬曆元年，1573）夏日	北京	中國文物商店總店	
風雨山水	摺扇面	金箋	水墨	16.5 x 49		紐約	蘇富比藝品拍賣公司/拍賣目錄1986,06,03.	

畫家小傳：宋旭。字石門。後出家為僧，法名祖玄，號天池髮僧、景西居士。浙江嘉興人。生於世宗嘉靖四（1525）年。卒於神宗萬曆三十四（1606）年。善畫山水，師法沈周。兼能人物。（見明畫錄、無聲詩史、圖繪寶鑑續纂、嘉興府志、讀畫輯略、中國畫家人名大辭典）

周　全

射雉圖	軸	絹	設色	137.6 x117.2		台北	故宮博物院	故畫00939
母子獅圖	橫幅	絹	設色	123 x 198		日本	東京國立博物館	

畫家小傳：周全。身世、籍里不詳。署款官直文華殿錦衣都指揮。工畫馬。（見明畫錄、圖繪寶鑑續纂、中國畫家人名大辭典）

蔣守成

雜畫（18幀）	冊	絹	設色	（每幀）24.5 x 19.8		北京	故宮博物院	
坐看雲起圖	摺扇面	金箋	水墨	不詳		北京	故宮博物院	

畫家小傳：蔣守成。字繼之。號曉山。江蘇丹陽人。善畫山水，師法趙伯駒、趙孟頫和吳鎮。間作花鳥、竹石，亦佳。惜傳世作品極少。（見無聲詩史、芳鹿門集、中國畫家人名大辭典）

名稱		質地	色彩	尺寸 高×寬㎝	創作時間	收藏處所	典藏號碼

張　紀

三友圖	卷	絹	設色	36.5 × 333		台北 故宮博物院	故畫 01629
荷花圖	軸	絹	水墨	不詳		上海 上海博物館	
美人嗅花圖	軸	絹	設色	101.2 × 49.7		英國 倫敦大英博物館	1881.12.10.1 4(ADD138)

畫家小傳：張紀。字文止。浙江海鹽人。工畫人物，尤長於仕女，面色額、鼻、頦部位，使用積粉淺染三停古法，與唐寅相上下。(見明畫錄、嘉興府志、海鹽圖經、中國畫家人名大辭典)

李　著

捕魚圖（漁樂圖）	卷	紙	設色	33 × 831		日本 大阪橋本大乙先生	
山水圖	軸	絹	設色	26.6 × 26.8		美國 勃克萊加州大學藝術館 （Gaenslen 先生寄存）	
山水圖	摺扇面 金箋	水墨	19.1 × 52.5		北京 故宮博物院	
江亭讀書圖	摺扇面 金箋	水墨	不詳		上海 上海博物館	
山水圖（金闕承恩書畫冊之5幀）冊頁	絹	設色	不詳		上海 上海博物館	

畫家小傳：李著。字潛夫。號墨湖。江蘇金陵人。初從學於沈周門下，時重吳偉畫人物，乃變而趨學，遂成江夏一派。(見明畫錄、無聲詩史、圖繪寶鑑續纂、金陵瑣事、中國畫家人名大辭典)

呂敬甫

| 花卉草蟲圖 | 軸 | 絹 | 設色 | 155.3 × 76.9 | | 日本 東京國立博物館 | TA-611 |
| 瓜瓞草蟲圖 | 橫幅 | 紙 | 設色 | 34.5 × 84.5 | | 日本 東京根津美術館 | |

畫家小傳：呂敬甫。江蘇毗陵人。身世不詳。善畫草蟲，師法宋僧居寧。(見畫史會要、中國畫家人名大辭典)

沈　仕

五德百全圖	卷	紙	設色	29.9 × 1272		台北 鴻禧美術館	C1-184
四季花十段圖	卷	紙	設色	不詳	庚戌（嘉靖二十九年，1550）仲冬望	南京 南京博物院	
花卉圖	卷	絹	設色	24.6 × 429.8	嘉靖庚戌（二十九年，1550）仲冬望	杭州 浙江省博物館	
花卉圖	卷	絹	設色	27 × 424	戊午（嘉靖三十七年，1558）	廣州 廣東省博物館	
玉簪秀石圖	軸	紙	水墨	121 × 32.2		北京 中央美術學院	
曲磴鳴泉圖	軸	絹	設色	146.5 × 65		天津 天津市藝術博物館	
山閣春雲圖	軸	絹	水墨	142.5 × 73		杭州 浙江省杭州西泠印社	
山水圖	軸	紙	水墨	158.2 × 45.1		日本 大阪橋本大乙先生	

名稱		質地	色彩	尺寸 高×寬㎝	創作時間	收藏處所	典藏號碼
秋園雙喜圖	軸	絹	設色	112.5 × 50.8		日本 福岡縣石詢道雄先生	19
春色紅芳（明人書畫扇（亨）冊之21，原題明人畫）	冊頁	紙	設色	17 × 50.6		台北 故宮博物院	故畫 03565-21
秋暮芳華（明諸臣書畫扇面冊頁冊之6）	摺扇面	紙	設色	不詳		台北 故宮博物院	故畫 03546-6
石閣秋蔭圖	摺扇面	金箋	水墨	不詳		瀋陽 遼寧省博物館	
山水圖	摺扇面	金箋	水墨	不詳		北京 中國歷史博物館	
桃花圖（明人便面畫冊肆冊（一）之19）	摺扇面	紙	設色	不詳		台北 故宮博物院	故畫 03537-19
山川一覽圖（21幀）	冊	絹	設色	（每幀）22.1 × 16.5		上海 上海博物館	
月季圖	摺扇面	金箋	設色	不詳		杭州 浙江省杭州市文物考古所	
山水圖	摺扇面	金箋	水墨	15.3 × 45.7		日本 兵庫縣藪本莊五郎先生	
花卉（12幀）	冊	紙	設色	（每幀）27.2 × 27.9		日本 私人	
附：							
雜花	卷	紙	設色	27 × 425.5	隆慶元年（丁卯，1567）春三月	紐約 佳士得藝品拍賣公司/拍賣目錄 1994,06,01.	
梅茶雪禽	軸	絹	設色	237.5 × 102.8		紐約 佳士得藝品拍賣公司/拍賣目錄 1990,11,28.	
山水圖	冊頁	金箋	水墨	不詳		北京 中國文物商店總店	

畫家小傳：沈仕。字懋學(一作子登)。號青門山人。浙江仁和人。好詩翰。喜收藏。工畫山水，風神氣韻，高出流輩。流傳署款紀年作品見於世宗嘉靖二十九(1550)年。(見明畫錄、無聲詩史、圖繪寶鑑續纂、杭州府志、中國畫家人名大辭典)

楊繼盛

名稱		質地	色彩	尺寸 高×寬㎝	創作時間	收藏處所	典藏號碼
山水（風雨行舟圖）	軸	紙	水墨	145.7 × 39.1	嘉靖辛亥（三十年，1551）秋仲九月九日	美國 鳳凰市美術館(Mr.Roy And Marilyn Papp 寄存)	

畫家小傳：楊繼盛。畫史無載。流傳署款紀年作品見於世宗嘉靖三十(1551)年。身世待考。

黃希憲

名稱		質地	色彩	尺寸 高×寬㎝	創作時間	收藏處所	典藏號碼
山水圖	卷	紙	設色	不詳		北京 故宮博物院	

畫家小傳：黃希憲。字千頃。通州人。約活動於世宗嘉靖（1522-1566）間。善畫山水、花卉。(見明畫錄、畫史會要、中國畫家人名大辭典)

名稱		質地	色彩	尺寸 高x寬cm	創作時間	收藏處所	典藏號碼

邵 龍

吳近谿號圖	卷	絹	設色	29.5 x 121.4	嘉靖三十年（辛亥，1551）	北京 故宮博物院	
山水圖	摺扇面	金箋	水墨	17.7 x 50.5		北京 故宮博物院	
停琴詩思圖	摺扇面	金箋	水墨	17.2 x 47.9		北京 故宮博物院	

畫家小傳：邵龍。字雲窩。安徽休寧人。工畫山水、人物，得唐、宋人法。流傳署款紀年作品見於世宗嘉靖三十(1551) 年。(見徽州府志、中國畫家人名大辭典)

陳有寓

| 騎虎鍾馗圖 | 軸 | 絹 | 水墨 | 不詳 | | 合肥 安徽省博物館 | |

畫家小傳：陳有寓。號墨泉，晚年更號水雲道人。安徽休寧人。約活動於世宗嘉靖中葉前後。善繪人物，作仙姬最妙；兼工山水，作雲煙尤長。(見徽州志、中國畫家人名大辭典)

馮 曉

| 壽星 | 軸 | 紙 | 設色 | 123.8 x 43.3 | 辛丑（萬曆二十一年，1601）季春時年七十有四 | 台北 故宮博物院 | 故畫 02211 |

畫家小傳：馮曉。籍里、身世不詳。生於世宗嘉靖七(1528)年。神宗萬曆二十九(1601)年尚在世。工畫人物及花卉。(見珊瑚網、中國畫家人名大辭典)

徐元彝

| 群仙祝壽圖 | 摺扇面 | 紙 | 水墨 | 不詳 | | 北京 故宮博物院 | |
| 花卉圖 | 卷 | 紙 | 設色 | 不詳 | 嘉靖三十三年（甲寅，1554）秋日 | 天津 天津市文物管理處 | |

畫家小傳：徐元彝。畫史無載。流傳署款紀年作品見於世宗嘉靖三十三(1554) 年。身世待考。

李 芳

仿文徵明山水圖	軸	絹	設色	110.5 x 315	萬曆辛卯（十九年，1591）	北京 故宮博物院	
為鹿門作山水圖	軸	絹	設色	146 x 76.2	萬曆壬辰（二十年，1592）仲秋	北京 故宮博物院	
法溪滌硯圖	軸	絹	設色	不詳	萬曆壬子（四十年，1612）冬日	北京 故宮博物院	
山春客至圖	軸	紙	設色	122.5 x 48	萬曆壬辰（二十年	天津 天津市藝術博物館	

名稱		質地	色彩	尺寸 高x寬cm	創作時間	收藏處所	典藏號碼
					，1592）		
山水圖	軸	紙	水墨	不詳	萬曆丁亥（十五年，1587）冬日	青島 山東省青島市博物館	
松溪滌硯圖	軸	絹	設色	106.1 x 33.8	萬曆壬子（四十年，1612）	上海 上海博物館	
山水圖（溪山遠眺）	摺扇面 金箋		設色	17.9 x 54		日本 橫濱岡山美術館	

畫家小傳：李芳。字繼泉。號湘洲。江蘇泰州人。生於世宗嘉靖九（1530）年。嘉靖四十四(1565)年進士。善畫山水，宗法文徵明。流傳
　　署款紀年作品見於神宗萬曆十五(1587)至四十(1612)年。（見明畫錄、畫史會要、中國畫家人名大辭典）

劉世儒

名稱		質地	色彩	尺寸 高x寬cm	創作時間	收藏處所	典藏號碼
雪梅圖	卷	緘	水墨	35.3 x 406.5		北京 故宮博物院	
雪梅圖	卷	紙	水墨	31.8 x 515	嘉靖丁巳（三十六年，1557）	廣州 廣州市美術館	
先春報喜	軸	紙	設色	113.4 x 56.6	天啟癸亥（三年，1623）春朝	台北 故宮博物院	故畫 02254
梅花圖	軸	絹	水墨	181.5 x 100.7		北京 故宮博物院	
庾嶺煙橫圖	軸	紙	水墨	300 x 100.5		北京 故宮博物院	
陽谷回春圖	軸	絹	水墨	153 x 97.7		北京 中國歷史博物館	
雪梅雙兔	軸	絹	水墨	151.5 x 67.2		天津 天津市藝術博物館	
雪梅圖	軸	絹	水墨	161 x 95.5		濟南 山東省濟南市博物館	
萬斛清香圖	軸	紙	水墨	357 x 143		南通 江蘇省南通博物苑	
梅花圖	軸	絹	水墨	176.1 x 98		上海 上海博物館	
梅花圖	軸	絹	水墨	不詳		杭州 浙江省杭州市文物考古所	
疏影橫斜圖	軸	絹	水墨	192 x 104		婺源 江西省婺源縣博物館	
落梅圖	軸	絹	水墨	134.5 x 64.5		廣州 廣州市美術館	
月梅圖	軸	絹	水墨	137 x 72.1		日本 東京帝室博物館	
風墮魚鱗（梅花圖）	軸	絹	水墨	156 x 99.4		日本 東京永青文庫	
墨梅圖	軸	絹	水墨	不詳		日本 東京根津美術館	
墨梅圖	軸	絹	水墨	不詳		日本 東京井上辰九郎先生	
墨梅圖	軸	絹	水墨	177.6 x 123.8		日本 福岡縣太宰府天滿宮	
墨梅圖	軸	絹	水墨	不詳		日本 成菩提院	

名稱		質地	色彩	尺寸 高×寬㎝	創作時間	收藏處所	典藏號碼
雪梅圖	軸	絹	水墨	不詳		日本 江田勇二先生	
清香暗送（墨梅圖）	軸	絹	水墨	不詳		日本 組田昌平先生	
清香暗送圖	軸	絹	水墨	130 × 62.4		日本 私人	
墨梅圖	軸	絹	水墨	132.2 × 53.4		日本 私人	
墨梅圖	軸	絹	水墨	180.3 × 98.4		美國 哈佛大學福格藝術館	1923.191
雪梅圖	軸	絹	水墨	74.5 × 61.3		美國 普林斯頓大學藝術館（Edward Elliott 先生寄存）	L127.71
墨梅圖	軸	絹	水墨	153.2 × 90		美國 紐約大都會藝術博物館	59.117
梅花圖	摺扇面	紙	水墨	16 × 47		北京 故宮博物院	

畫家小傳：劉世儒。字繼相。號雪湖。浙江山陰人。少時見王冕畫梅悅而學之，學成後，復往名山幽谷遍訪梅花之奇，遂盡得梅之情態，年過九十餘，畫梅超逾八十年。又著梅花譜四卷傳於世。流傳署款紀年作品見於嘉靖三十四（1555）年，至熹宗天啟三(1623)年。（見明畫錄、無聲詩史、圖繪寶鑑續纂、明史藝文志、山陰志、中國畫家人名大辭典）

周 翰

名稱		質地	色彩	尺寸 高×寬㎝	創作時間	收藏處所	典藏號碼
南屏煙雨圖	卷	絹	設色	36.2 × 364	嘉靖乙卯（三十四年，1555）仲夏望	北京 故宮博物院	
西園雅集圖	卷	絹	水墨	31.2 × 25.3		福州 福建省博物館	

畫家小傳：周翰。畫史無載傳。流傳署款紀年作品見於世宗嘉靖三十四(1555)年。身世待考。

梁 孜
附：

名稱		質地	色彩	尺寸 高×寬㎝	創作時間	收藏處所	典藏號碼
山水圖	卷	紙	水墨	不詳		北京 北京市工藝品進出口公司	
山水圖	卷	絹	水墨	不詳	嘉靖乙卯（三十四年，1555）	上海 朵雲軒	

畫家小傳：梁孜。字思伯。號羅浮山人，人稱之曰浮山。廣東人。能詩，善書畫。畫工山水，畫法出於五代董源、元吳鎮，雜入文家面目。流傳署款紀年作品見於世宗嘉靖三十四(1555)年。（見明畫錄、名山藏、廣東通志、弇州續稿、中國畫家人名大辭典）

張一奇
附：

名稱		質地	色彩	尺寸 高×寬㎝	創作時間	收藏處所	典藏號碼
踏雪賞梅圖	軸	絹	設色	143 × 78		紐約 佳士得藝品拍賣公司/拍賣目錄 1984.06.29.	

名稱		質地	色彩	尺寸 高x寬㎝	創作時間	收藏處所	典藏號碼
賞梅圖		軸 絹	設色	142 x 78		紐約 佳士得藝品拍賣公司/拍賣目錄 1990.05.31.	

畫家小傳：張一奇。字彥卿。自號散仙。福建沙縣人。善畫翎毛、山水，名聞於時。嘉靖間（1522-1566），召畫便殿，稱旨，授官錦衣千戶。（見閩畫記、沙縣志、中國畫家人名大辭典）

魯 冶

名稱		質地	色彩	尺寸 高x寬㎝	創作時間	收藏處所	典藏號碼
雜花圖		卷 絹	設色	20.2 x ？		香港 中文大學中國文化研究所文物館	95.684
百花圖		卷 絹	設色	27.5 x 668.5	庚申（泰昌元年，1620）	北京 故宮博物院	
井亭圖		卷 絹	設色	不詳	辛酉（嘉靖四十年，1561）	重慶 重慶市博物館	
百花圖		卷 絹	設色	26.3 x 194.5	嘉靖丙辰（三十五年，1556）九月九日	廣州 廣東省博物館	
牡丹圖（明人便面畫冊肆冊（二）之12）		摺扇面 紙	設色	不詳		台北 故宮博物院	故畫 03538-12
秋葵圖		摺扇面 金箋	設色	不詳		寧波 浙江省寧波市天一閣文物保管所	
附：							
水墨花卉		摺扇面 灑金箋	水墨	18.4 x 50.8		紐約 佳士得藝品拍賣公司/拍賣目錄 1991,05,29.	

畫家小傳：魯冶。號岐雲。東吳（江蘇蘇州）人。善畫花竹、翎毛，設色天然，饒有風韻。流傳署款紀年作品見於世宗嘉靖三十五(1556)年至光宗泰昌元（1620）年。（見明畫錄、無聲詩史、圖繪寶鑑續纂、名山藏、中國畫家人名大辭典）

陳 鶴

名稱		質地	色彩	尺寸 高x寬㎝	創作時間	收藏處所	典藏號碼
宛溪釣隱圖		卷 絹	水墨	31 x 228		上海 上海博物館	
牡丹圖		軸 紙	水墨	不詳	嘉靖己未（三十八年，1559）	上海 上海博物館	
牡丹竹石圖		軸 紙	水墨	118.7 x 42.6	丙辰（嘉靖三十五年，1556）	杭州 浙江省博物館	
錢塘圖		摺扇面 金箋	水墨	不詳		合肥 安徽省博物館	

畫家小傳：陳鶴。畫史無載。流傳署款紀年作品見於世宗嘉靖三十五（1556）、三十八(1559)年。身世待考。

名稱		質地	色彩	尺寸 高×寬㎝	創作時間	收藏處所	典藏號碼

吳 桂

名稱		質地	色彩	尺寸 高×寬㎝	創作時間	收藏處所	典藏號碼
九歌圖（與文彭書九歌合卷）	卷	紙	水墨	不詳	丁巳（嘉靖三十六年，1557）	北京 故宮博物院	

畫家小傳：吳桂，一名一桂。字延秋。安徽歙人。與文伯仁交好，從之學畫山水。流傳署款紀年作品見於世宗嘉靖三十六(1557)年。
　　（見虹盧畫談、中國畫家人名大辭典）

孫克弘

名稱		質地	色彩	尺寸 高×寬㎝	創作時間	收藏處所	典藏號碼
銷閒清課圖	卷	紙	設色	27.9 x 1333.9		台北 故宮博物院	故畫 01072
花卉	卷	紙	水墨	31.7 x 300.8		台北 故宮博物院	故畫 01073
墨卉	卷	絹	設色	24 x 257.6	戊申（萬曆三十六年，1608）秋日	台北 故宮博物院	故畫 01074
花卉寫生（明王一鵬、宋旭、孫克弘、周之冕花卉寫生合卷之第3幅）	卷	紙	水墨	24.5 x 782.5		台北 故宮博物院（蘭千山館寄存）	
朱竹	卷	紙	設色	23 x 273		台北 李鴻球先生	
花卉圖	卷	紙	設色	22.1 x ?		香港 中文大學中國文化研究所文物館	95.687
花卉圖	卷	紙	設色	22.1 x ?	甲午（萬曆二十二年，1594）秋日	香港 利榮森北山堂	
四季花卉圖	卷	紙	水墨	27 x 649	丁丑（萬曆五年，1577）夏	瀋陽 遼寧省博物館	
花卉圖	卷	紙	設色	28 x 357	戊申（萬曆三十六年，1608）秋日	瀋陽 遼寧省博物館	
梅花圖（明蔣乾等山水花卉卷4之1段）	卷	紙	設色	24.1 x 36.6 不等	（戊子，萬曆十六年，1588）	瀋陽 遼寧省博物館	
墨竹圖（明蔣乾等山水花卉卷4之1段）	卷	紙	水墨	24.1 x 36.6 不等		瀋陽 遼寧省博物館	
花卉圖（蔣乾等人山水花卉合卷之1段）	卷	紙	設色	24.1 x 36.6	戊子（萬曆十六年，1588）仲秋	瀋陽 遼寧省博物館	
蘭竹圖	卷	紙	設色	27.5 x 235.2	戊寅（萬曆六年，1578）夏日	北京 故宮博物院	
朱竹圖（孫克弘、莫是龍等朱竹卷4之1段）	卷	紙	設色	94.8 x 26.4	戊寅（萬曆六年，1578）	北京 故宮博物院	

名稱		質地	色彩	尺寸 高×寬㎝	創作時間	收藏處所	典藏號碼
文窗清供圖	卷	紙	設色	不詳	癸巳（萬曆二十一年，1593）夏仲朔	北京 故宮博物院	
七石圖	卷	紙	設色	27 × 378.2	萬曆壬寅（三十年，1602）孟秋廿五日	北京 故宮博物院	
蘭竹石圖	卷	紙	水墨	26.4 × 211.3	己酉（萬曆三十七年，1609）夏日	北京 故宮博物院	
百花圖	卷	紙	設色	27.2 × 531.2		北京 故宮博物院	
竹圖	卷	紙	水墨	25 × 244.8		北京 故宮博物院	
寫生花卉、蔬果圖	卷	紙	設色	20.2 × 576.3		北京 首都博物館	
芸窗清玩圖	卷	紙	設色	20.5 × 318.5	萬曆癸巳（二十一年，1593）秋日	北京 首都博物館	
異時雜卉圖	卷	紙	設色	25.7 × 516.2	丙子（萬曆四年，1576）臘月廿四日	上海 上海博物館	
春花圖	卷	紙	設色	26.3 × 352	己卯（萬曆七年，1579）春孟	上海 上海博物館	
花卉圖	卷	紙	設色	26.2 × 420.3	乙酉（萬曆十三年，1585）春仲	上海 上海博物館	
雲林石譜圖（蒼雪堂研山圖）	卷	紙	設色	不詳	戊子（萬曆十六年，1588）仲秋望日	上海 上海博物館	
白菜圖（沈周、孫克弘白菜書畫卷之孫畫）	卷	紙	水墨	不詳	戊申（萬曆三十六年，1608）	上海 上海博物館	
倒垂朱竹圖（孫克弘等人作朱竹圖卷5之第1段）	卷	紙	設色	20.9 × 416.7		上海 上海博物館	
雜花圖	卷	紙	設色	22 × 273		上海 上海博物館	
花果圖	卷	紙	設色	29.8 × 566	癸亥（嘉靖四十二年，1563）仲冬	廣州 廣東省博物館	
花卉圖（殘存9段）	卷	紙	設色	26 × 510.5	隆慶壬申（六年，1572）仲春二十日	廣州 廣東省博物館	
四季花卉圖	卷	絹	設色	29.2 × 300	辛丑（萬曆二十九年，1601）	廣州 廣州市美術館	
仿馬遠畫十二水圖	卷	紙	設色	不詳	甲午（萬曆二十二年，1594）秋中	日本 京都小川廣己先生	
秋原群兔圖	卷	紙	設色	30 × ？		美國 密歇根大學藝術博物館	1981/2.134

名稱		質地	色彩	尺寸 高x寬cm	創作時間	收藏處所	典藏號碼
長林石几圖并賦	卷	紙	設色	31.1 x 370.8	隆慶壬申（六年，1572）臘月望旦	美國 舊金山亞洲藝術館	B69 D52
朱竹	軸	紙	朱墨	61.7 x 29.9		台北 故宮博物院	故畫 00572
朱竹	軸	紙	朱墨	112.4 x 28.4		台北 故宮博物院	故畫 00573
端陽景	軸	紙	設色	107.7 x 28.7		台北 故宮博物院	故畫 02255
太平春色	軸	絹	設色	131 x 63.4		台北 故宮博物院	故畫 02256
畫盆蘭	軸	紙	水墨	119 x 38.9	戊申（萬曆三十六年，1608）季春	台北 故宮博物院	故畫 02257
芭蕉菊石圖	軸	絹	設色	89.5 x 29.5		香港 香港美術館・虛白齋	XB1992.057
蕉蔭貓蝶圖	軸	絹	設色	123 x 61	丁未（萬曆三十五年，1607）	瀋陽 故宮博物院	
竹石蘭菊圖	軸	紙	設色	120.9 x 30.3	戊申（萬曆三十六年，1608）	瀋陽 遼寧省博物館	
梅花圖	軸	紙	水墨	126.3 x 64.3		瀋陽 遼寧省博物館	
玉堂蘭石圖	軸	紙	設色	135.5 x 59	己酉（萬曆三十七年，1609）春日	北京 故宮博物院	
玉蘭圖	軸	紙	設色	不詳	己酉（萬曆三十七年，1609）	北京 故宮博物院	
朱竹圖	軸	紙	設色	不詳		北京 故宮博物院	
耄耋圖	軸	紙	水墨	140.2 x 47.2		北京 故宮博物院	
葵石圖	軸	絹	設色	98.6 x 38		北京 故宮博物院	
竹石芭蕉圖	軸	紙	設色	116.2 x 31.4		天津 天津市藝術博物館	
東坡笠屐圖	軸	紙	設色	68 x 32		天津 天津市藝術博物館	
臨顧定之竹圖	軸	紙	水墨	102.4 x 29.9	萬曆丁丑（五年，1577）秋九望前二日	上海 上海博物館	
折枝花卉圖	軸	紙	水墨	不詳	戊子（萬曆十六年，1588）	上海 上海博物館	
海日初升圖	軸	紙	設色	116 x 62	戊申（萬曆三十六年，1608）	上海 上海博物館	
白菜圖	軸	紙	設色	不詳		上海 上海博物館	
春風玉樹圖	軸	紙	設色	不詳		上海 上海博物館	
菖蒲圖	軸	紙	設色	不詳		上海 上海博物館	
菊石文禽圖	軸	絹	設色	128.1 x 49.7		上海 上海博物館	

名稱		質地	色彩	尺寸 高x寬cm	創作時間	收藏處所	典藏號碼
紫茄圖	軸	紙	設色	58.6 × 29.4		上海 上海博物館	
竹圖	軸	紙	水墨	107.9 × 32		南京 南京博物院	
菊花圖	軸	紙	水墨	130.5 × 30	戊申（萬曆三十六年，1608）	鎮江 江蘇省鎮江市博物館	
竹圖	軸	紙	水墨	113 × 31.8		蘇州 江蘇省蘇州博物館	
達摩渡江圖	軸	紙	設色	123.8 × 53.9	萬曆甲午（二十二年，1594）	寧波 浙江省寧波市天一閣文物保管所	
達摩渡江圖	軸	紙	設色	111.7 × 30		成都 四川大學	
菊石圖	軸	紙	設色	153 × 37	癸未（萬曆十一年，1583）	重慶 重慶市博物館	
仿高房山山水圖	軸	紙	水墨	170.5 × 72	萬曆丙午（三十四年，1606）	廣州 廣東省博物館	
秋艷圖	軸	紙	設色	105.5 × 29.7		廣州 廣東省博物館	
杞菊貓蝶圖	軸	紙	設色	120 × 31		廣州 廣州市美術館	
寒山拾得圖	軸	紙	設色	104 × 56	己酉（萬曆三十七年，1609）夏日	日本 東京高島菊次郎槐安居	
春華圖（桃花秀石）	軸	金箋	設色	125.2 × 44.3		日本 東京林宗毅先生	
達摩像	軸	紙	設色	100 × 27.9		日本 京都桑名鐵城先生	
米法山水圖	軸	紙	設色	74.2 × 30.4		日本 大阪橋本大乙先生	
歲寒三友圖	軸	絹	設色	149.8 × 66.4		日本 私人	
雲巖觀瀑圖	軸	紙	設色	111 × 30.9	時年七十九（萬曆三十九年，辛亥，1611）	美國 密歇根大學藝術博物館	1963/1.80
孤嶼飛濤（集古名繪冊之15）	冊頁	絹	水墨	22.7 × 26.6		台北 故宮博物院	故畫 01242-15
設色芙蓉（明花卉畫冊之8八）	冊頁	紙	設色	150 × 46.2		台北 故宮博物院	故畫 03513-8
薔薇（明人畫扇一冊之12）	摺扇面	紙	設色	不詳		台北 故宮博物院	故畫 03527-12
玉蘭（明人畫扇冊四冊之6）	摺扇面	紙	水墨	不詳		台北 故宮博物院	故畫 03530-6
白梅竹石（明人畫扇面（丙）冊之3）	摺扇面	紙	設色	不詳		台北 故宮博物院	故畫 03533-3
墨菊（明人畫扇集冊貳冊（下）之1）	摺扇面	紙	水墨	不詳		台北 故宮博物院	故畫 03535-1
芙蓉（明人便面畫冊肆冊（三）之2）	摺扇面	紙	設色	不詳		台北 故宮博物院	故畫 03539-2

名稱		質地	色彩	尺寸 高x寬㎝	創作時間	收藏處所	典藏號碼
東郊雨景（明人扇頭畫冊之11）	摺扇面	紙	水墨	不詳		台北 故宮博物院	故畫 03542-11
梅竹（明人扇頭畫冊之12）	摺扇面	紙	水墨	不詳		台北 故宮博物院	故畫 03542-12
梅竹雙清（名人畫扇（甲）冊之4）	摺扇面	紙	水墨	不詳		台北 故宮博物院	故畫 03547-4
溪雲初起（名人書畫合冊之21）	冊頁	紙	設色	16.5 x 51.8		台北 故宮博物院	故畫 03582-21
奇石圖（12幀）	冊	紙	設色	（每幀）19 x 24 .2		台北 張添根養和堂	
蘭石圖（為野雲作）	摺扇面	紙	水墨	不詳	戊戌（萬曆二十六年，1598）冬日	北京 故宮博物院	
花卉（12幀）	冊	紙	水墨	（每幀）30 x 19		北京 故宮博物院	
花石圖	摺扇面	金箋	水墨	19.5 x 57.5		北京 故宮博物院	
花卉圖	摺扇面	金箋	水墨	15.8 x 48.2		北京 故宮博物院	
月季圖	摺扇面	灑金箋	水墨	不詳		北京 中國歷史博物館	
竹菊圖	摺扇面	金箋	水墨	不詳		北京 中國歷史博物館	
梅竹圖	摺扇面	灑金箋	水墨	17.5 x 52		北京 首都博物館	
長山雪霽圖	摺扇面	粉箋	設色	不詳		合肥 安徽省博物館	
梅竹圖（為文石作）	摺扇面	金箋	水墨	不詳	戊辰（隆慶二年，1568）	上海 上海博物館	
山茶水仙圖	摺扇面	金箋	水墨	不詳	壬辰（萬曆二十年，1592）春日	上海 上海博物館	
花卉圖（12幀）	冊	紙	設色	（每幀）27.1 x 32.5	己亥（萬曆二十七年，1599）夏日	上海 上海博物館	
菊石修竹圖	摺扇面	金箋	水墨	不詳	庚子（萬曆二十八年，1600）夏	上海 上海博物館	
梅竹圖	摺扇面	金箋	水墨	不詳	丙午（萬曆三十四年，1606）	上海 上海博物館	
牡丹圖	摺扇面	金箋	水墨	不詳	戊申（萬曆三十六年，1608）	上海 上海博物館	
梅竹圖	摺扇面	金箋	水墨	不詳	己酉（萬曆三十七年，1609）	上海 上海博物館	
花鳥（16幀）	冊	紙	設色	（每幀）32 x 62.1		上海 上海博物館	

名稱		質地	色彩	尺寸 高×寬㎝	創作時間	收藏處所		典藏號碼
山茶竹枝圖	摺扇面	金箋	水墨	不詳		上海	上海博物館	
水邊芙蓉圖	摺扇面	金箋	設色	不詳		上海	上海博物館	
朱竹圖	摺扇面	金箋	水墨	不詳		上海	上海博物館	
竹菊圖	摺扇面	金箋	設色	不詳		上海	上海博物館	
芙蓉竹枝圖	摺扇面	金箋	設色	不詳		上海	上海博物館	
桃花圖	摺扇面	金箋	設色	不詳		上海	上海博物館	
梅花圖	摺扇面	金箋	水墨	不詳		上海	上海博物館	
荷花圖	摺扇面	金箋	設色	不詳		上海	上海博物館	
蘭花圖	摺扇面	金箋	水墨	不詳		上海	上海博物館	
竹石圖	摺扇面	金箋	水墨	不詳	庚子（萬曆二十八年，1600）	寧波	浙江省寧波市天一閣文物保管所	
牡丹圖	摺扇面	金箋	水墨	不詳	丙申（萬曆二十四年，1596）	重慶	重慶市博物館	
白梅（明人書畫扇丙冊之7）	摺扇面	金箋	設色	不詳		日本	東京橋本辰二郎先生	
牡丹圖	摺扇面	金箋	水墨	14.5 × 45.3		瑞士	蘇黎士黎得堡博物館	RCH.1233
花鳥圖	摺扇面	金箋	設色	14.3 × 46.3		德國	科隆東亞藝術博物館	A36.13

附：

名稱		質地	色彩	尺寸 高×寬㎝	創作時間	收藏處所		典藏號碼
折枝花卉	卷	紙	設色	19.5 × 392.2	壬辰（萬曆二十年，1592）冬日	紐約	佳士得藝品拍賣公司/拍賣目錄 1997,09,19.	
蕉竹圖（冊頁裱裝）	軸	紙	設色	29.5 × 32		北京	中國文物商店總店	
無籃觀音圖	軸	紙	設色	111.5 × 30.1	萬曆己酉（三十七年，1609）	上海	上海文物商店	
菊花圖	軸	紙	設色	不詳	戊申（萬曆三十六年，1608）中秋日	鎮江	鎮江市文物商店	
竹石圖	軸	紙	水墨	26.9 × 32.1	庚辰（萬曆八年，1580）	武漢	湖北省武漢市文物商店	
達摩圖	軸	紙	設色	114.3 × 31.1		紐約	蘇富比藝品拍賣公司/拍賣目錄 1984,10,12、13.	
達摩渡江圖	軸	紙	設色	64.5 × 34.5		紐約	佳士得藝品拍賣公司/拍賣目錄 1984,06,29.	
鍾馗圖	軸	紙	設色	107 × 50.9		紐約	佳士得藝品拍賣公司/拍賣目錄 1995,03,22.	
牡丹蘭石圖	軸	灑金箋	水墨	147.3 × 34.3	戊申（萬曆三十六年，1608）夏日	紐約	佳士得藝品拍賣公司/拍賣目錄 1996,09,18.	

名稱		質地	色彩	尺寸 高×寬cm	創作時間	收藏處所	典藏號碼
雲山蘭若圖	橫幅	紙	設色	23.5 × 39		紐約 佳士得藝品拍賣公司/拍賣目錄 1998,09,15.	
盆花圖（八幀）	冊	紙	設色	（每幀）25 × 44.8		紐約 蘇富比藝品拍賣公司/拍賣目錄 1985,06,03.	

畫家小傳：孫克弘。字允執。號雪居。江蘇華亭人。孫承恩之子。生於世宗嘉靖十二（1533）年。卒於神宗萬曆三十九（1611）年。能承家學，刻意書畫。廣師博學，山水學馬遠；雲山學米芾；花鳥法徐熙、趙昌；水墨竹石仿文同；道釋人物學梁楷。（見明畫錄、無聲詩史、圖繪寶鑑續纂、松江志、莫廷韓集、陳眉公集、中國畫家人名大辭典）

王 彪

名稱		質地	色彩	尺寸 高×寬cm	創作時間	收藏處所	典藏號碼
臨趙千里桃源仙境圖	卷	絹	設色	30.8 × 449.5	嘉靖三十七年（戊午，1558）	北京 故宮博物院	

畫家小傳：王彪。畫史無載。流傳署款紀年作品見於世宗嘉靖三十七（1558）年。身世待考。

黃 佐

名稱		質地	色彩	尺寸 高×寬cm	創作時間	收藏處所	典藏號碼
山水圖	摺扇面	紙	設色	不詳	戊午（嘉靖三十七年，1558）仲夏	北京 首都博物館	

畫家小傳：黃佐。畫史無載。流傳署款紀年作品見於世宗嘉靖三十七（1558）年。身世待考。

王 鑑

名稱		質地	色彩	尺寸 高×寬cm	創作時間	收藏處所	典藏號碼
十八羅漢圖	卷	紙	水墨	29 × 446.5	萬曆甲戌（二年，1574）	南寧 廣西壯族自治區博物館	
花石盆蘭	軸	絹	設色	159.3 × 71.1	甲戌（萬曆二年，1574）夏日	台北 故宮博物院	故畫 02231
仿黃公望陡壑密林圖	軸	紙	水墨	123.2 × 49.7		香港 劉作籌虛白齋	79
溪橋泛舟圖	軸	絹	水墨	不詳	嘉靖己未（三十八年，1559）	長春 吉林省博物館	
陶淵明圖	軸	絹	水墨	53 × 31.2		日本 京都妙心寺	
附：白描人物（20幀）	冊	紙	水墨	（每幀）19.5 × 22		天津 天津市文物公司	

畫家小傳：王鑑。字汝明。號繼山。江蘇無錫人。王問之子。善畫白描人物，有李公麟遺意。流傳署款紀年作品見於世宗嘉靖三十八（1559）年至神宗萬曆二（1574）年。（見畫史會要、明史王問傳、常州府志、無錫縣志、中國畫家人名大辭典）

名稱		質地	色彩	尺寸 高x寬㎝	創作時間	收藏處所	典藏號碼

王穉登

| 山水圖 | 軸 | 紙 | 水墨 | 87.6 x 40 | | 日本 京都國立博物館（上野有 A甲165 竹齋寄贈） | |
| 金陵八景圖（蔣乾、周天球等十一人合繪於2摺扇面） | 摺扇面 金箋 | | 設色 | （每面）17.5 x 53.5 | | 南京 南京市博物館 | |

畫家小傳：王穉登。字百穀。江蘇武進人，移居吳縣。生於世宗嘉靖十四（1535）年。卒於神宗萬曆四十（1612）年。工詩、文辭，善書。嘗及文徵明門下，遙接其風，主領吳中詞翰三十餘年。著有吳郡丹青志傳世。（見四庫總目、中國文學家大辭典）

謝 晉

溪隱圖	軸	紙	水墨	98 x 72		香港 劉作籌虛白齋	
春山訪友圖	軸	紙	水墨	57.5 x 26.5		香港 護暉堂	
月下靜釣圖（仿宋馬遠法）	軸	絹	水墨	137 x 70.3	嘉靖辛酉（四十年，1561）夏日	日本 大久保先生	
竹林閑居圖（仿宋梁楷法）	軸	絹	水墨	137 x 70.3	嘉靖辛酉（四十年，1561）夏日	日本 大久保先生	

畫家小傳：謝晉。字孔昭。號疊山、蘭亭生，又自稱深翠道人。吳人。生性耿介。工詩。善畫山水，師法王蒙、趙原，既精詣則益以爛熳，千巖萬壑愈出愈奇。流傳署款紀年作品見於世宗嘉靖四十（1561）年。（見明畫錄、無聲詩史、歷代畫史彙傳、中華畫人室隨筆、吳縣志、中國畫家人名大辭典）

莫是龍

書畫合璧	卷	紙	設色	（畫）12.4 x 17.7		瀋陽 遼寧省博物館	
朱竹圖（孫克弘、莫是龍等朱竹卷4之1段）	卷	紙	設色	94.8 x 26.4	戊寅（萬曆六年，1578）	北京 故宮博物院	
雲山圖（莫是龍、陳繼儒合卷）	卷	紙	水墨	20.8 x 233	癸酉（萬曆元年，1573）	天津 天津市藝術博物館	
書畫合卷	卷	紙	水墨	15.1 x 519.2	隆慶元年（丁卯，1567）四月十二日	上海 上海博物館	
赤壁夜遊圖	卷	紙	水墨	28.5 x 64	乙丑（嘉靖四十四年，1565）	南京 南京博物院	
亂山秋色圖	卷	紙	水墨	16.7 x 189		重慶 重慶市博物館	
山水圖	卷	紙	設色	21 x 81	丁丑（萬曆五年，1577）春仲	美國 紐約顧洛阜先生	
東岡草堂圖	軸	紙	設色	131.6 x 53		台北 故宮博物院	故畫00574
寫張伯雨風入松曲意圖	軸	紙	水墨	90.9 x 28.2		香港 黃仲方先生	

名稱		質地	色彩	尺寸 高×寬㎝	創作時間	收藏處所	典藏號碼
水閣遙山圖	軸	紙	水墨	58.9 × 28.8	戊寅（萬曆六年，1578）	瀋陽 遼寧省博物館	
山水圖	軸	紙	設色	107 × 30.2	丁丑（萬曆五年，1577）春仲	北京 故宮博物院	
溪雨初霽圖	軸	紙	水墨	130.6 × 63.3	丙子(萬曆四年，1576) 夏日	日本 大阪市立美術館	
雲林飛瀑圖	軸	紙	設色	110.5 × 26	丙戌（萬曆十四年，1586）中秋	日本 大阪橋本大乙先生	
山水圖（松溪泛棹）	軸	紙	水墨	123.9 × 43.3	丙子（萬曆四年，1576）春莫	日本 私人	
仿雲林山水圖	軸	紙	水墨	46.5 × 26	辛丑（萬曆二十九年，1601）冬日	美國 普林斯頓大學藝術館	68-228
山水圖	軸	紙	水墨	不詳	辛巳（萬曆九年，1581）秋日	美國 普林斯頓大學藝術館	
仿古山水圖	軸	紙	設色	119 × 41		美國 紐約大都會藝術博物館	1985.214.148
山水圖	軸	紙	設色	41.5 × 28.1		德國 柏林東亞藝術博物館	1970-5
寫贈素行先生山水圖	軸	紙	設色	72.2 × 32.2		瑞士 蘇黎士黎德堡博物館	RCH.1149
山水（明人畫扇冊二冊之 18）	摺扇面	紙	水墨	不詳		台北 故宮博物院	故畫 03528-18
仿黃公望筆意山水（明人便面畫冊肆冊（二）之 20）	摺扇面	紙	設色	不詳		台北 故宮博物院	故畫 03538-20
樹石圖（明人扇頭畫冊之 4）	摺扇面	紙	水墨	不詳		台北 故宮博物院	故畫 03542-4
古木層崖(王世貞書七言律詩)	摺扇面	紙	水墨	不詳		台北 故宮博物院	故扇 00260
山水圖（趙左、宋旭等八人合冊 8 之 1 幀）	冊頁	紙	設色	不詳		瀋陽 故宮博物院	
山水、花卉圖（8 幀）	冊	紙	設色	（每幀）18.5 × 39.1		天津 天津市藝術博物館	
山水圖	摺扇面	金箋	設色	不詳		天津 天津市藝術博物館	
山水圖	冊頁	紙	設色	不詳		天津 天津市藝術博物館	
煙江疊嶂圖	摺扇面	金箋	水墨	不詳	甲戌（萬曆二年，1574）	杭州 浙江省杭州市文物考古所	
山水圖	摺扇面	紙	水墨	18.6 × 54.8		日本 京都國立博物館	A甲 554b
墨竹圖	摺扇面	紙	水墨	18.5 × 54.1		日本 中埜又左衛門先生	
山水圖	摺扇面	金箋	設色	18.4 × 54.4		美國 加州 Richard Vinograd 夫婦	

名稱		質地	色彩	尺寸 高x寬cm	創作時間	收藏處所	典藏號碼

附：

名稱		質地	色彩	尺寸 高x寬cm	創作時間	收藏處所	典藏號碼
書畫	卷	紙	設色	26 x 123	辛未（隆慶五年，1571）	北京 中國文物商店總店	
仿黃公望山水	卷	紙	水墨	29.2 x 280	丙子（萬曆四年，1576）仲夏	紐約 蘇富比藝品拍賣公司/拍賣目錄 1985,06,03.	
觀梅歸舟圖	軸	紙	設色	70 x 32	丙子（萬曆四年，1576）	上海 上海工藝品進出口公司	
山靜似太古圖	軸	紙	設色	137 x 47.5	丙子（萬曆四年，1576）夏日	香港 佳士得藝品拍賣公司/拍賣目錄 1991,03,18.	
深林書屋圖	軸	紙	設色	134 x 34	丁丑（萬曆五年，1577）中秋日	紐約 佳士得藝品拍賣公司/拍賣目錄 1992,12,02.	
山水	軸	紙	水墨	57.2 x 29.2		香港 佳士得藝品拍賣公司/拍賣目錄 1998,09,15.	
隄樹春山圖	軸	紙	設色	71 x 28.5		香港 佳士得藝品拍賣公司/拍賣目錄 2001,04,29.	
山水（諸家書畫扇面冊 18 之 1 幀）	摺扇面	金箋	水墨	不詳		香港 佳士得藝品拍賣公司/拍賣目錄 1996,04,28.	

畫家小傳：莫是龍。字雲卿。後以字行，更字廷韓。號秋水、後明。江蘇華亭人，僑寓上海。生於世宗嘉靖十六(1537)年。卒於神宗萬曆十五(1587)年。善詩、古文辭、書法。能畫山水，宗法黃公望。又通畫理，有畫說一卷行世。(見明畫錄、無聲詩史、圖繪寶鑑續纂、明史董其昌傳、松江志、海上墨林、中國畫家人名大辭典)

侯懋功

名稱		質地	色彩	尺寸 高x寬cm	創作時間	收藏處所	典藏號碼
山水圖	卷	紙	設色	32.8 x 352.4	萬曆丁丑（五年，1577）秋日	香港 鄭德坤木扉	
谿山深秀圖	卷	絹	設色	27 x 302	戊寅（萬曆六年，1578）九月	北京 故宮博物院	
朱竹圖（孫克弘、莫是龍等朱竹合卷 4 之 1 段）	卷	紙	設色	94.8 x 26.4	戊寅（萬曆六年，1578）	北京 故宮博物院	
送鷗江居士遊山圖（侯懋功、文嘉、錢穀山水圖合卷之第 1 段）	卷	絹	設色	（每段）24.8 x ？	癸酉（萬曆元年，1573）秋日	日本 東京國立博物館	
清蔭閣圖	卷	紙	水墨	17.4 x ？		英國 倫敦大英博物館	1980.11.12.01（ADD428）
倣元人筆意	軸	紙	設色	112.3 x 34.9		台北 故宮博物院	故畫 00608

名稱		質地	色彩	尺寸 高x寬cm	創作時間	收藏處所	典藏號碼
仿王蒙秋山高士圖	軸	紙	設色	147.5 x 42.5		香港 劉作籌虛白齋	
山水圖	軸	絹	水墨	47 x 23.3	庚午（隆慶四年，1570）	北京 故宮博物院	
為雲屋作山水圖	軸	絹	水墨	不詳	乙亥（萬曆三年，1575）九月	北京 故宮博物院	
為敬亭作山水圖	軸	紙	設色	不詳	戊寅（萬曆六年，1578）九月	北京 故宮博物院	
仿惠崇松山圖	軸	紙	設色	不詳	萬曆庚辰（八年，1580）	北京 故宮博物院	
山邨清話圖	軸	紙	設色	119.4 x 31.5		天津 天津市藝術博物館	
多寶塔圖	軸	紙	設色	54 x 43.5		天津 天津市藝術博物館	
空山雨淨圖（為仲翁老學兄作）	軸	紙	設色	127.5 x 38		昆山 崑崙堂美術館	
山水圖	軸	紙	設色	118.4 x 27.9		美國 紐約大都會藝術博物館	1989.363.82
仿王蒙山水圖	軸	紙	設色	91 x 46.9		美國 密歇根大學藝術博物館	1959/2.83
鴉歸圖(為百穀兄寫)	軸	紙	設色	69 x 30.3		德國 柏林東亞藝術博物館	1975-1
山水圖（雲溪泛棹）	軸	絹	設色	163.1 x 94.4		德國 科隆東亞藝術博物館	A77.76
巖屋溪橋（明人畫扇一冊之11）	摺扇面	紙	設色	不詳		台北 故宮博物院	故畫 03527-11
山水（明人畫扇集冊之1）	摺扇面	紙	設色	不詳	己卯（萬曆七年，1579）	台北 故宮博物院	故畫 03536-1
山水圖（12幀）	冊	紙	設色	（每幀）26.1 x 17.4	萬曆甲戌（二年，1574）	瀋陽 遼寧省博物館	
山水圖	摺扇面	金箋	設色	不詳		瀋陽 遼寧省博物館	
山水圖	摺扇面	金箋	設色	不詳	己巳（隆慶三年，1569）四月	北京 故宮博物院	
山水圖	冊頁	紙	水墨	不詳	庚午（隆慶四年，1570）九月	北京 故宮博物院	
為秦山作山水圖	摺扇面	紙	設色	不詳	庚辰（萬曆八年，1580）	蘇州 江蘇省蘇州博物館	

名稱		質地	色彩	尺寸 高x寬cm	創作時間	收藏處所	典藏號碼
山水圖（12幀）	冊	紙	水墨	（每幀）32 x 24.8		日本 私人	
山水圖 附：	摺扇面	金箋	設色	18.5 x 53.9		德國 柏林東亞藝術博物館	1988-228
摹大癡山水圖	軸	紙	設色	不詳	萬曆乙亥（三年，1575）小春既望	北京 北京文物商店	
仿王蒙山水圖	軸	紙	水墨	180.3 x 43.7	萬曆甲辰（三十二年，1604）冬十月	紐約 蘇富比藝品拍賣公司/拍賣目錄 1985,06,03.	
遊惠山寺圖	摺扇面	金箋	設色	不詳		上海 朵雲軒	
山水	摺扇面	灑金箋	水墨	15 x 47		紐約 佳士得藝品拍賣公司/拍賣目錄 1984,06,29.	
高松古寺圖	摺扇面	紙	水墨	18 x 53.5	萬曆乙亥（三年，1575）孟冬	紐約 佳士得藝品拍賣公司/拍賣目錄 1988,11,30.	
山水（明各家山水書法扇面冊10之1幀）	摺扇面	金箋	水墨	17.8 x 56.7		香港 佳士得藝品拍賣公司/拍賣目錄 1998,09,15.	

畫家小傳：侯懋功。字延賞。號夷門。江蘇吳縣人。善畫山水，初師錢穀，後法王蒙、黃公望，能入元人之格。流傳署款紀年作品見於世宗嘉靖四十一（1562）年至神宗萬曆八（1580）年。（見明畫錄、圖繪寶鑑續纂、吳縣志、中國畫家人名大辭典）

居懋時

名稱		質地	色彩	尺寸 高x寬cm	創作時間	收藏處所	典藏號碼
時秋讀書樂	軸	紙	設色	147.7 x 37.2		台北 故宮博物院	故畫 00549

畫家小傳：居懋時。江蘇吳縣人。居節之子。亦善畫。（見蘇州志、中國畫家人名大辭典）

莫是豸

名稱		質地	色彩	尺寸 高x寬cm	創作時間	收藏處所	典藏號碼
溪亭高逸（明人畫扇冊四冊之15）	摺扇面	紙	水墨	不詳		台北 故宮博物院	故畫 03530-15

畫家小傳：莫是豸。畫史無載。疑似莫是龍兄弟。待考。

程大倫

名稱		質地	色彩	尺寸 高x寬cm	創作時間	收藏處所	典藏號碼
桂花圖（明人便面畫冊肆冊（一）之18）	摺扇面	紙	水墨	不詳		台北 故宮博物院	故畫 03537-18

畫家小傳：程大倫。畫史無載。身世待考。

朱朗

名稱		質地	色彩	尺寸 高x寬cm	創作時間	收藏處所	典藏號碼
湖村煙雨圖	卷	絹	設色	35 x 182.4		台南 石允文先生	

名稱		質地	色彩	尺寸 高x寬㎝	創作時間	收藏處所	典藏號碼
藥草山房圖（文嘉、朱朗、錢穀合作）	卷	紙	設色	28.3 x ?	嘉靖庚子（十九年，1540）冬	香港 何耀光至樂樓	
赤壁賦圖	卷	紙	設色	25.8 x 96.5	辛未（隆慶五年，1571）	北京 故宮博物院	
芝仙祝壽圖	卷	紙	設色	31.7 x 61.3	萬曆丙戌（十四年，1586）	北京 故宮博物院	
漁樂圖	卷	紙	設色	不詳		北京 故宮博物院	
秋柳鳴蟬圖（明人便面集錦冊之1）	摺扇目	紙	設色	不詳		台北 故宮博物院	故畫 03541-1
鬥雞圖（明人便面集錦冊之2）	摺扇目	紙	設色	不詳		台北 故宮博物院	故畫 03541-2
松下高士圖	摺扇面	金箋	設色	16.8 x 50		台北 陳啟斌畏罍堂	
古木寒鴉圖	摺扇面	金箋	水墨	不詳	癸亥（嘉靖四十二年，1563）冬	上海 上海博物館	
坐堂問事圖（黃昌言等山水冊8之第7幀）	冊頁	絹	設色	22.2 x 22.2 不等		上海 上海博物館	
老松圖	摺扇面	紙	水墨	不詳		日本 江田勇二先生	
齊門圖（諸明賢壽文徵明八十壽詩畫冊之5）	冊頁	絹	設色	21.8 x 19		美國 紐約王季遷明德堂	
雪景山水圖	摺扇面	紙	水墨	不詳		美國 密歇根大學艾瑞慈教授	
蘭亭曲水圖	摺扇面	金箋	設色	17.8 x 57.5		德國 科隆東亞藝術博物館	A55.13
附：							
仿米家山水圖	卷	絹	水墨	35 x 181.5	嘉靖己亥（十八年，1539）夏四月	紐約 佳仕得藝品拍賣公司/拍賣目錄 1986.06.04.	
雪山行旅圖	軸	絹	設色	76 x 32.5		上海 上海文物商店	
寒雀圖	摺扇面	金箋	水墨	15.9 x 49.6		紐約 佳士得藝品拍賣公司/拍賣目錄 1995,03,22.	

畫家小傳：朱朗。字子朗。號清溪。江蘇蘇州人。善寫花卉，擅名於時。畫山水，師文徵明，稱入室。流傳署款紀年作品見於世宗嘉靖四十二(1563)年至神宗萬曆十四(1586)年。（見明畫錄、無聲詩史、蘇州府志、吳縣志、中國畫家人名大辭典）

221 雷 鯉

名稱		質地	色彩	尺寸 高x寬㎝	創作時間	收藏處所	典藏號碼
詩畫（山水，為問山作）	卷	紙	設色	不詳	嘉靖四十二年（癸亥，1563）一陽望日	北京 故宮博物院	
菊花湖石圖	軸	絹	設色	153.8 x 100.4		日本 中埜又左衛門先生	

名稱		質地	色彩	尺寸 高x寬cm	創作時間	收藏處所	典藏號碼

| 山水圖 | | 摺扇面 金箋 | 水墨 | 不詳 | 壬午（萬曆十年，1582） | 北京 故宮博物院 | |

附：

| 雪景山水圖 | | 軸 絹 | 設色 | 不詳 | 九十翁（？） | 濟南 山東省濟南市文物商店 | |

畫家小傳：雷鯉。字白波、惟化。號半窗山人。建安人。以詩畫名。寫山水、花草，老筆蒼然，人比之為江左沈石田。九十歲猶在世。流傳署款紀年作品見於世宗嘉靖四十二(1563)年，至神宗萬曆十（1582）年。（見明畫錄、無聲詩史、列朝詩集小傳、圖繪寶鑑續纂、建寧府志、中國畫家人名大辭典）

邢國賢

| 達摩葦渡 | | 軸 紙 | 設色 | 114.9 x 35.9 | | 台北 故宮博物院 | 故畫 03670 |

畫家小傳：邢國賢。字東帆。江蘇南匯人。生於世宗嘉靖十八（1539）年。卒於思宗崇禎十（1637）年。善畫人物，得吳偉筆意。（見海上墨林、南匯縣志、中國畫家人名大辭典）

祝世祿

| 東方朔圖 | | 軸 紙 | 設色 | 130.1 x 81.7 | | 日本 仙台市博物館 | |

畫家小傳：祝世祿。字無功。畫史無載。生於世宗嘉靖十八（1539）年。卒於神宗萬曆三十八(1610)年。身世待考。

文 室

| 山水圖（金闕承恩書畫冊之1幀） | | 摺扇面 紙 | 設色 | 不詳 | 乙丑（嘉靖四十四年，1565）九月 | 上海 上海博物館 | |

　畫家小傳：文室。籍里、身世不詳。嘉靖、萬曆間人。工畫山水。流傳署款紀年作品見於世宗嘉靖四十四(1565)年（見珊瑚網、中國畫家人名大辭典）

俞 恩

| 花鳥圖 | | 軸 絹 | 設色 | 155.1 x 80.1 | | 日本 私人 | |

畫家小傳：俞恩。字天錫。號江邨居士。浙江錢塘人。善畫人物、花鳥。性疎簡，不喜繁碌，渲染數筆輒止，故作品傳世者少。（見明畫錄、畫史會要、中國畫家人名大辭典）

夏 偉

| 墨竹（明人畫扇冊二冊之19） | | 摺扇面 紙 | 水墨 | 不詳 | | 台北 故宮博物院 | 故畫 03528-19 |

畫家小傳：夏偉。畫史無載。身世待考。

名稱		質地	色彩	尺寸 高×寬㎝	創作時間	收藏處所	典藏號碼

224 徐懋緯
附：

白菜圖	軸	紙	水墨	不詳		紐約 佳士得藝品拍賣公司/拍賣目錄 1988.06.02.	

畫家小傳：徐懋緯。畫史無載。身世待考。

徐宗道

桂子長春圖	軸	綾	水墨	163.5 × 39		日本 京都中山善次先生	A2243

畫家小傳：徐宗道，字延之。江蘇寶應人。工詩。善畫。(見寶應縣誌、中國畫家人名大辭典)

陳 鎡

山水圖 (黃昌言等山水冊8之第2幀)	冊頁	絹	設色	約22.2×22.2		上海 上海博物館	

畫家小傳：陳鎡。畫史無載。身世待考。

朱 凱

江亭閑坐圖 (黃昌言等山水冊8之第3幀)	冊頁	絹	設色	約22.2×22.2		上海 上海博物館	

畫家小傳：朱凱。字堯民。江蘇長洲人。工詩、善畫，與朱存理齊名，人稱兩朱先生。祝允明曾題有堯民小筆詩稱之。(見列朝詩集小傳、枝山外集、中國畫家人名大辭典)

張 涵

雲山讀書圖 (黃昌言等山水冊8之第5幀)	冊頁	絹	設色	約22.2 × 22.2		上海 上海博物館	

畫家小傳：張涵。畫史無載。身世待考。

伯 麐

山林閒步圖 (黃昌言等山水冊8之第6幀)	冊頁	絹	設色	約22.2×22.2		上海 上海博物館	

畫家小傳：伯麐。畫史無載。身世待考。

邢志儒

群醉圖	卷	紙	水墨	32.1 × 437	丙寅歲 (嘉靖四十五年，1566) 季冬	北京 中國歷史博物館	

畫家小傳：邢志儒。畫史無載。流傳署款紀年作品見於世宗嘉靖四十五(1566)年。身世待考。

名稱		質地	色彩	尺寸 高x寬㎝	創作時間	收藏處所	典藏號碼

郭汾涯

仙人圖	軸	絹	設色	不詳		北京 故宮博物院	
仙人採芝圖	軸	絹	設色	不詳		北京 故宮博物院	
洗芝圖	軸	絹	設色	162.8 x 97.3		天津 天津市藝術博物館	

畫家小傳：郭汾涯。畫史無載。疑為活動於世宗嘉靖末期畫家。身世待考。

盧允貞

| 空江殘月圖 | 卷 | 絹 | 設色 | 不詳 | | 天津 天津市藝術博物館 | |

附：

| 山水圖 | 卷 | 紙 | 設色 | 不詳 | | 北京 中國文物商店總店 | |

畫家小傳：盧允貞。女。字德恒。號恒齋。江蘇吳縣人。適倪氏。善畫人物，白描尤精妙。(見明畫錄、無聲詩史、畫史會要、中國畫家人名大辭典)

萬邦正

| 雪谿垂釣圖 | 軸 | 絹 | 水墨 | 123 x 72.5 | | 天津 天津市藝術博物館 | |

畫家小傳：萬邦正。畫史無載。疑似活動於世宗嘉靖末期。身世待考。

萬邦治

| 秋林覓句圖 | 軸 | 絹 | 設色 | 164.5 x 101 | | 天津 天津市藝術博物館 | |
| 醉飲圖 | 卷 | 絹 | 設色 | 24.5 x 143 | | 廣州 廣東省博物館 | |

畫家小傳：萬邦治。畫史無載。疑似活動於世宗嘉靖末期人。身世待考。

朱拱欏

| 菊石圖 | 軸 | 絹 | 設色 | 157 x 91 | | 濟南 山東省博物館 | |

附：

| 竹菊石圖 | 軸 | 絹 | 設色 | 144.6 x 93.2 | | 上海 上海友誼商店古玩分店 | |

畫家小傳：朱拱欏。明宗室。畫史無載。身世待考。

朱 樸

| 傳缽圖 | 卷 | 紙 | 設色 | 22 x 53.4 | | 杭州 浙江省博物館 | |

畫家小傳：朱樸。畫史無載。身世待考。

蔣紹煃

| 梁谿山色圖 | 軸 | 紙 | 水墨 | 不詳 | 丁卯 (隆慶元年，1567) | 天津 天津市藝術博物館 | |
| 為思抑作山水圖 | 摺扇面 金箋 | | 設色 | 不詳 | 丙寅 (嘉靖四十五 | 合肥 安徽省博物館 | |

名稱		質地	色彩	尺寸 高×寬cm	創作時間	收藏處所	典藏號碼
					年，1566）		
水閣遠帆圖		摺扇面 金箋	設色	不詳	戊辰（隆慶二年，1568）	合肥 安徽省博物館	

畫家小傳：蔣紹煃。號鷺洲。晉陵人。活動於嘉靖、隆慶間。善畫山水。流傳署款紀年作品見於世宗嘉靖四十五（1566 年至穆宗隆慶二（1568）年。（見無聲詩史、中國畫家人名大辭典）

仇 珠

名稱		質地	色彩	尺寸 高×寬cm	創作時間	收藏處所	典藏號碼
唐人詩意		軸 紙	設色	103 × 60.6		台北 故宮博物院	故畫 00488
白衣大士像		軸 絹	設色	54 × 28.6		台北 故宮博物院	故畫 00489
附：							
素女文會圖		卷 紙	白描	15 × 80		紐約 佳士得藝品拍賣公司/拍賣目錄 1998.03.24.	
虢國夫人遊春圖		軸 絹	設色	92 × 91		上海 上海文物商店	
觀音（26 幀，對幅為屠隆楷書般若波羅蜜多心經）		冊 墨箋	泥金	（每幀）29.5 × 22		紐約 佳士得藝品拍賣公司/拍賣目錄 1993.12.01	

畫家小傳：仇珠。號杜陵內史。江蘇太倉人。仇英之女。工畫人物，得父法，工緻秀逸；亦畫山水，秀麗無塵俗氣。（見明畫錄、無聲詩史、圖繪寶鑑續纂、丹青志、珊瑚網、讀畫輯略、中國畫家人名大辭典）

吳 彬

名稱		質地	色彩	尺寸 高×寬cm	創作時間	收藏處所	典藏號碼
十八應真圖		卷 紙	白描	29.7 × 294.4		台北 故宮博物院	故畫 00929
月令圖（12 幅合裝）		卷 絹	設色	（每幅）29.1 × 66.9		台北 故宮博物院	故畫 01077
十八應真圖		卷 紙	水墨	29.7 × 294.4	癸未（萬曆十一年，1583）初秋	台北 故宮博物院	故畫 01078
羅漢圖		卷 絹	設色	33.5 × 547.8		台北 故宮博物院	中畫 00221
山水圖		卷 紙	設色	24.4 × ？		台北 私人	
煙江疊嶂圖（寫似蕭如雲先生）		卷 絹	設色	38.5 × ？	癸卯（萬曆三十一年，1603）八月念四日	香港 何耀光至樂樓	
江山勝覽圖（金陵三家合璧江山勝覽圖卷之第 1 幅）		卷 紙	設色	24 × 277	庚戌（萬曆三十八年，1610）春日	香港 北山堂北山堂	
群山萬墊圖		卷 紙	設色	30 × 712		天津 天津市藝術博物館	
十八應真參乘演法圖		卷 紙	設色	不詳	丁卯（天啟七年，1627）孟秋	青島 山東省青島市博物館	

名稱		質地	色彩	尺寸 高×寬㎝	創作時間	收藏處所	典藏號碼
山陰道上圖	卷	紙	設色	31.8 × 862.2	萬曆戊申（三十六年，1608）冬日	上海 上海博物館	
靈壁石圖	卷	紙	水墨	不詳		上海 上海博物館	
蓮社求友圖	卷	紙	設色	69.1 × 284	甲寅（萬曆四十二年，1614）	杭州 浙江省博物館	
十六羅漢圖	卷	紙	設色	32.1 × ？	萬曆辛卯（十九年，1591）	美國 普林斯頓大學藝術館（Edward Elliott 先生寄存）	L136.71
勺園圖（為米萬鍾作）	卷	紙	設色	30.5 × ？	乙卯（萬曆四十三年，1615）上巳日	美國 New Haven 翁萬戈先生	
臨李公麟五百羅漢圖	卷	紙	設色	33.7 × 2345.2		美國 克利夫蘭藝術博物館	71.16
迎春圖	卷	紙	設色	34.3 × 252.8	庚子（萬曆廿八年，1600）仲春日	美國 克利夫蘭藝術博物館	59.45
羅漢圖	卷	紙	設色	27.4 × ？		美國 勃克萊加州大學藝術館	CM120
天台圖	卷	絹	設色	29.6 × 104.1		美國 夏威夷火魯奴奴藝術學院	3678.1
天台圖題跋	卷	紙	水墨	29.6 × 40.7		美國 夏威夷火魯奴奴藝術學院	3678.1
山水圖	卷	紙	設色	33.6 × ？		美國 夏威夷火魯奴奴藝術學院	3519.1
華嚴海會圖	短卷	紙	設色	24.7 × 50.4		加拿大 多倫多皇家安大略博物館	970.209
羅漢	軸	紙	設色	151.1 × 80.7	萬曆辛丑（二十九年，1601）小春	台北 故宮博物院	故畫 00599
文杏雙禽圖	軸	紙	設色	120.4 × 56.7		台北 故宮博物院	故畫 00600
山水	軸	紙	設色	282.6 × 57.5	己酉（萬曆三十七年，1609）仲夏	台北 故宮博物院	故畫 02268
仙山高士	軸	紙	設色	162.8 × 59.1		台北 故宮博物院	故畫 02269
十六應真（16幅，仿貫休樣式）	軸	絹	水墨	（每幅）111.2 × 49.1		台北 故宮博物院	故畫 02270-02285
觀音大士	軸	紙	設色	92.4 × 50	丙子（崇禎九年，1636）正月	台北 故宮博物院	故畫 02286
畫佛像	軸	絹	設色	188.5 × 85.2		台北 故宮博物院	故畫 02287

名稱		質地	色彩	尺寸 高×寬㎝	創作時間	收藏處所	典藏號碼
魚籃觀音	軸	絹	設色	187.8 × 85		台北 故宮博物院	故畫 02986
山水圖	軸	紙	設色	329.3 × 97.5		台北 國泰美術館	
唐人詩意圖	軸	紙	設色	不詳		長春 吉林省博物館	
林壑秋色圖	軸	紙	設色	不詳	丙申（萬曆二十四年，1596）	北京 故宮博物院	
渴筆山水圖	軸	絹	水墨	不詳	辛丑（萬曆二十九年，1601）	北京 故宮博物院	
普賢像	軸	紙	設色	127.6 × 66	壬寅（萬曆三十年，1602）孟冬廿五日	北京 故宮博物院	
方壺圖	軸	紙	水墨	不詳	丙寅（天啟六年，1626）春暮	北京 故宮博物院	
千巖萬壑圖	軸	綾	設色	170 × 46.8		北京 故宮博物院	
佛像	軸	絹	設色	146.2 × 76.3		北京 故宮博物院	
達摩像	軸	紙	設色	118 × 53.3		北京 故宮博物院	
羅漢像	軸	紙	設色	不詳		北京 故宮博物院	
懸崖飛瀑圖	軸	紙	設色	不詳		北京 故宮博物院	
松下三仙圖	軸	絹	設色	不詳		北京 中國美術館	
洗象圖	軸	紙	設色	不詳	萬曆二十年（壬辰，1592）清和八日	北京 中央美術學院	
蕉蔭高士圖	軸	絹	設色	不詳		北京 中央美術學院	
明皇幸蜀圖	軸	紙	設色	54.5 × 31.6	癸卯（萬曆三十一年，1603）	天津 天津市藝術博物館	
群山削立圖	軸	絹	設色	144.5 × 57.5		濟南 山東省博物館	
百道飛泉圖	軸	絹	設色	235.5 × 97.5	萬曆庚戌（三十八年，1610）	泰州 江蘇省泰州市博物館	
含雨釀雲圖	軸	紙	設色	139.3 × 32		上海 上海博物館	
泉壑待雨圖	軸	絹	設色	不詳		上海 上海博物館	
山水圖（吳彬、文從昌合裝）	軸	紙	設色	不詳	丙申（萬曆二十四年，1596）	南京 南京博物院	
層巒叢嶂圖	軸	紙	設色	222.6 × 50.1	萬曆辛丑（二十九年，1601）	南京 南京博物院	
仙樓飛擷圖	軸	絹	設色	不詳		蘇州 江蘇省蘇州博物館	
岱輿圖	軸	綾	設色	148.1 × 38.7		杭州 浙江省博物館	

名稱		質地	色彩	尺寸 高×寬 cm	創作時間	收藏處所	典藏號碼
樓閣凌空圖	軸	絹	水墨	149.5 × 52		杭州 美術學院	
山閣倚雲圖	軸	絹	設色	165 × 62.5		成都 四川大學	
峰巒承秀圖	軸	絹	設色	190 × 76.5		福州 福建省博物館	
靈鷲山圖	軸	絹	設色	不詳		廣州 廣東省博物館	
雲嶺飛泉圖	軸	絹	設色	321 × 144		深圳 廣東省深圳市博物館	
山水圖	軸	金箋	水墨	144 × 30	辛亥（萬曆三十九年，1611）夏日	日本 東京尾琦洵盛先生	
溪山絕塵圖（似岱瀛詞宗）	軸	綾	設色	250.5 × 82.2	乙卯（萬曆四十三年，1615）春日	日本 大阪橋本大乙先生	
佛涅槃圖	軸	絹	設色	不詳	萬曆庚戌（三十八年，1610）仲春	日本 滋賀縣崇福寺	
山水圖	軸	絹	水墨	120.3 × 40.1		美國 麻州 Henry & Lee Harri -son 先生	
山水（江深草閣圖）	軸	紙	設色	306.4 × 98.5		美國 舊金山亞洲藝術館	B69 D47
山水（千巖萬壑圖）	軸	絹	水墨	120.1 × 39.9	萬曆丁巳（四十五年，1617）	美國 勃克萊加州大學藝術館（高居翰教授寄存）	
山水圖	軸	絹	設色	125 × 46.2	萬曆辛卯歲（十九年，1591）	美國 勃克萊加州大學藝術館（高居翰教授寄存）	CM81
方壺圓嶠圖	軸	絹	設色	213.9 × 86.6		美國 勃克萊加州大學藝術館（高居翰教授寄存）	
樹下人物圖	軸	絹	設色	128.6 × 58.8	癸未（萬曆十一年，1583）四月	義大利 羅馬國立東洋藝術博物館	5140
元夜（吳彬歲華紀勝圖冊之 1）	冊頁	紙	設色	29.4 × 69.8		台北 故宮博物院	故畫 01285-1
鞦韆（吳彬歲華紀勝圖冊之 2）	冊頁	紙	設色	29.4 × 69.8		台北 故宮博物院	故畫 01285-2
蠶市（吳彬歲華紀勝圖冊之 3）	冊頁	紙	設色	29.4 × 69.8		台北 故宮博物院	故畫 01285-3
浴佛（吳彬歲華紀勝圖冊之 4）	冊頁	紙	設色	29.4 × 69.8		台北 故宮博物院	故畫 01285-4
端陽（吳彬歲華紀勝圖冊之 5）	冊頁	紙	設色	29.4 × 69.8		台北 故宮博物院	故畫 01285-5
結夏（吳彬歲華紀勝圖冊之 6）	冊頁	紙	設色	29.4 × 69.8		台北 故宮博物院	故畫 01285-6
中元（吳彬歲華紀勝圖冊之 7）	冊頁	紙	設色	29.4 × 69.8		台北 故宮博物院	故畫 01285-7
玩月（吳彬歲華紀勝圖冊之 8）	冊頁	紙	設色	29.4 × 69.8		台北 故宮博物院	故畫 01285-8
登高（吳彬歲華紀勝圖冊之 9）	冊頁	紙	設色	29.4 × 69.8		台北 故宮博物院	故畫 01285-9
閱操（吳彬歲華紀勝圖冊之 10）	冊頁	紙	設色	29.4 × 69.8		台北 故宮博物院	故畫 01285-10
賞雪（吳彬歲華紀勝圖冊之 11）	冊頁	紙	設色	29.4 × 69.8		台北 故宮博物院	故畫 01285-11
大儺（吳彬歲華紀勝圖冊之 12）	冊頁	紙	設色	29.4 × 69.8		台北 故宮博物院	故畫 01285-12

名稱		質地	色彩	尺寸 高×寬cm	創作時間	收藏處所	典藏號碼
無量壽佛（吳彬畫楞嚴二十五圓通佛像冊之1）	冊頁	紙	設色	62.3 × 35.3		台北 故宮博物院	故畫 03569-1
嶠陳五比丘（吳彬畫楞嚴二十五圓通佛像冊之2）	冊頁	紙	設色	62.3 × 35.3		台北 故宮博物院	故畫 03569-2
優槃尼沙陀（吳彬畫楞嚴二十五圓通佛像冊之3）	冊頁	紙	設色	62.3 × 35.3		台北 故宮博物院	故畫 03569-3
香嚴童子（吳彬畫楞嚴二十五圓通佛像冊之4）	冊頁	紙	設色	62.3 × 35.3		台北 故宮博物院	故畫 03569-4
藥王藥上（吳彬畫楞嚴二十五圓通佛像冊之5）	冊頁	紙	設色	62.3 × 35.3		台北 故宮博物院	故畫 03569-5
跋陀羅（吳彬畫楞嚴二十五圓通佛像冊之6）	冊頁	紙	設色	62.3 × 35.3		台北 故宮博物院	故畫 03569-6
摩訶迦葉（吳彬畫楞嚴二十五圓通佛像冊之7）	冊頁	紙	設色	62.3 × 35.3		台北 故宮博物院	故畫 03569-7
周利槃陀（吳彬畫楞嚴二十五圓通佛像冊之8）	冊頁	紙	設色	62.3 × 35.3		台北 故宮博物院	故畫 03569-8
嬌梵缽提（吳彬畫楞嚴二十五圓通佛像冊之9）	冊頁	紙	設色	62.3 × 35.3		台北 故宮博物院	故畫 03569-9
畢陵迦槃蹉（吳彬畫楞嚴二十五圓通佛像冊之10）	冊頁	紙	設色	62.3 × 35.3		台北 故宮博物院	故畫 03569-10
舍利佛（吳彬畫楞嚴二十五圓通佛像冊之11）	冊頁	紙	設色	62.3 × 35.3		台北 故宮博物院	故畫 03569-11
普賢菩薩（吳彬畫楞嚴二十五圓通佛像冊之12）	冊頁	紙	設色	62.3 × 35.3		台北 故宮博物院	故畫 03569-12
孫陀羅難陀（吳彬畫楞嚴二十五圓通佛像冊之13）	冊頁	紙	設色	62.3 × 35.3		台北 故宮博物院	故畫 03569-13
富樓那（吳彬畫楞嚴二十五圓通佛像冊之14）	冊頁	紙	設色	62.3 × 35.3		台北 故宮博物院	故畫 03569-14
彌勒佛（吳彬畫楞嚴二十五圓通佛像冊之15）	冊頁	紙	設色	62.3 × 35.3		台北 故宮博物院	故畫 03569-15
大目犍連（吳彬畫楞嚴二十五圓通佛像冊之16）	冊頁	紙	設色	62.3 × 35.3		台北 故宮博物院	故畫 03569-16
烏芻瑟摩（吳彬畫楞嚴二十五圓通佛像冊之17）	冊頁	紙	設色	62.3 × 35.3		台北 故宮博物院	故畫 03569-17
持提菩薩（吳彬畫楞嚴二十五	冊頁	紙	設色	62.3 × 35.3		台北 故宮博物院	故畫 03569-18

名稱		質地	色彩	尺寸 高x寬cm	創作時間	收藏處所	典藏號碼
圓通佛像冊之18）							
月光童子（吳彬畫楞嚴二十五圓通佛像冊之19）	冊頁	紙	設色	62.3 x 35.3		台北 故宮博物院	故畫 03569-19
琉璃光法王子（吳彬畫楞嚴二十五圓通佛像冊之20）	冊頁	紙	設色	62.3 x 35.3		台北 故宮博物院	故畫 03569-20
虛空藏（吳彬畫楞嚴二十五圓通佛像冊之21）	冊頁	紙	設色	62.3 x 35.3		台北 故宮博物院	故畫 03569-21
大士（吳彬畫楞嚴二十五圓通佛像冊之22）	冊頁	紙	設色	62.3 x 35.3		台北 故宮博物院	故畫 03569-22
大勢至法王子（吳彬畫楞嚴二十五圓通佛像冊之23）	冊頁	紙	設色	62.3 x 35.3		台北 故宮博物院	故畫 03569-23
阿難尊者（吳彬畫楞嚴二十五圓通佛像冊之24）	冊頁	紙	設色	62.3 x 35.3		台北 故宮博物院	故畫 03569-24
達摩（吳彬畫楞嚴二十五圓通佛像冊之25）	冊頁	紙	設色	62.3 x 35.3		台北 故宮博物院	故畫 03569-25
萬木秋山圖	摺扇面	紙	不詳	不詳		台北 故宮博物院	故扇 00174
山水圖	摺扇面	金箋	設色	15.7 x 48.7		香港 劉作籌虛白	53
花鳥圖	摺扇面	金箋	設色	16.1 x 48.2		香港 潘祖堯小聽颿樓	CP102
秋獵圖	摺扇面	金箋	設色	不詳	癸卯（萬曆三十一年，1603）秋日	北京 故宮博物院	
柳溪釣艇圖	摺扇面	金箋	設色	17.6 x 49.8		北京 故宮博物院	
繞村水閣圖	摺扇面	金箋	水墨	不詳	丙辰（萬曆四十四年，1616）春日	合肥 安徽省博物館	
山村雲繞圖	摺扇面	金箋	水墨	18.3 x 53.2	萬曆四十四年丙辰（1616）	南京 南京博物院	
山水圖	摺扇面	紙	設色	17.3 x 47	癸卯（萬曆三十一年，1603）新秋	美國 紐約大都會藝術博物館	13.100.77
花鳥圖	摺扇面	金箋	設色	15.7 x 46.6		美國 紐約大都會藝術博物館（Denis 楊先生寄存）	
山水圖（松石流泉）	摺扇面	金箋	水墨	18.2 x 53.6		美國 鳳凰市美術館(Mr.Roy And Marilyn Papp 寄存)	
山水圖	摺扇面	紙	設色	16.8 x 49.1	甲辰（萬曆三十二年，1604）清和月	美國 舊金山亞洲藝術館	B79 D21
山水圖	摺扇面	紙	設色	16.7 x 48.4		美國 舊金山亞洲藝術館	

名稱		質地	色彩	尺寸 高×寬 ㎝	創作時間	收藏處所	典藏號碼
山水圖	摺扇面	金箋	水墨	15.8 × 46.2		美國 夏威夷火魯奴奴藝術學院	3540.1
江鄉秋色圖（為蔭軒作）	摺扇面	金箋	設色	18.6 × 56.1		瑞士 蘇黎士黎德堡博物館	RCH.1130
附：							
關山行旅圖	卷	紙	設色	26.3 × 434	萬曆甲辰（三十二年，1604）三月初	紐約 佳仕得藝品拍賣公司/拍賣目錄 1986,06,04.	
十八應真圖	卷	紙	設色	32.5 × 569.3	乙卯（萬曆四十三年，1615）春日	紐約 佳士得藝品拍賣公司/拍賣目錄 1992,12,02.	
雁蕩山圖	卷	絹	設色	33.5 × 701.5	乙丑（天啟五年，1625）春仲	紐約 佳士得藝品拍賣公司/拍賣目錄 1996,03,27.	
雲山雨墾圖	軸	紙	水墨	不詳		上海 朵雲軒	
溪山雅集圖	軸	紙	水墨	108 × 37.5	天啟甲子（四年，1624）冬十月朔	紐約 蘇富比藝品拍賣公司/拍賣目錄 1981,05,07.	
鍾馗圖	軸	紙	設色	118.1 × 59.6	萬曆乙卯歲（四十三年，1615）五月	紐約 佳士得藝品拍賣公司/拍賣目錄 1987,12,11.	
荷鄉清暑圖	軸	紙	水墨	161 × 47.5		紐約 佳士得藝品拍賣公司/拍賣目錄 1992,06,02.	
花鳥圖	摺扇面	金箋	設色	15.9 × 47	甲辰（萬曆三十二年，1604）春日	紐約 蘇富比藝品拍賣公司/拍賣目錄 1981,11,05.	
山水（明各家山水書法扇面冊 10 之 1 幀）	摺扇面	金箋	設色	17.8 × 56.7	辛丑（萬曆二十九年，1601）夏五月	香港 佳士得藝品拍賣公司/拍賣目錄 1998,09,15.	
調馬圖	摺扇面	金箋	水墨	16.5 × 50.5	萬曆乙巳（三十三年，1605）八月	紐約 佳士得藝品拍賣公司/拍賣目錄 1998,09,15.	

畫家小傳：吳彬。字文仲（一作文中）。福建莆田人，流寓金陵。以書畫擅名萬曆間。畫工佛像、人物，造型奇異，自成一家。流傳署款紀年作品見於穆宗隆慶元（1567）年至思宗崇禎九（1636）年間。（見無聲詩史、圖繪寶鑑續纂、福建通志、莆田縣志、五雜俎、中國畫家人名大辭典）

王翹

名稱		質地	色彩	尺寸 高×寬 ㎝	創作時間	收藏處所	典藏號碼
魚藻圖	卷	紙	設色	28.6 × 250.2		北京 故宮博物院	
花蝶草蟲圖	卷	紙	設色	30.4 × 480.8	隆慶紀元（丁卯，1567）	蘇州 江蘇省蘇州博物館	
柳蟬魚蟹圖	卷	紙	設色	23.8 × 243.6		杭州 浙江省博物館	
花卉圖	卷	紙	設色	31.7 × 264.1		美國 俄亥俄州托雷多市藝術博物館	

名稱		質地	色彩	尺寸 高×寬cm	創作時間	收藏處所	典藏號碼

畫家小傳：王翹。字叔楚（一字時羽）。號小竹。江蘇嘉定人。善畫花草、蟲魚。大率運筆似粗率，而生氣奕發，絕得其神。極獲孫克弘推
　　　重，以為逸品；亦能作米家山水。流傳署款紀年作品見於穆宗隆慶元(1567)年。（見嘉定志、思勉齋集、中國畫家人名大辭典）

閏　祥

| 護法天王像 | 軸 | 絹 | 設色 | 155.5 x 81.7 | 隆慶元年（丁卯，1567） | 北京 中國歷史博物館 | |

畫家小傳：閏祥。畫史無載。流傳署款紀年作品見於穆宗隆慶元(1567)年。身世待考。

潘志省

| 雪竹圖 | 軸 | 絹 | 水墨 | 166.8 x 53.7 | 丁卯（隆慶元年，1567） | 杭州 浙江省博物館 | |
| 竹石圖 | 軸 | 絹 | 水墨 | 不詳 | | 臨海 浙江省臨海市博物館 | |

畫家小傳：潘志省。字以魯。新昌人。隆、萬間以善畫鳴於時。所作水墨花卉，天真爛漫；並工蘭竹。流傳署款紀年作品見於穆宗隆慶元
　　　(1567)年。（見明畫錄、中國畫家人名大辭典）

王　彬

| 詔起東山圖 | 卷 | 絹 | 設色 | 不詳 | 丁卯（隆慶元年，1567） | 廣州 廣州市美術館 | |

畫家小傳：王彬。隆慶、萬曆間人。籍里、身世不詳。工畫山水。流傳署款作品見於穆宗隆慶元（1567）年。（珊瑚網、中國畫家人名大
　　　辭典）

許　舟

附：

| 崇福寺勝概 | 卷 | 紙 | 設色 | 25.5 x 126 | 隆慶戊辰（二年，1568）中秋日 | 香港 佳士得藝品拍賣公司/拍賣目錄 1991.03.18. | |

畫家小傳：許舟。畫史無載。流傳署款紀年作品見於穆宗隆慶二(1568)年。身世待考。

朱南雍

| 乾坤一覽圖 | 卷 | 紙 | 水墨 | 29 x 499.1 | | 香港 鄭德坤木扉 | |

畫家小傳：朱南雍。字越崝。浙江山陰人。穆宗隆慶二（1568）年進士。神宗萬曆八（1580）年任太僕寺卿。工詩。善畫山水、木石，法
　　　出沈周，亦效倪瓚，清勁絕俗。（見明畫錄、紹興府志、山陰志、列卿記、中國畫家人名大辭典）

名稱		質地	色彩	尺寸 高×寬㎝	創作時間	收藏處所	典藏號碼

顧大典

名稱		質地	色彩	尺寸	創作時間	收藏處所	典藏號碼
仿王蒙桃花書屋圖	卷	絹	設色	不詳	萬曆甲申（十二年，1584）春日	北京 故宮博物院	
淺絳山水（谿山秋色圖）	軸	紙	設色	123 x 39	萬曆戊子（十六年，1588）夏日	瀋陽 故宮博物院	
梅花圖	軸	紙	水墨	不詳	隆慶戊辰（二年，1568）	北京 故宮博物院	
秋江帆飽圖	軸	紙	設色	48 x 34.6	丁亥（萬曆十五年，1587）冬日	北京 故宮博物院	
赤壁圖（文徵明書後赤壁賦顧大典畫冊之1）	冊頁	紙	設色	25 x 26.8	壬辰（萬曆二十年，1592）冬日	台北 故宮博物院	故畫 01225-1
附：							
溪山古泉（為伯顒道長作）	軸	紙	水墨	54.5 x 30.5	隆慶戊辰（二年，1568）嘉平	紐約 佳士得藝品拍賣公司/拍賣目錄 1990,11,28.	

畫家小傳：顧大典。字道行。號衡寓。江蘇吳江人。穆宗隆慶二（1568）年進士。神宗萬曆十二（1584）年，官山東按察副使。工詩、書。善畫山水，秀雅入逸品。流傳署款紀年作品見於隆慶二(1568)年至萬曆二十（1592）年。（見無聲詩史、明史藝文志、蘇州名賢畫像冊、松陵文獻、中國畫家人名大辭典）

戚　勳

名稱		質地	色彩	尺寸	創作時間	收藏處所	典藏號碼
花卉圖	卷	紙	水墨	31.5 x 517.2	隆慶四年（庚午，1570）五月朔日	南京 南京博物院	
花卉圖（10幀）	冊	紙	設色	27.5 x 30.5		北京 故宮博物院	

畫家小傳：戚勳。字世臣。號曲泉。籍里、身世不詳。善畫花卉，得疏野之趣。流傳署款紀年作品見於穆宗隆慶四(1570)年。（見明畫錄、畫史會要、中國畫家人名大辭典）

吳中學

名稱		質地	色彩	尺寸	創作時間	收藏處所	典藏號碼
松堂習靜圖（為松堂作）	軸	紙	設色	不詳	隆慶四年（庚午，1570）六月四日	廣州 廣東省博物館	
松堂習靜圖	軸	紙	設色	不詳	天啟三年（癸亥，1623）秋八月	廣州 廣東省博物館	

畫家小傳：吳中學。畫史無載。流傳署款紀年作品見於穆宗隆慶四(1570)年至熹宗天啟三(1623)年。身世待考。

張　翀

名稱		質地	色彩	尺寸	創作時間	收藏處所	典藏號碼
寫生花鳥圖	卷	紙	設色	33.3 x 316.8	壬午（崇禎十五年，1642）長至前二日	上海 上海博物館	

名稱		質地	色彩	尺寸 高×寬㎝	創作時間	收藏處所	典藏號碼
雜畫	卷	紙	設色	29.6 × 804.	崇禎甲申（十七年，1644）	上海 上海博物館	
百花圖	卷	紙	設色	不詳	辛巳（崇禎十四年，1641）立冬前一日	南京 南京博物院	
東閣觀梅	軸	絹	設色	125.3 × 60.2	己卯（崇禎十二年，1639）正月廿六日	台北 故宮博物院	故畫 01364
蓬山迎鼇	軸	絹	設色	167.4 × 51.1		台北 故宮博物院	故畫 02329
仙盧授液	軸	絹	設色	168 × 51.1		台北 故宮博物院	故畫 02330
梅溪仙釀	軸	絹	設色	166.7 × 51.1	天啟壬戌（二年，1622）春三月之望	台北 故宮博物院	故畫 02331
採芝仙	軸	紙	設色	117.1 × 53.9	隆慶庚午（四年，1570）春日	台北 故宮博物院	故畫 02332
賞鑑圖	軸	絹	設色	131.8 × 60.4	庚辰（萬曆八年，1580）暮春月庚午	台北 華叔和後真賞齋	
椿萱鶴竹圖	軸	紙	設色	不詳	癸巳（萬曆二十一年，1593）	瀋陽 故宮博物院	
添籌圖	軸	絹	設色	不詳	崇禎辛巳（十四年，1641）	瀋陽 遼寧省博物館	
三星圖	軸	絹	設色	142.3 × 76.1	崇禎壬午（十五年，1642）	瀋陽 遼寧省博物館	
太白醉酒圖	軸	紙	設色	不詳	庚辰（崇禎十三年，1640）	北京 故宮博物院	
瑤池仙劇圖	軸	絹	設色	192.5 ×103.5	甲申（崇禎十七年，1644）	北京 故宮博物院	
聘龐圖	軸	紙	設色	不詳	乙酉（萬曆十三年，1585）中秋前一日	北京 故宮博物院	
天中景物圖	軸	紙	設色	不詳	崇禎庚辰（十三年，1640）	天津 天津市藝術博物館	
昇平樂事圖	軸	紙	設色	124 × 60.5		天津 天津市藝術博物館	
飲中八仙圖（8幅）	軸	紙	設色	不詳	弘光龍飛元年（甲申，1644）	濟南 山東省濟南市博物館	

名稱		質地	色彩	尺寸 高x寬cm	創作時間	收藏處所	典藏號碼
大夫松圖	軸	絹	設色	不詳	庚午（崇禎三年，1630）	青島 山東省青島市博物館	
鍾馗圖	軸	紙	設色	不詳	崇禎癸酉（六年，1633）	合肥 安徽省博物館	
柳岸停舟圖	軸	紙	設色	132 × 59.4	庚辰（崇禎十三年，1640	合肥 安徽省博物館	
騎牛圖	軸	絹	設色	不詳		合肥 安徽省博物館	
鍾馗移居圖	軸	絹	設色	141.5 × 76.5	壬申（崇禎五年，1632）嘉平月	南通 江蘇省南通博物苑	
晴巒疊翠圖	軸	紙	設色	不詳	辛巳（崇禎十四年，1641）	南京 南京博物院	
鬥酒聽鸝圖	軸	絹	設色	218 × 99.9	崇禎癸未（十六年，1643）春三月	南京 南京博物院	
瑤池酣會圖	軸	絹	設色	不詳	崇禎甲申（十七年，1644）重五	南京 南京市博物館	
竹梧消夏圖	軸	絹	設色	166 × 70	辛巳（崇禎十四年，1641）長至前二日	杭州 浙江省杭州市文物考古所	
桐蔭清話圖	軸	紙	設色	68 × 94		武漢 湖北省博物館	
煮茶圖	軸	絹	設色	146 × 62	崇禎辛巳（十四年，1641）春三月	成都 四川大學	
琵琶行詩意圖	軸	紙	設色	115 × 60	崇禎辛巳（十四年，1641）	廣州 廣東省博物館	
平湖春曉圖	軸	絹	設色	127 × 51.3	壬午（崇禎十五年，1642）	廣州 廣東省博物館	
張天師像	軸	紙	設色	199.5 × 55.5	甲申（崇禎十七年，1644）	廣州 廣東省博物館	
樹下高僧圖	軸	紙	設色	126.4 × 57.1	乙卯（萬曆四十三年，1615）春三月	日本 荻原堂	
瑤池仙劇圖	軸	絹	設色	170.8×100.6	甲申（崇禎十七年，1644）冬十一月	英國 倫敦大英博物館	1910.2.12.503（ADD147）
瞶瞶圖（仿吳偉畫法）	軸	絹	水墨	110.4 × 51.5	壬午（崇禎十五年，1642）秋七月	德國 慕尼黑國立民族學博物館	
滑稽醉飲圖	軸	紙	設色	75.6 × 53.2	辛巳（崇禎十四年	瑞典 斯德哥爾摩遠東古物館	NMOK274

名稱		質地	色彩	尺寸 高x寬㎝	創作時間	收藏處所	典藏號碼
					，1641）端陽日		
蘆浦白鵝圖	軸	絹	設色	不詳	崇禎辛巳（十四年，1641）五月朔日	瑞典 孔達先生原藏	
山水圖（舊畫扇面冊之6）	摺扇面	金箋	設色	不詳		台北 故宮博物院	故畫 03526-6
蝦蛤荇藻（名人畫扇冊之3）	摺扇面	紙	設色	不詳		台北 故宮博物院	故畫 03553-3
樹下麒麟（名人畫扇冊之7）	摺扇面	紙	設色	不詳		台北 故宮博物院	故畫 03553-7
石榴山雀（名人書畫合冊之16）	冊頁	絹	設色	17.9 x 55.2		台北 故宮博物院	故畫 03582-16
宋賢畫像（20幀）	冊	絹	設色	（每幀）25.1 x 19.7		台南 石允文先生	
花卉圖（雜畫冊之7）	冊頁	紙	設色	17.2 x 19.4		香港 葉承耀先生	
蟹圖（雜畫冊之6）	冊頁	紙	設色	17.2 x 19.4		香港 葉承耀先生	
人物圖（雜畫冊之3）	冊頁	紙	水墨	17.2 x 19.4		香港 葉承耀先生	
蔬菜圖（雜畫冊之2）	冊頁	紙	水墨	17.2 x 19.4		香港 葉承耀先生	
秋江放棹圖	摺扇面	金箋	設色	16.3 x 52.8	甲申（崇禎十七年，1644）夏仲	北京 故宮博物院	
雪山行旅圖	摺扇面	金箋	設色	17 x 53.5	戊辰（崇禎元年，1628）	北京 故宮博物院	
風雨聯轡圖	摺扇面	紙	設色	不詳	戊辰（崇禎元年，1628）臘月廿一日	北京 故宮博物院	
江山秀色圖	摺扇面	金箋	設色	不詳	丁丑（崇禎十年，1637）十一月望	北京 故宮博物院	
文姬歸漢圖	摺扇面	金箋	設色	不詳	壬午（崇禎十五年，1642）三月朔	北京 故宮博物院	
葡萄圖	摺扇面	金箋	水墨	16.8 x 52.5	壬午（崇禎十五年，1642）	北京 故宮博物院	
觀梅圖（為燕翁作）	摺扇面	金箋	設色	16.1 x 49.3	壬午（崇禎十五年，1642）秋日	北京 故宮博物院	
山水圖	摺扇面	紙	設色	不詳		北京 中國歷史博物館	
觀梅圖	摺扇面	金箋	水墨	17.5 x 49.4	戊寅（崇禎十一年，1638）	北京 首都博物館	
山水圖（錢穀等雜畫扇面冊9之1幀）	摺扇面	金箋	設色	17.7 x 49.6		北京 首都博物館	
臨古山水圖（？幀）	冊	紙	設色	不詳	戊辰（崇禎元年，	天津 天津市藝術博物館	

名稱		質地	色彩	尺寸 高×寬cm	創作時間	收藏處所	典藏號碼
					1628）九秋		
蔬果圖（10幀）	冊	紙	設色	（每幀）19.1 × 21.9		天津 天津市藝術博物館	
花鳥圖	摺扇面	金箋	設色	不詳	戊寅（崇禎十一年，1638）	合肥 安徽省博物館	
紅蓼游蝦圖	摺扇面	金箋	水墨	不詳	辛巳（崇禎十四年，1641）	合肥 安徽省博物館	
明皇幸蜀圖	摺扇面	灑金箋	設色	不詳	崇禎丙子（九年，1636）	南通 江蘇省南通博物苑	
山水人物花鳥圖（8幀，為僕翁作）	冊	灑金箋	設色	不詳	丙寅（天啟六年，1626）	上海 上海博物館	
侯峒曾像（曾鯨畫像、張翀補景）	軸	絹	設色	121.3 × 62.1	崇禎丁丑（十年，1637）	上海 上海博物館	
山水圖（張翀、楊亭等山水花卉冊6之第1幀）	冊頁	絹	設色	約28 × 14	丁丑（崇禎十年，1637）十月	上海 上海博物館	
梧桐雙鳥圖	摺扇面	金箋	水墨	不詳	壬午（崇禎十五年，1642）	上海 上海博物館	
仿古山水圖（12幀）	冊	紙	設色	不詳	庚午（崇禎三年，1630）	南京 南京博物院	
萱花圖	摺扇面	金箋	設色	不詳	庚辰（崇禎十三年，1640）	南京 南京博物院	
赤壁夜遊圖	摺扇面	金箋	設色	17.6 × 52.5	辛巳（崇禎十四年，1641）	南京 南京博物院	
幽谷求音圖	摺扇面	粉箋	設色	17.5 × 53	乙亥（崇禎八年，1635）	武漢 湖北省博物館	
花果、昆蟲圖（12幀）	冊	紙	設色	（每幀）38 × 37.5		廣州 廣州市美術館	
牡丹圖	摺扇面	金箋	設色	17.6 × 51.4		日本 福岡縣石訽道雄先生	12
花鳥圖	摺扇面	金箋	水墨	16 × 49		美國 紐約大都會藝術博物館	13.100.85
群鵲圖	摺扇面	金箋	設色	16.8 × 53.6		美國 印地安那波里斯市藝術博物館（印州私人寄存）	
報恩塔圖（明人畫冊之10）	冊頁	絹	設色	29.8 × 21.6		美國 勃克萊加州大學藝術館（高居翰教授寄存）	
山居著書圖	摺扇面	金箋	設色	16.6 × 48.9		德國 柏林東亞藝術博物館	1988-349

名稱		質地	色彩	尺寸 高×寬㎝	創作時間	收藏處所	典藏號碼
花卉圖 附：	摺扇面	金箋	設色	16.3 × 50.3		德國 柏林東亞藝術博物館	1988-350
移居圖	卷	絹	設色	32 × 351	崇禎三年（庚午，1630）秋九月	紐約 佳士得藝品拍賣公司/拍賣目錄 1992,06,02.	
蘭亭修禊圖	卷	絹	設色	16 × 356	崇禎丁丑（十年，1637）春日	紐約 佳士得藝品拍賣公司/拍賣目錄 1994,06,01.	
田家春鬥圖	卷	絹	設色	21.5 × 176	辛巳（崇禎十四年，1641）春二月	紐約 佳士得藝品拍賣公司/拍賣目錄 1996,09,18.	
果老作戲圖	軸	紙	設色	不詳	辛巳（崇禎十四年，1641）臘月	北京 北京市文物商店	
探梅圖	軸	紙	設色	不詳	辛巳（崇禎十四年，1641）	上海 上海文物商店	
蘆岸白鵝圖	軸	紙	設色	121.3 × 45	崇禎辛巳（十四年，1641）五月	紐約 蘇富比藝品拍賣公司/拍賣目錄 1986,06,03.	
爆竹除舊圖	軸	紙	設色	74 × 40.5		紐約 佳士得藝品拍賣公司/拍賣目錄 1991,05,29.	
古檜群鵲圖	摺扇面	金箋	設色	17.2 × 54	乙亥（崇禎八年，1635）立夏日	紐約 佳仕得藝品拍賣公司/拍賣目錄 1986,06,04.	
山水圖（12幀）	冊		設色	不詳	丙辰（萬曆四十四年，1616）長夏	北京 北京市文物商店	
宋名賢像（10幀）	冊	絹	設色	（每幀）26.4 × 19.5		紐約 佳士得藝品拍賣公司/拍賣目錄 1987,06,03.	
孟冬景物圖	摺扇面	金箋	設色	15.5 × 47.5	己卯（崇禎十二年，1639）冬十月	紐約 佳士得藝品拍賣公司/拍賣目錄 1990,05,31.	
柳鴛圖	摺扇面	金箋	設色	15 × 47		紐約 佳士得藝品拍賣公司/拍賣目錄 1993,12,01.	
花卉草蟲（8幀）	冊	紙	設色	（每幀）23.2 × 25.2	崇禎戊寅（十一年，1638）七月朔日	紐約 佳士得藝品拍賣公司/拍賣目錄 1995,03,22.	
曲澗箕踞（明清人扇面冊12之1幀）	摺扇面	金箋	設色	不詳		紐約 佳士得藝品拍賣公司/拍賣目錄 1998,09,15.	

畫家小傳：張翀。字子羽。號圖南。江蘇江寧（一作江都）人。工畫人物、仕女，用筆疏秀，傅采鮮妍；畫山水，亦清潤。流傳署款紀年作品見於穆宗隆慶四（1570）年至思宗崇禎十七（1644）年。（見明畫錄、無聲詩史、圖繪寶鑑續纂、中國畫家人名大辭典）

名稱		質地	色彩	尺寸 高x寬㎝	創作時間	收藏處所	典藏號碼

時羽白

| 松堂習靜圖 | 軸 | 紙 | 設色 | 87 x 33 | 隆慶庚午（四年，1570） | 廣州 廣東省博物館 | |

畫家小傳：時羽白。畫史無載。流傳署款紀年作品見於穆宗隆慶四（1570）年。身世待考。

張　復

秋山行旅圖	卷	絹	設色	31.1 x 213.6	萬曆辛丑（二十九年，1601）秋九月	台北 故宮博物院	故畫 01076
江山清遠圖	卷	紙	設色	不詳	丁卯（天啟七年，1627）春	北京 故宮博物院	
三才理氣圖（2段）	卷	紙	水墨	29.5 x 115.8		北京 故宮博物院	
三才理趣圖	卷	紙	水墨	29.5 x 240.5		北京 故宮博物院	
山水圖	卷	紙	水墨	33.2 x 136.4		北京 首都博物館	
雪景山水圖	卷	絹	設色	不詳	癸丑（萬曆四十一年，1613）冬月	北京 中央美術學院	
設色山水圖	卷	紙	設色	不詳	丁巳（萬曆四十五年，1617）夏	天津 天津市藝術博物館	
湖山攬勝圖	卷	絹	設色	32.8 x 296	乙丑（天啟五年，1625）時年八十歲	天津 天津市藝術博物館	
山水圖（婁堅書、張復畫合裝）	卷	紙	設色	30 x 252		天津 天津市歷史博物館	
秋聲圖	卷	絹	設色	不詳	己酉（萬曆三十七年，1609）	上海 上海博物館	
蘭石圖（蘇宣、張復合作）	卷	紙	水墨	不詳	萬曆壬子（四十年，1612）	上海 上海博物館	
谿山過雨圖	卷	紙	設色	28.8 x 301.2	天啟乙丑（五年，1625）正月	南京 南京博物院	
雲島圖	卷	絹	設色	29.7 x 114.8	萬曆甲寅（四十二年，1614）	廣州 廣東省博物館	
薜蘿圖	軸	絹	設色	204.6 x 100.2		台北 陳啟斌畏罍堂	
松亭聽瀑圖	軸	紙	設色	134.7 x 31	庚戌（萬曆三十八年，1610）新秋	香港 香港美術館・虛白齋	XB1992.063
松溪書屋圖	軸	絹	設色	58.1 x 58	壬戌（天啟二年，1622）	瀋陽 遼寧省博物館	
梧亭迨暑圖	軸	絹	設色	60.3 x 15.1	癸亥（天啟三年，	瀋陽 遼寧省博物館	

名稱		質地	色彩	尺寸 高×寬cm	創作時間	收藏處所	典藏號碼
					1623）仲夏時年七十八		
山水圖	軸	紙	設色	不詳	壬子（萬曆四十年，1612）春月	北京 故宮博物院	
雪景行旅圖（為問卿作）	軸	紙	設色	173.5 × 64.5	天啟乙丑（五年，1625）盛夏	北京 故宮博物院	
虛閣深松圖	軸	絹	設色	174.5 × 63	乙丑（天啟五年，1625）秋月	北京 故宮博物院	
仿王蒙山水圖	軸	紙	設色	284 × 95.5		濟南 山東省博物館	
壽山樓藏書圖（為鳳陵寫）	軸	絹	設色	162 × 90	崇禎己巳（二年，1629）春穀旦	煙臺 山東省煙臺市博物館	
山寺晴巒圖	軸	紙	設色	不詳	庚申（泰昌元年，1620）	上海 上海博物館	
溪山讀書圖（為無曠作）	軸	紙	設色	174.5 × 133.1	癸亥（天啟三年，1623）秋月	上海 上海博物館	
雨過芝田圖	軸	絹	設色	189 × 57.5	丙辰（萬曆四十四年，1616）仲春之望	南京 江蘇省美術館	
函關紫氣圖	軸	絹	設色	213 × 90	萬曆己酉（三十七年，1609）秋日	常州 江蘇省常州市博物館	
松閣對話圖	軸	紙	設色	不詳	丙寅（天啟六年，1626）仲夏	無錫 江蘇省無錫市博物館	
水閣聽泉圖	軸	絹	設色	125 × 31	萬曆辛卯（十九年，1591）冬	嘉善 浙江省嘉興市博物館	
松石長年圖	軸	絹	設色	207.8 × 93	崇禎庚午（三年，1630	重慶 重慶市博物館	
茗話齋圖	軸	紙	設色	81.3 × 32	甲辰（萬曆三十二年，1604）	廣州 廣東省博物館	
松蔭聽泉圖	軸	紙	水墨	117.5 × 56.3	辛亥（萬曆三十九年，1611）	廣州 廣東省博物館	
清溪話舊圖	軸	紙	水墨	142.2 × 39.5	庚申（萬曆四十八年，1620）	廣州 廣東省博物館	
山水（溪橋策杖圖）	軸	絹	水墨	不詳	癸丑（萬曆四十一年，1613）冬日	日本 江田勇二先生	

名稱		質地	色彩	尺寸 高×寬cm	創作時間	收藏處所	典藏號碼
老松竹石圖	軸	絹	設色	156.7 × 48.4		日本 私人	
山水（秋山訪隱圖）	軸	絹	設色	147.6 × 50.7		美國 堪薩斯市納爾遜-艾金斯藝術博物館	
山水圖	軸	紙	設色	102.2 × 31	萬曆丙申（二十四年，1596）秋日	美國 勃克萊加州大學藝術館（高居翰教授寄存）	CM14
邵伯（錢穀張復合畫水程圖第二冊之1）	冊頁	紙	設色	25.1 × 38.4	萬曆甲戌（二年，1574）	台北 故宮博物院	故畫01227-1
露筋廟（錢穀、張復合畫水程圖第二冊之2）	冊頁	紙	設色	25.1 × 38.4		台北 故宮博物院	故畫01227-2
高郵（錢穀、張復合畫水程圖第二冊之3）	冊頁	紙	設色	25.1 × 38.4		台北 故宮博物院	故畫01227-3
寶應（錢穀、張復合畫水程圖第二冊之4）	冊頁	紙	設色	25.1 × 38.4		台北 故宮博物院	故畫01227-4
淮安、漂母祠（錢穀、張復合畫水程圖第二冊之5）	冊頁	紙	設色	25.1 × 38.4		台北 故宮博物院	故畫01227-5
移風閘（錢穀、張復合畫水程圖第二冊之6）	冊頁	紙	設色	25.1 × 38.4		台北 故宮博物院	故畫01227-6
清江浦閘（錢穀、張復合畫水程圖第二冊之7）	冊頁	紙	設色	25.1 × 38.4		台北 故宮博物院	故畫01227-7
清河縣（錢穀、張復合畫水程圖第二冊之8）	冊頁	紙	設色	25.1 × 38.4		台北 故宮博物院	故畫01227-8
淮河口（錢穀、張復合畫水程圖第二冊之9）	冊頁	紙	設色	25.1 × 38.4		台北 故宮博物院	故畫01227-9
桃源（錢穀、張復合畫水程圖第二冊之10）	冊頁	紙	設色	25.1 × 38.4		台北 故宮博物院	故畫01227-10
古城、三義廟（錢穀、張復合畫水程圖第二冊之11）	冊頁	紙	設色	25.1 × 38.4		台北 故宮博物院	故畫01227-11
白洋河（錢穀、張復合畫水程圖第二冊之12）	冊頁	紙	設色	25.1 × 38.4		台北 故宮博物院	故畫01227-12
宿遷（錢穀、張復合畫水程圖第二冊之13）	冊頁	紙	設色	25.1 × 38.4		台北 故宮博物院	故畫01227-13
直河口（錢穀、張復合畫水程圖第二冊之14）	冊頁	紙	設色	25.1 × 38.4		台北 故宮博物院	故畫01227-14
曲頭集（錢穀、張復合畫水程	冊頁	紙	設色	25.1 × 38.4		台北 故宮博物院	故畫01227-15

名稱		質地	色彩	尺寸 高x寬㎝	創作時間	收藏處所	典藏號碼

圖第二冊之 15）

名稱		質地	色彩	尺寸 高x寬㎝	創作時間	收藏處所	典藏號碼
邳州（錢穀、張復合畫水程圖第二冊之 16）	冊頁	紙	設色	25.1 x 38.4		台北 故宮博物院	故畫 01227-16
呂梁洪（錢穀、張復合畫水程圖第二冊之 17）	冊頁	紙	設色	25.1 x 38.4		台北 故宮博物院	故畫 01227-17
徐州、九里山、雲龍山、范增墓（錢穀、張復合畫水程圖第二冊之 18）	冊頁	紙	設色	25.1 x 38.4		台北 故宮博物院	故畫 01227-18
茶城口（錢穀、張復合畫水程圖第二冊之 19）	冊頁	紙	設色	25.1 x 38.4		台北 故宮博物院	故畫 01227-19
境山（錢穀、張復合畫水程圖第二冊之 20）	冊頁	紙	設色	25.1 x 38.4		台北 故宮博物院	故畫 01227-20
夾溝驛（錢穀、張復合畫水程圖第二冊之 21）	冊頁	紙	設色	25.1 x 38.4		台北 故宮博物院	故畫 01227-21
夏鎮（錢穀、張復合畫水程圖第二冊之 22）	冊頁	紙	設色	25.1 x 38.4		台北 故宮博物院	故畫 01227-22
新閘河（錢穀、張復合畫水程圖第二冊之 23）	冊頁	紙	設色	25.1 x 38.4		台北 故宮博物院	故畫 01227-23
濟寧（錢穀、張復合畫水程圖第二冊之 24）	冊頁	紙	設色	25.1 x 38.4		台北 故宮博物院	故畫 01227-24
南旺（錢穀、張復合畫水程圖第二冊之 25）	冊頁	紙	設色	25.1 x 38.4		台北 故宮博物院	故畫 01227-25
河橋（錢穀、張復合畫水程圖第二冊之 26）	冊頁	紙	設色	25.1 x 38.4		台北 故宮博物院	故畫 01227-26
安山閘（錢穀、張復合畫水程圖第二冊之 27）	冊頁	紙	設色	25.1 x 38.4		台北 故宮博物院	故畫 01227-27
張秋（錢穀、張復合畫水程圖第二冊之 28）	冊頁	紙	設色	25.1 x 38.4		台北 故宮博物院	故畫 01227-28
東昌（錢穀、張復合畫水程圖第三冊之 1）	冊頁	紙	設色	25.1 x 38.4	萬曆甲戌（二年，1574）	台北 故宮博物院	故畫 01228-1
梁店驛（錢穀、張復合畫水程圖第三冊之 2）	冊頁	紙	設色	25.1 x 38.4		台北 故宮博物院	故畫 01228-2
臨清（錢穀、張復合畫水程圖第三冊之 3）	冊頁	紙	設色	25.1 x 38.4		台北 故宮博物院	故畫 01228-3

名稱		質地	色彩	尺寸 高×寬cm	創作時間	收藏處所	典藏號碼
武城（錢穀、張復合畫水程圖第三冊之4）	冊頁	紙	設色	25.1 × 38.4		台北 故宮博物院	故畫 01228-4
甲馬營驛（錢穀、張復合畫水程圖第三冊之5）	冊頁	紙	設色	25.1 × 38.4		台北 故宮博物院	故畫 01228-5
鄭家口（錢穀、張復合畫水程圖第三冊之6）	冊頁	紙	設色	25.1 × 38.4		台北 故宮博物院	故畫 01228-6
古城縣、梁家莊驛（錢穀、張復合畫水程圖第三冊之7）	冊頁	紙	設色	25.1 × 38.4		台北 故宮博物院	故畫 01228-7
德州（錢穀、張復合畫水程圖第三冊之8）	冊頁	紙	設色	25.1 × 38.4		台北 故宮博物院	故畫 01228-8
連窩驛（錢穀、張復合畫水程圖第三冊之9）	冊頁	紙	設色	25.1 × 38.4		台北 故宮博物院	故畫 01228-9
磚河驛（錢穀、張復合畫水程圖第三冊之10）	冊頁	紙	設色	25.1 × 38.4		台北 故宮博物院	故畫 01228-10
新橋驛（錢穀、張復合畫水程圖第三冊之11）	冊頁	紙	設色	25.1 × 38.4		台北 故宮博物院	故畫 01228-11
滄州（錢穀、張復合畫水程圖第三冊之12）	冊頁	紙	設色	25.1 × 38.4		台北 故宮博物院	故畫 01228-12
興濟縣、乾寧驛（錢穀、張復合畫水程圖第三冊之13）	冊頁	紙	設色	25.1 × 38.4		台北 故宮博物院	故畫 01228-13
清縣（錢穀、張復合畫水程圖第三冊之14）	冊頁	紙	設色	25.1 × 38.4		台北 故宮博物院	故畫 01228-14
流河驛（錢穀、張復合畫水程圖第三冊之15）	冊頁	紙	設色	25.1 × 38.4		台北 故宮博物院	故畫 01228-15
楊柳青（錢穀、張復合畫水程圖第三冊之16）	冊頁	紙	設色	25.1 × 38.4		台北 故宮博物院	故畫 01228-16
天津、楊青驛（錢穀、張復合畫水程圖第三冊之17）	冊頁	紙	設色	25.1 × 38.4		台北 故宮博物院	故畫 01228-17
丁字沽（錢穀、張復合畫水程圖第三冊之18）	冊頁	紙	設色	25.1 × 38.4		台北 故宮博物院	故畫 01228-18
楊村驛（錢穀、張復合畫水程圖第三冊之19）	冊頁	紙	設色	25.1 × 38.4		台北 故宮博物院	故畫 01228-19
河西務（錢穀、張復合畫水程圖第三冊之20）	冊頁	紙	設色	25.1 × 38.4		台北 故宮博物院	故畫 01228-20

名稱		質地	色彩	尺寸 高x寬cm	創作時間	收藏處所	典藏號碼
和合驛（錢穀、張復合畫水程圖第三冊之21）	冊頁	紙	設色	25.1 x 38.4		台北 故宮博物院	故畫 01228-21
灣口、李二寺（錢穀、張復合畫水程圖第三冊之22）	冊頁	紙	設色	25.1 x 38.4		台北 故宮博物院	故畫 01228-22
張家灣（錢穀、張復合畫水程圖第三冊之23）	冊頁	紙	設色	25.1 x 38.4		台北 故宮博物院	故畫 01228-23
通州（錢穀、張復合畫水程圖第三冊之24）	冊頁	紙	設色	25.1 x 38.4		台北 故宮博物院	故畫 01228-24
浴鵝圖（明人便面集錦冊之20）	摺扇目	紙	設色	不詳		台北 故宮博物院	故畫 03541-20
秋葵海棠（名人便面畫冊（二）之5）	冊頁	紙	設色	16.4 x 51.8		台北 故宮博物院	故畫 03559-5
雨村圖	摺扇面	紙	水墨	不詳		台北 故宮博物院	故扇 00162
繞屋天香	摺扇面	紙	設色	不詳		台北 故宮博物院	故扇 00161
山水圖	摺扇面	紙	設色	17.6 x 51.5	辛亥（萬曆三十九年，1611）	北京 故宮博物院	
山水（諸家山水集冊20之第10幀）	冊頁	紙	設色	（每幀）25.9 x 14	己未（萬曆四十七年，1619）春，時七十有四	北京 故宮博物院	
山水（8幀）	冊	絹	水墨	（每幀）23．5 x 19.7		北京 故宮博物院	
山水（10幀）	冊	絹	諸色	不詳		北京 故宮博物院	
山水圖	摺扇面	金箋	設色	不詳	萬曆丁未（三十五年，1607）	北京 中國歷史博物館	
山水圖	摺扇面	紙	設色	不詳	庚午（崇禎三年，1630）	北京 中央美術學院	
瀟湘八景圖（8幀）	冊	紙	設色	（每幀）30 x 33	庚戌（萬曆三十八年，1610）	天津 天津市藝術博物館	
菊石圖	摺扇面	金箋	設色	不詳	甲子（天啟四年，1624）	天津 天津市藝術博物館	
金、焦春滪圖	摺扇面	金箋	設色	不詳	戊辰（崇禎元年，1628）八十三	天津 天津市藝術博物館	
為少石作山水圖	摺扇面	金箋	水墨	不詳	癸未（萬曆十一年，1583）秋日	上海 上海博物館	

名稱		質地	色彩	尺寸 高x寬cm	創作時間	收藏處所	典藏號碼
水閣遠帆圖	摺扇面 金箋		設色	不詳	癸巳（萬曆二十一年，1593）	上海 上海博物館	
高松遠望圖	摺扇面 金箋		設色	不詳	癸丑（萬曆四十一年，1613）春日	上海 上海博物館	
山樓閒眺圖	摺扇面 金箋		設色	不詳	壬戌（天啟二年，1622）	上海 上海博物館	
秋林獨坐圖	摺扇面 金箋		設色	不詳	壬戌（天啟二年，1622）新秋	上海 上海博物館	
觀瀑圖	摺扇面 金箋		設色	不詳	甲子（天啟四年，1624）	上海 上海博物館	
山寺輕舟圖	摺扇面 金箋		設色	不詳	乙丑（天啟五年，1625）夏月	上海 上海博物館	
為芳洲作竹圖	摺扇面 金箋		水墨	不詳	乙丑（天啟五年，1625）	上海 上海博物館	
為子玄作山水圖	摺扇面 金箋		設色	不詳	丙寅（天啟六年，1626）春	上海 上海博物館	
為稼軒作先生山水圖	摺扇面 金箋		設色	不詳	丁卯（天啟七年，1627）初夏	上海 上海博物館	
溪橋遊侶圖	摺扇面 金箋		設色	不詳	庚午（崇禎三年，1630）夏月	上海 上海博物館	
村閣對話圖	摺扇面 金箋		設色	不詳		上海 上海博物館	
松風水閣圖	摺扇面 金箋		設色	不詳		上海 上海博物館	
滕王閣圖	摺扇面 紙		設色	不詳		上海 上海博物館	
西林三十二景圖（32 殘存 16 幀）	冊　紙		設色	（每幀）35.9 x 25.9不等	萬曆庚辰（八年，1580）	無錫 江蘇省無錫市博物館	
山水圖（8 幀）	冊　絹		設色	不詳	七十有七（天啟二年，壬戌，1622）	杭州 浙江省杭州市文物考古所	
碧山流泉圖（明名家書畫扇集冊之第8幀）	摺扇面 紙		設色	不詳		日本 東京田邊碧堂先生	
明月映橋圖	摺扇面 金箋		設色	19.6 x 52.4		日本 橫濱岡山美術館	
山水圖	摺扇面 金箋		設色	18.2 x 55.5	戊辰（崇禎元年，1628）小春，時年八十有三	日本 橫濱岡山美術館	
山水圖（雲山園林）	摺扇面 紙		設色	16.6 x 52		日本 京都貝塚茂樹先生	

名稱		質地	色彩	尺寸 高x寬cm	創作時間	收藏處所	典藏號碼
山水圖（明清書畫扇面冊之一幀）	摺扇面	紙	設色	17.4 x 53.9	辛酉（天啟元年，1621）秋	日本 中埜又左衛門先生	
山水圖（明清名家合裝書畫扇面一冊之第9幀）	摺扇面	金箋	設色	17.1 x 49.3		日本 私人	
溪山松館圖	摺扇面	金箋	設色	17.8 x 55	丙辰（萬曆四十四年，1616）新秋	日本 島根縣萬福寺	
秋景山水圖	摺扇面	金箋	設色	18 x 53.6		美國 印地安那波里斯市藝術博物館（印州私人寄存）	
山水圖	摺扇面	金箋	設色	17.3 x 54.1		德國 柏林東亞藝術博物館	1988-351
附：							
蓬池春曉圖	卷	紙	設色	27 x 112.5	萬曆丙申（二十四年，1596）	天津 天津市文物公司	
鳳笙明月圖	卷	紙	設色	27 x 96.5	萬曆辛巳（九年，1581）仲春	紐約 佳士得藝品拍賣公司/拍賣目錄 1991,05,29.	
虞山百勝圖（之一）	軸	紙	設色	不詳	丁未（萬曆三十五年，1607）秋	北京 北京市文物商店	
靈隱飛來峰圖	軸	紙	設色	不詳	天啟乙丑（五年，1625）	蘇州 蘇州市文物商店	
荷亭待客圖	軸	絹	設色	204.5 x 100.5	戊午（萬曆四十六年，1618）初夏	香港 佳士得藝品拍賣公司/拍賣目錄 1991,11,25	
山水圖	摺扇面	金箋	設色	16.5 x 42		紐約 佳仕得藝品拍賣公司/拍賣目錄 1986,06,04.	

畫家小傳：張復。字元春。號苓石。江蘇太倉（一作無錫）人。生於世宗嘉靖二十五年（1546）。思宗崇禎四年（1631）尚在世。善畫山水，幼從錢穀學，初法沈周，晚年稍變，自成一家。（見無聲詩史、弇州續稿、桐陰論畫、畫史會要、中國畫家人名大辭典）

王化成

賞梅圖	摺扇面	紙	設色	不詳	隆慶辛未（五年，1571）	北京 故宮博物院	

畫家小傳：王化成。畫史無載。流傳署款紀年作品見於穆宗隆慶五（1571）年。身世待考。

陳 表

竹菊圖	卷	紙	設色	32 x 554	隆慶辛未（五年，1571）	長春 吉林省博物館	

畫家小傳：陳表。畫史無載。流傳署款紀年作品見於穆宗隆慶五（1571）年。身世待考。

名稱		質地	色彩	尺寸 高×寬㎝	創作時間	收藏處所	典藏號碼

茅　寵

名稱		質地	色彩	尺寸	創作時間	收藏處所	典藏號碼
柳溪漁艇圖	卷	紙	設色	不詳	萬曆乙酉（十三年，1585）長夏之日	北京 故宮博物院	
花草竹石圖	卷	紙	水墨	26.7 × 198.5	萬曆丁巳（四十五年，1617）	天津 天津市藝術博物館	
山水圖（明茅寵等壽節母劉太夫人書畫冊6之1幀）	冊頁	紙	設色	34 × 57.1	（隆慶辛未，五年，1571）	成都 四川省博物院	

畫家小傳：茅寵。浙江山陰人。嘗仕樂城主簿，後掛官隱於赤川，自號赤川漁父。好繪畫。遇山水佳處，輒寫生不倦。流傳署款紀年作品見於穆宗隆慶五（1571）年至神宗萬曆四十五（1617）年。（見鹿門集、中國畫家人名大辭典）

朱　采

名稱		質地	色彩	尺寸	創作時間	收藏處所	典藏號碼
松竹萱芝圖（明茅寵等壽節母劉太夫人書畫冊6之1幀）	冊頁	紙	設色	34 × 57.1	（隆慶辛未，五年，1571）	成都 四川省博物院	

畫家小傳：朱采。畫史無載。流傳署款作品見於穆宗隆慶五（1571）年。身世待考。

丁雲鵬

名稱		質地	色彩	尺寸	創作時間	收藏處所	典藏號碼
十八羅漢圖	卷	紙	水墨	28.9 × 372.3		台北 故宮博物院	故畫00929
十八羅漢圖	卷	紙	水墨	28.9 × 185.4		台北 故宮博物院	故畫01078
十六應真	卷	紙	水墨	30.8 × 408.1		台北 故宮博物院	中畫00149
白描應真	卷	紙	白描	27 × 605.8		台北 故宮博物院	中畫00222
應真雲彙	卷	紙	水墨	33.8 × 663.7	丙申（萬曆二十四年，1596）臘月之吉	台北 故宮博物院	中畫00223
羅漢	卷	紙	設色	27.3 × 480.1		台北 故宮博物院	中畫00224
十八羅漢	卷	紙	水墨	29.3 × 316.6		台北 故宮博物院	中畫00243
群仙高會圖	卷	紙	設色	不詳		台北 故宮博物院（王世杰先生寄存）	
飲中八仙圖	卷	紙	水墨	30.5 × ？		香港 香港大學馮平山博物館	HKU.P.67.6
十八應真圖	卷	紙	水墨	30.5 × ？		香港 劉作籌虛白齋	36
佛天王應真圖	卷	絹	水墨	40.3 × ？		香港 劉作籌虛白齋	37
朱竹圖（孫克弘、莫是龍等朱竹卷4之1段）	卷	紙	設色	94.8 × 26.4	戊寅（萬曆六年，1578）	北京 故宮博物院	
馮媛擋熊圖	卷	絹	設色	32.8 × 149.2	萬曆癸未（十一年	北京 故宮博物院	

名稱		質地	色彩	尺寸 高×寬㎝	創作時間	收藏處所	典藏號碼
					，1583) 春		
楚澤芳叢圖	卷	紙	水墨	不詳	丙戌（萬曆十四年，1586）九月	北京 故宮博物院	
雲白山青圖	卷	紙	設色	不詳	丙申（萬曆二十四年，1596）冬日	北京 故宮博物院	
山靜日長圖	卷	紙	設色	20.5 × 274.8	丁未（萬曆三十五年，1607）	天津 天津市藝術博物館	
羅漢圖	卷	紙	設色	37.7 × 702		上海 上海博物館	
谿山煙靄圖	卷	紙	水墨	21.5 × 356	王辰（萬曆二十年，1592）獻歲人日	南京 南京博物院	
游春圖	卷	紙	設色	30 × 200	庚寅（萬曆十八年，1590）長夏	昆山 崑崙堂美術館	
洛神圖	卷	紙	水墨	22.8 × 197	己酉（萬曆三十七年，1609）	重慶 重慶市博物館	
羅漢圖	卷	絹	水墨	29.5 × ?		日本 東京永青文庫	
十八應真圖	卷	紙	水墨	26.7 × ?		日本 東京細川護貞先生	
十八羅漢圖	卷	紙	水墨	不詳		日本 江田勇二先生	
羅漢圖	卷	藍箋	泥金	30.1 × ?		美國 耶魯大學藝術館	1954.40.14
佛像（五像觀音圖）	卷	紙	設色	28 × 134		美國 堪薩斯市納爾遜-艾金斯藝術博物館	50-22
羅漢圖	卷	紙	設色	29.9 × ?		美國 勃克萊加州大學藝術館	CC251
十八應真圖	卷	紙	設色	25.7 × 138.8		美國 西雅圖市藝術館	51.225
十八羅漢圖	卷	藍箋	泥金	30 × ?		美國 夏威夷火魯奴奴藝術學院	804
渡海仙人圖	卷	紙	水墨	29.9 × 399		瑞士 蘇黎士黎德堡博物館	RCH.1017
盧山高	軸	紙	設色	185.4 × 65.1	萬曆己亥（二十七年，1599）九月之吉	台北 故宮博物院	故畫00612
釋迦牟尼佛	軸	紙	水墨	156.8 × 53.1		台北 故宮博物院	故畫00613
白馬馱經圖	軸	紙	設色	130.9 × 54.5	乙丑（天啟五年，1625）秋日	台北 故宮博物院	故畫00614
掃象圖	軸	紙	設色	140.8 × 46.6	萬曆戊子（十六年，1588）春日之吉	台北 故宮博物院	故畫00615
葛洪移居圖	軸	紙	設色	49 × 29.9		台北 故宮博物院	故畫00616
莊嚴大士瑞像	軸	紙	設色	197.8 × 98	己酉（萬曆三十七	台北 故宮博物院	故畫00912

名稱		質地	色彩	尺寸 高x寬㎝	創作時間	收藏處所	典藏號碼
					年，1609）春日之吉		
達摩像	軸	紙	設色	143 x 87.8		台北 故宮博物院	故畫 01358
應真像（十八應真圖之1）	軸	紙	水墨	141.9 x 66.3	癸丑（萬曆四十一年，1613）暮春之吉	台北 故宮博物院	故畫 01359
仙山樓閣	軸	紙	設色	187.1 x 52.1	萬曆癸未（十一年，1583）冬十二月	台北 故宮博物院	故畫 02290
松嶺函虛	軸	紙	設色	205.6 x 56.3	甲寅（萬曆四十二年，1614）六月之吉	台北 故宮博物院	故畫 02291
東山圖	軸	紙	設色	163.2 x 39.6		台北 故宮博物院	故畫 02292
秋織圖	軸	紙	水墨	38 x 48.1		台北 故宮博物院	故畫 02293
洗象圖	軸	紙	設色	137.8 x 36.2	丁酉（萬曆二十五年，1597）暮夏之吉	台北 故宮博物院	故畫 02294
十八應真像	軸	絹	水墨	133.2 x 65.3		台北 故宮博物院	故畫 02295
佛像	軸	紙	水墨	143.1 x 68.1	丙午（萬曆三十四年，1606）秋日之吉	台北 故宮博物院	故畫 02296
掃象圖	軸	絹	設色	167.3 x 66.7	庚戌（萬曆三十八年，1610）春日	台北 故宮博物院	故畫 02297
應真像（18應真圖之2）	軸	紙	水墨	141.4 x 66	癸丑（萬曆四十一年，1613）春日之吉	台北 故宮博物院	故畫 02298
應真像（18應真圖之3）	軸	紙	水墨	141.4 x 66	癸丑（萬曆四十一年，1613）春日之吉	台北 故宮博物院	故畫 02299
三生圖	軸	紙	水墨	174.7 x 65.8		台北 故宮博物院	故畫 02300
應真像（18應真圖之4）	軸	紙	水墨	141.4 x 66	癸丑（萬曆四十一年，1613）春日之吉	台北 故宮博物院	故畫 02301
掃象圖	軸	紙	設色	119.4 x 30.3		台北 故宮博物院	中畫 00038
人物	軸	紙	設色	99.5 x 44.8		台北 故宮博物院（蘭千山館寄存）	

名稱		質地	色彩	尺寸 高×寬㎝	創作時間	收藏處所	典藏號碼
大士仙真人物山水	軸	紙	水墨	226.6 × 58.2		香港 鄭德坤木扉	
大士像	軸	紙	水墨	49.2 × 29.6		香港 徐伯郊先生	
大士像	軸	紙	水墨	49.5 × 30.6		香港 徐伯郊先生	
洗象圖	軸	紙	設色	126.2 × 49.6	甲辰（萬曆三十二年，1604）春日	香港 黃仲方先生	
觀音像	軸	紙	水墨	137 × 53.7		香港 黃仲方先生	K92.23
煮茶圖	軸	紙	設色	111.2 × 52.6		香港 羅桂祥先生	
佛像圖	軸	紙	設色	85.2 × 34.2		新加坡　Dr.E.Lu.	
達摩圖	軸	紙	設色	不詳		瀋陽 故宮博物院	
觀音圖	軸	紙	設色	不詳	壬午（萬曆十年，1582）暮春	瀋陽 遼寧省博物館	
寒巖飛瀑圖	軸	紙	設色	133.4 × 31.2	萬曆戊寅（六年，1578）	北京 故宮博物院	
松林客至圖	軸	紙	設色	129 × 29	庚寅（萬曆十八年，1590）三月	北京 故宮博物院	
山水圖	軸	紙	設色	102.2 × 21.8	甲午（萬曆二十二年，1594）	北京 故宮博物院	
達摩像	軸	紙	設色	112.3 × 32	己亥（萬曆二十七年，1599）	北京 故宮博物院	
松泉清音圖	軸	紙	設色	143.5 ×33	丙午（萬曆三十四年，1606）秋孟	北京 故宮博物院	
玉川煮茶圖（為遜之作）	軸	紙	設色	138 × 65	壬子（萬曆四十年，1612）冬日	北京 故宮博物院	
觀梅圖（為長孺作）	軸	金箋	設色	150.5 × 64.3	甲寅（萬曆四十二年，1614）正月	北京 故宮博物院	
臨石刻米芾像	軸	紙	水墨	130 × 32.3		北京 故宮博物院	
三教圖	軸	紙	設色	115.7 × 55.8		北京 故宮博物院	
仿米南宮雲山圖	軸	紙	水墨	166.5 × 55.5		北京 故宮博物院	
洗象圖	軸	紙	設色	132 × 34.2		北京 中國美術館	
天都曉日圖（為仲魯作）	軸	紙	設色	不詳	甲寅（萬曆四十二年，1614）仲春	北京 中國美術館	
仿倪瓚山水圖	軸	紙	水墨	96.2 × 33.3	萬曆甲午（二十二年，1594）五月二日	北京 中央工藝美術學院	
洗象圖	軸	紙	設色	116 × 59.3	甲辰（萬曆三十二年，1604）浴佛日	北京 中央工藝美術學院	

名稱		質地	色彩	尺寸 高×寬cm	創作時間	收藏處所	典藏號碼
釋迦牟尼圖	軸	紙	設色	140.7 x 58	甲辰（萬曆三十二年，1604)	天津 天津市藝術博物館	
益壽尊者像	軸	紙	水墨	118.5 x 53	丙午（萬曆三十四年，1606)	天津 天津市藝術博物館	
叢山樵徑圖	軸	紙	水墨	153.4 x 48.4	丙午（萬曆三十四年，1606)	天津 天津市藝術博物館	
雲山圖	軸	紙	水墨	47.5 x 21	丁未（萬曆三十五年，1607)	天津 天津市文化局文物處	
伏虎羅漢圖	軸	紙	水墨	不詳	丙辰（萬曆四十四年，1616)	合肥 安徽省博物館	
羅漢渡海圖（2幅）	軸	紙	設色	（每幅）124.6 x 56		合肥 安徽省博物館	
桃花園圖	軸	紙	設色	不詳	壬午（萬曆十年，1582）春日	上海 上海博物館	
橘柚梧桐圖	軸	紙	設色	139.9 x 62.4	甲辰（萬曆三十二年，1604)	上海 上海博物館	
漉酒圖	軸	紙	設色	137.4 x 56.8		上海 上海博物館	
洗象圖	軸	紙	設色	112.5 x 41.5	萬曆丙午（三十四年，1606)	南京 江蘇省美術館	
煮茶圖	軸	紙	設色	140.5 x 57.6		無錫 江蘇省無錫市博物館	
秋山遠眺圖	軸	紙	水墨	129.2 x 33.6	乙卯（萬曆四十三年，1615）冬日	蘇州 江蘇省蘇州博物館	
馴象圖	軸	紙	水墨	132.5 x 47	丙申（萬曆二十四年，1596)	蘇州 靈巖山寺	
羅漢圖	軸	紙	設色	不詳		杭州 浙江省杭州西泠印社	
玩蒲圖（為孫雪居作）	軸	紙	設色	152.5 x 49	戊寅（萬曆六年，1578)	廣州 廣東省博物館	
立雪求道圖	軸	紙	設色	132.5 x 52	丙午（萬曆三十四年，1606)	廣州 廣東省博物館	
楓嶺秋聲圖	軸	絹	設色	63.5 x 27	甲寅（萬曆四十二年，1614)	廣州 廣東省博物館	
洗象圖	軸	紙	設色	116.7 x 49.3	甲申（萬曆十二年，1584）3月之朔	日本 東京國立博物館	
玉川煮茶圖（奉眉公先生請賞）	軸	紙	設色	135.2 x 51.5	壬子（萬曆四十年，1612）仲冬長至	日本 東京河川荃廬先生	

名稱		質地	色彩	尺寸 高x寬cm	創作時間	收藏處所	典藏號碼
樹下釋迦佛像	軸	絹	設色	123 x 54.7		日本 東京正木直彥先生	
青綠山水（春江移棹圖）	軸	紙	青綠	180 x 45	辛丑（萬曆二十九年，1601）二月花朝之吉	日本 東京蟠生彌治郎先生	
阿羅漢五百尊者金像（4幅，與盛茂燁合作）	軸	紙	設色	（每幅）207.8 x 101.9	甲午（萬曆二十二年，1594）春	日本 京都國立博物館	A甲801
夏山欲雨圖（仿高克恭意）	軸	絹	設色	170.6 x 52.7	戊午（萬曆四十六年，1618）立夏前一日	日本 大阪橋本大乙先生	
樹下人物圖	軸	絹	設色	146 x 75.5	己未（萬曆四十七年，1619）仲秋望後二日	日本 大阪橋本大乙先生	
觀自在菩薩圖	軸	紙	設色	57 x 25.7		日本 大阪橋本大乙先生	
紫芝圖	軸	紙	水墨	142.5 x 33.4	丙午（萬曆三十四年，1606）六月望前二日	日本 中壑又左衛門先生	
大士像	軸	紙	水墨	48.9 x 29.5		美國 普林斯頓大學藝術館（私人寄存）	
琵琶行圖	軸	紙	設色	141.8 x 46	乙酉（萬曆十三年，1585）冬日	美國 紐約大都會藝術博物館	13.100.22
十八羅漢圖（12幅）	軸	紙	設色	（每幅）118 x 37		美國 芝加哥藝術中心	1980.657.a - 1
天都曉日圖（為仲山五十初度作）	軸	紙	設色	212.7 x 54.9	萬曆甲寅（四十二年，1614）仲春	美國 克利夫蘭藝術博物館	65.28
臨黃居寀秋山圖	軸	紙	設色	142.5 x 45.6	萬曆庚辰（八年，1580）夏日	美國 舊金山亞洲藝術博物館	B74 D2
仙人圖	軸	紙	水墨	117.9 x 46.6	丙申（萬曆二十四年，1596）孟夏清和中浣始生鬼日	英國 倫敦大英博物館	1936.10.9.0129（ADD170）
山水圖	軸	紙	設色	136.7 x 33.5	庚辰（萬曆八年，1580）春孟	英國 倫敦大英博物館	1957.7.13.01（ADD289）
文會圖	軸	紙	設色	179.5 x 60		英國 倫敦維多利亞-艾伯特博物館	F.E.10-1973
蘆葉達磨圖	軸	紙	設色	97.9 x 34.6	甲戌（萬曆二年，	瑞士 蘇黎士黎得堡博物館	RCH.1021

名稱		質地	色彩	尺寸 高x寬cm	創作時間	收藏處所	典藏號碼
					1574）元月之吉		
釋迦圖	軸	紙	設色	94.5 x 34.5		荷蘭 阿姆斯特丹 Rijks 博物館	MAK91
羅漢（17幀）	冊	紙	設色、白描	（每幀）30.9 x 31.2	自丁丑（萬曆五年，1577）秋至戊寅（1578）六月圖成	台北 故宮博物院	故畫 01170
大士像（16幀）	冊	紙	白描	（每幀）31.9 x 28.3	戊午（萬曆四十六年，1618）仲秋之吉	台北 故宮博物院	故畫 03169
法郭熙筆意（披薰集古冊之5）	冊頁	紙	設色	17.2 x 54		台北 故宮博物院	故畫 03499-5
太極真隱（披薰集古冊之12）	冊頁	紙	設色	17.8 x 53.6	乙丑（天啟五年，1625）夏	台北 故宮博物院	故畫 03499-12
林亭山色（集名人畫冊之12）	冊頁	紙	水墨	25.3 x 30.8		台北 故宮博物院	故畫 03508-12
春景山水（明人畫扇面（甲）冊之2）	摺扇面	紙	設色	不詳		台北 故宮博物院	故畫 03532-2
應真像（明人畫扇集冊之8）	摺扇面	紙	水墨	不詳		台北 故宮博物院	故畫 03536-8
人物（明諸臣書畫扇面冊頁冊之3）	摺扇面	紙	設色	不詳		台北 故宮博物院	故畫 03546-3
蘭花奇石（各人書畫扇（王）冊之22）	摺扇面	紙	水墨	不詳		台北 故宮博物院	故畫 03560-22
雲山煙樹（名人書畫合冊之11）	冊頁		水墨	16.8 x 53		台北 故宮博物院	故畫 03582-11
前赤壁圖（另面姜貞吉書前赤壁賦）	摺扇面	紙	不詳	不詳		台北 故宮博物院	故扇 00265
後赤壁圖（另面姜貞吉書後赤壁賦）	摺扇面	紙	不詳	不詳		台北 故宮博物院	故扇 00266
江南春圖	摺扇面	金箋	設色	15.6 x 49.2	庚辰（萬曆八年，1580）	北京 故宮博物院	
春遊圖	摺扇面	紙	設色	18.7 x 56.5	丙戌（萬曆十五年，1586）	北京 故宮博物院	
春遊圖	摺扇面	紙	設色	不詳	丁亥（萬曆十六年，1587）	北京 故宮博物院	
竹林漫步圖（為環海作）	摺扇面	金箋	水墨	18 x 56	乙未（萬曆二十三年，1595）夏日	北京 故宮博物院	

名稱		質地	色彩	尺寸 高×寬㎝	創作時間	收藏處所	典藏號碼
山水圖		摺扇面 紙	水墨	15.7 × 50	乙未（萬曆二十三年，1595）	北京 中國歷史博物館	
山水圖		摺扇面 紙	設色	17.2 × 51.4	丁酉（萬曆二十五年，1597）	北京 中國歷史博物館	
調鸚圖		摺扇面 紙	設色	不詳	戊寅（萬曆六年，1578）冬仲	上海 上海博物館	
桃源圖		摺扇面 灑金箋	設色	不詳	壬午（萬曆十年，1582）	上海 上海博物館	
雙岳秋山圖		摺扇面 金箋	設色	不詳	乙酉（萬曆十三年，1585）冬日	上海 上海博物館	
濯足圖		摺扇面 紙	設色	不詳	丁亥（萬曆十五年，1587）臘月廿三	上海 上海博物館	
梅竹山禽圖		摺扇面 金箋	設色	不詳	戊子（萬曆十六年，1588）閏六月晦	上海 上海博物館	
雪釣圖		摺扇面 紙	設色	不詳	戊子（萬曆十六年，1588）冬日	上海 上海博物館	
仿黃鶴山樵山水圖		摺扇面 金箋	設色	不詳	己丑（萬曆十七年，1589）冬日	上海 上海博物館	
曲徑尋幽圖		摺扇面 紙	設色	不詳	庚寅（萬曆十八年，1590）	上海 上海博物館	
竹亭遠山圖		摺扇面 紙	設色	不詳	壬辰（萬曆二十年，1592）七月望	上海 上海博物院	
宮閣瓊宴圖		摺扇面 紙	設色	不詳	丙申（萬曆二十四年，1596）夏六月	上海 上海博物院	
山居圖		摺扇面 紙	設色	不詳	戊戌（萬曆二十六年，1598）中秋	上海 上海博物館	
春深臺閣圖		摺扇面 金箋	設色	不詳	己亥（萬曆二十七年，1599）	上海 上海博物館	
濟川舟楫圖（為賓庭作）		摺扇面 紙	設色	不詳	己亥（萬曆二十七年，1599）春日	上海 上海博物館	
春郊走馬圖（為功裁作）		摺扇面 紙	設色	不詳	辛丑（萬曆二十九年，1601）八月廿四日	上海 上海博物館	
羅浮花月圖（為功裁作）		摺扇面 金箋	設色	不詳	辛丑（萬曆二十九年，1601）	上海 上海博物館	

名稱		質地	色彩	尺寸 高×寬㎝	創作時間	收藏處所	典藏號碼
蘭亭修褉圖	摺扇面	紙	設色	不詳	辛亥（萬曆三十九年，1611）夏日	上海 上海博物館	
山水圖（為延卿作）	摺扇面	金箋	設色	不詳	辛亥（萬曆三十九年，1611）秋日	上海 上海博物館	
渡橋水色圖	摺扇面	紙	設色	不詳		上海 上海博物館	
湖山幽躅圖	摺扇面	紙	設色	不詳		上海 上海博物館	
臨趙千里仙山樓閣圖	摺扇面	金箋	設色	15.5 × 49.3	丁丑（萬曆五年，1577）仲春	南京 南京博物院	
臨流看雲圖	摺扇面	紙	設色	不詳	甲午（萬曆二十二年，1594）	南京 南京博物院	
柳岸放舟圖	摺扇面	金箋	設色	不詳	丙午（萬曆三十四年，1606）	廣州 廣州市美術館	
山水圖	摺扇面	紙	設色	不詳	乙巳（萬曆三十三年，1605）	貴陽 貴州省博物館	
設色山水（明人書畫扇丙冊之第9幀）	摺扇面	金箋	設色	不詳		日本 東京橋本辰二郎先生	
菩提樹葉白描羅漢圖（34幀）	冊	樹葉	白描	不詳		日本 京都藤井善助先生	
羅漢圖（12幀）	冊	絹	水墨	（每幀）23.7 × 17.9		日本 佐賀縣鍋島報效會	3-卷-36-2
仙女浮槎圖（四朝墨寶冊之4）	冊頁	紙	水墨	33.4 × 24.7		英國 倫敦大英博物館	1946.4.1304（ADD219）
山水圖	摺扇面	金箋	設色	17.7 × 55.5		德國 柏林東亞藝術博物館	1988-207
雨竹圖	摺扇面	金箋	水墨	17.2 × 53.4		德國 柏林東亞藝術博物館	1988-208
山水圖	摺扇面	金箋	設色	15.3 × 48.7		瑞士 蘇黎士蘇得堡博物館（Holliger-Hasler女士寄存）	
附：							
應真圖	卷	紙	水墨	31.7 × 385.5		紐約 蘇富比藝品拍賣公司/拍賣目錄1985,06,03.	
雪景	卷	紙	設色	22.5 × 110.5	萬曆庚寅（十八年，1590）長至日	紐約 蘇富比藝品拍賣公司/拍賣目錄1986,12,04.	
白描羅漢	卷	紙	水墨	26 × 343.5	庚辰（萬曆八年，1580）夏	紐約 蘇富比藝品拍賣公司/拍賣目錄1987,12,08.	
達摩圖	軸	紙	設色	148.5 × 61	辛丑（萬曆二十九年，1601）夏日	賣目錄1986,12,04.　賣目錄1987,12,08.	

名稱		質地	色彩	尺寸 高x寬cm	創作時間	收藏處所	典藏號碼
觀音十八羅漢圖	卷	絹	設色	37 x 334.5	癸巳（萬曆二十一年，1593）夏六月	紐約 佳士得藝品拍賣公司/拍賣目錄 1989,06,01.	
十六羅漢圖	卷	紙	水墨	26 x 340	甲辰（萬曆三十二年，1604）四月八日	紐約 佳士得藝品拍賣公司/拍賣目錄 1992,12,02.	
陶淵明逸事	卷	紙	水墨	25.5 x 536	萬曆甲戌（二年，1574）秋仲	紐約 佳士得藝品拍賣公司/拍賣目錄 1994,06,01.	
十八羅漢圖	卷	絹	設色	29 x 357		紐約 佳士得藝品拍賣公司/拍賣目錄 1993,06,04.	
白描十八羅漢圖	卷	紙	水墨	21 x 233.5	己酉（萬曆三十七年，1609）春之吉	紐約 佳士得藝品拍賣公司/拍賣目錄 1994,11,30.	
松下說法圖	軸	紙	設色	不詳	丙午（萬曆三十四年，1606）秋日	北京 榮寶齋	
蘇軾像	軸	紙	水墨	不詳		北京 中國文物商店總店	
關羽像	軸	紙	設色	不詳	丙午（萬曆三十四年，1606）	上海 上海文物商店	
掃象圖	軸	紙	設色	125.7 x 49.5	甲辰（萬曆三十二年，1604）春日	紐約 蘇富比藝品拍賣公司/拍賣目錄 1986,06,03.	
洗象圖	軸	紙	設色	112.5 x	萬曆庚寅（十八年，1590）	紐約 佳仕得藝品拍賣公司/拍賣目錄 1986,12,01.	
洗象圖	軸	紙	設色	136 x 51.5		紐約 佳士得藝品拍賣公司/拍賣目錄 1988,06,02.	
觀音大士圖	軸	紙	水墨	137 x 53.5	甲寅（萬曆四十二年，1614）小春之四日	香港 佳士得藝品拍賣公司/拍賣目錄 1991,03,18.	
蘇軾像	軸	紙	水墨	111 x 30		紐約 佳士得藝品拍賣公司/拍賣目錄 1992,06,02.	
煮茶圖	軸	紙	設色	125 x 53	丁巳（萬曆四十五年，1617）三月	紐約 佳士得藝品拍賣公司/拍賣目錄 1992,06,02.	
羅漢圖	軸	紙	設色	64 x 27.5	萬曆辛卯（十九年，1591）上巳日	紐約 佳士得藝品拍賣公司/拍賣目錄 1993,12,01.	
羅漢圖	軸	紙	水墨	132 x 51.5	乙巳（萬曆三十三年，1605）夏日	紐約 佳士得藝品拍賣公司/拍賣目錄 1994,06,01.	
羅漢圖	軸	紙	設色	124 x 35	甲午（萬曆二十二年，1594）冬日	紐約 佳士得藝品拍賣公司/拍賣目錄 1994,06,01.	

名稱		質地	色彩	尺寸 高x寬㎝	創作時間	收藏處所	典藏號碼
貨郎圖	冊頁	絹	白描	28.5 x 25.7		紐約 蘇富比藝品拍賣公司/拍賣目錄 1984,12,05.	
山水圖（10幀）	冊	紙	設色	（每幀）25.5 x 17	壬午（萬曆十年，1582）春月	紐約 佳士得藝品拍賣公司/拍賣目錄 1992,06,02.	
山水圖	摺扇面	金箋	設色	20.3 x 52.1	甲午（萬曆二十二年，1594）秋日	紐約 佳士得藝品拍賣公司/拍賣目錄 1993,12,01.	
人物山水花卉（10幀）	摺扇面	紙	水墨、設色	不詳	丙戌（萬曆十四年，1586）、己丑、庚寅、辛丑等	紐約 佳士得藝品拍賣公司/拍賣目錄 1996,09,18.	

畫家小傳：丁雲鵬。字南羽。號聖華居士。安徽休寧人。生於世宗嘉靖二十六(1547)年。卒於思宗崇禎元（1628）年。善畫道釋、人物，得吳道子法；其白描則酷似李公麟。山水、雜畫亦妙。（見明畫錄、無聲詩史、圖繪寶鑑續纂、陳眉公集、中國畫家人名大辭典）

周之冕

名稱		質地	色彩	尺寸 高x寬㎝	創作時間	收藏處所	典藏號碼
花卉	卷	絹	設色	30 x 190.1		台北 故宮博物院	故畫 01640
花卉	卷	絹	設色	27 x 645.5	萬曆戊子（十六年，1588）冬日	台北 故宮博物院	故畫 01641
花鳥長春	卷	絹	設色	26.2 x 384.5		台北 故宮博物院	故畫 01642
花鳥	卷	絹	設色	26.7 x 332.2		台北 故宮博物院	故畫 01643
花卉寫生（明王一鵬、宋旭、孫克弘、周之冕花卉寫生卷之第4段）	卷	紙	水墨	24.5 x 782.5		台北 故宮博物院（蘭千山館寄存）	
梅花鸜鴿圖	卷	紙	水墨	28.5 x 262.5	萬曆辛丑（二十九年，1601）仲冬望日	香港 胡仁牧先生	
花鳥草蟲圖	卷	紙	設色	29.8 x 307		瀋陽 遼寧省博物館	
四時花鳥圖	卷	絹	設色	33.4 x 201.8		旅順 遼寧省旅順博物館	
四季花卉	卷	紙	水墨	不詳	萬曆丙戌（十四年，1586）夏日	北京 故宮博物院	
梅竹水仙圖（為開字作）	卷	紙	水墨	不詳	萬曆乙未（二十三年，1595）秋日	北京 故宮博物院	
花卉圖	卷	紙	水墨	31.8 x 640	萬曆己亥（二十七年，1599）仲夏	北京 故宮博物院	
百花圖	卷	紙	水墨	31.2 x 703.2	萬曆壬寅（三十年，1602）秋日	北京 故宮博物院	

名稱		質地	色彩	尺寸 高x寬㎝	創作時間	收藏處所	典藏號碼
仿陳道復花卉圖	卷	紙	水墨	31.2 x 478	萬曆戊戌（二十六年，1598）夏日	天津 天津市藝術博物館	
群芳競秀圖	卷	絹	設色	29 x 568		石家莊 河北省博物館	
墨花圖	卷	紙	水墨	不詳	萬曆庚子（二十八年，1600）冬日	上海 上海博物館	
梅竹圖	卷	紙	水墨	不詳	萬曆庚子（二十八年，1600）	上海 上海博物館	
花鳥圖	卷	紙	設色	29.1 x 408.6	萬曆辛丑（二十九年，1601）	上海 上海博物館	
花卉圖	卷	紙	設色	27.7 x 1078.9	辛丑（萬曆二十九年，1601）	上海 上海博物館	
秋花三貓圖	卷	紙	設色	25.6 x 203.9	萬曆辛丑（二十九年，1601）	上海 上海博物館	
鐵骨冰膚圖	卷	紙	水墨	27.5 x 278		上海 上海博物館	
群英吐秀圖	卷	紙	設色	24 x 498.8	萬曆己亥（二十七年，1599）仲夏既望	南京 南京博物院	
四季花卉圖	卷	紙	設色	27 x 241		廣州 廣州市美術館	
花卉圖	卷	紙	水墨	31 x 476.7	萬曆辛丑（二十九年，1601）秋日	昆明 雲南省博物館	
花卉圖	卷	紙	設色	28.8 x ?	萬曆壬寅（三十年，1602）冬日	美國 印地安那波里斯市藝術博物館	73.164
衢歌介壽	軸	絹	設色	138 x 56.7		台北 故宮博物院	故畫 00592
葡萄松壽	軸	絹	設色	109.5 x 36.8		台北 故宮博物院	故畫 00593
花竹鵪鶉	軸	絹	設色	111.7 x 29.7		台北 故宮博物院	故畫 00594
八百長春	軸	絹	設色	111.8 x 50		台北 故宮博物院	故畫 01352
枇杷珍禽	軸	絹	設色	71.4 x 30.4		台北 故宮博物院	故畫 01353
天中佳卉	軸	絹	設色	123.1 x 44.9		台北 故宮博物院	故畫 02266
水仙竹石圖	軸	紙	設色	63.6 x 45.7		台北 鴻禧美術館	C2-829
山茶幽鳥圖	軸	絹	設色	150.4 x 41.5		香港 香港大學馮平山博物館	
芭蕉竹石圖	軸	紙	水墨	245 x 99.4	萬曆辛丑（二十九年，1601）	長春 吉林省博物館	
芙蓉雙鳧圖	軸	紙	設色	144 x 75	萬曆丁亥（十五年，1587）	瀋陽 故宮博物院	

名稱		質地	色彩	尺寸 高×寬㎝	創作時間	收藏處所	典藏號碼
芝草菊石圖	軸	紙	水墨	114.1 × 32	萬曆甲午（二十二年，1594）	瀋陽 遼寧省博物館	
梅竹文雉圖	軸	紙	設色	不詳	萬曆丙申（二十四年，1596）夏	瀋陽 遼寧省博物館	
梅竹野鳧圖	軸	紙	設色	132.5 × 45	萬曆丙申（二十四年，1596）	北京 故宮博物院	
花溪鴛鴦圖	軸	絹	設色	186.2 × 91.2	萬曆丙申（二十四年，1596）冬日	北京 故宮博物院	
梅石水仙圖	軸	絹	水墨	不詳	萬曆己亥（二十七年，1599）冬日	北京 故宮博物院	
牡丹貓石圖	軸	紙	水墨	不詳	萬曆己亥（二十七年，1599）	北京 故宮博物院	
竹石雄雞圖	軸	紙	水墨	157.2 × 47.7	壬寅（萬曆三十年，602）上元	北京 故宮博物院	
桃花鴛鴦圖	軸	絹	設色	不詳		北京 故宮博物院	
荷花鴛鴦圖	軸	絹	設色	178.7 × 89.2		北京 故宮博物院	
花下雄雞圖	軸	絹	設色	不詳		北京 中國美術館	
古檜凌霄圖（為顧仁山作）	軸	絹	設色	不詳	萬曆癸未（十一年，1583）春日	北京 中央美術學院	
荷塘鸂鶒圖	軸	絹	水墨	145 × 47	萬曆乙未（二十三年，1595）	煙臺 山東省煙臺市博物館	
杏花鴛鴦圖	軸	紙	設色	151 × 39.1	萬曆辛卯（十九年，1591）	青島 山東省青島市博物館	
花蔭貓戲圖	軸	紙	水墨	不詳	萬曆庚子（二十八年，1600）	上海 上海博物館	
葵石貓蝶圖	軸	紙	水墨	131.9 × 41.5	萬曆辛丑（二十九年，1601）仲夏	上海 上海博物館	
芙蓉野鳧圖	軸	紙	設色	不詳	辛丑（萬曆二十九年，1601）	上海 上海博物館	
花鳥圖	軸	絹	設色	168.3 × 78.8		上海 上海博物館	
桂子圖	軸	紙	設色	148.9 × 79.4		南京 南京博物院	
蓮渚文禽圖	軸	絹	設色	93 × 47.7		南京 南京博物院	
松梅芝兔圖	軸	絹	設色	165 × 67.5	萬曆壬辰（二十年，1592）仲冬既望	常熟 江蘇省常熟市文物管理委員會	

名稱		質地	色彩	尺寸 高x寬㎝	創作時間	收藏處所	典藏號碼
滿園春色圖	軸	絹	設色	不詳		無錫 江蘇省無錫市博物館	
杏花錦雞圖	軸	絹	設色	不詳	萬曆壬寅（三十年，1602）	蘇州 江蘇省蘇州博物館	
梅竹野鳧圖	軸	紙	水墨	不詳	萬曆辛卯（十九年，1591）春日	杭州 浙江省博物館	
芙蓉白鷺圖	軸	絹	設色	134.5 x 57	萬曆辛丑（二十九年，0601）	婺源 江西省婺源縣博物館	
眉壽圖	軸	絹	設色	199 x 97	萬曆己亥（二十七年，1599）	廣州 廣東省博物館	
孔雀、鳳凰圖（2幅）	軸	絹	設色	（每幅）104.3 x 47.1		日本 東京出光美術館	
花鳥圖（2幅）	軸	紙	設色	（每幅）147.2 x 75.9		日本 東京松平直亮先生	
花鳥圖	軸	絹	設色	不詳		日本 東京井上辰九郎先生	
寒林鍾馗圖	軸	紙	水墨	124.3 x 31.7	萬曆辛亥（三十九年，1611）秋	日本 大阪市立美術館	
梅枝圖	橫幅	紙	設色	30.6 x 57.4		日本 群馬縣立近代美術館	
花鳥圖	軸	絹	設色	不詳		日本 京都南禪寺	
山水圖	軸	絹	設色	203 x 47.8	萬曆己卯（七年，1579）春日	日本 愛知縣總見寺	
秋卉蘆雁圖	軸	絹	設色	126.4 x 106.3		日本 山口良夫先生	
花鳥圖（梅竹錦雉）	軸	絹	設色	182.7 x 88.1	萬曆丁酉（二十五年，1597）夏日	日本 私人	
花鳥圖	軸	絹	設色	128.2 x 61.2		日本 私人	
花鳥圖	軸	絹	設色	109.3 x 48.8		日本 私人	
花鳥圖	軸	絹	設色	130.8 x 58.5		日本 私人	
梅椿水仙圖	軸	絹	設色	93 x 40.2		日本 私人	
雪中花鳥圖	軸	絹	設色	135.2 x 59.1		日本 私人	
蘆雁圖	軸	絹	設色	126.5 x 106		日本 私人	
芙蓉荷花圖	軸	絹	設色	114.1 x 33		美國 聖地牙哥藝術博物館	66.73
花鳥圖	軸	絹	設色	155.9 x 48.7		美國 聖地牙哥藝術博物館	38.250d
柳陰雙鴛（周之冕寫生冊之1）	冊頁	絹	設色	22.9 x 24.4		台北 故宮博物院	故畫 01146-1
柳鴉戲鴨（周之冕寫生冊之2）	冊頁	絹	設色	22.9 x 24.4		台北 故宮博物院	故畫 01146-2

名稱		質地	色彩	尺寸 高x寬cm	創作時間	收藏處所	典藏號碼
桃下鬥雞（周之冕寫生冊之 3）	冊頁	絹	設色	22.9 x 24.4		台北 故宮博物院	故畫 01146-3
荷塘戲鴛（周之冕寫生冊之 4）	冊頁	絹	設色	22.9 x 24.4		台北 故宮博物院	故畫 01146-4
柏石芭蕉（周之冕寫生冊之 5）	冊頁	絹	設色	22.9 x 24.4		台北 故宮博物院	故畫 01146-5
風溪野鳧（周之冕寫生冊之 6）	冊頁	絹	設色	22.9 x 24.4		台北 故宮博物院	故畫 01146-6
湖石芭蕉（周之冕寫生冊之 7）	冊頁	絹	設色	22.9 x 24.4		台北 故宮博物院	故畫 01146-7
溪巖老樹（周之冕寫生冊之 8）	冊頁	絹	設色	22.9 x 24.4		台北 故宮博物院	故畫 01146-8
江梣水禽（周之冕寫生冊之 9）	冊頁	絹	設色	22.9 x 24.4		台北 故宮博物院	故畫 01146-9
野雉貞石（周之冕寫生冊之 10）	冊頁	絹	設色	22.9 x 24.4		台北 故宮博物院	故畫 01146-10
芙蓉山雀（明花卉畫冊之 2）	冊頁	紙	設色	17.9 x 50.4		台北 故宮博物院	故畫 03514-2
竹石（明人畫扇一冊之 7）	摺扇面	紙	水墨	不詳		台北 故宮博物院	故畫 03527-7
梅花（明人畫扇冊二冊之 14）	摺扇面	紙	水墨	不詳		台北 故宮博物院	故畫 03528-14
玉蘭（明人畫扇冊四冊之 12）	摺扇面	紙	水墨	不詳		台北 故宮博物院	故畫 03530-12
雋石竹枝（明人畫扇集冊貳冊（下）之 5）	摺扇面	紙	水墨	不詳		台北 故宮博物院	故畫 03535-5
芙蓉（明人畫扇集冊貳冊（下）之 6）	摺扇面	紙	設色	不詳		台北 故宮博物院	故畫 03535-6
柳岸秋客（明人便面畫冊肆冊（三）之 7）	摺扇面	紙	設色	不詳		台北 故宮博物院	故畫 03539-7
桂菊鳳仙（名人畫扇（戊）冊之 5）	摺扇面	紙	設色	不詳		台北 故宮博物院	故畫 03550-5
紫薇綬帶（名人畫扇面（庚）冊之 7）	摺扇面	紙	設色	不詳		台北 故宮博物院	故畫 03552-7
梨花山鳥（名人畫扇冊之 2）	摺扇面	紙	設色	不詳		台北 故宮博物院	故畫 03553-2
芙蓉圖（各人書畫扇（壬）冊之 31）	摺扇面	紙	設色	不詳		台北 故宮博物院	故畫 03560-31
牽牛鵪鶉（明人書畫扇冊亨冊之 8，原題明人畫）	摺扇面	紙	設色	17.3 x 52.9		台北 故宮博物院	故畫 03565-8
柳枝小鳥（明人書畫扇冊亨冊之 9，原題明人畫）	摺扇面	紙	設色	16.1 x 50.4		台北 故宮博物院	故畫 03565-9
桃花雙鵲（明人書畫合冊之 9）	冊頁	紙	設色	17.6 x 55.3		台北 故宮博物院	故畫 03582-9
山梁飛雉圖	摺扇面	紙	設色	不詳		台北 故宮博物院	故扇 00163
蘆雁圖	摺扇面	紙	設色	不詳		台北 故宮博物院	故扇 00164
竹林秋色圖	摺扇面	紙	設色	不詳		台北 故宮博物院	故扇 00165

名稱		質地	色彩	尺寸 高x寬cm	創作時間	收藏處所	典藏號碼
芙蓉水鳥圖		摺扇面 紙	設色	不詳		台北 故宮博物院	故扇 00166
秋林山鳥圖		摺扇面 紙	設色	不詳		台北 故宮博物院	故扇 00167
芙蓉花鴨圖		摺扇面 紙	設色	不詳		台北 故宮博物院	故扇 00249
春水文禽圖		摺扇面 紙	設色	不詳		台北 故宮博物院	故扇 00250
苦瓜幽禽圖（明十家便面會萃冊之第3幀）		摺扇面 金箋	設色	16.8 x 51.6	戊戌（萬曆二十六年，1598）秋日	台北 蘭千山館	
春渚群禽圖		摺扇面 金箋	設色	16.9 x 53.4		台北 鴻禧美術館	C1-815
鳥檜圖		摺扇面 金箋	設色	17.6 x 51.8		香港 莫華釗承訓堂	K92.71
三友圖		摺扇面 金箋	設色	15.8 x 51		香港 劉作籌虛白齋	51
芭蕉小鳥圖		摺扇面 金箋	設色	18.8 x 54.1		香港 香港藝術館・虛白齋	FA1991.055
花卉圖（8幀）	冊	紙	設色	不詳	隆慶壬申（六年，1572）臘月望前六日	北京 故宮博物院	
秋花梧石圖		摺扇面 金箋	設色	18.4 x 55.2	乙酉（萬曆十三年，1585）	北京 故宮博物院	
竹雀圖		摺扇面 金箋	設色	18 x 52.3	戊子（萬曆十六年，1588）	北京 故宮博物院	
花卉圖（2幀）		摺扇面 金箋	設色	17 x 51.3	己丑（萬曆十七年，1589）	北京 故宮博物院	
石筍月季圖		摺扇面 金箋	設色	16.5 x 51.2		北京 故宮博物院	
芙蓉柳色圖		摺扇面 金箋	設色	17.7 x 55.5		北京 故宮博物院	
芙蓉楊柳圖		摺扇面 金箋	設色	18 x 54.8		北京 故宮博物院	
桃花小鳥圖		摺扇面 金箋	設色	17.6 x 54.7		北京 故宮博物院	
梧竹蕉石圖		摺扇面 金箋	設色	20 x 55.5		北京 故宮博物院	
葭葵秋意圖		摺扇面 金箋	設色	17.7 x 55.2		北京 故宮博物院	
蕉石蒼松圖		摺扇面 金箋	設色	17.3 x 52.5		北京 故宮博物院	
茶花圖（尤求等雜畫冊8之1幀）	冊頁	紙	設色	28 x 30.6		北京 故宮博物院	
花鳥圖		摺扇面 金箋	設色	17.4 x 49	萬曆丙申（二十四年，1596）	北京 中國歷史博物館	
梅竹春禽圖		摺扇面 金箋	設色	18.1 x 43		北京 中國歷史博物館	
花鳥圖（20幀）	冊	紙	設色	（每幀）32.2 x ？	萬曆辛卯（十九年，1591）	天津 天津市藝術博物館	
花卉圖		摺扇面 紙	設色	不詳	壬辰（萬曆二十年	天津 天津市藝術博物館	

名稱		質地	色彩	尺寸 高x寬cm	創作時間	收藏處所	典藏號碼
					，1592）		
山水圖		摺扇面 金箋	設色	不詳	辛丑（萬曆二十九年，1601）	天津 天津市藝術博物館	
芙蓉丹桂圖		摺扇面 金箋	設色	不詳		合肥 安徽省博物館	
梅花鶴鶉圖		摺扇面 紙	設色	不詳	萬曆丙子（四年，1576）冬日	上海 上海博物館	
梅花鶴鶉圖		摺扇面 金箋	設色	不詳	萬曆丙子（四年，1576）	上海 上海博物館	
柳橋鴛鴦圖		摺扇面 金箋	設色	不詳	丙戌（萬曆十四年，1586）	上海 上海博物館	
拒霜飛鴦圖		摺扇面 金箋	設色	不詳	丙戌（萬曆十四年，1586）	上海 上海博物館	
蓼塘鸂鶒圖		摺扇面 金箋	設色	不詳	庚寅（萬曆十八年，1590）	上海 上海博物館	
蕉竹圖		摺扇面 金箋	水墨	不詳	辛卯（萬曆十九年，1591）	上海 上海博物館	
花蝶圖		摺扇面 金箋	設色	不詳	辛卯（萬曆十九年，1591）	上海 上海博物館	
桃花蝦戲圖		摺扇面 金箋	設色	不詳	壬辰（萬曆二十年，1592）	上海 上海博物館	
白鷺殘荷圖		摺扇面 金箋	設色	不詳	戊戌（萬曆二十六年，1598）	上海 上海博物館	
柳下鴛鴦圖		摺扇面 金箋	設色	不詳	己亥（萬曆二十七年，1599）秋日	上海 上海博物館	
梅禽圖		摺扇面 金箋	設色	不詳	辛丑（萬曆二十九年，1601	上海 上海博物館	
柳塘鴛鴦圖		摺扇面 金箋	設色	不詳	萬曆辛丑（二十九年，1601）	上海 上海博物館	
海棠白燕圖		摺扇面 金箋	設色	不詳		上海 上海博物館	
牽牛竹禽圖		摺扇面 金箋	設色	不詳		上海 上海博物館	
牽牛鶴鶉圖		摺扇面 金箋	設色	不詳		上海 上海博物館	
梅禽山茶圖		摺扇面 金箋	設色	不詳		上海 上海博物館	
梨花綬帶圖		摺扇面 金箋	設色	不詳		上海 上海博物館	
梨花雙燕圖		摺扇面 金箋	設色	不詳		上海 上海博物館	
集禽圖		摺扇面 金箋	設色	不詳		上海 上海博物館	

名稱		質地	色彩	尺寸 高x寬㎝	創作時間	收藏處所	典藏號碼
楊柳棲鴉圖		摺扇面 金箋	設色	不詳		上海 上海博物館	
螳螂柳蟬圖		摺扇面 金箋	設色	不詳		上海 上海博物館	
蓼花鵓鴒圖		摺扇面 金箋	設色	不詳		上海 上海博物館	
蘆雁圖		摺扇面 金箋	設色	不詳		上海 上海博物館	
蘭花茉莉圖		摺扇面 金箋	設色	不詳		上海 上海博物館	
花鳥（12幀）	冊	絹	設色	（每幀）26.5 x 36.3		上海 上海博物館	
白梅圖		摺扇面 金箋	設色	不詳		上海 上海博物館	
池畔鴨欄圖		摺扇面 金箋	設色	不詳		上海 上海博物館	
芙蓉蛺蝶圖		摺扇面 金箋	設色	不詳		上海 上海博物館	
芙蓉秋禽圖		摺扇面 金箋	設色	不詳		上海 上海博物館	
扁豆秋蟲圖		摺扇面 金箋	設色	不詳		上海 上海博物館	
柳桃雙燕圖		摺扇面 金箋	設色	不詳		上海 上海博物館	
柳塘睡鴨圖		摺扇面 金箋	設色	不詳		上海 上海博物館	
紅梅山雀圖		摺扇面 紙	設色	不詳		上海 上海博物館	
海棠山禽圖		摺扇面 金箋	設色	不詳		上海 上海博物館	
花卉圖（8幀）	冊	紙	水墨	（每幀）31 x 36.8	壬申（隆慶六年，1572）臘月	南京 南京博物院	
柳塘鴛鴦圖		摺扇面 金箋	設色	17.7 x 53		南京 南京博物院	
芙蓉圖		摺扇面 金箋	設色	不詳	辛丑（萬曆二十九年，1601）	南京 南京市博物館	
梅雀圖		摺扇面 紙	水墨	不詳		蘇州 江蘇省蘇州博物館	
花鳥圖（8幀）	冊	紙	設色	（每幀）30.2 x 30.2	己卯（萬曆七年，1579）春日	杭州 浙江省杭州市文物考古所	
松菊圖		摺扇面 金箋	水墨	不詳	丁酉（萬曆二十五年，1597）	廣州 廣州市美術館	
梅花小鳥圖		摺扇面 金箋	設色	不詳		廣州 廣州市美術館	
燕子鴛鴦圖		摺扇面 金箋	設色	不詳		桂林 廣西壯族自治區桂林市博物館	
秋色圖（明人書畫扇丁冊之2）		摺扇面 金箋	設色	不詳		日本 東京橋本辰二郎先生	
松風瀹茗圖		摺扇面 紙	設色	18.1 x 54.1	天啟辛酉（元年，1621）秋	日本 大阪市立美術館	
墨梅圖		摺扇面 金箋	水墨	18.2 x 58.5	己丑（萬曆十七年，1589）五月	日本 大阪橋本大乙先生	
白梅圖		摺扇面 金箋	設色	20 x 55	乙未（萬曆二十三	日本 橫濱岡山美術館	

名稱		質地	色彩	尺寸 高x寬cm	創作時間	收藏處所	典藏號碼
					年，1595) 春日		
花鳥圖		摺扇面 金箋	設色	15.2 x 46.3		日本 橫濱岡山美術館	
燕柳溪鴨圖		摺扇面 金箋	設色	19.5 x 56.2		日本 橫濱岡山美術館	
藕花香雨圖		冊頁 紙	水墨	24.8 x 28.7		日本 福岡縣石訽道雄先生	
秋塘水禽圖（明清書畫扇面冊之1幀）		摺扇面 金箋	設色	18.2 x 54		日本 中埜又左衛門先生	
柳汀圖（書畫扇面一冊之6）		摺扇面 金箋	設色	16.7 x 50.4		日本 私人	
柳陰白鷺圖		摺扇面 金箋	設色	14.9 x 44.6		美國 舊金山亞洲藝術館	B79 D24
花卉圖		摺扇面 金箋	設色	16.5 x 50.2		德國 柏林東亞藝術博物館	1988-386
花卉圖		摺扇面 金箋	水墨	17.2 x 51.5		德國 科隆東亞藝術博物館	A36.7
花鳥圖		摺扇面 金箋	設色	16 x 50.1		德國 科隆東亞藝術博物館	A36.8
花鳥圖（蘆渚水禽）		摺扇面 金箋	設色	16 x 50.4		瑞士 蘇黎士黎得堡博物館	RCH.1230
花鳥圖（桃花棲燕）		摺扇面 金箋	設色	18.3 x 52		瑞士 蘇黎士黎得堡博物館	RCH.1231
附：							
梅花圖		卷 紙	水墨	22 x 270		紐約 佳士得藝品拍賣公司/拍賣目錄 1992,12,02.	
菊花蛺蝶圖		卷 紙	設色	26 x 251.5	丙申（萬曆二十四年，1596）冬日	紐約 佳士得藝品拍賣公司/拍賣目錄 1994,11,30.	
梅鵲圖		卷 紙	水墨	28.5 x 262.7	辛丑（萬曆二十九年，1601）冬	紐約 佳士得藝品拍賣公司/拍賣目錄 1997,09,19.	
梅花圖		卷 紙	水墨	22.2 x 295.9		紐約 佳士得藝品拍賣公司/拍賣目錄 1998,03,24.	
梅竹雙雀圖		軸 紙	水墨	58.8 x 30.5		北京 中國文物商店總店	
柳桃鸚鴿圖		軸 絹	設色	不詳		北京 中國文物商店總店	
花石錦雞圖		軸 絹	設色	不詳		上海 朵雲軒	
蕉石狸奴圖		軸 紙	水墨	不詳		上海 上海工藝品進出口公司	
梅竹雪禽圖		軸 絹	設色	101.6 x 36		紐約 蘇富比藝品拍賣公司/拍賣目錄 1981,11,07.	
水仙湖石圖		軸 紙	設色	63.5 x 45.8	王寅（萬曆三十年，1602）秋莫	紐約 佳仕得藝品拍賣公司/拍賣目錄 1986,12,01.	
花石聚禽圖		軸 絹	設色	164.8 x 88.3		紐約 蘇富比藝品拍賣公司/拍賣目錄 1988,06,01.	
花鳥圖（梅花雙燕）		軸 絹	設色	133.4 x 46.3	辛丑（萬曆二十九年，1601）秋日	紐約 蘇富比藝品拍賣公司/拍賣目錄 1988,11,30.	

名稱		質地	色彩	尺寸 高×寬cm	創作時間	收藏處所	典藏號碼
桃花小禽圖	軸	紙	設色	56.5 × 23.5	萬曆辛丑（二十九年，1601）春日	紐約 佳士得藝品拍賣公司/拍賣目錄 1989,06,01.	
牡丹圖	軸	紙	水墨	120 × 33		紐約 佳士得藝品拍賣公司/拍賣目錄 1994,06,01.	
仿沈周枯樹圖	軸	紙	水墨	66 × 30.1	萬曆庚子（二十八年，1600）冬日	紐約 佳士得藝品拍賣公司/拍賣目錄 1995,03,22.	
花鳥圖（2幅）	軸	絹	設色	（每幅）137.1 × 58.4	辛丑（萬曆二十九年，1601）年	紐約 佳士得藝品拍賣公司/拍賣目錄 1996,03,27.	
盆景圖	軸	紙	設色	129.6 × 35.6		紐約 佳士得藝品拍賣公司/拍賣目錄 1998,03,24.	
紫薇鶺鴒圖	摺扇面	紙	設色	不詳		上海 朵雲軒	
梧桐書屋圖	摺扇面	金箋	設色	15.5 × 46	丁亥（萬曆十五年，1587）十月	紐約 佳仕得藝品拍賣公司/拍賣目錄 1986,06,04.	
花鳥圖	摺扇面	金箋	設色	17.1 × 50.8		紐約 蘇富比藝品拍賣公司/拍賣目錄 1986,06,03.	
春塘白鷺圖	摺扇面	灑金箋	設色	16.2 × 49.5		紐約 佳仕得藝品拍賣公司/拍賣目錄 1987,06,03.	
老圃秋容圖	摺扇面	金箋	設色	19 × 54.5		紐約 佳士得藝品拍賣公司/拍賣目錄 1987,06,03.	
老圃秋容	摺扇面	金箋	設色	17 × 50		紐約 佳士得藝品拍賣公司/拍賣目錄 1993,06,04.	

畫家小傳：周之冕。字服卿。號少谷。江蘇長洲人。工書。善畫花鳥，作品設色鮮艷，具足生意，能兼陳淳、陸治之妙。流傳署款紀年作品見於穆宗隆慶六（1572）年至熹宗天啟元年（1621）年。（見明畫錄、無聲詩史、圖繪寶鑑續纂、海虞畫苑略、弇州續集、中國畫家人名大辭典）

張元士

名稱		質地	色彩	尺寸 高×寬cm	創作時間	收藏處所	典藏號碼
仿趙子固水仙圖水仙	軸	紙	水墨	53.2 × 28.6	隆慶壬申（六年，1572）閏二月既望	台北 故宮博物院	故畫 00675
擬趙孟頫山水圖	軸	紙	設色	不詳	萬曆丙戌（十四年，1586）秋七月廿九日	北京 故宮博物院	
坐看雲起圖（名人書畫扇王冊之7）	摺扇面	紙	設色	不詳		台北 故宮博物院	故畫 03560-7
惠山圖（明陸士仁等江左名勝	冊頁	絹	設色	25.5 × 50		南京 南京博物院	

名稱		質地	色彩	尺寸 高×寬cm	創作時間	收藏處所	典藏號碼

圖冊 34 之 1 幀）

楓橋圖（明陸士仁等江左名勝　冊頁　絹　設色　25.5 × 50　　　　　　　　南京 南京博物院

圖冊 34 之 1 幀）

畫家小傳：張元士。畫史無載。流傳署款紀年作品見於穆宗隆慶六（1572）年至神宗萬曆十四（1586）年。身世待考。

朱邦采

附：

雁蕩勝景圖（18 幀）　　　　冊　紙　設色　（每幀）29.7　隆慶壬申（六年，　紐約 佳士得藝品拍賣公司/拍

　　　　　　　　　　　　　　　　　　　　　× 49.5　　　1572）仲夏　　　賣目錄 1990.05.31

畫家小傳：朱邦采。畫史無載。流傳署款紀年作品見於穆宗隆慶六（1572）年。身世待考。

俞舜臣

四季花卉圖　　　　　　　　卷　絹　設色　32.6 × 692.4　隆慶壬申（六年，　杭州 浙江省博物館

　　　　　　　　　　　　　　　　　　　　　　　　　　　1572）

畫家小傳：俞舜臣。字冶甫。號海峰子。浙江錢塘人。俞恩之子。能承父學，善繪事。人物而外，兼工山水，亦精花鳥。流傳署款紀年作

　　品見於穆宗隆慶六（1572）年。（見明畫錄、畫史會要、中國畫家人名大辭典）

黎民懷

附：

仿郭熙秋山行旅圖　　　　　卷　紙　設色　30.5 × 291.3　壬申（隆慶六年，　香港 蘇富比藝品拍賣公司/拍

　　　　　　　　　　　　　　　　　　　　　　　　　　　1572）　　　　　　賣目錄 1984,11,11.

畫家小傳：黎民懷。字惟敬。號瑤石。廣東從化人。嘉靖間（1522-1566）鄉貢進士，官至河南布政使，萬曆四十三（1615）致仕。工詩文

　　，能書。善畫山水，宗法二米，作品氣象深潤。流傳署款紀年作品見於穆宗隆慶六（1572）年。（見明史黃佐傳、明史藝文志、

　　列朝詩集小傳、廣東通志、羅浮山志、畫史會要、明畫錄、中國畫家人名大辭典）

馬守真

雙鉤蘭	卷	紙	水墨	24.7 × 220.8		台北 故宮博物院	故畫 01654
群仙（水仙）圖	卷	紙	白描	23.3 × 684.2	癸巳（萬曆二十一年，1593）時年四十五	台北 故宮博物院（蘭千山館寄存）	
仿管道昇雙清競秀圖	卷	金籤	水墨	22.8 × 97.5		香港 劉作籌虛白齋	32
蘭花圖	短卷	紙	水墨	23.5 × 56		長春 吉林省博物館	
竹石圖	卷	絹	水墨	14.8 × 163.5	壬寅（萬曆三十年，1602）	長春 吉林大學	
蘭花圖	卷	灑金箋	水墨	16 × 50.5	甲辰（萬曆三十二	北京 故宮博物院	

名稱		質地	色彩	尺寸 高×寬㎝	創作時間	收藏處所	典藏號碼
蘭花圖（與薛素素蘭花圖合卷）	短卷	紙	水墨	不詳	年，1604）秋月　甲辰（萬曆三十二年，1604）夏日	上海　上海博物館	
蘭花圖（馬守真、吳娟娟、林雪、王定儒水仙蘭花合卷4之1段）	卷	紙	設色	21.7 × 137		無錫　江蘇省無錫市博物館	
蘭竹圖	卷	紙	水墨	23.4 × 105.6		蘇州　江蘇省蘇州博物館	
蘭竹幽石圖	卷	紙	水墨	不詳	己亥（萬曆二十七年，1599）季春望後	成都　四川省博物館	
秦淮水榭圖	卷	紙	水墨	16 × ？	萬曆丙子（四年，1576）春二月	日本　東京林宗毅先生	
設色蘭竹圖	卷	金箋	設色	26.2 × ？	萬曆甲辰（三十二年，1604）秋月	美國　印地安那波里斯市藝術博物館	60.25
幽蘭竹石圖（為彥平作）	軸	紙	水墨	50 × 32.4	辛丑（萬曆二十九年，1601）仲冬廿四日	長春　吉林省博物館	
臨管夫人三友圖	軸	紙	水墨	不詳		北京　故宮博物院	
蘭花竹石圖	軸	紙	水墨	不詳	萬曆戊戌（二十六年，1598）	北京　中國歷史博物館	
幽蘭竹石圖	軸	紙	水墨	111.8 × 31.3	甲辰（萬曆三十二年，1604）	天津　天津市藝術博物館	
竹石蘭花圖	軸	紙	水墨	71.5 × 40.5	壬申（隆慶六年，1572）	合肥　安徽省博物館	
蘭竹石圖	軸	紙	水墨	91 × 50	壬申（隆慶六年，1572）	廣州　廣東省博物館	
白描觀世音像	軸	紙	白描	不詳		日本　京都橋本關雪先生	
雙鉤蘭圖（畫呈百殼社兄）	軸	紙	淡墨	111.4 × 29.8	萬曆壬辰（二十年，1592）長夏	日本　兵庫縣黑川古文化研究所	
蘭石圖（王穉登題）	軸	紙	水墨	52.5 × 29.1	壬申（隆慶六年，1572）清和	美國　普林斯頓大學藝術館（Edward Elliott 寄存）	L214.70
蘭石圖	軸	紙	水墨	101 × 29.3	乙亥（萬曆三年，1575）冬月	美國　普林斯頓大學藝術館（私人寄存）	
蘭竹石圖	軸	紙	水墨	52.6 × 29.1	壬申（隆慶六年，	美國　紐約大都會藝術博物館	1982.1.7

名稱		質地	色彩	尺寸 高x寬cm	創作時間	收藏處所	典藏號碼
					1572）清和		
荷花圖	軸	紙	水墨	127.3 x 34.8		瑞典 斯德哥爾摩遠東古物館	NMOK54
蘭竹圖	軸	紙	水墨	121.8 x 31.8		荷蘭 阿姆斯特丹 Rijks 博物館	RAK1990-8
畫（蘭蕙、8幀）	冊	紙	設色	（每幀）28.2 x 20.5		台北 故宮博物院	故畫 01171
水墨蘭竹（明花卉畫冊之2）	冊頁	紙	水墨	17.2 x 52.6		台北 故宮博物院	故畫 03515-2
花蝶圖	摺扇面	紙	設色	不詳		台北 故宮博物院	故扇 00282
蘭石圖	摺扇面	灑金箋	水墨	不詳	乙未（萬曆二十三年，1595）	瀋陽 遼寧省博物館	
蘭竹圖	摺扇面	紙	水墨	不詳	萬曆甲午（二十二年，1594）中秋	北京 故宮博物院	
竹蘭圖	摺扇面	紙	水墨	不詳	萬曆丁酉（二十五年，1597）中秋	北京 故宮博物院	
竹蘭圖	摺扇面	紙	水墨	不詳	癸卯（萬曆三十一年，1603）仲秋	北京 故宮博物院	
蘭石圖	摺扇面	紙	水墨	16.3 x 50.3		北京 故宮博物院	
竹石蘭花圖	摺扇面	紙	水墨	不詳		天津 天津市藝術博物館	
蘭竹靈芝圖（陳道復等雜畫冊12之第8幀）	冊頁	紙	設色	約24.5 x 25.3	戊戌（萬曆二十六年，1598）秋日	上海 上海博物館	
蘭花圖	摺扇西	金箋	水墨	不詳	癸巳（萬曆二十一年，1593）	無錫 江蘇省無錫市博物館	
雜畫（12幀）	冊	紙	水墨	不詳		杭州 浙江省杭州市文物考古所	
空谷清芬圖	摺扇面	金箋	水墨	不詳		寧波 浙江省寧波市文物保管所	
蘭竹秀石圖	摺扇面	紙	水墨	不詳	丙申（萬曆二十四年，1596）夏日	日本 江田勇二先生	
蘭石圖（為漢五長兄寫）	摺扇面	金箋	水墨	16.3 x 49.5	庚子（萬曆二十八年，1600）冬日	日本 埼玉縣萬福寺	
墨蘭圖	摺扇面	金箋	水墨	16.5 x 51		美國 耶魯大學藝術館	1989.9.1
附：							
蘭竹圖（2卷）	卷	紙	設色	29.2 x 127.6；27.5 x 200.6	丙子（萬曆四年，157）夏六月；丙寅（嘉靖四十五年）	紐約 蘇富比藝品拍賣公司/拍賣目錄 1986,12,04.	

名稱		質地	色彩	尺寸 高×寬㎝	創作時間	收藏處所	典藏號碼
水仙石圖（王穉登補石并題，為百穀大兄寫）	卷	紙	水墨	39.5 × 434	己亥（萬曆二十七年，1599）冬日	紐約 佳士得藝品拍賣公司/拍賣目錄 1990,05,31.	
蘭竹圖	卷	紙	設色	33.6 × 367.3	萬曆甲戌（二年，1574）夏六月	紐約 佳士得藝品拍賣公司/拍賣目錄 1992,06,02.	
竹石幽蘭圖	軸	絹	水墨	99 × 36	癸巳(萬曆二十一年，1593）閏月	紐約 佳士得藝品拍賣公司/拍賣目錄 1984,06,29.	
水仙圖（仿趙子固筆意）	軸	絹	水墨	60.5 × 32		紐約 佳士得藝品拍賣公司/拍賣目錄 1989,06,01.	
蘭石圖	軸	紙	設色	115 × 41	萬曆甲辰（三十二年，1604）夏日	紐約 佳士得藝品拍賣公司/拍賣目錄 1992,06,02.	
蘭竹石圖	軸	紙	水墨	92 × 30		紐約 佳士得藝品拍賣公司/拍賣目錄 1992,12,02.	
竹石圖	軸	紙	水墨	112.5 × 27.5	癸酉（萬曆元年，1573）花朝	紐約 佳士得藝品拍賣公司/拍賣目錄 1994,06,01.	
秀石幽蘭圖	軸	紙	設色	114.2 × 28	癸酉（萬曆元年，1573）春月	紐約 佳士得藝品拍賣公司/拍賣目錄 1995,03,22.	
蘭花圖	摺扇面	金箋	水墨	16.5 × 51	甲辰（萬曆三十二年，1604）中秋後二日	紐約 佳士得藝品拍賣公司/拍賣目錄 1988,11,30.	
花卉、山水（12幀）	冊	紙	設色	16.5 × 25.4	壬子（萬曆四十年，1612）夏四月	紐約 佳士得藝品拍賣公司/拍賣目錄 1990,11,28.	
蘭石圖	摺扇面	紙	水墨	17 × 52.5	丙子（萬曆四年，1576）春日	紐約 佳士得藝品拍賣公司/拍賣目錄 1993,06,04.	

畫家小傳：馬守真。女。小字元兒。號湘蘭、月嬌、南曲中人。江蘇金陵人，居住秦淮。生於世宗嘉靖廿七（1548）年。卒於神宗萬曆三十二（1604）年。以詩、畫擅名一時。畫善蘭竹，師法趙孟堅、管仲姬。（見明畫錄、無聲詩史、圖繪寶鑑續纂、列朝詩集小傳、中國畫家人名大辭典）

詹景鳳

名稱		質地	色彩	尺寸 高×寬㎝	創作時間	收藏處所	典藏號碼
漁樂圖	卷	不詳	不詳	不詳		台北故宮博物院	國贈 026746
草書墨法記并畫竹	卷	紙	水墨	不詳	萬曆元年(癸酉，1573)	北京 故宮博物院	
竹譜圖	卷	紙	水墨	28.2 × 437		上海 上海博物館	
密樹鑠煙圖	軸	絹	設色	236.5 × 50.1		台北 陳啟釗畏罍堂	

名稱		質地	色彩	尺寸 高x寬㎝	創作時間	收藏處所	典藏號碼
竹圖	軸	紙	水墨	123 × 26.8		北京 故宮博物院	
墨竹圖	軸	紙	水墨	不詳	萬曆甲午（廿二年，1594）十二月廿五日	北京 中央歷史博物館	
竹枝圖	軸	紙	水墨	145.4 × 33.3	萬曆丁酉（二十五年，1597）	上海 上海博物館	
雙竹圖	軸	紙	水墨	127.5 × 31	癸巳（萬曆二十一年，1593）	杭州 浙江省杭州西泠印社	
墨竹	軸	紙	水墨	145.5 × 32.5	萬曆辛卯（十九年，1591）三月十七日	日本 奈良大和文華館	
山水圖(湘潭舟上畫山水)	軸	絹	水墨	184.3 × 50.2	己亥（萬曆二十七年，1599）七月	日本 京都泉屋博古館	21
密樹鎖煙圖	軸	絹	水墨	不詳	丙申（萬曆二十四年，1596）寒日	日本 組田昌平先生	
達摩圖	軸	綾	水墨	81.5 × 34.6		日本 中埜又左衛門先生	
羅漢圖	軸	紙	設色	30.7 × 57		日本 中埜又左衛門先生	
洞庭秋色圖	軸	紙	水墨	99 × 28.8	萬曆戊戍（二十六年，1598）三月七日	美國 普林斯頓大學藝術館	68-231
柳艇春漲圖	摺扇面	金箋	水墨	不詳		合肥 安徽省博物館	
臨李息齋竹譜圖（10幀）	冊	紙	水墨	不詳	萬曆壬辰（二十年，1592）十月	南京 南京博物院	
蘭竹石圖	摺扇面	金箋	水墨	不詳	己亥（萬曆二十七年，1599）	成都 四川省博物院	
芝蘭竹石圖	摺扇面	金箋	水墨	不詳	甲辰（萬曆三十二年，1604）	成都 四川省博物院	
古柯竹石圖	摺扇面	紙	水墨	不詳	戊戍（萬曆二十六年，1598）十月之五日	日本 東京長尾雨山先生	
墨蘭（明名家書畫扇集冊之2）	摺扇面	紙	水墨	不詳		日本 東京田邊碧堂先生	
枯柯竹石圖	摺扇面	紙	水墨	17.3 × 53.5		日本 京都國立博物館	A甲 553
古木出層雲圖	摺扇面	金箋	水墨	16.8 × 50.7		美國 密歇根大學藝術博物館	1978/2.20
山水圖	摺扇面	紙	水墨	18.5 × 53.1		美國 夏威夷火魯奴奴藝術學院	2477.1
山水圖	摺扇面	金箋	設色	18.6 × 56.3		德國 柏林東亞藝術博物館	1988-348

名稱		質地	色彩	尺寸 高x寬㎝	創作時間	收藏處所		典藏號碼

附：

名稱		質地	色彩	尺寸 高x寬㎝	創作時間	收藏處所		典藏號碼
密樹鎖煙圖	軸	絹	設色	236 × 50	丙申（萬曆二十四年，1596）冬日	紐約	佳士得藝品拍賣公司/拍賣目錄 1989,06,01.	
花鳥圖	軸	紙	設色	95 × 38.8	萬曆乙亥（三年，1575）之秋日	紐約	佳士得藝品拍賣公司/拍賣目錄 1994,11,30.	
溪山野航圖	摺扇面	金箋	水墨	不詳		天津	天津市文物公司	

畫家小傳：詹景鳳。字東圖。號白岳山人。安徽休寧人。穆宗隆慶元（1567）年舉人。工書法。善寫墨竹；兼精山水、花卉。擅畫論，撰有畫苑、東圖玄覽、詹氏小識等書。流傳署款紀年作品見於神宗萬曆元（1573）年至二十七（1599）年。（見明畫錄、無聲詩史、會要、弇州續稿、休寧縣志、中國畫家人名大辭典）

羅文瑞

名稱		質地	色彩	尺寸 高x寬㎝	創作時間	收藏處所		典藏號碼
蘇李泣別圖	卷	紙	水墨	28.4 × 140.8	萬曆元年（癸酉，1573）花月	北京	故宮博物院	
歷代名醫像	卷	紙	水墨	不詳	萬曆庚辰（八年，1580）	北京	故宮博物院	
摹趙孟頫畫五賢圖	卷	絹	設色	不詳	萬曆庚寅（十八年，1590）仲秋七夕	北京	故宮博物院	
洛中九老圖并序	卷	紙	水墨	25.3 × 198.4	萬曆丙申（二十四年，1596）冬十一月	杭州	浙江省博物館	
蘭石圖（9幀）	冊	紙	水墨	（每幀）27.7 × 33.2	癸酉（萬曆元年，1573）仲秋	上海	上海博物館	

畫家小傳：羅文瑞。畫史無載。流傳署款紀年作品見於神宗萬曆元（1573）年至二十四（1596）年。身世待考。

萬國楨

名稱		質地	色彩	尺寸 高x寬㎝	創作時間	收藏處所		典藏號碼
竹石睡鴨圖	軸	絹	水墨	97 × 39.7		日本	京都南禪寺	
竹岩雙雁圖	軸	紙	設色	96.1 × 40.5		日本	中埜又左衛門先生	
歲寒三清圖	軸	絹	水墨	129.9 × 50		日本	私人	
四君子圖	軸	絹	水墨	140.9 × 47.8		日本	私人	
花鳥圖	摺扇面	金箋	水墨	17.1 × 52.1		日本	福岡市美術館	

畫家小傳：萬國禎。字伯文。南海人。神宗萬曆元（1573）年貢生。善畫墨竹，自謂得蘇東坡玉局畫法，與同里朱完齊名。又能水墨花卉、翎毛。（見明畫錄、畫史會要、中國畫家人名大辭典）

名稱		質地	色彩	尺寸 高x寬cm	創作時間	收藏處所	典藏號碼

梁啓運

| 朱竹圖 | 軸 | 紙 | 朱色 | 121 x 48.5 | | 香港 何耀光至樂樓 | |

畫家小傳：梁啟運。字文震。廣東番禺人。神宗萬曆元（1573）年副貢生。工寫蘭、竹，稱一時高手。著有澄江樓集。（見澄江樓集、中國畫家人名大辭典）

鄒迪光

陽朔山圖并記	卷	絹	設色	不詳	萬曆辛亥（三十九年，1611）	桂林 廣西壯族自治區桂林市博物館	
松風聽琴圖	軸	絹	設色	不詳	萬曆乙卯（四十三年，1615）	瀋陽 遼寧省博物館	
仿宋人山水圖	摺扇面	金箋	設色	17.5 x 49.2		北京 故宮博物院	
仿宋人山水圖	摺扇面	金箋	設色	不詳		無錫 江蘇省無錫市博物館	
古木群鳥圖	摺扇面	金箋	設色	17.9 x 55.4		美國 舊金山亞洲藝術館	B79 D26

畫家小傳：鄒迪光。字彥吉。號愚谷。江蘇無錫人。神宗萬曆二（1574）年進士。工詩文。善畫山水，法在米氏父子與黃公望、倪瓚之間，秀逸出群。（見明畫錄、無聲詩史、列朝詩集小傳、畫史會要、中國畫家人名大辭典）

陸儀吉

| 拒霜竹禽圖 | 軸 | 絹 | 設色 | 117.9 x 53 | | 瀋陽 魯迅美術學院 | |

畫家小傳：陸儀吉。隆慶、萬曆（1567-1619）間人。籍里、身世不詳。工畫人物及花草。（見珊瑚網、中國畫家人名大辭典）

方元煥

| 秋江漁隱圖 | 軸 | 絹 | 水墨 | 147.3 x 41.8 | | 合肥 安徽省博物館 | |

畫家小傳：方元煥。畫史無載。約隆慶、萬曆（1567-1619）間人。身世待考。

李士達

潯陽琵琶圖	卷	紙	設色	不詳	萬曆辛丑（二十九年，1601）	北京 故宮博物院	
飲中八仙圖	卷	紙	水墨	不詳	萬曆壬子（四十年，1612）	北京 故宮博物院	
山水圖	卷	紙	水墨	136.2 x 32	乙卯（萬曆四十三年，1615）	北京 故宮博物院	
羅漢渡海圖	卷	紙	水墨	26.2 x 552.2	萬曆己未（四十七年，1619）	北京 故宮博物院	
竹林七賢圖	卷	絹	設色	25.4 x 157.2	萬曆丙辰（四十四年，1616）	上海 上海博物館	
桃花源圖	卷	絹	設色	43.6 x 364.2		南京 南京博物院	
西園雅集圖	卷	紙	設色	25.8 x 140.5		蘇州 江蘇省蘇州博物館	

名稱		質地	色彩	尺寸 高×寬㎝	創作時間	收藏處所	典藏號碼
坐聽松風圖	軸	絹	設色	167.2 × 99.8	萬曆丙辰（四十四年，1616）秋	台北 故宮博物院	故畫 00609
關山風雨圖	軸	紙	設色	131 × 62.1	萬曆庚申（泰昌元年，1620）秋日	台北 故宮博物院	故畫 00610
瑞蓮圖	軸	紙	設色	115.2 × 41	萬曆丙午（三十四年，1606）仲夏	台北 故宮博物院	故畫 00611
寒林鍾馗	軸	絹	設色	104.9 × 57.5	丙寅（天啟六年，1626）臘月	台北 故宮博物院	故畫 02289
人物	軸	紙	設色	123.7 × 56	萬曆丙辰（四十四年，1616）冬	台北 故宮博物院（蘭千山館寄存）	
歲朝圖	軸	紙	設色	128.4 × 54.8		台北 故宮博物院（蘭千山館寄存）	
岳陽大觀圖	軸	紙	設色	84 × 87.9	戊午（萬曆四十六年，1618）秋日	台北 國泰美術館	
三駝圖	軸	紙	水墨	78.8 × 30.6	萬曆丁巳（四十五年，1617）	北京 故宮博物院	
歲朝村慶圖	軸	紙	設色	不詳	戊午（萬曆四十六年，1617）	北京 故宮博物院	
雪亭小息圖	軸	紙	設色	141.6 ×55	萬曆庚申（四十八年，1620）	北京 故宮博物院	
觀梅圖	軸	紙	設色	99.5 ×50	萬曆庚申（四十八年，1620）	北京 故宮博物院	
水閣聽秋圖	軸	紙	設色	160 × 40		北京 故宮博物院	
歸去來兮圖	軸	絹	設色	不詳		北京 首都博物館	
峨嵋雪圖	軸	絹	設色	不詳	萬曆庚申（泰昌元年，1620）	北京 中央工藝美術學院	
七松圖	軸	紙	設色	140 × 69.6	萬曆戊午（四十六年，1618）	天津 天津市藝術博物館	
文昌圖	軸	絹	設色	144 × 60.7	萬曆己未（四十七年，1619）	天津 天津市藝術博物館	
春郊遊射圖	軸	絹	設色	149 × 48		天津 天津市藝術博物館	
關羽立馬圖	軸	紙	設色	133 × 58		天津 天津市藝術博物館	
樹下啜茗圖	軸	紙	設色	不詳	萬曆庚申（四十八年，1620）	合肥 安徽省博物館	

名稱		質地	色彩	尺寸 高x寬㎝	創作時間	收藏處所	典藏號碼
雪景山水圖	軸	紙	設色	不詳	萬曆丁未（三十五年，1607）元旦	上海 上海博物館	
圍爐賦詩圖	軸	紙	設色	不詳	萬曆壬子（四十年，1612）冬	上海 上海博物館	
松竹人物圖	軸	紙	設色	129.1 x 60.2	萬曆乙卯（四十三年，1615）秋	上海 上海博物館	
芳園醉月圖	軸	絹	設色	139 x 90	七十三叟（？）	上海 上海博物館	
仙山樓閣圖	軸	絹	設色	167.6 x 79		南京 南京博物院	
岳陽樓圖	軸	紙	設色	143 x 32		南京 南京市博物館	
關公像	軸	絹	設色	不詳	萬曆丙辰（四十四年，1616）	蘇州 江蘇省蘇州博物館	
歲朝圖	軸	紙	設色	143 x 63.7	萬曆庚申（四十八年，1620）冬	杭州 浙江省杭州市文物考古所	
竹裡泉聲圖	軸	絹	設色	145.7 x 98.7		日本 東京國立博物館	
山亭眺望圖	軸	紙	設色	169 x 80.9	萬曆戊子（十六年，1588）冬日	日本 東京靜嘉堂文庫	
山水圖（風雨投宿）	軸	絹	設色	168.8 x 89.8	萬曆己未（四十七年，1619）六月	日本 東京靜嘉堂文庫	
山水圖	軸	紙	水墨	不詳		日本 東京久志美術館	
柳塘花塢圖	軸	絹	設色	211.1 x 101.1		日本 東京近藤滋彌先生	
歲朝題詩圖	軸	紙	設色	不詳	萬曆乙卯（四十三年，1615）元旦	日本 東京岩崎小彌太先生	
秋景山水圖	軸	紙	設色	不詳	萬曆戊午（四十六年，1618）冬日	日本 東京岩崎小彌太先生	
竹裡泉聲圖	軸	絹	設色	144.5 x 96.8		日本 京都桑名鉄城先生	
寒林鍾馗圖	軸	紙	水墨	124.3 x 31.7	萬曆辛亥（三十九年，1611）秋	日本 大阪市立美術館	
瀑布圖	軸	絹	水墨	84.8 x 39.1		日本 兵庫縣黑川古文化研究所	
秋景山水圖	軸	絹	設色	152.9 x 81.3		日本 私人	
岳陽樓圖	軸	紙	設色	134.3 x 45.4		韓國 私人	

名稱		質地	色彩	尺寸 高×寬㎝	創作時間	收藏處所	典藏號碼
陶淵明賞菊圖	軸	絹	設色	158.9 × 60.1	己未（萬曆四十七年，1619）秋	美國 密歇根大學藝術博物館	1960/1.184
石湖元旦圖	橫幅	紙	設色	33.3 × 53	己酉（萬曆三十七年，1609）元旦	美國 克利夫蘭藝術博物館	
鍾馗圖	軸	紙	設色	138.4 × 53.6		美國 勃克萊加州大學藝術館（高居翰教授寄存）	CM53
山水人物圖	軸	紙	設色	152 × 56.5		瑞典 斯德哥爾摩遠東古物館	NMOK272
山林人物（明人畫扇一冊之10）	摺扇面	紙	設色	不詳		台北 故宮博物院	故畫 03527-10
秋江爭渡（明人書畫扇冊亨冊之1，原題明人畫）	冊頁	紙	設色	17.7 × 52.1		台北 故宮博物院	故畫 03565-1
平川歸渡圖（明人書畫扇利冊之1）	冊頁	紙	設色	16.7 × 49		台北 故宮博物院	故畫 03566-1
飲中八仙圖（反面韓道享書八仙歌）	摺扇面	紙	不詳	不詳		台北 故宮博物院	故扇 00264
搔耳圖	摺扇面	金箋	水墨	18.5 × 50		香港 潘祖堯小聽颿樓	CP64
山水圖（明藍瑛等山水花鳥冊11之1幀）	摺扇面	金箋	設色	不詳		濟南 山東省博物館	
十八羅漢渡海圖	摺扇面	金箋	設色	不詳	萬曆甲午（二十二年，1594）	合肥 安徽省博物館	
為湛源作山水圖	摺扇面	金箋	水墨	不詳	戊子（萬曆十六年，1588）	上海 上海博物館	
送別圖	摺扇面	金箋	設色	不詳		蘇州 江蘇省蘇州博物館	
松風瀹茗圖	摺扇面	金箋	設色	18 × 54		日本 大阪市立美術館	
文姬歸漢圖	摺扇面	金箋	設色	17.5 × 54	萬曆乙卯（四十三年，1615）秋八月	日本 大阪橋本大乙先生	
石湖圖	摺扇面	金箋	設色	16 × 48.3	庚戌（萬曆三十八年，1610）夏	日本 大阪橋本大乙先生	
騎驢尋梅圖	摺扇面	金箋	設色	18.3 × 55.3	萬曆己未（四十七年，1619）亥月	日本 大阪橋本大乙先生	
山水圖（五鹿山房圖冊之1）	冊頁	金箋	設色	31.8 × 60.9		美國 華盛頓特區弗瑞爾藝術館	1988.8a
歸廬圖	摺扇面	金箋	設色	18.1 × 55.8		美國 西雅圖市藝術館	
歸驢圖	摺扇面	金箋	設色	18.1 × 55.8		德國 科隆東亞藝術博物館	A55.49

名稱		質地	色彩	尺寸 高x寬cm	創作時間	收藏處所	典藏號碼

附：

名稱		質地	色彩	尺寸 高x寬cm	創作時間	收藏處所	典藏號碼
荷溪水亭圖	軸	絹	設色	116.7 x 58.6		上海 上海文物商店	
關公像	軸	紙	設色	不詳	萬曆乙巳（三十三年，1605）	蘇州 蘇州市文物商店	
松竹高士圖	軸	紙	設色	138 x 47.5	萬曆乙卯（四十三年，1615）秋	紐約 佳仕得藝品拍賣公司/拍賣目錄 1986,12,01.	
松下草鞋圖	軸	紙	設色	94.5 x 53.5	萬曆乙卯（四十三年，1615）秋	香港 佳士得藝品拍賣公司/拍賣目錄 1991,03,18.	
岳陽大觀圖	軸	紙	水墨	84.4 x 88	戊午（萬曆四十六年，1618）秋日	香港 蘇富比藝品拍賣公司/拍賣目錄 1999,10,31.	

畫家小傳：李士達。號仰槐（一作仰懷）。江蘇吳縣人。神宗萬曆二（1574）年進士。熹宗天啟六（1626）年尚在世。善畫人物、山水，有名萬曆間。（見無聲詩史、吳縣志、中國畫家人名大辭典）

李士通

名稱		質地	色彩	尺寸 高x寬cm	創作時間	收藏處所	典藏號碼
山水圖（5冊頁裝）	卷	紙	水墨	不詳		北京 故宮博物院	

畫家小傳：李士達。畫史無載。疑為李士達兄弟。待考。

顧正誼

名稱		質地	色彩	尺寸 高x寬cm	創作時間	收藏處所	典藏號碼
山水圖	卷	紙	設色	不詳		北京 故宮博物院	
仿倪瓚山水圖	卷	紙	水墨	不詳		北京 故宮博物院	
山水圖	卷	紙	水墨	24.8 x 357.1	丁酉（萬曆二十五年，1597）夏	上海 上海博物館	
淺絳山水圖	卷	紙	設色	不詳		上海 上海博物館	
華陽洞天圖	卷	紙	設色	23.6 x 222.1		上海 上海博物館	
仿子久天池石壁圖	卷	紙	設色	23.2 x 354.4	丙申（萬曆二十四年，1596）冬日	廣州 廣州市美術館	
溪山秋爽	軸	紙	設色	128.2 x 33		台北 故宮博物院	故畫 00582
雲林樹石	軸	紙	水墨	92.1 x 38.4		台北 故宮博物院	故畫 00583
山水圖	軸	紙	水墨	104.2 x 63		台北 故宮博物院	故畫 00584
開春報喜圖	軸	紙	設色	87.2 x 31.1		台北 故宮博物院	故畫 00585
山水圖	軸	紙	設色	不詳		北京 故宮博物院	
仿倪瓚山水圖	軸	紙	水墨	不詳		北京 中國歷史博物館	
秋山圖（明人便面畫冊肆冊（	摺扇面	紙	設色	不詳		台北 故宮博物院	故畫 03539-5

名稱		質地	色彩	尺寸 高×寬㎝	創作時間	收藏處所	典藏號碼

三) 之 5)

山水圖（10幀）	冊	紙	設色	不詳		北京 故宮博物院	
山水圖	摺扇面	金箋	設色	17.7 x 54		北京 故宮博物院	
山水圖（7幀）	冊	紙	設色	不詳		杭州 浙江省杭州市文物考古所	

附：

山水圖	軸	紙	水墨	125 x 30.5		紐約 佳士得藝品拍賣公司/拍賣目錄 1994,11,30.	
山水圖	摺扇面	金箋	設色	16 x 49		紐約 佳士得藝品拍賣公司/拍賣目錄 1984,06,29.	
山水圖	摺扇面	灑金箋	水墨	18.5 x 57		紐約 佳士得藝品拍賣公司/拍賣目錄 1989,06,01.	
山水圖	摺扇面	金箋	設色	19 x 56		紐約 佳士得藝品拍賣公司/拍賣目錄 1993,12,01.	

畫家小傳：顧正誼。字仲方。號亭林。江蘇華亭人。神宗萬曆時官中書舍人。善畫山水，宗法黃公望。與宋旭、孫克弘友善，各自名家。是稱華亭派。流傳署款紀年作品有萬曆三（1575）至二十五（1597）年。（見明畫錄、無聲詩史、蘇州府志、松江志、王穉登撰顧亭林傳、廷韓集、容臺集、中國畫家人名大辭典）

李紹箕

為偶萍禪師作山水（雲間十一家山水卷之第6幅，與陳繼儒、趙左畫於同幅。）	卷	紙	水墨	20.7 x 104.5		台北 故宮博物院	故畫 01109-6
山水圖	卷	紙	設色	不詳	甲寅（萬曆四十二年，1614）	北京 故宮博物院	
山水圖（八家山水卷8之1段）	卷	紙	設色	24 x 278.7	（辛亥，萬曆三十九年，1611）	北京 首都博物館	
谿山訪隱圖	軸	紙	設色	120.1 x 47.9	己丑（萬曆十七年，1589）十月	台北 故宮博物院	故畫 00586
仿吳仲圭墨竹圖	軸	紙	水墨	92.5 x 26.7	癸酉（崇禎六年，1633）小春	上海 上海博物館	
山山晴景（各人書畫扇（王）冊之19）	摺扇面	紙	設色	不詳		台北 故宮博物院	故畫 03560-19
山水圖	摺扇面	金箋	設色	不詳	甲辰（萬曆三十二年，1604）	北京 故宮博物院	

名稱		質地	色彩	尺寸 高x寬㎝	創作時間	收藏處所	典藏號碼

附：

山水圖	軸	絹	設色	51 x 34		天津 天津市文物公司	
山水（明清名家山水扇面冊18 之1幀）	摺扇面	金箋	設色	不詳		紐約 佳士得藝品拍賣公司/拍 賣目錄1997,09,19.	
水墨山水（明末諸家壽李瞻翁 書畫冊10之第9幀）	冊頁	金箋	水墨	34.3 x 26.3	丁丑（崇禎十年， 1637）春日	香港 蘇富比藝品拍賣公司/拍 賣目錄1999,10,31.	

畫家小傳：李紹箕。字懋承。江蘇華亭人。生於世宗嘉靖二十九(1550)年。卒年不詳。為顧正誼婿。工畫山水，師學其岳，輔以遊歷山川之勝，筆墨蒼老。(見明畫錄、松江志、中國畫家人名大辭典)

陳 仁

| 入山圖 | 摺扇面 | 金箋 | 設色 | 不詳 | 乙亥（萬曆三年， 1575） | 合肥 安徽省博物館 | |

畫家小傳：陳仁。畫史無載。流傳署款紀年作品見於神宗萬曆三(1575)年。身世待考。

朱胤俊

附：

| 溪谷雨餘圖 | 軸 | 紙 | 設色 | 126.1 x 30.5 | | 武漢 湖北省武漢市文物商店 | |

畫家小傳：朱胤俊。穆宗隆慶、神宗萬曆間人。籍里、身世均不詳。工畫山水。(見珊瑚網、中國畫家人名大辭典)

朱多炡

| 荷花野鳧圖 | 摺扇面 | 金箋 | 設色 | 16.4 x 50 | 丁卯（天啟七年， 1627）春日 | 北京 故宮博物院 | |
| 為文橋作山水圖 | 摺扇面 | 紙 | 水墨 | 不詳 | 丙子（萬曆四年， 1576）正月三日 | 無錫 江蘇省無錫市博物館 | |

畫家小傳：朱多炡。明宗室，為太祖七世孫。字真吉。號瀑泉。占籍武昌。生性好遊。能詩，工書，精繪事。畫山水，得二米家法；寫生、傳神，亦極妙。流傳署款紀年作品見於神宗萬曆四(1576)年，至熹宗天啟七(1627)年。(見明史寧獻王傳、明畫錄、畫史會要、書史會要、大泌山房集)

邢 侗

仿李唐拳石圖	軸	紙	水墨	16.8 x 51.5	己酉（萬曆三十七 年，1609）春日	北京 故宮博物院	
拳石圖并書	軸	綾	水墨	139 x 52	辛亥（萬曆三十九 年，1611）人日	南京 南京博物院	
木石圖（米萬鍾題詩）	軸	紙	水墨	135 x 35		廣州 廣東省博物館	
文石圖	軸	綾	水墨	141 x 51.2	辛亥（萬曆三十九	日本 大阪市立美術館	

名稱		質地	色彩	尺寸 高x寬cm	創作時間	收藏處所	典藏號碼
					年，1611）人日		
拳石圖	摺扇面	金箋	水墨	17 x 49		北京 中國歷史博物館	
附：							
枯木竹石圖	軸	紙	水墨	163 x 37		武漢 湖北省武漢市文物商店	

畫家小傳：邢侗。字子愿。臨清人。生於世宗嘉靖三十（1551）年。神宗萬曆四十二（1614）年尚在世。萬曆二年進士。工詩文，善書畫。畫
　　　　擅窠木、拳石、墨竹，古秀煙潤。（見明畫錄、無聲詩史、圖繪寶鑑續纂、明史董其昌傳、來禽館集序、中國畫家人名大辭典）

趙 浙

清明上河圖	卷	絹	設色	不詳	萬曆丁丑（五年， 1577）孟冬朔日	日本 橫濱岡山美術館	

畫家小傳：趙浙。浙江四明人。畫史無載。流傳署款紀年作品見於神宗萬曆五（1577）年。身世待考。

朱 鷺

墨竹圖	卷	紙	水墨	不詳	天啟壬戌（二年， 1622）冬日	南京 南京博物院	
墨竹圖	卷	紙	水墨	不詳	天啟乙丑（五年， 1625）中春十七日	蘇州 江蘇省蘇州博物館	
竹石圖	卷	紙	水墨	不詳	庚戌（萬曆三十八 年，1610）	重慶 重慶市博物館	
墨竹	卷	紙	水墨	不詳		美國 舊金山亞洲藝術館	
竹石圖	軸	紙	水墨	213 x 90.8		香港 中文大學中國文化研究 所文物館	95.531
墨竹圖	軸	紙	水墨	137.7 x 37.5		瀋陽 遼寧省博物館	
竹石圖	軸	綾	水墨	259 x 53.8		北京 故宮博物院	
松竹梅圖（朱鷺、文點合裝）	軸	紙	水墨	不詳		北京 故宮博物院	
風竹圖	軸	紙	水墨	不詳		北京 故宮博物院	
竹圖	軸	綾	水墨	不詳	天啟甲子（四年， 1624）	上海 上海博物館	
墨竹圖	軸	紙	水墨	不詳		上海 上海博物館	
墨竹圖	軸	紙	水墨	不詳		上海 上海博物館	
竹石圖（為青浦作）	軸	綾	水墨	147.9 x 49.6	天啟丙寅（六年， 1626）秋暮	杭州 浙江省博物館	
竹圖	軸	紙	水墨	144 x 36		廣州 廣東省博物館	
山水圖	軸	綾	設色	156.2 x 45		日本 東京內野皎亭先生	

名稱		質地	色彩	尺寸 高×寬㎝	創作時間	收藏處所	典藏號碼
墨竹圖	軸	綾	水墨	183.3 × 47.2		美國 耶魯大學藝術館	1981.66
兩竹圖	摺扇面	紙	不詳	不詳		台北 故宮博物院	故扇 00287
山水圖（明王體等琴堂幽興圖冊之 1 幀）	冊頁	紙	設色	不詳		蘇州 江蘇省蘇州博物館	
墨竹圖	摺扇面	金箋	水墨	16.4 × 52.3		美國 紐約顧洛阜先生	
墨竹圖	摺扇面	金箋	水墨	17.6 × 49.5		德國 柏林東亞藝術博物館	1988-388
附：							
墨竹圖	卷	紙	水墨	29.2 × 281		紐約 佳士得藝品拍賣公司/拍賣目錄 1996,09,18.	
墨竹圖	卷	紙	水墨	29.2 × 281		紐約 佳士得藝品拍賣公司/拍賣目錄 1997.09.19	
疏葉清風圖	軸	紙	水墨	91.3 × 33.3		武漢 湖北省武漢市文物商店	
蘭石修竹	軸	紙	水墨	87 × 74	天啟壬戌（二年，1622）夏仲	紐約 佳士得藝品拍賣公司/拍賣目錄 1995,03,22.	
墨竹（24 幀）	冊	紙	水墨	（每幀）61 × 64.5	天啟壬戌（二年，1622）	香港 佳士得藝品拍賣公司/拍賣目錄 1996.04.28	

畫家小傳：朱鷺。初名家棟。字白民。號西空老人。江蘇吳縣人。生於世宗嘉靖三十二（1553）年。卒於思宗崇禎五（1584）年。工古文辭。間寫墨竹，深得文同、吳鎮之旨。（見明畫錄、無聲詩史、蘇州名賢畫像贊、姑蘇名賢小記、中國畫家人名大辭典）

馮起震

名稱		質地	色彩	尺寸 高×寬㎝	創作時間	收藏處所	典藏號碼
翠色長春圖	卷	紙	水墨	不詳	萬曆壬寅（三十年，1602）	北京 故宮博物院	
墨竹圖	卷	紙	水墨	不詳	萬曆丙午（三十四年，1606）	北京 故宮博物院	
墨竹圖	卷	紙	水墨	不詳	天啟甲子（四年，1624）	北京 故宮博物院	
竹蘭石圖	卷	紙	水墨	不詳	崇禎丙子（九年，1636）	北京 故宮博物院	
淇園映日圖	卷	紙	水墨	不詳		北京 故宮博物院	
竹石圖（馮起震、馮可賓合作）	卷	紙	水墨	不詳		天津 天津市藝術博物館	
竹石圖（馮起震、馮可賓合作）	卷	紙	水墨	不詳	起震：八十四歲（崇禎九年，1636）	煙臺 山東省煙臺市博物館	
竹石圖（馮起震、馮可賓合作）	卷	紙	水墨	不詳		廣州 廣州市美術館	
風竹圖	軸	紙	水墨	292 × 108		瀋陽 遼寧省博物館	

名稱		質地	色彩	尺寸 高x寬cm	創作時間	收藏處所	典藏號碼
竹圖	軸	絹	水墨	185 x 46.8	崇禎三年（庚午，1630）	北京 故宮博物院	
竹圖	軸	紙	水墨	不詳		北京 故宮博物院	
竹石圖	軸	綾	水墨	不詳		北京 故宮博物院	
風竹圖	軸	絹	水墨	不詳		北京 故宮博物院	
松竹芝石圖	軸	紙	設色	不詳		北京 故宮博物院	
竹石圖	軸	紙	水墨	不詳	畫於乙未（萬曆二十三年，1595）初秋	北京 中國歷史博物館	
竹石圖	軸	絹	水墨	不詳		北京 首都博物館	
風竹圖	軸	紙	水墨	199 x 92.7		北京 首都博物館	
墨竹圖	軸	紙	水墨	不詳	七十四歲（崇禎元年，戊辰，1628）	濟南 山東省博物館	
墨竹圖	軸	紙	水墨	不詳		濟南 山東省博物館	
墨竹圖	軸	紙	水墨	178 x 88		濟南 山東省博物館	
墨竹圖	軸	紙	水墨	不詳	辛未（崇禎四年，1631）	濟南 山東省濟南市博物館	
竹石圖	軸	絹	水墨	不詳		杭州 浙江省博物館	
風竹圖	軸	絹	水墨	不詳		杭州 浙江省博物館	
竹石圖	軸	絹	水墨	160 x 57		重慶 重慶市博物館	
湘江新雨圖	軸	絹	水墨	196 x 49.5	七十二歲（天啟四年，甲子，1624）	廣州 廣東省博物館	
淇園晴霽圖	軸	紙	水墨	130 x 32.5		廣州 廣東省博物館	
竹石圖（馮起震、馮可賓合作）	軸	綾	水墨	147.5 x 54.5		日本 私人	
墨竹（8幀）	冊	紙	水墨	（每幀）31.3 x 33.1		北京 故宮博物院	
竹枝圖	摺扇面	紙	水墨	不詳		北京 故宮博物院	

畫家小傳：馮起震。字青方。四川益都人。生於世宗嘉靖三十二（1553）年，思宗崇禎九（1636）年八十四歲尚在世。善畫墨竹。（見無聲詩史、圖繪寶鑑續纂、宋元明清書畫家年表、中國畫家人名大辭典）

陳 粲

名稱		質地	色彩	尺寸 高x寬cm	創作時間	收藏處所	典藏號碼
花卉圖	卷	紙	設色	不詳	萬曆戊寅（六年，1578）臘月九日	北京 故宮博物院	
春景鴛鴦圖	軸	絹	設色	173.4 x 82.7		瀋陽 遼寧省博物館	

名稱		質地	色彩	尺寸 高x寬㎝	創作時間	收藏處所	典藏號碼
花卉竹石（明人便面集錦冊之12）	摺扇面	紙	設色	不詳		台北 故宮博物院	故畫 03541-12
花石鴛鴦圖	摺扇面	紙	設色	不詳	萬曆甲申（十二年，1584）春三月九日	北京 故宮博物院	
梅花圖	摺扇面	紙	設色	不詳	萬曆乙巳（三十三年，1605）清和	北京 故宮博物院	
蘆汀聚雁圖	摺扇面	紙	水墨	不詳	萬曆戊申（三十六年，1608）九秋	北京 故宮博物院	
水仙圖	摺扇面	紙	水墨	不詳	萬曆壬子（四十年，1612）春社日	北京 故宮博物院	
蘭竹圖（12幀）	冊	紙	水墨	不詳	萬曆乙卯（四十三年，1615）九夏	上海 上海博物館	
附：							
蘭芝壽桃圖	軸	紙	設色	115.5 x 41.5	萬曆庚辰（八年，1580）冬月	香港 佳士得藝品拍賣公司/拍賣目錄 1996,04,28.	

畫家小傳：陳粲。字蘭谷（一字道光）。號雪庵（一號雲谷子）。江蘇長洲人。以善畫花鳥名於萬曆間。流傳署款紀年作品見於神宗萬曆六（1578）至四十三（1615）年。（見明畫錄、畫引、中國畫家人名大辭典）

姜　隱

文石巴蕉	軸	絹	設色	96.1 x 58.4		台北 故宮博物院	故畫 02230
溪亭覽勝圖	軸	絹	設色	不詳	萬曆戊寅（六年，1578）	濟南 山東省博物館	
蕉蔭賦詩圖	軸	紙	設色	75 x 34		煙臺 山東省煙臺市博物館	
西王母圖	軸	絹	設色	163 x 87.2		日本 東京藝術大學美術館	486
蕭翼賺蘭亭圖	軸	絹	設色	99.8 x 47.4		美國 耶魯大學藝術館	1990.44.1
芭蕉美人圖	軸	絹	設色	105.1 x 51.8		美國 勃克萊加州大學藝術館	1975.34

畫家小傳：姜隱。字周佐。山東黃縣人。善畫人物、仕女、花果，筆墨細潤工緻，構景蕭疏，寄情凝遠，時稱能品。流傳署款紀年作品見於神宗萬曆六（1578）年。（見明畫錄、無聲詩史、圖繪寶鑑續纂、中國畫家人名大辭典）

張　忠

岸涯朱竹圖（孫克弘等作朱竹圖卷5之第2段）	卷	紙	設色	20.9 x 416.7	萬曆戊寅（六年，1578）	上海 上海博物館	
牧丹(張忠畫花卉冊之1)	冊頁	紙	水墨	27.3 x 24.7		台北故宮博物院	故畫 03440-1

名稱		質地	色彩	尺寸 高×寬㎝	創作時間	收藏處所	典藏號碼
瓶梅(張忠畫花卉冊之2)	冊頁	紙	水墨	27.3 × 24.7		台北故宮博物院	故畫 03440-2
蘭花(張忠畫花卉冊之3)	冊頁	紙	水墨	27.3 × 24.7		台北故宮博物院	故畫 03440-3
山茶(張忠畫花卉冊之4)	冊頁	紙	水墨	27.3 × 24.7		台北故宮博物院	故畫 03440-4
罌粟(張忠畫花卉冊之5)	冊頁	紙	水墨	27.3 × 24.7		台北故宮博物院	故畫 03440-5
芙蓉(張忠畫花卉冊之6)	冊頁	紙	水墨	27.3 × 24.7		台北故宮博物院	故畫 03440-6
佛手(張忠畫花卉冊之7)	冊頁	紙	水墨	27.3 × 24.7		台北故宮博物院	故畫 03440-7
菊花(張忠畫花卉冊之8)	冊頁	紙	水墨	27.3 × 24.7		台北故宮博物院	故畫 03440-8
草石(張忠畫花卉冊之9)	冊頁	紙	水墨	27.3 × 24.7		台北故宮博物院	故畫 03440-9
梅竹(張忠畫花卉冊之10)	冊頁	紙	水墨	27.3 × 24.7		台北故宮博物院	故畫 03440-10

畫家小傳：張忠。字原孝。身世、籍里不詳。工畫蘭竹、木石。流傳署款紀年作品見於神宗萬曆六（1578）年。（見明清書畫家年表）

王元耀

名稱		質地	色彩	尺寸 高×寬㎝	創作時間	收藏處所	典藏號碼
山水圖		摺扇面 金箋	設色	不詳	戊寅（萬曆六年，1578）	北京 故宮博物院	

畫家小傳：王元耀。字潛之。江蘇金陵人。萬曆（1573-1619）中官於四川。畫山水，從文徵明父子入門，後巨然、郭熙、倪瓚諸家，皆有其法。又精於鑒賞。流傳署款紀年作品見於神宗萬曆六（1578）年。（見明畫錄、江寧府志、遜園居士傷逝記、中國畫家人名大辭典）

文元善

名稱		質地	色彩	尺寸 高×寬㎝	創作時間	收藏處所	典藏號碼
嵩齡拱祝	軸	絹	設色	91.7 × 32.3	己酉（萬曆三十七年，1609）六月初吉日	台北 故宮博物院	故畫 00601
松竹芝石圖	軸	紙	設色	93 × 32.6	己酉（萬曆三十七年，1609）六月初吉	北京 故宮博物院	

畫家小傳：文元善。字子長。號虎丘。江蘇長洲人。文嘉之子。生於世宗嘉靖三十三（1554）年，神宗萬曆三十七（1609）年尚在世。善書畫，逼真於父，作山水、木石，殊多逸致。（見蘇州府志、文氏族譜續集、中國畫家人名大辭典）

初 陽

名稱		質地	色彩	尺寸 高×寬㎝	創作時間	收藏處所	典藏號碼
四季花卉	卷	絹	設色	31.5 × 720.4	萬曆己卯（七年，1579）	北京 故宮博物院	

畫家小傳：初陽。畫史無載。流傳署款紀年作品見於神宗萬曆七（1579）年。身世待考。

名稱		質地	色彩	尺寸 高×寬㎝	創作時間	收藏處所	典藏號碼

董其昌

名稱		質地	色彩	尺寸 高×寬㎝	創作時間	收藏處所	典藏號碼
烟江疊嶂圖	卷	絹	水墨	30.7 x 141.4	甲寅（萬曆四十二年，1614）臘月重題之前十年	台北 故宮博物院	故畫 01081
仿黃公望山水	卷	紙	水墨	25.9 x 340.1	丙辰（萬曆四十四年，1616）九月	台北 故宮博物院	故畫 01044
仿張僧繇白雲紅樹	卷	絹	設色	31.7 x 179.8	戊辰（崇禎元年，1628）孟秋十日	台北 故宮博物院	故畫 01082
秋林晚翠	卷	絹	水墨	26.2 x 96.5		台北 故宮博物院	故畫 00930
仿米山圖	卷	絹	水墨	30.3 x 246.1		台北 故宮博物院	故畫 01644
煙江圖	卷	紙	水墨	46 x 1909.1		台北 故宮博物院	故畫 01645
山水	卷	紙	設色	28 x 117.5		台北 故宮博物院	故畫 01646
書畫合璧	卷	絹	設色	26.3 x 82.5		台北 故宮博物院	故畫 01647
書畫合璧	卷	絹	設色	27.1 x 235.5		台北 故宮博物院	故畫 01648
書畫合璧	卷	絹	設色	27.3 x 224		台北 故宮博物院	故畫 01649
書畫合璧	卷	絹	水墨	24 x 187.3		台北 故宮博物院	故畫 01650
仿張僧繇法（山水合卷之 1）	卷	紙	設色	31 x 65		台北 故宮博物院（蘭千山館寄存）	
仿李營邱法（山水合卷之 2）	卷	紙	設色	31.1 x 65		台北 故宮博物院（蘭千山館寄存）	
仿黃公望富春大嶺圖	卷	紙	設色	28.6 x ？	丁卯（天啟七年，1627）仲冬	香港 趙從衍先生	
山水圖	卷	絹	設色	32.3 x ？		香港 黃仲方先生	
淺絳山水圖	卷	絹	設色	25.8 x ？		香港 何耀光至樂樓	
仿黃公望山水圖	卷	紙	水墨	29 x 245		香港 劉仁籌虛白齋	
書畫	卷	絹	設色	27.8 x 234.5	辛亥（萬曆三十九年，1611）	長春 吉林省博物館	
畫錦堂記書并圖	卷	絹	設色	41 x 180		長春 吉林省博物館	
溪山讀書圖	卷	紙	水墨	26 x 110	己巳（崇禎二年，1629）	瀋陽 故宮博物院	
米黃筆意圖	卷	絹	水墨	32 x 188		瀋陽 故宮博物院	
瀟湘白雲圖	卷	紙	水墨	28 x 119	丁卯（天啟七年，1627）	瀋陽 遼寧省博物館	
書畫合璧	卷	紙	水墨	28.2 x 119	天啟七年（丁卯，	瀋陽 遼寧省博物館	

名稱		質地	色彩	尺寸 高x寬cm	創作時間	收藏處所	典藏號碼
					1627）三月		
峰巒渾厚圖	卷	絹	設色	21.2 x 159.5		瀋陽 遼寧省博物館	
雲起樓圖（為吳澈如作）	卷	紙	水墨	不詳	辛亥（萬曆三十九年，1611）穀日	北京 故宮博物院	
仿黃公望山水圖	卷	紙	水墨	25.7 x 207	乙卯（萬曆四十三年，1615）首春	北京 故宮博物院	
仿米芾洞庭空闊圖	卷	紙	水墨	不詳	乙卯（萬曆四十三年，1615）	北京 故宮博物院	
仿黃公望山水圖	卷	紙	設色	不詳	丙辰（萬曆四十四年，1616）	北京 故宮博物院	
傳衣圖	卷	紙	水墨	不詳	癸亥（天啟三年，1623）三月廿一日	北京 故宮博物院	
關山雪霽圖	卷	紙	水墨	13 x 143	乙亥（崇禎八年，1635）夏五	北京 故宮博物院	
山水圖	卷	紙	水墨	21.3 x 227		北京 故宮博物院	
仿米雲山圖	卷	紙	水墨	24 x 75.8		北京 故宮博物院	
仿米芾洞庭空闊圖	卷	紙	水墨	不詳	乙卯（萬曆四十三年，1615）春	北京 故宮博物院	
集古樹石畫稿	卷	絹	水墨	30.1 x 527.7		北京 故宮博物院	
鍾買山陰望平原村圖	卷	金箋	水墨	28.2 x 25.2		北京 故宮博物院	
書畫合璧	卷	紙	水墨	不詳		北京 故宮博物院	
北固山圖	卷	絹	設色	不詳	戊申（萬曆三十六年，1608）五月	北京 中國歷史博物館	
琵琶行圖并書	卷	紙	水墨	30 x 144.2		北京 首都博物館	
山水圖（八家山水卷8之1段）	卷	紙	設色	24 x 278.7	（辛亥，萬曆三十九年，1611）	北京 首都博物館	
山莊秋色圖	卷	絹	設色	24 x 198	辛酉（天啟元年，1621）	濟南 山東省博物館	
疏松石壁圖	卷	絹	水墨	25 x 332		濟南 山東省博物館	
煙江疊嶂圖	卷	絹	水墨	30.5 x 156.4	甲寅（萬曆四十二年，1615）臘月	上海 上海博物館	
仿米五洲山圖	矮卷	紙	水墨	15.2 x 278	乙卯（萬曆四十三年，1615）六月十	上海 上海博物館	

名稱		質地	色彩	尺寸 高x寬cm	創作時間	收藏處所	典藏號碼
					八日		
寫贈珂雪山水圖	卷	絹	水墨	32.1 × 723.2	丙寅（天啟六年，1626）嘉平十三日	上海 上海博物館	
細瑣宋法山水圖（為祖京作）	卷	紙	水墨	25.3 × 111.4	丙子（崇禎九年，1636）九月前二日	上海 上海博物館	
山水圖(溪山秋霽圖)	卷	紙	水墨	19.5 × 112	己亥（萬曆二十七年，1599）正月	南京 南京博物院	
昇山圖	卷	紙	水墨	25.8 × 144.2	癸丑（萬曆四十一年，1613）九月廿三日	南京 南京博物院	
巖居圖（為汪履康作）	卷	紙	水墨	135.7 × 32.8	癸丑（萬曆四十一年，1613）春二月	無錫 江蘇省無錫市博物館	
書畫合璧	卷	絹	水墨	29.6 × 201.4		蘇州 江蘇省蘇州博物館	
綠溪青嶂圖	卷	綾	水墨	28 × 162.3		蘇州 江蘇省蘇州博物館	
雲山小隱圖	卷	紙	水墨	29.4 × 159.8	辛酉（天啟元年，1621）	重慶 重慶市博物館	
仿米山水圖	卷	綾	水墨	26.3 × 194.5		廣州 廣東省博物館	
書畫	卷	絹	水墨	24.5 × 237	辛酉（天啟元年，1621）	廣州 廣州市美術館	
盤谷序書畫合璧	卷	絹	設色	40.6 × 677.3		日本 大阪市立美術館	
煙江疊嶂圖（用米家法）	卷	絹	水墨	27.6 × ？	乙卯（萬曆四十三年，1615）四月八日，書題王定國詞	日本 兵庫縣黑川古文化研究所	
仿黃公望富春山圖	卷	紙	水墨	46.8 × ？		美國 New Haven 翁萬戈先生	
荊谿招隱圖	卷	紙	水墨	不詳	辛亥（萬曆三十九年，1611）人日	美國 New Haven 翁萬戈先生	
仿米芾畫雲山圖	卷	絹	設色	25.9 × ？		美國 紐約大都會藝術博物館	55.211.1
為陳繼儒作山水	卷	紙	水墨	不詳	己亥（萬曆二十七年，1599）子月	美國 紐約王季遷明德堂	
江山秋霽圖	卷	紙	水墨	37.8 × 136.8		美國 克利夫蘭藝術博物館	59.46

名稱		質地	色彩	尺寸 高x寬㎝	創作時間	收藏處所	典藏號碼
春山圖（擬黃公望本）	卷	絹	設色	26.2 x 185.4	己酉（萬曆三十七年，1609）秋日	美國 堪薩斯市納爾遜-艾金斯藝術博物館	
仿米海嶽煙江疊嶂圖	卷	紙	設色	不詳	己未（萬曆四十七年，1619）夏日	美國 勃克萊加州大學高居翰教授景元齋	
仿李成山水圖	卷	絹	水墨	15.3 x ？		美國 加州曹仲英先生	
畫法秘訣圖	卷	紙	設色	31.2 x 277	癸巳（萬曆二十一年，1593）孟夏	英國 倫敦大英博物館	1972.12.11.01（ADD386）
山水圖	卷	絹	水墨	24.8 x ？		德國 柏林遠東藝術博物館	5009
仿米友仁瀟湘奇境圖	卷	紙	水墨	19 x ？		德國 柏林遠東藝術博物館	1988-400
仿董北苑著色山水圖	卷	絹	設色	26.3 x ？		德國 科隆東亞藝術博物館	A10.10
仿郭忠恕山水圖	卷	絹	水墨	24.3 x 140.2	癸卯（萬曆三十一年，1603）春	瑞典 斯德哥爾摩遠東古物館	NMOK539
春湖煙樹	軸	絹	水墨	121.4 x 53.7		台北 故宮博物院	故畫 02306
煙樹草堂	軸	紙	水墨	107.6 x 37.4	辛酉（天啟元年，1621）三月	台北 故宮博物院	故畫 02307
石磴飛流	軸	紙	水墨	147.1 x 55.8	丙寅（天啟六年，1626）九月朔	台北 故宮博物院	故畫 02308
虞山雨霽	軸	絹	設色	112 x 48.7	癸丑（萬曆四十一年，1613）秋日	台北 故宮博物院	故畫 02309
仿燕文貴筆意山水	軸	紙	設色	107.3 x 45.1	壬戌（天啟二年，1622）冬	台北 故宮博物院	故畫 02310
仿米芾山水	軸	絹	水墨	104.5 x 53.1		台北 故宮博物院	故畫 02311
仿米瀟湘白雲圖	軸	絹	水墨	123.4 x 51.9		台北 故宮博物院	故畫 02312
仿倪黃合作山水	軸	紙	水墨	87.1 x 44.2	癸亥（天啟三年，1623）四月浴佛日	台北 故宮博物院	故畫 02313
仿倪瓚筆意	軸	紙	水墨	138.8 x 47		台北 故宮博物院	故畫 02314
秋景山水	軸	絹	設色	107.3 x 45		台北 故宮博物院	故畫 02315
楚天清曉圖（為明卿作）	軸	紙	水墨	154.7 x 70	壬子（萬曆四十年，1612）八月	台北 故宮博物院	故畫 02316
封徑訪古圖	軸	紙	水墨	80 x 29.8	壬寅（萬曆三十年，1602）首春	台北 故宮博物院	故畫 00617
青山倚艇圖	軸	紙	水墨	105.4 x 30.6		台北 故宮博物院	故畫 00618
泉光雲影	軸	紙	水墨	127.8 x 63.9	壬申（崇禎五年，1632）秋日	台北 故宮博物院	故畫 00619
奇峰白雲圖	軸	紙	水墨	65.5 x 30.4		台北 故宮博物院	故畫 00620

名稱		質地	色彩	尺寸 高x寬㎝	創作時間	收藏處所	典藏號碼
夏木垂陰圖	軸	紙	水墨	321.9 × 102.3		台北 故宮博物院	故畫 00940
秋林書屋圖	軸	紙	水墨	54.4 × 58.1		台北 故宮博物院	故畫 00621
霜林秋思圖	軸	絹	設色	130.2 × 63.5		台北 故宮博物院	故畫 00622
仿倪瓚山陰丘壑圖	軸	紙	水墨	96.6 × 45.1		台北 故宮博物院	故畫 00623
臨倪瓚東岡草堂圖	軸	紙	水墨	87.4 × 65	己巳（崇禎二年，1629）長夏	台北 故宮博物院	故畫 00624
山水	軸	紙	水墨	不詳		台北 故宮博物院	國贈 031054
仿巨然筆意山水	軸	絹	水墨	109 × 49.3		台北 故宮博物院（蘭千山館寄存）	
仿元人墨筆山水	軸	紙	水墨	129 × 50.3	戊辰（崇禎元年，1628）八月重題	台北 故宮博物院（蘭千山館寄存）	
會波勝概	軸	紙	水墨	不詳		台北 故宮博物院（王世杰先生寄存）	
金箋山水圖	軸	紙	設色	不詳		台北 故宮博物院（王世杰先生寄存）	
仿趙孟頫山水圖	軸	紙	設色	103.2 × 39.9		台北 鴻禧美術館	C2-842
山色無定姿	軸	絹	設色	167.8 × 69		台北 長流美術館	
雲山圖	軸	紙	水墨	108.2 × 31.7		台北 王靄雲先生	
林泉清幽圖	軸	絹	水墨	109.1 × 48.9		台北 吳峰彰先生	
雲藏雨散圖	軸	絹	水墨	101.5 × 41		香港 劉作籌虛白齋	
仿倪雲林山水圖	軸	紙	水墨	93.2 × 29.7		香港 何耀光至樂樓	
仿米山水圖	軸	紙	水墨	85 × 33.7	丙午（萬曆三十四年，1606）八月廿六日	香港 徐伯郊先生	
山水圖	軸	絹	水墨	252 × 148.5		香港 黃仲方先生	
山水圖	軸	金箋	水墨	97.7 × 42.4		香港 葉承耀先生	
仿黃子久春郊煙樹圖	軸	絹	水墨	124.5 × 50	乙亥（崇禎八年，1635）	長春 吉林省博物館	
疏林遠樹圖	軸	紙	水墨	280 × 50.4		長春 吉林省博物館	
設色山水圖	軸	紙	設色	不詳	丁未（萬曆三十五年，1607）七夕前二日	北京 故宮博物院	
青綠山水圖	軸	絹	設色	117 × 46	丁未（萬曆三十五年，1607）	北京 故宮博物院	

名稱		質地	色彩	尺寸 高×寬cm	創作時間	收藏處所	典藏號碼
長干舍利閣圖	軸	絹	設色	91 × 38.2	己酉（萬曆三十七年，1609）夏五	北京 故宮博物院	
林和靖詩意圖	軸	紙	水墨	84 × 38.7	甲寅（萬曆四十二年，1614）	北京 故宮博物院	
高逸圖（為蔣道樞作）	軸	紙	水墨	98.5 × 52	丁巳（萬曆四十五年，1617）三月	北京 故宮博物院	
夏木垂蔭圖	軸	紙	水墨	91.2 × 44	己未（萬曆四十七年，1619）秋日	北京 故宮博物院	
林和靖詩意圖	軸	絹	設色	154.4 × 64.2	庚申（泰昌元年，1620）七夕	北京 故宮博物院	
延陵村圖	軸	絹	設色	不詳	癸亥（天啟三年，1623）二月	北京 故宮博物院	
墨卷傳衣圖	軸	紙	水墨	101 × 39.2	癸亥（天啟三年，1623）	北京 故宮博物院	
西山墨戲圖	軸	紙	水墨	111.3 × 43.5	甲子（天啟四年，1624）十月朔	北京 故宮博物院	
佘山遊境圖	軸	紙	水墨	98.4 × 47.2	丙寅（天啟六年，1626）四月	北京 故宮博物館	
寫贈稼軒山水圖	軸	紙	水墨	101.3 × 46.3	丙寅（天啟六年，1626）中秋	北京 故宮博物院	
仿巨然小景圖	軸	紙	水墨	101 × 46.8	丁卯（天啟七年，1627）夏五	北京 故宮博物院	
嵐容川色圖	軸	紙	水墨	139 × 53.2	戊辰（崇禎元年，1628）	北京 故宮博物院	
擬董范合參山水圖	軸	紙	水墨	不詳	癸酉（崇禎六年，1633）夏五	北京 故宮博物院	
林杪水步圖	軸	紙	水墨	116.4 × 45.4		北京 故宮博物院	
仿倪雲林山陰丘壑圖	軸	紙	水墨	不詳		北京 故宮博物院	
仿趙孟頫秋江圖	軸	絹	設色	180 × 120		北京 故宮博物院	
芳樹遙村圖	軸	紙	設色	84.6 × 27.8	丙寅（天啟六年，1626）	天津 天津市藝術博物館	
疏林遠岫圖（為袁寰作）	軸	紙	水墨	98.7 × 38.6	癸酉（崇禎六年，1633）十月之望	天津 天津市藝術博物館	
仿米雲山圖	軸	紙	水墨	29.7 × 34.8		天津 天津市藝術博物館	
隔水雲山圖	軸	紙	水墨	95 × 52		天津 天津市藝術博物館	

名稱		質地	色彩	尺寸 高x寬㎝	創作時間	收藏處所	典藏號碼
煙江疊嶂	軸	紙	水墨	20.1 x 32.4		天津 天津市藝術博物館	
書畫（2團扇面裝成）	軸	金箋	水墨	不詳		天津 天津市歷史博物館	
雲山茅屋圖	軸	綾	水墨	不詳		濟南 山東省博物館	
橫雲山色圖	軸	絹	設色	132 x 66	辛亥（萬曆三十九年，1611）	濟南 山東省濟南市博物館	
仿倪雲林山水圖	軸	絹	設色	不詳		青島 山東省青島市博物館	
荒村獨樹圖	軸	紙	水墨	不詳		西安 陝西歷史博物館	
仿大癡山水圖	軸	紙	水墨	86 x 38		合肥 安徽省博物館	
石田詩意圖	軸	絹	水墨	131.5 x 56.5		合肥 安徽省博物館	
容安草堂圖（為徐道寅作）	軸	絹	水墨	97.3 x 52.9	甲辰（萬曆三十二年，1604）十月	上海 上海博物館	
仿董源山水圖	軸	紙	水墨	138.5 x 46.5	己未（萬曆四十七年，1619）嘉平月十六日	上海 上海博物館	
仿倪雲林山水圖	軸	紙	水墨	101 x 45.6	天啟癸亥（三年，1623）	上海 上海博物館	
溪山讀書圖	軸	紙	設色	不詳	天啟甲子（四年，1624）秋	上海 上海博物館	
棲霞寺詩意圖	軸	紙	水墨	133.1 x 52.5	丙寅（天啟六年，1626）六月	上海 上海博物館	
吳淞江水圖（為壽卿作）	軸	紙	水墨	96.8 x 42.4	戊辰（崇禎元年，1628）秋八月	上海 上海博物館	
仿大癡溪山讀書圖	軸	紙	設色	不詳		上海 上海博物館	
水鄉山色圖	軸	絹	設色	151 x 49.5		上海 上海博物館	
北山荷鋤圖	軸	綾	水墨	117.7 x 56.3		上海 上海博物館	
春山茂樹圖	軸	紙	水墨	128.2 x 46.1		上海 上海博物館	
秋山高士圖	軸	絹	設色	137.2 x 65.4		上海 上海博物館	
疏樹遙岑圖	軸	金箋	水墨	90.7 x 35.5		上海 上海博物館	
溪山圖	軸	綾	水墨	68.4 x 27.4		上海 上海博物館	
山水圖	軸	絹	水墨	不詳		上海 上海畫院	
仿郭恕先山水圖（松溪幽勝圖）	軸	紙	水墨	134.4 x 46.5	天啟五年乙丑（1625）暮春八日	南京 南京博物院	
瑞芝圖	軸	絹	水墨	123.7 x 37.7		南京 南京博物院	
平林秋色圖	軸	絹	水墨	138.5 x 53.9		無錫 江蘇省無錫市博物館	
南湖書屋圖	軸	紙	水墨	97 x 34.5		無錫 江蘇省無錫市博物館	

名稱		質地	色彩	尺寸 高x寬㎝	創作時間	收藏處所	典藏號碼
仿梅道人山水圖	軸	絹	水墨	97.3 x 38	萬曆甲辰（三十二年，1604）秋	杭州 浙江省博物館	
杜甫詩意圖	軸	絹	水墨	不詳		平湖 浙江省平湖縣博物館	
仿李營丘山水圖	軸	絹	水墨	106 x 59		南昌 江西省博物館	
溪山亭子圖	軸	絹	水墨	122 x 62		成都 四川省博物院	
仿楊瑄山水圖	軸	絹	設色	138 x 60		成都 四川省博物院	
鶴潤雲生圖	軸	絹	水墨	111.3 x 66.3	己酉（萬曆三十七年，1609）	重慶 重慶市博物館	
仿高克恭山水圖	軸	紙	水墨	130 x 49	乙丑（天啟五年，1625）	重慶 重慶市博物館	
水迴青嶂圖	軸	紙	水墨	125.5 x 51.6		重慶 重慶市博物館	
仿趙孟頫林塘晚歸圖	軸	絹	設色	169 x 71	戊辰（崇禎元年，1628）	福州 福建省博物館	
秋山圖	軸	絹	水墨	115 x 44.5	丙午（萬曆三十四年，1606）秋八月	廣州 廣東省博物館	
仿倪山水圖	軸	絹	水墨	86.7 x 35.7	戊申（萬曆三十六年，1608）清明日	廣州 廣東省博物館	
右丞詩意圖	軸	紙	設色	138 x 49	甲子（天啟四年，1624）	廣州 廣東省博物館	
女蘿繡石圖	軸	絹	設色	63.5 x 37.6		廣州 廣東省博物館	
青山白雲紅樹圖	軸	絹	設色	187.5 x 85.5		廣州 廣東省博物館	
秋山圖	軸	絹	設色	156 x 62.4		廣州 廣東省博物館	
夏木垂陰圖	軸	絹	設色	145.3 x 66		廣州 廣東省博物館	
草閣石泉圖	軸	金箋	設色	94.8 x 39.7		廣州 廣東省博物館	
溪亭樹色圖	軸	絹	水墨	143.2 x 59		廣州 廣東省博物館	
仿北苑山水圖	軸	絹	設色	155 x 61	丁未（萬曆三十五年，1607）	廣州 廣州市美術館	
江南山水圖	軸	絹	設色	80 x 34		廣州 廣州市美術館	
草堂雲堆圖	軸	紙	水墨	94.3 x 25.5		廣州 廣州市美術館	
峽隱嚴垂圖	軸	絹	水墨	124.5 x 47.5		廣州 廣州市美術館	
山水圖	軸	紙	水墨	不詳	壬戌（天啟二年，1621）十月望前三日	南寧 廣西壯族自治區博物館	
擬趙文敏溪山仙館圖	軸	紙	設色	55.5 x 35	癸亥（天啟三年，	日本 東京國立博物館	

名稱		質地	色彩	尺寸 高x寬㎝	創作時間	收藏處所	典藏號碼
					1623）四月十九日		
水墨山水圖	軸	紙	水墨	不詳		日本 東京加滕正治先生	
倣楊昇沒骨山水圖	軸	紙	設色	75.6 x 33.3	乙卯（萬曆四十三年，1615）春	日本 東京山本悌二郎先生	
寒林山水圖	軸	絹	設色	141.4 x 72	辛亥（萬曆三十九年，1611）冬	日本 東京速水一孔先生	
仿倪瓚筆意水圖	軸	紙	水墨	238 x 98		日本 東京柳孝藏先生	
山水圖	軸	紙	水墨	123.4 x 48.3		日本 橫濱八田兵次郎先生	
山水圖	軸	絹	水墨	78.1 x 30		日本 仙台市博物館	
山水圖	軸	綾	水墨	26.6 x 53.5		日本 京都國立博物館（上野有竹齋寄贈）	A甲161
蔡文姬小像	軸	絹	設色	63.3 x 22.4		日本 京都國立博物館（上野有竹齋寄贈）	A甲162
仿米山水圖	軸	紙	水墨	90.2 x 35.3		日本 京都國立博物館（上野有竹齋寄贈）	A甲163
山水圖	軸	紙	設色	51.5 x 31.7	辛酉（天啟元年，1621）九月望後一日	日本 京都國立博物館（上野有竹齋寄贈）	A甲205
仿唐楊昇峒關蒲雪圖	軸	絹	設色	不詳		日本 京都慈照寺（銀閣寺）	
仿北苑夏山欲雨圖	軸	紙	水墨	143 x 76.3	癸卯（萬曆三十一年，1603）秋七月	日本 大阪市立美術館	
米法山水圖	軸	絹	水墨	115.9 x 46.7		日本 兵庫縣黑川古文化研究所	
米法山水圖	軸	絹	水墨	161.2 x 72.3		日本 佐賀縣鍋島報效會	3-軸-36
山水圖	軸	紙	水墨	117.2 x 42.7		日本 德島芝嘉久太先生	
仿董源出水圖	軸	絹	水墨	112.2 x 49.3		日本 沖繩縣立博物館	A-111
仿張雨題黃公望畫意山水	軸	絹	水墨	123.1 x 50.2		日本 繭山龍泉堂	
仿巨然山水圖	軸	絹	水墨	75.8 x 33.3		日本 私人	
山水圖（吳門道中山水）	軸	綾	水墨	119.7 x 45.5	庚申（泰昌元年，1620）秋八月晦	日本 私人	
山水圖（青山招隱）	軸	絹	設色	102 x 32.3		日本 私人	
山水圖	軸	紙	水墨	24 x 17.5		韓國 首爾朴周煥先生	
喬木晝陰圖	軸	紙	水墨	不詳		美國 波士頓美術館	

名稱		質地	色彩	尺寸 高x寬cm	創作時間	收藏處所	典藏號碼
淺絳建溪圖	軸	紙	設色	125.5 × 47.2		美國 耶魯大學藝術館	1982.19.2
仿倪瓚松亭秋色圖	軸	紙	水墨	138 × 53.8	辛酉（天啟元年，1621）十月	美國 New Haven 翁萬戈先生	
仿董源青卞山圖（畫贈張慎其）	軸	紙	水墨	224.4 × 67.4	丁巳（萬曆四十五年，1617）夏五晦日	美國 New Haven 翁萬戈先生	
仿倪瓚山水	軸	紙	水墨	100.6 × 26.2		美國 普林斯頓大學藝術館	
仿倪瓚山水圖	軸	紙	水墨	100.6 × 26.2	甲戌（崇禎七年，1634）二月望	美國 普林斯頓大學藝術館（私人寄存）	
山水圖（擬大癡畫法）	軸	絹	設色	148.4 × 66.5		美國 紐約大都會藝術博物館	13.220.30
夏木晴巒圖	軸	紙	水墨	113 × 48.7		美國 紐約大都會藝術博物館	62.102
溪山樾館圖（擬董北苑本）	軸	紙	水墨	158.4 × 71.9		美國 紐約大都會藝術博物館	1979.75.2
春山暖翠圖	軸	紙	水墨	95.8 × 42.4	庚午（崇禎三年，1630）嘉平月	美國 紐約顧洛阜先生	547
擬倪高士筆意圖	軸	紙	水墨	100.6 × 26.2	甲戌（崇禎七年，1634）二月望	美國 紐約顧洛阜先生	
寫摩詰詩意圖	軸	紙	水墨	不詳		美國 紐約王季遷明德堂	
寫贈玄蔭使君山水圖	軸	紙	水墨	167 × 53	丁巳（萬曆四十五年，1617）九月之望	美國 紐約王季遷明德堂	
山水（清谿林木圖，寫贈君山文）	軸	紙	水墨	128.2 × 38.3	丁巳（萬曆四十五年，1617）正元三日	美國 華盛頓特區弗瑞爾藝術館	60.24
青卞山圖	軸	紙	水墨	224.5 × 67.2	丁巳（萬曆四十五年，1617）夏五晦日	美國 克利夫蘭藝術博物館	
仿楊昇沒骨山水圖	軸	絹	設色	77.1 × 34.1	乙卯（萬曆四十三年，1615）春	美國 堪薩斯市納爾遜-艾金斯藝術博物館	58-46
仿董源筆意作青弁山圖（為張慎其作）	軸	紙	水墨	不詳	丁巳（萬曆四十五年，1617）夏五晦日	美國 堪薩斯市納爾遜-艾金斯藝術博物館	
秋景山水圖	軸	絹	設色	142.7 × 59.8		美國 舊金山亞州藝術館	B67 D1
山水圖（為何象岡作）	軸	紙	水墨	102.5 × 30.3	崇禎五年歲在壬申（1632）嘉平廿九日	美國 德州金貝爾藝術館	AP1980.02

名稱		質地	色彩	尺寸 高×寬㎝	創作時間	收藏處所	典藏號碼
仿米元暉瀟湘圖	軸	紙	水墨	不詳		美國 夏威夷火魯奴奴藝術學院	
山水圖	軸	紙	水墨	95.2 × 41.1		英國 倫敦大英博物館	1963.5.20.04（ADD332）
倣董北苑山水圖	軸	紙	水墨	107.1 × 43.1	乙丑（天啟五年，1625）四月	瑞士 蘇黎士黎得堡博物館	RCH.1139
山水圖（上陵還寫所見）	軸	紙	水墨	123.2 × 46.5	甲子（天啟四年，1624）秋	瑞士 蘇黎士黎得堡博物館	RCH1141
山水圖	軸	絹	設色	90.3 × 39.3		荷蘭 阿姆斯特丹 Rijks 博物館（私人寄存）	81
焦山煙雨（董其昌紀遊畫冊之1）	冊頁	紙	設色	31.9 × 17.5		台北 故宮博物院	故畫 03171-1
常山（董其昌紀遊畫冊之2）	冊頁	紙	水墨	31.9 × 17.5		台北 故宮博物院	故畫 03171-2
重巒疊嶂（董其昌紀遊畫冊之3）	冊頁	紙	設色	31.9 × 17.5		台北 故宮博物院	故畫 03171-3
彭城戲馬台（董其昌紀遊畫冊之4）	冊頁	紙	水墨	31.9 × 17.5		台北 故宮博物院	故畫 03171-4
爛柯山（董其昌紀遊畫冊之5）	冊頁	紙	水墨	31.9 × 17.5		台北 故宮博物院	故畫 03171-5
小赤壁（董其昌紀遊畫冊之6）	冊頁	紙	設色	31.9 × 17.5		台北 故宮博物院	故畫 03171-6
吳中西山（董其昌紀遊畫冊之7）	冊頁	紙	設色	31.9 × 17.5		台北 故宮博物院	故畫 03171-7
大田縣七巖（董其昌紀遊畫冊之8）	冊頁	紙	水墨	31.9 × 17.5		台北 故宮博物院	故畫 03171-8
西湖（董其昌紀遊畫冊之9）	冊頁	紙	設色	31.9 × 17.5		台北 故宮博物院	故畫 03171-9
層巒聳秀（董其昌紀遊畫冊之10）	冊頁	紙	水墨	31.9 × 17.5		台北 故宮博物院	故畫 03171-10
溪山訪勝（董其昌紀遊畫冊之11）	冊頁	紙	設色	31.9 × 17.5		台北 故宮博物院	故畫 03171-11
武林飛來峰（董其昌紀遊畫冊之12）	冊頁	紙	水墨	31.9 × 17.5		台北 故宮博物院	故畫 03171-12
鷲嶺灵隱（董其昌紀遊畫冊之13）	冊頁	紙	水墨	31.9 × 17.5		台北 故宮博物院	故畫 03171-13
大田林坪山（董其昌紀遊畫冊之14）	冊頁	紙	設色	31.9 × 17.5		台北 故宮博物院	故畫 03171-14
沙縣普明塔（董其昌紀遊畫冊	冊頁	紙	設色	31.9 × 17.5		台北 故宮博物院	故畫 03171-15

名稱		質地	色彩	尺寸 高x寬㎝	創作時間	收藏處所	典藏號碼
之 15）							
呂梁瀑布（董其昌紀遊畫冊之 16）	冊頁	紙	水墨	31.9 x 17.5		台北 故宮博物院	故畫 03171-16
重山疊嶂（董其昌紀遊畫冊之 17）	冊頁	紙	設色	31.9 x 17.5		台北 故宮博物院	故畫 03171-17
武夷接笋峰（董其昌紀遊畫冊之 18）	冊頁	紙	水墨	31.9 x 17.5		台北 故宮博物院	故畫 03171-18
溪橋飛瀑（董其昌紀遊畫冊之 19）	冊頁	紙	設色	31.9 x 17.5		台北 故宮博物院	故畫 03171-19
嚴子陵灘（董其昌紀遊畫冊之 20）	冊頁	紙	水墨	31.9 x 17.5		台北 故宮博物院	故畫 03171-20
臥雲山（董其昌紀遊畫冊之 21）	冊頁	紙	設色	31.9 x 17.5		台北 故宮博物院	故畫 03171-21
鹿鳴山（董其昌紀遊畫冊之 22）	冊頁	紙	水墨	31.9 x 17.5		台北 故宮博物院	故畫 03171-22
富陽縣（董其昌紀遊畫冊之 23）	冊頁	紙	設色	31.9 x 17.5		台北 故宮博物院	故畫 03171-23
嚴州（董其昌董其昌紀遊畫冊之 24）	冊頁	紙	設色	31.9 x 17.5		台北 故宮博物院	故畫 03171-24
蘭陽山（董其昌董其昌紀遊畫冊之 25）	冊頁	紙	設色	31.9 x 17.5		台北 故宮博物院	故畫 03171-25
水墨山水（董其昌董其昌紀遊畫冊之 26）	冊頁	紙	水墨	31.9 x 17.5		台北 故宮博物院	故畫 03171-26
沙縣洞天巖（董其昌董其昌紀遊畫冊之 27）	冊頁	紙	水墨	31.9 x 17.5		台北 故宮博物院	故畫 03171-27
武夷大王峰（董其昌董其昌紀遊畫冊之 28）	冊頁	紙	水墨	31.9 x 17.5		台北 故宮博物院	故畫 03171-28
京口北固山（董其昌董其昌紀遊畫冊之 29）	冊頁	紙	設色	31.9 x 17.5		台北 故宮博物院	故畫 03171-29
水墨山水（董其昌董其昌紀遊畫冊之 30）	冊頁	紙	水墨	31.9 x 17.5		台北 故宮博物院	故畫 03171-30
永安栟櫚山（董其昌董其昌紀遊畫冊之 31）	冊頁	紙	水墨	31.9 x 17.5		台北 故宮博物院	故畫 03171-31
信州望靈山（董其昌董其昌紀遊畫冊之 32）	冊頁	紙	設色	31.9 x 17.5		台北 故宮博物院	故畫 03171-32

名稱		質地	色彩	尺寸 高×寬㎝	創作時間	收藏處所	典藏號碼
越河隋堤（董其昌董其昌紀遊畫冊之33）	冊頁	紙	水墨	31.9 x 17.5		台北 故宮博物院	故畫03171-33
淺設色山水（董其昌董其昌紀遊畫冊之34）	冊頁	紙	設色	31.9 x 17.5		台北 故宮博物院	故畫03171-34
惠山寺（董其昌董其昌紀遊畫冊之35）	冊頁	紙	水墨	31.9 x 17.5	壬辰（萬曆二十年，1592）春	台北 故宮博物院	故畫03171-35
西興暮雪（董其昌董其昌紀遊畫冊之36）	冊頁	紙	水墨	31.9 x 17.5	辛卯（萬曆十九年，1591）冬歲除前五日	台北 故宮博物院	故畫03171-36
題識（董其昌董其昌紀遊畫冊之37）	冊頁	紙	水墨	31.9 x 17.5	壬辰（萬曆二十年，1592）三月四月	台北 故宮博物院	故畫03171-37
秋山林亭（董其昌便面畫冊之1）	摺扇面	金箋	設色	18 x 55.3	壬辰（萬曆二十年，1592）四月四日	台北 故宮博物院	故畫03175-1
重山疊翠（董其昌便面畫冊之2）	摺扇面	金箋	水墨	17.7 x 52.2	乙丑（天啟五年，1625）四月七日	台北 故宮博物院	故畫03175-2
青山遠樹（董其昌便面畫冊之3）	摺扇面	金箋	水墨	17.1 x 52.5		台北 故宮博物院	故畫03175-3
倣宋元人筆意（董其昌便面畫冊之4）	摺扇面	金箋	水墨	17.2 x 51.5	癸酉（崇禎六年，1633）仲夏	台北 故宮博物院	故畫03175-4
倣米芾山水（董其昌便面畫冊之5）	摺扇面	金箋	水墨	17.5 x 52	乙亥（崇禎八年，1635）九月	台北 故宮博物院	故畫03175-5
溪山疏樹（董其昌便面畫冊之6）	摺扇面	金箋	水墨	18.7 x 54.8		台北 故宮博物院	故畫03175-6
河山在望（董其昌便面畫冊之7）	摺扇面	金箋	水墨	17.9 x 55.5		台北 故宮博物院	故畫03175-7
倣元人筆意（董其昌便面畫冊之8）	摺扇面	金箋	水墨	18.4 x 58		台北 故宮博物院	故畫03175-8
夏山在望（董其昌便面畫冊之9）	摺扇面	金箋	水墨	16.7 x 50.7	壬寅（萬曆三十年，1602）首春	台北 故宮博物院	故畫03175-9
雲鎖山腰（董其昌便面畫冊之10）	摺扇面	金箋	水墨	15.7 x 45.6		台北 故宮博物院	故畫03175-10
茂林疊嶂（董其昌畫舟行十景冊之1）	冊頁	紙	水墨	28.7 x 17.7		台北 故宮博物院	故畫03170-1
江岸望山（董其昌畫舟行十景冊之2）	冊頁	紙	水墨	28.7 x 17.7		台北 故宮博物院	故畫03170-2

名稱		質地	色彩	尺寸 高x寬cm	創作時間	收藏處所	典藏號碼
夏雲在望（董其昌畫舟行十景冊之3）	冊頁	紙	水墨	28.7 x 17.7		台北 故宮博物院	故畫 03170-3
板橋獨屋（董其昌畫舟行十景冊之4）	冊頁	紙	水墨	28.7 x 17.7		台北 故宮博物院	故畫 03170-4
杉木依翠（董其昌畫舟行十景冊之5）	冊頁	紙	水墨	28.7 x 17.7		台北 故宮博物院	故畫 03170-5
夏日垂陰（董其昌畫舟行十景冊之6）	冊頁	紙	水墨	28.7 x 17.7		台北 故宮博物院	故畫 03170-6
江岸村居（董其昌畫舟行十景冊之7）	冊頁	紙	水墨	28.7 x 17.7		台北 故宮博物院	故畫 03170-7
高山流水（董其昌畫舟行十景冊之8）	冊頁	紙	水墨	28.7 x 17.7		台北 故宮博物院	故畫 03170-8
竹亭樹石（董其昌畫舟行十景冊之9）	冊頁	紙	水墨	28.7 x 17.7		台北 故宮博物院	故畫 03170-9
岰山欲雨（董其昌畫舟行十景冊之10）	冊頁	紙	水墨	28.7 x 17.7	萬曆丙辰（四十四年，1616）重九前三日	台北 故宮博物院	故畫 03170-10
擬黃子久丹台曉圖（明董其昌書畫扇面冊之2）	摺扇面	紙	設色	不詳		台北 故宮博物院	故畫 03570-2
煙江疊嶂圖（明董其昌書畫扇面冊之4）	摺扇面	紙	水墨	不詳		台北 故宮博物院	故畫 03570-4
雲山圖（明董其昌書畫扇面冊之6）	摺扇面	紙	水墨	不詳		台北 故宮博物院	故畫 03570-6
樓倚城陰圖（明董其昌書畫扇面冊之8）	摺扇面	紙	設色	不詳		台北 故宮博物院	故畫 03570-8
仿李成寒林圖（明董其昌書畫扇面冊之10）	摺扇面	紙	水墨	不詳		台北 故宮博物院	故畫 03570-10
仿曹雲西山水圖（明董其昌書畫扇面冊之12）	摺扇面	紙	水墨	不詳		台北 故宮博物院	故畫 03570-12
仿李營丘山水（仿宋元人縮本畫跋冊之1）	冊頁	絹	設色	60 x 31.9		台北 故宮博物院	中畫 00059-1
仿北宋范中立谿山行旅圖（仿宋元人縮本畫跋冊之2）	冊頁	絹	設色	57.5 x 34.9		台北 故宮博物院	中畫 00059-2
董北苑真蹟（仿宋元人縮本畫跋冊之3）	冊頁	絹	設色	54.5 x 37.3		台北 故宮博物院	中畫 00059-3

名稱		質地	色彩	尺寸 高x寬cm	創作時間	收藏處所	典藏號碼
趙孟頫山水（仿宋元人縮本畫跋冊之4）	冊頁	絹	設色	60 x 33.9		台北 故宮博物院	中畫 00059-4
巨然雪圖（仿宋元人縮本畫跋冊之5）	冊頁	絹	水墨	55.5 x 27.8		台北 故宮博物院	中畫 00059-5
青綠山水（仿宋元人縮本畫跋冊之6）	冊頁	絹	設色	50.4 x 30.3		台北 故宮博物院	中畫 00059-6
高房山山水（仿宋元人縮本畫跋冊之7）	冊頁	絹	設色	55.3 x 27.8		台北 故宮博物院	中畫 00059-7
黃公望山水（仿宋元人縮本畫跋冊之8）	冊頁	絹	水墨	49.5 x 29.9	庚申（泰昌元年，1620）五月	台北 故宮博物院	中畫 00059-8
黃子久臨董北苑夏山圖（仿宋元人縮本畫跋冊之9）	冊頁	絹	設色	52.2 x 34.2		台北 故宮博物院	中畫 00059-9
黃鶴山樵仿董源秋山行旅圖（仿宋元人縮本畫跋冊之10）	冊頁	絹	水墨	55.4 x 25.6	丁卯（天啟七年，1627）子月十九日	台北 故宮博物院	中畫 00059-10
梅花道人真蹟（仿宋元人縮本畫跋冊之11）	冊頁	絹	設色	56.3 x 34.8		台北 故宮博物院	中畫 00059-11
黃大痴山水（仿宋元人縮本畫跋冊之12）	冊頁	絹	設色	51.7 x 28.1		台北 故宮博物院	中畫 00059-12
水墨山水（仿宋元人縮本畫跋冊之13）	冊頁	絹	水墨	55.5 x 28.9		台北 故宮博物院	中畫 00059-13
王蒙山水（仿宋元人縮本畫跋冊之14）	冊頁	紙	設色	49.8 x 26.3		台北 故宮博物院	中畫 00059-14
梅花道人關山秋霽圖（仿宋元人縮本畫跋冊之15）	冊頁	絹	水墨	61.7 x 34		台北 故宮博物院	中畫 00059-15
水墨山水（仿宋元人縮本畫跋冊之16）	冊頁	絹	水墨	54.4 x 27.4		台北 故宮博物院	中畫 00059-16
王詵煙江疊嶂圖（仿宋元人縮本畫跋冊之17）	冊頁	絹	水墨	50.2 x 26.6		台北 故宮博物院	中畫 00059-17
黃子久山水（仿宋元人縮本畫跋冊之18）	冊頁	紙	水墨	48.1 x 26.5	甲寅（萬曆四十二年，1614）春二月，觀因題	台北 故宮博物院	中畫 00059-18
王蒙山水（仿宋元人縮本畫跋冊之19）	冊頁	紙	水墨	49.9 x 23.1		台北 故宮博物院	中畫 00059-19
水墨山水（仿宋元人縮本畫跋冊之20）	冊頁	紙	水墨	45.6 x 29.8		台北 故宮博物院	中畫 00059-20

名稱		質地	色彩	尺寸 高x寬㎝	創作時間	收藏處所	典藏號碼
雲林山水（仿宋元人縮本畫跋冊之21）	冊頁	紙	水墨	49.3 x 34.9		台北 故宮博物院	中畫 00059-21
水墨山水（仿宋元人縮本畫跋冊之22）	冊頁	紙	水墨	50.8 x 26		台北 故宮博物院	中畫 00059-22
崑崙形勝（董其昌書畫合璧甲冊之1）	冊頁	紙	水墨	23 x 12.7	庚申（泰昌元年，1620）春	台北 故宮博物院	故畫 01150-1
柳映春山（董其昌書畫合璧甲冊之2）	冊頁	紙	水墨	23 x 12.7		台北 故宮博物院	故畫 01150-2
秋寺夜宿（董其昌書畫合璧甲冊之3）	冊頁	紙	水墨	23 x 12.7		台北 故宮博物院	故畫 01150-3
日斜山昏（董其昌書畫合璧甲冊之4）	冊頁	紙	水墨	23 x 12.7		台北 故宮博物院	故畫 01150-4
江上峻山（董其昌書畫合璧甲冊之5）	冊頁	紙	水墨	23 x 12.7		台北 故宮博物院	故畫 01150-5
巾杖看荷（董其昌書畫合璧甲冊之6）	冊頁	紙	水墨	23 x 12.7		台北 故宮博物院	故畫 01150-6
山水寄情（董其昌書畫合璧甲冊之7）	冊頁	紙	水墨	23 x 12.7		台北 故宮博物院	故畫 01150-7
葛洪丹井（董其昌書畫合璧甲冊之8）	冊頁	紙	水墨	23 x 12.7	庚申（泰昌元年，1620）春	台北 故宮博物院	故畫 01150-8
仿黃鶴山樵嶺樹溪橋（董其昌書畫合璧丙冊之1）	冊頁	紙	水墨	19.6 x 11.6		台北 故宮博物院	故畫 01152-1
陂塘楊柳（董其昌書畫合璧丙冊之2）	冊頁	紙	水墨	19.6 x 11.6	癸亥（天啟三年，1623）十月望	台北 故宮博物院	故畫 01152-2
雲山晚靄（董其昌書畫合璧丙冊之3）	冊頁	紙	水墨	19.6 x 11.6		台北 故宮博物院	故畫 01152-3
畫太白詞意（董其昌書畫合璧丙冊之4）	冊頁	紙	水墨	19.6 x 11.6		台北 故宮博物院	故畫 01152-4
葦岸茅亭（董其昌書畫合璧丙冊之5）	冊頁	紙	水墨	19.6 x 11.6		台北 故宮博物院	故畫 01152-5
層巒密樹（董其昌書畫合璧丙冊之6）	冊頁	紙	水墨	19.6 x 11.6	癸亥（天啟三年，1623）十月	台北 故宮博物院	故畫 01152-6
喬木生畫陰（董其昌山水冊之1）	冊頁	紙	水墨	23.6 x 17		台北 故宮博物院	故畫 01149-1
南湖秋色（董其昌山水冊之2）	冊頁	紙	水墨	23.6 x 17		台北 故宮博物院	故畫 01149-2

名稱		質地	色彩	尺寸 高x寬㎝	創作時間	收藏處所	典藏號碼
坐聆林泉（董其昌山水冊之3）	冊頁	紙	水墨	23.6 x 17		台北 故宮博物院	故畫 01149-3
林岸幽澗（董其昌山水冊之4）	冊頁	紙	水墨	23.6 x 17		台北 故宮博物院	故畫 01149-4
松林亭子（董其昌山水冊之5）	冊頁	紙	水墨	23.6 x 17	丙寅（天啟六年，1626）夏日	台北 故宮博物院	故畫 01149-5
仿大癡山水（董其昌山水冊之6）	冊頁	紙	水墨	23.6 x 17	丙寅（天啟六年，1626）夏日	台北 故宮博物院	故畫 01149-6
層巖聳秀（董其昌山水冊之7）	冊頁	紙	水墨	23.6 x 17		台北 故宮博物院	故畫 01149-7
雲壑高泉（董其昌山水冊之8）	冊頁	紙	水墨	23.6 x 17		台北 故宮博物院	故畫 01149-8
廬峰流瀑（董其昌山水冊之9）	冊頁	紙	水墨	23.6 x 17		台北 故宮博物院	故畫 01149-9
葉落滿村（董其昌山水冊之10）	冊頁	紙	水墨	23.6 x 17		台北 故宮博物院	故畫 01149-10
空山獨行（董其昌山水冊之11）	冊頁	紙	水墨	23.6 x 17		台北 故宮博物院	故畫 01149-11
寒林山水（董其昌山水冊之12）	冊頁	紙	水墨	23.6 x 17		台北 故宮博物院	故畫 01149-12
擬趙令穰筆意（董其昌書畫一冊之1）	冊頁	紙	設色	22.5 x 14.8		台北 故宮博物院	故畫 03172-1
戲寫北苑雲山（董其昌書畫一冊之2）	冊頁	紙	水墨	22.5 x 14.8		台北 故宮博物院	故畫 03172-2
倣米家山（董其昌書畫一冊之3）	冊頁	紙	水墨	22.5 x 14.8		台北 故宮博物院	故畫 03172-3
倣米虎兒筆意（董其昌書畫一冊之4）	冊頁	紙	水墨	22.5 x 14.8		台北 故宮博物院	故畫 03172-4
倣倪高士（董其昌書畫一冊之5）	冊頁	紙	水墨	22.5 x 14.8		台北 故宮博物院	故畫 03172-5
倣子久丹台春曉圖（董其昌書畫一冊之6）	冊頁	紙	設色	22.5 x 14.8		台北 故宮博物院	故畫 03172-6
山川出雲倣高尚書意（董其昌書畫一冊之7）	冊頁	紙	設色	22.5 x 14.8		台北 故宮博物院	故畫 03172-7
遠水寒峰（董其昌書畫一冊之8）	冊頁	紙	水墨	22.5 x 14.8	戊辰（崇禎元年，1628）三月	台北 故宮博物院	故畫 03172-8
寫虞山拂水所見（董其昌書畫二冊之1）	冊頁	紙	水墨	32.2 x 24.7		台北 故宮博物院	故畫 03173-1
嵐翠山居（董其昌書畫二冊之2）	冊頁	紙	水墨	32.2 x 24.7		台北 故宮博物院	故畫 03173-2

名稱		質地	色彩	尺寸 高×寬cm	創作時間	收藏處所	典藏號碼
倣黃公望石徑秋嵐（董其昌書畫二冊之3）	冊頁	紙	水墨	32.2 × 24.7		台北 故宮博物院	故畫 03173-3
倣商琦山水（董其昌書畫二冊之4）	冊頁	紙	水墨	32.2 × 24.7		台北 故宮博物院	故畫 03173-4
倣方從義山水（董其昌書畫二冊之5）	冊頁	紙	設色	32.2 × 24.7		台北 故宮博物院	故畫 03173-5
倣董源夏木垂陰（董其昌書畫二冊之6）	冊頁	紙	水墨	32.2 × 24.7		台北 故宮博物院	故畫 03173-6
秋江夕照仿趙孟頫筆意（董其昌書畫二冊之7）	冊頁	紙	設色	32.2 × 24.7		台北 故宮博物院	故畫 03173-7
雪霽林塘（董其昌書畫二冊之8）	冊頁	紙	水墨	32.2 × 24.7		台北 故宮博物院	故畫 03173-8
溪頭結廬（董其昌書畫三冊之1）	冊頁	絹	設色	32.2 × 24.7		台北 故宮博物院	故畫 03174-1
林泉清幽（董其昌書畫三冊之2）	冊頁	絹	設色	32.2 × 24.7		台北 故宮博物院	故畫 03174-2
簾映青山（董其昌書畫三冊之3）	冊頁	絹	設色	32.2 × 24.7		台北 故宮博物院	故畫 03174-3
南亭望山（董其昌書畫三冊之4）	冊頁	絹	設色	32.2 × 24.7		台北 故宮博物院	故畫 03174-4
結廬雲溪（董其昌書畫三冊之5）	冊頁	絹	設色	32.2 × 24.7		台北 故宮博物院	故畫 03174-5
荒林落照（董其昌書畫三冊之6）	冊頁	絹	設色	32.2 × 24.7		台北 故宮博物院	故畫 03174-6
秋山向晚（董其昌書畫三冊之7）	冊頁	絹	設色	32.2 × 24.7		台北 故宮博物院	故畫 03174-7
月夜賞梅（董其昌書畫三冊之8）	冊頁	絹	設色	32.2 × 24.7		台北 故宮博物院	故畫 03174-8
仿黃子久筆山水（董其昌書畫合璧乙冊之1）	冊頁	金箋	水墨	31.5 × 21.8		台北 故宮博物院	故畫 01151-1
仿梅道人筆山水（董其昌書畫合璧乙冊之2）	冊頁	金箋	水墨	31.5 × 21.8		台北 故宮博物院	故畫 01151-2
青山圖（董其昌書畫合璧乙冊之3）	冊頁	金箋	設色	31.5 × 21.8		台北 故宮博物院	故畫 01151-3

名稱		質地	色彩	尺寸 高×寬cm	創作時間	收藏處所	典藏號碼
隔岸山亭（董其昌書畫合璧乙冊之4）	冊頁	金箋	水墨	31.5 × 21.8		台北 故宮博物院	故畫 01151-4
仿米家山（董其昌書畫合璧乙冊之5）	冊頁	金箋	設色	31.5 × 21.8		台北 故宮博物院	故畫 01151-5
丹磴綠林（董其昌書畫合璧乙冊之6）	冊頁	金箋	水墨	31.5 × 21.8		台北 故宮博物院	故畫 01151-6
岩居圖（董其昌書畫合璧乙冊之7）	冊頁	金箋	水墨	31.5 × 21.8		台北 故宮博物院	故畫 01151-7
鵲華秋色（董其昌書畫合璧乙冊之8）	冊頁	金箋	設色	31.5 × 21.8		台北 故宮博物院	故畫 01151-8
長松青林（董其昌畫千巖萬壑冊之1）	冊頁	金箋	水墨	31.2 × 24.2		台北 故宮博物院	故畫 01148-1
仿北苑溪山亭子（董其昌畫千巖萬壑冊之2）	冊頁	金箋	水墨	31.2 × 24.2		台北 故宮博物院	故畫 01148-2
雲氣欲生衣（董其昌畫千巖萬壑冊之3）	冊頁	金箋	水墨	31.2 × 24.2		台北 故宮博物院	故畫 01148-3
倣雲林筆意山水（董其昌畫千巖萬壑冊之4）	冊頁	金箋	水墨	31.2 × 24.2		台北 故宮博物院	故畫 01148-4
天池石壁（董其昌畫千巖萬壑冊之5）	冊頁	金箋	設色	31.2 × 24.2		台北 故宮博物院	故畫 01148-5
仿荊關遺意（董其昌畫千巖萬壑冊之6）	冊頁	金箋	水墨	31.2 × 24.2		台北 故宮博物院	故畫 01148-6
擬黃子久丹台春曉（董其昌書畫扇面冊之2）	摺扇面	紙	水墨	18.9 × 57.5		台北 故宮博物院	故畫 03570-2
溪柳蓮峰（董其昌書畫扇面冊之4）	摺扇面	紙	水墨	17.8 × 55.2		台北 故宮博物院	故畫 03570-4
仿高彥敬雲山（董其昌書畫扇面冊之6）	摺扇面	紙	水墨	17 × 55.2		台北 故宮博物院	故畫 03570-6
樓倚城陰（董其昌書畫扇面冊之8）	摺扇面	紙	水墨	18.3 × 55.5		台北 故宮博物院	故畫 03570-8
仿李成寒林圖（董其昌書畫扇面冊之10）	摺扇面	紙	水墨	18.7 × 55.4		台北 故宮博物院	故畫 03570-10
仿曹雲西筆意（董其昌書畫扇面冊之12）	摺扇面	紙	水墨	17.1 × 52		台北 故宮博物院	故畫 03570-12

名稱		質地	色彩	尺寸 高×寬㎝	創作時間	收藏處所	典藏號碼
疎林亭子（明賢墨妙冊之8）	冊頁　紙	水墨	16 × 47		台北 故宮博物院	故畫 03509-8
玉洞桃花（明人畫扇冊二冊之17）	摺扇面 紙	水墨	不詳		台北 故宮博物院	故畫 03528-17
秋山（明人畫扇集冊貳冊（下）之7）	摺扇面 紙	水墨	不詳		台北 故宮博物院	故畫 03535-7
秋山書屋（明人扇頭畫冊之7）	摺扇面 紙	設色	不詳		台北 故宮博物院	故畫 03542-7
秋林遠岫（明人扇頭畫冊之8）	摺扇面 紙	設色	不詳		台北 故宮博物院	故畫 03542-8
摹米家山水（明人扇頭畫冊之9）	摺扇面 紙	設色	不詳		台北 故宮博物院	故畫 03542-9
秋林策杖（明人扇頭畫冊之10）	摺扇面 紙	設色	不詳		台北 故宮博物院	故畫 03542-10
漁村圖	摺扇面 紙	不詳	不詳		台北 故宮博物院	故扇 00176
雪山圖	摺扇面 紙	不詳	不詳		台北 故宮博物院	故扇 00177
雲山圖	摺扇面 紙	不詳	不詳		台北 故宮博物院	故扇 00178
溪山積雪圖	摺扇面 紙	不詳	不詳		台北 故宮博物院	故扇 00179
平林遠岫圖	摺扇面 紙	不詳	不詳		台北 故宮博物院	故扇 00180
枯林茆屋圖	摺扇面 紙	不詳	不詳		台北 故宮博物院	故扇 00181
峒關蒲雪圖	摺扇面 紙	不詳	不詳		台北 故宮博物院	故扇 00182
秋山翠靄圖	摺扇面 紙	不詳	不詳		台北 故宮博物院	故扇 00183
寒厓積雪圖	摺扇面 紙	不詳	不詳		台北 故宮博物院	故扇 00184
秋山凝翠圖	摺扇面 紙	不詳	不詳		台北 故宮博物院	故扇 00186
仿董北苑山水圖	摺扇面 紙	不詳	不詳		台北 故宮博物院	故扇 00185
谿山翠色圖	摺扇面 紙	不詳	不詳		台北 故宮博物院	故扇 00187
雲山煙樹圖	摺扇面 紙	不詳	不詳		台北 故宮博物院	故扇 00188
秋山積雪圖	摺扇面 紙	不詳	不詳		台北 故宮博物院	故扇 00189
疎林亭子圖	摺扇面 紙	不詳	不詳		台北 故宮博物院	故扇 00190
紅葉草亭圖	摺扇面 紙	不詳	不詳		台北 故宮博物院	故扇 00191
雲山圖	摺扇面 紙	不詳	不詳		台北 故宮博物院	故扇 00192
雲山圖（另面沈周書七言絕句）	摺扇面 紙	不詳	不詳		台北 故宮博物院	故扇 00267
夏山過雨（另面自書七言律詩）	摺扇面 紙	不詳	不詳		台北 故宮博物院	故扇 00268
溪橋煙樹（另面自書五言律）	摺扇面 紙	不詳	不詳		台北 故宮博物院	故扇 00269
雲景圖（另面自書臨韭花帖）	摺扇面 紙	不詳	不詳		台北 故宮博物院	故扇 00270
煙樹雲山（另面自書五言律詩）	摺扇面 紙	不詳	不詳		台北 故宮博物院	故扇 00271
深山亭子（另面鄒忠倚書五言古）	摺扇面 紙	不詳	不詳		台北 故宮博物院	故扇 00272

名稱		質地	色彩	尺寸 高x寬cm	創作時間	收藏處所	典藏號碼
仿大痴富春圖（另面自書五言律）	摺扇面	紙	不詳	不詳		台北 故宮博物院	故扇 00273
仿巨然山水（另面自書七言律）	摺扇面	紙	不詳	不詳		台北 故宮博物院	故扇 00274
橫林流水（另面自書五言律）	摺扇面	紙	不詳	不詳		台北 故宮博物院	故扇 00275
雲山圖（另面自書五言律）	摺扇面	紙	不詳	不詳		台北 故宮博物院	故扇 00276
雪江歸棹（另面自書五言律）	摺扇面	紙	不詳	不詳		台北 故宮博物院	故扇 00277
幽徑白雲（另面自書五言律）	摺扇面	紙	不詳	不詳		台北 故宮博物院	故扇 00278
書畫合璧（8幀）	冊	紙	不詳	不詳		台北 故宮博物院	國贈 031053
仿大痴筆意山水（明十名家便面薈萃冊之10）	摺扇面	金箋	水墨	16.1 x 49.4		台北 故宮博物院（蘭千山館寄存）	
山水（畫中九友集錦冊之2）	冊頁	紙	水墨	18.6 x 12.8		台北 故宮博物院（蘭千山館寄存）	
仿古山水（12幀）	冊	紙	水墨、設色	不詳		台北 故宮博物院（王世杰先生寄存）	
山水圖	冊頁	紙	水墨	22 x 14.5		台北 黃君璧白雲堂	
山水圖（8幀）	冊	絹	水墨、設色	（每幀）27.8 x 24.4		香港 中文大學中國文化研究所文物館	95.459
山水圖（小雨輕寒）	摺扇面	金箋	設色	21.4 x 56.5		香港 何耀光至樂樓	
仿梅花庵主筆意山水	摺扇面	金箋	設色	21.4 x 56.5		香港 何耀光至樂樓	
仿董北苑意山水	摺扇面	金箋	水墨	21.4 x 56.5		香港 何耀光至樂樓	
仿倪雲林六君子圖意山水	摺扇面	金箋	水墨	21.4 x 56.5		香港 何耀光至樂樓	
山水圖（秋樹夕暉）	摺扇面	金箋	設色	21.4 x 56.5		香港 何耀光至樂樓	
山水圖	摺扇面	金箋	設色	21.4 x 56.5		香港 何耀光至樂樓	
仿倪雲林筆山水	摺扇面	金箋	水墨	21.4 x 56.5		香港 何耀光至樂樓	
山水圖（秋林煙暝）	摺扇面	金箋	設色	21.4 x 56.5		香港 何耀光至樂樓	
仿元人筆意山水	摺扇面	金箋	水墨	21.4 x 56.5		香港 何耀光至樂樓	
仿巨然筆意山水	摺扇面	金箋	水墨	21.4 x 56.5		香港 何耀光至樂樓	
仿董北苑筆山水	摺扇面	金箋	水墨	21.4 x 56.5		香港 何耀光至樂樓	
山水圖	摺扇面	金箋	設色	21.4 x 56.5		香港 何耀光至樂樓	
山水圖（8幀）	冊	絹	水墨、設色	（每幀）27.8 x 24.4		香港 利榮森北山堂	
山水書畫（8幀）	冊	金箋	水墨、設色	（每幀）32 x 23.2		香港 黃仲方先生	
山水圖（8幀）	冊	金箋	水墨、設色	（每幀）31.5 x 23.8		香港 莫華釗承訓堂	K92.42

名稱		質地	色彩	尺寸 高x寬cm	創作時間	收藏處所	典藏號碼
山水圖（明清名家書畫扇面冊之1）	摺扇面	金箋	水墨	18 x 52.9		香港 潘祖堯小聽颿樓	CP71
書畫合璧（8幀）	冊	紙	水墨	（每幀）26 x 13.8		香港 潘祖堯小聽颿樓	CP30
自題山水圖（10幀）	冊	綾	水墨	（每幀）32.9 x 24.7		香港 羅桂祥先生	
山水圖	摺扇面	金箋	水墨	18.1 x 56		新加坡 Dr..E..Lu.	
仿梅道人山水圖	摺扇面	金箋	水墨	不詳	甲戌（崇禎七年，1634）	長春 吉林省博物館	
山水圖（6幀）	冊	紙	設色	不詳		長春 吉林省博物館	
山水圖	摺扇面	金箋	水墨	不詳		長春 吉林省博物館	
山水圖	摺扇面	金箋	設色	不詳		瀋陽 遼寧省博物館	
山水圖（7幀）	冊	絹	水墨	（每幀）30.8 x 28.5	辛亥（萬曆三十九年，1611）	北京 故宮博物院	
臨古山水小景（10幀）	冊	紙	水墨	不詳	癸丑（萬曆四十一年，1613）三月望日	北京 故宮博物院	
六景山水圖（6幀，為著存作）	冊	紙	水墨	不詳	乙卯（萬曆四十三年，1615）子月	北京 故宮博物院	
仿古山水圖（10幀）	冊	紙	水墨、設色	（每幀）24 x 14	乙卯（萬曆四十三年，1615）	北京 故宮博物院	
仿古山水圖（8幀，寫於舟次崑山）	冊	紙	水墨	（每幀）42 x 29.6	戊午（萬曆四十六年，1618）八月十一日	北京 故宮博物院	
仿古山水圖（8幀）	冊	紙	設色	（每幀）26.2 x 25.5	辛酉（天啟元年，1621）三月	北京 故宮博物院	
山水圖（7幀）	冊	紙	水墨	（每幀）27.3 x 19.5	辛酉（天啟元年，1621）秋	北京 故宮博物院	
書畫合璧（？幀）	冊	紙	水墨	不詳	辛酉（天啟元年，1621）	北京 故宮博物院	
仿古山水圖（8幀）	冊	絹	設色	（每幀）39.5 x 28	癸亥（天啟三年，1623）	北京 故宮博物院	
設色山水圖（8幀）	冊	紙	設色	不詳	癸亥（天啟三年，1623）秋日	北京 故宮博物院	

名稱		質地	色彩	尺寸 高×寬㎝	創作時間	收藏處所	典藏號碼
山水圖（7幀）	冊	紙	設色	（每幀）26.1 × 24.1		北京 故宮博物院	
山水圖（8幀）	冊	紙	水墨	（每幀）18.8 × 12.2		北京 故宮博物院	
山水圖（9幀）	冊	紙	設色	（每幀）26.1 × 16		北京 故宮博物院	
山水圖（10幀）	冊	金箋	水墨	（每幀）41.2 × 29.8		北京 故宮博物院	
山水圖（10幀）	冊	紙	水墨	（每幀）20.1 × 12.2		北京 故宮博物院	
山水圖（9幀）	冊	紙	水墨	（每幀）21.5 × 13.1		北京 故宮博物院	
仿倪雲林山水圖	摺扇面	金箋	水墨	17.5 × 50.7		北京 故宮博物院	
仿倪山水圖	摺扇面	金箋	水墨	17 × 50.5		北京 故宮博物院	
山水圖	摺扇面	金箋	水墨	不詳	癸巳（萬曆二十一年，1593）	天津 天津市藝術博物館	
山水圖（10幀）	冊	絹	設色	（每幀）24.5 × 17.2	己酉（萬曆三十七年，1609）	天津 天津市藝術博物館	
仿北苑山水圖	摺扇面	金箋	水墨	不詳		天津 天津市藝術博物館	
山水圖（8幀）	冊	紙	水墨	（每幀）24.5 × 14		天津 天津市歷史博物館	
山水圖（文徵明等山水冊之1幀）	摺扇面	金箋	設色	不詳		天津 天津市藝術博物館	
仿古山水圖（7幀）	冊	金箋	設色	（每幀）39 × 14		青島 山東省青島市博物館	
山水圖（16幀）	冊	絹	設色	（每幀）33.1 × 17.8	壬辰（萬曆二十年，1592）	合肥 安徽省博物館	
仿小米雲山圖	冊頁	紙	水墨	31.5 × 23.3	戊午（萬曆四十六年，1618）晦日	合肥 安徽省博物館	
煙渚晴巒圖	摺扇面	金箋	水墨	不詳	癸酉（崇禎六年，1633）夏日	合肥 安徽省博物館	
燕吳八景圖（8幀，為楊彥履作）	冊	絹	設色	（每幀）26.1 × 24.8	丙申（萬曆二十四年，1596）夏四月	上海 上海博物館	
水閣圖	摺扇面	紙	設色	不詳	乙亥（萬曆二十七	上海 上海博物館	

名稱		質地	色彩	尺寸 高x寬cm	創作時間	收藏處所	典藏號碼
					年1599），		
山莊秋景圖	摺扇面	金箋	水墨	不詳	癸卯（萬曆三十一年，1603）	上海 上海博物館	
山水圖	摺扇面	金箋	水墨	不詳	戊申（萬曆三十六年，1608）	上海 上海博物館	
崑山道中	摺扇面	金箋	水墨	不詳	丙辰（萬曆四十四年，1616）	上海 上海博物館	
山水圖	摺扇面	紙	水墨	不詳	丙辰（萬曆四十四年，1616）十月	上海 上海博物館	
仿古山水（16幀，為王煙客作）	冊	紙	水墨	（每幀）26 x 25.3	丁巳（萬曆四十五年，1617）二月	上海 上海博物院	
書畫（8幀）	冊	紙	水墨	（每幀）21.1 x 13.5	戊午（萬曆四十六年，1618）	上海 上海博物館	
夕陽秋影圖	摺扇面	金箋	水墨	不詳	戊午（萬曆四十六年，1618）	上海 上海博物館	
畫禪室小景圖（8幀）	冊	紙	水墨	（每幀）24.1 x 13.6	戊午（萬曆四十六年，1618）	上海 上海博物院	
秋興八景圖（8幀）	冊	紙	設色	（每幀）53.8 x 31.7	庚申（泰昌元年，1620）	上海 上海博物院	
仿古山水圖（8幀，為遜之老親家）	冊	紙	設色	（每幀）29.4 x 22.8	始於庚申（泰昌元年，1620）十月，成於乙丑（天啟五年，1625）	上海 上海博物館	
米家山水圖	摺扇面	金箋	水墨	不詳	庚申（泰昌元年，1620）	上海 上海博物館	
深谷幽獨圖	摺扇面	金箋	水墨	不詳	辛酉（天啟元年，1621）初夏	上海 上海博物館	
山水（10幀）	冊	紙	設色、水墨	（每幀）42.1 x 28.9	甲子（天啟四年，1624）元旦	上海 上海博物館	
為錢胤作山水圖	摺扇面	金箋	水墨	不詳	丁卯（天啟七年，1627）	上海 上海博物館	
夜山圖	摺扇面	紙	水墨	不詳	丁卯（天啟七年，1627）	上海 上海博物館	
丁卯小景圖（8幀）	冊	金箋	水墨	（每幀）23.6	丁卯（天啟七年，	上海 上海博物館	

名稱		質地	色彩	尺寸 高×寬㎝	創作時間	收藏處所	典藏號碼
				× 14.7	1627）		
仿宋元山水（8幀）	冊	金箋	水墨	（每幀）31.3 × 23.9	甲戌（崇禎七年，1634）	上海 上海博物館	
為伏生作山水圖	摺扇面	金箋	水墨	不詳	丙子（崇禎九年，1636）四月	上海 上海博物館	
山水（8幀）	冊	金箋	設色	（每幀）35.9 × 23.3		上海 上海博物館	
仿古山水（6幀）	冊	紙	設色	（每幀）25.5 × 17.4		上海 上海博物館	
仿古山水（8幀）	冊	紙	水墨	（每幀）24 × 15		上海 上海博物館	
仿古山水（8幀）	冊	金箋	設色	（每幀）31.2 × 24.1		上海 上海博物館	
書畫（12幀）	冊	灑金箋	水墨	（每幀）24 × 17		上海 上海博物館	
山水（5幀）	冊	紙	水墨	（每幀）25.8 × 18.5		上海 上海博物館	
山川出雲圖	摺扇面	金箋	水墨	不詳		上海 上海博物館	
山居圖	摺扇面	金箋	水墨	不詳		上海 上海博物館	
仿子久山水（3幀）	摺扇面	金箋	水墨	不詳		上海 上海博物館	
水繞山回圖	摺扇面	金箋	水墨	不詳		上海 上海博物館	
茂林幽靜圖	摺扇面	金箋	水墨	不詳		上海 上海博物館	
秋樹山村圖	摺扇面	金箋	水墨	不詳		上海 上海博物館	
仿高克恭山水圖	摺扇面	紙	水墨	不詳		上海 上海博物館	
仿梅道人山水圖	摺扇面	金箋	水墨	不詳		上海 上海博物館	
湖莊清夏圖	摺扇面	金箋	設色	不詳		上海 上海博物館	
秋山積翠圖	摺扇面	金箋	設色	不詳		上海 上海博物館	
仿關同山水圖	摺扇面	金箋	水墨	不詳		上海 上海博物館	
秋景山水圖	摺扇面	金箋	設色	17.7 × 51.7		南京 南京博物院	
仿趙文敏谿山嘉樹圖（明畫中九友山水扇面冊9之1幀）	摺扇面	金箋	設色	16.3 × 51.4	丁未（萬曆三十五年，1607）春少月	南京 南京博物院	
山水圖（8幀）	冊	紙	水墨	（每幀）30 × 24.7		蘇州 江蘇省蘇州博物館	
山水圖（2幀）	冊	絹	水墨	（每幀）27.8	己未（萬曆四十七	武漢 湖北省博物館	

名稱		質地	色彩	尺寸 高x寬cm	創作時間	收藏處所	典藏號碼
				x 24.8不等	年，1619）		
山水圖（6幀）	冊	金箋	設色、水墨	（每幀）34.5 x 25		武漢 湖北省博物館	
山水圖（7幀）	冊	絹	水墨	（每幀）22.8 x 23		廣州 廣州市美術館	
崇岡曲澗圖	摺扇面	金箋	設色	不詳		廣州 廣州市美術館	
山水圖（10幀）	冊	紙	水墨	（每幀）25 x 18		南寧 廣西壯族自治區博物館	
山水圖（4幀）	冊	絹	設色	（每幀）36 x 26		昆明 雲南省博物館	
書畫合璧（12幀，畫6，書6）	冊	絹	水墨	（每幀）27 x 25.7		日本 東京國立博物館	
王維輞川圖詩意（20幀）	冊	紙	水墨	不詳		日本 東京久志美術館	
仿米虎兒法山水（明人書畫扇丙冊之8）	摺扇面	金箋	水墨	不詳		日本 東京橋本辰二郎先生	
山居圖（明人書畫扇甲冊之9）	摺扇面	金箋	設色	不詳		日本 東京橋本辰二郎先生	
山水圖（？幀）	冊	絹	設色	不詳		日本 京都大橋介二郎先生	
雲近蓬萊圖（米法山水）	摺扇面	金箋	設色	19.5 x 56.2		日本 橫濱岡山美術館	
仿董北苑山水圖	摺扇面	金箋	水墨	17.6 x 52.6		日本 大阪橋本大乙先生	
山水圖（冊頁二幀合裱成軸）	冊頁	紙	水墨	不詳		日本 江田勇二先生	
水村圖	摺扇面	紙	水墨	不詳		日本 江田勇二先生	
山水圖（8幀）	冊	綾	水墨、設色	（每幀）25.7 x 24.3		日本 山口良夫先生	
山水圖（明清名家合裝書畫扇面二冊之2）	摺扇面	金箋	設色	16.3 x 51		日本 私人	
董文敏畫稿（？幀）	冊	紙	水墨	不詳		美國 波士頓美術館	
山水畫（5幀）	冊	紙	水墨	不詳	丁巳（萬曆四十五年，1617）春日	美國 普林斯頓大學藝術館（私人寄存）	L41.65
山水圖（10幀）	冊	紙	水墨	（每幀）24.5 x 15.8	庚午（崇禎三年，1630）九月九日	美國 普林斯頓大學藝術館（Edward Elliott 先生寄存）	L167.70
書畫（8幀）	冊	紙	水墨	（每幀）25 x 34.3		美國 New Haven 翁萬戈先生	
仿吳鎮山水圖（8幀）	冊	紙	水墨	（每幀）40 x 26.8		美國 New Haven 翁萬戈先生	

名稱		質地	色彩	尺寸 高×寬cm	創作時間	收藏處所	典藏號碼
書畫（8幀）	冊	金箋	設色	（每幀）32.7 × 23.5		美國 New Haven 翁萬戈先生	
山水畫（6幀）	冊	絹	設色	（每幀）24.8 × 16.7		美國 密歇根大學艾瑞慈教授	
山水圖	摺扇面	金箋	水墨	16.5 × 50.5		美國 勃克萊加州大學藝術館	CM126
青卞圖	摺扇面	金箋	水墨	15.7 × 51.2		美國 勃克萊加州大學藝術館	CM127
小景圖（2幀）	冊頁	絹	水墨	（每幀）22.9 × 16.7		美國 勃克萊加州大學藝術館	CM131
小景圖（6幀）	冊	紙	設色	（每幀）23.8 × 15.3		美國 加州曹仲英先生	
書畫（6幀）	冊	紙	水墨	（每幀）32.1 × 22.3		美國 加州曹仲英先生	
山水圖（8幀）	冊	紙	設色	（每幀）21.9 × 14.6		美國 加州曹仲英先生	
書畫合璧（8幀）	冊	金箋	水墨	（每幀）32 × 24.8		美國 加州曹仲英先生	
詩畫（12幀）	冊	金箋	水墨	（每幀）32. × 22.5		美國 鳳凰市美術館(Mr.Roy And Marilyn Papp 寄存）	
蘭竹石圖（扇面圖冊之8）	摺扇面	金箋	水墨	16.4 × 51.9		美國 聖地牙哥藝術博物館	68.73h
米法山水圖	摺扇面	金箋	設色	15.8 × 49		美國 夏威夷火魯奴奴藝術學院	2310.1
山水圖	摺扇面	金箋	水墨	16.5 × 49.8		德國 柏林東亞藝術博物館	1988-210
米法雲山圖	摺扇面	金箋	水墨	17.4 × 51.8		德國 柏林東亞藝術博物館	1988-212
秋山高遠圖	摺扇面	金箋	水墨	16.9 × 51.2		德國 科隆東亞西亞藝術館	A55.17
山水圖（5幀）	冊	紙	設色	（每幀）31 × 65		瑞典 斯德哥爾摩遠東古物館	ÖM1950/1－5
附：							
臨趙倪筆意圖	卷	絹	水墨	26 × 255		天津 天津市文物公司	
仿王蒙山水圖	卷	絹	設色	24 × 89	庚子（萬曆二十八年，1600）	上海 朵雲軒	
仿倪山水圖	卷	紙	水墨	28.2 × 119.8	戊午（萬曆四十六年，1618）	上海 上海文物商店	
仿董、巨山水圖	卷	絹	水墨	26 × 106.6	丙申（萬曆二十四年，1596）	武漢 湖北省武漢市文物商店	
仿黃公望山水圖	卷	紙	水墨	23.8 × 210	癸巳（萬曆二十一	紐約 佳仕得藝品拍賣公司/拍	

名稱		質地	色彩	尺寸 高×寬cm	創作時間	收藏處所		典藏號碼
					年，1593)		賣目錄 1986,06,04.	
寫王右丞詩意山水圖	卷	綾	水墨	24 × 101.5		紐約	佳士得藝品拍賣公司/拍賣目錄 1989,06,01.	
山靜日長書畫（鶴林玉露山居詩意圖）	卷	絹	設色	32 × 877	戊申（萬曆三十六年，1608）仲春二日	紐約	佳士得藝品拍賣公司/拍賣目錄 1990,11,28.	
九峰雪霽圖（陳繼儒題）	卷	絹	水墨			紐約	佳士得藝品拍賣公司/拍賣目錄 1990,11,28.	
書畫	卷	紙	水墨	28 × 134.5		紐約	佳士得藝品拍賣公司/拍賣目錄 1992,06,02.	
仿巨然山水圖	卷	紙	設色	44 × 951		紐約	佳士得藝品拍賣公司/拍賣目錄 1993,06,04.	
荊溪招隱圖	卷	紙	水墨	26 × 118	辛亥（萬曆三十九年，1611）人日	紐約	佳士得藝品拍賣公司/拍賣目錄 1994,06,01.	
雲山圖書畫	卷	絹	設色	（畫）24 × 139.1	己未（萬曆四十七年，1619）夏日	紐約	佳士得藝品拍賣公司/拍賣目錄 1994,11,30.	
山水圖	卷	紙	水墨	26.3 × 146.2		香港	佳士得藝品拍賣公司/拍賣目錄 1995,04,30.	
溪閣鳴琴圖	卷	絹	水墨	25.5 × ？		紐約	佳士得藝品拍賣公司/拍賣目錄 1995,09,19.	
仿高克恭雲山圖	卷	絹	設色	23 × 156		紐約	佳士得藝品拍賣公司/拍賣目錄 1995,09,19.	
仿米山水圖	卷	絹	水墨	24.8 × 210.2		紐約	佳士得藝品拍賣公司/拍賣目錄 1998,03,24.	
山水書法	卷	絹	設色	25.3 × 259.1	庚戌（萬曆三十八年，1610）秋日	香港	佳士得藝品拍賣公司/拍賣目錄 1998,09,15.	
倚松閣圖	軸	紙	設色	143 × 55		天津	天津市文物公司	
水流樹繞圖	軸	絹	水墨	71.5 × 29.5		合肥	安徽省文物商店	
山水圖	軸	金箋	水墨	121 × 39.		上海	上海文物商店	
水墨山水圖	軸	紙	水墨	不詳		上海	上海文物商店	
秋山蕭寺圖	軸	灑金箋	水墨	121.5 × 32.4		上海	上海文物商店	
雲山圖	軸	絹	水墨	87 × 34.8		上海	上海文物商店	
山水圖	軸	絹	水墨	83.5 × 29	甲辰（萬曆三十二	上海	上海工藝品進出口公司	

名稱		質地	色彩	尺寸 高×寬cm	創作時間	收藏處所	典藏號碼
					年，1604）		
仿趙、黃山水圖	軸	絹	水墨	不詳		上海 上海工藝品進出口公司	
離騷圖	軸	絹	設色	不詳		上海 上海工藝品進出口公司	
林表長松圖	軸	絹	水墨	113.1 × 49.6		武漢 湖北省武漢市文物商店	
山水圖	軸	絹	水墨	108 × 53.3		紐約 蘇富比藝品拍賣公司/拍賣目錄 1984,06,13.	
山水圖	軸	紙	水墨	137.2 × 38		香港 蘇富比藝品拍賣公司/拍賣目錄 1984,11,11.	
群峰聳翠圖	軸	紙	水墨	157.5 × 44.4		紐約 蘇富比藝品拍賣公司/拍賣目錄 1987,12,08.	
仿米家雲山（為有莪作）	軸	紙	水墨	114.6 × 47		紐約 蘇富比藝品拍賣公司/拍賣目錄 1987,12,08.	
仿吳鎮山水圖	軸	紙	水墨	167 × 55	丙寅（天啟六年，1626）夏五	紐約 蘇富比藝品拍賣公司/拍賣目錄 1988,06,01.	
仿北苑山水圖	軸	紙	水墨	98 × 49		紐約 佳士得藝品拍賣公司/拍賣目錄 1987,06,03.	
婉孌草堂圖	軸	紙	水墨	111.3 × 69.2	丁酉（萬曆二十五年，1597）十月	紐約 佳士得藝品拍賣公司/拍賣目錄 1989,06,01.	
仿黃公望山水圖	軸	紙	水墨	128 × 43		紐約 佳士得藝品拍賣公司/拍賣目錄 1989,12,04.	
擬大癡筆意山水圖	軸	紙	水墨	123 × 50		紐約 佳士得藝品拍賣公司/拍賣目錄 1989,12,04.	
山水圖	軸	綾	設色	106.5 × 53.6		紐約 佳士得藝品拍賣公司/拍賣目錄 1992,12,02.	
溪松山色圖	軸	紙	水墨	62.3 × 27.7		紐約 佳士得藝品拍賣公司/拍賣目錄 1994,06,01.	
五岳圖	軸	紙	水墨	221 × 99	丙辰（萬曆四十四年，1616）仲秋	香港 佳士得藝品拍賣公司/拍賣目錄 1994,10,30.	
山水圖	軸	絹	水墨	136 × 43.9		紐約 佳士得藝品拍賣公司/拍賣目錄 1995,03,22.	
仿黃子久山水圖	軸	絹	水墨	110.5 × 40.6	癸丑（萬曆四十一年，1613）二月	紐約 佳士得藝品拍賣公司/拍賣目錄 1995,03,22.	
絕壁過雲圖	軸	絹	設色	123.8 × 52		紐約 佳士得藝品拍賣公司/拍	

名稱		質地	色彩	尺寸 高x寬cm	創作時間	收藏處所	典藏號碼
仿黃公望山水圖	軸	紙	設危	115.5 x 42.5	甲戌（崇禎七年，1634）八月	香港 佳士得藝品拍賣公司/拍賣目錄 1995,09,19.	
仿米家雲山圖	軸	紙	水墨	114.7 x 47.2		香港 佳士得藝品拍賣公司/拍賣目錄 1995,10,29.	
山水圖	軸	紙	水墨	103.2 x 39.4	辛酉（天啟元年，1621）四月望後二日	紐約 佳士得藝品拍賣公司/拍賣目錄 1996,04,28.	
山寺晴嵐圖	軸	絹	設色	144.8 x 47		紐約 佳士得藝品拍賣公司/拍賣目錄 1996,09,18.	
仿黃公望山水圖	軸	紙	水墨	87.5 x 30.5	庚午（崇禎三年，1630）九月	香港 佳士得藝品拍賣公司/拍賣目錄 1996,09,18.	
山水圖	軸	紙	水墨	332.5 x 102.5		香港 佳士得藝品拍賣公司/拍賣目錄 1998,09,15.	
雲山圖	軸	紙	水墨	108 x 31.4	乙卯（萬曆四十三年，1615）六月	香港 佳士得藝品拍賣公司/拍賣目錄 1998,09,15.	
仿倪瓚山水圖	軸	絹	水墨	85 x 32.3		香港 蘇富比藝品拍賣公司/拍賣目錄 1999,10,31.	
山水圖（明董其昌等書畫冊16之1幀）	冊頁	絹	設色	39 x 33		天津 天津市文物公司	
山水圖（為約庵作，明董其昌等書畫冊16之1幀）	冊頁	絹	設色	39 x 33		天津 天津市文物公司	
山水圖（6幀）	冊	金箋	水墨	（每幀）31.8 x 23.8	庚午（崇禎三年，1630）	濟南 山東省濟南市文物商店	
山水法書（12幀）	冊	紙	水墨	（每幀）23.5 x 15.2		紐約 佳士得藝品拍賣公司/拍賣目錄 1989,12,04.	
仿古山水圖（7幀）	冊	紙	水墨	（每幀）34 x 22		香港 佳士得藝品拍賣公司/拍賣目錄 1991,03,18.	
仿古山水（22幀）	冊	紙	水墨、設色	（每幀）41.6 x 28.6	甲子（天啟四年，1624）元旦	紐約 佳士得藝品拍賣公司/拍賣目錄 1992,12,02.	
擬張僧繇筆法山水（畫中九友山水書法冊之一幀）	摺扇面	金箋	設色	不詳	甲子（天啟四年，1624）十月	紐約 佳士得藝品拍賣公司/拍賣目錄 1993,12,01.	
山水、書法（2幅合裱成軸）	冊頁	絹	水墨	（每幀）50.7 x 17.1		紐約 佳士得藝品拍賣公司/拍賣目錄 1994,06,01.	

名稱		質地	色彩	尺寸 高x寬cm	創作時間	收藏處所	典藏號碼
米家山水（明清人扇面冊12之1幀）		摺扇面 金箋	水墨	不詳		香港 佳士得藝品拍賣公司/拍 賣目錄 1998,09,15.	

畫家小傳：董其昌。字玄宰。號思白。江蘇華亭人。生於世宗嘉靖三十四（1555）年。卒於思宗崇禎九（1636）年。仕官至大宗伯。工詩
　　　文。善書畫，均有名海內。畫山水，宗法董源、巨然、黃公望等，秀潤蒼鬱，超然出塵。又精鑒賞與畫理，撰有畫旨、畫眼、
　　　畫禪室隨筆等。（見明畫錄、無聲詩史、圖繪寶鑑續纂、明史本傳、松江府志、列朝詩集小傳、華亭志、中國畫家人名大辭典）

史元麟

附：

| 百禽圖 | | 卷 | 紙 | 設色 | 不詳 | 萬曆庚辰（八年，
1580）仲春 | 北京 榮寶齋 | |

畫家小傳：史元麟。畫史無載。流傳署款紀年作品見於神宗萬曆八(1580)年。身世待考。

邢慈靜

白衣觀音圖		卷	紙	水墨	30.3 x 371.5	萬曆甲寅（四十二 年，1614）夏月	青島 山東省青島市博物館	
觀音渡海圖		卷	紙	水墨	不詳	丁卯（天啟七年， 1627）六月	上海 上海博物館	
大士像		軸	紙	泥金	55.2 x 22.2		台北 故宮博物院	故畫 00604
畫石（寫似兄丈）		軸	紙	水墨	不詳	庚辰（萬曆八年， 1580）孟冬	濟南 山東省博物館	
梅花圖		軸	花綾	水墨	46.5 x 27.5		上海 上海博物館	
畫觀世音菩薩三十二應身相（24幀）		冊	紙	泥金	（每幀）28.6 x 29.5		台北 故宮博物院	故畫 01147

畫家小傳：邢慈靜。女。臨清人。邢侗之妹。能詩工書，頗類其兄。善作竹石及白衣觀音，宗法管道昇。流傳署款紀年作品見於神宗萬曆八
　　　(1580)年，至熹宗天啟七(1627)年。（見明史董其昌傳、無聲詩史、圖繪寶鑑續纂、武定州志、池北偶談、中國畫家人名大辭典）

何　龍

| 山水人物圖 | | 摺扇面 金箋 | 設色 | 不詳 | 庚辰（萬曆八年，
1580） | 成都 四川省博物院 | |

畫家小傳：何龍。福建泉州人。身世不詳。以畫龍得名，稱一時絕藝。流傳署款紀年作品見於神宗萬曆八(1580)年。（見泉州府志、中國
　　　畫家人名大辭典）

沈　介

| 梁夢龍恩榮百紀圖（45幀） | | 冊 | 絹 | 水墨 | （每幀）58.7
x 34.8 | 萬曆九年（辛巳，
1581）八月 | 北京 首都博物館 | |

畫家小傳：沈介。畫史無載。流傳署款紀年作品見於神宗萬曆九(1581)年。身世待考。

名稱		質地	色彩	尺寸 高x寬㎝	創作時間	收藏處所	典藏號碼

文熙光

| 補幽蘭賦圖 | 卷 | 紙 | 水墨 | 不詳 | 辛巳（萬曆九年，1581） | 北京 故宮博物院 | |

畫家小傳：文熙光。畫史無載。流傳署款紀年作品見於神宗萬曆九(1581)年。身世待考。

錢 貢

山水（明謝時臣、錢貢、胡宗信、錢穀山水集卷之第4）	卷	紙	設色	24.6 x 46.6		台北 故宮博物院（蘭千山館寄存）	
滕王閣圖	卷	紙	設色	不詳		北京 故宮博物院	
湖山風雨圖	卷	紙	設色	不詳	萬曆丙申（二十四年，1596）四月望	北京 中國歷史博物館	
滄州漁樂圖	卷	絹	設色	31.4 x 555.5		北京 中國歷史博物館	
城南雅逸圖	卷	紙	設色	28.5 x 137.8	戊子（萬曆十六年，1588）新秋	天津 天津市藝術博物館	
洞庭西山福源寺圖（2段）	卷	紙	設色	33.2 x 57.7；33.2 x 58	庚戌（萬曆三十八年，1610）	蘇州 江蘇省蘇州博物館	
太平春色	軸	紙	設色	122 x 49.8		台北 故宮博物院	故畫 02303
山水人物圖	軸	絹	設色	111.2 x 40		台北 張添根先生	
山水圖（水閣賞花）	軸	絹	設色	73.6 x 28.2		香港 招署東先生	
山水圖	軸	紙	水墨	111.6 x 26	丙戌（萬曆十四年，1586）九月	北京 故宮博物院	
竹溪六逸圖	軸	紙	設色	不詳	辛亥（萬曆三十九年，1611）	北京 故宮博物院	
坐看雲起圖	軸	絹	設色	201.6 x 73.8		北京 故宮博物院	
漁家樂圖	軸	絹	設色	117.5 x 41.5	萬曆辛丑（二十九年，1601）	天津 天津市藝術博物館	
漁家樂圖	軸	紙	設色	122 x 32	丁未（萬曆三十五年，1607）	天津 天津市藝術博物館	
歲寒圖	軸	紙	設色	不詳	丙午（萬曆三十四年，1606）春朝	上海 上海博物館	

名稱		質地	色彩	尺寸 高x寬㎝	創作時間	收藏處所	典藏號碼
春山遊騎圖	軸	絹	設色	157 x 61		廣州 廣東省博物館	
幽蘭圖	橫幅	紙	水墨	30.7 x 68.7	丙午（萬曆三十四年，1606）夏日	日本 東京細川護貞先生	
停舟吹笛圖	橫幅	絹	設色	48 x 76.8	萬曆甲辰（三十二年，1604）春二月	日本 大阪橋本大乙先生	
竹林觴飲（明人便面畫冊肆冊（三）之17）	摺扇面	紙	設色	不詳		台北 故宮博物院	故畫 03539-17
桐下聯吟（明人便面畫冊肆冊（三）之18）	摺扇面	紙	設色	不詳		台北 故宮博物院	故畫 03539-18
松徑尋道（名人畫扇面（庚）冊之6）	摺扇面	紙	設色	不詳		台北 故宮博物院	故畫 03552-6
蘆舟聞笛（名人書畫扇（壬）冊之6	摺扇面	紙	設色	不詳		台北 故宮博物院	故畫 03560-6
漁父圖（明人書畫扇享冊之1，原題明人畫）	摺扇面	紙	設色	16.1 x 47.9		台北 故宮博物院	故畫 03565-1
蘆汀漁舟（名人書畫合冊之第15）	冊頁	紙	設色	15.2 x 48.3		台北 故宮博物院	故畫 03582-15
舟渡圖	摺扇面	金箋	設色	16 x 51.5		香港 香港藝術館‧虛白齋	FA1991.069
山水人物圖	摺扇面	金箋	設色	14.9 x 46.9		香港 劉作籌虛白齋	61
漁樂圖	摺扇面	紙	設色	不詳	壬子（萬曆四十年，1612）	北京 故宮博物院	
仿古山水（8幀）	冊	紙	設色	（每幀）32 x 32		北京 故宮博物院	
山水圖	摺扇面	金箋	設色	不詳		北京 故宮博物院	
山水人物	摺扇面	金箋	設色	不詳		北京 中國歷史博物館	
蘆塘聚飲圖	摺扇面	金箋	設色	15.7 x 50.8		北京 中國歷史博物館	
山水圖（曹羲等四人山水冊4之1幀）	冊頁	灑金箋	設色	約 33 x 62		天津 天津市藝術博物館	
山水圖（明蔣乾等山水冊8之1幀）	冊頁	絹	設色	不詳	甲午（萬曆二十二年，1594）	石家莊 河北省博物館	
東海圖（明陸士仁等江左名勝圖冊34之1幀）	冊頁	絹	設色	25.5 x 50		南京 南京博物院	
中流砥柱圖	摺扇面	金箋	設色	不詳		寧波 浙江省寧波市天一閣文物保管所	
赤壁圖	摺扇面	金箋	設色	不詳	辛巳（萬曆九年，	成都 四川省博物院	

名稱		質地	色彩	尺寸 高x寬cm	創作時間	收藏處所	典藏號碼
					1581）		
松風高士圖	摺扇面	金箋	設色	不詳		成都 四川省博物院	
山水圖	摺扇面	金箋	設色	不詳		成都 四川大學	
林居圖	摺扇面	金箋	設色	不詳		廣州 廣州市美術館	
太湖漁樂圖（為丹霞先生寫）	摺扇面	金箋	設色	16.1 x 49.8	辛丑（萬曆二十九年，1601）夏日	日本 大阪橋本大乙先生	
山水圖	摺扇面	金箋	設色	19 x 58		日本 埼玉縣萬福寺	
漁樂圖	摺扇面	金箋	設色	15 x 46.2		美國 密歇根大學藝術博物館	1985/2.29
虎溪三笑圖	摺扇面	金箋	設色	15.3 x 46.1		美國 印地安阿波里斯市藝術博物館	80.212
漁樂圖（扇面圖冊之第10幀）	摺扇面	金箋	設色	17 x 49.8		美國 聖地牙哥藝術博物館	68.73j
山水圖	摺扇面	金箋	設色	18.8 x 58.1		德國 柏林東亞藝術博物館	1988-260
山水圖	摺扇面	金箋	設色	15.1 x 48.9		德國 柏林東亞藝術博物館	1988-261
山水圖	摺扇面	金箋	設色	14.3 x 46.7		德國 柏林東亞藝術博物館	1988-262
山水圖	摺扇面	金箋	設色	15.6 x 46.1		瑞士 蘇黎士黎得堡博物館	
附：							
山水圖（晚明八家山水合卷之第4段）	卷	紙	設色	36 x 66		紐約 蘇富比藝品拍賣公司/拍賣目錄 1984,12,05.	
蘭亭修禊圖	卷	紙	設色	30.5 x 565	己丑（萬曆四十一年，1613）秋日	紐約 佳士得藝品拍賣公司/拍賣目錄 1989,12,04.	
漁樂圖	卷	紙	設色	32 x 310	己亥（萬曆二十七年，1599）春日	紐約 佳士得藝品拍賣公司/拍賣目錄 1997,09,19.	
竹林七賢圖	軸	絹	設色	不詳		北京 北京市工藝品進出口公司	
崇山峻嶺圖	軸	紙	設色	103 x 32.1	甲辰（萬曆三十二年，1604）	上海 上海文物商店	
桐陰烹茶圖	軸	紙	設色	135.3 x 32	萬曆乙卯（四十三年，1615）夏日	香港 佳士得藝品拍賣公司/拍賣目錄 1998,09,15.	
漁樂圖（寫似文善先生）	摺扇面	金箋	設色	15.2 x 46	庚戌（萬曆三十八年，1610）秋日	紐約 蘇富比藝品拍賣公司/拍賣目錄 1985,06,03.	
溪山捕魚圖	摺扇面	金箋	設色	15.3 x 47.5		紐約 佳仕得藝品拍賣公司/拍賣目錄 1986,06,04.	
花卉圖（清諸名家山水花卉書法冊之1幀）	冊頁	絹	設色	23 x 18.5		紐約 佳士得藝品拍賣公司/拍賣目錄 1994,11,30.	
漁鄉水榭圖	摺扇面	金箋	設色	15.4 x 47.7		紐約 佳士得藝品拍賣公司/拍	

名稱		質地	色彩	尺寸 高x寬cm	創作時間	收藏處所	典藏號碼

賣目錄 1995,3,22.

畫家小傳：錢貢。字禹方。號滄洲。江蘇吳縣人。善畫山水，兼善人物，間仿文徵明、唐寅兩家。流傳署款紀年作品見於神宗萬曆九（1581）至四十三（1615）年。（見明畫錄、無聲詩史、圖繪寶鑑續纂、中國畫家人名大辭典）

李 郁

名稱	質地	色彩	尺寸	創作時間	收藏處所	典藏號碼
老子說法圖	卷 絹	設色	不詳	萬曆辛巳（九年，1581）夏日	北京 故宮博物院	
秋雨山莊圖	軸 絹	水墨	151.5 x 53	戊午（萬曆四十六年，1618）小春	日本 東京桑名鉄城先生	
山水人物圖	摺扇面 金箋	水墨	不詳	丁丑（崇禎十年，1637）	北京 故宮博物院	
山水圖	摺扇面 金箋	設色	18.8 x 47.5		南京 南京博物院	

畫家小傳：李郁。籍里不詳。仕官。崇禎十二（1635）年，於鳳陽殉難。流傳署款紀年作品見於神宗萬曆九（1581）年至思宗崇禎十（1637）年。（見明史卷292、中國美術家人名大辭典）

（釋）子 瑩

名稱	質地	色彩	尺寸	創作時間	收藏處所	典藏號碼
十八羅漢圖（黃檗木庵題讚於丁酉萬曆二十五年四月）	軸 絹	設色	134.9 x 49	辛巳（萬曆九年，1581）長至	日本 中埜又左衛門先生	

畫家小傳：子瑩。僧。畫史無載。流傳署款紀年作品見於神宗萬曆九（1581）年。身世待考。

李翠蘭

名稱	質地	色彩	尺寸	創作時間	收藏處所	典藏號碼
淵明軼事圖	卷 絹	水墨	不詳	萬曆壬午（十年，1582）秋	北京 故宮博物院	

畫家小傳：李翠蘭。女。福建永安人。工書。善畫白描人物。流傳署款紀年作品見於神宗萬曆十（1582）年。（見盛京故宮書畫錄、中國美術家人名辭典）

姚允在

名稱	質地	色彩	尺寸	創作時間	收藏處所	典藏號碼
仿江參山水圖	卷 絹	水墨	46.9 x ？		美國 私人	
仙山樓閣圖	軸 絹	水墨	147.5 x 51.4		天津 天津市藝術博物館	
青綠山水圖	軸 絹	設色	104.5 x 45	辛巳（崇禎十四年，1641）十月	美國 密歇根大學藝術博物館	1974/1.93
秋景山水圖	摺扇面 紙	設色	不詳	己巳（崇禎二年，1629）	北京 故宮博物院	

名稱		質地	色彩	尺寸 高x寬㎝	創作時間	收藏處所	典藏號碼
山水圖（為吾徵作）	摺扇面	紙	設色	不詳	壬申（崇禎五年，1632）十一月	北京 故宮博物院	
仿王蒙山水圖（為澹生作）	摺扇面	紙	設色	不詳	崇禎丙子（九年，1636）夏	北京 故宮博物院	
山水圖	摺扇面	紙	設色	16.4 x 51.5	辛巳（崇禎十四年，1641）二月	北京 故宮博物院	
山水圖（2幀）	摺扇面	紙	設色	16.4 x 51.5 不等	辛巳（崇禎十四年，1641）	北京 故宮博物院	
秋溪載舟圖	摺扇面	粉箋	設色	不詳	丙子（崇禎九年，1636）夏日	合肥 安徽省博物館	
秋林茅屋圖	摺扇面	金箋	設色	不詳	庚午（崇禎三年，1630）二月	合肥 安徽省博物館	
仿趙千里山水圖	摺扇面	金箋	設色	不詳	丁丑（崇禎十年，1637）中秋	合肥 安徽省博物館	
山水圖（6幀）	冊	紙	設色	不詳	辛巳（崇禎十四年，1641）伏日	上海 上海博物館	
附：							
春夜宴桃李園圖	卷	絹	水墨	不詳	萬曆壬午（十年，1582）仲春之月	無錫 無錫市文物商店	
桐江煙雨圖	卷	絹	水墨	46 x 1077		紐約 佳士得藝品拍賣公司/拍賣目錄 1990,05,31.	
仿宋人筆法山水圖	軸	絹	設色	139.8 x 61.7	丙子（崇禎九年，1636）三月	紐約 佳士得藝品拍賣公司/拍賣目錄 1994,11,30.	
仿古山水（8幀）	冊	紙	設色	（每幀）26.7 x 23.5		香港 佳士得藝品拍賣公司/拍賣目錄 1991,03,18.	
草盧靜思圖	摺扇面	金箋	設色	17 x 54.5		紐約 佳士得藝品拍賣公司/拍賣目錄 1996,09,18.	

畫家小傳：姚允在。字簡叔。浙江會稽人。善畫山水，宗法荊浩、關仝；亦工人物，精工秀逸，有名於時。流傳署款紀年作品見於神宗萬曆十（1582）年至思宗崇禎十四(1641)年。（見明畫錄、無聲詩史、圖繪寶鑑續纂、桐陰論畫、中國畫家人名大辭典）

張元舉

名稱		質地	色彩	尺寸 高x寬㎝	創作時間	收藏處所	典藏號碼
溪山深秀圖（為開宇作）	卷	紙	設色	25 x 264	萬曆甲午（二十二年，1594）季冬之望	北京 故宮博物院	
仿夏珪山亭觀瀑圖	軸	紙	水墨	不詳	萬曆丁亥（十五年	南京 南京博物院	

名稱		質地	色彩	尺寸 高x寬㎝	創作時間	收藏處所	典藏號碼
					，1587）冬日		
古柏飛泉圖	軸	紙	水墨	不詳		常州 江蘇省常州市博物館	
草閣飛泉圖	軸	絹	水墨	117.5 x 29		廣州 廣東省博物館	
雙松（明人畫扇一冊之15）	摺扇面	紙	水墨	不詳		台北 故宮博物院	故畫 03527-15
秋林石壁（明人便面畫冊肆冊（三）之14）	摺扇面	紙	設色	不詳		台北 故宮博物院	故畫 03539-14
雜畫（名人畫扇（戊）冊之7）	摺扇面	紙	設色	不詳		台北 故宮博物院	故畫 03550-7
山水圖（明蔣乾等山水冊8之1幀）	冊頁	絹	設色	不詳	甲午（萬曆二十二年，1594）	石家莊 河北省博物館	
山水圖（明清名家書畫扇面冊之7）	摺扇面	金箋	設色	19.7 x 54.5		香港 潘祖堯小聽颿樓	CP74
山水圖（12幀）	冊	紙	水墨	（每幀）13.7 x 16	癸巳（萬曆二十一年，1593）	天津 天津市藝術博物館	
觀瀑圖	摺扇面	紙	設色	不詳	甲午（萬曆二十二年，1594）	南京 南京博物院	
泖湖圖（明陸士仁等江左名勝圖冊34之1幀）	冊頁	絹	設色	25.5 x 50		南京 南京博物院	
焦山圖（明陸士仁等江左名勝圖冊34之1幀）	冊頁	絹	設色	25.5 x 50		南京 南京博物院	
金陵八景圖（蔣乾、周天球等十一人合繪於2摺扇面）	摺扇面	金箋	設色	（每面）17.5 x 53.5		南京 南京市博物館	
載酒圖	摺扇面	金箋	設色	不詳	辛卯（萬曆十九年，1591）	湖州 浙江省湖州市博物館	
竹菊圖	摺扇面	金箋	水墨	不詳		寧波 浙江省寧波市天一閣文物保管所	
墨梅圖（明人扇面畫冊之30）	摺扇面	金箋	水墨	17.7 x 50.8		日本 京都國立博物館	A甲 685
菊石圖	摺扇面	金箋	水墨	15.9 x 47.4	壬午（萬曆十年，1582）九月	美國 勃克萊加州大學藝術館（高居翰教授寄存）	
山水圖	摺扇面	金箋	水墨	14.7 x 45.5		德國 柏林東亞藝術博物館	1988-372
附：							
松屋對菊圖	軸	絹	設色	不詳	丁亥（萬曆十五年，1587）	上海 朵雲軒	

畫家小傳：張元舉。字懋賢。號五湖。江蘇吳縣人。為陳淳之甥。得外舅之傳，善畫花鳥，氣韻生動。流傳署款紀年作品見於神宗萬曆十　　（1582）至二十二（1594）年。（見明畫錄、吳縣志、中國畫家人名大辭典）

名稱		質地	色彩	尺寸 高×寬㎝	創作時間	收藏處所	典藏號碼

黃克晦

附：

| 江天疊嶂圖 | 卷 | 絹 | 設色 | 32.5 × 727.5 | 萬曆壬午（十年，1582） | 武漢 湖北省武漢市文物商店 | |

畫家小傳：黃克晦。字孔昭。福建惠安人。詩、書、畫稱三絕。少時於河岸沙地作山水景，長而學畫，宗法沈周，用筆甚蒼勁，時稱神品。流傳署款紀年作品見於神宗萬曆十（1582）年。（見閩畫錄、閩書、福建通志、惠安縣志、閩游詩話、中國畫家人名大辭典）

陳繼儒

仿米家山（雲閒十一家山水卷之第4幅，與趙左、李紹箕畫同幅）	卷	紙	水墨	20.7 × 140.5		台北 故宮博物院	故畫01109-4
山水圖	卷	絹	水墨	24.7 × ？		香港 中文大學中國文化研究所文物館	95.535
山水圖	卷	絹	水墨	24.7 × ？		香港 利榮森北山堂	
梅花圖	卷	紙	設色	30.2 × 275		瀋陽 遼寧省博物館	
山川出雲圖	卷	紙	水墨	不詳	辛亥（萬曆三十九年，1611）	北京 故宮博物院	
梅竹雙清圖	卷	紙	水墨	不詳		北京 故宮博物院	
雲山圖（莫是龍、陳繼儒合卷）	卷	紙	水墨	20.8 × 233		天津 天津市藝術博物館	
梅花圖	卷	絹	水墨	不詳		濟南 山東省博物館	
梅竹水仙圖	卷	紙	水墨	29.4 × 319.3	壬戌（天啟二年，1622）	上海 上海博物館	
江南春圖	卷	紙	設色	25 × 286		廣州 廣東省博物館	
江南秋圖	卷	絹	設色	25.9 × 302	庚申（泰昌元年，1620）秋日	日本 東京國立博物館	
采筆山水（江南春）	卷	絹	設色	24.1 × 297.4	庚申（泰昌元年，1620）秋日	日本 東京高島菊次郎槐安居	
梅花圖	卷	紙	水墨	31.4 × 515.7		日本 大阪市立美術館	
冬景山水圖	卷	紙	水墨	26.7 × 119.9		美國 西雅圖市藝術館	Ch32C422.1
山水圖	軸	紙	水墨	90.9 × 34.2		台北 陳啟斌畏罍堂	
山林隱賢圖	軸	紙	水墨	120.5 × 28.5		香港 香港美術館・虛白齋	XB1992.046

名稱		質地	色彩	尺寸 高×寬cm	創作時間	收藏處所	典藏號碼
雲山幽趣圖（仿巨然山水）	軸	紙	水墨	110.4 × 54.6		瀋陽 遼寧省博物館	
松梅圖	軸	絹	水墨	48.9 × 24		瀋陽 遼寧省博物館	
梅花圖	軸	絹	設色	123 × 54		北京 故宮博物院	
梅松水仙圖	軸	金箋	水墨	不詳		上海 上海博物館	
墨梅圖	軸	紙	水墨	不詳		上海 上海人民美術出版社	
梅花水仙圖	軸	紙	水墨	125.6 × 53.7		蘇州 江蘇省蘇州博物館	
仿吳鎮山水圖	軸	金箋	水墨	不詳		杭州 浙江省博物館	
梅花圖	軸	紙	水墨	不詳		杭州 浙江省杭州市文物考古所	
梅花圖	軸	絹	水墨	132 × 48.5	癸酉（崇禎六年，1633）	武漢 湖北省博物館	
紅梅綠竹圖	軸	絹	設色	123.5 × 53		武漢 湖北省博物館	
梅花圖	軸	絹	水墨	不詳		成都 四川省博物院	
山水圖	軸	絹	設色	116 × 51.6		廣州 廣東省博物館	
山水圖（仿黃公望意）	軸	綾	水墨	136.3 × 40		日本 大阪橋本大乙先生	
煙靄雲山圖	軸	絹	水墨	不詳		日本 京都慈照寺（銀閣寺）	
摹董北苑山水圖	軸	金箋	設色	不詳		日本 江田勇二先生	
山水圖	軸	絹	設色	不詳		日本 井上戶方庵先生	
折枝墨梅圖	軸	紙	水墨	74.5 × 48.7		美國 耶魯大學藝術館	1985.59.1
墨梅圖（惲壽平題）	軸	絹	水墨	129.5 × 63.3		英國 倫敦大英博物館	1952.11.8.09.（ADD282）
墨梅（明花卉畫冊之5）	冊頁	紙	水墨	16.2 × 46.2		台北 故宮博物院	故畫03513-5
書畫梅花（10幀）	冊	紙	水墨	（每幀）32.2 × 23.8		台北 故宮博物院（蘭千山館寄存）	
水仙梅花	冊頁	金箋	水墨	28 × 30.5		台北 黃君璧白雲堂	
梅花圖	摺扇面	金箋	設色	16.3 × 47.1		香港 潘祖堯小聽颿樓	CP82
墨梅圖（4幀）	冊	紙	水墨	（每幀）22 × 30		瀋陽 遼寧省博物館	
梅花（7幀）	冊	紙	水墨	（每幀）24.5 × 25		北京 故宮博物院	
梅花（8幀）	冊	金箋	水墨	（每幀）21.5 × 13.8		北京 故宮博物院	

名稱		質地	色彩	尺寸 高×寬㎝	創作時間	收藏處所	典藏號碼
梅花（8幀）	冊	紙	水墨	不詳		北京 故宮博物院	
梅花（10幀）	冊	紙	水墨	不詳		北京 故宮博物院	
花卉圖（6幀）	冊	紙	設色	不詳		天津 天津市藝術博物館	
梅花圖（10幀）	冊	紙	水墨	不詳		天津 天津市藝術博物館	
芳苑圖	摺扇面	金箋	水墨	不詳		合肥 安徽省博物館	
梅竹水仙圖樣 6幀）	冊	紙	設色	（每幀）23.5 ×15.2		上海 上海博物館	
梅花圖（8幀）	冊	紙	水墨	不詳		上海 上海博物館	
書畫（8幀）	冊	紙	水墨	不詳	丙子（崇禎九年，1636）	上海 上海博物館	
臨水梅石圖（陳道復等雜畫冊12之第9幀）	冊頁	紙	設色	約24.5 ×25.3	戊戌（萬曆二十六年，1598）秋日	上海 上海博物館	
梅花圖（6幀）	冊	紙	水墨	不詳		杭州 浙江省杭州市文物考古所	
梅花圖	摺扇面	金箋	水墨	不詳		杭州 浙江省杭州市文物考古所	
梅花圖（8幀）	冊	金箋	設色	（每幀）22.9 ×15.4		成都 四川省博物院	
松梅圖（6幀）	冊	紙	設色	（每幀）23 ×15		重慶 重慶市博物館	
山水圖	摺扇面	金箋	水墨	不詳		南寧 廣西壯族自治區博物館	
秋柳鳴蟬（明人書畫扇甲冊之第7幀）	摺扇面	金箋	設色	不詳		日本 東京橋本辰二郎先生	
梅花圖（8幀）	冊	紙	水墨	（每幀）25.8 ×15.8		日本 京都國立博物館（上野有A甲167竹齋寄贈）	
墨梅圖（墨林叢翰圖冊之12）	冊頁	金箋	水墨	27.2 × 33.2		美國 華盛頓特區弗瑞爾藝術館	15.361
擬揚補之梅竹圖（墨林叢翰圖冊之第7幀）	冊頁	金箋	水墨	27.2 × 36.9		美國 華盛頓特區弗瑞爾藝術館	15.36g
江山蕭寺圖	摺扇面	金箋	水墨	17.4 × 51.4		美國 密歇根大學藝術博物館	1972/2.351
山水圖（8幀）	冊	紙	水墨	（每幀）20.6 ×29.2		美國 勃克萊加州大學藝術館	CM130
墨鳥圖（明清人畫冊之7）	冊頁	綾	水墨	25.9 × 21.6		英國 倫敦大英博物館	1902.6.6.52-7.ADD352）

名稱		質地	色彩	尺寸 高x寬cm	創作時間	收藏處所		典藏號碼

附：

松梅圖	軸	絹	水墨	不詳		上海 朵雲軒
山居圖	軸	絹	水墨	117 x 50.6	甲戌（崇禎七年，1634）	上海 上海文物商店
曉起煙樹圖	軸	紙	水墨	134.6 x 28	壬寅（萬曆三十年，1602）初秋	紐約 蘇富比藝品拍賣公司/拍賣目錄1982,06,05.
山水圖	軸	灑金箋	水墨	60 x 28		紐約 佳士得藝品拍賣公司/拍賣目錄1984,06,29.
雲山圖	軸	紙	水墨	128 x 59		紐約 佳士得藝品拍賣公司/拍賣目錄1994,11,30.
暗香浮動圖	軸	紙	水墨	110.5 x 31	癸酉（崇禎六年，1633）冬日	香港 佳士得藝品拍賣公司/拍賣目錄2001,04,29.
山川出雲圖	摺扇面	金箋	水墨	不詳		揚州 揚州市文物商店
仿古山水圖（6幀）	冊	紙	設色	不詳		上海 朵雲軒
梅花、月季圖（8幀）	冊	紙	水墨	不詳		上海 上海文物商店
梅花圖（8幀）	冊	紙	設色	不詳		武漢 湖北省武漢市文物商店
梅花（8幀）	冊	灑金箋	設色、水墨	（每幀）23.2 x 14.6		紐約 佳士得藝品拍賣公司/拍賣目錄1987,12,11.
葡萄圖	摺扇面	金箋	水墨	16.5 x 50		紐約 佳士得藝品拍賣公司/拍賣目錄1993,06,04.
梅花（12幀）	冊	紙	水墨	（每幀）21.6 x 15.9		紐約 佳士得藝品拍賣公司/拍賣目錄1994,06,01.

畫家小傳：陳繼儒。字仲醇。號麋公、眉公。江蘇華亭人。生於世宗嘉靖三十七（1558）年。卒於思宗崇禎十二（1639）年。少有高才，子、史百家靡不精討。工詩文、書法。間作山水、梅竹，涉筆草草，蒼老秀逸，不落匠俗。（見明畫錄、無聲詩史、圖繪寶鑑續纂、明史本傳、松江府志、容臺集、中國畫家人名大辭典）

李 麟

參寥子像	卷	紙	設色	不詳	崇禎辛巳（十四年，1641）	北京 故宮博物院
牧牛圖	卷	紙	水墨	不詳		北京 故宮博物院
羅漢圖	卷	紙	設色	不詳		北京 故宮博物院
布袋慈尊十八子圖	卷	紙	水墨	不詳	崇禎丙子（九年，1636）	上海 上海博物館
羅漢圖	卷	紙	水墨	29.6 x 898.7		上海 上海博物館

名稱		質地	色彩	尺寸 高×寬㎝	創作時間	收藏處所	典藏號碼
仿李公麟七賢圖	卷	絹	水墨	29.1 × ？		美國 加州 Palo Alto 先生	
擊鞠圖（打馬球圖）	卷	絹	設色	27.8 × 116.4		英國 倫敦維多利亞-艾伯特博物館	E2601-1910
十八應真像	軸	紙	設色	128.5 × 57.3		台北 故宮博物院	故畫 01806
寒林鍾馗圖	軸	紙	設色	不詳	天啟乙丑（五年，1625）夏日	香港 劉作籌虛白齋	
維摩演教圖	軸	紙	水墨	141.7 × 59	崇禎乙亥（八年，1635）秋	北京 故宮博物院	
觀音圖	軸	紙	水墨	125 × 61.4	崇禎辛未（四年，1631）	天津 天津市藝術博物館	
觀音圖	軸	絹	水墨	109.3 × 40	崇禎辛未（四年，1631）	杭州 浙江省博物館	
達摩圖	軸	紙	水墨	106 × 29	崇禎庚午（三年，1630）	杭州 浙江省杭州西泠印社	
人物圖（五老鑒畫）	橫幅	絹	設色	不詳	崇禎己巳（二年，1629）	日本 江田勇二先生	
牧童喚牛圖	軸	紙	水墨	52.6 × 30.9		日本 中埜又左衛門先生	
觀音圖	軸	紙	水墨	135.3 × 33.3		日本 私人	
十二牧圖之一：馭之弗酷（李麟畫冊之1）	冊頁	絹	水墨	26.3 × 33		台北 故宮博物院	故畫 03179-1
十二牧圖之一：一繩在鼻（李麟畫冊之2）	冊頁	絹	水墨	26.3 × 33		台北 故宮博物院	故畫 03179-2
十二牧圖之一：使之以時（李麟畫冊之3）	冊頁	絹	水墨	26.3 × 33		台北 故宮博物院	故畫 03179-3
十二牧圖之一：爾牧來思（李麟畫冊之4）	冊頁	絹	水墨	26.3 × 33		台北 故宮博物院	故畫 03179-4
十二牧圖之一：用以涉川（李麟畫冊之5）	冊頁	絹	水墨	26.3 × 33		台北 故宮博物院	故畫 03179-5
十二牧圖之一：鳥獸率舞（李麟畫冊之6）	冊頁	絹	水墨	26.3 × 33		台北 故宮博物院	故畫 03179-6
十二牧圖之一：馴犢其側（李麟畫冊之7）	冊頁	絹	水墨	26.3 × 33		台北 故宮博物院	故畫 03179-7

名稱		質地	色彩	尺寸 高×寬㎝	創作時間	收藏處所	典藏號碼
十二牧圖之一：耕歸笛聲（李麟畫冊之8）	冊頁	絹	水墨	26.3 × 33		台北 故宮博物院	故畫 03179-8
十二牧圖之一：聽其自然（李麟畫冊之9）	冊頁	絹	水墨	26.3 × 33		台北 故宮博物院	故畫 03179-9
十二牧圖之一：浴以息其力（李麟畫冊之10）	冊頁	絹	水墨	26.3 × 33		台北 故宮博物院	故畫 03179-10
十二牧圖之一：勿缺其食（李麟畫冊之11）	冊頁	絹	水墨	26.3 × 33		台北 故宮博物院	故畫 03179-11
十二牧圖之一：物我兩忘（李麟畫冊之12）	冊頁	絹	水墨	26.3 × 33	天啟壬戌（二年，1622）秋七月	台北 故宮博物院	故畫 03179-12
赤壁圖	摺扇面	金箋	設色	17.1 × 53.2		德國 科隆東亞藝術博物館	A55.12
附：							
竹林七賢圖	卷	紙	水墨	29.2 × 455		紐約 佳士得藝品拍賣公司/拍賣目錄 1988,11,30.	
送子圖	軸	綾	水墨	40.2 × 35	天啟元年（辛酉，1621）	上海 上海文物商店	
羅漢圖	軸	紙	水墨	不詳	崇禎庚午（三年，1630）	上海 上海文物商店	

畫家小傳：李麟。字次公。浙江四明人。生於世宗嘉靖三十七（1558）年。思宗崇禎八（1635）年尚在世。善畫白描人物，尤長於寫貌，師丁雲鵬，有出藍之譽，自署龍眠後身。（見無聲詩史、圖繪寶鑑續纂、畫髓元詮、寧波志、中國畫家人名大辭典）

朱良佐

名稱		質地	色彩	尺寸 高×寬㎝	創作時間	收藏處所	典藏號碼
臨溪院落圖（明俞之彥等山水卷4之1段）	卷	金箋	設色	31.2 × 59.6	（萬曆壬子，四十年，1612）	天津 天津市藝術博物館	
花卉圖	卷	紙	設色	28.5 × 250	萬曆癸未（十一年，1583）五月	廣州 廣東省博物館	
花鳥圖（6幀）	冊	紙	設色	（每幀）27.8 × 46.5	萬曆丙戌（十四年，1586）秋日	北京 故宮博物院	
山水圖（14幀）	冊	紙	設色	不詳	萬曆丁亥（十五年，1587）春仲	北京 故宮博物院	
山水圖（明藍瑛等山水花鳥冊11之1幀）	摺扇面	金箋	設色	不詳		濟南 山東省博物館	
山水、花鳥圖（10幀，朱良佐、陳煥合作）	冊	紙	設色	（每幀）27.7 × 30.1	萬曆丙戌（十四年，1586）	上海 上海博物館	
附：							

名稱		質地	色彩	尺寸 高x寬cm	創作時間	收藏處所	典藏號碼

山水圖（晚明八家山水合卷之　卷　紙　設色　36 x 66　　　　　　　　　　　　紐約 蘇富比藝品拍賣公司/拍
3)　　　　　　　　　　　　　　　　　　　　　　　　　　　　　　　　　　　賣目錄 1984,12,05.

畫家小傳：朱良佐。與陳煥同時。畫史無載。流傳署款紀年作品見於神宗萬曆十一(1583) 至四十(1612)年。身世待考。

李開芳

墨竹圖　　　　　　　　　　　卷　紙　水墨　不詳　　　　　　　　　　　　北京 故宮博物院

畫家小傳：李開芳。字伯東。號還素，人稱鵬池先生。福建永春人。萬曆十一(1583)年進士。工書畫。戲作山水，氣韻風生。(見福建通志、
　　　　書史會要、蒼霞鈍草、中國畫家人名大辭典)

王定儒

蘭花圖（馬守真、吳娟娟、林　卷　紙　設色　21.7 x 137　　　　　　　　　無錫 江蘇省無錫市博物館
雪、王定儒水仙蘭花合卷4之
1段）

畫家小傳：王定儒。畫史無載。身世待考。

吳娟娟

蘭花圖（馬守真、吳娟娟、林雪、卷　紙　設色　21.7 x 137　　　　　　　　無錫 江蘇省無錫市博物館
王定儒水仙蘭花合卷4之1段）

畫家小傳：吳娟娟。畫史無載。身世待考。

朱 完

虬松修竹（明花卉畫冊之11）　冊頁　紙　水墨　14.6 x 46　　　　　　　台北 故宮博物院　　　　　故畫 03513-11
菊石秋卉圖（明清諸大家扇面　摺扇面 金箋　設色　15.6 x 46.6　　　　　日本 中埜又左衛門先生
冊之1幀）

畫家小傳：朱完。字季美。廣東南海人。生於世宗嘉靖三十八(1559)年。卒於神宗萬曆四十五(1617)年。善畫竹，自謂得蘇東坡
　　　　玉局法。(見明畫錄、畫史會要、中國畫家人名大辭典)

273 張 萱

樹下人物圖　　　　　　　　　軸　紙　設色　127 x 63.8　丙戌（萬曆十四年　瑞典 斯德哥爾摩遠東古物館　NMOK49
　　　　　　　　　　　　　　　　　　　　　　　　　　，1586）春日

畫家小傳：張萱。字孟奇。號九岳、西園。廣東惠州人。神宗萬曆十(1582)年舉人。仕至平越知府。工書。能畫，筆鏡趣趣。著有
　　　　西園畫評、西園集等。(見畫史會要、明史、惠州府誌、中國畫家人名大辭典)

名稱		質地	色彩	尺寸 高x寬cm	創作時間	收藏處所	典藏號碼

殳允執

名稱		質地	色彩	尺寸 高x寬cm	創作時間	收藏處所	典藏號碼
遠浦風舟（明人畫幅集冊之4）	冊頁	紙	設色	34.5 x 60.5	甲申（萬曆十二年，1584）十月	台北 故宮博物院	故畫 01298-4
水岸傑閣（明人畫幅集冊之17）	冊頁	紙	水墨	34.5 x 60.5	丙辰（萬曆四十四年，1616）二月	台北 故宮博物院	故畫 01298-17
山水（10幀）	冊	紙	設色	不詳		北京 故宮博物院	

畫家小傳：殳允執。畫史無載。流傳署款紀年作品見於神宗萬曆十二(1584)至四十四(1616)年。身世待考。

程應魁

附：

名稱		質地	色彩	尺寸 高x寬cm	創作時間	收藏處所	典藏號碼
梅花圖	卷	絹	水墨	不詳	萬曆甲申（十二年，1584）	上海 朵雲軒	

畫家小傳：程應魁。畫史無載。流傳署款紀年作品見於神宗萬曆十二(1584)年。身世待考。

聞人蓋

附：

名稱		質地	色彩	尺寸 高x寬cm	創作時間	收藏處所	典藏號碼
仿宋元山水圖（10幀）	冊	絹	設色	（每幀）20.8 x 16.8	萬曆甲申（十二年，1584）冬	紐約 佳士得藝品拍賣公司/拍賣目錄 1991,11,25.	

畫家小傳：聞人蓋。字仲璣。浙江餘姚人。善畫山水，筆法瀟灑，有俗氣。流傳署款紀年作品見於神宗萬曆十二(1584)年。(見明畫錄、畫史會要、中國畫家人名大辭典)

董嗣成

名稱		質地	色彩	尺寸 高x寬cm	創作時間	收藏處所	典藏號碼
松畫讀易圖	軸	紙	設色	240.3 x 50.9	丙午（萬曆三十四年，1606）春日	香港 何耀光至樂樓	

畫家小傳：董嗣成。字伯念。號清芝。烏程人。生於世宗嘉靖三十九(1560)年。進士出身。善吟詠。工書畫。繪畫有超然簡遠之趣。流傳署款紀年作品見於神宗萬曆三十四(1606)年。(見無聲詩史、畫史會要、明史李獻可傳、中國畫家人名大辭典)

周時臣

名稱		質地	色彩	尺寸 高x寬cm	創作時間	收藏處所	典藏號碼
金陵八景圖（蔣乾、周天球等十一人合繪於2摺扇面）	摺扇面	金箋	設色	（每面）17.5 x 53.5		南京 南京市博物館	
蘆塘游鴨圖	摺扇面		設色	不詳	癸卯（萬曆三十一年，1603）	天津 天津市楊柳青畫社	
山水圖	摺扇面	紙	設色	不詳	萬曆乙酉（十三年，1585）仲春	成都 四川省博物院	

畫家小傳：周時。號丹泉。江蘇蘇州人。繪畫追蹤古哲，風格蒼秀。流傳署款紀年作品見於神宗萬曆十三(1585)至三十(1603)年。(見無聲詩史臣、中國畫家人名大辭典)

名稱		質地	色彩	尺寸 高x寬cm	創作時間	收藏處所	典藏號碼

夏厚重

| 摹宋人紡織圖 | 卷 | 絹 | 設色 | 29.2 x 263 | 萬曆乙酉（十三年，1585）仲秋 | 濟南 山東省博物館 | |
| 漁樂圖 | 摺扇面 | 金箋 | 設色 | 不詳 | 萬曆己亥（二十七年，1599） | 成都 四川大學 | |

畫家小傳：夏厚重（一作厚）。號煙林。江蘇泰州人。工畫山水。流傳署款紀年作品見於神宗萬曆十三（1585）、二十七（1599）年。（見圖繪寶鑑續纂、中國畫家人名大辭典）

江 環

| 儒門名賢圖（22幀） | 冊 | 絹 | 設色 | （每幀）32 x 24.5 | 萬曆乙酉（十三年，1585） | 濟南 山東省博物館 | |

畫家小傳：江環。畫史無載。流傳署款紀年作品見於神宗萬曆十三（1585）年。身世待考。

宋懋晉

溪山無盡圖	卷	絹	設色	20.4 x 261		瀋陽 遼寧省博物館	
山水圖（與李流芳書詩合卷）	卷	紙	設色	不詳	庚申（泰昌元年，1620）九月	北京 故宮博物院	
千巖萬壑圖	卷	絹	設色	不詳		北京 故宮博物院	
仿黃公望溪山無盡圖	卷	紙	設色	不詳		北京 故宮博物院	
補范侃如像	卷	紙	設色	不詳		北京 故宮博物院	
山水圖	卷	紙	設色	28 x 161.9	己未（萬曆四十七年，1619）夏六月	南京 南京博物院	
碧梧降暑	軸	絹	設色	124 x 38.4		台北 故宮博物院	故畫 02261
山水	軸	紙	設色	149.4 x 63		台北 故宮博物院	故畫 02262
雲樹書屋圖	軸	紙	設色	不詳		瀋陽 故宮博物院	
遊干將山圖	軸	紙	水墨	92.8 x 23.3	己丑（萬曆十七年，1589）春三月望	北京 故宮博物院	
五雲多處是三臺詩意圖	軸	紙	設色	不詳	乙卯（萬曆四十三年，1615）閏中秋	北京 故宮博物院	
谷轉川迴圖	軸	紙	設色	不詳	庚申（泰昌元年，1620）	北京 故宮博物院	
溪山春訊圖	軸	紙	設色	不詳		北京 故宮博物院	
寫漁家傲詞意圖	軸	紙	設色	不詳		北京 故宮博物院	
峨嵋雪景圖	大軸	絹	設色	不詳	丙辰（萬曆四十四年，1616）長夏	北京 中央美術學院	

名稱		質地	色彩	尺寸 高×寬cm	創作時間	收藏處所	典藏號碼
仿趙大年山水圖	軸	紙	設色	不詳	萬曆丙子（四年，1576）	天津 天津市藝術博物館	
一路看泉圖	軸	絹	設色	134 × 47.3	辛亥（萬曆三十九年，1611）	天津 天津市藝術博物館	
寒山松雪圖	軸	紙	設色	不詳	癸丑（萬曆四十一年，1613）	天津 天津市藝術博物館	
春臺曉望圖	軸	絹	設色	不詳	乙卯（萬曆四十三年，1615）	天津 天津市藝術博物館	
竹樓煙雨圖	軸	紙	設色	151.5 × 52.2		天津 天津市藝術博物館	
桃源圖	軸	絹	設色	194 × 78	萬曆壬子（四十年，1612）仲秋	西安 陝西歷史博物館	
漁村帆影圖	軸	絹	設色	138 × 67.5	辛亥（萬曆三十九年，1611）孟秋	南京 南京博物院	
仿王蒙匡山讀書圖	軸	紙	水墨	不詳	萬曆癸卯（三十一年，1603）三月	杭州 浙江省博物館	
杜甫詩意圖（4幅）	軸	絹	設色	（每幅）186.5 × 62	乙卯（萬曆四十年，1612）臘月	廣州 廣東省博物館	
杜甫詩意圖（4幅）	軸	紙	設色	不詳	泰昌庚申（元年，1620）	廣州 廣州市美術館	
仿黃公望天池石壁圖	軸	紙	設色	不詳	戊午（萬曆四十六年，1618）	南寧 廣西壯族自治區博物館	
欄庭知秋圖	軸	紙	設色	148.5 × 48		日本 京都國立博物館	A甲01120
松下聽泉圖	軸	紙	設色	132 × 62	壬戌（天啟二年，1622）王春	日本 大阪橋本大乙先生	
坐聽濤聲（宋懋晉畫山水冊之1）	冊頁	絹	設色	32.8 × 28.8		台北 故宮博物院	故畫03167-1
樹密山深（宋懋晉畫山水冊之2）	冊頁	絹	設色	32.8 × 28.8		台北 故宮博物院	故畫03167-2
雙松竹舍（宋懋晉畫山水冊之3）	冊頁	絹	水墨	32.8 × 28.8		台北 故宮博物院	故畫03167-3
山巔結亭（宋懋晉畫山水冊之4）	冊頁	絹	設色	32.8 × 28.8		台北 故宮博物院	故畫03167-4
煙樹雲山（宋懋晉畫山水冊之5）	冊頁	絹	設色	32.8 × 28.8		台北 故宮博物院	故畫03167-5
谷口村落（宋懋晉畫山水冊之	冊頁	絹	設色	32.8 × 28.8		台北 故宮博物院	故畫03167-6

名稱		質地	色彩	尺寸 高×寬㎝	創作時間	收藏處所	典藏號碼
6)							
山路迴廊（宋懋晉畫山水冊之7）	冊頁	絹	設色	32.8 × 28.8		台北 故宮博物院	故畫 03167-7
竹溪夕照（宋懋晉畫山水冊之8）	冊頁	絹	設色	32.8 × 28.8		台北 故宮博物院	故畫 03167-8
策杖遊賞（宋懋晉畫山水冊之9）	冊頁	絹	青綠	32.8 × 28.8		台北 故宮博物院	故畫 03167-9
山家待客（宋懋晉畫山水冊之10）	冊頁	絹	設色	32.8 × 28.8		台北 故宮博物院	故畫 03167-10
芭蕉疎篁（明花卉畫冊之5）	冊頁	紙	水墨	16 × 49.2		台北 故宮博物院	故畫 03514-5
山水圖（12幀）	冊	紙	設色	不詳	萬曆丙午（三十四年，1606）歲除	北京 故宮博物院	
山水圖（為求仲作）	摺扇面	紙	設色	不詳	萬曆壬子（四十年，1612）春日	北京 故宮博物院	
山水（16幀）	冊	紙	設色	不詳		北京 故宮博物院	
仿古山水（10幀）	冊	紙	水墨	不詳		北京 故宮博物院	
山水（諸家山水集冊20之1幀）	冊頁	紙	設色	25.9 × 14	（萬曆四十七年，己未，1619）	北京 故宮博物院	
山水圖	摺扇面	紙	水墨	不詳	萬曆丁巳（四十五年，1617）	北京 中國歷史博物館	
山水圖	摺扇面	紙	設色	不詳		北京 中國歷史博物館	
課徒畫稿（？幀）	冊	紙	水墨	不詳		北京 北京市文物局	
西湖勝蹟圖（10幀）	冊	紙	設色	不詳		天津 天津市藝術博物館	
寫景山水（10幀）	冊	紙	設色	不詳		天津 天津市藝術博物館	
杜甫詩意圖（12幀）	冊	紙	設色	不詳		上海 上海博物館	
名勝十八景圖（18幀）	冊	紙	設色	（每幀）24.5 × 22.2		南京 南京博物院	
山水人物圖	摺扇面	金箋	設色	13 × 46		美國 紐約大都會藝術博物館	13.100.61
絕壑過雲圖	摺扇面	金箋	設色	18.2 × 53.9		美國 西雅圖市藝術館	52.139
附：							
山水圖）	軸	絹	設色	96.5 × 34.3		紐約 蘇富比藝品拍賣公司/拍賣目錄 1986,12,04.	

畫家小傳：宋懋晉。字明之。江蘇松江人。幼即展露繪畫天分。及長，受業於宋旭。工畫山水，與趙左抗衡。兼善寫松。流傳署款紀年作品見於神宗萬曆十三（1585）年至熹宗天啟二（1622）年。（見明畫錄、無聲詩史、松江府志、中國畫家人名大辭典）

名稱		質地	色彩	尺寸 高x寬㎝	創作時間	收藏處所	典藏號碼

孫弘業

名稱		質地	色彩	尺寸 高x寬㎝	創作時間	收藏處所	典藏號碼
山村垂釣圖	軸	設色	設色	130.5 x 34.3	萬曆丙戌（十四年，1586）	北京 故宮博物院	
山水圖	軸	紙	設色	不詳	萬曆丙戌（十四年，1586）七月望日	上海 上海博物館	

畫家小傳：孫弘業。畫史無載。流傳署款紀年作品見於神宗萬曆十四(1586)年。身世待考。

趙　旬

名稱		質地	色彩	尺寸 高x寬㎝	創作時間	收藏處所	典藏號碼
仿巨然山水圖	軸	金箋	水墨	131.7 x 45.1		香港 利榮森北山堂	
山水圖	摺扇面	紙	水墨	16 x 52.2		香港 李潤桓心泉閣	K92.96

畫家小傳：趙旬。字禹功（一字璧雲）。浙江山陰人。世稱孝子。神宗萬曆十四（1586）年隱於淄，以賣畫為生。善畫山水，得倪瓚筆意。（見明畫錄、國朝畫徵續錄、紹興府志、中國畫家人名大辭典）

丁玉川

名稱		質地	色彩	尺寸 高x寬㎝	創作時間	收藏處所	典藏號碼
山水（山麓林舍）	軸	絹	水墨	不詳		日本 組田昌平先生	
山水人物圖	橫幅	絹	水墨	84.7 x 138.5	九十二翁（？）	日本 私人	

畫家小傳：丁玉川。江右人。工畫山水，宗法馬遠、夏珪。亦善人物，行筆草草，造型誇張，人比於邪學。（見無聲詩史、圖繪寶鑑續纂、畫史會要、中國畫家人名大辭典）

王　成

名稱		質地	色彩	尺寸 高x寬㎝	創作時間	收藏處所	典藏號碼
菩薩像	軸	絹	設色	145.5 x 78	萬曆十四年（丙戌，1586）	北京 中國歷史博物館	

畫家小傳：王成。畫史無載。流傳署款紀年作品見於神宗萬曆十四（1586）年。身世待考。

陳　煥

名稱		質地	色彩	尺寸 高x寬㎝	創作時間	收藏處所	典藏號碼
萬松蕭寺	卷	絹	設色	29.7 x 191.8	癸卯（萬曆三十一年，1603）秋日	台北 故宮博物院	故畫01079
蜀道奇觀圖	卷	紙	設色	28.5 x ？	甲寅（萬曆四十二年，1614）小春	香港 趙從衍先生	
秋山行旅圖	卷	紙	設色	31.3 x 285	丙辰（萬曆四十四年，1616）年	瀋陽 遼寧省博物館	
赤壁夜遊圖	卷	紙	水墨	不詳	甲辰（萬曆三十二年，1604）年春日	北京 故宮博物院	
江村旅況圖	卷	絹	設色	24.3 x 123.	辛亥（萬曆三十九	北京 故宮博物院	

名稱		質地	色彩	尺寸 高x寬cm	創作時間	收藏處所	典藏號碼
					年，1611）年中秋		
寫王右丞山居詩意圖	卷	絹	設色	26 x 206	乙巳（萬曆三十三年，1605）	合肥 安徽省博物館	
溪山古寺圖	卷	紙	設色	不詳	癸卯（萬曆三十一年，1603）	上海 上海博物館	
寒山萬木圖	卷	紙	設色	25.5 x 108		南京 南京博物院	
蜀道圖	卷	紙	設色	不詳		臨海 浙江省臨海市博物館	
棧道圖	卷	紙	設色	30.2 x 445.8	丁未（萬曆三十五年，1607）	廣州 廣東省博物館	
山水	軸	紙	水墨	127.5 x 30.8		台北 故宮博物院（蘭千山館寄存）	
寒林鍾馗圖	軸	紙	設色	不詳	甲午（萬曆二十二年，1594）臘月	北京 故宮博物院	
林溪觀泉圖	軸	紙	設色	62.5 x 24.8	壬寅（萬曆三十年，1602）五月望	北京 故宮博物院	
四季山水圖（4幅）	軸	紙	設色	（每幅）350.5 x 104.6	萬曆甲辰（三十二年，1604）春日	北京 故宮博物院	
寒林鍾馗圖	軸	紙	設色	不詳	甲午（萬曆二十二年，1594）	北京 中國歷史博物館	
風高木落圖	軸	紙	設色	不詳	萬曆甲寅（四十二年，1614）	北京 首都博物館	
山水圖	軸	絹	設色	不詳	萬曆癸丑（四十一年，1613）	北京 中央美術學院	
山齋靜坐圖	軸	紙	設色	142.5 x 30.5	乙未（萬曆二十三年，1595）小春	天津 天津市藝術博物館	
谿山積素圖	軸	紙	設色	不詳	萬曆壬寅（三十年，1602）	天津 天津市藝術博物館	
幽澗納涼圖	軸	紙	設色	不詳	乙卯（萬曆四十三年多615）	天津 天津市藝術博物館	
秋山清興圖	軸	紙	設色	126.3 x 25.8	庚申（萬曆四十八年，1620）冬日	南京 南京博物院	
山水圖	軸	絹	水墨	不詳		鎮江 江蘇省鎮江市博物館	
重巖飛瀑圖	軸	紙	設色	151.6 x 39	乙卯（萬曆四十三年，1615）臘月	蘇州 江蘇省蘇州博物館	
湖山秋色圖	軸	絹	設色	不詳	甲寅（萬曆四十二	廣州 廣東省博物館	

名稱		質地	色彩	尺寸 高x寬cm	創作時間	收藏處所	典藏號碼
					年，1614）		
山居觀瀑圖	軸	絹	設色	151 × 39		廣州 廣東省博物館	
山水圖	軸	紙	設色	140.8 × 31.9		日本 私人	
仿黃鶴山樵筆意山水	軸	絹	設色	112.8 × 47.1	乙巳（萬曆三十三年，1605）十月既望	美國 勃克萊加州大學藝術館	1967.23
淺絳山水圖	軸	紙	設色	134.8 × 39.2	萬曆甲辰（三十二年，1604）春日	瑞士 蘇黎士黎得堡博物館	RCH.1142
畫竹（明人畫扇面（甲）冊之4）	摺扇面	紙	水墨	不詳		台北 故宮博物院	故畫03532-4
秋林亭子（明人便面畫冊肆冊（三）之11）	摺扇面	紙	設色	不詳		台北 故宮博物院	故畫03539-11
山水圖（名人畫扇（戊）冊之8）	摺扇面	紙	設色	不詳		台北 故宮博物院	故畫03550-8
坡坨對坐（明人書畫扇（利）冊之3）	摺扇面	紙	設色	17.4 × 53.4		台北 故宮博物院	故畫03566-3
山樹茅屋（明人書畫扇（利）冊之4）	摺扇面	紙	水墨	18.1 × 54.3		台北 故宮博物院	故畫03566-4
山坡策蹇（明人書畫扇（利）冊之5）	摺扇面	紙	設色	16.2 × 51.7		台北 故宮博物院	故畫03566-5
松陰雅集（明人書畫扇（利）冊之6）	摺扇面	紙	設色	15.6 × 47.2		台北 故宮博物院	故畫03566-6
溪山無盡（董其昌題五言律詩）	摺扇面	紙	水墨	不詳		台北 故宮博物院	故扇00263
山水圖（明清名家書畫扇面冊之第11幀）	摺扇面	金箋	設色	18.4 × 54.8		香港 潘祖堯小聽颿樓	CP76
山水圖（明人書畫扇面冊之第3幀）	摺扇面	金箋	設色	15.8 × 49.1		香港 潘祖堯小聽颿樓	CP35c
山水圖	摺扇面	金箋	設色	17.6 × 52.9		香港 劉作籌虛白齋	59
山水圖（與董其昌山水圖扇面合裝成軸）	摺扇面	金箋	水墨	17 × 50		先加坡 Dr.E.Lu.	
秋山行旅圖	摺扇面	紙	設色	不詳	萬曆三十六（戊申，1608）年	北京 故宮博物院	
濯足圖	摺扇面	紙	設色	不詳	萬曆四十五（丁巳，1617）年	北京 故宮博物院	

名稱		質地	色彩	尺寸 高×寬cm	創作時間	收藏處所	典藏號碼
山水圖（為仲裕作，陳道等十人山水冊10之1幀）	冊頁	紙	設色	23.4 × 31.5	丁巳（萬曆四十五年，1617）夏日	北京 故宮博物院	
山水圖	摺扇面	紙	設色	不詳		北京 故宮博物院	
山水圖	摺扇面	紙	設色	不詳	乙巳（萬曆三十三年，1605）	北京 中國歷史博物館	
山水圖	摺扇面	金箋	設色	不詳	壬寅（萬曆三十一年，1602）	天津 天津市藝術博物館	
村舍春梅圖	摺扇面	金箋	設色	不詳		合肥 安徽省博物館	
攜琴看山圖	摺扇面	金箋	設色	不詳		合肥 安徽省博物館	
待渡圖	冊頁	紙	設色	20.4 × 21.5	庚申（泰昌元年，1620）春日	合肥 安徽省博物館	
山水、花鳥（10幀，朱良佐、陳煥合作）	冊	紙	設色	（每幀）27.7 × 30.1	萬曆丙戌（十四年，1586）	上海 上海博物館	
山水圖	摺扇面	金箋	設色	不詳	壬寅（萬曆三十年，1602）	南京 南京博物院	
茅屋談心圖	摺扇面	紙	設色	不詳		蘇州 江蘇省蘇州博物館	
山水圖	摺扇面	金箋	設色	不詳	乙巳（萬曆三十三年，1605）	成都 四川省博物院	
設色山水（明人書畫扇乙冊之第5幀）	摺扇面	金箋	設色	不詳		日本 東京橋本辰二郎先生	
山水圖	摺扇面	金箋	設色	17.3 × 54.6	庚申（泰昌元年，1620）夏仲	日本 東京林宗毅先生	
山水人物圖（明人扇面畫冊之38）	摺扇面	金箋	水墨	15.7 × 48		日本 京都國立博物館	A甲685
山水圖（明人扇面畫冊之54）	摺扇面	金箋	水墨	14.9 × 45.9		日本 京都國立博物館	A甲685
山水圖	摺扇面	金箋	設色	19 × 55.5	庚子（萬曆二十八年，1600）新秋	日本 橫濱岡山美術館	
山水圖（江村艤舟）	摺扇面	金箋	設色	18.5 × 51	丁巳（萬曆四十五年，1617）清和	日本 大阪橋本大乙先生	
山水圖	摺扇面	金箋	水墨	不詳	丁巳（萬曆四十五年，1617）重陽	日本 江田勇二先生	
山水圖（？幀）	冊	紙	設色	（每幀）24.5 × 31.8		日本 私人	
山水人物（春遊晚歸圖）	摺扇面	金箋	設色	15.4 × 46.7	丁未（萬曆三十五年，1607）冬日	美國 勃克萊加州大學藝術館（高居翰教授寄存）	CM12b

名稱		質地	色彩	尺寸 高x寬㎝	創作時間	收藏處所	典藏號碼
郊行圖（似雲翁社長）		摺扇面 金箋	設色	17.6 x 53	丙申（萬曆二十四年，1596）春日	英國 倫敦大英博物館	1977.4.4.01（ADD395）
山水圖		摺扇面 金箋	水墨	17.4 x 55		德國 柏林東亞藝術博物館	1988-195
附：							
仿王叔明山水圖	卷	紙	設色	不詳	萬曆己酉（三十七，1609）年八月	揚州 揚州市文物商店	
山水圖（晚明八家山水合卷之1段）	卷	紙	設色	36 x 66		紐約 蘇富比藝品拍賣公司/拍賣目錄 1984,12,05.	
山水圖	軸	紙	水墨	131.5 x 30.5	壬辰（萬曆二十年，1592）春日	紐約 蘇富比藝品拍賣公司/拍賣目錄 1985,06,03.	
山水圖		摺扇面 金箋	水墨	不詳	乙未（萬曆二十三年，1595）	天津 天津市文物公司	
山水圖		摺扇面 金箋	水墨	不詳	己酉（萬曆三十七年，1609）	天津 天津市文物公司	
山水圖		摺扇面 紙	設色	16 x 52	壬子（萬曆四十年，1612）冬立春日	紐約 佳士得藝品拍賣公司/拍賣目錄 1983,11,30.	
山水（12幀）	冊	紙	設色	（每幀）14.6 x 22.9	崇禎戊寅（十一年，1638）仲冬月之望	紐約 佳士得藝品拍賣公司/拍賣目錄 1995,09,19.	
溪山晚棹（明清人扇面冊12之1幀）		摺扇面 金箋	設色	？		香港 佳士得藝品拍賣公司/拍賣目錄 1998,09,15.	
山水（明各家山水書法扇面冊10之1幀）		摺扇面 金箋	設色	17.8 x 56.7		紐約 佳士得藝品拍賣公司/拍賣目錄 1998,09,15.	

畫家小傳：陳煥。字子文。號堯峰。江蘇吳縣人。工畫山水，取法沈周，蒼秀茂密，動合法度。流傳署款紀年作品見於神宗萬曆十四（1586）年至思宗崇禎十一（1638）年。（見明畫錄、無聲詩史、圖繪寶鑑續纂、吳縣志、中國畫家人名大辭典）

何淳之

山水圖		摺扇面 金箋	水墨	17 x 51.8		德國 柏林東亞藝術博物館	1988-226

畫家小傳：何淳之。字仲雅。號太吳。江蘇江寧人。神宗萬曆十四（1586）年進士。善書法。工畫山水，間寫蘭竹，極有清趣。（見無聲詩史、江寧府志、畫史會要、中國畫家人名大辭典）

談志伊

四季花卉圖	卷	紙	設色	39 x 707		上海 上海博物館	
雜畫（花木竹石小景）	卷	紙	水墨	21.5 x 48.5	辛卯（萬曆十九年	廣州 廣東省博物館	

名稱		質地	色彩	尺寸 高x寬cm	創作時間	收藏處所	典藏號碼
					，1591）十月朔		
松禽圖	軸	紙	設色	138.3 x 33.6	丙戌（萬曆十四年，1586）九月既望	台北 故宮博物院	故畫 02265
梨花雙鳥圖	軸	絹	設色	99.4 x 40.3	丙戌（萬曆十四年，1586）	上海 上海博物館	
桃花圖	軸	絹	設色	81.3 x 34.7	丙戌（萬曆十四年，1586）春日	無錫 江蘇省無錫市博物館	
荷花鷺鷥圖	軸	紙	設色	不詳		無錫 江蘇省無錫市博物館	
墨梅（明花卉畫冊之9）	冊頁	紙	水墨	18.8 x 50.4		台北 故宮博物院	故畫 03514-9
桃花（明人便面集錦冊之10）	摺扇面	紙	設色	不詳		台北 故宮博物院	故畫 03541-10
佛柔山鳥	摺扇面	紙	設色	不詳		台北 故宮博物院	故扇 00172
秋花圖	摺扇面	紙	設色	不詳		台北 故宮博物院	故扇 00258
芙蓉花鴨	摺扇面	紙	設色	不詳		台北 故宮博物院	故扇 00259
雜畫（12幀）	冊	紙	設色	不詳		北京 故宮博物院	
附：							
湖石花卉（為中岳老先生）	摺扇面	金箋	設色	16 x 57	己丑（萬曆十七年，1589）孟夏	紐約 佳士得藝品拍賣公司/拍賣目錄 1984.06.29.	

畫家小傳：談志伊。字思仲（一作思重、公望）。號學山。江蘇無錫人。工文翰。善書、畫。擅畫花卉、翎毛，得宋人法外之趣。流傳署款紀年作品見於神宗萬曆十四（1586）至十九(1591)年。（見無聲詩史、無錫志、桐陰論畫、中國畫家人名大辭典）

胡大中

山水圖	摺扇面	金箋	水墨	不詳	萬曆丁亥（十五年，1587）桂月	北京 故宮博物院	

畫家小傳：胡大中。畫史無載。流傳署款紀年作品見於神宗萬曆十五(1587)年。身世待考。

周兆龍

石湖圖	卷	紙	設色	不詳	萬曆丁亥（十五年，1587）臘月	青島 青島市博物館	

畫家小傳：周兆龍。畫史無載。流傳署款紀年作品見於神宗萬曆十五(1587)年。身世待考。

沈 襄

雪梅圖	卷	紙	水墨	33 x 113.5		天津 天津市藝術博物館	
梅花圖	軸	紙	水墨	不詳		北京 故宮博物院	
梅花圖	軸	絹	設色	不詳		合肥 安徽省博物館	

名稱		質地	色彩	尺寸 高x寬㎝	創作時間	收藏處所	典藏號碼
紅梅圖		軸 絹	設色	124.2 x 53		日本 東京帝室博物館	
附：							
梅花圖		軸 絹	水墨	不詳		北京 中國文物商店總店	

畫家小傳：沈襄。字叔成。號小霞。浙江山陰人。身世不詳。善畫墨梅，頗得天趣。(見明畫錄、圖繪寶鑑續纂、紹興府志、山陰志、
　　中國畫家人名大辭典)

呂 棠

| 花石鴛鴦圖 | | 軸 絹 | 水墨 | 136.6 x 51.1 | | 北京 故宮博物院 | |
| 飛鶴圖 | | 摺扇面 灑金箋 | 設色 | 19 x 52.6 | | 北京 故宮博物院 | |

畫家小傳：呂棠。字小村。浙江鄞人。身世不詳。工畫翎毛。(見圖繪寶鑑續纂、中國畫家人名大辭典)

何 濂

| 海棠碧桃圖 | | 摺扇面 金箋 | 設色 | 不詳 | | 北京 故宮博物院 | |

畫家小傳：何濂。字元潔。安徽休寧人。出丁雲鵬門下，而以善畫花卉得名，落筆娟秀，傅色淹潤。(見無聲詩史、中國畫家人名大辭典)

陳 裸

名稱		質地	色彩	尺寸 高x寬㎝	創作時間	收藏處所	典藏號碼
君實小像		卷 紙	設色	不詳		北京 故宮博物院	
山水圖（陳裸對人仿古山水合卷之1段）		卷 紙	設色	不詳		北京 中國歷史博物館	
山水(雲山秀色圖)		卷 紙	設色	30.2 x 286.4	丁亥（順治四年，1647）清和	美國 鳳凰市美術館(Mr.Roy And Marilyn Papp 寄存)	
竹溪花塢圖		軸 絹	設色	126.4 x 51.9	崇禎九年（丙子，1636）春	台北 故宮博物院	故畫 00595
洗硯圖		軸 紙	設色	122.4 x 51.5	甲寅（萬曆四十二年，1614）長至	台北 故宮博物院	故畫 01354
烟際珠簾		軸 紙	設色	128.5 x 43.3	庚午（崇禎三年，1630）長夏	台北 故宮博物院	故畫 02267
竹溪魚樂圖		軸 絹	設色	43 x 55.5	戊寅（崇禎十一年，1638）夏五月	台北 張添根養和堂	
山水（柳塘採菱圖，為仍耕先生寫）		軸 絹	設色	117 x 63.1	辛酉（天啟元年，1621）春日	台北 張添根養和堂	
嶺嶺雲松圖		軸 紙	設色	不詳	丁卯（天啟七年，1627）	北京 故宮博物院	

名稱		質地	色彩	尺寸 高x寬cm	創作時間	收藏處所	典藏號碼
石梁飛瀑圖	軸	紙	設色	173 x 59.7	己巳（崇禎二年，1629）八月既望	北京 故宮博物院	
萬山春曉圖	軸	絹	設色	不詳	崇禎己巳（二年，1629）	北京 故宮博物院	
秋山黃葉圖	軸	紙	設色	不詳	庚午（崇禎三年，1630）九月既望	北京 故宮博物院	
深山群鹿圖	軸	絹	設色	151.8 x 60.4	甲戌（崇禎七年，1634）	北京 故宮博物院	
雲峰雪岫圖	軸	金箋	設色	132.5 x 51		北京 故宮博物院	
幽谷雲來圖（為青谿作）	軸	紙	設色	不詳	戊寅（崇禎十一年，1638）長夏	北京 首都博物館	
秋樹草堂圖	軸	紙	設色	161.5 x 54.5	丁卯（天啟七年，1627）正月	天津 天津市藝術博物館	
仿倪山窗琴趣圖（為清軒作）	軸	紙	水墨	140.5 x 40.5	丁卯（天啟七年，1627）秋暮	石家莊 河北省博物館	
寒林獨往圖	軸	絹	設色	144 x 73.5	丙寅（天啟六年，1626）	濟南 山東省博物館	
秋水悠思圖	軸	絹	設色	340 x 122.5		濟南 山東省博物館	
山水圖（章疏等山水屏6之2幅）	軸	絹	設色	不詳	丙子（崇禎九年，1636）	青島 山東省青島市博物館	
賞秋圖	軸	絹	設色	150.8 x 59.9	戊寅（崇禎十一年，1638）	上海 上海博物館	
王維詩意圖	軸	絹	設色	198.4 x 95.1		上海 上海博物館	
斷崖重翠圖	軸	紙	設色	132.9 x 31.6		上海 上海博物館	
重巒積雪圖	軸	絹	設色	144 x 57.6	丙子（崇禎九年，1636）	長沙 湖南省博物館	
秋山高隱圖	軸	絹	設色	123 x 61	崇禎庚午（三年，1630）	廣州 廣東省博物館	
秋林讀書圖	軸	紙	設色	74.8 x 32.5		廣州 廣東省博物館	
石壁秋空圖（畫贈潛羽年道長）	軸	紙	設色	105.4 x 25.2	庚子（萬曆二十八年，1600）十月望	日本 江田勇二先生	

名稱		質地	色彩	尺寸 高×寬㎝	創作時間	收藏處所	典藏號碼
					日		
鶴巢幽居圖（寫贈明臺先生）	軸	紙	設色	不詳	戊寅（崇禎十一年，1638）王春之吉	美國 紐約大都會藝術博物館	
山水圖	軸	紙	設色	1215 × 345	丁丑（崇禎十年，1637）冬仲三日	美國 底特律市 Faxon 先生	
山水圖	軸	絹	水墨	182.1 × 44.2		美國 芝加哥大學藝術博物館	1974.93
苕帚盦種芝圖	軸	紙	設色	109.7 × 47.7		美國 芝加哥藝術中心	1990.164
山水（鶴巢幽居圖）	軸	絹	設色	197.2 × 98.1		美國 勃克萊加州大學藝術館（高居翰教授寄存）	CM29
浮玉山居圖	軸	紙	設色	96.2 × 43.9		美國 加州曹仲英先生	
關山行旅圖	軸	紙	設色	92.1 × 45.7	辛未（崇禎四年，1631）長至	瑞士 蘇黎士黎得堡博物館	RCH.1137
石林飛瀑（明人蘇台古蹟冊之2）	冊頁	絹	設色	31.3 × 25.1	崇禎二年（己巳，1629）夏至	台北 故宮博物院	故畫 01272-2
溪亭秋爽（明人蘇台古蹟冊之5）	冊頁	絹	設色	31.3 × 25.1	己巳（崇禎二年，1629）夏	台北 故宮博物院	故畫 01272-5
仿吳鎮筆山水（明人畫扇面（甲）冊之5）	摺扇面	紙	水墨	不詳		台北 故宮博物院	故畫 03532-5
山水圖（明人畫扇集冊之5）	摺扇面	紙	設色	不詳	己亥（萬曆二十七年，1599）	台北 故宮博物院	故畫 03536-5
停舟觀鴻（明人書畫扇面（己）冊之11）	摺扇面	紙	設色	不詳		台北 故宮博物院	故畫 03551-11
翠山雨色（名人畫扇冊之10）	摺扇面	紙	設色	不詳		台北 故宮博物院	故畫 03553-10
松泉雲嶂（名人書畫合冊之14）	冊頁	紙	設色	15.7 × 48.7		台北 故宮博物院	故畫 03582-14
深秋茆舍	摺扇面	紙	設色	不詳		台北 故宮博物院	故扇 00168
江村圖	摺扇面	紙	設色	不詳		台北 故宮博物院	故扇 00251
尋山圖	摺扇面	紙	水墨	不詳		台北 故宮博物院	故扇 00252
山水（明末二十名家書畫冊之1）	冊頁	綾	設色	23.2 × 17.6	戊寅（崇禎十一年，1638）春仲	台北 故宮博物院（蘭千山館寄存）	
山水圖（扇面圖冊之11）	摺扇面	金箋	設色	17.9 × 53.8		台北 陳啟斌畏罍堂	
秋夜讀書圖	摺扇面	金箋	設色	18.4 × 54.5		香港 莫華釗承訓堂	K92.48

名稱		質地	色彩	尺寸 高x寬cm	創作時間	收藏處所	典藏號碼
山水圖		摺扇西 金箋	設色	16.8 x 50.4		香港 潘祖堯小聽颿樓	CP49
山水圖（明人書畫扇面冊之4）		摺扇西 金箋	設色	16.7 x 53.2		香港 潘祖堯小聽颿樓	CP35d
岱嶽秦宮圖		摺扇面 紙	設色	不詳	戊申（萬曆三十六年，1608）	北京 故宮博物院	
孤山幽訪圖		摺扇面 紙	設色	不詳	辛酉（天啟元年，1621）春至	北京 故宮博物院	
巖壑清秋圖		摺扇面 紙	設色	不詳	己巳（崇禎二年，1629）	北京 故宮博物院	
攜琴訪友圖		摺扇面 紙	設色	不詳	丁丑（崇禎十年，1637）夏	北京 故宮博物院	
仿古山水（明人仿古山水冊之一）		冊頁 紙	設色	不詳		北京 中國歷史博物館	
山水圖		摺扇面 紙	設色	不詳	丁丑（崇禎十年，1637）	北京 首都博物館	
山水圖		摺扇面 金箋	設色	不詳		天津 天津市藝術博物館	
山水圖（明藍瑛等山水花鳥冊11之1幀）		摺扇面 金箋	設色	不詳		濟南 山東省博物館	
山水圖（明章疏等山水屏6之2幅）		軸 絹	設色	不詳	丙子（崇禎九年，1636）	青島 山東省青島市博物館	
長橋過舟圖		摺扇面 金箋	設色	不詳	丁酉（萬曆二十五年，1597）夏	合肥 安徽省博物館	
山水圖		摺扇面 金箋	設色	不詳	辛丑（萬曆二十九年，1601）春	上海 上海博物館	
松溪水閣圖		摺扇面 金箋	設色	不詳	辛丑（萬曆二十九年，1601）	上海 上海博物館	
松下撫琴圖		摺扇面 金箋	設色	不詳	己酉（萬曆三十七年，1609）長夏	上海 上海博物館	
秋林遠眺圖		摺扇面 金箋	設色	不詳	乙丑（天啟五年，1625）夏	上海 上海博物館	
臨流獨坐圖		摺扇面 金箋	設色	不詳	丁卯（天啟七年，1627）秋日	上海 上海博物館	
山水圖		摺扇面 金箋	設色	不詳	丁卯（天啟七年，1627）	上海 上海博物館	

名稱		質地	色彩	尺寸 高x寬㎝	創作時間	收藏處所	典藏號碼
梧葉滿階圖		摺扇面 金箋	設色	不詳	戊辰（崇禎元年，1628）	上海 上海博物館	
武陵仙蹟圖		摺扇面 金箋	設色	不詳	辛未（崇禎四年，1631）	上海 上海博物館	
古木迴巖圖（為二如作）		摺扇面 金箋	設色	不詳	壬申（崇禎五年，1632）	上海 上海博物館	
思秋圖		摺扇面 金箋	設色	不詳	癸酉（崇禎六年，1633）春日	上海 上海博物館	
琴趣圖		摺扇面 金箋	水墨	不詳	癸酉（崇禎六年，1633）	上海 上海博物館	
天池春曉圖（為尚甫作）		摺扇面 金箋	設色	不詳	癸酉（崇禎六年，1633）清和	上海 上海博物館	
秋山考槃圖		摺扇面 金箋	設色	不詳	乙亥（崇禎八年，1635）	上海 上海博物館	
為實翁作山水圖		摺扇面 金箋	設色	不詳	丙子（崇禎九年，1636）	上海 上海博物館	
觀月圖		摺扇面 金箋	設色	不詳	丁丑（崇禎十年，1637）	上海 上海博物館	
水閣賞荷圖		摺扇面 金箋	設色	不詳	戊寅（崇禎十一年，1638）	上海 上海博物館	
山水圖（為萬程作）		摺扇面 金箋	水墨	不詳	己卯（崇禎十二年，1639）春仲	上海 上海博物館	
修竹遠山圖		摺扇面 金箋	設色	不詳		上海 上海博物館	
野屋寒水圖		摺扇面 紙	設色	不詳	癸酉（崇禎六年，1633）	蘇州 江蘇省蘇州博物館	
山水圖		摺扇面 金箋	設色	不詳	天啟丙寅（六年，1626）	杭州 浙江省博物館	
天香書屋圖		摺扇面 金箋	設色	不詳	己巳（崇禎二年，1629）	成都 四川大學	
虎丘劍池新綠圖（明清諸大家扇面冊之一幀）		摺扇面 金箋	設色	16.5 x 50		日本 中埜又左衛門先生	
山水人物（臨流濯足圖）		摺扇面 紙	設色	16.3 x 50	己巳（崇禎二年，1629）春日	美國 紐約市大都會藝術博物館	13.100.95
山水人物圖（扇面圖冊之4）		摺扇面 金箋	設色	15.8 x 47.7		美國 印地安阿波里斯市藝術	73.61.4

名稱		質地	色彩	尺寸 高x寬㎝	創作時間	收藏處所	典藏號碼
						博物館	
溪亭新霽圖	摺扇面 金箋		設色	16.7 x 49.5	丙子（崇禎九年，1636）春	美國 舊金山亞洲藝術館	B79 D15
山水圖	摺扇面 金箋		設色	18 x 52.7		德國 柏林東亞藝術博物館	1988-189
山水圖	摺扇面 金箋		設色	16.2 x 50		德國 柏林東亞藝術博物館	1988-191
山水圖	摺扇面 金箋		設色	16.1 x51.7		德國 柏林東亞藝術博物館	1988-192
山水人物圖（楓林坐晚）	摺扇面 金箋		設色	14.5 x 46.6		瑞士 蘇黎士得堡斷博物館	RCH.1138
附：							
苕帚盒採芝圖	軸	紙	設色	111 x 48.2	丁卯（天啟七年，1627）春王正月	紐約 佳士得藝品拍賣公司/拍賣目錄1988,11,30.	
山水圖	軸	紙	設色	122 x 25.5	癸酉（崇禎六年，1633）季秋十日	紐約 佳士得藝品拍賣公司/拍賣目錄1989,06,01.	
山水	軸	絹	水墨	30.5 x 24	丁丑（崇禎十年，1637）初秋	紐約 佳士得藝品拍賣公司/拍賣目錄1990,11,28.	
攜筇探幽圖	軸	紙	水墨	132 x 61.5	丁亥（順治四年，1647）三月既望	紐約 佳士得藝品拍賣公司/拍賣目錄1992,06,02.	
支許酬辭圖	軸	紙	設色	86.6 x 29.8	乙丑（天啟五年，1625）春	紐約 佳士得藝品拍賣公司/拍賣目錄1997,09,19.	
山水圖	冊頁	紙	設色	不詳	己巳（崇禎二年，1629）	南京 南京市文物商店	
山水圖	摺扇面 金箋		設色	17.8 x 52.8	丙辰（萬曆四十四年，1616）春	紐約 蘇富比藝品拍賣公司/拍賣目錄1984,06,13.	
秋波泛棹圖	摺扇面 女箋		設色	15 x 47.5	丁未（萬曆三十五年，1607）秋	紐約 佳士得藝品拍賣公司/拍賣目錄1988,11,30.	
溪橋閒眺	摺扇面 金箋		水墨	18 x 52.5	丙辰（萬曆四十四年，1616）仲春	紐約 佳士得藝品拍賣公司/拍賣目錄1989,12,04.	
山水（明清名家山水扇面冊18之1幀）	摺扇面 金箋		設色	不詳		紐約 佳士得藝品拍賣公司/拍賣目錄1997,09,19.	

畫家小傳：陳裸。初名瓚。字叔裸。後改名裸，更字誠將。號白室。江蘇吳縣人。生於世宗嘉靖四十二(1563)年。思宗崇禎十二（1639）年尚在世。 能詩、工書。善畫山水，遠宗趙伯駒、趙孟頫，近學文徵明。（見明畫錄、無聲詩史、圖繪寶鑑續纂、吳縣志、中國畫家人名大辭典）

名稱		質地	色彩	尺寸 高x寬cm	創作時間	收藏處所	典藏號碼

郁喬枝

名稱		質地	色彩	尺寸 高x寬cm	創作時間	收藏處所	典藏號碼
雲峰高蹲圖	卷	紙	設色	32 × 127.5	萬曆戊寅（六年，1578）	廣州 廣東省博物館	
桂榴雙喜圖	軸	絹	設色	不詳	萬曆丙申（二十四年，1596）秋日	北京 故宮博物院	
蘭竹棠兔圖	軸	絹	設色	130 × 47.1	萬曆丙申（二十四年，1596）	北京 故宮博物院	
松山仙鹿（明人書畫扇亨冊之6，原題明人畫）	摺扇面	紙	設色	17.5 × 54.5		台北 故宮博物院	故畫 03565-6
花卉（明人書畫扇亨冊之7，原題明人畫）	摺扇面	紙	設色	18.1 × 52.7		台北 故宮博物院	故畫 03565-7
居安圖	摺扇面	紙	設色	不詳	辛卯（萬曆十九年，1591）春日	北京 故宮博物院	
梅花圖	摺扇面	金箋	設色	不詳	戊子（萬曆十六年，1588）	天津 天津市藝術博物館	

畫家小傳：郁喬枝。江蘇吳縣人。為周之冕婿。善畫花鳥，師其岳父，擅名於時。流傳署款紀年作品見於神宗萬曆十六（1588）至二十四（1596）年。（見明畫錄、吳縣志、中國畫家人名大辭典）

黃　宸

名稱		質地	色彩	尺寸 高x寬cm	創作時間	收藏處所	典藏號碼
蘭亭修禊圖并書	卷	紙	水墨	不詳	萬曆戊子（十六年，1588）孟春之初	北京 故宮博物院	

畫家小傳：黃宸。字景州。自稱長嘯生。籍里、身世不詳。善畫山水及花鳥。流傳署款紀年作品見於神宗萬曆十六（1588）年。（見書畫名家錄、中國畫家人名大辭典）

（釋）覺　觀

名稱		質地	色彩	尺寸 高x寬cm	創作時間	收藏處所	典藏號碼
南州就榻圖	卷	紙	設色	23.8 × 137.6	萬曆戊子（十六年，1588）	北京 故宮博物院	

畫家小傳：覺觀。僧。畫史無載。流傳署款紀年作品見於神宗萬曆十六（1588）年。身世待考。

陳良璧

名稱		質地	色彩	尺寸 高x寬cm	創作時間	收藏處所	典藏號碼
羅漢圖	卷	紙	金描	30.9 × 421.3	萬曆戊子（十六年，1588）	上海 上海博物館	

畫家小傳：陳良璧。畫史無載。流傳署款紀年作品見於神宗萬曆十六（1588）年。身世待考。

名稱		質地	色彩	尺寸 高x寬cm	創作時間	收藏處所	典藏號碼

卞 琰

| 芙蓉翠鳥圖 | | 摺扇面 | | 設色 | | 戊子（萬曆十六年　上海 上海博物館，1588） | |

畫家小傳：卞琰。畫史無載。流傳署款紀年作品見於神宗萬曆十六(1588)年。身世待考。

295 朱 先

草蟲	軸	紙	設色	109.1 x 29.7	七十三老人（？）	台北 故宮博物院	故畫 02942
枯樹雙禽圖	軸	紙	設色	不詳	己丑（萬曆十七年，1589）仲夏	上海 上海博物館	
秋樹山禽圖	軸	紙	水墨	124.3 x 29.3	丙子（崇禎九年，1636）季秋	成都 四川省博物院	

畫家小傳：朱先。字允先。江蘇武進人。身世不詳。善畫草蟲。流傳署款紀年作品見於神宗萬曆十七(1589)年至思宗崇禎九(1636)年。
　　　　（見無聲詩史、中國畫家人名大辭典）

安紹芳

蘭竹石圖	軸	紙	水墨	不詳	辛丑（萬曆二十九年，1601）	天津 天津市藝術博物館	
仿倪迂疏林遠岫圖	軸	紙	水墨	64.3 x 37.5	萬曆己丑（十七年，1589）	無錫 江蘇省無錫市博物館	
層巖遠眺（名人扇面（乙）冊之4）	摺扇面 紙		設色	不詳		台北 故宮博物院	故畫 03548-4

畫家小傳：安紹芳。字茂卿。號硯亭居士。後更名泰來，更字未央。江蘇無錫人。工詞翰。能書。畫工山水，師法黃公望、倪瓚；旁及蘭竹，
　　　　亦別具清芳之致。流傳署款紀年作品見於神宗萬曆十七(1589)至二十九（1601）年。(見無聲詩史、晚香堂集、中國畫家人名大辭典)

朱之蕃

竹石圖	卷	紙	水墨	26.7 x 105.3	萬曆己酉（三十七年，1609）	北京 故宮博物院	
君子林圖（為佩之作）	卷	紙	水墨	不詳	泰昌元年（庚申，1620）十二月十九日	北京 故宮博物院	
歸去來辭圖（為元道作）	卷	紙	水墨	不詳	天啟元年辛酉（1621）孟冬既望	北京 故宮博物院	
金陵雙檜圖（馬電、朱之蕃合	卷	紙	水墨	不詳		北京 故宮博物院	

名稱		質地	色彩	尺寸 高×寬㎝	創作時間	收藏處所	典藏號碼
作）							
墨竹圖	軸	紙	水墨	不詳	萬曆壬子（四十年，1612）夏日	北京 故宮博物院	
群仙拱壽圖	軸	紙	水墨	77.9 × 28.5	萬曆乙卯（四十三年，1615）清和月	天津 天津市藝術博物館	
課子圖	軸	紙	水墨	127.2 × 41.9		上海 上海博物館	
雲山圖	軸	紙	水墨	不詳	萬曆乙卯（四十三年，1615）	杭州 浙江省博物館	
東坡笠屐圖	軸	紙	設色	92 × 29	萬曆己未（四十七年，1619）四月四日	廣州 廣東省博物館	
蘭花竹石（明人畫幅集冊之8）	冊頁	紙	水墨	34.5 × 60.5	萬曆己酉（十七年，1589）冬日	台北 故宮博物院	故畫01298-8
冷艷幽吟書畫（34幀）	冊	紙	水墨	不詳	天啟辛酉（元年，1621）十一月十一日	廣州 廣東省博物館	
附：							
墨竹圖	軸	紙	水墨	110 × 59		紐約 佳士得藝品拍賣公司/拍賣目錄 1989,06,01.	
桃花圖	摺扇面	紙	設色	18.5 × 54	萬曆乙卯（四十三年，1615）九月既望	紐約 佳士得藝品拍賣公司/拍賣目錄 1993,12,01.	

畫家小傳：朱之蕃。字元介（一作元升）。號蘭嵎。江蘇金陵人。萬曆四十七（1619）年進士。工書、善畫。畫山水，學米芾、吳鎮；竹石，學蘇軾、文同；兼能花卉。家藏法書、名畫甚富。流傳署款紀年作品見於神宗萬曆十七（1589）年至熹宗天啟元（1621）年。（見無聲詩史、畫史會要、江寧府志、貢舉考、中國畫家人名大辭典）

關　思

名稱		質地	色彩	尺寸 高×寬㎝	創作時間	收藏處所	典藏號碼
墨竹圖	卷	紙	水墨	不詳	天啟五年（乙丑，1625）	北京 故宮博物院	
曲磵清音	軸	絹	設色	175.5 × 66.8	乙丑（天啟五年，1625）清和朔後日	台北 故宮博物院	故畫00578
秋林聽泉圖	軸	絹	設色	150 × 59.5	庚子（萬曆二十八	台北 故宮博物院	故畫00579

名稱		質地	色彩	尺寸 高×寬㎝	創作時間	收藏處所	典藏號碼
					年，1600）仲春日		
倣王蒙筆意山水	軸	絹	設色	146.4 × 58.9	丁卯（天啟七年，1627）秋日	台北 故宮博物院	故畫 00580
白雲紅樹圖	軸	紙	設色	129.3 × 50.5		台北 故宮博物院	故畫 03668
放鶴圖	軸	絹	設色	110 × 48.1	壬戌（天啟二年，1622）夏日	台北 故宮博物院	故畫 00581
山水圖（為其淵世丈寫）	軸	絹	設色	176.5 × 92.5	萬曆甲寅（四十二年，1614）秋日	台北 華叔和後真賞齋	
仿黃鶴山樵山水圖	軸	絹	設色	186 × 55.9	崇禎二年（己巳，1629）	瀋陽 遼寧省博物館	
柳岸垂釣圖	軸	絹	設色	153.4 × 58.2	崇禎三年（庚午，1630）	瀋陽 遼寧省博物館	
秋林聽泉圖	軸	紙	設色	不詳	庚子（萬曆二十八年，1600）仲春	北京 故宮博物院	
仿王蒙筆意圖	軸	紙	設色	不詳	丁卯（天啟七年，1627）秋日	北京 故宮博物院	
秋山書屋圖	軸	紙	設色	不詳	己未（萬曆四十七年，1619）孟冬	北京 故宮博物院	
春溪釣艇圖	軸	絹	設色	不詳	天啟六年（丙寅，1626）五月	北京 故宮博物院	
梅花竹石圖	軸	絹	設色	不詳	崇禎二年（己巳，1629）二月望前日	北京 故宮博物院	
淺絳山水圖	軸	絹	設色	不詳	崇禎己巳（二年，1629）秋日	北京 故宮博物院	
松齋高士圖	軸	絹	設色	113.5 × 48.8	天啟九年（丁卯，1627）	天津 天津市藝術博物館	
夏木垂陰圖	軸	絹	設色	146.5 × 52.5		天津 天津市藝術博物館	
山村雲曉圖	軸	紙	設色	不詳	丁未（萬曆三十五年，1607）	濟南 山東省博物館	
松閣虛堂圖	軸	絹	設色	不詳	己未（萬曆四十七	合肥 安徽省博物館	

名稱		質地	色彩	尺寸 高x寬cm	創作時間	收藏處所	典藏號碼
					年，1619）		
山亭觀鶴圖	軸	絹	設色	104.3 x 53.3		合肥 安徽省博物館	
雲山茅屋圖	軸	絹	設色	132 x 47		合肥 安徽省博物館	
秋江釣艇圖	軸	絹	設色	不詳		南通 江蘇省南通博物苑	
巖壑清秋圖	軸	紙	設色	不詳	萬曆壬寅（三十年，1602）秋日	上海 上海博物館	
仿梅道人山水圖	軸	紙	水墨	123.6 x 53	崇禎己巳（二年，1629）夏日	上海 上海博物館	
谿山訪友圖	軸	絹	設色	143.5 x 54.5	丙寅（天啟六年，1626）春日	南京 南京博物院	
秋樹文禽圖	軸	紙	設色	147 x 48.5	甲戌（崇禎七年，1634）	南京 南京博物院	
溪橋斜照圖	軸	絹	設色	158.8 x 60.1		南京 南京博物院	
雲壑松泉圖	軸	紙	設色	不詳	天啟七年（丁卯，1627）元宵前	杭州 浙江省博物館	
春江泛舟圖	軸	絹	設色	不詳	崇禎二年（己巳，1629）	杭州 浙江省杭州市文物考古所	
仿黃鶴山樵夏木澄陰圖	軸	絹	設色	不詳	崇禎二年（己巳，1629）七月	杭州 浙江省杭州市文物考古所	
玩蒲圖	軸	絹	設色	不詳	崇禎二年（己巳，1629）	杭州 浙江省杭州西泠印社	
重巖積雪圖	軸	絹	設色	156.5 x 61.1		廣州 廣東省博物館	
平沙落雁圖	軸	紙	設色	128.2 x 36.4		日本 東京國立博物館	
山水圖（向晚投宿）	軸	絹	設色	145.7 x 48.5	崇禎三年（庚午，1630）九月望後	日本 東京靜嘉堂文庫	
溪山雨霽圖	軸	紙	水墨	不詳	庚午（崇禎三年，1630）夏日	日本 東京根津美術館	
月夜行旅圖（仿李希筆）	軸	絹	設色	不詳	崇禎三年（庚午，1630）九月望後	日本 東京岩崎小彌太先生	
秋山懸瀑圖	軸	金箋	水墨	126.4 x 59.7	辛酉（萬曆四十九	日本 東京桑名鉄城先生	

名稱		質地	色彩	尺寸 高×寬㎝	創作時間	收藏處所	典藏號碼
					年，1621）五月望前二日		
仿吳鎮墨法山水圖	軸	絹	設色	129.9 × 52.8	崇禎二年（己巳，1629）夏日	日本 山口良夫先生	
山水圖（清溪放棹）	軸	紙	設色	不詳	崇禎己巳（二年，1629）夏日	日本　江田勇二先生	
仿倪瓚枯木竹石圖	軸	紙	水墨	80.2 × 34.5	天啟丁卯（七年，1627）五月十日	日本 中垈又左衛門先生	
清溪垂釣圖	軸	絹	設色	145.1 × 51.1		日本 私人	
秋江釣艇圖	軸	紙	設色	111.8 × 83.8		美國 堪薩斯市納爾遜-艾金斯藝術博物館	
松溪釣艇（明人便面畫冊肆冊（三）之3）	摺扇面	紙	設色	不詳		台北 故宮博物院	故畫 03539-3
秋景山水圖（明人書畫扇面冊之6）	摺扇面	金箋	設色	18.1 × 55.5		香港 潘祖堯小聽颿樓	CP35f
秋林逸思圖	摺扇面	金箋	設色	17.4 × 51.8		香港 潘祖堯小聽颿樓	CP53
溪橋行舟圖	摺扇面	紙	設色	不詳	丁卯（天啟七年，1627）	合肥 安徽省博物館	
墨蘭圖（12幀）	冊	紙	水墨	不詳	崇禎元年（戊辰，1628）三月望前日	上海 上海博物館	
擬古山水圖（10幀）	冊	紙	設色	不詳		美國 紐約亞洲社（The Asia Society）	
附：							
溪山讀書圖	軸	紙	水墨	不詳	庚子（萬曆二十八十年，1600）	上海 朵雲軒	
驢背尋思圖	軸	絹	設色	不詳	天啟丁卯（七年，1627）	上海 上海文物商店	
溪山行旅圖	軸	絹	水墨	127 × 58.4	萬曆己丑（十七年，1589）六月	紐約 佳士得藝品拍賣公司/拍賣目錄 1989,06,01.	
幽壑松風圖	軸	絹	設色	150.5 × 49	天啟三年（癸亥，1623）六月	紐約 佳士得藝品拍賣公司/拍賣目錄 1992,06,02.	
江天雪晚圖	軸	紙	設色	94.5 × 41		紐約 佳士得藝品拍賣公司/拍	

名稱		質地	色彩	尺寸 高x寬cm	創作時間	收藏處所	典藏號碼
仿梅道人山水圖	軸	絹	水墨	129.5 x 52.7	崇禎二年（己巳，1629）夏日	紐約 佳士得藝品拍賣公司/拍賣目錄 1994,11,30.	
墨竹圖	摺扇面	金箋	水墨	17.5 x 53.5		紐約 佳士得藝品拍賣公司/拍賣目錄 1996,09,18.	
山水圖	摺扇面	金箋	設色	18.5 x 58	乙丑（天啟五年，1625）秋日	紐約 佳士得藝品拍賣公司/拍賣目錄 1984,06,29.	

畫家小傳：關思。字九思，後以字行，更字仲通。號虛白。浙江烏程人。善畫山水，與宋旭齊名。流傳署款紀年作品見於神宗萬曆十七（1589）年，至思宗崇禎七（1634）年。（見明畫錄、無聲詩史、圖繪寶鑑續纂、烏程志、中國畫家人名大辭典）

馬 電

金陵雙檜圖（馬電、朱之蕃合作）	卷	紙	水墨	不詳		北京 故宮博物院	

畫家小傳：馬電。與朱之蕃同時。畫史無載。身世待考。

朱之士

梅花水仙（清花卉畫冊二冊之7）	冊頁	紙	水墨	不詳		台北 故宮博物院	故畫 03518-7
蘭竹圖	摺扇面	金箋	水墨	不詳		天津 天津市藝術博物館	

畫家小傳：朱之士。字士元（或作元仕）。江蘇金陵人。朱之蕃之弟。工畫花卉，生趣充溢，傅彩尤精；兼善山水。（見明畫錄、無聲詩史、中國畫家人名大辭典）

程嘉燧

翳然圖	卷	紙	水墨	27.3 x 251.2		北京 故宮博物院	
墨蘭圖（唐時升等十人合作，為伯慈作）	卷	紙	水墨	26 x 267.5	崇禎辛未歲（四年，1631）夏日	北京 故宮博物院	
設色山水圖	小卷	紙	水墨	不詳	戊辰（崇禎元年，1628）秋	上海 上海博物館	
綠樹越溪圖	卷	紙	設色	21.6 x 129.7	戊辰（崇禎元年，1628）秋月	上海 上海博物館	
山水圖	卷	紙	水墨	不詳	丁丑（崇禎十年，1637）	上海 上海博物館	
秋溪疊嶂	軸	紙	設色	197.5 x 78.	天啟甲子（四年，	台北 故宮博物院	故畫 00625

名稱		質地	色彩	尺寸 高×寬㎝	創作時間	收藏處所	典藏號碼
					1624）二月望日		
山水圖(寫祝鷗亭先生華誕)	軸	金箋	水墨	80 × 44	己卯（崇禎十二年，1639）嘉平	香港 中文大學中國文化研究所文物館	95.472
贈別圖	軸	紙	設色	130.5 × 31	丁卯（天啟七年，1627）三月	香港 劉作籌虛白齋	
松泉蘭石圖	軸	紙	水墨	不詳	崇禎四年（辛未，1631）一月上浣	香港 王南屏先生	
雲山松桂圖	軸	絹	設色	151.5 × 47.5	萬曆丁巳（四十五年，1617）	長春 吉林省博物館	
古木竹石圖	軸	紙	水墨	122.4 × 41.4	乙丑（天啟五年，1625）二月	瀋陽 遼寧省博物館	
仿倪瓚山水圖	軸	紙	水墨	94.2 × 33.5	崇禎二年（己巳，1629）秋八月	北京 故宮博物院	
松蔭高士圖	軸	紙	設色	130.6 × 31.5	崇禎四年（辛未，1631）秋九月	北京 故宮博物院	
虞山歸舟圖	軸	紙	水墨	57.1 × 31.3	甲戌（崇禎七年，1634）三月	北京 故宮博物院	
松石圖（為成之作）	軸	紙	水墨	130.4 × 30.7	乙亥（崇禎八年，1635）七月	北京 故宮博物院	
山水圖	軸	紙	水墨	不詳	崇禎十五年（壬午，1642）十月	北京 故宮博物院	
柳堤並蹄圖	軸	紙	設色	108 × 32	崇禎己卯（十二年，1639）夏五月	天津 天津市藝術博物館	
菊柏圖	軸	絹	水墨	189 × 51.6		天津 天津市藝術博物館	
遠山古屋圖	軸	絹	水墨	72 × 29	萬曆戊午（四十六年，1618）	合肥 安徽省博物館	
桐下高吟圖	軸	紙	水墨	116.4 × 38.1	辛酉（天啟元年，1621）	上海 上海博物館	
西澗圖	軸	紙	設色	不詳	丁卯（天啟七年，1627）	上海 上海博物館	
霜林遠岫圖	軸	紙	水墨	101.5 × 45.6	崇禎八年（乙亥，1635）八月	上海 上海博物館	
觀魚圖	軸	紙	水墨	75.9 × 30.8	己卯（崇禎十二年，1639）	上海 上海博物館	

名稱		質地	色彩	尺寸 高x寬㎝	創作時間	收藏處所	典藏號碼
唐人詩意圖（為公虞作）	軸	紙	水墨	62 x 31.7	崇禎十二年（己卯，1639）秋	上海 上海博物館	
松萱圖	軸	紙	水墨	128.7 x 62.4	辛巳（崇禎十四年，1641）	上海 上海博物館	
寒山策蹇圖	軸	紙	水墨	不詳		上海 上海博物館	
松石圖	軸	紙	水墨	130.5 x 29.5	乙亥（崇禎八年，1635）	南京 南京博物院	
幽亭老樹圖	軸	綾	水墨	84.5 x 25	崇禎八年（乙亥，1635）	常熟 江蘇省常熟市文物管理委員會	
山水圖	摺扇面	金箋	水墨	不詳	丙辰（萬曆四十四年，1616）	杭州 浙江省博物館	
松下獨坐圖	軸	紙	水墨	148 x 20		重慶 重慶市博物館	
松雞圖	軸	紙	水墨	135.5 x 42	庚午（崇禎三年，1630）	廣州 廣東省博物館	
枯木竹石圖	軸	絹	水墨	154.5 x 42.1	乙卯（萬曆四十三年，1615）冬日	日本 東京山本悌二郎先生	
山水圖	軸	紙	水墨	97.9 x 28.2	崇禎十年（丁丑，1637）題廿年前所畫	日本 京都國立博物館（上野有竹齋寄贈）	A甲206
秋林亭渚圖（擬雲林筆意）	軸	紙	水墨	48.4 x 25.9	崇禎庚午（三年，1630）初冬	美國 普林斯頓大學藝術館（私人寄存）	L299.72
山水圖	軸	紙	設色	80.3 x 32.8		美國 加州曹仲英先生	
松陰閒話（程嘉燧畫山水冊之1）	冊頁	紙	設色	23.1 x 12.8	己卯（崇禎十二年，1639）正月	台北 故宮博物院	故畫01154-1
落日歸騎（程嘉燧畫山水冊之2）	冊頁	紙	水墨	23.1 x 12.8		台北 故宮博物院	故畫01154-2
大江浮棹（程嘉燧畫山水冊之3）	冊頁	紙	設色	23.1 x 12.8		台北 故宮博物院	故畫01154-3
水舍憑眺（程嘉燧畫山水冊之4）	冊頁	紙	水墨	23.1 x 12.8		台北 故宮博物院	故畫01154-4
柳岸放舟（程嘉燧畫山水冊之5）	冊頁	紙	設色	23.1 x 12.8		台北 故宮博物院	故畫01154-5
遠帆遙岑（程嘉燧畫山水冊之6）	冊頁	紙	水墨	23.1 x12.8		台北 故宮博物院	故畫01154-6

名稱		質地	色彩	尺寸 高x寬㎝	創作時間	收藏處所	典藏號碼
山窗對話（程嘉燧畫山水冊之7）	冊頁	紙	設色	23.1 x12.8		台北 故宮博物院	故畫 01154-7
赤壁遊蹤（程嘉燧畫山水冊之8）	冊頁	紙	水墨	23.1 x 12.8		台北 故宮博物院	故畫 01154-8
雲壑行旅（程嘉燧畫山水冊之9）	冊頁	紙	設色	23.1 x 12.8		台北 故宮博物院	故畫 01154-9
園庭靜坐（程嘉燧畫山水冊之10）	冊頁	紙	水墨	23.1 x 12.8	己卯（崇禎十二年，1639）正月	台北 故宮博物院	故畫 01154-10
鄧尉觀梅（程嘉燧山水冊之1）	冊頁	紙	水墨	25.1 x 36.3		台北 故宮博物院	故畫 01155-1
西湖畫舫（程嘉燧山水冊之2）	冊頁	紙	設色	25.1 x 36.3		台北 故宮博物院	故畫 01155-2
江樹遠山（程嘉燧山水冊之3）	冊頁	紙	設色	25.1 x 36.3		台北 故宮博物院	故畫 01155-3
村莊歸騎（程嘉燧山水冊之4）	冊頁	紙	水墨	25.1 x 36.3		台北 故宮博物院	故畫 01155-4
疏林筠舍（程嘉燧山水冊之5）	冊頁	紙	設色	25.1 x 36.3		台北 故宮博物院	故畫 01155-5
赤壁泛舟（程嘉燧山水冊之6）	冊頁	紙	水墨	25.1 x 36.3		台北 故宮博物院	故畫 01155-6
仿倪山水（程嘉燧山水冊之7）	冊頁	紙	設色	25.1 x 36.3		台北 故宮博物院	故畫 01155-7
浦橋松屋（程嘉燧山水冊之8）	冊頁	紙	水墨	25.1 x 36.3		台北 故宮博物院	故畫 01155-8
臨湖築居（程嘉燧山水冊之9）	冊頁	紙	設色	25.1 x 36.3		台北 故宮博物院	故畫 01155-9
斷橋臥柳（程嘉燧山水冊之10）	冊頁	紙	水墨	25.1 x 36.3	庚辰（崇禎十三年，1640）春三月	台北 故宮博物院	故畫 01155-10
平坡枯樹（明人畫扇冊四冊之8）	摺扇面	紙	水墨	不詳		台北 故宮博物院	故畫 03530-8
山水（畫中九友集錦冊之8）	冊頁	紙	水墨	18 x 13.3		台北 故宮博物院（蘭千山館寄存）	
還硯圖	摺扇面	金箋	設色	15.8 x 48.1		香港 劉作籌虛白齋	50
山水圖	摺扇面	金箋	設色	不詳	丙午（萬曆三十四年，1606）	瀋陽 遼寧省博物館	

名稱		質地	色彩	尺寸 高×寬㎝	創作時間	收藏處所	典藏號碼
載酒圖		摺扇面 金箋	設色	不詳	庚辰（崇禎十三年，1640）	瀋陽 遼寧省博物館	
龍潭曉雨圖		摺扇面 紙	水墨	不詳	天啟甲子（四年，1624）	北京 故宮博物院	
山水圖		摺扇面 紙	水墨	不詳	崇禎三年（庚午，1630）八月	北京 故宮博物院	
山河策蹇圖		摺扇面 紙	設色	不詳	崇禎壬申（五年，1632）七月	北京 故宮博物院	
西湖紀游圖		摺扇面 金箋	設色	16 × 51.2	己卯（崇禎十二年，1639）	北京 故宮博物院	
蘆汀笛唱圖		摺扇面 金箋	設色	16.5 × 51.2	崇禎己卯（十二年，1639）	北京 故宮博物院	
山水圖（8幀）	冊	紙	水墨	（每幀）22.1 × 14	庚辰（崇禎十三年，1640）陽月	北京 故宮博物院	
柴門送客圖		摺扇面 金箋	設色	16.7 × 55.1	庚辰（崇禎十三年，1640）	北京 故宮博物院	
松雲圖		摺扇面 金箋	水墨	19 × 56	丁丑（崇禎十年，1637）	北京 首都博物館	
松鷹圖		摺扇面 金箋	水墨	不詳	壬戌（天啟二年，1622）	天津 天津市藝術博物館	
山水圖		摺扇面 紙	設色	不詳	甲戌（崇禎七年，1634）	天津 天津市藝術博物館	
秋浦放舟圖		摺扇面 金箋	設色	不詳		合肥 安徽省博物館	
遙山晴色圖		摺扇面 金箋	設色	不詳	丁丑（崇禎十年，1637）花朝	合肥 安徽省博物館	
柳橋山寺圖		摺扇面 粉箋	設色	不詳	崇禎庚辰（十三年，1640）春	合肥 安徽省博物館	
牧牛圖		摺扇面 金箋	水墨	不詳	己酉（萬曆三十七年，1609）	上海 上海博物館	
為仲和作山水圖		摺扇面 金箋	水墨	不詳	己酉（萬曆三十七年，1609）春	上海 上海博物館	
為三泉作山水圖		摺扇面 金箋	設色	不詳	甲寅（萬曆四十二年，1614）	上海 上海博物館	
為孟約作山水圖		摺扇面 金箋	設色	不詳	甲寅（萬曆四十二年，1614）五月	上海 上海博物館	

名稱		質地	色彩	尺寸 高x寬cm	創作時間	收藏處所	典藏號碼
溪亭策杖圖（程嘉燧等山水冊 4之第1幀）	冊頁	絹	設色	約19.1 x 22.5	甲戌（崇禎七年，1634）	上海 上海博物館	
水岸人家圖（程嘉燧等山水冊 4之第2幀）	冊頁	絹	設色	約19.1 x 22.5	丁巳（萬曆四十五年，1617）	上海 上海博物館	
灞亭柳色圖	摺扇面	金箋	設色	不詳	戊午（萬曆四十六年，1618）七月	上海 上海博物館	
松谷庵圖	摺扇面	金箋	設色	不詳	天啟四年（甲子，1624）	上海 上海博物館	
風江夜泊圖	摺扇面	金箋	設色	不詳	乙丑（天啟五年，1625）五月	上海 上海博物館	
杜甫詩意圖（為履祥作）	摺扇面	紙	設色	不詳	戊辰（崇禎元年，1628）	上海 上海博物館	
樂遊原圖	摺扇面	金箋	設色	不詳	崇禎二年（己巳，1629）	上海 上海博物館	
仿趙松雪人馬圖	摺扇面	金箋	設色	不詳	崇禎二年（己巳，1629）	上海 上海博物館	
橫斜疏影圖	摺扇面	金箋	水墨	不詳	庚午（崇禎三年，1630）	上海 上海博物館	
仿倪山水圖（為延甫作）	摺扇面	紙	水墨	不詳	庚午（崇禎三年，1630）冬	上海 上海博物館	
候潮圖	摺扇面	金箋	設色	不詳	壬申（崇禎五年，1632）八月	上海 上海博物院	
雨景山水圖（為懋公作）	摺扇面	金箋	設色	不詳	壬申（崇禎五年，1632）仲夏	上海 上海博物院	
騎驢圖	摺扇面	紙	水墨	不詳	崇禎六年（癸酉，1633）	上海 上海博物院	
雪景山水圖	摺扇面	紙	水墨	不詳	甲戌（崇禎七年，1634）	上海 上海博物院	
月下對話圖	摺扇面	金箋	設色	不詳	乙亥（崇禎八年，1635）	上海 上海博物院	
籬邊秋水圖	摺扇面	金箋	水墨	不詳	也亥（崇禎八年，1635）十二月	上海 上海博物館	
為平仲作山水圖	摺扇面	紙	水墨	不詳	丙子（崇禎九年，1636）夏五月	上海 上海博物館	
柳湖遊艇圖	摺扇面	金箋	設色	不詳	崇禎丁丑（十年，	上海 上海博物館	

名稱		質地	色彩	尺寸 高x寬cm	創作時間	收藏處所	典藏號碼
					1637）秋七月		
山水圖		摺扇面 金箋	設色	不詳	丁丑（崇禎十年，1637）	上海 上海博物館	
仿王紱山水圖		摺扇面 紙	水墨	不詳	戊寅（崇禎十一年，1638）	上海 上海博物館	
山水圖（10幀）		冊 紙	設色	（每幀）23.3 x 13.2	己卯（崇禎十二年，1639）	上海 上海博物館	
風江吹笛圖		摺扇面 金箋	水墨	不詳	己卯（崇禎十二年，1639）	上海 上海博物館	
送別圖		摺扇面 金箋	水墨	不詳	己卯（崇禎十二年，1639）	上海 上海博物館	
山水圖		摺扇面 金箋	水墨	不詳	崇禎己卯（十二年，1639）	上海 上海博物館	
梧陰納涼圖		摺扇面 金箋	水墨	不詳	崇禎十二年（己卯，1639）	上海 上海博物館	
坐月圖		摺扇面 金箋	水墨	不詳	己卯（崇禎十二年，1639）	上海 上海博物館	
策蹇圖		摺扇面 金箋	水墨	不詳	癸未（崇禎十六年，1643）秋日	上海 上海博物館	
元人筆意圖		摺扇面 紙	水墨	不詳		上海 上海博物館	
泛舟訪友圖		摺扇面 金箋	水墨	不詳		上海 上海博物館	
虎丘松月試茶圖		摺扇面 金箋	水墨	不詳		上海 上海博物館	
尋梅圖		摺扇面 紙	水墨	不詳		上海 上海博物館	
夏山待渡圖		摺扇面 金箋	水墨	16.3 x 52.5	丙子（崇禎九年，1636）	南京 南京博物院	
仿董元山水圖（明畫中九友山水扇面冊9之1幀）		摺扇面 金箋	設色	16.3 x 51.4		南京 南京博物院	
夏夜試茶圖		摺扇面 紙	設色	不詳	乙亥（崇禎八年，1635）	杭州 浙江省杭州市文物考古所	
仿王蒙山水圖		摺扇面 金箋	設色	不詳	丙寅（天啟六年，1626）	成都 四川省博物院	
赤壁夜遊圖		摺扇面 金箋	水墨	15.7 x 48	丁丑（崇禎十年，1637）	廣州 廣東省博物館	
青綠山水（明人書畫扇丁冊之		摺扇面 金箋	青綠	不詳		日本 東京橋本辰二郎先生	

名稱		質地	色彩	尺寸 高×寬㎝	創作時間	收藏處所	典藏號碼
第10幀)							
枯柯竹石圖		摺扇面 金箋	水墨	17 × 53.7		日本 京都國立博物館	A甲557
樹下雄雞圖		摺扇面 紙	水墨	不詳	丙辰（萬曆四十四年，1616）七月望前一日	美國 紐約大都會藝術博物館	13.100.65
山水圖（8幀）		冊	紙	水墨	不詳	丙寅（嘉靖四十五年，1566）秋日	美國 明尼阿波里斯藝術中心	
山水圖（8幀）		冊	紙	水墨	（每幀）21.8 × 14		英國 倫敦大英博物館	1980.5.12.04（ADD426）
山水圖		摺扇面 金箋	水墨	17.7 × 49.3		德國 柏林東亞藝術博物館	1988-196
山水圖		摺扇面 金箋	水墨	17.2 × 52.1		德國 柏林東亞藝術博物館	1988-197
山水圖		摺扇面 金箋	設色	17.3 × 51.7	崇禎二年（己巳，1629）七月孟	德國 科隆東亞西亞藝術館	A55.24
山水圖		摺扇面 紙	水墨	19.9 × 50		瑞士 蘇黎士黎得堡博物館	RCH.1117
附：							
松石圖（為慎之作）		軸	紙	水墨	135 × 30	乙亥（崇禎八年，1635）秋七月	上海 朵雲軒	
幽亭老樹圖		軸	紙	水墨	不詳	乙亥（崇禎八年，1635）夏六月	常州 常州市文物商店	
喬松磐石圖		軸	紙	水墨	127 × 49.3	崇禎十二年乙卯（1639）夏	紐約 蘇富比藝品拍賣公司/拍賣目錄1986,06,03.	
山水圖		軸	絹	水墨	70 × 32	庚寅（萬曆十八年，1590）十月二日	香港 佳士得藝品拍賣公司/拍賣目錄1991,03,18.	
山居圖（仿柯九思）		軸	紙	水墨	134.6 × 59.7	丁亥（萬曆十五年，1587）陽月	紐約 佳士得藝品拍賣公司/拍賣目錄1996,09,18.	
關山雪騎圖		摺扇面 金箋	水墨	17 × 47.5	庚午（崇禎三年，1630）春	紐約 佳士得藝品拍賣公司/拍賣目錄1988,11,30.	
松陰試茶圖		摺扇面 金箋	設色	17 × 52	崇禎癸酉（六年，1633）冬	紐約 佳士得藝品拍賣公司/拍賣目錄1993,12,01.	
策蹇圖		摺扇面 紙	水墨	19.8 × 48.9		紐約 佳士得藝品拍賣公司/拍賣目錄1993,12,01.	
古樹茅舍（明清人扇面冊12之1幀）		摺扇面 金箋	水墨	不詳		紐約 佳士得藝品拍賣公司/拍賣目錄1998,09,15.	

畫家小傳：程嘉燧。字孟陽。號松圓老人。安徽休寧人，初寓武林，後僑嘉定。生於世宗嘉靖四十四（1565）年。卒於思宗崇禎十六（1643）年。工詩畫。畫山水，宗法倪瓚、黃公望，兼事寫生，作品沈靜恬淡。（見明畫錄、海虞畫苑略、明史唐時升傳、

名稱		質地	色彩	尺寸 高x寬㎝	創作時間	收藏處所	典藏號碼

列朝詩集小傳、中國畫家人名大辭典）

李日華

名稱		質地	色彩	尺寸 高x寬㎝	創作時間	收藏處所	典藏號碼
仿王叔明山水（明李日華書畫合卷之1）	卷	紙	水墨	25 x 44		台北 故宮博物院(蘭千山館寄存)	
仿米南宮筆意山水（明李日華書畫合卷之2）	卷	紙	水墨	25 x 40		台北 故宮博物院(蘭千山館寄存)	
仿梅道人意山水（明李日華書畫合卷之3）	卷	紙	水墨	25 x 40.2		台北 故宮博物院(蘭千山館寄存)	
仿子久意山水（明李日華書畫合卷之4）	卷	紙	水墨	25 x 42.6		台北 故宮博物院(蘭千山館寄存)	
水墨山水（明李日華書畫合卷之5）	卷	紙	水墨	25 x 43.5		台北 故宮博物院(蘭千山館寄存)	
仿大癡溪山入夢圖	卷	紙	水墨	23.4 x 253.3	乙丑（天啟五年，1625）初秋	上海 上海博物院	
荷花圖	軸	絹	水墨	71 x 26		香港 王南屏先生	
唐人詩意圖（明人便面畫冊肆冊（四）之2）	摺扇面	紙	設色	不詳		台北 故宮博物院	故畫 03539-2
山水(雲繞竹溪圖)	冊頁	絹	設色	26.4 x 29.5		美國 哈佛大學福格藝術館	1968.34
山水圖（10幀）	冊	紙	水墨、設色	（每幀）23.1 x 19.5		美國 密歇根大學藝術博物館（密州私人寄存）	（89.30.1）1-10

附：

名稱		質地	色彩	尺寸 高x寬㎝	創作時間	收藏處所	典藏號碼
雪竹圖	軸	絹	水墨	175 x 85		紐約 佳士得藝品拍賣公司/拍賣目錄 1989,06,01.	
山水圖	摺扇面	金箋	設色	17 x 53.5		紐約 佳士得藝品拍賣公司/拍賣目錄 1993,12,01.	

畫家小傳：李日華。字君實。號九疑、竹懶。浙江嘉興人。生於世宗嘉靖四十四（1565）年。卒於思宗崇禎八（1635）年。進士出身。工詩文、妙書法、精鑑賞。善畫山水，用筆矜貴，格韻兼勝。撰有竹懶畫滕、紫桃軒雜綴、味水軒日記等。（見無聲詩史、圖繪寶鑑續纂、明史王惟儉傳、寧波府志、中國畫家人名大辭典）

吳時培

名稱		質地	色彩	尺寸 高x寬㎝	創作時間	收藏處所	典藏號碼
花蝶圖	摺扇面	金箋	設色	不詳	庚寅（萬曆十八年，1590）清和既望	北京 故宮博物院	

畫家小傳：吳時培。隆慶、萬曆間人。籍里、身世不詳。工畫人物、花草。流傳署款紀年作品見於神宗萬曆十八(1590)年。（見珊瑚網、中國畫家人名大辭典）

名稱		質地	色彩	尺寸 高x寬㎝	創作時間	收藏處所	典藏號碼

周秉忠

| 杏林春暖圖 | 軸 | 絹 | 設色 | 不詳 | 萬曆庚寅（十八年，1590） | 蘇州 江蘇省蘇州博物館 | |
| 韓永春肖像 | 軸 | 絹 | 設色 | 不詳 | | 蘇州 江蘇省蘇州博物館 | |

畫家小傳：周秉忠。畫史無載。流傳署款紀年作品見於神宗萬曆十八（1590）年。身世待考。

文震孟

| 米氏雲山圖 | 軸 | 絹 | 水墨 | 114.3 x 45.5 | | 日本 東京柳孝藏先生 | |

畫家小傳：文震孟。畫史無載。疑為文徵明曾孫、文震亨兄弟輩。待考。

王承烈

| 薔薇花圖 | 摺扇面 | 金箋 | 設色 | 不詳 | 萬曆庚寅（十八年，1590） | 旅順 遼寧省旅順博物館 | |

畫家小傳：王承烈。畫史無載。流傳署款紀年作品見於神宗萬曆十八（1590）年。身世待考。

顏孔章

| 芙蓉鵣鴒圖 | 摺扇面 | 金箋 | 設色 | 不詳 | 萬曆辛卯（十九年，1591） | 成都 四川大學 | |

畫家小傳：顏孔章。畫史無載。流傳署款紀年作品見於神宗萬曆十九（1591）年。身世待考。

方 登

| 雜畫圖 | 卷 | 紙 | 設色 | 不詳 | 萬曆甲午（二十二年，1594） | 北京 故宮博物院 | |
| 山水圖（10幀，為淳所作） | 冊 | 紙 | 設色 | 不詳 | 萬曆辛卯（十九年，1591） | 北京 故宮博物院 | |

畫家小傳：方登。字嘯門。自號樵成子。江蘇建業人。工書、能詩。善畫山水，仿效史忠。流傳署款紀年作品見於神宗萬曆十九(1591)至二十二(1594)年。（見明畫錄、列朝詩家小傳、中國畫家人名大辭典）

（釋）寂 住

羅漢圖	卷	紙	水墨	29.1 x 188.1	年七十八（？）	旅順 遼寧省旅順博物館	
白描羅漢渡海圖	卷	紙	水墨	不詳	壬戌（天啟二年，1622）初夏	北京 故宮博物院	
羅漢圖	卷	紙	水墨	不詳	辛卯（萬曆十九年，1591）	上海 上海博物館	

名稱		質地	色彩	尺寸 高x寬cm	創作時間	收藏處所	典藏號碼

畫家小傳：寂住。僧。畫史無載。流傳署款紀年作品見於神宗萬曆十九（1591）年至熹宗天啟二（1622）年。身世待考。

程起龍

附：

| 蘭亭圖 | 卷 | 絹 | 水墨 | 不詳 | 萬曆辛卯（十九年 天津 天津市文物公司 ，1591） | | |

畫家小傳：程起龍。畫史無載。流傳署款紀年作品見於神宗萬曆十九（1591）年。身世待考。

蔡　輝

寫祝隱元和尚山水圖	卷	絹	設色	35.6 x ?	辛卯（萬曆十九年 日本 京都萬福寺 ，1591） 子月		
朝陽群鶴圖	軸	絹	設色	88.8 x 61		日本 本出精先生	
樹杪百重泉圖	冊頁	絹	水墨	27.5 x 22.5		日本 大阪橋本大乙先生	

畫家小傳：蔡輝。晉江人。畫史無載。流傳署款紀年作品見於神宗萬曆十九（1591）年。身世待考。

關裕度

| 墨菊圖（明人畫冊之第1） | 冊頁 | 金箋 | 水墨 | 30.3 x 38.2 | 辛卯（?萬曆十九 英國 倫敦大英博物館 年，1591）重陽日 | | 1902.6.6.60(ADD360) |

畫家小傳：關裕度。約與宋旭、趙左同時。畫史無載。流傳署款作品紀年疑為神宗萬曆十九（1591）年。身世待考。

李孫謀

| 山水圖(明人畫冊之第10) | 冊頁 | 金箋 | 設色 | 30.2 x 38.4 | 辛卯（?萬曆十九 英國 倫敦大英博物館 年，1591）菊月 | | 1902.6.6.60(ADD360) |

畫家小傳：李孫謀。約與宋旭、趙左同時。畫史無載。流傳署款作品紀年疑為神宗萬曆十九（1591）年。身世待考。

朱萬成

| 山水圖（明人畫冊之11） | 冊頁 | 金箋 | 設色 | 30.2 x 37.8 | 辛卯（?萬曆十九 英國 倫敦大英博物館 年，1591）秋日 | | 1902.6.6.60-11（ADD360） |

畫家小傳：朱萬成。約與宋旭、趙左同時。畫史無載。流傳署款作品紀年疑為神宗萬曆十九（1591）年。身世待考。

呂　健

花鳥圖（為客卿作）	卷	紙	設色	不詳	萬曆壬辰（二十年 北京 北京市文物組 ，1592）春日		
桃溪集禽圖	軸	絹	設色	146.2 x 60.8		杭州 浙江省博物館	
芙蓉白鷺圖	軸	絹	設色	121 x 68.6		日本 東京永青文庫	

名稱		質地	色彩	尺寸 高x寬㎝	創作時間	收藏處所	典藏號碼
柳鷺圖	軸 絹		設色	142.4 x 53.5		日本 東京藪本先生	
蘆雁圖	摺扇面 金箋		水墨	不詳		北京 故宮博物院	

畫家小傳：呂健。字六陽。善畫花鳥。畫史無載。流傳署款紀年作品見於神宗萬曆二十（1592）年。身世待考。

陶 冶

| 桐陰煮茗圖 | 軸 絹 | | 設色 | 86.5 x 28 | 萬曆壬辰（二十年，1592）四月 | 南京 南京博物院 | |

畫家小傳：陶冶。籍里、身世不詳。隆慶、萬曆間人。工畫山水。流傳署款紀年作品見於神宗萬曆二十（1592）至二十八（1600）年。（見珊瑚網、中國畫家人名大辭典）

周廷策

薛虞卿（明益）像	軸 紙		設色	84.5 x 29	萬曆壬辰（二十年，1592）	北京 故宮博物院	
杏花書屋圖（為妹丈薛明益作）	摺扇面 紙		設色	不詳	甲辰（萬曆三十二，1604）仲春	天津 天津市歷史博物館	
金陵八景圖（蔣乾、周天球等十一人合繪於2摺扇面）	摺扇面 金箋		設色	（每面）17.5 x 53.5		南京 南京市博物館	
荔枝綬帶圖	摺扇面 金箋		設色	不詳	萬曆丁酉（二十五年，1597）	重慶 重慶市博物館	
附：							
風柳鸜鴿圖	摺扇面 紙		設色	不詳	丙午（萬曆三十四，1606）	天津 天津市文物公司	

畫家小傳：周廷策。字一泉。江蘇蘇州人。為周秉忠之子。茹素禮佛。善畫觀音。工疊石，江南大家多延其造作假山，每日束修一金。年逾七十猶在。流傳署款紀年作品見於神宗萬曆二十（1592）至三十四（1606）年。（見識小錄、中國美術家人名辭典）

王上宮

十八尊者圖	卷 紙		水墨	不詳	萬曆壬辰（二十年，1592）	北京 故宮博物院	
忠孝圖	卷 紙		水墨	28.2 x ?		美國 紐約大都會藝術博物館	1985.335
人物圖	軸 絹		水墨	不詳		上海 上海博物館	
附：							
十八學士圖	卷 紙		水墨	31 x 390.5	萬曆癸巳（二十一年，1593）春日	紐約 佳士得藝品拍賣公司/拍賣目錄 1995,03,22.	

名稱		質地	色彩	尺寸 高x寬cm	創作時間	收藏處所	典藏號碼

畫家小傳：王上宮。籍里、身世不詳。善畫羅漢。流傳署款紀年作見於神宗萬曆二十（1592）、二十一（1593）年。（見爛真草堂集、中國畫家人名大辭典）

孟　煦

| 書畫合璧 | 卷 | 紙 | 水墨 | 27.3 × 136 | 萬曆壬辰（二十年，1592） | 瀋陽 故宮博物院 | |

畫家小傳：孟煦。畫史無載。流傳署款紀年作見於神宗萬曆二十（1592）年。身世待考。

曾　鯨

名稱		質地	色彩	尺寸 高x寬cm	創作時間	收藏處所	典藏號碼
葛一龍像	卷	紙	設色	30.5 × 77.5		北京 故宮博物院	
菁林子像（陳范補景）	卷	紙	設色	28.3 × 73.6	丁卯（天啟七年，1627）	北京 中國歷史博物館	
菁林子像	卷	紙	設色	不詳	丁卯（天啟七年，1627）	北京 首都博物館	
徐元亮像（曾鯨、沈士鯁合作）	卷	絹	設色	25.5 × 68.2	天啟甲子（四年，1624）	廣州 廣東省博物館	
柳敬亭小像	軸	紙	設色	87 × 41	崇禎庚辰（十三年，1640）重九	台北 清玩雅集	
王時敏像	軸	絹	設色	64 × 42.7	萬曆丙辰（四十四年，1616）五月	天津 天津市藝術博物館	
侯峒曾像（曾鯨、張翀合作）	軸	絹	設色	121.3 × 62.1	崇禎丁丑（十年，1637）	上海 上海博物館	
顧夢游（與治）肖像	軸	紙	設色	150 × 45		南京 南京博物院	
張卿子像	軸	絹	設色	111.4 × 36.2	天啟壬戌（二年，1622）中秋	杭州 浙江省博物館	
胡爾慥像	軸	絹	設色	160 × 80	天啟丁卯（七年，1627）仲夏	德清 浙江省德清縣博物館	
黃道周像	軸	絹	設色	51.5 × 22.3	甲申（順治元年，1644）花前二日	福州 福建省博物館	
趙賡像	軸	紙	設色	68.5 × 52	天啟甲子（四年，1624）冬日	廣州 廣東省博物館	
潘梁老先生像	軸	紙	設色	116.3 × 58.4	天啟辛酉（元年，1621）冬日	美國 密歇根大學藝術博物館	1966/1.110
人物像（曾鯨、曹熙志合作）	軸	絹	設色	118 × 41.2	己卯（崇禎十二年，1639）秋七月	美國 勃克萊加州大學藝術館	1967.22

名稱		質地	色彩	尺寸 高x寬㎝	創作時間	收藏處所	典藏號碼
人物圖	軸	紙	設色	70.6 x 36.3		捷克 布拉格 Praze Narodoni Galerie v Praze	Vm6116-1171/ 589
附：							
呂洞賓像	軸	絹	設色	52 x 44.7		紐約 佳士得藝品拍賣公司/拍 賣目錄 1994,06,01.	

畫家小傳：曾鯨。字波臣。福建莆田人，流寓金陵。生於穆宗隆慶二（1568）年。卒於清世祖順治七（1650）年。工寫照，畫法能出新機軸，重墨骨，以骨筆取精神，傅彩取氣色，別於江南粉彩渲淡一派。影響晚明清初畫壇。（見明畫錄、無聲詩史、圖繪寶鑑續纂、國朝畫徵錄、金陵瑣事、烏青文獻、中國畫家人名大辭典）

魏之璜

名稱		質地	色彩	尺寸 高x寬㎝	創作時間	收藏處所	典藏號碼
海幢寺圖	卷	絹	設色	25.3 x 85.6		香港 劉作籌虛白齋	40
梅花圖	卷	紙	水墨	不詳		旅順 遼寧省旅順博物館	
山水圖	卷	紙	設色	32 x 213	萬曆乙卯（四十三年，1615）	北京 故宮博物院	
墨梅圖	卷	紙	水墨	不詳	崇禎辛巳（十四年，1641）	北京 故宮博物院	
橫江雲嶺圖	卷	紙	設色	26.2 x 370.8	己未（萬曆四十七年，1619）暮冬望前三日	天津 天津市藝術博物館	
蘭竹圖	卷	紙	水墨	不詳	崇禎癸酉（六年，1633）秋七月	上海 上海博物館	
山水圖	卷	紙	設色	31.2 x ?		日本 中埜又左衛門先生	
春山奔泉圖	軸	絹	設色	不詳	萬曆丁巳（四十五年，1617）	旅順 遼寧省旅順博物館	
山村圖	軸	紙	設色	136.2 x 36	崇禎元年（戊辰，1628）	北京 故宮博物院	
雪景山水圖	軸	絹	設色	不詳	崇禎庚辰（十三年，1640）	北京 中央工藝美術學院	
雲峰高迥圖	軸	紙	設色	347.5 x 104.4	天啟丙寅（六年，1626）	天津 天津市藝術博物館	
山村圖	軸	紙	設色	不詳	戊辰（崇禎元年，1628）秋九月既望	上海 上海博物館	
歲寒圖（張風、孫謀、盛胤昌、魏之璜、魏之克、彭譽、希	軸	紙	水墨	不詳	丙子（崇禎九年，1636）	上海 上海博物館	

名稱		質地	色彩	尺寸 高x寬cm	創作時間	收藏處所	典藏號碼
允合作）							
鳳凰臺圖	軸	絹	水墨	159.5 x 90.5	崇禎壬申（五年，1632）	廣州 廣州市美術館	
端午即景圖（魏之璜、魏之克、汪建、劉邁、殳君素合作）	軸	紙	設色	134.5 x 53.7	天啟元年（辛酉，1621）五月	廣州 廣州市美術館	
穿林蚱蜢圖	軸	紙	水墨	189.5 x 53	崇禎辛未（四年，1631）	南寧 廣西壯族自治區博物館	
林巒煙靄圖	軸	紙	水墨	133.5 x 55.5	乙酉（順治二年，1645）閏月望後二日，時年七十八	日本 大阪橋本大乙先生	
江潮萬頃（明人畫幅集冊之5）	冊頁	紙	設色	34.5 x 60.5	己酉（萬曆三十七年，1609）九月	台北 故宮博物院	故畫01298-5
梅花（清花卉畫冊二冊之2）	冊頁	紙	設色	不詳		台北 故宮博物院	故畫03518-2
茂林曳杖（明人便面畫冊肆冊（三）之15）	摺扇面	紙	設色	不詳		台北 故宮博物院	故畫03539-15
獨坐幽篁（明人便面畫冊肆冊（三）之16）	摺扇面	紙	水墨	不詳		台北 故宮博物院	故畫03539-16
高士行旅圖（山水人物圖扇面合冊之1）	冊頁	金箋	設色	17.2 x 52.4		香港 潘祖堯小聽颿樓	CP37b
水田圖（山水人物圖扇面合冊之3）	冊頁	金箋	設色	14.9 x 46.7		香港 潘祖堯小聽颿樓	CP37d
秋景山水圖（山水人物圖扇面合冊之4）	冊頁	金箋	設色	15.9 x 48.7		香港 潘祖堯小聽颿樓	CP37e
山水圖（山水人物圖扇面合冊之7）	冊頁	金箋	設色	18.4 x 54.6		香港 潘祖堯小聽颿樓	CP37h
山水圖（山水人物圖扇面合冊之8）	冊頁	金箋	水墨	17.8 x 55.8		香港 潘祖堯小聽颿樓	CP37i
清溪古木圖	冊頁	絹	水墨	不詳		瀋陽 遼寧省博物館	
山水圖（程勝等合作山水冊9之1幀）	冊頁	紙	設色	不詳	辛亥（萬曆三十九年，1611）	北京 故宮博物院	
山水圖	摺扇面	金箋	水墨	18.7 x 57	壬子（萬曆四十年，1612）	北京 故宮博物院	
山水圖	摺扇面	紙	水墨	不詳	丁巳（萬曆四十五年，1617）	北京 故宮博物院	

名稱		質地	色彩	尺寸 高x寬cm	創作時間	收藏處所	典藏號碼
山水圖	摺扇面 紙		水墨	不詳	庚子（萬曆二十八年，1621）	北京 中央美術學院	
柳浪泊舟圖	摺扇面 金箋		設色	不詳	己酉（萬曆三十七年，1609）三月	合肥 安徽省博物館	
仙山樓閣圖	摺扇面 金箋		水墨	不詳		上海 上海博物館	
水閣圖	摺扇面 金箋		水墨	16.8 x 49	癸丑（萬曆四十一年，1613）	南京 南京博物院	
松下鳴琴圖	摺扇面 金箋		設色	不詳	辛未（崇禎四年，1631）	南京 南京市博物館	
月季梅花圖	摺扇面 金箋		設色	不詳	乙巳（萬曆三十三年，1605）	寧波 浙江省寧波市天一閣文物保管所	
墨竹圖	摺扇面 金箋		水墨	不詳	萬曆己亥（二十七年，1599）	成都 四川省博物院	
山水圖	摺扇面 金箋		設色	不詳		成都 四川大學	
夏景清曉圖	摺扇面 金箋		設色	不詳	丙寅（天啟六年，1626）夏五	日本 東京蟠生彌治郎先生	
墨筆山水圖（明人書畫扇乙冊之8）	摺扇面 金箋		水墨	不詳		日本 東京橋本辰二郎先生	
山水圖（明人扇面畫冊之37）	摺扇面 金箋		設色	15.2 x 47.8		日本 京都國立博物館	A甲685
山水圖	摺扇面 金箋		設色	17.2 x 55.5		日本 琦玉縣萬福寺	
山水（溪山殿閣）	摺扇面 金箋		設色	15.9 x 50.1	戊戌（萬曆二十六年，1598）正月	日本 中埜又左衛門先生	
山水圖	摺扇面 金箋		設色	15.2 x 47.9		德國 柏林東亞藝術博物館	1999-307
山水圖	摺扇面 金箋		設色	14.8 x 46.6		德國 柏林東亞藝術博物館	1999-306
山水圖	摺扇面 金箋		設色	17.7 x 55.6		德國 柏林東亞藝術博物館	1999-305
山水圖	摺扇面 金箋		水墨	16.3 x 51.2		德國 柏林東亞藝術博物館	1999-308
附：							
墨梅圖并長題	卷 紙		水墨	43.2 x 882	崇禎癸酉（六年，1633）	北京 北京市工藝品進出口公司	
寫景山水圖（？幀）	冊 紙		設色	不詳	辛酉（天啟元年，1621）立春日	北京 中國文物商店總店	
山水圖（？幀）	冊 紙		設色	不詳	天啟元年（辛酉，1621）	北京 中國文物商店總店	
梅花圖	摺扇面 金箋		水墨	不詳	戊午（萬曆四十年	上海 朵雲軒	

名稱		質地	色彩	尺寸 高x寬cm	創作時間	收藏處所	典藏號碼
					，1618）		
花鳥（6幀）	冊	紙	水墨	（每幀）24.8 x 33		紐約 佳仕得藝品拍賣公司/拍賣目錄 1986,06,04.	
山水	摺扇面	金箋	水墨	16.2 x 49		紐約 佳士得藝品拍賣公司/拍賣目錄 1990,11,28.	
山水（明清各家山水扇面冊12之1幀）	摺扇面	金箋	設色	不詳		紐約 佳士得藝品拍賣公司/拍賣目錄 1997,09,19.	

畫家小傳：魏之璜。字考叔。江蘇上元人。生於穆宗隆慶二（1568）年。清世祖順治二（1645）年尚在。工詩、善書畫。善作山水，不襲粉本，能出己意；兼善淡墨花卉。（見明畫錄、無聲詩史、圖繪寶鑑續纂、列朝詩集外傳、桐陰論畫、中國畫家人名大辭典）

陳紹英

夏景山水圖	軸	絹	設色	170.5 x 50.2	癸巳（萬曆二十一年，1593）菊月	日本 東京靜嘉堂文庫	

畫家小傳：陳紹英。字生甫。號瓠庵。浙江仁和人。書畫俱妙。畫山水，宗法吳鎮。流傳署款紀年作品見於神宗萬曆二十一（1593）年。（見無聲詩史、圖繪寶鑑續纂、中國畫家人名大辭典）

吳 焯

名稱		質地	色彩	尺寸 高x寬cm	創作時間	收藏處所	典藏號碼
商山四皓圖	軸	紙	設色	不詳	癸卯（萬曆三十一年，1603）初秋	北京 故宮博物院	
西園雅集圖	軸	紙	設色	不詳	崇禎己巳（二年，1629）夏日	北京 故宮博物院	
山水（江村扁舟圖）	軸	紙	設色	75 x 45	崇禎庚辰（十三年，1640）冬	北京 中央美術學院	
竹院擘阮圖	軸	綾	設色	62 x 26.4	天啟乙丑（五年，1625）	嘉興 浙江省嘉興市博物館	
林觀瀑圖	軸	金箋	設色	154.6 x 44.4		日本 私人	
河東夫人像	軸	絹	設色	119.5 x 62.3	癸未（崇禎十六年，1643）秋	美國 哈佛大學福格藝術館	1968.40
溪山行旅	摺扇面	紙	設色	不詳		台北 故宮博物院	故扇 00285
山水圖	摺扇面	紙	水墨	不詳	癸巳（萬曆二十一年，1593）七月既望	北京 故宮博物院	
竹林七賢圖	摺扇面	紙	設色	不詳	崇禎壬午（十五年，1642）秋日	北京 故宮博物院	
竹林七賢圖	摺扇面	紙	設色	不詳	甲申（順治元年，	北京 故宮博物院	

名稱		質地	色彩	尺寸 高x寬㎝	創作時間	收藏處所	典藏號碼
					1644）初冬		
山水圖（韶九等書畫合裝冊卷之1幀）	冊頁	紙	設色	不詳		北京 故宮博物院	
松下高士圖（明人書畫集冊之第一幀）	冊頁	紙	設色	30 × 21.8	丙子（崇禎九年，1636）春日	日本 兵庫縣黑川古文化研究所	
林泉演樂圖（明名家為俊甫作山水冊9之1幀）	冊頁	金箋	設色	不詳	庚寅（順治七年，1650）冬日	日本 中埜又左衛門先生	
附：							
仿古山水圖（10幀）	冊	紙	設色、水墨	不詳	天啟丙寅（六年，1626）長夏日	北京 榮寶齋	
薇垣日永圖（為約庵作，明董其昌等書畫冊16之1幀）	冊頁	絹	設色	39 × 33	丙寅（天啟六年，1626）新秋日	天津 天津市文物公司	
山水圖（明人山水花鳥冊之一幀）	冊頁	灑金箋	設色	34 × 26	丁丑（崇禎十年，1637）春日	紐約 佳士得藝品拍賣公司/拍賣目錄1992,06,02.	
山水圖（清初諸家花卉山水冊10之1幀）	冊頁	金箋	設色	30.5 × 38	辛丑（順治十八年，1661）	紐約 佳士得藝品拍賣公司/拍賣目錄1994,11,30.	
山水圖（明清諸家賀斗南翁壽山水冊8之1幀）	冊頁	金箋	設色	29.8 × 35.8	戊戌（順治十五年，1658）夏	紐約 佳士得藝品拍賣公司/拍賣目錄1995,03,22.	
設色人物圖（明末諸家壽李瞻翁書畫冊10之第6幀）	冊頁	金箋	設色	34.3 × 26.3	丁丑（崇禎十年，1637）春日	香港 蘇富比藝品拍賣公司/拍賣目錄1999,10,31.	

畫家小傳：吳焯。字啟明。江蘇華亭人。身世不詳。工畫山水、人物。流傳署款紀年作品見於神宗萬曆二十一（1593）年至清世祖順治十八（1661）年。（見明畫錄、中國畫家人名大辭典）

揚名時

名稱		質地	色彩	尺寸 高x寬㎝	創作時間	收藏處所	典藏號碼
蘭竹花卉圖	卷	紙	水墨	不詳		北京 故宮博物院	
仿倪瓚秋江亭子圖	軸	紙	水墨	83.2 × 34	癸巳（萬曆二十一年，1593）冬日	北京 故宮博物院	
古木修篁圖	軸	紙	水墨	135.8 × 32	萬曆乙未（二十三年，1595）	北京 故宮博物院	
滋蘭樹蕙圖	軸	紙	水墨	357.8×102.3	萬曆丁酉（二十五年，1597）九月廿五日	上海 上海博物館	
仿趙子昂竹石幽蘭圖	軸	紙	水墨	221.3×100.7	丙申（萬曆二十四年，1596）夏日	南京 南京博物院	
桃花芝蘭圖	軸	紙	水墨	143.1 × 29.1		日本 京都山岡泰造先生	A2509

名稱		質地	色彩	尺寸 高×寬㎝	創作時間	收藏處所	典藏號碼
山水圖	摺扇面	紙	設色	17.2 x 55.3	戊戌（萬曆二十六年，1598）五月廿九日	北京 故宮博物院	
水仙圖	摺扇面	紙	水墨	17.1 x 51.2		北京 故宮博物院	
米法山水圖	摺扇面	金箋	設色	17.8 x 51.3	丁酉（萬曆二十五年，1597）秋八月二日	日本 東京林宗毅先生	

畫家小傳：揚名時（一作明時）。字不棄。安徽歙縣人。為人博雅多能。精於鑑古。善臨摹古帖。亦擅長丹青。流傳署款紀年作品見於神宗萬曆二十一（1593）至二十六（1598）年。（見無聲詩史、中國畫家人名大辭典）

張啓祖

名稱		質地	色彩	尺寸 高×寬㎝	創作時間	收藏處所	典藏號碼
柳岸喧渡（明人畫幅集冊之9）	冊頁	紙	設色	34.5 x 60.5	萬曆甲寅（四十二年，1614）夏日	台北 故宮博物院	故畫 01298-9
水閣依崖（明人畫幅集冊之10）	冊頁	紙	水墨	34.5 x 60.5	甲寅（萬曆四十二年，1614）夏日	台北 故宮博物院	故畫 01298-10

畫家小傳：張啟祖。字墨田。畫史無載。流傳署款紀年作品見於神宗萬曆二十一（1593）至四十二（1614）年。身世待考。（見宋元明清書畫家年表）

朱克恭

名稱		質地	色彩	尺寸 高×寬㎝	創作時間	收藏處所	典藏號碼
月淡黃昏（墨梅圖）	橫幅	紙	水墨	不詳		日本 京都慈照寺（銀閣寺）	
風前舞玉（墨梅圖）	軸	紙	水墨	不詳		日本 京都慈照寺（銀閣寺）	
附：							
牡丹花鳥圖	軸	絹	設色	151.1 x 58.7	癸巳（萬曆二十一年，1653）嘉平月	紐約 佳士得藝品拍賣公司/拍賣目錄 1994.11.30.	

畫家小傳：朱克恭。自號金門畫士。畫史無載。流傳署款紀年作品見於明神宗萬曆二十一（1953）年。身世待考。

周道行

名稱		質地	色彩	尺寸 高×寬㎝	創作時間	收藏處所	典藏號碼
歲朝圖	軸	紙	設色	151.7 x 80.5	癸巳（萬曆二十一年，1593）	天津 天津市藝術博物館	
梅花書屋圖	軸	紙	設色	127 x 53	崇禎癸未（十六年，1643）	濟南 山東省濟南市博物館	
歲朝觀賞圖	軸	紙	設色	184.5 x 94.7	崇禎壬午（十五年，1642）	上海 上海博物館	
柳蔭牧馬圖	軸	絹	設色	不詳		上海 上海博物館	
梓潼帝君圖	軸	紙	水墨	118.5 x 48	天啟癸亥（三年，	廣州 廣東省博物館	

名稱		質地	色彩	尺寸 高x寬cm	創作時間	收藏處所	典藏號碼
					1623）		
靈巖秋霽圖	軸	紙	設色	142.5 x 66	崇禎辛巳（十四年 ，1641）	貴陽 貴州省博物館	

畫家小傳：周道行。江蘇吳縣人。身世不詳。神宗萬曆間以繪事鳴於時。畫山水、人物，布置近似張宏。流傳署款紀年作品見於神宗萬曆二十一（1953）年至思宗崇禎十六（1643）年。（見濱上編、中國畫家人名大辭典）

鄭東升

附：

| 雪松雙鷹圖 | 軸 | 絹 | 水墨 | 113.7 x 51.5 | | 紐約 佳士得藝品拍賣公司/拍 賣目錄 1994,06,01. | |

畫家小傳：鄭東升。畫史無載。身世待考。

沈 俊

戴雪軒圖（宋旭、沈俊山水合 蹟卷之第3幅）	卷	紙	設色	28.5 x 92		台北故宮博物院	故畫 01552-3
錢瓌晉像	軸	紙	設色	不詳	萬曆丙申（二十四 年，1596）夏日	北京 故宮博物院	
山水圖（為沖虛作）	摺扇面 紙		水墨	不詳	萬曆甲午（二十二 年，1594）三月	北京 故宮博物院	

附：

| 山水（明清諸家山水扇面冊4 之1幀） | 摺扇面 金箋 | | 水墨 | 不詳 | 甲辰（萬曆三十二 年，1604）春二月 | 香港 佳士得藝品拍賣公司/拍 賣目錄 2001,04,29. | |

畫家小傳：沈俊。字梅庵。江蘇松江人。工畫山水、花鳥。作品顯示，亦能人物畫。流傳署款紀年作品見於神宗萬曆二十二（1594）至三十二（1604）年。（見畫髓元詮、中國畫家人名大辭典）

周 綸

山水圖	軸	絹	設色	不詳		瀋陽 遼寧省博物館	
秋山老屋圖	軸	金箋	設色	175 x 23		鎮江 江蘇省鎮江市博物館	
月兔圖	軸	絹	設色	160 x 87		日本 東京岩崎小彌太先生	
山水圖（明蔣乾等山水冊8之 1幀）	冊頁	絹	設色	不詳	甲午（萬曆二十二 年，1594）	石家莊 河北省博物館	

畫家小傳：周綸。字龍泓。江蘇京口人。善畫大幅山水，有名萬曆間（1573-1619）。流傳署款紀年作品見於神宗萬曆二十二（1594）年。（見明畫錄、畫史會要、中國畫家人名大辭典）

名稱		質地	色彩	尺寸 高x寬㎝	創作時間	收藏處所	典藏號碼

顧 炳

名稱		質地	色彩	尺寸 高x寬㎝	創作時間	收藏處所	典藏號碼
芙蓉翠鳥圖	軸	紙	設色	127 x 33	萬曆甲午（二十二年，1594）中秋前一日	北京 故宮博物院	
杏花雙燕圖	摺扇面 金箋		設色	不詳	己巳（崇禎二年，1629）	南京 南京博物院	

畫家小傳：顧炳。字黯然。號怩泉。浙江錢塘人。善畫花鳥，師周之冕。流傳署款紀年作品見於神宗萬曆二十二(1594)年，至思宗崇禎二(1629)年。(見無聲詩史、圖繪寶鑑續纂、中國畫家人名大辭典)

張龍章

名稱		質地	色彩	尺寸 高x寬㎝	創作時間	收藏處所	典藏號碼
牧馬圖	軸	絹	設色	不詳		日本 東京岩崎小彌太先生	
穆王駿驥圖	軸	絹	設色	132.3 x 60.8	萬曆癸卯（三十一年，1603）春日	日本 大阪橋本大乙先生	
番騎圖（明人便面集錦冊之14）	摺扇面 紙		設色	不詳		台北 故宮博物院	故畫 03541-14
虎溪三笑（明人書畫扇利冊之19）	摺扇面 紙		水墨	18.4 x 56.1		台北 故宮博物院	故畫 03566-19
番騎圖（明人便面集錦冊之14）	摺扇面 紙		設色	不詳		台北 故宮博物院	故畫 03541-14
王羲之題扇（明人便面集錦冊之15）	摺扇面 紙		設色	不詳		台北 故宮博物院	故畫 03541-15
雅集圖（明人便面集錦冊之16）	摺扇面 紙		設色	不詳		台北 故宮博物院	故畫 03541-16
山水人物（名人畫扇（戊）冊之11）	摺扇面 紙		設色	不詳		台北 故宮博物院	故畫 03550-11
虎溪三笑圖（明人書画扇（利）冊之19）	冊頁 紙		設色	16.7 x 49		台北 故宮博物院	故畫 03566-19
觀泉圖	摺扇面 金箋		水墨	不詳	戍戍（萬曆二十六年，1598）	北京 故宮博物院	

附：

名稱		質地	色彩	尺寸 高x寬㎝	創作時間	收藏處所	典藏號碼
山水圖（晚明八家山水合卷之7）	卷	紙	設色	36 x 66		紐約 蘇富比藝品拍賣公司/拍賣目錄 1984,12,05.	
十六羅漢圖	卷	紙	設色	23.4 x 328		紐約 佳士得藝品拍賣公司/拍賣目錄 1995,09,19.	
柳蔭繫馬圖	摺扇面 金箋		設色	15.5 x 49		紐約 佳士得藝品拍賣公司/拍賣目錄 1990,05,31.	

名稱		質地	色彩	尺寸 高x寬㎝	創作時間	收藏處所		典藏號碼

畫家小傳：張龍章。字伯雲。號古塘。江蘇吳人。善畫人物及馬，不下趙孟頫。流傳署款紀年作品見於神宗萬曆二十二（1594）
　　　　至三十一（1603）年。（見圖繪寶鑑續纂、中國畫家人名大辭典、宋元明清書畫家年表）

張　譽

山水圖	軸	紙	設色	104.4 x 51.2	癸巳（萬曆二十一　香港 何耀光至樂樓 年，1593）
擬關仝筆意山水圖	冊頁	紙	設色	28 x 17	香港 利榮森北山堂

畫家小傳：張譽。字仲寶。號峨石（一作莪石）。廣東南海人。能詩。善書。工畫人物、山水、花鳥、草蟲；作白描，師法李公麟，筆法精
　　　　妙。流傳署款紀年作品見於神宗萬曆二十一(1593)年。（見明畫錄、無聲詩史、圖繪寶鑑續纂、廣東通志、中國畫家人名大辭）

馬一卿

山水圖（明蔣乾等山水冊8之 1幀）	冊頁	絹	設色	不詳	（甲午，萬曆二十　石家莊 河北省博物館 二年，1594）
山水圖（溪山村舍）	摺扇面	金箋	設色	17.1 x 53.6	戊午（萬曆四十六　日本 京都萬福寺 年，1618）

畫家小傳：馬一卿。自號青丘山人。畫史無載。流傳署款作品見於神宗萬曆二十二(1594)、四十六（1618）年。身世待考。

沈昭文

秋坪話舊圖	摺扇	紙	設色	不詳	庚寅（？順治七年　北京 故宮博物院 ，1650）
山水圖（明蔣乾等山水冊8之 1幀）	冊頁	絹	設色	不詳	（甲午，萬曆二十　石家莊 河北省博物館 二年，1594）

畫家小傳：沈昭文。畫史無載。流傳署款作品約見於神宗萬曆二十二(1594)年至清世祖順治七（1650）年。身世待考。

葉　鋒
附：

水閣棧道圖	軸	紙	設色	不詳	萬曆甲午（二十二　上海 朵雲軒 年，1594）

畫家小傳：葉鋒。畫史無載。流傳署款紀年作品見於神宗萬曆二十二(1594)年。身世待考。

米萬鍾

花竹清芬圖	卷	灑金箋	水墨	不詳	天啟甲子（四年，　上海 上海博物館 1624）
勺園紀圖	卷	絹	設色	24 x 285	萬曆丙辰（四十四　廣州 廣州市美術館 年，1616）

名稱		質地	色彩	尺寸 高x寬㎝	創作時間	收藏處所	典藏號碼
法關仝意山水圖	卷	紙	水墨	32.9 x 547	丙午(萬曆三十四年，1606）嘉平月	日本 大阪市立美術館	
山水圖	卷	綾	水墨	27 x ?		日本 中埜又左衛門先生	
山水圖	軸	紙	水墨	不詳		台北 故宮博物院	國贈 031056
菊竹圖	軸	紙	水墨	155.2 x 62.9		台北 鴻禧美術館	C1-817
碧溪垂釣圖	軸	紙	水墨	124 x 46		香港 劉作籌虛白齋	
策杖看山圖	軸	綾	水墨	261 x 78	天啟甲子（四年，1624）	瀋陽 遼寧省博物館	
竹菊石圖	軸	綾	水墨	148.4 x 51.5		瀋陽 遼寧省博物館	
竹石菊花圖	軸	絹	水墨	180.5 x 54	天啟甲子（四年，1624）秋仲	北京 故宮博物院	
荔枝山鳥圖	軸	綾	水墨	145.3 x 54.2	甲子（天啟四年，1624）	北京 故宮博物院	
菊花竹石圖	軸	絹	水墨	180.2 x 54	崇禎元年（戊辰，1628）嘉平望日	北京 故宮博物院	
墨石圖	軸	金箋	設色	126 x 52.3		北京 故宮博物院	
雲山古寺圖	軸	絹	設色	241 x 52.7	丁巳（萬曆四十五年，1617）秋日	天津 天津市藝術博物館	
松濤隱閣圖	軸	綾	水墨	222 x 73		石家莊 河北省博物館	
秋色落暉圖	軸	紙	設色	不詳		石家莊 河北省博物館	
雲山賞秋圖	軸	紙	設色	338 x 97.5	天啟元年（辛酉，1621）	濟南 山東省博物館	
雨過巖泉圖	軸	紙	水墨	不詳		上海 上海博物館	
靈石圖	軸	紙	水墨	不詳	天啟丙寅（六年，1626）	南京 南京博物院	
奇石圖	軸	紙	水墨	不詳		杭州 浙江省杭州市文物考古所	
石圖	軸	紙	水墨	不詳	天啟丁卯（七年，1627）	重慶 重慶市博物館	
山水圖（雲山花樹）	軸	絹	設色	331.2 x 101.1		日本 東京國立博物館	
山水（雲競谿光圖）	軸	絹	設色	132.9 x 51.8		日本 東京小幡醇一先生	

名稱		質地	色彩	尺寸 高×寬㎝	創作時間	收藏處所	典藏號碼
寒林訪客圖	軸	絹	設色	173.5 x 79		日本 大阪橋本大乙先生	
峰巒晴逸圖	軸	絹	設色	175 x 67	萬曆戊午（四十六年，1618）中秋	日本 大阪橋本大乙先生	
山水圖	軸	紙	水墨	116.8 x 29.3		日本 熊本縣松田文庫	1-170
菊花竹石圖	軸	綾	水墨	140.3 x 48.8		日本 江田勇二先生	
山水圖	軸	絹	水墨	149.7 x 47.5		日本 山口良夫先生	
山水圖（為夢章社丈作）	軸	綾	設色	187.5 x 48.6	天啟甲子（四年，1624）嘉平月望	美國 芝加哥大學藝術博物館	1974.92
山水圖	軸	綾	設色	162.2 x 42.6	甲子（天啟四年，1624）長夏	美國 勃克萊加州大學藝術館（高居翰教授寄存）	CM58
山水圖	軸	紙	設色	315.3 x 102	乙丑（天啟五年，1625）夏日	美國 加州史坦佛大學藝術博物館	67.68
層巒山居（明賢墨妙冊之2）	冊頁	紙	設色	18.8 x 54.6		台北 故宮博物院	故畫 03509-2
寒江獨釣	摺扇面	紙	水墨	不詳		台北 故宮博物院	故扇 00280
山水圖	摺扇面	紙	水墨	不詳	乙卯（萬曆四十三年，1615）	北京 故宮博物院	
水閣江天圖	摺扇面	金箋	水墨	不詳		上海 上海博物館	
設色山水（明人書畫扇丁冊之3）	摺扇面	金箋	設色	不詳		日本 東京橋本辰二郎先生	
山水圖	摺扇面	金箋	水墨	16.6 x 53.7		德國 柏林東亞藝術博物館	1988-258
山水人物圖(清溪遠眺)	摺扇面	金箋	水墨	16.9 x 50.5		瑞士 蘇黎士黎得堡博物館	RCH.1153
附：							
竹溪圖	卷	絹	設色	32.8 x 121.7	萬曆辛丑（二十九年，1601）花朝	紐約 佳士得藝品拍賣公司/拍賣目錄 1995,10,29.	
奇石圖	軸	綾	水墨	不詳	崇禎元年（戊辰，1628）	北京 中國文物商店總店	
深山賞松圖	軸	紙	設色	325 x 100.3	己巳（崇禎二年，1629）秋日	紐約 佳士得藝品拍賣公司/拍賣目錄 1992,06,02.	
幽澗圖	摺扇面	金箋	設色	不詳	甲辰（萬曆三十二年，1604）	揚州 揚州市`文物商店	

名稱		質地	色彩	尺寸 高×寬cm	創作時間	收藏處所	典藏號碼

畫家小傳：米萬鍾。字仲詔。號友石。關中人，居燕京。生於穆宗隆慶四（1570）年。卒於思宗崇禎元（1628）年。神宗萬曆二十三（1595）年進士。工書畫。畫山水，得倪瓚法；花卉，宗陳淳；尤善畫石與潑墨，則仿米芾，令人嘆絕。（見明畫錄、無聲詩史、圖繪寶鑑續纂、京畿人物志、桐陰論畫、珊瑚網、中國畫家人名大辭典）

袁尚統

名稱		質地	色彩	尺寸 高×寬cm	創作時間	收藏處所	典藏號碼
花卉圖（沈顥等八人花卉合卷8之1段）	卷	絹	水墨	不詳		北京 故宮博物院	
仿許道寧筆山水圖（楊補等十四家仿古山水卷14之第2段）	卷	紙	設色	（全卷）20.1×654.5		上海 上海博物館	
蘭竹芝石圖（袁尚統、張鳳儀合作）	卷	紙	水墨	32.3×382.5	乙丑（天啟五年，165）春	無錫 江蘇省無錫市博物館	
歲朝圖	軸	紙	設色	115.3×58.2	辛丑（順治十八年，1661）元旦，時年九十二	台北 故宮博物院	故畫00672
天中得喜	軸	紙	設色	123.1×60.7	甲午（順治十一年，1654）清和	台北 故宮博物院	故畫02343
寒江放棹	軸	紙	設色	129.9×48.4	丙子（崇禎九年，1636）清和	台北 故宮博物院	中畫00050
畫松	軸	紙	設色	207.5×61.1	乙丑（天啟五年，1625）仲冬	台北 故宮博物院（蘭千山館寄存）	
泰山松色圖	軸	紙	設色	不詳		瀋陽 故宮博物院	
湖山漁樂圖	軸	絹	設色	不詳		瀋陽 遼寧省博物館	
歸人爭渡圖	軸	紙	設色	不詳	丙子（崇禎九年，1636）	旅順 遼寧省旅順博物館	
遠溪秋興圖	軸	紙	設色	128×60.8	甲申（順治元年，1644）春日	北京 故宮博物院	
百丈懸泉圖	軸	紙	設色	不詳	甲申（順治元年，1644）	北京 故宮博物院	
曉關舟擠圖	軸	紙	設色	115.6×60.1	丙戌（順治三年，1646）秋日	北京 故宮博物院	
雪景棧道圖	軸	紙	設色	227.5×105.5	丁亥（順治四年，1647）仲冬	北京 故宮博物院	
歲朝圖	軸	紙	設色	不詳	丙申（順治十三年，1656）春日	北京 故宮博物院	

名稱		質地	色彩	尺寸 高x寬㎝	創作時間	收藏處所	典藏號碼
山水圖	軸	紙	設色	107.8 x 52.2	丙申（順治十三年，1656）	北京 故宮博物院	
雪江賣魚圖	軸	紙	設色	不詳	丁丑（崇禎十年，1637）仲春	北京 中國歷史博物館	
歲朝吟興圖	軸	紙	設色	不詳	辛巳（崇禎十四年，1641）秋日	北京 中國美術館	
仿李晞古筆作洞庭風浪圖	軸	紙	設色	195.1 x 82.7	壬辰（順治九年，1652）春二月	北京 中央工藝美術學院	
古木寒鴉圖	軸	紙	設色	203 x 62	萬曆戊午（四十六年，1618）	天津 天津市藝術博物館	
鍾馗圖	軸	紙	設色	不詳	甲戌（崇禎七年，1634）	天津 天津市藝術博物館	
鍾馗圖	軸	紙	設色	不詳	壬辰（順治九年，1652）	天津 天津市藝術博物館	
風聲萬木圖	軸	紙	水墨	122 x 59.7	癸巳（順治十年，1653）	天津 天津市歷史博物館	
寒江獨釣圖	軸	紙	水墨	不詳	乙亥（崇禎八年，1635）	濟南 山東省博物館	
歲朝賞梅圖	軸	紙	設色	48 x 48	丁丑（崇禎十年，1637）	濟南 山東省博物館	
枯木寒鴉圖	軸	紙	水墨	88.5 x 32.5	乙亥（崇禎八年，1635）	合肥 安徽省博物館	
花果圖（袁尚統、王子元、陳嘉言合作）	軸	紙	設色	100 x49		合肥 安徽省博物館	
秋江鼓棹圖	軸	紙	設色	97.6 x 48.9	乙亥（崇禎八年，1635）	上海 上海博物館	
荷靜納涼圖	軸	紙	設色	130.3 x 50	己卯（崇禎十二年，1639）冬日	上海 上海博物館	
寒梅鍾馗圖	軸	紙	水墨	79 x 29.5	庚辰（崇禎十三年，1640）	上海 上海博物館	
古木群鳥圖	軸	紙	設色	145.5 x 71	癸未（崇禎十六年，1643）秋八月	上海 上海博物館	
枯木寒鴉圖	軸	紙	水墨	111.5 x 45	辛丑（順治十八年，1661）	上海 上海博物館	

名稱		質地	色彩	尺寸 高x寬cm	創作時間	收藏處所	典藏號碼
秋江鼓棹圖	軸		設色	不詳	己亥（順治十六年，1659）臘月	上海　上海博物館	
慈烏圖	軸	紙	水墨	121 x 59	辛卯（順治八年，1651）	南京　南京博物院	
維揚古渡圖	軸	紙	設色	不詳	丙子（崇禎九年，1636）春三月	南京　南京博物院	
古木棲鳥圖	軸	紙	水墨	62.2 x 30	壬辰（順治九年，1652）季春	南京　南京博物院	
洞庭風浪圖	軸	紙	設色	174 x 95.3		南京　南京博物院	
寒鴉圖	軸	紙	水墨	120.9 x 59.4		南京　南京博物院	
枯林孤棹圖	軸	紙	設色	不詳	□巳（？）	常熟　江蘇省常熟市文物管理委員會	
崴朝圍爐圖	軸	紙	水墨	不詳	甲申（崇禎十七年，1644）春日	蘇州　江蘇省蘇州博物館	
迎春圖	軸	紙	設色	不詳	丙戌（順治三年，1646）臘月	蘇州　江蘇省蘇州博物館	
仿古山水圖（6幅）	軸	絹	設色	（每幅）232 x 52	辛丑（順治十八年，1661）	杭州　浙江美術學院	
野店霜橋圖	軸	絹	設色	78.5 x 40	壬寅（康熙元年，1662）冬日	杭州　浙江省杭州市文物考古所	
秋溪放棹圖	軸	紙	設色	不詳	壬申（崇禎五年，1632）	長沙　湖南省博物館	
竹樹喜鵲圖	軸	紙	設色	147.1 x 63.3	甲戌（崇禎七年，1634）	重慶　重慶市博物館	
山虛樓靜圖	軸	紙	設色	184.8 x 60	丙子（崇禎九年，1636）	廣州　廣東省博物館	
鍾馗圖	軸	紙	設色	60 x 33.7	辛卯（順治八年，1651）	廣州　廣東省博物館	
慈烏圖	軸	紙	水墨	123 x 60	壬辰（順治九年，1652）	廣州　廣州市美術館	
寒山晚歸圖	軸	金箋	水墨	31.8 x 31.2	癸酉（崇禎六年，33）仲冬	日本　高松十河權三郎先生	
桃源圖	軸	絹	設色	169.8 x 91.9	乙酉（順治二年，1645）秋日	日本　山口良夫先生	

名稱		質地	色彩	尺寸 高x寬㎝	創作時間	收藏處所	典藏號碼
江寒雁影圖	軸	絹	設色	160.5 x 46.2	壬午（崇禎十五年，1642）仲夏	日本 大阪橋本大乙先生	
楓橋夜泊圖	軸	金箋	水墨	180.8 x 46	丁酉（順治十四年，1657）春日	日本 私人	
山水（歲暮歡慶圖）	軸	紙	設色	131.6 x 50.7	己巳（崇禎二年，1629）仲冬	日本 私人	
摹吳鎮山水圖	軸	絹	設色	94.8 x 37.9		日本 私人	
山水圖（山雲松韻）	軸	絹	設色	174.7 x 100	壬午（崇禎十五年，1642）小春望前	美國 堪薩斯市納爾遜-艾金斯藝術博物館	
蜀域棧道圖	軸	紙	設色	134 x 60.1	辛未（崇禎四年，1631）秋日	美國 加州勃克萊大學藝術館（高居翰教授寄存）	CM86
虎丘秋月（明人蘇台古蹟冊之7）	冊頁	絹	設色	31.3 x 25.1	丁丑（崇禎十年，1637）清和	台北 故宮博物院	故畫 01272-7
友硯春色（明人蘇台古蹟冊之10）	冊頁	絹	設色	31.3 x 25.1	丁丑（崇禎十年，1637）夏	台北 故宮博物院	故畫 01272-10
仿梅道人山水	摺扇面	紙	水墨	不詳		台北 故宮博物院	故扇 00209
山水（10幀）	冊	紙	設色	（每幀）30x33	崇禎丙子（九年，1636）秋九月	台北 歷史博物館	
山水圖（山水圖冊之3）	冊頁	絹	設色	25.2 x 19.8	壬午（崇禎十五年，1642）秋日	台北 華叔和後真賞齋	
桃源洞天圖	摺扇面	紙	設色	16.5 x 52.5	丙午（萬曆三十四年，1606）	北京 故宮博物院	
桃源洞天圖	摺扇面	紙	設色	不詳	丙子（崇禎九年，1636）秋日	北京 故宮博物院	
山水圖（12幀）	冊	紙	設色	不詳	辛丑（順治十八年，1661）	北京 故宮博物院	
雲深谿谷圖	冊頁	金箋	設色	30.9 x 40.6		北京 故宮博物院	
山水圖（8幀）	冊	紙	設色	（每幀）31.5 x 20	壬午（崇禎十五年，1642）	天津 天津市藝術博物館	
山水圖（8幀）	冊	紙	設色	不詳		天津 天津市藝術博物館	
洞庭風浪圖	摺扇面	金箋	設色	不詳	丙申（順治十三年，1656）	天津 天津市歷史博物館	
山水圖（4幀）	冊	絹	設色	不詳		祁縣 山西省祁縣博物館	
山村野渡圖	摺扇面	金箋	設色	不詳	辛卯（順治八年，	合肥 安徽省博物館	

名稱		質地	色彩	尺寸 高x寬cm	創作時間	收藏處所	典藏號碼
					1651）		
樹杪重泉圖	摺扇面	金箋	設色	不詳		合肥 安徽省博物館	
蘇臺勝景圖（七家蘇臺勝覽圖冊 10 之 1 幀）	冊頁	紙	設色、水墨	30.8 x 28.6	崇禎丁丑（十年，1637）	上海 上海博物館	
蘇臺十二景圖（12 幀）	冊	紙	設色	（每幀）24.7 x 29.3		上海 上海博物館	
山水圖（卞文瑜、張宏、邵彌、袁尚統四家山水八頁合冊）	冊頁	紙	設色	不詳	崇禎庚辰（十三年，1640）臘月	南京 南京博物院	
行旅圖	摺扇面	金箋	設色	不詳	甲申（崇禎十七年，1644）	南京 南京博物院	
關山積雪圖	摺扇面	金箋	水墨	不詳		蘇州　江蘇省蘇州博物館	
洞庭秋靄圖（蘇州太守寇慎去任圖冊 10 之 1 幀）	冊頁	紙	設色	32.7 x 64.5		蘇州 江蘇省蘇州博物館	
虞山古柏圖（蘇州太守寇慎去任圖冊 10 之 1 幀）	冊頁	紙	設色	32.7 x 64.5		蘇州 江蘇省蘇州博物館	
摹古寫景山水圖（6 幀）	冊		設色	不詳	辛丑（順治十八年，1661）仲冬望前	杭州 浙江省博物館	
山水圖	紈扇面	絹	設色	不詳	庚申（萬曆四十八年，1620）	杭州 浙江省杭州西泠印社	
仿倪瓚山水圖（山水畫冊之 8）	冊頁	紙	水墨	22.3 x 16.1		美國 加州曹仲英先生	
附：							
板橋古木圖	軸	紙	設色	不詳	丙子（崇禎九年，1636）	大連 遼寧省大連市文物商店	
鍾馗圖	軸	紙	水墨	不詳	丁酉（順治十四年，1657）	上海 上海文物商店	
仿王叔明匡廬瀑布圖	軸	紙	設色	不詳		上海 上海文物商店	
蜀棧道圖	軸	紙	水墨	134.4 x 60.4	辛未（崇禎四年，1631）秋日	紐約 蘇富比藝品拍賣公司/拍賣目錄 1987,12,08.	
山水圖（明袁尚統等書畫冊 8 之幀）	摺扇面	金箋	設色	不詳		天津 天津市文物公司	
山水圖（清丘岳等山水冊 10 之 1 幀）	冊頁	紙	設色	22.2 x 15.9	（戊子，順治五年，1648）	紐約 蘇富比藝品拍賣公司/拍賣目錄 1988,11,30.	
山水（明人山水冊 10 之 1 幀）	冊頁	絹	設色	25.5 x 19.8		紐約 佳士得藝品拍賣公司/拍賣目錄 1994,11,30.	

名稱		質地	色彩	尺寸 高x寬cm	創作時間	收藏處所	典藏號碼

| 山水（明清名家山水扇面冊 18 之 1 幀） | 摺扇面 | 金箋 | 設色 | 不詳 | | 紐約 佳士得藝品拍賣公司/拍賣目錄 1997,09,19. | |
| 山水（明各家山水書法扇面冊 10 之 1 幀） | 摺扇面 | 金箋 | 水墨 | 17.8 × 56.7 | | 香港 佳士得藝品拍賣公司/拍賣目錄 1998,09,15. | |

畫家小傳：袁尚統。字叔明。江蘇吳人。生於穆宗隆慶四（1570）年。卒年不詳。善畫，山水渾厚，人物野放，頗得宋人筆意。流傳署款紀年作品見於神宗萬曆三十四(1606)年，至清聖祖康熙三(1664)年。(見圖繪寶鑑續纂、中國畫家人名大辭典)

張瑞圖

名稱		質地	色彩	尺寸 高x寬cm	創作時間	收藏處所	典藏號碼
萬壑千松圖（奉壽行可陳老公祖）	卷	綾	水墨	24.4 × ?		香港 何耀光至樂樓	
松泉圖	卷	紙	水墨	不詳	崇禎癸酉（六年，1633）	上海 上海博物館	
山水圖	卷	紙	水墨	28 × 70.5		日本 京都守屋正先生	
山水圖（畫詩配合，共分六段）	卷	金箋	水墨	23.3 × 353	崇禎戊寅（十一年，1638）冬孟	日本 兵庫縣住友吉左衛門先生	
後赤壁賦圖并書	卷	綾	水墨	28.2 × ?	戊辰（崇禎元年，1628）春	美國 紐約大都會藝術博物館	1989.363.108
山水圖	軸	絹	設色	195 × 46.7	天啟丙寅（六年，1626）秋暮	香港 鄭德坤木扉	
晴雪長松圖	軸	灑金箋	水墨	134 × 43.6	庚午（崇禎三年，1630）春仲	北京 故宮博物院	
虛亭問字圖	軸	綾	水墨	131.4 × 47		北京 中國歷史博物館	
松泉圖	軸	絹	水墨	141.9 × 48.1	崇禎癸酉（六年，1633）	上海 上海博物館	
流水人家圖	軸	綾	水墨	153.4 × 49.3		成都 四川省博物院	
疏林遠樹圖	軸	紙	水墨	173 × 43		廣州 廣東省博物館	
雪堂遠見圖	軸	絹	水墨	97.4 × 37.9		日本 仙台市博物館	
米法山水	軸	紙	設色	178.5 × 37		日本 東京尾崎洵盛先生	
山水圖	軸	綾	水墨	167.6 × 51.8		日本 東京岩崎小彌太先生	
秋景山水圖	軸	絹	設色	不詳		日本 東京岩崎小彌太先生	
楊柳觀音像	軸	絹	水墨	127.9 × 47.3	崇禎戊寅（十一年	日本 東京岩崎小彌太先生	

名稱		質地	色彩	尺寸 高x寬cm	創作時間	收藏處所	典藏號碼
					，1638）		
松山圖	軸	綾	水墨	152.1 x 47.9	辛未（崇禎四年，1631）冬	日本 東京岩崎小彌太先生	
山水圖	軸	綾	水墨	165.3 x 51.1	崇禎丙子（九年，1636）秋	日本 東京岩崎小彌太先生	
枯樹藤纏	軸	金箋	水墨	23.6 x 29.4		日本 東京山本悌二郎先生	
平遠山水圖	軸	金箋	水墨	21.8 x 27.7	癸酉（崇禎六年，1633）秋孟	日本 東京山本悌二郎先生	
拔嶂懸泉圖	軸	絹	水墨	166.3 x 50		日本 大阪市立美術館	
山水（絕巘江閣圖）	軸	絹	水墨	116.9 x 48.8	崇禎己卯（四年，1639）中秋	日本 福岡市美術館	
山水圖	軸	綾	水墨	168.2 x 51.5		日本 大阪八田兵次郎先生	
山水圖	軸	絹	水墨	166.7 x 54.5		日本 滋賀柴田源七先生	
山水圖	軸	綾	水墨	168.2 x 51.5		日本 高松大西寅之介先生	
為造庵寫山水圖	軸	絹	水墨	201.4 x 53.3	崇禎戊辰（元年，1628）孟春	日本 兵庫縣住友吉左衛門先生	
山水圖	軸	絹	水墨	168.8 x 51.7		美國 紐約大都會藝術博物館	1981.285.2
松桂林居圖	軸	絹	水墨	144 x 47.1	癸酉（崇禎六年，1633）夏五月	美國 紐約 Hobart 先生	
秋樹澗泉圖	軸	絹	水墨	130.1 x 44.6		美國 勃克萊加州大學藝術館	CM110
為雲寅世丈作山水圖	軸	絹	水墨	172.4 x 49.7	崇禎丁丑（十年，1637）	美國 洛杉磯郡藝術館	
觀瀑博古圖	軸	綾	設色	143.8 x 43.8	天啟乙丑（五年，1625）中秋	英國 倫敦維多利亞-艾伯待博物館	F.E 10-1970
高山流水圖	軸	絹	水墨	143.2 x 44.4	崇禎乙亥（八年，1635）夏	瑞典 斯德哥爾摩遠東古物館（Mr. Erickson 寄存）	E.E.10
山水圖（崇巖遠帆）	軸	綾	水墨	155.2 x 50.5	崇禎庚辰（十三年，1640）孟秋	瑞士 蘇黎士黎得堡博物館	RCH.1154
水墨山水（明人書畫全扇冊之3）	摺扇面	金箋	水墨	17.5 x 51.3		台北 故宮博物院（蘭千山館寄存）	

名稱		質地	色彩	尺寸 高×寬㎝	創作時間	收藏處所	典藏號碼
秋山圖	摺扇面	金箋	水墨	16.9 × 50.8		台北 蘭千山館	
瑞松圖	摺扇面	金箋	水墨	17.1 × 52.4		香港 莫華釗承訓堂	K92.55
書畫合璧（17幀）	冊	雲母箋	水墨	（每幀）29 × 34.5	天啟乙丑（五年，1625）	北京 故宮博物院	
舉杯邀月圖	摺扇面	金箋	水墨	17.2 × 55.7		日本 橫濱岡山美術館	
山水圖	冊頁	金箋	設色	29.5 × 20.1		美國 普林斯頓大學藝術館	78-23
附：							
住庵膚偈圖	卷	綾	水墨	16 × 147	崇禎甲戌（七年，1634）冬	紐約 佳士得藝品拍賣公司/拍賣目錄 1990,11,28.	
山水（山水、書法合卷之畫卷）	卷	綾	水墨	23 × 124.5	天啟乙丑（五年，1625）	紐約 佳士得藝品拍賣公司/拍賣目錄 1994,11,30.	
山水書法	卷	紙	水墨	32 × 107		紐約 佳士得藝品拍賣公司/拍賣目錄 1996,03,27.	
奇石圖	軸	絹	水墨	不詳	崇禎戊辰（元年，1628）	北京 中國文物商店總店	
松亭飛瀑圖	軸	絹	水墨	192.5 × 49.7	庚辰（崇禎十三年，1640）春孟	北京 中國文物商店總店	
山水人物圖	軸	絹	水墨	106.7 × 50.9	天啟丙寅（六年，1626）	紐約 蘇富比藝品拍賣公司/拍賣目錄 1984,06,13.	
山居讀書圖	軸	絹	設色	173.5 × 46.5	天啟丙寅（六年，1626）秋暮	紐約 佳士得藝品拍賣公司/拍賣目錄 1989,06,01.	
雙松圖	軸	紙	水墨	117 × 29		紐約 佳士得藝品拍賣公司/拍賣目錄 1989,12,04.	
高僧夜讀圖	摺扇面	金箋	水墨	18 × 51		紐約 佳士得藝品拍賣公司/拍賣目錄 1993,12,01.	

畫家小傳：張瑞圖。字長公。號二水。福建泉州晉江人。生於穆宗隆慶四年（1570）年。卒於清世祖順治元（1644）年。神宗萬曆三十五（1607）年進士。工書法。善畫山水，師法黃公望，筆墨蒼勁有力。（見無聲詩史、圖繪寶鑑續纂、明史黃立極顧秉謙傳、中國畫家人名大辭典）

范允臨

名稱		質地	色彩	尺寸 高×寬㎝	創作時間	收藏處所	典藏號碼
雲山圖（為仲鳴作）	軸	紙	水墨	不詳	天啟乙丑（五年，1625）夏五	北京 故宮博物院	
附：							
蘭花圖	軸	絹	水墨	133 × 62.8	崇禎丙子（九年，	紐約 蘇富比藝品拍賣公司/拍	

名稱		質地	色彩	尺寸 高x寬cm	創作時間	收藏處所	典藏號碼
					1636）冬日	賣目錄 1986,06,03.	

畫家小傳：范允臨。字長倩。江蘇蘇州人。生於世宗嘉靖三十七(1558)年。辛於思宗崇禎十四(1641)年。神宗萬曆廿三(1595)年進士。工書，與董其昌齊名。善畫山水，能不落畫家蹊徑。（傳載明史本傳、汪琬撰墓碑、蘇州志）

李宗謨

名稱		質地	色彩	尺寸 高x寬cm	創作時間	收藏處所	典藏號碼
蘭亭修禊圖	卷	絹	設色	30.3 × 507.9		台北 故宮博物院	故畫 01043
十八應真圖	卷	絹	水墨	不詳		瀋陽 故宮博物院	
東坡懿跡圖	卷	絹	水墨	不詳		北京 故宮博物院	
蘭亭修禊圖	卷	絹	設色	不詳		北京 中國歷史博物館	
陶淵明故事圖	卷	絹	白描	28 × 501		日本 奈良大和文華館	
雪景山水圖	軸	絹	設色	115.7 × 34.9		日本 私人	
附：							
蘇東坡傳圖（殘卷 2 段）	卷	絹	水墨	23.72 × 26.3		紐約 蘇富比藝品拍賣公司/拍	
				23.7. × 45.4		賣目錄 1983,12,07.	
陶淵明先生行事圖	卷	絹	水墨	25.2 × 388.5		紐約 佳士得藝品拍賣公司/拍	
						賣目錄 1995,01,29.	

畫家小傳：李宗謨。號小樵、古柈子。福建永安人。與董其昌同時。工畫人物，白描尤精；間寫山水。（見閩書、延平府志、中國畫家人名大辭典）

陸士仁

名稱		質地	色彩	尺寸 高x寬cm	創作時間	收藏處所	典藏號碼
柳禽圖	軸	紙	設色	98 × 31		廣州 廣東省博物館	
湖山佳趣（10 幀）	冊	紙	設色	（每幀）23.6 × 21		台北 故宮博物院	故畫 03164
竹雀圖（明花卉畫冊之 3）	冊頁	紙	水墨	17.1 × 50.7		台北 故宮博物院	故畫 03514-3
石湖清勝（明人畫扇集冊貳冊（下）之 12）	摺扇面	紙	設色	不詳		台北 故宮博物院	故畫 03535-12
松坡水閣（明人便面畫冊肆冊（三）之 1）	摺扇面	紙	設色	不詳		台北 故宮博物院	故畫 03539-1
桃源圖	摺扇面	紙	不詳	不詳		台北 故宮博物院	故扇 00245
設色山水圖	摺扇面	金箋	設色	16.8 × 52.2		香港 莫華釗承訓堂	K92.50
雪溪圖	摺扇面	紙	水墨	不詳	丙辰（萬曆四十四年，1616）春	北京 故宮博物院	
山水圖（？幀）	冊	紙	設色	不詳	戊午（萬曆四十六年，1618）春三月	北京 故宮博物院	

名稱		質地	色彩	尺寸 高x寬cm	創作時間	收藏處所	典藏號碼
					既望		
甫里唐陸龜蒙祠堂圖	冊頁	紙	設色	31 x 54.5	乙未（萬曆二十三年，1595）	南京 南京博物院	
秋夜景物圖	摺扇面	金箋	設色	18.5 x 54.9		南京 南京博物院	
石湖圖（明陸士仁等江左名勝圖冊34之1幀）	冊頁	絹	設色	25.5 x 50		南京 南京博物院	
溪山集勝圖（6幀）	冊	絹	設色	（每幀）21.5 x 19.2		杭州 浙江省杭州市文物考古所	
東廓西村圖	摺扇面	金箋	設色	不詳		寧波 浙江省寧波市天一閣文物保管所	
崗迴虛亭圖	摺扇面	金箋	設色	不詳		寧波 浙江省寧波市天一閣文物保管所	
仿古山水圖	摺扇面	紙	設色	不詳	乙卯（萬曆四十三年，1615）四月	廣州 廣東省博物館	
山水圖（10幀）	冊	絹	設色	（每幀）23 x 21		廣州 廣東省博物館	
琵琶行圖	摺扇面	金箋	設色	15 x 48.5		日本 橫濱岡山美術館	
附：							
山水圖（晚明八家山水合卷之2）	卷	紙	設色	36 x 66		紐約 蘇富比藝品拍賣公司/拍賣目錄 1984,12,05.	

畫家小傳：陸士仁。字文近。號澄湖（一作承湖）。江蘇長洲人。陸師道之子。善書、畫。畫山水，承家學，宗法文徵明，筆墨雅潔。流傳署款紀年作品見於神宗萬曆二十三（1595）至四十六（1618）年。（見明畫錄、無聲詩史、畫史會要、中國畫家人名大辭典）

張 滔

名稱		質地	色彩	尺寸 高x寬cm	創作時間	收藏處所	典藏號碼
垂虹橋圖（明陸士仁等江左名勝圖冊34之1幀）	冊頁	絹	設色	25.5 x 50		南京 南京博物院	

畫家小傳：張滔。畫史無載。約與陸士仁同時。身世待考。

文從昌

名稱		質地	色彩	尺寸 高x寬cm	創作時間	收藏處所	典藏號碼
山水圖	卷	紙	設色	不詳	丁巳（萬曆四十五年，1617）春日	北京 首都博物館	
山水圖（吳彬、文從昌合裝）	軸	紙	水墨	不詳	戊戌（萬曆二十六年，1598）	南京 南京博物院	
山雨欲來圖	軸	絹	設色	146 x 36		廣州 廣東省博物館	

名稱		質地	色彩	尺寸 高x寬cm	創作時間	收藏處所	典藏號碼
水閣清談（明人書畫扇（利）冊之7）	冊頁	紙	設色	17.7 x 52		台北 故宮博物院	故畫 03566-7
四時山水（明人書畫全扇冊之2）	摺扇面	金箋	設色	17.5 x 52.7		台北 蘭千山館	
水榭閑坐圖	摺扇面	金箋	設色	18 x 54		香港 香港美術館・虛白齋	FA1991.054
山水圖	摺扇面	金箋	設色	18.1 x 54.7	甲午（順治十一年，1654）	北京 故宮博物院	
山水圖	摺扇面	金箋	設色	不詳	順治十七年（庚子，1660）	北京 故宮博物院	
載菊圖	摺扇面	金箋	設色	不詳	戊戌（萬曆二十六年，1598）	天津 天津市藝術博物館	
山水（12幀）	冊	紙	設色	（每幀）21.8 x 34		上海 上海博物館	
白蓮寺圖	冊頁	紙	設色	31 x 54.5		南京 南京博物院	
甫里唐陸龜蒙祠堂圖	冊頁	紙	設色	31 x 54.5	萬曆二十三年（乙未，1595）	南京 南京博物院	
設色山水（明人書畫扇乙冊之1）	摺扇面	金箋	設色	不詳		日本 東京橋本辰二郎先生	
山水圖（明人扇面冊之10）	摺扇面	金箋	設色	16.7 x 50.9		日本 私人	
山水人物圖	摺扇面	金箋	設色	18.5 x 55		德國 柏林東亞藝術博物館	1988-310

畫家小傳：文從昌。字順之。號南岳。江蘇長洲人。文伯仁之孫。善畫山水，落筆娟秀，志存祖法。流傳署款紀年作品見於神宗萬曆二十三（1595）年，至清世祖順治十七（1660）年。（見無聲詩史、文氏族譜續集、桐陰論畫、中國畫家人名大辭典）

趙 備

名稱		質地	色彩	尺寸 高x寬cm	創作時間	收藏處所	典藏號碼
細竹山水圖	卷	紙	設色	不詳		北京 故宮博物院	
四季花卉圖	卷	紙	設色	26 x 673.5		北京 首都博物館	
竹石流泉圖	卷	紙	水墨	27.3 x 679.2	庚戌（萬曆三十八年，1610）初夏三日	蘇州 江蘇省蘇州博物館	
花卉圖	卷	紙	水墨	30.5 x 700.5	壬子（萬曆四十年，1612）	廣州 廣東省博物館	
竹石圖	卷	紙	水墨	30 x 541		廣州 廣州市美術館	
風竹圖	軸	紙	水墨	185 x 61.5	丁未（萬曆三十五年，1607）春日	北京 故宮博物院	

名稱		質地	色彩	尺寸 高×寬㎝	創作時間	收藏處所	典藏號碼
竹石圖	軸	紙	水墨	不詳		北京 故宮博物院	
雪竹圖	軸	絹	水墨	不詳		北京 故宮博物院	
竹石圖	軸	紙	水墨	179 × 62		天津 天津市藝術博物館	
雙鉤竹石圖	大幅	絹	水墨	302.5×127.2		天津 天津市藝術博物館	
墨竹圖	軸	紙	水墨	168.6×101.8	戊戌（萬曆二十六年，1598）	上海 上海博物館	
解籜衝霄圖	軸	紙	水墨	279.8 × 89.6		南京 南京博物院	
竹石圖	軸	紙	水墨	不詳		重慶 重慶市博物館	
竹石圖	軸	絹	水墨	249 × 100.3		加拿大 多倫多皇家安大略博物館	921.1.8
竹石圖	軸	紙	水墨	不詳		瑞典 斯德哥爾摩遠東古物館	
附：							
歲寒三友圖	卷	紙	設色	35.5 × 749	乙未（萬曆二十三年，1595）夏日	紐約 佳仕得藝品拍賣公司/拍賣目錄 1987,06,03.	
竹石圖	軸	紙	水墨	不詳		上海 上海工藝品進出口公司	
墨竹圖	橫幅	紙	水墨	27 × 45.7	癸亥（天啟三年，1623）冬	紐約 佳士得藝品拍賣公司/拍賣目錄 1996,03,27.	
山水圖	摺扇面	金箋	設色	20.3 × 52.1	乙丑（天啟五年，1625）秋日	紐約 佳士得藝品拍賣公司/拍賣目錄 1993,12,01.	

畫家小傳：趙備。字湘蘭（一作湘南）。江南（一作四明）人。善畫墨竹，作雨、露、風、雪，得烘染之法。流傳署款紀年作品見於神宗萬曆二十三（1595）至熹宗天啟五(1625)年。(見明畫錄、圖繪寶鑑續纂、中國畫家人名大辭典)

陸西星

蔬菜圖	卷	紙	設色	不詳	萬曆乙未（二十三年，1595）	上海 上海博物館	
蔬菜圖	卷	紙	設色	不詳		廣州 廣州市美術館	
蔬菜圖	軸	紙	水墨	不詳		紹興 浙江省紹興市博物館	

畫家小傳：陸西星。畫史無載。流傳署款紀年作品見於神宗萬曆二十三(1595)年。身世待考。

朱新睢

山水圖（8幀）	冊	紙	設色	（每幀）28.8 × 29.7	萬曆乙未（二十三年，1595）	北京 故宮博物院	

畫家小傳：朱新睢。畫史無載。流傳署款紀年作品見於神宗萬曆二十三(1595)年。身世待考。

名稱		質地	色彩	尺寸 高x寬㎝	創作時間	收藏處所	典藏號碼

席　玉

附：

| 武夷九曲圖 | 卷 絹 | 設色 | 25.5 x 512 | | 紐約 佳士得藝品拍賣公司/拍 | |
| | | | | | 賣目錄 1996,03,27. | |

畫家小傳：席玉。畫史無載。身世待考。

朱孟潛

| 瓊液延齡圖像 | 卷 紙 | 設色 | 不詳 | 萬曆丙申（二十四 | 北京 故宮博物院 | |
| | | | | 年，1596）二月 | | |

畫家小傳：朱孟潛。畫史無傳。惟有朱孟淵者，閩縣人，善畫人物、蕃馬，效法李公麟。疑為其兄弟。待考。流傳署款紀年作品見於神宗萬
　　　曆二十四(1596)年。

馬　徵

| 獵騎圖 | 卷 絹 | 設色 | 不詳 | 萬曆丙申（二十四 | 北京 故宮博物院 | |
| | | | | 年，1596）仲冬 | | |

畫家小傳：馬徵。畫史無載。流傳署款紀年作品見於神宗萬曆二十四(1596)年。身世待考。

徐孟潛

| 祝壽圖 | 卷 紙 | 設色 | 不詳 | 萬曆丙申（二十四 | 北京 故宮博物院 | |
| | | | | 年，1596） | | |

畫家小傳：徐孟潛。畫史無載。署款紀年作品見於神宗萬曆二十四(1596)年。身世待考。

（釋）微　密

| 一真六逸圖 | 卷 紙 | 設色 | 31.5 x 125.3 | 萬曆丙申（二十四 | 北京 故宮博物院 | |
| | | | | 年，1596） | | |

畫家小傳：微密。僧。籍里、身世不詳。善畫，有托缽圖傳世。流傳署款紀年作品見於神宗萬曆二十四(1596)年。(見藝芳書畫錄、中國美
　　　術家人名大辭典)

盛　年

| 山水圖 | 摺扇面 金箋 | 水墨 | 16.9 x 54 | 丙申（萬曆二十四 | 美國 勃克萊加州大學藝術館 | CM12c |
| | | | | 年，1596）秋日 | | |

畫家小傳：盛年。字大有。江蘇長洲人。盛茂燁之子。承家學，善畫山水；兼工梅竹。流傳署款紀年作品見於神宗萬曆二十四（1596）年
　　　。(見明畫錄、無聲詩史、圖繪寶鑑續纂、中國畫家人名大辭典)

名稱		質地	色彩	尺寸 高x寬㎝	創作時間	收藏處所	典藏號碼

王 元

| 松林講易圖 | | 摺扇面 紙 | 設色 | 不詳 | | 台北 故宮博物院 | 故扇 00253 |
| 渡海羅漢圖 | | 摺扇面 金箋 | 設色 | 不詳 | 丙申（萬曆二十四
年，1596） | 成都 四川省博物院 | |

畫家小傳：王元（一作玄）。身世、籍里不詳。隆慶、萬曆（1567-1620）間人。工畫人物、花草。流傳署款紀年作品見於神宗萬曆二十四（
　　　1596）年。（見珊瑚網、中國畫家人名大辭典）

章 憲

| 仿董源山水圖（書畫扇面帖一
冊之第 47 幀） | | 摺扇面 金箋 | 水墨 | 18.3 x 52.3 | | 日本 京都國立博物館 | A甲 685 |

畫家小傳：章憲。號鑄浦居士。籍里不詳。神宗萬曆（1573-1620）時人。善行書。亦能畫。（見中國版畫史圖錄、中國美術家人名大辭典）

丁文暹

| 秋樹雙雀圖 | | 軸 | 紙 | 水墨 | 28.1 x 55 | | 淮安 江蘇省淮安縣博物館 | |
| 蓮塘秋意圖 | | 軸 | 絹 | 水墨 | 120.8 x 53.6 | | 日本 私人 | A2260 |

畫家小傳：丁文暹。號竹坡。江西瑞金人。喜弄筆墨，戲作禽鳥、枯木頗精到；兼善山水。（見無聲詩史、明畫畫史、中國畫家人名大辭典）

薛素素

蘭竹松梅圖		卷	紙	水墨	28.9 x 414.5	戊戌（萬曆二十六 年，1598）	北京 故宮博物院	
蘭花圖（與馬守真蘭花圖合卷 ）	短卷	紙	水墨	不詳	辛丑（萬曆二十九 年，1601）二月	上海 上海博物館	
水墨花卉圖		卷	紙	水墨	26 x 632.5	乙卯（萬曆四十三 年，1615）花朝	美國 舊金山亞洲藝術館	B66 D22
雙鉤蘭竹圖		卷	紙	水墨	31.8 x ？	辛丑（萬曆二十九 年，1601）春正月	美國 夏威夷火魯奴奴藝術學 院	1667.1
蘭竹石圖		軸	絹	水墨	90.5 x 32.5	甲寅（萬曆四十二 年，1614）八月望 前一日	長春 吉林省博物館	
湖石水仙圖		軸	紙	水墨	93.8 x 30	壬申（崇禎五年， 1632）	天津 天津市藝術博物館	
蘭花圖（為叔清作）		軸	紙	水墨	77.5 x 31.6	戊戌（萬曆二十六 年，1598）上元日	上海 上海博物館	
梅花水仙圖		軸	紙	水墨	100.7 x 31.5	癸酉（崇禎六年， 1633）	上海 上海博物館	

名稱		質地	色彩	尺寸 高x寬cm	創作時間	收藏處所	典藏號碼
吹簫仕女圖	軸	絹	水墨	164.2 x 89.7		南京 南京博物院	
墨蘭圖	摺扇面	紙	水墨	不詳	辛丑（萬曆二十九年，1601）夏日	北京 故宮博物院	
溪橋獨行圖	摺扇面	紙	水墨	15.9 x 48.3	甲寅（萬曆四十二年，1614）	北京 故宮博物院	
竹菊石圖	摺扇面	金箋	水墨	18.4 x 56.7	癸酉（崇禎六年，1633）夏日	美國 夏威夷火魯奴奴藝術學院	2312.1
附：							
芝蘭竹石圖	卷	紙	水墨	26.8 x 523	己亥（萬曆二十七年，1599）春日	香港 佳士得藝品拍賣公司/拍賣目錄 1996,04,28.	
菊蝶圖	軸	綾	設色	85 x 45.5		紐約 佳士得藝品拍賣公司/拍賣目錄 1989,12,04.	
蘭石	摺扇面	金箋	水墨	16.2 x 49		紐約 佳士得藝品拍賣公司/拍賣目錄 1990,11,28.	
蘭石	摺扇面	金箋	水墨	17 x 47.5		香港 佳士得藝品拍賣公司/拍賣目錄 1996,04,28.	

畫家小傳：薛素素。女。字潤卿。江蘇吳（一作浙江嘉興）人，寓江寧。能詩。工書。善畫蘭、竹；兼善白描大士。流傳署款紀年作品見於神宗萬曆二十五（1597）年至思宗崇禎六(1633)年。（見明畫錄、無聲詩史、圖繪寶鑑續纂、列朝詩集小傳、中國畫家人名大辭典、宋元明清書畫家年表）

文 石

名稱		質地	色彩	尺寸 高x寬cm	創作時間	收藏處所	典藏號碼
雪景山水（為壽時作）	卷	絹	設色	不詳	戊午（萬曆四十六年，1597）	北京 首都博物館	
山石圖（為壽時作）	軸	紙	設色	不詳	萬曆丁酉（二十五年，1597）	北京 故宮博物院	
松齋客話圖	軸	絹	設色	149.6 x 45.3	泰昌改元（庚申，1620）橘壯月	南京 南京博物院	
畫石圖（10幀）	冊	絹	設色	不詳	癸亥（天啟三年，1623）	北京 故宮博物院	
山水圖	摺扇面	金箋	水墨	不詳		無錫 無錫市博物館	
山水圖（書畫扇面帖之31）	摺扇面	金箋	設色	15.2 x 47		日本 京都國立博物館	A甲685

畫家小傳：文石。字介如。江蘇松江人，結庵黃山白岳間。畫山水，宗法宋旭，兼得文徵明之趣。亦工花鳥。流傳署款紀年作品見於神宗萬曆二十五(1597)年，至熹宗天啟三(1623)年。（見明畫錄、畫髓元詮、中國畫家人名大辭典）

名稱		質地	色彩	尺寸 高x寬cm	創作時間	收藏處所	典藏號碼

包 燮

| 花卉圖 | 摺扇面 紙 | 水墨 | 17 x 50 | 丁酉（萬曆二十五年，1597）冬暮 | 台北 歷史博物館 | |

畫家小傳：包燮。畫史無載。流傳署款紀年作品見於神宗萬曆二十五（1597）年。身世待考。

欽 式

山水圖（為坤翁壽作）	軸	紙	設色	不詳	辛亥（萬曆三十九年，1611）二月	鄭州 河南省博物館	
柳堤春渡圖	軸	絹	設色	165 x 52		鄭州 河南省博物館	
秋林雨意圖（名人書畫扇（王）冊之）	摺扇面 紙	設色	不詳		台北 故宮博物院	故畫 03560-2
山水（清初畫家集錦畫冊之2，畫呈文翁老師）	冊頁	紙	設色	39.5 x 26.5	丙午（萬曆三十四年，1606）秋日	香港 何耀光至樂樓	
山水圖	摺扇面 金箋	設色	16.3 x 52.4	丁酉（萬曆二十五年，1597）	北京 故宮博物院	
山水圖	摺扇面 紙	設色	不詳	丁酉（順治十四年，1657）秋日	北京 故宮博物院	
為潤甫作山水圖（清初名家山水集冊12之1幀）	冊頁	絹	設色	22.6 x 19.1	癸卯（康熙二年，1663）仲秋	南京 南京博物院	
花卉圖（花卉雜畫冊之1）	冊頁	絹	設色	不詳		美國 耶魯大學藝術館	1986.4.1.1

附：

| 山水（明清各家山水扇面冊12之1幀） | 摺扇面 金箋 | 設色 | 不詳 | | 紐約 佳士得藝品拍賣公司/拍賣目錄 1997,09,19. | |

畫家小傳：欽式。字遵一。江蘇吳人。善畫山水，筆墨蒼秀。署款紀年作品見於明神宗萬曆廿五（1597）年，至清世祖順治十四（1657）年。（見在亭叢稿、中國畫家人名大辭典）

葉 廣

漁樂圖	卷	紙	設色	不詳	天啟元年（辛酉，1621）	北京 中國歷史博物館	
叢荻聞漁圖	軸	紙	設色	114.3 x 31		台北 故宮博物院	故畫 00676
漁夫圖	軸	紙	設色	129.8 x 32.3		香港 利榮森北山堂	
雪景山水圖	軸	紙	設色	不詳		北京 故宮博物院	
風雨漁舟圖	軸	絹	設色	163 x 62.3		北京 首都博物館	

名稱		質地	色彩	尺寸 高x寬㎝	創作時間	收藏處所	典藏號碼
羅漢圖	軸	紙	設色	不詳	萬曆丁酉（二十五 年，1597）	合肥 安徽省博物館	
漁樂圖（松巖漁笛）	軸	絹	設色	不詳		日本 張允中先生	
附：							
溪山樂圖	軸	紙	設色	200 x 82	己未（萬曆四十七 年，1619）秋日	成都 四川省文物商店	

畫家小傳：葉廣。江西巢縣人。善畫山水，喜作漁樂圖之類。流傳署款紀年作品見於神宗萬曆二十五(1597)年至熹宗天啟元(1621)年。（見
　　　　盧州府志、中國畫家人名大辭典）

趙　龍

朱竹碧石圖	軸	紙	設色	337.2 x 96		南京 南京博物院	

畫家小傳：趙龍。字雲門。浙江四明人。趙備之子。承家學，善畫蘭、竹，極得各種情致。（見圖繪寶鑑續纂、畫史會要、中國畫家人名大
　　　　辭典）

張存仁

百雁圖	軸	紙	設色	119.8 x 43		德國 柏林東方藝術博物館	1988-464
蘆雁圖	軸	紙	設色	不詳	萬曆丁酉（二十五 年，1597）	南京 南京師範大學	

畫家小傳：張存仁。隆、萬時人。籍里、身世不詳。善畫山水。嘗為蔡虧父寫右丞詩意圖。流傳署款紀年作品見於明神宗萬曆廿五
　　　　(1597)年。（見珊瑚網、中國畫家人名大辭典）

喻希連

林溪聽泉圖（臨石田翁并錄其 詩）	軸	絹	設色	181.5 x 79.1		日本 東京秋元春朝先生	

畫家小傳：喻希連。字魯望。號素癡。江西玉山人。活動於神宗萬曆間(1573-1619)。善畫山水，宗法沈周，皴法粗略，不堪近視，遠觀則
　　　　覺巖岫蒼鬱。（見明畫錄、畫史會要、中國畫家人名大辭典）

姚　裕

花卉蟲蝶圖（24幀）	冊	紙	設色	不詳		北京 故宮博物院	

畫家小傳：姚裕。字啟寧。江蘇華亭人。有名於神宗萬曆(1573-1619)間，善畫草蟲之屬，有陳淳遺意。（見松江府志、中國畫家人名大
　　　　辭典）

陳　槐

羅漢圖	卷	紙	設色	不詳	天啟辛酉（元年， 1621）冬日	北京 故宮博物院	

名稱		質地	色彩	尺寸 高x寬cm	創作時間	收藏處所	典藏號碼
天師圖	軸	紙	水墨	97 x 29.8	辛卯（順治八年，1651）端陽，玉峰七十九歲老人	台北 故宮博物院	故畫 02212

畫家小傳：陳槐。畫史無載。生於神宗萬曆元(1573)年。畫作自署玉峰，知為江蘇崑山人。鈐印「清然子」、「清然道人」。身世待考。

胡宗仁

名稱		質地	色彩	尺寸 高x寬cm	創作時間	收藏處所	典藏號碼
江山勝覽圖（金陵三家合璧江山勝覽圖卷之第2幅）	卷	紙	設色	24 x 277	壬子(萬曆四十年，1612)冬月	香港 利榮森北山堂	
山水圖（萬木秋深圖）	軸	紙	水墨	162.6 x 75	壬戌（天啟二年，1622）長夏	香港 中文大學中國文化研究所文物館	95.537
雪山圖	軸	紙	設色	不詳		北京 故宮博物院	
溪橋策杖圖（為顆翁志別作）	軸	絹	設色	不詳	壬戌（天啟二年，1622）夏五月	北京 中央美術學院	
送張隆甫歸武夷山圖	軸	紙	水墨	107.7 x 30.8	萬曆戊戌（二十六年，1598）仲夏	南京 南京博物院	
山水圖（秋谿晚靄）	軸	紙	設色	不詳	丁酉（萬曆二十五年，1597）春	日本 組田昌平先生	
墨竹圖	摺扇面 紙		水墨	不詳	庚子（萬曆二十八年，1600）秋	北京 故宮博物院	
雲山圖	摺扇面 紙		水墨	不詳	丙午（萬曆三十四年，1606）夏	北京 故宮博物院	
坐看飛瀑圖	摺扇面 金箋		水墨	16.6 x 49.8	甲申（順治元年，1644）秋七月望二日	日本 福岡市美術館	
山水圖	摺扇面 金箋		水墨	18.1 x 55.6	戊午（萬曆四十六年，1618）中秋	日本 琦玉縣萬福寺	

畫家小傳：胡宗仁。字彭舉。號長白。江蘇上元人。工詩畫。畫山水，師法倪瓚、黃公望、王蒙筆意；亦善墨竹。流傳署款紀年作品見於神宗萬曆二十五（1597）年，至清世祖順治元（1644)年。（見明畫錄、無聲詩史、江寧府志、列朝詩集小傳、櫟園讀畫錄、中國畫家人名大辭典）

葉時芳

附：

名稱		質地	色彩	尺寸 高x寬cm	創作時間	收藏處所	典藏號碼
北禪小像	軸	紙	設色	152 x 75	萬曆戊戌（二十六年，1598）秋七月	上海 朵雲軒	

名稱		質地	色彩	尺寸 高×寬㎝	創作時間	收藏處所	典藏號碼

畫家小傳：葉時芳。畫史無載。流傳署款紀年作品見於神宗萬曆二十六(1598)年。身世待考。

陳有知

前後赤壁賦圖并書賦（2幀）	冊	紙	設色	不詳	萬曆戊戌（二十六 年，1598）冬十月	北京 故宮博物院	

畫家小傳：陳有知。畫史無載。流傳署款紀年作品見於神宗萬曆二十六(1598)年。身世待考。

朱其鎮

山水圖	軸	絹	設色	172.5 × 43.3	崇禎六年（癸酉， 1633）春三	美國 芝加哥大學藝術博物館	1987.12
附：							
溪山亭子	軸	絹	水墨	151.1 × 48.3	萬曆戊戌（二十六 年，1598）二月望 前三日	紐約 佳士得藝品拍賣公司/拍 賣目錄 1996,3,27.	

畫家小傳：朱其鎮。畫史無載。流傳署款紀年作品見於神宗萬曆二十六(1598)年至思宗崇禎六(1633)年。身世待考。

鍾惺

山水圖（為太瀛作）	軸	紙	設色	不詳	天啟元年（辛酉， 1621）冬	北京 故宮博物院	
金陵圖（11幀）	冊	紙	設色	（每幀）18 × 24.9		香港 中文大學中國文化研究 所文物館	95.550

畫家小傳：鍾惺。字伯敬。號退谷、晚知居士。竟陵人。生於神宗萬曆二(1574)年。卒於熹宗天啟四(1624)年。出身進士。工詩。善畫山水，能出之詩意，故筆墨簡淡，神趣冷逸。（見明史藝文志、明史袁弘道傳、列朝詩集小傳、桐陰論畫、譚友夏集、中國畫家人名大辭典）

文從簡

雲和高隱圖（為方起予作）	卷	紙	設色	不詳	崇禎丁丑（十年， 1637）仲冬	北京 故宮博物院	
山靜日長圖	卷	紙	設色	不詳	崇禎癸未（十六年 ，1643）仲冬	北京 故宮博物院	
山水（陳元素等人雜畫卷4之1段）	卷	紙	水墨	不詳		北京 故宮博物院	
花卉圖（沈顥等八人花卉合卷8之1段）	卷	絹	水墨	不詳		北京 故宮博物院	
介石書院圖	卷	紙	設色	29.5 × 67.6	崇禎癸未（十六年	北京 中國歷史博物館	

名稱		質地	色彩	尺寸 高×寬㎝	創作時間	收藏處所	典藏號碼
					，1643）八月廿一日		
山水圖（陳裸等人仿古山水合卷之1段）	卷	紙	設色	不詳		北京 中國歷史博物館	
竹溪圖（為彥回作）	卷	紙	設色	不詳	崇禎癸未（十六年，1643）八月	北京 中國美術館	
平崗遠眺圖	卷	絹	設色	30 × 122.5	天啟改元（辛酉，1627）	天津 天津市藝術博物館	
松丘高士圖（為方退庵七十壽作）	卷	紙	水墨	30.7 × 125.8	丁亥（順治四年，1647）臘月朔	天津 天津市藝術博物館	
臨宋人人馬圖	卷	紙	設色	不詳	癸未（崇禎十六年，1643）秋八月	上海 上海博物館	
松壑聽泉圖	卷	灑金箋	設色	不詳		上海 上海博物館	
米庵圖	卷	紙	水墨	31 × 158.2		蘇州 江蘇省蘇州博物館	
禮佛圖	軸	紙	設色	63.2 × 46.6	癸未（崇禎十六年，1643）中秋日	台北 故宮博物院	故畫00602
水面聞香	軸	紙	設色	106.8 × 43.8		台北 故宮博物院	故畫00603
松陰書屋圖	軸	紙	設色	166.5 × 53		香港 劉作籌虛白齋	
蟠溪逸興圖	軸	絹	設色	113.4 × 56.4	癸未（崇禎十六年，1643）	瀋陽 遼寧省博物館	
池邊吟句圖	軸	紙	水墨	105.9 × 28.6		瀋陽 遼寧省博物館	
園林景色圖（為仁庵作）	軸	紙	設色	不詳	丁丑（崇禎十年，1637）十月	北京 故宮博物院	
溪山釣艇圖	軸	紙	設色	不詳	丁丑（崇禎十年，1637）	北京 故宮博物院	
鄭州寫生圖	軸	紙	設色	不詳	庚辰（崇禎十三年，1640）	北京 故宮博物院	
踏雪圖	軸	紙	設色	不詳	辛巳（崇禎十四年，1641）	北京 故宮博物院	
歲朝圖	軸	紙	設色	不詳	甲戌（崇禎七年，1634）	天津 天津市藝術博物館	
攜琴圖	軸	紙	設色	62.5 × 56.4	戊寅（崇禎十一年	上海 上海博物館	

名稱		質地	色彩	尺寸 高×寬㎝	創作時間	收藏處所	典藏號碼
					，1638）重陽		
山水圖	軸	絹	設色	95.3 × 47.9	辛巳（崇禎十四年，1641）	上海 上海博物館	
臨唐寅牡丹圖	軸	紙	設色	不詳		南京 南京博物院	
琴溪草堂圖	軸	紙	設色	不詳	壬申（崇禎五年，1632）秋八月	南昌 江西省博物館	
雪居圖	軸	紙	設色	68 × 38.5	己卯（崇禎十二年，1639）	廣州 廣州市美術館	
江山平遠圖	軸	紙	設色	66.4 × 32.1	甲寅（萬曆四十二年，1614）小春	日本 大阪市立美術館	
竹林山水人物圖	軸	紙	設色	98.3 × 46.8		美國 普林斯頓大學藝術館	75-34
枇杷圖（明人便面畫冊肆冊（三）之13）	摺扇面	紙	設色	不詳		台北 故宮博物院	故畫 03539-13
觀蓮圖	摺扇面	紙	設色	不詳		台北 故宮博物院	故扇 00175
桐陰來鶴（明末二十名家書畫冊之6）	冊頁	綾	設色	23.2 × 17.6		台北 故宮博物院（蘭千山館寄存）	
山水圖（山水圖冊之1）	冊頁	絹	設色	25.2 × 19.8		台北 華叔和後真賞齋	
山水圖（江閣觀鶴）	摺扇面	金箋	設色	16.2 × 49.8		台北 華叔和後真賞齋	
枇杷圖（文家書畫便面合冊之12）	摺扇面	紙	設色	17.8 × 52.7		香港 潘祖堯小聽颿樓	CP99
松下高士圖（尤求等雜畫冊8之1幀）	冊頁	紙	設色	28 × 30.6		北京 故宮博物院	
瀟湘八景（8幀）	冊	紙	設色	24.8 × 23.8	癸未（崇禎十六年，1643）	北京 中國美術館	
山水圖	摺扇面	金箋	設色	不詳		上海 上海博物館	
山水圖（明王峻等山水冊10之1幀）	冊頁	金箋	設色	（每幀）30.2 × 38.4	（壬申，崇禎五年，1632）	蘭州 甘肅省博物館	
山水圖	冊頁	紙	設色	26 × 29.1		德國 柏林東亞藝術博物館	1988-444

附：

名稱		質地	色彩	尺寸 高×寬㎝	創作時間	收藏處所	典藏號碼
松竹梅圖（文從簡、邵彌合作）	軸	紙	水墨	84.6 × 32.5		武漢 湖北省武漢市文物商店	
松下品茗圖	軸	紙	設色	94.5 × 37	壬辰（萬曆二十年，1592）秋七月望	紐約 佳士得藝品拍賣公司/拍賣目錄 1993,06,04.	
山水圖	軸	紙	設色	89.5 × 40.6	辛酉（天啟元年，1621）七夕	紐約 佳士得藝品拍賣公司/拍賣目錄 1997,09,19.	

名稱		質地	色彩	尺寸 高x寬cm	創作時間	收藏處所	典藏號碼

山水圖（明人山水冊10之1　冊頁　絹　設色　25.5 x 19.8　　　　　　　紐約 佳士得藝品拍賣公司/拍
幀）　　　　　　　　　　　　　　　　　　　　　　　　　　　　　賣目錄 1994,11,30.

畫家小傳：文從簡。字彥可。號枕煙老人。江蘇長洲人。文元善之子。生於神宗萬曆二（1574）年。卒於清世祖順治五（1648）年。
　　　　崇禎拔貢，入清不仕。善書畫。畫山水，兼法倪瓚、王蒙。（見無聲詩史、國朝畫徵續錄、文氏族譜續集、桐陰論畫、中國
　　　　畫家人名大辭典）

歸昌世

名稱		質地	色彩	尺寸 高x寬cm	創作時間	收藏處所	典藏號碼
竹澗圖	卷	絹	水墨	27 x 230		香港 何耀光至樂堂	
墨竹圖	卷	紙	水墨	25.5 x 145.9		香港 鄭德坤木扉	
竹石圖	卷	紙	水墨	不詳	丙寅（天啟六年，1626）夏日	北京 故宮博物院	
竹石圖	卷	紙	水墨	不詳		上海 上海博物館	
竹石圖	卷	紙	水墨	不詳		寧波 浙江省寧波市天一閣文物保管所	
竹石圖	卷	紙	水墨	27.9 x 549.9	丙寅（天啟六年，1626）	成都 四川省博物院	
竹石圖	卷	紙	水墨	不詳	丁卯（天啟七年，1627）	南寧 廣西壯族自治區博物館	
修竹怪石圖	軸	紙	水墨	不詳	癸亥（天啟三年，1623）	南京 南京博物院	
竹石圖	軸	紙	水墨	不詳		南京 南京博物院	
竹石圖	卷	紙	水墨	不詳	癸酉（崇禎六年，1633）秋日	常熟 江蘇省常熟市文物管理委員會	
墨竹圖	卷	紙	水墨	29.8 x 345.5	己巳（崇禎二年，1629）首夏	瑞典 斯德哥爾摩遠東古物館	NMOK405
墨竹圖	軸	紙	水墨	150.8 x 45.6	乙亥（崇禎八年，1635）冬日	香港 中文大學中國文化研究所文物館	95.547
墨竹圖	軸	紙	水墨	不詳		瀋陽 故宮博物院	
竹澗流泉圖（為君重作）	軸	紙	水墨	不詳	戊寅（崇禎十一年，1638）夏日	北京 故宮博物院	
竹石圖	軸	紙	水墨	不詳		天津 天津市藝術博物館	
竹石圖	軸	紙	水墨	不詳		上海 上海博物館	
竹石圖	軸	紙	水墨	不詳		上海 上海博物館	
竹石圖	軸	紙	水墨	150.8 x 31.6		上海 上海博物館	

名稱		質地	色彩	尺寸 高x寬cm	創作時間	收藏處所	典藏號碼
修竹怪石圖	軸	紙	水墨	112 × 114	癸亥（天啟三年，1623）	南京 南京博物院	
渭水清風圖	軸	紙	水墨	156 × 78	壬申（崇禎五年，1632）	南京 南京博物院	
竹石圖	軸	紙	水墨	120.6 × 30.9		蘇州 江蘇省蘇州博物館	
風竹圖	軸	紙	水墨	不詳		蘇州 江蘇省蘇州博物館	
竹石圖	軸	紙	水墨	不詳		杭州 浙江省博物館	
竹石圖	軸	紙	水墨	不詳	壬申（崇禎五年，1632）	杭州 浙江美術學院	
竹石圖	軸	灑金箋	水墨	97.5 × 31.2	辛巳（崇禎十四年，1641）	長沙 湖南省博物館	
竹石圖	軸	紙	水墨	不詳		重慶 重慶市博物館	
竹石圖	軸	紙	水墨	132 × 59.2	壬戌（天啟二年，1622）	廣州 廣東省博物館	
竹石圖	軸	金箋	水墨	117.8 × 58.8	甲戌（崇禎七年，1634）	廣州 廣東省博物館	
風竹圖	軸	紙	水墨	146.2 × 44.7	辛巳（崇禎十四年，1641）	廣州 廣州市美術館	
竹石圖	軸	紙	水墨	不詳	辛未（崇禎四年，1631）清和日	日本 京都小川睦之輔先生	
墨竹圖	軸	紙	水墨	109.5 × 29.8		美國 普林斯頓大學藝術館	47-4
墨竹（明人畫扇集冊之1）	摺扇面	紙	水墨	不詳		台北 故宮博物院	故畫 03536-1
竹石圖	冊頁	紙	水墨	不詳		北京 故宮博物院	
竹石圖	冊頁	紙	水墨	24.7 × 26.2	己卯（崇禎十二年，1639）冬日	合肥 安徽省博物館	
竹石圖	摺扇面	金箋	水墨	不詳	己卯（崇禎十二年，1639）	上海 上海博物館	
竹石圖	摺扇面	金箋	水墨	不詳	甲申（崇禎十七年，1644）	上海 上海博物館	
竹石圖	摺扇面	金箋	水墨	不詳		上海 上海博物館	
竹石圖	摺扇面	金箋	水墨	不詳		上海 上海博物館	

名稱		質地	色彩	尺寸 高×寬㎝	創作時間	收藏處所	典藏號碼
竹石圖		摺扇面 金箋	水墨	不詳		上海 上海博物館	
竹石圖		摺扇面 金箋	水墨	不詳		上海 上海博物館	
竹石圖		摺扇面 金箋	水墨	不詳		蘇州 江蘇省蘇州博物館	
竹石圖		摺扇面 金箋	水墨	不詳		貴陽 貴州省博物館	
附：							
淇園萬綠圖		卷	紙	水墨	530 × 31	戊辰（崇禎元年，1628）秋日	上海 朵雲軒
淇園雨色		卷	紙	水墨	28 × 395	庚午（崇禎三年，1630）端陽日	紐約 佳仕得藝品拍賣公司/拍賣目錄 1986,12,01.
墨竹圖		軸	紙	水墨	不詳	丁卯（天啟七年，1627）春	北京 北京市文物商店
竹石圖		軸	紙	水墨	149.9 × 45.1	辛巳（崇禎十四年，1641）長至	紐約 佳士得藝品拍賣公司/拍賣目錄 1997,09,19.
竹石圖（為僧筏作）		摺扇面 紙	水墨	不詳	戊辰（崇禎元年，1628）冬杪	北京 北京市文物商店
竹石圖		摺扇面 金箋	水墨	16.5 × 54		紐約 佳士得藝品拍賣公司/拍賣目錄 1988,11,30.
墨竹、書法（10開）		冊	紙	水墨	（每開）28.5 × 40.4	庚午（崇禎三年，1630）中秋	紐約 佳士得藝品拍賣公司/拍賣目錄 1996,09,18.
竹石（明清人扇面冊 12 之 1 幅）		摺扇面 金箋	水墨	不詳		香港 佳士得藝品拍賣公司/拍賣目錄 1998,09,15.

畫家小傳：歸昌世。字休文。號假庵。江蘇崑山人。生於神宗萬曆二（1574）年。卒於清世祖順治二（1645）年。與李流芳、王志堅稱三才。善古文、書法、篆刻。工畫山水，宗法倪、黃；尤擅蘭竹，在徐渭、陳淳之間，能脫盡時習。（見明畫錄、無聲詩史、海虞畫畫苑略、蘇州府志、桐陰論畫、中國畫家人名大辭典）

張 季

| 秋江漁棹圖 | | 卷 | 紙 | 設色 | 29.3 × 251.3 | 己亥（萬曆二十七年，1599） | 天津 天津市藝術博物館 | |
| 林谷秋容圖 | | 軸 | 紙 | 設色 | 112.2 × 29.5 | 己亥（萬曆二十七年，1599）十月既望 | 台北 故宮博物院 | 故畫 02709 |

畫家小傳：張季。字季奇。江蘇常熟人。工畫山水、人物。早年筆墨秀潤可喜。後出入宋元名家，及法吳中先輩，變而蒼老微遠。流傳署款紀年作品見於神宗萬曆二十七(1599)年。（見明畫錄、海虞畫苑略、常熟志、西州會譜、中國畫家人名大辭典）

名稱		質地	色彩	尺寸 高×寬㎝	創作時間	收藏處所	典藏號碼

陳 柱

名稱		質地	色彩	尺寸 高×寬㎝	創作時間	收藏處所	典藏號碼
陳湖圖	卷	紙	水墨	不詳	萬曆己亥（二十七年，1599）	北京 故宮博物院	
牡丹（明人便面集錦冊之9）	摺扇面	紙	水墨	不詳		台北 故宮博物院	故畫 03541-9

畫家小傳：陳柱。江蘇吳人。與陸治同時。善畫花鳥。流傳署款紀年作品見於神宗萬曆二十七(1599)年。(見珊瑚網、中國畫家人名大辭典)

汪 文

名稱		質地	色彩	尺寸 高×寬㎝	創作時間	收藏處所	典藏號碼
樹下高枕圖	軸	絹	設色	不詳	己亥（萬曆二十七年，1599）	上海 上海博物館	
松蔭納涼圖（為本直作）	摺扇面	金箋	設色	不詳	乙丑（天啟五年，1625）秋	北京 故宮博物院	

畫家小傳：汪文。籍里、身世均不詳。工畫花鳥，善於設色，但欠生動。流傳署款紀年作品見於神宗萬曆二十七（1599）年，至熹宗天啟五(1625)年。(見明書畫史、中國畫家人名大辭典)

畢懋言

名稱		質地	色彩	尺寸 高×寬㎝	創作時間	收藏處所	典藏號碼
竹石圖	摺扇面	金箋	水墨	不詳	己亥（萬曆二十七年，1599）	北京 故宮博物院	
竹石圖	摺扇面	金箋	水墨	16.4 × 49.6		日本 京都國立博物館	A甲 5771

畫家小傳：畢懋言。畫史無載。疑為畢懋康兄弟。流傳署款紀年作品見於神宗萬曆二十七(1599)年。待考。

畢懋康

名稱		質地	色彩	尺寸 高×寬㎝	創作時間	收藏處所	典藏號碼
椿萱圖	摺扇面	金箋	設色	不詳		北京 故宮博物院	

畫家小傳：畢懋康。字東郊。安徽歙縣人。神宗萬曆（1573-1619）間進士。善畫山水，宗法王維、黃公望筆意。(見畫髓元詮、中國畫家人名大辭典)

尹 伸

附：

名稱		質地	色彩	尺寸 高×寬㎝	創作時間	收藏處所	典藏號碼
仿倪黃合作山水圖	軸	絹	水墨	84.4 × 39.7		紐約 蘇富比藝品拍賣公司/拍賣目錄 1984.06.13	

畫家小傳：尹伸。畫史無載。身世待考。

吳世恩

名稱		質地	色彩	尺寸 高×寬㎝	創作時間	收藏處所	典藏號碼
秋江琴酒圖	卷	紙	設色	29 × 591		上海 上海博物館	
梅花圖	軸	紙	水墨	不詳		北京 故宮博物院	
教子圖	軸	絹	設色	154 × 85.7		上海 上海博物館	

名稱		質地	色彩	尺寸 高x寬cm	創作時間	收藏處所	典藏號碼
麟湖晚眺圖	軸	紙	水墨	185.1 x 64.6		上海 上海博物館	
附：							
麟湖晚眺圖	軸	紙	水墨	147.6 x 52.7		香港 蘇富比藝品拍賣公司/拍賣目錄 1999.10.31	
花鳥圖	冊頁	紙	設色	23 x 19		武漢 湖北省武漢市文物商店	

畫家小傳：吳世恩。畫史無載。身世待考。

李潛夫

附：

坐看松泉（明清名家山水扇面冊18之1幀）	摺扇面	金箋	水墨	不詳		紐約 佳士得藝品拍賣公司/拍賣目錄 1997.09.19	

畫家小傳：李潛夫。畫史無載。身世待考。

金兆熊

附：

風雨歸舟圖	軸	絹	水墨	175.9 x 99.7		紐約 佳士得藝品拍賣公司/拍賣目錄 1996,09,18.	

畫家小傳：金兆熊。畫史無載。身世待考。

李流芳

山水圖	卷	紙	水墨	27.5 x 303.5	甲子（天啟四年，1624）秋日	香港 王南屏先生	
蘭花圖	卷	紙	水墨	不詳	丙辰（萬曆四十四年`，1616）	長春 吉林省博物館	
梅蘭竹菊圖（為子興作）	卷	紙	水墨	不詳	丁巳（萬曆四十五年，1617）冬夜	北京 故宮博物院	
高山流水圖（為子育作）	卷	紙	設色	不詳	癸亥（天啟三年，1623）夏日	北京 故宮博物院	
秋林歸隱圖	卷	紙	設色	不詳	癸亥（天啟三年，1623）秋日	北京 故宮博物院	
西湖煙雨圖	卷	紙	水墨	26 x 127	己酉（萬曆三十七年，1609）清明前一日	天津 天津市藝術博物館	

名稱		質地	色彩	尺寸 高x寬cm	創作時間	收藏處所	典藏號碼
溪山平遠圖圖	卷	紙	水墨	28.2 x 285.7	癸亥（天啟三年，1623）八月	天津 天津市藝術博物館	
雨中山色圖	卷	紙	水墨	29.8 x 280.6	癸亥（天啟三年，1623）	合肥 安徽省博物館	
書畫合璧（李流芳、婁堅）	卷	紙	水墨	42.7 x 430.1	戊午（萬曆四十六年，1618）	上海 上海博物館	
松林高士圖	卷	紙	水墨	27.5 x 142.6	戊午（萬曆四十六年，1618）冬日	上海 上海博物館	
秋林遠岫圖	卷	灑金箋	水墨	17.2 x 137.5	辛酉（天啟元年，1621）秋日	上海 上海博物館	
溪山秋靄圖	卷	絹	水墨	不詳	天啟乙丑（五年，1627）八月	上海 上海博物館	
花卉圖	卷	紙	水墨	21.5 x 332	乙丑（天啟五年，1625）	上海 上海博物館	
溪山秋意圖	卷	紙	設色	23.4 x 319.5	丁卯（天啟七年，1627）	上海 上海博物館	
山水圖	卷	絹	設色	27.5 x 340.5	癸亥（天啟三年，1623）	長沙 湖南省博物館	
仿荊、關山水圖	卷	絹	水墨	25 x 266.2	己未（萬曆四十七年，1619）	廣州 廣州市美術館	
仿荊關山水	卷	紙	水墨	30.3 x 530.3	戊午（萬曆四十六年，1618）十月	日本 東京山本悌二郎先生	
山水圖	卷	紙	水墨	27.4 x ?	丁卯（天啟七年，1627）臘月	日本 兵庫縣黑川古文化研究所	
山水圖	卷	紙	水墨	不詳	甲子（天啟四年，1624）秋日	美國 耶魯大學藝術館	
樹石圖	卷	紙	水墨	24.5 x ?		美國 普林斯頓大學藝術館（私人寄存）	
江干雪眺圖（為不遠兄寫）	卷	金箋	水墨	28.1 x ?	丙辰（萬曆四十四年，1616）長至前五日	美國 勃克萊大學藝術館（加州 Schlenker 先生寄存）	
倣張雨山水	軸	紙	水墨	104.3 x 41.2		台北 故宮博物院（蘭千山館寄存）	
樹石圖	軸	紙	水墨	126.2 x 30.2	癸亥（天啟三年，1623）夏日	香港 中文大學中國文化研究所文物館	95.474

名稱		質地	色彩	尺寸 高×寬㎝	創作時間	收藏處所	典藏號碼
碧浪湖舟圖	軸	紙	水墨	118.7 × 33.1		香港 許晉義崇宜齋	
林泉高致圖	軸	絹	水墨	115 × 30	戊辰（崇禎元年，1628）春日	香港 香港美術館·虛白齋	XB1992.065
秋山聽瀑圖	軸	紙	設色	124 × 44.9		香港 劉作籌虛白齋	35
水亭遠山圖	軸	紙	水墨	100.8 × 28.8	丙寅（天啟六年，1626）	瀋陽 遼寧省博物館	
仿北苑山水圖	軸	紙	水墨	不詳	壬戌（天啟二年，1622）夏五	北京 故宮博物院	
疏林亭子圖	軸	紙	水墨	不詳	丁卯（天啟七年，1627）	北京 故宮博物院	
仿黃公望山水圖	軸	紙	水墨	110.5 × 26.2	甲子（天啟四年，1624）夏日	北京 中國美術館	
南山雲氣圖	軸	絹	水墨	347 × 89	丁巳（萬曆四十五年，1617）	天津 天津市藝術博物館	
疎樹孤亭圖	軸	紙	水墨	148 × 30.6	戊午(萬曆四十六年，1618) 秋日	天津 天津市藝術博物館	
山水圖	軸	紙	設色	不詳	丁卯（天啟七年，1627）	天津 天津市歷史博物館	
山村讀書圖	軸	紙	水墨	123 × 59	戊辰（崇禎元年，1628）春日	合肥 安徽省博物館	
松石圖	軸	綾	水墨	138.2 × 53.7	壬戌（天啟二年，1622）	上海 上海博物館	
林巒積雪圖	軸	紙	水墨	163 × 48.5	癸亥（天啟三年，1623）	上海 上海博物館	
寒崖嶔崎圖	軸	紙	水墨	99 × 35	甲子（天啟四年，1624）	上海 上海博物館	
溪山高隱圖	軸	金箋	水墨	117.1 × 61.1	丙寅（天啟六年，1626）秋日	上海 上海博物館	
溪山茅堂圖	軸	紙	水墨	不詳	丁卯（天啟七年，1627）春日	上海 上海博物館	
古木竹石圖	軸	紙	水墨	不詳	丁卯（天啟七年，1627）	上海 上海博物館	
竹樹水仙圖	軸	紙	水墨	不詳	丁卯（天啟七年，1627）冬日	上海 上海博物館	

名稱		質地	色彩	尺寸 高x寬cm	創作時間	收藏處所	典藏號碼
仿子久筆意谿山林屋圖	軸	紙	水墨	136.5 x 30.5	庚申（萬曆四十八年，1620）春日	南京 南京博物院	
秋林亭子圖	軸	紙	設色	122 x 40.2		南京 南京博物院	
山水圖	軸	金箋	水墨	102.7 x 29.3	庚申（萬曆四十八年，1620）	無錫 江蘇省無錫市博物館	
溪山樓閣圖	軸	絹	水墨	161 x 47.5	甲子（天啟四年，1624）	杭州 浙江省杭州西泠印社	
疏林亭子圖	軸	金箋	設色	114.5 x 32	丁卯（天啟七年，1627）	廣州 廣東省博物館	
秋林茅屋圖	軸	紙	水墨	96.5 x 27.5	壬子（萬曆四十年，1612）	廣州 廣州市美術館	
江山放棹圖	軸	絹	水墨	不詳		廣州 廣州市美術館	
老樹孤亭圖	軸	紙	水墨	122.2 x 31.9	壬戌（天啟二年，1622）春日	昆明 雲南省博物館	
山水圖	軸	金箋	水墨	不詳	壬子（萬曆四十年，1612）	烏魯木齊 新疆維吾爾自治區博物館	
枯木竹石圖	軸	紙	設色	99.4 x 44.5	辛酉（天啟元年，1621）秋日	日本 東京尾崎洵盛先生	
水墨山水	軸	紙	水墨	不詳	戊辰（崇禎元年，1628）春日	日本 東京篠崎都香佐先生	
峰巒寥落圖	軸	金箋	水墨	142.4 x 46.2	辛酉（天啟元年，1621）秋日	日本 大阪橋本大乙先生	
菊石圖	軸	紙	水墨	61.6 x 30.2		日本 兵庫縣黑川古文化研究所	
山水圖	軸	紙	水墨	121.2 x 30.7		日本 私人	
仿吳鎮松下觀瀑圖	軸	絹	水墨	131.7 x 39.8		日本 私人	
仿吳鎮秋流泛艇圖	軸	紙	設色	126.9 x 30.4		日本 私人	
疏林遠山	軸	紙	水墨	114.3 x 40.3	戊辰（崇禎元年，1628）春日	美國 克利夫蘭藝術博物館	
山水圖（寫贈曙齋老人）	軸	綾	水墨	130.3 x 42	天啟丙寅（六年，1626）五月望後二日	瑞典 斯德哥爾摩遠東古物館	OM 25/62

名稱		質地	色彩	尺寸 高x寬cm	創作時間	收藏處所	典藏號碼
唐鄭巢送李式詩意（李流芳畫唐人詩意冊之1）	冊頁	金箋	設色	25.2 x 49.3		台北 故宮博物院	故畫 01156-1
嚴維酬劉員外見寄詩意（李流芳畫唐人詩意冊之2）	冊頁	金箋	設色	25.2 x 49.3		台北 故宮博物院	故畫 01156-2
耿湋夜尋盧處士詩意（李流芳畫唐人詩意冊之3）	冊頁	金箋	設色	25.2 x 49.3		台北 故宮博物院	故畫 01156-3
張喬送友人往宜春詩意（李流芳畫唐人詩意冊之4）	冊頁	金箋	設色	25.2 x 49.3		台北 故宮博物院	故畫 01156-4
元積遣行詩（李流芳畫唐人詩意冊之5）	冊頁	金箋	設色	25.2 x 49.3		台北 故宮博物院	故畫 01156-5
韋應物南塘泛舟會元六昆季詩意（李流芳畫唐人詩意冊之6）	冊頁	金箋	設色	25.2 x 49.3		台北 故宮博物院	故畫 01156-6
錢起山齋獨坐喜元上夕至詩意（李流芳畫唐人詩意冊之7）	冊頁	金箋	設色	25.2 x 49.3		台北 故宮博物院	故畫 01156-7
劉長卿尋南溪常山道人隱居詩意（李流芳畫唐人詩意冊之8）	冊頁	金箋	設色	25.2 x 49.3		台北 故宮博物院	故畫 01156-8
李白訪戴天道士不遇詩意（李流芳畫唐人詩意冊之9）	冊頁	金箋	設色	25.2 x 49.3		台北 故宮博物院	故畫 01156-9
李白尋雍尊師隱居詩意（李流芳畫唐人詩意冊之10）	冊頁	金箋	設色	25.2 x 49.3		台北 故宮博物院	故畫 01156-10
水仙（李流芳山水寫生冊之1）	冊頁	紙	水墨	16.6 x 16		台北 故宮博物院	故畫 03176-1
雲山煙雨（李流芳山水寫生冊之2）	冊頁	紙	水墨	16.6 x 16		台北 故宮博物院	故畫 03176-2
坡石秋林（李流芳山水寫生冊之3）	冊頁	紙	水墨	16.6 x 16		台北 故宮博物院	故畫 03176-3
蘭石（李流芳山水寫生冊之4）	冊頁	紙	水墨	16.6 x 16		台北 故宮博物院	故畫 03176-4
層巒鬱翠（李流芳山水寫生冊之5）	冊頁	紙	水墨	16.6 x 16		台北 故宮博物院	故畫 03176-5
溪亭對巘（李流芳山水寫生冊之6）	冊頁	紙	水墨	16.6 x 16		台北 故宮博物院	故畫 03176-6
碉閣樓煙（李流芳山水寫生冊之7）	冊頁	紙	水墨	16.6 x 16		台北 故宮博物院	故畫 03176-7
雲壑叢林（李流芳山水寫生冊之8）	冊頁	紙	水墨	16.6 x 16		台北 故宮博物院	故畫 03176-8

名稱		質地	色彩	尺寸 高x寬cm	創作時間	收藏處所	典藏號碼
之8）							
江樓挹爽（李流芳山水寫生冊之9）	冊頁	紙	水墨	16.6 x 16		台北 故宮博物院	故畫 03176-9
冬林寒色（李流芳山水寫生冊之10）	冊頁	紙	水墨	16.6 x 16		台北 故宮博物院	故畫 03176-10
梅花（李流芳山水寫生冊之11）	冊頁	紙	水墨	16.6 x 16		台北 故宮博物院	故畫 03176-11
盆蕉（李流芳山水寫生冊之12）	冊頁	紙	水墨	16.6 x 16		台北 故宮博物院	故畫 03176-12
枯松掛壁（明花卉畫冊之7）	冊頁	紙	水墨	16.1 x 48.3		台北 故宮博物院	故畫 03513-7
秋林晚景（明人畫扇一冊之22）	摺扇面	紙	水墨	不詳		台北 故宮博物院	故畫 03527-22
林亭秋色（明人畫扇冊四冊之14）	摺扇面	紙	水墨	不詳		台北 故宮博物院	故畫 03530-14
平岡茆屋	摺扇面	紙	水墨	不詳		台北 故宮博物院	故扇 00193
墨蘭（明十名家便面會萃冊之1）	摺扇面	金箋	水墨	15.1 x 47.1		台北 故宮博物院（蘭千山館寄存）	
山水（畫中九友集錦冊之5）	冊頁	紙	設色	16.7 x 12.5		台北 故宮博物院（蘭千山館寄存）	
仿元人山水圖（12幀）	冊	紙	水墨	（每幀）26.3 x 26.1		台北 私人	
山水花卉便面（12幀）	冊	金箋	水墨	（每幀）31 x 59.6		香港 潘祖堯小聽颿樓	CP36
山水圖（明清名家書畫扇面冊之13）	摺扇面	金箋	水墨	19.6 x 56.8		香港 潘祖堯小聽颿樓	CP77
山水圖	摺扇面	金箋	水墨	18 x 55	辛丑（萬曆二十九年，1601）秋日	香港 香港美術館・虛白齋	FA1991.095
山水圖	摺扇面	金箋	水墨	17 x 52.5	丙寅（天啟六年，1626）春日	香港 香港美術館・虛白齋	FA1991.062
山水圖（10幀）	冊	紙	設色	（每幀）25.7 x 12.2		香港 劉作籌虛白齋	
墨蘭圖（？幀，為子薪作）	冊	紙	水墨	不詳	丙辰（萬曆四十四年，1616）七月晦	長春 吉林省博物館	
山水圖	摺扇面	金箋	設色	不詳	丁巳（萬曆四十五	瀋陽 遼寧省博物館	

名稱		質地	色彩	尺寸 高×寬㎝	創作時間	收藏處所	典藏號碼
					年，1617）		
山水圖	摺扇面	金箋	水墨	不詳	丙寅（天啟六年，1626）	瀋陽 遼寧省博物館	
吳中十景圖（10幀，為孟陽作）	冊	紙	水墨	不詳	丁巳（萬曆四十五年，1617）九月	北京 故宮博物院	
山水圖（10幀，為陳士遠作）	冊	紙	水墨	不詳	辛酉（天啟元年，1621）冬日	北京 故宮博物院	
蘭石圖	摺扇面	紙	水墨	不詳	辛酉（天啟元年，1621）	北京 故宮博物院	
花卉、樹石圖（12幀）	冊	紙	設色、水墨	不詳	壬戌（天啟二年，1622）長夏	北京 故宮博物院	
仿古山水圖（8幀）	冊	紙	設色、水墨	不詳	乙丑（天啟五年，1625）寒夜	北京 故宮博物院	
山水圖（李流芳等名賢合璧冊10之1幀）	冊頁	灑金箋	設色	26.6 × 58.1	丙寅（天啟六年，1626）冬日	北京 故宮博物院	
仿元人山水圖（8幀）	冊	紙	水墨、設色	不詳	丁卯（天啟七年，1627）秋日	北京 故宮博物院	
花卉（10幀）	冊	紙	水墨	（每幀）22 × 17		北京 中國歷史博物館	
山水圖	摺扇面	金箋	水墨	19 × 56	辛酉（天啟元年，1621）	北京 首都博物館	
松圖	摺扇面	金箋	水墨	不詳	乙卯（萬曆四十三年，1615）	天津 天津市藝術博物館	
山重水複圖	摺扇面	金箋	水墨	不詳	戊辰（崇禎元年，1628）清和	合肥 安徽省博物館	
雨景山水	摺扇面	金箋	水墨	不詳	丙午（萬曆三十四年，1606）	上海 上海博物館	
隔牆塔影圖	摺扇面	金箋	設色	不詳	辛亥（萬曆三十九年，1611）	上海 上海博物館	
船窗兀傲圖	摺扇面	金箋	水墨	不詳	壬子（萬曆四十年，1612）	上海 上海博物館	
流水繞林圖	摺扇面	金箋	水墨	不詳	乙卯（萬曆四十三年，1615）	上海 上海博物館	
吳中十景圖（10幀）	冊	金箋	設色	（每幀）27.8 × 34	丁巳（萬曆四十五年，1617）	上海 上海博物館	

名稱		質地	色彩	尺寸 高x寬cm	創作時間	收藏處所	典藏號碼
王維詩意圖		摺扇面 金箋	水墨	不詳	庚申（萬曆四十八年，1620）	上海 上海博物館	
仿大癡山水圖		摺扇面 金箋	設色	不詳	辛酉（天啟元年，1621）冬日	上海 上海博物館	
為子陶作山水圖		摺扇面 金箋	設色	不詳	壬戌（天啟二年，1622）	上海 上海博物館	
山水圖（10幀）	冊 紙		水墨、設色	（每幀）22 x 14.2	甲子（天啟四年，1624）冬日	上海 上海博物館	
仿小米筆意圖		摺扇面 金箋	設色	不詳	乙丑（天啟五年，1625）	上海 上海博物館	
山居圖		摺扇面 金箋	水墨	不詳	乙丑（天啟五年，1625）	上海 上海博物館	
仿子久山水圖		摺扇面 金箋	水墨	不詳	乙丑（天啟五年，1625）	上海 上海博物館	
秋山圖		摺扇面 金箋	設色	不詳	乙丑（天啟五年，1625）冬日	上海 上海博物館	
山水圖（12幀）	冊 紙		水墨、設色	（每幀）19.4 x 13.6	乙丑（天啟五年，1625）清和	上海 上海博物館	
仿梅道人作山水圖（為仇池作）		摺扇面 金箋	水墨	不詳	丙寅（天啟六年，1626）夏	上海 上海博物館	
清溪山色圖		摺扇面 金箋	水墨	不詳	丁卯（天啟七年，1627）	上海 上海博物館	
芳樹幽亭圖		摺扇面 金箋	水墨	不詳	丁卯（天啟七年，1627）	上海 上海博物館	
疎樹遙岑圖		摺扇面 金箋	水墨	不詳	丁卯（天啟七年，1627）	上海 上海博物館	
仿吳鎮山水圖		摺扇面 金箋	水墨	下詳	丁卯（天啟七年，1627）	上海 上海博物館	
仿大癡山水圖		摺扇面 金箋	設色	下詳	丁卯（天啟七年，1627）	上海 上海博物館	
山亭清境圖		摺扇面 金箋	水墨	不詳	戊辰（崇禎元年，1628）春日	上海 上海博物館	
山水圖（8幀）	冊 紙		設色	（每幀）26.2 x 23.9		上海 上海博物館	

名稱		質地	色彩	尺寸 高x寬cm	創作時間	收藏處所	典藏號碼
山水圖（10幀）	冊	紙	水墨	（每幀）25.5 x 18.2		上海 上海博物館	
山水、花卉圖（8幀）	冊	紙	水墨	（每幀）32.7 x 63		上海 上海博物館	
山水、花卉圖（12幀）	冊	灑金箋	水墨	（每幀）24.6 x 25.6		上海 上海博物館	
水仙竹菊（2幀）	冊頁	紙	水墨	不詳		上海 上海博物館	
山水、花果圖（11幀）	冊	金箋	水墨	（每幀）24.8 x 28.3	戊午（萬曆四十六 年，1618）長至	南京 南京博物院	
仿古山水圖（8幀）	冊	紙	水墨	（每幀）26.4 x 41.8	丁卯（天啟七年， 1627）夏日	南京 南京博物院	
江樹茅亭圖（明畫中九友山水 扇面冊9之1幀）	摺扇面	金箋	設色	16.3 x 51.4	庚申（泰昌元年， 1620）秋日	南京 南京博物院	
山水圖并書（？幀，為子魚作 ）	冊	紙	水墨	不詳	辛酉（天啟元年， 1621）正月十二日	蘇州 江蘇省蘇州博物館	
仿宋元各家山水圖（8幀）	冊	紙	水墨	（每幀）28 x 35.8	天啟改元（辛酉， 1621）正月	蘇州 江蘇省蘇州博物館	
枯木竹石圖	摺扇面	紙	水墨	不詳		蘇州 江蘇省蘇州博物館	
秋水歸帆圖（為孟陽作）	摺扇面	紙	設色	不詳	壬子（萬曆四十年 ，1612）臘月	湖州 浙江省湖州市博物館	
山閣遠眺圖	摺扇面	紙	水墨	不詳	庚申（萬曆四十八 年，1620）	寧波 浙江省寧波市天一閣文 物保管所	
湖天雪意圖（為子將作）	摺扇面	金箋	水墨	不詳	乙丑（天啟五年， 1625）冬日	成都 四川省博物院	
山水圖（10幀）	冊	紙	設色	（每幀）21 x 15.5	丙寅（天啟六年， 1626）冬日	廣州 廣東省博物館	
山水圖（10幀）	冊	紙	水墨	（每幀）17 x 26	辛酉（天啟元年， 1621）	廣州 廣州市美術館	
山水圖	摺扇面	金箋	水墨	不詳		廣州 廣州市美術館	
秋山讀書圖（明名家書畫扇集 冊之7）	摺扇面	紙	設色	不詳		日本 東京田邊碧堂先生	
山水（明人書畫扇甲冊之6）	摺扇面	金箋	水墨	不詳		日本 東京橋本辰二郎先生	
山水（12幀）	冊	紙	水墨、 設色	不詳		日本 東京林熊光先生	
仿雲林筆山水圖（疏林茆舍）	摺扇面	金箋	水墨	15.8 x 49	乙丑（天啟五年，	日本 大阪橋本大乙先生	

名稱		質地	色彩	尺寸 高x寬cm	創作時間	收藏處所	典藏號碼
					1625）長夏		
山水圖（似元晦兄）		摺扇面 紙	水墨	不詳	丙午（萬曆三十四年，1606）秋日	日本 江田勇二先生	
山水圖		摺扇面 紙	水墨	不詳	丁卯（天啟七年，1627）冬日	日本 江田勇二先生	
檎樹圖（明人書畫扇面冊之11）		摺扇面 金箋	水墨	16 x 48.5		日本 私人	
山水圖		摺扇面 金箋	水墨	16.1 x 53.3	丙申（萬曆二十四年，1596）春日	日本 私人	
唐宋詩意畫（？幀）		冊 紙	設色	不詳		美國 波士頓美術館	
山水畫（8幀）		冊 金箋	水墨	（每幀）23x15.6	乙丑（天啟五年，1625）秋日	美國 普林斯頓大學藝術館（Edward Elliott 先生寄存）	L48.70
寒林高士圖		摺扇面 金箋	水墨	不詳	癸丑（萬曆四十一年，1613）十月	美國 紐約大都會藝術博物館	13.100.70
山水圖（6幀）		冊頁 紙	設色	（每幀）22.4 x 15.5	癸亥（天啟三年，1623）秋日	美國 聖路易斯市吳納孫教授	
山水圖		摺扇面 金箋	水墨	17.1 x 51.5	庚申（泰昌元年，1620）秋日	美國 舊金山亞州藝術館	B79 D18
山水圖		摺扇面 紙	水墨	27.2 x 52		美國 加州史坦福大學藝術博物館	81.268
仿黃公望山水圖（扇面圖冊之7）		摺扇面 金箋	設色	19 x 54.2	乙丑（天啟五年，1625）春日	美國 聖地牙哥藝術博物館	68.73g
山水圖		摺扇面 金箋	水墨	17.1 x 56	甲子（天啟四年，1624）早冬	美國 夏威夷火魯奴奴藝術學院	2475.1
山水圖		摺扇面 金箋	水墨	17.6 x 52.6	辛酉（天啟元年，1621）秋日	美國 夏威夷火魯奴奴藝術學院	2314.1
水仙圖		摺扇面 金箋	水墨	18.7 x 53.5		德國 柏林東亞藝術博物館	1988-252
山水圖		摺扇面 金箋	水墨	17.8 x 53.1		德國 柏林東亞藝術博物館	1988-253
山水圖		摺扇面 金箋	水墨	16.8 x 48		德國 柏林東亞藝術博物館	1988-254
山水圖		摺扇面 金箋	設色	16.8 x 51.1	乙丑（天啟五年，1625）夏日	德國 科隆東亞西亞藝術館	A55.2
山水圖（？幀）		冊 紙	水墨	（每幀）25.6 x 20.7		荷蘭 阿姆斯特 Rijks 博物館（私人寄存）	
水墨山水圖		摺扇面 金箋	水墨	14.9 x 46		瑞士 蘇黎士黎得堡博物館	RCH.1151

名稱		質地	色彩	尺寸 高×寬 ㎝	創作時間	收藏處所	典藏號碼
山水圖（溪山放棹）	摺扇面	金箋	水墨	17.1 × 49.5	壬戌（天啟二年，1622）夏日	瑞士 蘇黎士黎得堡博物館	RCH.1118
觀瀑圖（為子由畫）	摺扇面	金箋	水墨	16.6 × 51.4	丁巳（萬曆四十五年，1617）夏日	瑞士 蘇黎士黎得堡博物館	RCH.1150
附：							
山水圖	卷	紙	水墨	17 × 80	丙寅（天啟六年，1626）	上海 朵雲軒	
江山勝覽圖	卷	紙	水墨	19 × 241.5		紐約 佳士得藝品拍賣公司/拍賣目錄 1989,12,04.	
山水圖	卷	紙	設色	20.5 × 92.5	丙辰（萬曆四十四年，1616）四月望後一日	香港 佳士得藝品拍賣公司/拍賣目錄 1998,09,15.	
喬木竹石圖	軸	灑金箋	水墨	123 × 52	乙丑（天啟五年，1625）	天津 天津市文物公司	
溪山書隱圖	軸	金箋	水墨	112.5 × 27.5	丁卯（天啟七年，1627）秋月	紐約 佳士得藝品拍賣公司/拍賣目錄 1984,06,29.	
古木奇石圖	軸	紙	水墨	129.5 × 41.5	乙丑（天啟五年，1625）夏日	紐約 蘇富比藝品拍賣公司/拍賣目錄 1986,06,03.	
松巖圖	軸	紙	水墨	141 × 47.3	丙寅（天啟六年，1626）小春	紐約 佳士得藝品拍賣公司/拍賣目錄 1987,12,11.	
山水圖	軸	紙	水墨	120.5 × 30	乙丑（天啟五年，1625）新夏	紐約 佳士得藝品拍賣公司/拍賣目錄 1989,06,01.	
溪山茅舍圖	軸	紙	水墨	129 × 59.5	癸亥（天啟三年，1623）冬日	紐約 佳士得藝品拍賣公司/拍賣目錄 1993,12,01.	
寒山萬木圖	軸	紙	水墨	95.6 × 28	壬子（萬曆四十年，1612）初夏	紐約 佳士得藝品拍賣公司/拍賣目錄 1997,09,19.	
山水圖	摺扇面	金箋	設色	不詳	丁巳（萬曆四十五年，1617）	上海 朵雲軒	
梅枝棲雀圖	摺扇面	金箋	水墨	17 × 51.5	乙卯（萬曆四十三年，1615）清夏	紐約 佳士得藝品拍賣公司/拍賣目錄 1984,06,29.	
山水圖	摺扇面	灑金箋	水墨	17.2 × 52	丙寅（天啟六年，1626）三月	紐約 蘇富比藝品拍賣公司/拍賣目錄 1985,06,03.	
山水圖	摺扇面	灑金箋	水墨	17.8 × 54	丙寅（天啟六年，1626）冬日	紐約 佳士得藝品拍賣公司/拍賣目錄 1988,11,30.	
山水花卉（8幀）	冊	灑金箋	設色	（每幀）22.2		紐約 佳士得藝品拍賣公司/拍	

名稱		質地	色彩	尺寸 高x寬cm	創作時間	收藏處所	典藏號碼
				x 16.5		賣目錄 1989,06,01.	
仿古山水（8幀）	冊	灑金箋	水墨	（每幀）29.2		紐約 佳士得藝品拍賣公司/拍	
				x 47		賣目錄 1990,05,31.	
山水圖（8幀）	冊	灑金箋	水墨	（每幀）23x5.6	乙丑（天啟五年，1625）秋日	紐約 佳士得藝品拍賣公司/拍 賣目錄 1991,11,25.	
山水、法書（12幀）	冊	紙	水墨	（每幀）26x26	丁巳（萬曆四十五年，1617）六月	紐約 佳士得藝品拍賣公司/拍 賣目錄 1992,06,02.	
山水圖	摺扇面	金箋	水墨	18 x 54	丁巳（萬曆四十五年，1617）冬日	紐約 佳士得藝品拍賣公司/拍 賣目錄 1993,06,04.	
山水（畫中九友山水書法冊之一幀）	摺扇面	金箋	水墨	不詳	庚申（泰昌元年，1620）夏日	紐約 佳士得藝品拍賣公司/拍 賣目錄 1993,12,01.	
仿倪迂筆山水（與邵彌山水合裱成軸）	冊頁	紙	水墨	27.3 x 29.2	壬戌（天啟二年，1622）夏日	紐約 佳士得藝品拍賣公司/拍 賣目錄 1997,09,19.	

畫家小傳：李流芳。字長蘅。號檀園。安徽歙人，僑居江蘇嘉定。生於神宗萬曆三（1575）年。卒於思宗崇禎二（1629）年。萬曆三十四年孝廉。工詩畫，精鐫刻，善畫。畫擅山水，愛好吳鎮兼寫生，逸氣飛動。（見明畫錄、無聲詩史、海虞畫苑略、明史唐時升傳、蘇州名賢畫象冊、容臺集、中國畫家人名大辭典）

朱竺

名稱		質地	色彩	尺寸 高x寬cm	創作時間	收藏處所	典藏號碼
百齡添算圖	軸	絹	設色	118.5 x 46.9	戊申（萬曆三十六年，1608）仲春既望	台北 故宮博物院	故畫 02305
梅茶山鵲圖	軸	紙	設色	119.3 x 39.6	萬曆庚戌（三十八年，1610）	瀋陽 遼寧省博物館	
竹亭曉溪圖	軸	泥金箋	設色	65.3 x 27.5	癸巳（萬曆二十一年，1593）秋日	北京 故宮博物院	
花卉鵪鶉（清花卉畫冊二冊之12）	冊頁	紙	設色	不詳		台北 故宮博物院	故畫 03518-12
梅花幽禽圖	摺扇面	金箋	設色	不詳	庚寅（萬曆十八年，1590）	北京 故宮博物院	

畫家小傳：朱竺。江蘇長洲人。朱貞孚之子。承家學，工畫山水。流傳署款紀年作品見於神宗萬曆二十一（1593）至三十六（1608）年。（見圖繪寶鑑續纂、珊瑚網、中國畫家人名大辭典）

名稱		質地	色彩	尺寸 高x寬cm	創作時間	收藏處所	典藏號碼

郭存仁

金陵八景圖（為象山作）	卷	紙	設色	28.3 x 644.5	萬曆庚子（二十八 年，1600）春月	南京 南京博物院	

畫家小傳：郭存仁（即郭仁）。字水村。江蘇吳人。善畫山水、人物。尤工畫大幅山水，布置渲染俱有成法。流傳署款紀年作品見於 神宗萬曆二十八(1600)年。（見江寧府誌、畫髓元詮、中國美術家人名辭典）

沈　完

柳塘放牧圖	軸	絹	設色	76 x 27	庚子（萬曆二十八 年，1600）秋日	無錫 江蘇省無錫市博物館	
蘭亭修禊圖	軸	紙	設色	142 x 42		廣州 廣東省博物館	
山水圖	摺扇面	金箋	設色	不詳		天津 天津市藝術博物館	
附：							
秋林行旅圖	摺扇面	金箋	設色	不詳		上海 朵雲軒	

畫家小傳：沈完。字全卿。江蘇吳縣人。善畫人物，入仇英之室。流傳署款紀年作品見於神宗萬曆二十八(1600)年。（見明畫錄、 畫髓元詮、吳縣志、畫史彙傳、中國畫家人名大辭典）

王　慕

梅花圖	卷	紙	水墨	21.1 x 123.5	丙午（萬曆三十四 年，1606）冬十月 下浣	北京 故宮博物院	
溪橋紅樹	軸	紙	設色	88.2 x 57.8	丙午（萬曆三十四 年，1606）春日	台北 故宮博物院	故畫 00635
東籬秋色圖	軸	紙	設色	65.9 x 43.3	丙寅（天啟六年， 1626）秋日	台北 故宮博物院	故畫 01362
秋樹暮鴉圖	軸	紙	設色	不詳	戊申（萬曆三十六 年，1608）	北京 故宮博物院	
花蝶圖	軸	紙	設色	不詳	丙辰（萬曆四十四 年，1616）小春	北京 故宮博物院	
秋山書屋圖	軸	紙	設色	不詳	己未（萬曆四十七 年，1619）菊秋六 日	北京 故宮博物院	
梅花圖	軸	紙	水墨	65.5 x 31.3	癸亥（天啟三年， 1623）臘月立春日	北京 故宮博物院	
梅花圖	軸	紙	水墨	118.5 x 48.6	甲子（天啟四年， 1624）冬日	北京 故宮博物院	
秋景山水圖	軸	紙	設色	不詳	丙寅（天啟六年，	北京 故宮博物院	

名稱		質地	色彩	尺寸 高×寬 cm	創作時間	收藏處所	典藏號碼
					1626）三月望後一日		
梅花圖	軸	紙	水墨	80.4 × 30.6		北京 故宮博物院	
攜杖尋詩圖	軸	紙	設色	59.9 × 30.8	庚申（萬曆四十八年，1620）	天津 天津市藝術博物館	
愛坐楓林圖	軸	紙	設色	不詳		天津 天津市藝術博物館	
山水圖	軸	紙	水墨	不詳		天津 天津市藝術博物館	
牡丹綬帶圖	軸	紙	設色	137 × 64	天啟丙寅（六年，1626）春日	太原 山西省博物館	
秋林遠眺圖	軸	紙	設色	142.9 × 63.9	癸亥（天啟二年，1623）二月既望	上海 上海博物館	
秋景山水	軸	紙	設色	126.8 × 62.1	天啟丙寅（六年，1626）	上海 上海博物館	
得子圖（為子夜作）	軸	絹	設色	92.5 × 54.9	天啟丙寅（六年，1626）七月廿九日	南京 南京博物院	
雲壑松泉圖	軸	絹	設色	167 × 57.5	天啟丁卯（七年，16237）	杭州 浙江省博物館	
奇峰書屋圖	軸	紙	設色	158.3 × 44.8		杭州 浙江省博物館	
枯木竹石圖	軸	紙	水墨	不詳	壬戌（天啟二年，1622）	廣州 廣東省博物館	
江風捲釣圖	軸	紙	設色	130.2 × 32.2		美國 華盛頓特區弗瑞爾藝術館	80.143
陶淵明愛菊圖	軸	紙	水墨	84.5 × 51.6		美國 私人	
山水人物圖	軸	紙	水墨	92.4 × 33		美國 私人	
白梅水仙（清花卉畫冊二冊之3）	冊頁	紙	設色	不詳		台北 故宮博物院	故畫 03518-3
寒山行旅	摺扇面	紙	不詳	不詳		台北 故宮博物院	故扇 00194
放鶴圖	摺扇面	紙	不詳	不詳		台北 故宮博物院	故扇 00195
山水圖（12 幀）	冊	紙	設色	不詳	庚申（泰昌元年，1620）秋	北京 故宮博物院	
山水圖（為仲裕作，陳道等十人山水冊 10 之 1 幀）	冊頁	紙	設色	23.4 × 31.5	丁巳（萬曆四十五年，1617）初夏	北京 故宮博物院	
枯木竹石圖	摺扇面	金箋	水墨	不詳	崇禎己巳（二年，1629）	杭州 浙江省博物館	

名稱		質地	色彩	尺寸 高×寬㎝	創作時間	收藏處所	典藏號碼
工筆花鳥（明人書畫扇乙冊之第 7 幀）	摺扇面	金箋	設色	不詳		日本 東京橋本辰二郎先生	
附：							
山水圖	軸	紙	設色	不詳	辛酉（天啟元年，1621）	北京 北京市文物商店	
天竺仙石圖	軸	紙	設色	不詳	甲子（天啟四年，1624）新春日	北京 北京市文物商店	
梧桐臘嘴圖	軸	絹	設色	90.5 x 79.8	丙午（萬曆三十四年，1606）	上海 上海文物商店	
菊石圖	軸	紙	設色	不詳	辛酉（天啟元年，1621）	上海 上海文物商店	
臥月圖	摺扇面	紙	水墨	17 x 53.5	丁卯（天啟七年，1627）秋	紐約 佳士得藝品拍賣公司/拍賣目錄 1988,11,30.	
柳堤鴛鴦圖	摺扇面	金箋	設色	18 x 54.5	丙寅（天啟六年，1626）春日	紐約 佳士得藝品拍賣公司/拍賣目錄 1991,05,29.	

畫家小傳：王綦。字履若。江蘇吳縣人。善畫山水，結構奇幻，人物、樹石略寫形似，不拘拘於畫法。流傳署款紀年作品見於神宗萬曆二十八（1600）年至熹宗天啟七（1627）年。（見明畫錄、江南通志、畫史會要、中國畫家人名大辭、宋元明清書畫家年表）

曹羲

名稱		質地	色彩	尺寸 高×寬㎝	創作時間	收藏處所	典藏號碼
九馬圖	卷	金箋	設色	不詳	萬曆癸丑（四十一年，1613）	北京 故宮博物院	
摹趙孟頫人馬圖	卷	絹	設色	不詳	天啟癸亥（三年，1623）	北京 故宮博物院	
幽谷生香圖（明劉原起、陳元素、周瑞、曹羲、蔣體中、南陽山樵、王皋分作）	卷	紙	設色、水墨	不詳		蘇州 江蘇省蘇州博物館	
羅漢圖	卷	紙	設色	23.5 x 294		廣州 廣州市美術館	
摹趙孟頫八駿圖	軸	絹	設色	不詳	己未（萬曆四十七年，1619）三月望日	北京 故宮博物院	
松蔭觀泉圖	軸	紙	設色	137 x 64.3		北京 故宮博物院	
松泉清聽圖	軸	絹	設色	215.6 x 93.2		合肥 安徽省博物館	
雪棧行旅圖	軸	紙	設色	不詳	甲寅（萬曆四十二年，1614）秋	上海 上海博物館	

名稱		質地	色彩	尺寸 高×寬㎝	創作時間	收藏處所	典藏號碼
劍門飛雪圖	軸	絹	設色	不詳	天啟壬戌（二年，1622）	上海 上海古籍書店	
刻溪迴棹圖	軸	絹	設色	不詳	丁丑（崇禎十年，1637）三月之望	南京 南京博物院	
千丈紅泉圖	軸	絹	設色	218.5 × 95	辛未（崇禎四年，1631）	重慶 重慶市博物館	
仿李唐筆意山水圖	軸	絹	設色	201.3 × 99.8	甲戌（崇禎七年，1634）二月之望	日本 東京國立博物館	
松下高士圖	軸	絹	設色	175.4 × 87.6	癸丑（萬曆四十一年，1613）冬十月望日	日本 東京藝術大學美術館	480
觀瀑圖（明人畫扇冊四冊之4）	摺扇面	紙	設色	不詳		台北 故宮博物院	故畫 03530-4
潯陽送客圖（明人畫扇冊四冊之5）	摺扇面	紙	設色	不詳		台北 故宮博物院	故畫 03530-5
漁樂圖	摺扇面	紙	設色	不詳		台北 故宮博物院	故扇 00197
子久筆意山水	摺扇面	紙	設是	不詳		台北 故宮博物院	故扇 00196
山水圖（明人書畫扇面冊之4）	摺扇面	金箋	設色	15.8 × 49.1		香港 潘祖堯小聽颿	CP35d
山水（10幀）	冊	紙	設色	不詳	乙丑（天啟五年，1625）	北京 故宮博物院	
秋山行旅圖	摺扇面	金箋	設色	17.7 × 53.5	辛未（崇禎四年，1631）	北京 故宮博物院	
山水圖	摺扇面	金箋	水墨	16.5 × 53.2	壬申（崇禎五年，1632）	北京 故宮博物院	
山水圖	摺扇面	金箋	設色	不詳	萬曆乙巳（三十三年，1605）	北京 中國歷史博物館	
山水圖（曹羲等四人山水冊4之1幀）	冊頁	灑金箋	設色	約33 × 62	壬子（萬曆四十年，1612）	天津 天津市藝術博物館	
人物圖	摺扇面	金箋	設色	17.5 × 53.3		德國 柏林東亞藝術博物館	1988-186
附：							
老子像	軸	紙	設色	不詳	癸卯（萬曆三十一年，1603）菊月望	北京 北京市文物商店	
蘭竹石圖	軸	紙	水墨	不詳	丁巳（萬曆四十五年，1617）	上海 朵雲軒	
蜀道行旅圖	軸	絹	設色	176 × 79.5	癸酉（崇禎六年，	紐約 佳士得藝品拍賣公司/拍	

名稱		質地	色彩	尺寸 高x寬cm	創作時間	收藏處所	典藏號碼
竹林七賢圖		摺扇面 金箋	設色	17 x 52	1633）清和 丙辰（萬曆四十四年，1616）新秋	紐約 佳士得藝品拍賣公司/拍賣目錄 1998,09,15. 賣目錄 1993,12,01.	

畫家小傳：曹義（一作曦）。號羅浮。江蘇長洲人，寓武林。工畫山水、人物，筆墨秀潔，以氣韻取勝。流傳署款紀年作品見於神宗萬曆二十八（1600）年至思宗崇禎十（1637）年。（見明畫錄、無聲詩史、圖繪寶鑑續纂、中國畫家人名大辭典、宋元明清書畫家年表）

（釋）性 合

| 江干茅屋圖（寫呈隱元大老和尚，山水扇面書扇合裝卷之1幅） | | 摺扇面 金箋 | 水墨 | 16.3 x 50.3 | 庚子（萬曆二十八年，1600）冬 | 日本 京都萬福寺 | |

畫家小傳：性合。僧。畫史無載。流傳署款紀年作品見於神宗萬曆二十八（1600）年。身世待考。

蔡 簡

| 蘆葦達摩圖 | 軸 | 紙 | 水墨 | 112.7 x 36.8 | | 日本 大阪橋本大乙先生 | |
| 達摩圖（南華木庵題贊） | 軸 | 紙 | 水墨 | 110.9 x 28.5 | 庚子（萬曆二十八年，1600）冬 | 日本 中埜又左衛門先生 | |

畫家小傳：蔡簡。畫史無載。流傳署款紀年作品見於神宗萬曆二十八（1600）年。身世待考。

宋 珏

漁隱圖	卷	紙	設色	不詳	崇禎四年（辛未，1631）冬日	北京 故宮博物院	
仿馬和之松石圖	卷	紙	水墨	不詳	崇禎己巳（二年，1629）春	上海 上海博物館	
山水圖	軸	紙	設色	159.2 x 42.7		香港 鄭德坤木扉	
松屋讀書圖	軸	紙	水墨	108 x 33	丁巳（萬曆四十五年，1617）	瀋陽 故宮博物院	
秋山圖	軸	紙	設色	140 x 29.5	崇禎三年（庚午，1630）	瀋陽 遼寧省博物館	
山樓對雨圖	軸	紙	設色	不詳	戊申（萬曆三十六年，1608）孟冬八日	北京 故宮博物院	
榕蔭水閣圖	軸	紙	設色	不詳	天啟七年（丁卯，1627)	北京 故宮博物院	
梧桐秋月圖	軸	紙	設色	不詳	丙寅（天啟六年，1626）秋夜	上海 上海博物館	

名稱		質地	色彩	尺寸 高x寬㎝	創作時間	收藏處所	典藏號碼
仿巨然載鶴觀梅圖	軸	綾	設色	不詳		常熟 江蘇省常熟市文物管理委員會	
山水圖	摺扇面	紙	設色	不詳	天啟二年（壬戌，1622）暮春望日	北京 故宮博物院	
亭皋落木圖	摺扇面	紙	設色	不詳	崇禎二年（己巳，1629）秋日	北京 故宮博物院	

附：

深林曳杖圖	軸	紙	設色	158 x 46	己亥（萬曆二十七年，1599）七月	紐約 佳士得藝品拍賣公司/拍賣目錄 1998,09,15.	
荔枝圖	軸	紙	設色	109.8 x 29.5		香港 蘇富比藝品拍賣公司/拍賣目錄 1999,10,31.	
西湖煙景（明清人山水合冊之一幀）	冊頁	紙	水墨	不詳		紐約 佳士得藝品拍賣公司/拍賣目錄 1994,06,01.	

畫家小傳：宋珏（一作轂）。字比玉。號荔枝仙。福建莆田人，流寓金陵。生於神宗萬曆四（1576）年。卒於思宗崇禎五（1632）年。工詩。善書畫。畫山水，出入米氏父子及吳鎮、黃公望，不名一家。（見無聲詩史、海虞畫苑錄、國朝畫徵續錄、莆田縣志、漁洋詩話、列朝詩集小傳、中國畫家人名大辭典）

卞文瑜

名稱		質地	色彩	尺寸 高x寬㎝	創作時間	收藏處所	典藏號碼
山水圖（陳裸對人仿古山水合卷之1段）	卷	紙	設色	不詳		北京 中國歷史博物館	
溪山秋色圖	卷	紙	設色	28.7 x 134	癸亥（天啟三年，1623）春日	上海 上海博物館	
山水圖	卷	紙	設色	不詳	辛巳（崇禎十四年，1641）	日本 東京張珩韞輝齋	
瑯琊醉翁亭圖	卷	紙	設色	37.3 x 266	天啟四年（甲子，1624）長至後一日	日本 東京高島菊次郎槐安居	
谿山秋靄圖	卷	紙	水墨	15.7 x ?		美國 紐約大都會藝術博物館	1989.363.197
山水	軸	紙	水墨	90 x 32.5	戊寅（崇禎十一年，1638）上元後二日	台北 故宮博物院（蘭千山館寄存）	
山水圖	軸	紙	水墨	110 x 56		台北 國泰美術館	
秋亭晚岫圖	軸	絹	設色	149.6 x 59.2	丙辰（萬曆四十四年，1616）端陽	台北 華叔和後真賞齋	
山水圖	軸	紙	設色	107.2 x 43.4		香港 許晉義崇宜齋	

名稱		質地	色彩	尺寸 高×寬㎝	創作時間	收藏處所	典藏號碼
梅花書屋圖	軸	紙	設色	107 × 49.5	順治八年（辛卯，1651）小春	香港 劉作籌虛白齋	
溪山高隱圖	軸	紙	水墨	109 × 29	己巳（崇禎二年，1629）	瀋陽 故宮博物院	
蘭石圖（陳元素、卞文瑜合作）	軸	紙	水墨	131 × 40		瀋陽 故宮博物院	
水閣幽居圖	軸	紙	設色	135.7 × 59.3		瀋陽 遼寧省博物館	
一梧軒圖	軸	紙	設色	100 × 15.7	己巳（崇禎二年，1637）	北京 故宮博物院	
仿管仲姬山樓繡佛圖	軸	紙	設色	115.7 × 46.8	丁丑（崇禎十年，1637）端陽	北京 故宮博物院	
拂水山莊圖	軸	紙	設色	115.5 × 46.8	己卯（崇禎十二年，1639）	北京 故宮博物院	
仿王蒙九峰讀書圖	軸	紙	水墨	不詳	甲申（順治元年，1644）冬日	北京 故宮博物院	
潮音放筆圖	軸	紙	水墨	98.8 × 47.8	庚寅（順治七年，1650）	北京 故宮博物院	
為樹若作山水圖	軸	紙	水墨	不詳	甲午（順治十一年，1654）	北京 故宮博物院	
武夷山色圖	軸	紙	設色	128 × 46.8	癸酉（崇禎六年，1633）夏日	天津 天津市藝術博物館	
仿巨然山水圖	軸	絹	水墨	127.6 × 59.1	丁亥（順治四年，1647）	青島 山東省青島市博物館	
松巖觀泉圖	軸	紙	設色	134.6 × 39	天啟癸亥（三年，1623）	上海 上海博物館	
賞梅圖	軸	紙	設色	不詳	辛未（崇禎四年，1631）冬日	上海 上海博物館	
梅花書屋圖	軸	紙	設色	不詳	戊子（順治五年，1648）上巳	上海 上海博物館	
山居春宴圖	軸	絹	設色	95.2 × 44.7	戊子（順治五年，1648）春日	上海 上海博物館	
梅花書屋圖	軸	紙	設色	95.2 × 44.7	庚寅（順治七年，1650）臘月	上海 上海博物館	

名稱		質地	色彩	尺寸 高×寬㎝	創作時間	收藏處所	典藏號碼
山寺秋光圖	軸	紙	設色	126.8 × 65.7	壬辰（順治九年，1652）	上海 上海博物館	
水閣聽泉圖（為孚令作）	軸	紙	水墨	110.3 × 54.1	壬辰（順治九年，1652）夏日	上海 上海博物館	
仿巨然山水圖	軸	紙	水墨	85.4 × 41.8	壬辰（順治九年，1652）秋日	上海 上海博物館	
松泉圖	軸	金箋	水墨	39.5 × 28.2		南京 南京市博物館	
曳杖聽泉圖	軸	紙	設色	不詳	甲子（天啟四年，1624）夏日	杭州 浙江美術學院	
山村圖	軸	紙	水墨	102.9 × 40.2	甲午（順治十一年，1654）	重慶 重慶市博物館	
山水圖	軸	紙	水墨	127.3 × 48.5	甲戌（崇禎七年，1634）初夏	日本 東京小幡酉吉先生	
倣北苑墨法山水圖	軸	綾	水墨	194 × 49.9		日本 大阪市立美術館	
靜居圖	軸	紙	水墨	92.4 × 32	癸亥（天啟三年，1623）中秋	日本 大阪市立美術館	
三友圖	軸	紙	水墨	不詳	天啟六年（丙寅，1626）臘月六日	美國 耶魯大學藝術館	
蘭石圖	軸	絹	設色	119.2 × 56	辛未（崇禎四年，1631）春日	美國 普林斯頓大學藝術館（私人寄存）	
山水圖（幽憂參禪）	軸	紙	水墨	68.1 × 32.4	庚午（崇禎三年，1630）重陽前	瑞士 蘇黎士黎得堡博物館	RCH.1152
仿方方壺奇峰白雲（卞文瑜摹古山水冊之1）	冊頁	紙	設色	30.7 × 21.8	癸巳（順治十年，1653）夏日	台北 故宮博物院	故畫 01160-1
仿梅花庵主筆意（卞文瑜摹古山水冊之2）	冊頁	紙	水墨	30.7 × 21.8		台北 故宮博物院	故畫 01160-2
仿王叔明九峰讀書圖（卞文瑜摹古山水冊之3）	冊頁	紙	水墨	30.7 × 21.8		台北 故宮博物院	故畫 01160-3
仿米元暉筆（卞文瑜摹古山水冊之4）	冊頁	紙	水墨	30.7 × 21.8		台北 故宮博物院	故畫 01160-4
仿大痴筆意（卞文瑜摹古山水冊之5）	冊頁	紙	設色	30.7 × 21.8		台北 故宮博物院	故畫 01160-5
仿趙文敏筆意（卞文瑜摹古山水冊之6）	冊頁	紙	設色	30.7 × 21.8		台北 故宮博物院	故畫 01160-6

名稱		質地	色彩	尺寸 高×寬 ㎝	創作時間	收藏處所	典藏號碼
仿子久筆法（卞文瑜摹古山水冊之7）	冊頁	紙	水墨	30.7 × 21.8		台北 故宮博物院	故畫 01160-7
山居靜處（卞文瑜摹古山水冊之8）	冊頁	紙	水墨	30.7 × 21.8		台北 故宮博物院	故畫 01160-8
高瀑停舟（卞文瑜摹古山水冊之9）	冊頁	紙	設色	30.7 × 21.8		台北 故宮博物院	故畫 01160-9
仿巨然墨法（卞文瑜摹古山水冊之10）	冊頁	紙	水墨	30.7 × 21.8		台北 故宮博物院	故畫 01160-10
仿趙大年筆（卞文瑜摹古山水冊之11）	冊頁	紙	設色	30.7 × 21.8		台北 故宮博物院	故畫 01160-11
仿李營丘筆（卞文瑜摹古山水冊之12）	冊頁	紙	設色	30.7 × 21.8		台北 故宮博物院	故畫 01160-12
仿倪元鎮稚宜山圖（卞文瑜摹古山水冊之13）	冊頁	紙	水墨	30.7 × 21.8		台北 故宮博物院	故畫 01160-13
仿梅道人筆意（卞文瑜摹古山水冊之14）	冊頁	紙	水墨	30.7 × 21.8		台北 故宮博物院	故畫 01160-14
仿董北苑筆（卞文瑜摹古山水冊之15）	冊頁	紙	水墨	30.7 × 21.8		台北 故宮博物院	故畫 01160-15
仿倪高士筆（卞文瑜摹古山水冊之16）	冊頁	紙	水墨	30.7 × 21.8		台北 故宮博物院	故畫 01160-16
仿趙松雪筆（卞文瑜摹古山水冊之17）	冊頁	紙	設色	30.7 × 21.8		台北 故宮博物院	故畫 01160-17
仿大米筆（卞文瑜摹古山水冊之18）	冊頁	紙	水墨	30.7 × 21.8		台北 故宮博物院	故畫 01160-18
仿曹雲西筆（卞文瑜摹古山水冊之19）	冊頁	紙	水墨	30.7 × 21.8		台北 故宮博物院	故畫 01160-19
重巒疊翠（卞文瑜摹古山水冊之20）	冊頁	紙	水墨	30.7 × 21.8	癸巳（順治十年，1653）夏日	台北 故宮博物院	故畫 01160-20
鄧尉寒香（卞文瑜畫蘇台十景冊1）	冊頁	紙	設色	30.4 × 21.8		台北 故宮博物院	故畫 01161-1
支硎春曉（卞文瑜畫蘇台十景冊2）	冊頁	紙	設色	30.4 × 21.8		台北 故宮博物院	故畫 01161-2
石湖烟雨（卞文瑜畫蘇台十景冊3）	冊頁	紙	設色	30.4 × 21.8		台北 故宮博物院	故畫 01161-3
天平聳翠（卞文瑜畫蘇台十景	冊頁	紙	設色	30.4 × 21.8		台北 故宮博物院	故畫 01161-4

名稱		質地	色彩	尺寸 高x寬cm	創作時間	收藏處所	典藏號碼
冊4）							
大石修篁（卞文瑜畫蘇台十景冊5）	冊頁	紙	設色	30.4 x 21.8		台北 故宮博物院	故畫01161-5
天池石壁（卞文瑜畫蘇台十景冊6）	冊頁	紙	設色	30.4 x 21.8		台北 故宮博物院	故畫01161-5
花山鳥道（卞文瑜畫蘇台十景冊7）	冊頁	紙	設色	30.4 x 21.8		台北 故宮博物院	故畫01161-7
虎丘夜月（卞文瑜畫蘇台十景冊8）	冊頁	紙	設色	30.4 x 21.8		台北 故宮博物院	故畫01161-8
虎山秋靄（卞文瑜畫蘇台十景冊9）	冊頁	紙	設色	30.4 x 21.8		台北 故宮博物院	故畫01161-9
靈巖積雪（卞文瑜畫蘇台十景冊10）	冊頁	紙	設色	30.4 x 21.8	甲午（順治十一年，1654）清和	台北 故宮博物院	故畫01161-10
雲山仙閣（卞文瑜溪山寫勝冊之1）	冊頁	紙	設色	14.8 x 41.3		台北 故宮博物院	故畫03177-1
平皋蒼柏（卞文瑜溪山寫勝冊之2）	冊頁	紙	水墨	14.8 x 41.3		台北 故宮博物院	故畫03177-2
崇嶺村舍（卞文瑜溪山寫勝冊之3）	冊頁	紙	設色	14.8 x 41.3		台北 故宮博物院	故畫03177-3
輕帆駛渡（卞文瑜溪山寫勝冊之4）	冊頁	紙	水墨	14.8 x 41.3		台北 故宮博物院	故畫03177-4
溪山攬勝（卞文瑜溪山寫勝冊之5）	冊頁	紙	設色	14.8 x 41.3		台北 故宮博物院	故畫03177-5
煙嵐山色（卞文瑜溪山寫勝冊之6）	冊頁	紙	水墨	14.8 x 41.3		台北 故宮博物院	故畫03177-6
平林古塔（卞文瑜溪山寫勝冊之7）	冊頁	紙	設色	14.8 x 41.3		台北 故宮博物院	故畫03177-7
江天暮桅（卞文瑜溪山寫勝冊之8）	冊頁	紙	水墨	14.8 x 41.3		台北 故宮博物院	故畫03177-8
江帆攬勝（卞文瑜溪山寫勝冊之9）	冊頁	紙	設色	14.8 x 41.3		台北 故宮博物院	故畫03177-9
雪景山水（卞文瑜溪山寫勝冊之10，為涵宇畫）	冊頁	紙	設色	14.8 x 41.3	丙戌（順治三年，1646）杪秋	台北 故宮博物院	故畫03177-10
雲樹山村（明人畫扇一冊之19）	摺扇面	紙	設色	不詳		台北 故宮博物院	故畫03527-19
山水（畫中九友集錦冊之9）	冊頁	紙	設色	16.9 x 12.5		台北 故宮博物院（蘭千山館	

名稱		質地	色彩	尺寸 高×寬㎝	創作時間	收藏處所	典藏號碼
						寄存）	
山水圖	摺扇面	紙	水墨	16.6 × 48.3		香港 莫華釗承訓堂	K92.79
仿倪瓚小景圖（山水圖合冊之1）	冊頁	紙	水墨	26.7 × 20		香港 許晉義崇宜齋	
古松圖（山水圖合冊之2）	冊頁	紙	水墨	26.7 × 19.8		香港 許晉義崇宜齋	
仿趙令穰煙浮遠岫圖（山水圖合冊之3）	冊頁	紙	水墨	26.8 × 20.1		香港 許晉義崇宜齋	
梅花書屋圖（山水圖合冊之4）	冊頁	紙	設色	26.8 × 20.2		香港 許晉義崇宜齋	
層軒皆面水圖（山水圖合冊之5）	冊頁	紙	水墨	26.7 × 20		香港 許晉義崇宜齋	
仿趙孟頫秋景山水圖（山水圖合冊之6）	冊頁	紙	設色	26.7 × 20.1		香港 許晉義崇宜齋	
仿趙孟頫秋景山水圖（山水圖合冊之7）	冊頁	紙	設色	26.5 × 20		香港 許晉義崇宜齋	
山水圖（山水圖合冊之8）	冊頁	紙	設色	26.8 × 20		香港 許晉義崇宜齋	
仿古山水圖（10幀）	冊	紙	設色	（每幀）24.5 × 15.5	辛未（崇禎四年，1631）秋七	長春 吉林省博物館	
湖莊銷夏圖	摺扇面	金箋	設色	16.4 × 48	辛亥（萬曆三十九年，1611）	北京 故宮博物院	
山水圖（8幀）	冊	紙	水墨	不詳	壬戌（天啟二年，1622）	北京 故宮博物院	
雪景山水圖（李流芳等名賢合璧冊10之1幀）	冊頁	灑金箋	設色	26.6 × 58.1	丙寅（天啟六年，1626）冬日	北京 故宮博物院	
西湖八景圖（8幀）	冊	絹	設色	（每幀）22.5 × 15.7	己巳（崇禎二年，1629）	北京 故宮博物院	
山水圖（？幀）	冊	紙	設色	不詳	庚午（崇禎三年，1630）	北京 故宮博物院	
採梅圖	摺扇面	金箋	設色	不詳	己卯（崇禎十二年，1639）	北京 故宮博物院	
山水圖（10幀）	冊	絹	設色	（每幀）29.4 × 24.3	甲申（崇禎十七年，1644	北京 故宮博物院	
寫祝王時敏六十初度山水圖（10幀）	冊	紙	設色	（每幀）29.3 × 20	辛卯（順治八年，1651）中秋	北京 故宮博物院	
仿宋元各家山水圖（？幀）	小冊	紙	設色、水墨	不詳	癸巳（順治十年，1653）	北京 故宮博物院	

名稱		質地	色彩	尺寸 高×寬cm	創作時間	收藏處所	典藏號碼
山水圖（殘存5幀）	冊	紙	設色	（每幀）24.1 × 17.1		北京 故宮博物院	
仿古山水圖（8幀）	冊	紙	設色	（每幀）27.9 × 19		北京 故宮博物院	
樹杪百重泉圖（欽揖等八人山水合冊8之1幀）	冊頁	絹	設色	23 × 20.5		北京 故宮博物院	
江南小景圖	冊	絹	設色	（每幀）29.5 × 24.6		北京 故宮博物院	
山水圖（?幀）	冊	紙	設色、水墨	不詳	辛卯（崇禎八年，1635）秋日	北京 中國歷史博物館	
山水圖（卞永瑜等集錦冊16幀之部分）	冊頁	灑金箋	設色	不詳		北京 中國歷史博物館	
山水圖	摺扇面	紙	水墨	不詳	丙戌（順治三年，1646）	天津 天津市藝術博物館	
山水圖（曹羲等四人山水合冊4之1幀）	冊頁	灑金箋	設色	約33 × 62		天津 天津市藝術博物館	
仿吳仲圭筆意山水（祁豸佳等山水花鳥冊27之1幀）	冊頁	絹	設色	30 × 23.4		天津 天津市藝術博物館	
山水圖（幀）	冊	紙	水墨	（每幀）17×22		太原 山西省博物館	
山居圖	冊頁	紙	水墨	20.4 × 21.5	壬午（崇禎十五年，1642）春日	合肥 安徽省博物館	
仿宋元人山水（6幀）	冊	紙	設色	（每幀）23.7 × 29.3	庚辰（崇禎十三年，1640）春日	上海 上海博物館	
山水圖（8幀）	冊	紙	水墨	（每幀）26.1 × 18.2	戊子（順治五年，1648）冬日	上海 上海博物館	
仿古山水（8幀）	冊	紙	設色	（每幀）26 × 19	己丑（順治六年，1649）小春	上海 上海博物館	
仿古山水圖（8幀）	冊	紙	設色	（每幀）22 × 30.8	甲戌（崇禎七年，1634）小春	南京 南京博物院	
山水圖（卞文瑜、張宏、邵彌、袁尚統四家山水合冊8之2幀）	冊頁	紙	設色	18.5 × 14.3	庚辰（崇禎十三年，1640）臘月	南京 南京博物院	
為服長作山水圖（明畫中九友山水扇面冊9之1幀）	摺扇面	金箋	設色	16.3 × 51.4	丁卯（天啟七年，1627）長至	南京 南京博物院	

名稱		質地	色彩	尺寸 高x寬cm	創作時間	收藏處所	典藏號碼
山水圖（12幀）	冊	紙	設色	（每幀）27.3 x 19.2		廣州 廣東省博物館	
姑蘇十景圖（10幀）	冊	絹	設色	（每幀）30.5 x 25	戊子（順治五年，1648）	南寧 廣西壯族自治區博物館	
為王煙客作山水（明人書畫扇乙冊之第3幀）	摺扇面	金箋	設色	不詳		日本 東京橋本辰二郎先生	
西湖八景（8幀）	冊	紙	設色	（每幀）22.8 x 15.6	己巳（崇禎二年，1629）清和	美國 普林斯頓大學藝術館（ Edward Elliott 先生寄存）	L233.70
山水圖（山水圖冊之4）	冊頁	紙	水墨	22.3 x 16.1		美國 加州曹仲英先生	
山水圖	摺扇面	金箋	設色	17.4 x 52.5		德國 柏林東亞藝術博物館	1988-185
附：							
秋江圖	卷	紙	設色	不詳	丙戌（順治三年，1646）杪秋	北京 北京市文物商店	
江山勝景圖	卷	絹	設色	20 x 163.8	甲寅（萬曆四十二年，1614）夏日	紐約 佳仕得藝品拍賣公司/拍賣目錄 1987,06,03.	
山水圖	軸	紙	設色	不詳	己卯（崇禎十二年，1639）臘月	北京 北京市文物商店	
山水圖	軸	紙	設色	107 x 43.2	辛巳（崇禎十四年，1641）	北京 北京市工藝品進出口公司	
流水繞門圖	軸	紙	水墨	102.7 x 43.2	庚寅（順治七年，1650）	上海 上海文物商店	
巳聽琴圖	軸	紙	設色	128.2 x 60.3	甲子(天啟四年，1624）臘月一日	紐約 蘇富比藝品拍賣公司/拍賣目錄 1985,06,03.	
蘭石圖（陳元素、卞文瑜合作）	軸	絹	水墨	160 x 59.6	壬戌（天啟二年，1622）仲冬	紐約 蘇富比藝品拍賣公司/拍賣目錄 1986,06,03.	
山水圖	軸	紙	設色	172.5 x 46.4	丙寅（天啟六年，1626）長夏	紐約 佳仕得藝品拍賣公司/拍賣目錄 1986,06,04.	
山水圖	軸	紙	水墨	43.1 x 31.1	乙酉（順治二年，1645）冬日	紐約 佳士得藝品拍賣公司/拍賣目錄 1993,12,01.	
松嶠看雲圖	軸	綾	設色	137.2 x 41.9	庚戌（萬曆三十八年，1610）重陽後二日	紐約 佳士得藝品拍賣公司/拍賣目錄 1996,03,27.	
秋亭晚岫圖	軸	絹	設色	150 x 59.5	丙辰（萬曆四十四	香港 佳士得藝品拍賣公司/拍	

名稱		質地	色彩	尺寸 高x寬cm	創作時間	收藏處所	典藏號碼
					年，1616) 端陽		賣目錄 1996,04,28.
王維桃源行詩意	軸	灑金箋	設色	131.2 x 49.5	乙亥（崇禎八年，1635）小春	香港 蘇富比藝品拍賣公司/拍	賣目錄 1999,10,31.
山水	摺扇面	金箋	水墨	17.4 x 49.5	癸巳（順治十年，1653）秋	紐約 蘇富比藝品拍賣公司/拍	賣目錄 1984,06,13.
山水圖（清丘岳等山水冊10之1幀）	冊頁	紙	設色	22.2 x 15.9	（戊子，順治五年，1648）	紐約 蘇富比藝品拍賣公司/拍	賣目錄 1988,11,30.
攜琴訪友圖	摺扇面	金箋	水墨	17 x 49	癸巳（順治十年，1653）新秋	紐約 佳士得藝品拍賣公司/拍	賣目錄 1989,12,04.
仿古山水圖（8幀）	冊	紙	設色	（每幀）19.8 x 15.5		紐約 佳士得藝品拍賣公司/拍	賣目錄 1990,11,28.
仿古山水圖（12幀）	冊	紙	設色	（每幀）20.5 x 25.5	辛卯（順治八年，1651）秋仲	紐約 佳士得藝品拍賣公司/拍	賣目錄 1990,11,28.
山水圖	冊頁	紙	水墨	不詳	癸丑（萬曆四十一年，1613）春日	紐約 佳士得藝品拍賣公司/拍	賣目錄 1991,05,29.
古樹群鴉（明清諸家書畫冊之一幀）	摺扇面	金箋	水墨	16.5 x 51.5	丙寅（天啟六年，1626）夏月	紐約 佳士得藝品拍賣公司/拍	賣目錄 1993,06,04.
西湖八景（8幀）	冊	絹	設色	（每幀）22.8 15.6	己巳（崇禎二年，1629）清和	紐約 佳士得藝品拍賣公司/拍	賣目錄 1996,03,27.
山水（諸家書畫扇面冊18之1幀）	摺扇面	金箋	水墨	不詳		香港 佳士得藝品拍賣公司/拍	賣目錄 1996,04,28.
南山圖	冊頁	紙	設色	31 x 54	癸亥（天啟三年，1623）夏日	香港 佳士得藝品拍賣公司/拍	賣目錄 1998,09,15.

畫家小傳：卞文瑜。字潤甫。號浮白。江蘇長洲人。生於神宗萬曆四(1576)年。卒於清世為順治十二(1655)年。工畫山水、樹石，嘗從董其昌講求六法，故筆墨近似。（見明畫錄、圖繪寶鑑續纂、江南通志、桐陰論畫、中國畫家人名大辭典）

王思任

山水圖	軸	紙	水墨	129.9 x 56.5		香港 何耀光至樂樓	
山水圖	軸	紙	水墨	不詳		北京 中央工藝美術學院	
藍水玉山圖	軸	綾	水墨	164 x 54	崇禎己巳（二年，1629）	濟南 山東省博物館	
山水圖（洞庭落葉圖）	軸	絹	設色	156.1 x 51.5	崇禎己巳（二年，1629）六月二日	日本 東京靜嘉堂文庫	

名稱		質地	色彩	尺寸 高×寬cm	創作時間	收藏處所	典藏號碼
山水圖		摺扇面 金箋	水墨	16.8 × 52.7		北京 中國歷史博物館	
仿元人山水圖		摺扇面 金箋	設色	不詳	丁卯（天啟七年，1627）	杭州 浙江省博物館	
附：							
雲山圖		軸 紙	設色	112.7 × 498	崇禎甲戌（七年，1634）	上海 上海文物商店	
山居夜讀圖		軸		125 × 31.7	辛未（崇禎四年，1631）秋日	紐約 佳士得藝品拍賣公司/拍賣目錄 1989,12,04.	

畫家小傳：王思任。字季重。號遂東。浙江山陰人。生於神宗萬曆四（1576）年。卒於清世祖順治三（1646）年。萬曆二十三年進士。工書、歌，與董其昌、陳繼儒相伯仲。善畫山水，淡遠空潤，格高韻逸。（見無聲詩史、圖繪寶鑑續纂、山陰志、桐陰論畫、中國畫家人名大辭典）

張爾葆

| 芙蓉石四面圖 | | 卷 綾 | 水墨 | 40.9 × ? | | 日本 京都澤田瞳子女士 | A3043 |

畫家小傳：張爾葆。字葆生。號二酉。江蘇松江（一作浙江山陰）人。畫花卉出於寫生，入能品。復工出水。（見明畫錄、越畫見聞、中國畫家人名大辭典）

周裕度

水仙梅竹（明人祝壽書畫合璧冊之11）		冊頁 紙本	水墨	35.5 × 37		台北 故宮博物院	故畫 03443-11
山水圖（韶九等書畫合裝冊卷之1幀）		冊頁 紙	設色	不詳		北京 故宮博物院	
附：							
山水（清初諸家花卉山水冊10之1幀）		冊頁 金箋	設色	30.5 × 38	辛丑（萬曆二十九年，1601）	紐約 佳士得藝品拍賣公司/拍賣目錄 1994,11,30.	

畫家小傳：周裕度。字公遠。江蘇華亭人。周思兼之孫。善畫花鳥，仿陳淳得其神似。晚年兼寫山水。流傳署款紀年畫作見於神宗萬曆二十九（1601）年。（見明畫錄、圖繪寶鑑續纂、中國畫家人名大辭典）

胡宗信

山水（明謝時臣、錢貢、胡宗信、錢穀山水集卷之第3幅）		卷 紙	設色	24.6 × 58.3		台北 故宮博物院（蘭千山館寄存）	
松雲梵福圖		卷 紙	設色	不詳	萬曆丁未（三十五年，1607）秋八月	北京 中國歷史博物館	
疏林小立圖		軸 紙	設色	161.4 × 40.8	乙巳（萬曆三十三年，1605）	長春 吉林省博物館	

名稱		質地	色彩	尺寸 高×寬㎝	創作時間	收藏處所	典藏號碼
蘭石圖（為義之作）	軸	紙	水墨	69 × 29	辛丑（萬曆二十九年，1601）夏五月	北京 故宮博物院	
秋林書屋圖	軸	紙	設色	55 × 36.5	甲辰（萬曆三十二年，1604）正月廿四日	南京 南京博物院	
山水圖	摺扇面	金箋	設色	15.4 × 46.8	甲辰（萬曆三十二年，1604）五月	北京 故宮博物院	
仿米山水圖	摺扇面	紙	水墨	不詳	乙卯（萬曆四十三年，1615）夏日	北京 故宮博物院	
蘭亭雅集圖	摺扇面	金箋	設色	不詳		寧波 浙江省寧波市天一閣文物保管所	
溪山放棹圖	摺扇面	金箋	水墨	15 × 57.6	丁未（萬曆三十五年，1607）六月	日本 福岡市美術館	

畫家小傳：胡宗信。字可復。江蘇上元人。胡宗仁之弟。善畫山水，筆墨秀潤，肖似迺見。流傳署款紀年作品見於神宗二十九(1601)至四十三(1615)年。（見明畫錄、櫟園讀畫錄、金陵瑣事、中國畫家人名大辭典）

強存仁

名稱		質地	色彩	尺寸 高×寬㎝	創作時間	收藏處所	典藏號碼
蘭石圖	卷	紙	水墨	34.5 × 63.5	辛丑（萬曆二十九年，1601）春三月	北京 故宮博物院	
金陵八景圖（蔣乾、周天球等十一人合繪於 2 摺扇面）	摺扇面	金箋	設色	（每面）17.5 × 53.5		南京 南京市博物館	

畫家小傳：強存仁。字善長。江蘇吳縣人。善畫山水，得黃公望筆意；兼寫蘭，效法周天球。流傳署款紀年作品見於神宗萬曆廿九(1601)年。（見圖繪寶鑑續纂、吳縣志、畫史會要、中國畫家人名大辭典）

蔣 藹

名稱		質地	色彩	尺寸 高×寬㎝	創作時間	收藏處所	典藏號碼
山水圖	卷	紙	設色	27 × 181	丙申（順治十三年，1656）	北京 故宮博物院	
雲山變幻圖	卷	紙	設色	28 × 451.5	己酉（萬曆三十七年，1609）	上海 上海博物館	
巖泉高逸圖（寫祝魯老辭兄壽）	軸	金箋	設色	66.6 × 40.2	甲辰（萬曆三十二年，1604）夏日	台北 華叔和後真賞齋	
長松峻壁圖	軸	金箋	設色	不詳	癸卯（萬曆三十一年，1603）	北京 故宮博物院	
雪江垂釣圖	軸	紙	設色	不詳	己卯（崇禎十二年，1639）	北京 故宮博物院	

名稱		質地	色彩	尺寸 高x寬cm	創作時間	收藏處所	典藏號碼
天香書屋圖	軸	金箋	設色	59.5 x 40	庚戌（萬曆三十八年，1610）	天津 天津市藝術博物館	
巖泉仙侶圖（為德翁作）	軸	絹	設色	196.5 x 100	戊申（萬曆三十六年，1608）春三月	濟南 山東省博物館	
松巖積雪圖	軸	紙	設色	不詳	辛丑（萬曆二十九年，1601）	南京 南京博物院	
仿黃子久山水圖	軸	絹	設色	161.7 x 43		南京 南京博物院	
春溪遊艇圖	軸	絹	設色	不詳	甲辰（萬曆三十二年，1604）	杭州 浙江省博物館	
仙巖春色圖	軸	絹	設色	141 x 45	辛丑（萬曆二十九年，1601）	重慶 重慶市博物館	
峻壁飛泉圖	軸	紙	設色	129.5 x 60	壬戌（天啟二年，1622	廣州 廣州市美術館	
淺絳山水圖（仿董北苑筆）	軸	紙	設色	93.7 x 42.6	甲辰（萬曆三十二年，1604）長夏	日本 兵庫縣黑川古文化研究所	
千山雲湧圖	軸	金箋	設色	34.8 x 39.4		日本 福岡縣石韵道雄先生	
雲松疊翠圖（為祝壽青嶼作）	軸	金籤	水墨	36 x 35.7	丁酉（順治十四年，1657）新秋	日本 中埜又左衛門先生	
溪山深秀圖	冊頁	金箋	設色	28.5 x 20		台北 黃君璧白雲堂	
山水圖（十家書畫扇面冊10之1幀）	摺扇面	金箋	設色	16.2 x 48.6	甲子（天啟四年，1624）清和	北京 首都博物館	
山水圖（清葉有年等山水冊10之1幀）	冊頁	金箋	設色	31 x 35.5		合肥 安徽省博物館	
雪棧圖	摺扇面	金箋	水墨	15.7 x 49	壬辰（順治九年，1652）	南京 南京博物院	
山水圖（清何遠等山水小品冊之1幀）	冊頁	金箋	設色	15.4 x 9.6	己亥（順治十六年，1659）冬月	蘇州 江蘇省蘇州博物館	
仿董北苑暮山行旅圖（明人書畫集冊之第七幀）	冊頁	紙	設色	30 x 21.8		日本 兵庫縣黑川古文化研究所	
山水圖（明清名家祝壽詩畫冊之2）	冊頁	金箋	設色	30.7 x 36.8		日本 私人	
山水圖（綾本山水集冊之2）	冊頁	綾	設色	25.7 x 21.8		美國 普林斯頓大學藝術館	78-24b

附：

山水圖（明季書畫名家集冊畫8之1）	冊頁	金箋	設色	28 x 20	丁丑（崇禎十年，1637）長夏	紐約 佳士得藝品拍賣公司/拍賣目錄1989,06,01.	

名稱		質地	色彩	尺寸 高x寬cm	創作時間	收藏處所	典藏號碼
山水（明清諸家賀斗南翁壽山 水冊8之1幀）	冊頁	金箋	設色	29.8 x 35.8	戊戌（順治十五年 ，1658）夏	紐約 佳士得藝品拍賣公司/拍 賣目錄 1995,03,22.	

畫家小傳：蔣藹。字志和。江蘇華亭人。善畫山水，學沈士充，多用渴筆；亦能規摹唐、宋人，頗能神合。流傳署款紀年作品見於神宗萬曆二十九(1601)年，至清世祖順治十六（1659）年。（見明畫錄、陳眉公集、歷代畫史彙傳、中國畫家人名大辭典）

陸謙貞
附：

鍾馗吹簫圖	軸	紙	設色	不詳	萬曆辛丑（二十九 年，1601）	上海 上海文物商店	

畫家小傳：陸謙貞。畫史無載。流傳署款紀年作品見於神宗萬曆二十九(1601)年。身世待考。

魏居敬

蘭亭修禊圖	卷	紙	設色	24.7 x 138.8	丙午（萬曆三十四 年，1606）	天津 天津市藝術博物館	
亂山古寺圖	軸	絹	設色	124.2 x 39	萬曆甲寅（四十二 年，1614）麥秋	上海 上海博物館	
松不聽泉 舊畫扇面冊之7)	摺扇面	金箋	設色	不詳		台北 故宮博物院	故畫 03526-7
西園雅集圖（明人書畫扇（利 ）冊之13)	摺扇頁	金箋	設色	15.8 x 49.8		台北 故宮博物院	故畫 03566-13
山水圖（明人書畫扇面冊之5）	摺扇面	金箋	設色	15.8 x 49.1		香港 潘祖堯小聽颿樓	CP35e
梨花白頭圖	摺扇面	紙	設色	不詳	丙辰（萬曆四十四 年，1616)	北京 故宮博物院	
竹菊圖	摺扇面	紙	水墨	16.4 x 47.8	辛丑（萬曆二十九 年，1601）	北京 中國歷史博物館	
篙揖安流圖	摺扇面	金箋	設色	不詳	丁未（萬曆三十五 年，1607）	南通 江蘇省南通博物苑	
鄰翁送酒圖	摺扇面	金箋	設色	不詳	戊申（萬曆三十六 年，1608）長至	上海 上海博物館	
山水人物圖	摺扇面	金箋	設色	17.6 x 55	甲寅（萬曆四十二 年，1614）小春	美國 底特律市藝術中心	77.36
西園雅集圖	摺扇面	金箋	設色	16.9 x 51.6		美國 舊金山亞洲藝術館	B79 D19(a)

畫家小傳：魏居敬。籍里、身世不詳。善畫山水。流傳署款紀年作品見於神宗萬曆二十九（1601）至四十四（1616）年。（見耕硯田齋筆記、中國畫家人名大辭典）

名稱		質地	色彩	尺寸 高x寬cm	創作時間	收藏處所	典藏號碼

王戴仕

| 清溪鴛鴦圖 | 摺扇面 金箋 | | 設色 | 16.6 x 52.5 | | 天津 天津市藝術博物館 | |
| 秋花白練 (明人書畫扇甲冊之8) | 摺扇面 金箋 | | 設色 | 不詳 | | 日本 東京橋本展二郎先生 | |

畫家小傳：王戴仕。字浮玉。號鼎卿。江蘇常熟人。王伯臣之子。志尚高雅，隱於丹青。善畫花鳥、山水、人物，有名於時。（見海虞
　　　畫苑略、常熟志、中國畫家人名大辭典）

韓 尼

| 觀泉圖（明人畫幅集冊之7） | 冊頁 | 紙 | 設色 | 34.5 x 60.5 | | 台北 故宮博物院 | 故畫 01298-7 |

畫家小傳：韓尼。畫史無載。生平待考。

毛繼祖

| 山橋雜樹（明人畫幅集冊之2） | 冊頁 | 紙 | 設色 | 34.5 x 60.5 | | 台北 故宮博物院 | 故畫 01298-2 |
| 停舟邀月（明人畫幅集冊之6） | 冊頁 | 紙 | 設色 | 34.5 x 60.5 | | 台北 故宮博物院 | 故畫 01298-6 |

畫家小傳：毛繼祖。畫史無載。生平待考。

蔡世新

王守仁像	軸	紙	設色	106.2 x 33.7		上海 上海博物館	
母雞哺雛圖	軸	紙	水墨	134.8 x 43.9	萬曆辛丑（二十九 年，1601）秋日	日本 西宮武居綾藏先生	
竹禽圖（明蔡世新等雜畫冊4 之1幀）	冊頁	紙	設色	不詳		杭州 浙江省杭州市西泠印社	

畫家小傳：蔡世新。字少壑。江西贛縣（一作虔南）人。工寫貌。亦善畫鉤勒竹，及畫美人。流傳署款紀年作品見於神宗萬曆廿九
　　　（1601）年。（見明畫錄、畫史會要、柴鹿門集、中國畫家人名大辭典）

朱 蔚

蘭石圖	卷	紙	水墨	不詳	天啟六年（丙寅，1626）	北京 故宮博物院	
蘭石圖	卷	紙	水墨	29.3 x 273	癸酉（崇禎六年，1633）	北京 故宮博物院	
墨竹圖	卷	紙	水墨	不詳		上海 上海博物館	
蘭石圖	軸	絹	水墨	不詳	辛未（崇禎四年，1631）	瀋陽 遼寧省博物館	

名稱		質地	色彩	尺寸 高×寬㎝	創作時間	收藏處所	典藏號碼
盆石水仙圖	軸	絹	水墨	50 × 37.2	甲子（天啟四年，1624）秋七月	日本 中埜又左衛門先生	
春澤芝蘭（明人祝壽書畫合璧冊之7）	冊頁	紙	水墨	35.5 × 37		台北 故宮博物院	故畫 03443-7
蘭竹（明人畫扇冊四冊之16）	摺扇面	紙	水墨	不詳		台北 故宮博物院	故畫 03530-16
幽蘭竹石（名人畫扇（甲）冊之3）	摺扇面	紙	水墨	不詳		台北 故宮博物院	故畫 03547-3
蘭石圖	摺扇面	紙	水墨	不詳	戊辰（崇禎元年，1628）	北京 故宮博物院	

附：

蘭竹石圖（為約庵作，明董其昌等書畫冊16之1幀）	冊頁	絹	設色	39 × 33	丙寅（天啟六年，1626）秋日	天津 天津市文物公司	

畫家小傳：朱蔚。字文豹。江蘇華亭人。神宗萬曆二十九（1601）年武進士。善畫蘭，得文徵明風韻。流傳署款紀年作品見於熹宗天啟四（1624)年，至思宗崇禎六（1633）年。(見無聲詩史、圖繪寶鑑續纂、松江志、中國畫家人名大辭典）

（釋）逸 然

觀音菩薩圖（黃檗隱元題贊）	軸	紙	水墨	108.5 × 40.9	辛丑（萬曆二十九年，1661）仲秋望	日本 京都萬福寺	
布袋圖	軸	紙	設色	99.3 × 27.9		日本 長崎縣立美術博物館	AI イ 55
寒山、拾得圖（對幅）	軸	絹	設色	83 × 32.7		日本 長崎縣立美術博物館	AI イ 113
蘆葦達摩圖	軸	紙	水墨	96.4 × 38.3		日本 長崎縣立美術博物館	AI ロ 1

畫家小傳：逸然。僧。法名志融。號逸然。畫史無載。流傳署款紀年作品見於神宗萬曆二十九（1601）年。身世待考。

陳 浩

喬松壽石圖（祝隱元和尚僧誕之作）	軸	絹	設色	193.3 × 94	辛丑（萬曆二十九年，1601）仲冬四日	日本 京都萬福寺	
山水（松蔭坐眺圖）	軸	紙	水墨	123 × 29.8	庚子（萬曆二十八年，1600）秋日	日本 中埜又左衛門先生	

畫家小傳：陳浩。畫史無載。流傳署款紀年作品見於神宗萬曆二十八（1600）、二十九（1601）年。身世待考。

（釋）獨 堪

松石圖（祝隱元和尚六十初度作）	軸	紙	水墨	130.9 × 55.8		日本 京都萬福寺	

畫家小傳：獨堪。僧。字性瑩。為釋隱元同輩。畫史無載。身世待考。

名稱		質地	色彩	尺寸 高×寬㎝	創作時間	收藏處所	典藏號碼

葉 綠

| 白描渡海羅漢圖 | 卷 | 紙 | 水墨 | 不詳 | 萬曆辛丑（二十九年，1601） | 廣州 廣東省博物館 | |

畫家小傳：葉綠。畫史無載。流傳署款紀年作品見於神宗萬曆二十九（1601）年。身世待考。

張 宏

華子岡圖	卷	絹	設色	29.1 x 280.5	天啟乙丑（五年，1625）三月	台北 故宮博物院	故畫 01085
仿沈周山水	卷	絹	設色	27.4 x 233.7	戊子（順治五年，1648）春日	台北 故宮博物院	故畫 01651
設色山水圖	卷	紙	設色	33.6 x ?	己未（萬曆四十七年，1619）夏日	香港 香港大學馮平山博物館	HKU.P.59.68
江山佳境圖	卷	紙	設色	30 x 725	己卯（崇禎十二年，1639）	瀋陽 故宮博物院	
松下閒話圖	卷	紙	設色	25.6 x 112.2	癸酉（崇禎六年，1633）	瀋陽 遼寧省博物館	
補蜀道難圖	卷	紙	設色	32.3 x 107	天啟癸亥（三年，1623）小春四日	北京 故宮博物院	
松溪納爽圖（為毗陵唐氏作）	卷	絹	設色	不詳	丙子（崇禎九年，1636）夏日	北京 故宮博物院	
雜技遊戲圖	卷	紙	水墨	27.5 x 459	戊寅（崇禎十一年，1638）秋杪	北京 故宮博物院	
仿沈周秋山書屋圖	卷	紙	設色	29.3 x 364	丙戌（順治三年，1646）春日	北京 故宮博物院	
仿黃公望富春山居圖	卷	紙	水墨	30.9 x 658.9	己丑（順治六年，1649）秋日	北京 故宮博物院	
溪山晴雪圖	卷	紙	設色	19.8 x 147.3	丙午（康熙五年，1666）中秋日	北京 故宮博物院	
山水圖（陳裸對人仿古山水合卷之1段）	卷	紙	設色	不詳		北京 中國歷史博物館	
蘭亭雅集圖	卷	絹	設色	30 x 408	丙辰（萬曆四十四年，1616）八月望後三日	北京 首都博物館	
花卉圖（沈顥等八人花卉合卷8之1段）	卷	絹	水墨	不詳		北京 故宮博物院	

名稱		質地	色彩	尺寸 高×寬cm	創作時間	收藏處所	典藏號碼
溪山行旅圖	卷	紙	設色	不詳	己卯（崇禎十二年，1639）	上海 上海博物館	
狩獵圖	卷	紙	設色	36.5 × 444.2	庚辰（崇禎十三年，1640）秋日	上海 上海博物館	
天平山、虎丘二景	卷	紙	設色	不詳		南京 南京博物院	
千山遠水圖	卷	紙	設色	25.9 × 206.8	戊子（順治五年，1648）春三月	杭州 浙江省博物館	
西山爽氣圖	卷	紙	設色	31.6 × 381.7	己丑（順治六年，1649）夏	杭州 浙江省博物館	
清泉白石圖	卷	紙	水墨	不詳	己巳（崇禎二年，1629）	成都 四川省博物院	
石公山圖	卷	絹	設色	25.5 × 87.7	丙寅（天啟六年，1626）	重慶 重慶市博物館	
三島圖	卷	紙	設色	不詳		重慶 重慶市博物館	
寒山積雪圖	卷	紙	設色	29.2 × 210	甲子（天啟四年，1624）	廣州 廣東省博物館	
風樹吟秋圖	卷	紙	設色	32.1 × ?	己卯（崇禎十二年，1639）七月望前二日	日本 東京林宗毅先生	
臨戴嵩筆意畫牛圖	卷	紙	設色	27 × ?	崇禎己卯（十二年，1639）夏日	美國 紐約市大都會藝術博物館	67.6.2
摹范寬秋山讀書圖	卷	紙	設色	29.1 × ?		德國 柏林東亞藝術博物館	1988-462
寒山凍靄圖（仿黃鶴山人法）	卷	紙	設色	32.4 × ?	己丑（順治六年，1649）十月	德國 科隆東亞藝術博物館	A66.6
石屑山圖	軸	紙	設色	201.3 × 55.2	癸丑（萬曆四十一年，1613）初夏	台北 故宮博物院	故畫00639
琳宮晴雪	軸	紙	設色	135.4 × 46.1	天啟丙寅（六年，1626）十月	台北 故宮博物院	故畫00640
倣陸治茶花水仙圖	軸	絹	設色	63.8 × 87.2	天啟丙寅（六年，1626）季夏	台北 故宮博物院	故畫00641
棲霞山圖	軸	紙	設色	341.9 × 101.8	甲戌（崇禎七年，1634）冬孟	台北 故宮博物院	故畫00941
布袋羅漢	軸	紙	水墨	60 × 30.3		台北 故宮博物院	故畫01363
清溪泛棹	軸	絹	設色	60 × 32.2		台北 故宮博物院	故畫02321
寒山高逸	軸	紙	設色	184.3 × 59		台北 故宮博物院	故畫02322

名稱		質地	色彩	尺寸 高x寬cm	創作時間	收藏處所	典藏號碼
山水	軸	紙	設色	65.3 x 31.4	己巳（崇禎二年，1629）秋日	台北 故宮博物院	故畫 02323
競渡圖	軸	紙	設色	65.4 x 60.4	戊子（順治五年，1648）午月	台北 故宮博物院	故畫 02324
補衲圖	軸	紙	設色	97.7 x 31.8	戊寅（崇禎十一年，1638）十月	台北 故宮博物院	故畫 02325
應真觀梅圖	軸	紙	設色	118.1 x 56.6	崇禎庚午（三年，1630）冬日	台北 故宮博物院	故畫 02326
百祿圖	軸	紙	設色	170.4 x 77.2	辛巳（崇禎十四年，1641）秋八月	台北 故宮博物院	故畫 02327
綏山桃實	軸	絹	設色	197.5 x 102.1	丁丑（崇禎十年，1637）冬日	台北 故宮博物院	故畫 02328
山水圖	軸	紙	水墨	66.7 x 27.5	壬辰（順治九年，1652）端陽節後	台北 故宮博物院（蘭千山館寄存）	
水亭秋色圖（為憶翁作）	軸	綾	水墨	208 x 51	辛酉（天啟元年，1621）秋日	台北 長流美術館	
歲朝清供圖	軸	絹	設色	63.3 x 51.2		台北 華叔和後真賞齋	
山水圖	軸	紙	設色	104.1 x 61.9		台北 林陳秀蓉女士	146
深山溪隱圖	軸	絹	設色	128.5 x 59.5	丁卯（天啟七年，1627）夏月	香港 香港美術館	FA1991.053
春波牛背圖	軸	紙	設色	100.8 x 42.5	崇禎己□□月（？）	香港 鄭德坤木扉	
溪山秋色圖	軸	紙	設色	130 x 64		香港 劉作籌虛白齋	
水閣共話圖	軸	絹	設色	156.3 x 59.8	天啟甲子（四年，1624）	長春 吉林省博物館	
石屑山圖（為君俞作）	軸	紙	設色	不詳	癸丑（萬曆四十一年，1613）初夏	北京 故宮博物院	
寒山鐘聲圖	軸	紙	設色	126.5 x 41.5	壬戌（天啟二年，1622）	北京 故宮博物院	
山堂夕照圖	軸	絹	設色	141.7 x 57	丁卯（天啟七年，1627）七夕	北京 故宮博物院	
雪里渡江圖	軸	絹	設色	143 x 59.9	崇禎乙亥（八年，1635）	北京 故宮博物院	
延陵掛劍圖	軸	紙	設色	180.8 x 50.4	崇禎乙亥（八年，1635）冬日	北京 故宮博物院	
仿王蒙萬壑松風圖	軸	紙	設色	123.2 x 32.7	崇禎丙子（九年，	北京 故宮博物院	

名稱		質地	色彩	尺寸 高x寬㎝	創作時間	收藏處所	典藏號碼
					1636）		
奉他王愛山諸峰圖	軸	紙	設色	不詳	崇禎戊寅（十一年，1638）夏日	北京 故宮博物院	
擊缶圖	軸	紙	設色	42.8 x 59	己卯（崇禎十二年，1639）秋日	北京 故宮博物院	
坐看雲起圖	軸	紙	水墨	129.3 x 63.2	庚辰（崇禎十三年，1640）四月	北京 故宮博物院	
溪亭秋意圖（為震溪作）	軸	紙	水墨	121.1 x 30	壬午（崇禎十五年，1642）夏月	北京 故宮博物院	
村徑柴門圖	軸	絹	設色	250 x 86.8	癸未（崇禎十六年，1643）	北京 故宮博物院	
雪山蕭寺圖	軸	絹	設色	212.3 x 96.4	甲申（順治元年，1644）冬日	北京 故宮博物院	
歲朝圖	軸	紙	設色	94.3 x 71.5	甲申（順治元年，1644）歲除	北京 故宮博物院	
水圖并書東坡論水	軸	紙	設色	98 x 42	乙酉（順治二年，1645）冬日	北京 故宮博物院	
泰山松色圖	軸	紙	水墨	209.2 x 83	丁亥（順治四年，1647）	北京 故宮博物院	
仿李成松壑清音圖	軸	紙	設色	143 x 58.8	己丑（順治六年，1649）	北京 故宮博物院	
狸奴捕蟬圖	軸	紙	設色	不詳	己丑（順治六年，1649）	北京 故宮博物院	
歲朝圖（陳嘉言、張宏、朱士英合作）	軸	紙	設色	不詳		北京 故宮博物院	
寒林策杖圖	軸	紙	水墨	217.3 x 111.8	丁亥（順治四年，1647）	北京 中國歷史博物館	
漁樂圖	軸	紙	設色	不詳	壬辰（順治九年，1652）	北京 中國歷史博物館	
松聲泉韻圖	軸	紙	設色	不詳	丙寅（天啟六年，1626）	北京 中央美術學院	
牧牛圖	軸	紙	設色	97 x 51		北京 中央美術學院	
秋江待渡圖	軸	紙	設色	不詳	壬辰（順治九年，1652）中秋	北京 中央工藝美術學院	
山棧行旅圖	軸	絹	設色	146.8 x 60.9	崇禎庚辰（十三年	天津 天津市藝術博物館	

名稱		質地	色彩	尺寸 高x寬cm	創作時間	收藏處所	典藏號碼
					，1640）		
雪景山水圖	軸	紙	設色	不詳	辛巳（崇禎十四年，1641）正月	天津 天津市藝術博物館	
潭山古寺圖	軸	紙	設色	84.5 x 32.1		天津 天津市藝術博物館	
秋臺坐話圖	軸	紙	設色	不詳	丙午（康熙五年，1666）	濟南 山東省博物館	
江上歸簑圖	軸	絹	設色	130.6 x 59.2	乙亥（崇禎八年，1635）	青島 山東省青島市博物館	
雪江晚渡圖	軸	紙	設色	不詳	崇禎甲戌（七年，1634）	南通 江蘇省南通博物苑	
泉聲山色圖	軸	絹	設色	112 x 58.9	庚午（崇禎三年，1630）	合肥 安徽省博物館	
蕉蔭對飲圖	軸	紙	設色	112.5 x 46.4	己卯（崇禎十二年，1639）	合肥 安徽省博物館	
秋山讀書圖	軸	絹	設色	不詳	庚申（萬曆四十八年，1620）	上海 上海博物館	
溪流濯足圖	軸	紙	設色	不詳	辛酉（天啟元年，1621）	上海 上海博物館	
松蔭高士圖	軸	紙	設色	132.2 x 49.8	崇禎癸酉（六年，1633）	上海 上海博物館	
舟泊吳門圖	軸	絹	設色	不詳	庚辰（崇禎十三年，1640）	上海 上海博物館	
青綠山水圖	軸	絹	設色	130.3 x 63.1	崇禎壬午（十五年，1642）春日	上海 上海博物館	
山居清話圖（為雪居作）	軸	紙	設色	138.5 x 31.3	甲申（順治元年，1644）夏日	上海 上海博物館	
仿梁楷筆法作南極老人像	軸	紙	設色	不詳	乙酉（順治二年，1645）三月	上海 上海博物館	
吳淞雲山圖（為先揆作）	軸	紙	設色	不詳	乙酉（順治二年，1645）秋	上海 上海博物館	
荷蟹圖	軸	紙	水墨	不詳	丙戌（順治三年，1646）冬日	上海 上海博物館	
放翁詩意圖	軸	紙	設色	不詳	庚寅（順治七年，1650）十一月望後一日	上海 上海博物館	

名稱		質地	色彩	尺寸 高x寬cm	創作時間	收藏處所	典藏號碼
秋水泛舟圖	軸	絹	設色	不詳		上海 上海古籍書店	
金山勝概圖	軸	紙	設色	不詳	崇禎己卯（十二年，1639）	南京 南京博物院	
山塘短棹圖	軸	紙	設色	不詳	丙戌（順治三年，1646）花朝	南京 南京博物院	
溪山秋霽圖（仿石田筆意）	軸	絹	設色	不詳	丙戌（順治三年，1646）十月	南京 南京博物院	
山水圖	軸	絹	設色	不詳	丙辰（萬曆四十四年，1616）	南京 南京市博物館	
海城春靄圖	軸	絹	設色	不詳		鎮江 江蘇省鎮江市博物館	
蜀葵圖（補圖沈周書端陽詞）	軸	紙	水墨	100.5 x 44.1	壬辰（順治九年，1652）	無錫 江蘇省無錫市博物館	
鍾馗圖	軸	紙	設色	不詳	崇禎己卯（十二年，1639）端陽日	常州 江蘇省常州市博物館	
松下聽泉圖	軸	紙	設色	不詳	崇禎丁丑（十年，1637）	蘇州 江蘇省蘇州博物館	
曉山行旅圖	軸	絹	設色	不詳	崇禎己卯（十二年，1639）	蘇州 江蘇省蘇州博物館	
山水圖	軸	絹	設色	不詳	戊□（？）	蘇州 江蘇省蘇州博物館	
松巖高士圖	軸	絹	設色	不詳	丁亥（順治四年，1647）	寧波 浙江省寧波市天一閣文物保管所	
山徑笛聲圖	軸	絹	設色	不詳		成都 四川省博物院	
臨錢穀虎丘看月圖	軸	紙	設色	112 x 32	己巳（崇禎二年，1629）	重慶 重慶市博物館	
寒山欲雪圖	軸	紙	設色	143.7 x 54.4	天啟癸亥（三年，1623）	廣州 廣東省博物館	
秋溪捕魚圖	軸	紙	設色	138.5 x 46.6	丁卯（天啟七年，1627）	廣州 廣東省博物館	
秋塘戲鵝圖	軸	絹	設色	74 x 61	己巳（崇禎二年，1629）	廣州 廣東省博物館	
仿黃公望浮嵐暖翠圖	軸	紙	設色	131 x 53.5	戊子（順治五年，1648）夏月	廣州 廣東省博物館	
仿吳鎮山水圖	軸	紙	水墨	343 x 103	庚午（崇禎三年，1630）	廣州 廣州市美術館	
水閣納涼圖	軸	紙	設色	不詳		廣州 廣州市美術館	

名稱		質地	色彩	尺寸 高x寬cm	創作時間	收藏處所	典藏號碼
淺溪放艇圖	軸	紙	水墨	126.5 x 27.5		廣州 廣州市美術館	
柴門塞山圖	軸	絹	水墨	不詳	戊子（順治五年，1648）	桂林 廣西壯族自治區桂林市博物館	
鍾馗騎驢圖	軸	紙	水墨	31.5 x 44		貴陽 貴州省博物館	
淺絳山水圖	軸	紙	設色	227.3 x 60.6	萬曆甲寅（四十二年，1614）夏日	日本 東京小幡酉吉先生	
山水圖	軸	紙	設色	115.1 x 31.8	壬申（崇禎五年，1632）三月	日本 東京小幡酉吉先生	
寒山清逸圖	軸	紙	設色	181.8 x 57.8	萬曆甲寅（四十二年，1614）夏日	日本 東京小幡醇一先生	
秋香得貴圖	軸	絹	設色	111 x 41.2		日本 福岡縣石道雄先生	53
泰岱喬松圖	軸	綾	設色	202.3 x 64.8	崇禎二年（己巳，1629）花朝	日本 江田勇二先生	
山水圖（溪山漁笛圖）	軸	紙	水墨	98.4 x 49.4	己丑（順治六年，1649）七月	日本 中埜又左衛門先生	
仿董北苑法夏山欲雨圖	軸	金箋	水墨	326.2 x 101.4	天啟丙寅（六年，1626）重陽月	日本 京都建仁寺	
句曲松風圖	軸	紙	設色	不詳	庚寅（順治七年，1650）六月	美國 波士頓美術館	
桐陰高士圖	軸	紙	設色	107 x 46.7	庚辰（崇禎十三年，1640）春日	美國 普林斯頓大學藝術館	68-233
山水圖	軸	紙	設色	176.5 x 57.7		美國 普林斯頓大學藝術館	49-81
秋亭讀易圖	軸	絹	設色	115.3 x 57.5		美國 密歇根大學藝術博物館	1978/2.60
花鳥圖（戲仿錢舜舉法）	軸	紙	設色	91.5 x 42	戊子（順治五年，1648）夏日	美國 辛辛那提市藝術館	1948.85
山水小景圖	軸	絹	設色	23.5 x 18.7		美國 勃克萊加州大學藝術館	1980.42.1
雪景山水圖	軸	紙	設色	160 x 40.9		美國 勃克萊加州大學藝術館（高居翰教授寄存）	
詩意山水圖	軸	紙	設色	92.1 x 31	壬辰（順治九年，1652）三月	瑞典 斯德哥爾摩遠東古物館	ÖK3/63
仿黃鶴山樵夏日山居圖（似似呂詞兄）	軸	紙	設色	不詳	己丑（順治六年，1649）九月	瑞典 孔達先生原藏？	
靈巖霽雪圖	軸	紙	設色	128.9 x 44.7	癸未（崇禎十六年，1643）立冬日	瑞士 蘇黎士黎得堡博物館	RCH.1143

名稱		質地	色彩	尺寸 高x寬cm	創作時間	收藏處所	典藏號碼
盤螭春霽（明人蘇台古蹟冊之1）	冊頁	絹	設色	31.3 x 25.1		台北 故宮博物院	故畫 01272-1
林屋洞（張宏包山十景冊之1）	冊頁	紙	設色	30.2 x 31.8		台北 故宮博物院	故畫 03178-1
消夏灣（張宏包山十景冊之2）	冊頁	紙	設色	30.2 x 31.8		台北 故宮博物院	故畫 03178-2
柳毅井（張宏包山十景冊之3）	冊頁	紙	設色	30.2 x 31.8		台北 故宮博物院	故畫 03178-3
翠峰寺（張宏包山十景冊之4）	冊頁	紙	設色	30.2 x 31.8		台北 故宮博物院	故畫 03178-4
子胥祠（張宏包山十景冊之5）	冊頁	紙	設色	30.2 x 31.8		台北 故宮博物院	故畫 03178-5
對山亭（張宏包山十景冊之6）	冊頁	紙	設色	30.2 x 31.8		台北 故宮博物院	故畫 03178-6
甪里（張宏包山十景冊之7）	冊頁	紙	設色	30.2 x 31.8		台北 故宮博物院	故畫 03178-7
石公（張宏包山十景冊之8）	冊頁	紙	設色	30.2 x 31.8		台北 故宮博物院	故畫 03178-8
五湖煙月（張宏包山十景冊之9）	冊頁	紙	設色	30.2 x 31.8		台北 故宮博物院	故畫 03178-9
湖橋罟市（張宏包山十景冊之10）	冊頁	紙	設色	30.2 x 31.8		台北 故宮博物院	故畫 03178-10
風雨歸帆（藝苑臚珍冊之15）	冊頁	絹	設色	24 x 24.6		台北 故宮博物院	故畫 3492-15
畫秋江行旅（披薰集古冊之6）	冊頁	紙	設色	17.2 x 54		台北 故宮博物院	故畫 03499-6
仿王蒙筆意山水（明人畫扇面（乙）冊之7）	摺扇面	紙	設色	不詳		台北 故宮博物院	故畫 03532-7
桃閣幽談（名人畫扇 丁）冊之5）	摺扇面	紙	設色	不詳		台北 故宮博物院	故畫 03549-5
桃花源（名人畫扇貳冊（上）冊之15）	摺扇面	紙	設色	不詳		台北 故宮博物院	故畫 03556-15
深山行旅圖	摺扇面	紙	設色	不詳		台北 故宮博物院	故扇 00199
秋林圖	摺扇面	紙	設色	不詳		台北 故宮博物院	故扇 00200
雲山圖	摺扇面	紙	水墨	不詳		台北 故宮博物院	故扇 00283
柳汀蓮渚圖	摺扇面	紙	設色	不詳		台北 故宮博物院	故扇 00284
愛坐楓林晚（明末二十名家書畫畫冊之8）	冊頁	綾	設色	23.2 x 17.6	癸未（崇禎十六年，1643）冬日	台北 故宮博物院（蘭千山館寄存）	
山水圖（山水圖冊之7）	冊頁	絹	設色	25.2 x 19.8	癸未（崇禎十六年，1643）立秋日	台北 華叔和後真賞齋	
山水圖（似存恂先生）	摺扇面	金箋	設色	17.8 x 55.2	乙丑（天啟五年，1625）立秋日	台北 張建安先生	
山水圖	摺扇面	金箋	設色	19.3 x 56.5		台北 王靄雲先生	
史記君臣故事（28幀）	冊	絹	設色	（每幀）31 x 24.7	丁卯（天啟七年，1627）	旅順 遼寧省旅順博物館	

名稱		質地	色彩	尺寸 高x寬cm	創作時間	收藏處所	典藏號碼
山水圖（8幀，為公餘作）	冊	紙	水墨	不詳	萬曆辛丑（二十九年，1601）	北京 故宮博物院	
梅花書屋圖	摺扇面	紙	設色	不詳	壬戌（天啟二年，1622）夏日	北京 故宮博物院	
洞庭八景圖（8幀）	冊	絹	設色	不詳	天啟丙寅（六年，1626）夏月	北京 故宮博物院	
雨遊天池圖	摺扇面	紙	水墨	不詳	丙寅（天啟六年，1626）	北京 故宮博物院	
山水圖（李流芳等名賢合璧冊10之1幀）	冊頁	灑金箋	設色	26.6 x 58.1	戊辰（崇禎元年，1628）夏日	北京 故宮博物院	
牧牛圖	摺扇面	紙	設色	不詳	戊辰（崇禎元年，1628）夏日	北京 故宮博物院	
杏林獨步圖	摺扇面	紙	設色	不詳	庚午（崇禎三年，1630）	北京 故宮博物院	
為陳繼儒作仿古山水（10幀）	冊	絹	設色	不詳	崇禎丙子（九年，1636）冬日	北京 故宮博物院	
山水圖（10幀）	冊	絹	設色	（每幀）30.5 x 21.5	丁丑（崇禎十年，1637）	北京 故宮博物院	
蘇臺十二景圖（12幀）	冊	絹	設色	（每幀）30.5 x 24	戊寅（崇禎十一年，1638）秋日	北京 故宮博物院	
山水圖（10幀）	冊	絹	設色	不詳	庚辰（崇禎十三年，1640）	北京 故宮博物院	
闖關舟阻圖	摺扇面	紙	設色	不詳	丁亥（順治四年，1647）中秋	北京 故宮博物院	
畫牛（12幀）	冊	紙	設色	不詳	戊子（順治五年，1648）冬至己丑（六年，1649）正月	北京 故宮博物院	
山水圖	摺扇面	紙	水墨	不詳		北京 故宮博物院	
山水圖	摺扇面	金箋	設色	不詳	乙卯（萬曆四十三年，1615）	北京 中國歷史博物館	
山水圖	摺扇面	金箋	設色	不詳	戊子（順治五年，1648）	北京 中國歷史博物館	
人物故事圖（16幀）	冊	紙	設色	不詳		北京 中國歷史博物館	
山水圖（十家書畫扇面冊10之1幀）	摺扇面	金箋	設色	16.2 x 48.6		北京 首都博物館	

名稱		質地	色彩	尺寸 高×寬㎝	創作時間	收藏處所	典藏號碼
山水圖（10幀）	冊　絹		設色	（每幀）32 × 22.8	丁丑（崇禎十年，1637）	天津 天津市藝術博物館	
青門種瓜圖	摺扇面 紙		設色	不詳	己丑（順治六年，1649）六月一日	天津 天津市藝術博物館	
人物圖	摺扇面 紙		設色	不詳	壬辰（順治九年，1652）	天津 天津市藝術博物館	
秋江放棹圖	摺扇面 金箋		設色	不詳	辛未（崇禎四年，1631）冬日	合肥 安徽省博物館	
山村幽徑圖	摺扇面 金箋		設色	不詳	壬申（崇禎五年，1632）秋日	合肥 安徽省博物館	
仿趙松雪青綠山水圖	冊頁　紙		設色	30.4 × 19.2		合肥 安徽省博物館	
梅花圖	摺扇面 金箋		水墨	不詳	丁卯（天啟七年，1627）	上海 上海博物館	
秋林歸騎圖	摺扇面 金箋		設色	不詳	己巳（崇禎二年，1629）	上海 上海博物館	
仿大癡山水圖	摺扇面 金箋		設色	不詳	庚午（崇禎三年，1630）	上海 上海博物館	
萬山喬木圖	摺扇面 金箋		設色	不詳	辛未（崇禎四年，1631）	上海 上海博物館	
秋樹山村圖	摺扇面 金箋		設色	不詳	壬申（崇禎五年，1632）	上海 上海博物館	
青綠山水圖	摺扇面 金箋		設色	不詳	壬申（崇禎五年，1632）	上海 上海博物館	
山寺停舟圖	摺扇面 金箋		設色	不詳	壬申（崇禎五年，1632）	上海 上海博物館	
松閣聽泉圖	摺扇面 金箋		設色	不詳	壬申（崇禎五年，1632）	上海 上海博物館	
遠浦歸帆圖	摺扇面 金箋		設色	不詳	甲戌（崇禎七年，1634）	上海 上海博物館	
雜畫（10幀）	冊　紙		設色	不詳	崇禎乙亥（八年，1635）夏月	上海 上海博物館	
虎橋月夜圖	摺扇面 金箋		設色	不詳	庚辰（崇禎十三年，1640）	上海 上海博物館	
柳溪捕魚圖	摺扇面 金箋		水墨	不詳	辛卯（順治八年，1651）	上海 上海博物館	

名稱		質地	色彩	尺寸 高×寬㎝	創作時間	收藏處所	典藏號碼
春耕圖		摺扇面 金箋	設色	不詳	壬辰（順治九年，1652）	上海 上海博物館	
蘇臺勝景圖（七家蘇臺勝覽圖冊 10 之 1 幀）		冊頁　紙	設色、水墨	30.8 × 28.6	崇禎丁丑（十年，1637）	上海 上海博物館	
觀潮圖		摺扇面 紙	設色	不詳	丙寅（天啟六年，1626）	南京 南京博物院	
牧牛圖		摺扇面 金箋	設色	18.1 × 55.6	戊辰（崇禎元年，1628）	南京 南京博物院	
雪景山水圖		摺扇面 紙	設色	不詳	崇禎己巳（二年，1629）	南京 南京博物院	
山靜日長圖（10 幀）		冊　絹	設色	（每幀）30.7 × 17.8	崇禎丙子（九年，1636）九月	南京 南京博物院	
梅雀圖		摺扇面 紙	設色	不詳		南京 南京博物院	
山水圖（卞文瑜、張宏、邵彌、袁尚統四家山水 8 幀合冊）		冊頁　紙	設色	不詳	庚辰（崇禎十三年，1640）臘月	南京 南京博物院	
山水圖（8 幀）		冊　絹	設色	不詳	庚午（崇禎三年，1630）	南京 南京市博物館	
山水圖（王問、張宏山水合冊 12 之 6 幀）		冊頁　絹	設色	不詳		無錫 江蘇省無錫市博物館	
為石麟作山水圖		摺扇面 金箋	設色	不詳	庚辰（崇禎十三年，1640）	蘇州 江蘇省蘇州博物館	
海日初升圖（蘇州太守寇慎去任圖冊 10 之 1 幀）		冊頁　紙	設色	32.7 × 64.5		蘇州 江蘇省蘇州博物館	
三友圖（邵彌、張宏、傅汝清合作）		摺扇面 金箋	設色	不詳	丙子（崇禎九年，1636）	杭州 浙江省博物館	
春社圖		摺扇面 紙	設色	不詳	己丑（順治六年，1649）	杭州 浙江省博物館	
山邨叢樹圖		摺扇面 金箋	設色	不詳	丙子（崇禎九年，1636）	寧波 浙江省寧波市天一閣文物保管所	
仿陸治山水圖		摺扇面 金箋	設色	18 × 54	乙亥（崇禎八年，1635）	武漢 湖北省博物館	
崇山水閣圖		摺扇面 金箋	設色	不詳	崇禎己巳（二年，1629）	成都 四川省博物院	
山水圖		摺扇面 金箋	設色	不詳	崇禎戊寅（十一年	成都 四川省博物院	

名稱		質地	色彩	尺寸 高x寬cm	創作時間	收藏處所	典藏號碼
					，1638）		
漁樵問道圖	摺扇面 金箋		設色	不詳	癸未（崇禎十六年，1643）	成都 四川省博物院	
漁父圖	摺扇面 金箋		設色	不詳		成都 四川省博物院	
江上行舟圖	摺扇面 金箋		水墨	不詳	丁亥（順治四年，1647）	重慶 重慶市博物館	
仿宋元山水圖（8幀）	冊	紙	設色	（每幀）25.5 x 18	壬申（崇禎五年，1632）	廣州 廣東省博物館	
三兔圖	摺扇面 金箋		水墨	不詳	戊寅（崇禎十一年，1638）	佛山 廣東省佛山市博物館	
設色山水圖（明人書畫扇甲冊之5）	摺扇面 金箋		設色	不詳		日本 東京橋本辰二郎先生	
梛陰耕作圖（明名家書畫扇集冊之4）	摺扇面 紙		設色	不詳		日本 東京田邊碧堂先生	
大方觀圖	冊頁 不詳		不詳	不詳	己卯（崇禎十二年，1639）秋日	日本 京都守屋正先生	
山水圖（6幀）	冊	紙	設色	（每幀）29.6 x 24		日本 京都泉屋博古館	85
松蔭遠眺圖	摺扇面 金箋		設色	16.5 x 52.5	乙亥（崇禎八年，1635）三月	日本 橫濱岡山美術館	
越中真景圖（8幀）	冊	絹	設色	（每幀）30.3 x 18.6		日本 奈良大和文華館	1125
山水圖	摺扇面 金箋		設色	不詳	己巳（崇禎二年，1629）冬日	日本 大阪齋藤悅藏氏先生	
山水圖（登山訪道）	摺扇面 紙		設色	15.7 x 48.4	辛卯（順治八年，1651）夏日	日本 私人	
山水圖（吳門張宏先生畫帖，10幀）	冊	紙	設色	不詳	乙卯（萬曆四十三年，1615）秋日	韓國 首爾國立中央博物館	
山水圖	摺扇面 紙		設色	17.4 x 57.1	丁卯（天啟七年，1627）冬月	美國 哈佛大學福格藝術館	1984.1
山水圖（10幀）	冊	紙	設色	（每幀）30.1 x 30.5	乙丑（天啟五年，1625）季春	美國 普林斯頓大學藝術館（Edward Elliott 先生寄存	L241.70
山水人物圖	摺扇面 金箋		設色	不詳	乙卯（萬曆四十三年，1615）清和	美國 克利夫蘭市何惠鑑先生	

名稱		質地	色彩	尺寸 高x寬cm	創作時間	收藏處所	典藏號碼
山水圖（明清書畫合綴帖之22）	摺扇面	金箋	設色	15.6 x 49.5	丙寅（天啟六年，1626）重陽	美國 聖路易斯市吳納孫教授	
山水圖	摺扇面	金箋	水墨	17.6 x 53.3		美國 印地安那波里斯市藝博館（私人寄存）	
止園圖（8幀）	冊	紙	設色	（每幀）32.4 x 34.3		美國 勃克萊加州大學藝術館	CM111
倣王叔明（張宏仿宋元人山水冊之1）	冊頁	絹	設色	31.8 x 29.1	崇禎丙子（九年，1636）夏	美國 勃克萊加州大學藝術館（高居翰教授寄存）	CM16
仿吳仲珪（張宏仿宋元人山水冊之2）	冊頁	絹	設色	31.8 x 29.1		美國 勃克萊加州大學藝術館（高居翰教授寄存）	CM16
仿曹雲西（張宏仿宋元人山水冊之3）	冊頁	絹	設色	31.8 x 29.1		美國 勃克萊加州大學藝術館（高居翰教授寄存）	CM16
仿黃大痴（張宏仿宋元人山水冊之4）	冊頁	絹	設色	31.8 x 29.1		美國 勃克萊加州大學藝術館（高居翰教授寄存）	CM16
仿董北苑（張宏仿宋元人山水冊之5）	冊頁	絹	設色	31.8 x 29.1		美國 勃克萊加州大學藝術館（高居翰教授寄存）	CM16
仿范寬（張宏仿宋元人山水冊之6）	冊頁	絹	設色	31.8 x 29.1		美國 勃克萊加州大學藝術館（高居翰教授寄存）	CM16
仿郭熙（張宏仿宋元人山水冊之7）	冊頁	絹	設色	31.8 x 29.1		美國 勃克萊加州大學藝術館（高居翰教授寄存）	CM16
仿李成（張宏仿宋元人山水冊之8）	冊頁	絹	設色	31.8 x 29.1		美國 勃克萊加州大學藝術館（高居翰教授寄存）	CM16
仿米南宮（張宏仿宋元人山水冊之9）	冊頁	絹	設色	31.8 x 29.1		美國 勃克萊加州大學藝術館（高居翰教授寄存）	CM16
仿夏珪（張宏仿宋元人山水冊之10）	冊頁	絹	設色	31.8 x 29.1		美國 勃克萊加州大學藝術館（高居翰教授寄存）	CM16
仿倪雲林（張宏仿宋元人山水冊之11）	冊頁	絹	設色	31.8 x 29.1		美國 勃克萊加州大學藝術館（高居翰教授寄存）	CM16
人物圖（12幀）	冊	絹	設色	（每幀）28.3 x 20	己丑（順治六年，1649）夏日	美國 勃克萊加州大學藝術館（Sch-lenker先生寄存）	
五老秋風圖（山水畫冊之6）	冊頁	紙	水墨	22.3 x 16.1		美國 加州曹仲英先生	
山水圖（？幀）	冊	紙	設色	（每幀）32.4 x 34.6		美國 洛杉磯郡藝術館	
月下泛舟圖	摺扇面	金箋	設色	17 x 51.3		美國 鳳凰市美術館(Mr.Roy And Marilyn Papp寄存)	

名稱		質地	色彩	尺寸 高×寬cm	創作時間	收藏處所	典藏號碼
山水圖	冊頁 絹		設色	不詳	庚午（崇禎三年，1630）十一月	美國 孔達先生原藏？	
人物圖	摺扇面 金箋		設色	16.1 × 49		德國 柏林東亞藝術博物館	1988-353
仿王蒙山水圖	摺扇面 金箋		設色	17.7 × 53.4		德國 柏林東亞藝術博物館	1988-355
山水圖	摺扇面 金箋		水墨	14.8 × 47.7		德國 柏林東亞藝術博物館	1988-355
山水圖	摺扇面 金箋		設色	18.1 × 54.1		德國 柏林東亞藝術博物館	1988-356
山水圖	摺扇面 金箋		設色	17.4 × 54.7		德國 柏林東亞藝術博物館	1988-357
仿吳鎮竹石圖	摺扇面 金箋		水墨	16.8 × 52.9		德國 柏林東亞藝術博物館	1988-538
山水圖	摺扇面 金箋		設色	18 × 55.5		德國 柏林東亞藝術博物館	1988-359
山水圖	摺扇面 金箋		設色	18 × 57		德國 柏林東亞藝術博物館	1988-360
山水圖	摺扇面 金箋		設色	16.8 × 50.6		德國 柏林東亞藝術博物館	1988-361
山水圖	摺扇面 金箋		設色	17.3 × 51.7		德國 柏林東亞藝術博物館	1988-362
春江深翠圖	摺扇面 金箋		設色	16.6 × 53.3		德國 柏林東亞藝術博物館	1988-363
山水圖	摺扇面 金箋		水墨	15.9 × 50.7		德國 柏林東亞藝術博物館	1988-364
仿王蒙山水圖	摺扇面 金箋		水墨	17 × 53.8		德國 柏林東亞藝術博物館	1988-365
止園圖（8幀）	冊 紙		設色	（每幀）32.4 × 34.4		德國 柏林東亞藝術博物館	1988-463
竹石雙鶵圖	摺扇面 金箋		設色	16.3 × 51.6	丁丑（崇禎十年，1637）秋日	瑞士 蘇黎士黎得堡博物館	RCH.1232
山水圖	摺扇面 金箋		設色	15.7 × 51.5		瑞士 蘇黎士黎得堡博物館 Holli-ger Hasler 女士寄存）	

附：

名稱		質地	色彩	尺寸 高×寬cm	創作時間	收藏處所	典藏號碼
仿李唐山水圖	卷 紙		設色	32.3 × 202	辛巳（崇禎十四年，1641）二月	紐約 蘇富比藝品拍賣公司/拍賣目錄 1984,06,13.	
桃源勝境圖	卷 紙		設色	24 × 188.5	戊寅（崇禎十一年，1638）春	紐約 佳士得藝品拍賣公司/拍賣目錄 1984,06,29.	
蕉蔭揮翰圖	軸 紙		設色	124 × 48.5	庚辰（崇禎十三年，1640）	濟南 山東省濟南市文物商店	
靈椿紫芝圖	卷 絹		設色	100.3 × 43.2	崇禎丁丑（十年，1637）端月	紐約 蘇富比藝品拍賣公司/拍賣目錄 1987,12,08.	
松蔭急湍圖	軸 紙		設色	120 × 63.5	辛巳（崇禎十四年，1641）	濟南 山東省濟南市文物商店	
探梅圖	橫幅 紙		設色	不詳	癸酉（崇禎六年，1633）	上海 朵雲軒	

名稱		質地	色彩	尺寸 高×寬㎝	創作時間	收藏處所	典藏號碼
赤壁夜遊圖	軸	絹	設色	93.9 × 32.5	崇禎壬午（十五年，1642）	上海 上海文物商店	
歸來圖	軸	紙	設色	不詳	丙戌（順治三年，1646）	上海 上海文物商店	
仿北苑山水圖（冊頁裝）	軸	絹	水墨	29.5 × 24.3		上海 上海文物商店	
山溪濯足圖	軸	紙	設色	121.3 × 44.5	戊子（順治五年，1648）夏，時年七十有二	紐約 蘇富比藝品拍賣公司/拍賣目錄 1982,11,19.	
仿李成秋谿漁艇圖	軸	絹	設色	108 × 44.2	丙子（崇禎九年，1636）春仲	紐約 蘇富比藝品拍賣公司/拍賣目錄 1984,10,12、13.	
人物山水圖	軸	紙	設色	130.8 × 32.4	甲戌（崇禎七年，1634）三月	紐約 蘇富比藝品拍賣公司/拍賣目錄 1986,06,03.	
寰宇先生像	軸	絹	設色	112.4 × 74		紐約 佳士得藝品拍賣公司/拍賣目錄 1989,06,01.	
滿城風雨近重陽	軸	紙	設色	不詳	己未（萬曆四十七年，1619）夏日	紐約 佳士得藝品拍賣公司/拍賣目錄 1990,05,31.	
賞雪圖	軸	絹	設色	165.5 × 48	丁亥（順治四年，1647）臘月廿又八日	紐約 佳士得藝品拍賣公司/拍賣目錄 1990,05,31.	
深山溪隱圖	軸	絹	設色	128.5 × 59.5	丁卯（天啟七年，1627）夏月	香港 佳士得藝品拍賣公司/拍賣目錄 1991,03,18.	
關山看雁圖	軸	紙	設色	134.2 × 62.3	崇禎丁丑（十年，1637）秋日	紐約 佳士得藝品拍賣公司/拍賣目錄 1992,12,02.	
竹裡泉聲圖	軸	紙	設色	237.5 × 98		紐約 佳士得藝品拍賣公司/拍賣目錄 1993,12,01.	
歸騎圖	軸	紙	設色	160.8 × 42.7	丙戌（順治三年，1646）秋日	紐約 佳士得藝品拍賣公司/拍賣目錄 1995,03,22.	
吳中勝景圖（10幀）	冊	紙	設色	不詳	壬申（崇禎五年，1632）冬日	北京 北京市文物商店	
牧牛圖（10幀，為子佑作）	冊	紙	水墨	不詳	丙戌（順治三年，1646）十二月	北京 北京市文物商店	
山水圖（12幀）	冊	絹	設色	（每幀）30×21	戊辰（崇禎元年，1628	天津 天津市文物公司	
幽溪新綠圖	摺扇面	金箋	水墨	不詳	壬申（崇禎五年，1632）	武漢 湖北省武漢市文物商店	

名稱		質地	色彩	尺寸 高×寬㎝	創作時間	收藏處所	典藏號碼
江帆島嶼圖	摺扇面	金箋	設色	16.2 x 49.2	辛巳（崇禎十四年，1641）夏月	紐約 蘇富比藝品拍賣公司/拍賣目錄 1981,11,05.	
山水圖（10幀）	冊	絹	設色、水墨	（每幀）30.5 x 31.42	己丑（順治六年，1649）花朝	紐約 蘇富比藝品拍賣公司/拍賣目錄 1983,12,07.	
洞庭風浪圖	摺扇面	灑金箋	水墨	16 x 51.1	庚午（崇禎三年，1630）十一月	紐約 佳仕得藝品拍賣公司/拍賣目錄 1986,12,01.	
山水圖（清丘岳等山水冊10之1幀）	冊頁	紙	設色	22.2 x 15.9	（戊子，順治五年，1648）	紐約 蘇富比藝品拍賣公司/拍賣目錄 1988,11,30.	
仿宋元諸家山水（12幀）	冊	紙	設色	（每幀）16.5 x 13.5	壬申（崇禎五年，1632）夏	紐約 佳士得藝品拍賣公司/拍賣目錄 1991,05,29.	
調爭圖	摺扇面	金箋	設色	17 x 52	庚辰（崇禎十三年，1640）夏日	紐約 佳士得藝品拍賣公司/拍賣目錄 1993,06,04.	
秦淮光霽	摺扇面	灑金箋	設色	17 x 53	乙丑（天啟五年，1625）夏月	紐約 佳士得藝品拍賣公司/拍賣目錄 1993,06,04.	
山水（明人山水冊10之1幀）	冊頁	絹	設色	25.5 x 19.8	癸未（崇禎十六年，1643）立秋日	紐約 佳士得藝品拍賣公司/拍賣目錄 1994,11,30.	
山水	摺扇面	金箋	設色	16 x 51.2	辛卯（順治八年，1651）小春	紐約 佳士得藝品拍賣公司/拍賣目錄 1995,03,22.	

畫家小傳：張宏。字君度。號鶴澗。江蘇吳郡人。生於神宗萬曆五(1577)年。清聖祖康熙五(1666)年尚在世。工畫山水，師法沈周，筆意古拙，墨法濕潤；人物寫意，天然入格。（見明畫錄、無聲詩史、圖繪寶鑑續纂、國朝畫徵錄、桐陰論畫、中國畫家人名大辭典）

顧慶恩

南州書院圖	卷	絹	設色	35.3 x 184	戊午（萬曆四十六年，1618）夏日	北京 故宮博物院	
九曲仙源圖	卷	絹	設色	不詳	乙丑（天啟五年，1625）春日	北京 故宮博物院	
山水圖	軸	金箋	設色	不詳	甲寅（萬曆四十二年1614）	天津 天津市藝術博物館	
青羊宮小景圖	摺扇面	金箋	設色	17.8 x 54.3	乙丑（天啟五年，1625）秋日	北京 故宮博物院	
孤山十景圖（10幀）	冊	絹	設色	不詳	丙寅（天啟六年，1626）菊月	北京 故宮博物院	
山帷對話圖	摺扇面	金箋	水墨	不詳	壬寅（萬曆三十年，1602)季冬	南京 江蘇省美術館	

畫家小傳：顧慶恩。字世卿。號淪堂。江蘇吳江人。善畫山水，宗法倪瓚、黃公望。流傳署款紀年作品見於神宗萬曆三十(1602)年，

名稱		質地	色彩	尺寸 高x寬cm	創作時間	收藏處所	典藏號碼

至熹宗天啟六（1626）年。（見明畫錄、明史顧正誼傳、畫髓元詮、松陵文獻、中國畫家人名大辭典）

姚 貞

| 山水圖 | | 摺扇面 紙 | 水墨 | 不詳 | 萬曆壬寅（三十年，1602）夏日 | 北京 故宮博物院 | |
| 秋江待波圖（扇面圖冊之6） | | 摺扇面 金箋 | 設色 | 18.2 × 54 | | 美國 聖地牙哥藝術博物館 | 68.73f |

畫家小傳：姚貞。隆慶、萬曆間人。籍里、身世不詳。工畫山水。流傳署款紀年作品見於世宗萬曆三十（1602）年。（見珊瑚網、中國畫家人名大辭典）

馬雲程

| 設色山水（明人書畫扇丁冊之第4幀） | | 摺扇面 金箋 | 設色 | 不詳 | | 日本 東京橋本辰二郎先生 | |

畫家小傳：馬雲程。畫史無載。生平待考。

吳伯玉

| 捕魚圖 | | 卷 紙 | 設色 | 28 × 352.7 | 萬曆壬寅（三十年，1602）仲夏望日 | 上海 上海博物館 | |
| 天目山圖 | | 軸 紙 | 設色 | 不詳 | 萬曆丁未（三十五年，1607） | 寧波 浙江省寧波市天一閣文物保管所 | |

畫家小傳：吳伯玉。畫史無載。流傳署款紀年作品見於神宗萬曆三十（1602）至三十五（1607）年，身世待考。

張 鵬

滿園秋光圖		軸 絹	設色	151 × 80		武漢 湖北省博物館	
醉歸圖		軸 紙	設色	120 × 60		廣州 廣東省博物館	
山水圖（3幅）		軸 絹	設色	（每幅）137.3 × 76.7		日本 京都柳重之先生	A3011

附：

| 雨景山水圖 | | 冊頁 絹 | 水墨 | 21 × 20 | | 武漢 湖北省武漢市文物商店 | |

畫家小傳：張鵬。字應秋。號雲程。福建甌寧人。書徵四體之妙。畫擅百家之長，善作山水、花草、翎毛等。（見圖繪寶鑑續纂、中國畫家人名大辭典）

孔福禧

附：

| 秋江獨釣圖 | | 軸 絹 | 設色 | 55.2 × 24.8 | 萬曆辛丑（二十九年，1601） | 紐約 佳士得藝品拍賣公司/拍賣目錄1995,03,22. | |

名稱		質地	色彩	尺寸 高×寬㎝	創作時間	收藏處所	典藏號碼

畫家小傳：孔福禧。山東曲阜人。孔子後裔。工畫山水。流傳署款紀年作品見於明神宗萬曆二十九（1601）年。（見無聲詩史、圖繪寶鑑續纂、中國畫家人名大辭典）

沈士充

名稱		質地	色彩	尺寸 高×寬㎝	創作時間	收藏處所	典藏號碼
雪景山水	卷	紙	設色	29.3 × 107.6	己巳（崇禎二年，1629）閏月	台北 故宮博物院	故畫01075
為偶萍禪師作山水（雲間十一家山水卷之第1）	卷	紙	設色	20.7 × 139.9	乙丑（天啟五年，1625）重陽前	台北 故宮博物院	故畫01109-1
溪山小卷	卷	紙	設色	22.7 × 760	辛未（崇禎四年，1631）春日	香港 王南屏先生	
仿黃子久天池石壁圖	卷	絹	設色	27.7 × 253	癸酉（崇禎六年，1633）	旅順 遼寧省旅順博物館	
桃源圖	卷	絹	設色	29.5 × 805.2	庚戌（萬曆三十八年，1610）小春	北京 故宮博物院	
仿宋元十四家山水圖	卷	絹	設色	30.4 × 756	庚戌（萬曆三十八年，1610）仲冬	北京 故宮博物院	
山水圖	卷	紙	設色	不詳	戊辰（崇禎元年，1628）長夏	北京 故宮博物院	
江山放棹圖	卷	絹	設色	20.3 × 221	庚午（崇禎三年，1630）秋日	青島 山東省青島市博物館	
松林草堂圖	卷	紙	設色	26.2 × 312.3	丙寅（天啟六年，1226年）春日	上海 上海博物館	
長江萬里圖	卷	紙	設色	28.2×1011.6	戊辰（崇禎元年，1628年）長夏	上海 上海博物館	
山水圖	卷	紙	設色	不詳	庚午（崇禎三年，1630）小春二日	上海 上海博物館	
萬壑千嵐圖	卷	紙	設色	23.1 × 258.1	崇禎庚午（三年，1630）夏日	上海 上海博物館	
溪山圖	卷	紙	設色	不詳	辛未（崇禎四年，1631）春日	上海 上海博物館	
雲深仙嶠圖	卷	紙	設色	46.4 × 152.5		杭州 浙江省杭州西泠印社	
雲山煙水圖	卷	絹	設色	27.5 × 527	丙辰（萬曆四十四年，1616）長夏	福州 福建省博物館	
山水圖	卷	紙	不詳	不詳	己未（萬曆四十七年，1619）菊月	福州 積翠園藝術館	

名稱		質地	色彩	尺寸 高x寬cm	創作時間	收藏處所	典藏號碼
招隱圖	卷	紙	設色	33.1 x 1532	崇禎壬申（五年，1632）春王正月	日本 東京細川護貞先生	
仿宋元十四家筆意小景（冊頁14幀，裱褙成卷）	卷	紙	設色	不詳	庚戌（萬曆三十八年，1610）仲春	日本 私人	
山高水長	卷	紙	設色	不詳		美國 波士頓美術館	
山水圖	卷	紙	設色	25.3 x ？		美國 加州史坦福大學藝術博物館	67.59
山水小景	卷	紙	不詳	不詳	壬戌（天啟二年，1622年）小春	美國 勃克萊加州大學藝術館	
山水（溪山浮嵐圖）	卷	紙	設色	22.5 x 261.9	癸亥（天啟三年，1623）秋八月	美國 鳳凰市美術館(Mr.Roy And Marilyn Papp 寄存)	
天香書屋圖	軸	紙	設色	131.6 x 46.5	癸亥（天啟三年，1623）春日	台北 故宮博物院	故畫 00591
白描觀世音像	軸	紙	白描	60.1 x 32	天啟壬戌（二年，1622）臘月甲子日	台北 故宮博物院	故畫 02264
移梅圖	軸	紙	設色	81 x 35.5	崇禎五年（壬申，1632）春日	香港 劉作籌虛白齋	
仿黃子久天池圖	軸	紙	設色	不詳	癸酉（崇禎六年，1633）長至日	旅順 遼寧省旅順博物館	
梁園積雪圖	軸	紙	設色	191 x 91	戊午（萬曆四十六年，1618）秋日	北京 故宮博物院	
小樓觀稼圖	軸	紙	設色	不詳	庚申（泰昌元年，1620）冬日	北京 故宮博物院	
觀音大士圖	軸	紙	水墨	33.4 x 27.3	天啟壬戌（二年，1622）中秋日	北京 故宮博物院	
梅花高士圖	軸	絹	設色	84.4 x 33.2	戊辰（崇禎元年，1628）春日	北京 故宮博物院	
寒塘漁艇圖	軸	紙	設色	不詳	庚午（崇禎三年，1630）秋日	北京 故宮博物院	
寒林浮靄圖	軸	絹	水墨	不詳	癸酉（崇禎六年，1633）夏日	北京 故宮博物院	
雪峰高棧圖	軸	紙	設色	不詳	庚午（崇禎三年，1630）春日	北京 中國歷史博物館	
山居圖	軸	紙	設色	168.7 x 43.8		天津 天津市藝術博物館	

名稱		質地	色彩	尺寸 高×寬cm	創作時間	收藏處所	典藏號碼
雪棧行旅圖	軸	紙	設色	67.5 × 32	甲子（天啟四年，1624）冬日寫	天津 天津市藝術博物館	
山居圖	軸	紙	設色	181.3 × 59	乙巳（萬曆三十三年，1605）仲秋	上海 上海博物館	
柳溪茅屋圖	軸	紙	設色	136.6 × 61.5	戊午（萬曆四十六年，1618）春日	上海 上海博物館	
松陰柳色圖	軸	紙	設色	不詳	庚申（泰昌元年，1620）冬日	上海 上海博物館	
秋窗雲嶺圖	軸	紙	設色	不詳	乙丑（天啟五年，1625）	上海 上海博物館	
喬木書堂圖	軸	紙	水墨	不詳	壬申（崇禎五年，1632）冬日	上海 上海博物館	
秋林書屋圖	軸	紙	設色	不詳	癸酉（崇禎六年，1633）夏日	上海 上海博物館	
秋林讀書圖	軸	紙	設色	不詳		上海 上海博物館	
秋林水閣圖	軸	絹	設色	71.1 × 28.3	壬申（崇禎五年，1632）冬日	南京 南京博物院	
山水圖	軸	絹	設色	159.3 × 541		南京 南京博物院	
松巖飛瀑圖	軸	金箋	設色	不詳		南京 南京博物院	
雲深仙嶠圖	軸	絹	設色	152.5 × 46.4		杭州 浙江省杭州西泠印社	
秋巒飛瀑圖	軸	紙	設色	163 × 84		嘉善 浙江省嘉善縣博物館	
茅簷靜坐圖	軸	紙	設色	106 × 31	庚午（崇禎三年，1630）夏日	廣州 廣東省博物館	
寒林讀書圖	軸	紙	設色	103 × 30	壬申（崇禎五年，1632）冬日	廣州 廣州市美術館	
山水圖	軸	絹	水墨	146 × 51.3	癸酉（崇禎六年，1633）秋日	日本 東京國立博物館	
秋巒浮靄圖	軸	紙	水墨	136 × 40.6	己巳（崇禎二年，1629）冬日	日本 東京蟠生彌治郎先生	
山水（煙江待渡圖）	軸	紙	水墨	129.7 × 46.7	辛酉（天啟元年，1621）秋日	日本 東京柳孝藏先生	
山水圖	軸	絹	設色	不詳	癸酉（崇禎六年，1633）秋日	日本 組田昌平先生	
山水（溪山林屋圖）	軸	紙	設色	156.7 × 67.4	庚午（崇禎三年，1630）春日	日本 江田勇二先生	

名稱		質地	色彩	尺寸 高x寬cm	創作時間	收藏處所	典藏號碼
秋山淡靄圖	軸	紙	設色	不詳	癸亥（天啟三年，1623）秋日	日本 私人	
山水圖	軸	紙	設色	65.7 x 156	丁巳（萬曆四十五年，1617）秋日	美國 勃克萊加州大學藝術館	
山水圖	軸	絹	設色	156 x 65.7	壬戌（天啟二年，1622）秋日	美國 勃克萊加州大學藝術館	1973.38
山水圖	軸	絹	設色	93.9 x 30.8		美國 勃克萊加州大學藝術館（高居翰教授寄存）	CM60
秋山淡靄圖	軸	紙	設色	65 x 32.6		荷蘭 阿姆斯特丹 Rijks 博物館（私人寄存）	
雪霽（沈士充畫郊園十二景冊之1）	冊頁	紙	設色	30.1 x 47.5		台北 故宮博物院	故畫 01145-1
穠閣（沈士充畫郊園十二景冊之2）	冊頁	紙	設色	30.1 x 47.5		台北 故宮博物院	故畫 01145-2
霞外（沈士充畫郊園十二景冊之3）	冊頁	紙	設色	30.1 x 47.5		台北 故宮博物院	故畫 01145-3
就花亭（沈士充畫郊園十二景冊之4）	冊頁	紙	設色	30.1 x 47.5		台北 故宮博物院	故畫 01145-4
浣香榭（沈士充畫郊園十二景冊之5）	冊頁	紙	設色	30.1 x 47.5		台北 故宮博物院	故畫 01145-5
藻野堂（沈士充畫郊園十二景冊之6）	冊頁	紙	設色	30.1 x 47.5		台北 故宮博物院	故畫 01145-6
晴綺樓（沈士充畫郊園十二景冊之7）	冊頁	紙	設色	30.1 x 47.5		台北 故宮博物院	故畫 01145-7
竹屋（沈士充畫郊園十二景冊之8）	冊頁	紙	設色	30.1 x 47.5		台北 故宮博物院	故畫 01145-8
掃花菴（沈士充畫郊園十二景冊之9）	冊頁	紙	設色	30.1 x 47.5		台北 故宮博物院	故畫 01145-9
涼心堂（沈士充畫郊園十二景冊之10）	冊頁	紙	設色	30.1 x 47.5		台北 故宮博物院	故畫 01145-10
颸影閣（沈士充畫郊園十二景冊之11）	冊頁	紙	設色	30.1 x 47.5		台北 故宮博物院	故畫 01145-11
田舍（沈士充畫郊園十二景冊之12）	冊頁	紙	設色	30.1 x 47.5	乙丑（天啟五年，1625）春仲	台北 故宮博物院	故畫 01145-12
寒林高逸（（明人畫扇冊四冊	摺扇面	紙	設色	不詳		台北 故宮博物院	故畫 03530-1

名稱		質地	色彩	尺寸 高x寬cm	創作時間	收藏處所	典藏號碼
之1）							
秋山圖	摺扇面	紙	設色	不詳		台北 故宮博物院	故扇 00257
仿古山水圖（8幀）	冊	紙	設色	不詳		台北 石頭書屋	
赤壁圖	摺扇面	金箋	設色	17.3 x 53.9		香港 潘祖堯小聽颿樓	CP68
山水圖（明人書畫扇面冊之1）	摺扇面	金箋	設色	17.1 x 55		香港 潘祖堯小聽颿樓	CP35a
山水圖（明人書畫扇面冊之9）	摺扇面	金箋	設色	17.2 x 52.6		香港 潘祖堯小聽颿樓	CP35i
山水圖	摺扇面	金箋	水墨	16.5 x 47	壬申（崇禎五年，1632）秋日	香港 香港美術館・虛白齋	FA1991.066
山水圖（趙左、宋旭等八人合冊8之1幀）	冊頁	紙	設色	不詳		瀋陽 故宮博物院	
山水圖	摺扇面	金箋	設色	18.6 x 55.7	乙卯（萬曆四十三年，1615）	北京 故宮博物院	
仿宋元名家筆意小景山水（20幀）	冊	絹	設色	（每幀）19.2 x 13.2	丙辰（萬曆四十四年，1616）冬日	北京 故宮博物院	
山莊圖	摺扇面	紙	設色	17.3 x 53	丁卯（天啟七年，1627）	北京 故宮博物院	
山水（仿李伯時山莊圖筆意）	摺扇面	紙	不詳	不詳	丁卯（天啟七年，1627）秋八日	北京 故宮博物院	
山水圖	摺扇面	紙	水墨	17 x 53.2	己巳（崇禎二年，1630）	北京 故宮博物院	
山水	摺扇面	紙	不詳	不詳	己巳（崇禎二年，1629）春日	北京 故宮博物院	
山水（寒林高趣）	摺扇面	紙	不詳	不詳	庚午（崇禎三年，1630）秋日	北京 故宮博物院	
山水圖（寫似心符詞丈）	摺扇面	紙	不詳	不詳	癸酉（崇禎六年，1633）春日	北京 故宮博物院	
山水圖（6幀）	冊	絹	設色	（每幀）22 x 25.2		北京 故宮博物院	
山水圖（8幀）	冊	紙	設色	（每幀）32.5 x 29		北京 故宮博物院	
仿古山水圖（10幀）	冊	金箋	設色、水墨	（每幀）25.8 x 23.4		北京 故宮博物院	
南京十景圖（10幀）	冊	紙	設色	不詳		北京 故宮博物院	
山水圖	摺扇面	紙	不詳	不詳		北京 故宮博物院	

名稱		質地	色彩	尺寸 高x寬cm	創作時間	收藏處所	典藏號碼
山水圖	摺扇面	紙	不詳	不詳		北京 故宮博物院	
山水圖（明劉原起等山水冊之1幀）	冊頁	絹	設色	不詳		天津 天津市藝術博物館	
溪山行旅圖	冊頁	紙	水墨	32 × 29.3		合肥 安徽省博物館	
山水（秋林高遠圖）	摺扇面	金箋	設色	19 × 54.7		南京 南京博物院	
山水圖（8幀）	冊	金箋	設色	（每幀）24 × 18		南京 江蘇省美術館	
山水圖	摺扇面	金箋	設色	不詳	戊午（萬曆四十六年，1618）冬日	杭州 浙江省杭州西泠印社	
仿古山水圖（8幀）	冊	金箋	設色	（每幀）21.5 × 8.5	戊午（萬曆四十六年，1618）秋月	瑞安 浙江省瑞安縣文管會	
雲山圖	摺扇面	金箋	水墨	18 × 54.5	丁卯（天啟七年，1627）冬日	武漢 湖北省博物館	
山水圖	摺扇面	紙	設色	不詳	丁卯（天啟七年，1627）臘月	福州 積翠園藝術館	
山水圖（10幀）	冊	絹	設色	（每幀）23 × 18	壬寅（萬曆三十年，1602）春日	廣州 廣東省博物館	
唐酬等雪裏紅書畫冊12之1幀）	冊頁	紙	設色	不詳	崇禎癸未（十六年，1643）	廣州 廣東省博物館	
沈士充、董其昌書畫合冊（？幀）	冊	紙	設色	不詳		日本 東京國立博物館	
仿董北苑秋山圖（似茂桓詞丈）	摺扇面	金箋	設色	17 × 53.5	庚午（崇禎三年，1630）秋八月	日本 大阪橋本大乙先生	
山水圖（明清諸賢詩畫扇面冊之2）	摺扇面	金箋	水墨	18.4 × 54		日本 兵庫縣藪本莊五郎先生	
山水圖（明清名家合裝書畫扇面冊之6）	摺扇面	金箋	設色	16.6 × 52		日本 兵庫縣藪本莊五郎先生	
仿黃鶴山樵筆山水圖（明人書畫集冊之8）	冊頁	紙	設色	30 × 21.8	壬申（崇禎五年，1632）秋日	日本 兵庫縣黑川古文化研究所	
山水圖（書畫扇面一冊之12）	摺扇面	金箋	設色	15.1 × 45.6		日本 私人	
山水圖（雲籠山村）	摺扇面	紙	水墨	18.3 × 55.6	辛亥（萬曆三十九年，1611）春日	日本　私人	
山水圖（12幀）	冊	紙	設色、水墨	（每幀）29.8 × 21.8	萬曆己未（四十七年，1619）孟春	美國 底特律藝術中心	78.46.1-8
山水人物圖（為靜庵老先生寫）	冊頁	紙	設色	30.2 × 25	丙辰（萬曆四十四	美國 勃克萊加州大學藝術館	CM114

名稱	質地	色彩	尺寸 高x寬cm	創作時間	收藏處所	典藏號碼
				年，1616）秋日		
山水圖	摺扇面 金箋	水墨	15.1 x 48.5	癸酉（崇禎六年，1633）新秋	美國 勃克萊加州大學藝術館（高居翰教授寄存）	CM12A
山水圖	摺扇面 金箋	水墨	16.9 x 51.2	庚午（崇禎三年，1630）秋日	德國 柏林東亞藝術博物館	1988-277
山水圖	摺扇面 紙	設色	18.9 x 57.3	辛亥（萬曆三十九年，1611）秋日	德國 科隆東亞藝術博物館	A55.16
附：						
山水圖	卷 紙	設色	26 x 584	己未（萬曆四十七年，1619）清和	紐約 佳士得藝品拍賣公司/拍賣目錄1995,09,19.	
山煙春晚圖	軸 紙	設色	126 x 49.6	癸酉（崇禎六年，1633）	上海 上海文物商店	
雪景山水圖	軸 絹	設色	不詳	辛未（崇禎四年，1631）	上海 上海工藝品進出口公司	
簀谷遷梅圖（陳繼儒等題）	軸 灑金箋	設色	75.5 x 30.5	丁卯（天啟七年，1627）冬日	香港 佳士得藝品拍賣公司/拍賣目錄1991,03,18.	
檗台對翠圖（為約庵作，明董其昌等書畫冊16之1幀）	冊頁 絹	設色	39 x 33	丙寅（天啟六年，1626）夏月	天津 天津市文物公司	
山水圖（16幀）	冊 絹	設色	（每幀)22x15		上海 朵雲軒	
山水圖	摺扇面 紙	設色	不詳		上海 朵雲軒	
山水圖（明沈士充等山水合裝冊9之1幀	摺扇面 金箋	設色	不詳		上海 朵雲軒	
山水（24幀）	冊 絹	設色	每幀)22.2 x 12.4	壬戌（天啟二年，1622）夏	香港 蘇富比藝品拍賣公司/拍賣目錄1984,11,11.	
山水圖	摺扇面 金箋	設色	16.5 x 52.7	癸酉（崇禎六年，1633）秋杪	紐約 蘇富比藝品拍賣公司/拍賣目錄1986,06,03.	
山水（10幀）	冊 絹	設色	（每幀）26 x 24.2	癸酉（崇禎六年，1633）新秋	紐約 佳士得藝品拍賣公司/拍賣目錄1993,12,01.	
山水（4幀）	冊 紙	設色	（每幀）30.5 x 22.5	萬曆己未（四十七年，1619）孟春	紐約 佳士得藝品拍賣公司/拍賣目錄1994,06,01.	

畫家小傳：沈士充。字子居。江蘇華亭人。出於宋懋晉之門，兼師趙左。善畫山水，丘壑蔥蘢，皴染淹潤，為雲間派正傳。流傳署款紀年作品見於神宗萬曆三十（1602）年至思宗崇禎八（1635）年。（見明畫錄、無聲詩史、圖繪寶鑑續纂、松江志、桐陰論畫、中國畫家人名大辭典）

名稱		質地	色彩	尺寸 高×寬cm	創作時間	收藏處所	典藏號碼

汪懋仁

附：

| 秋蘭圖（仿趙孟頫筆意） | 橫幅 | 紙 | 水墨 | 21.2 × 47 | 癸卯（萬曆三十一年，1603）冬十二月 | 日本 荻泉堂；紐約 佳士得藝品拍賣公司/拍賣目錄 1996,09,18. | |

畫家小傳：汪懋仁。畫史無載。流傳署款紀年作品見於神宗萬曆三十一（1603）年。身世待考。

吳 湘

仕女圖（4段）	卷	紙	設色	（每段）30.4 × 57		北京 故宮博物院	
八仙圖（4幅）	軸	紙	設色	（每幅）165.7 × 87		瀋陽 遼寧省博物館	
樹不停阮圖	軸	紙	設色	182.2 × 78.2		旅順 遼寧省旅順博物館	

畫家小傳：吳湘（明畫錄作文南）。字白洋。浙江鄞縣人。吳世用之子。能傳父藝，善畫。工山水，行筆類張路，神氣生動，而秀雅過之。有名於神宗萬曆間。（見寧波府志、明畫錄、中國畫家人名大辭典）

季寓庸

| 山水圖（12幀） | 冊 | 紙 | 設色 | 不詳 | 王寅（萬曆三十年，1602） | 北京 故宮博物院 | |

畫家小傳：季寓庸。字是因。江蘇泰興人。工書畫。畫仿沈周，而能登其堂。書宗祝允明，亦能入其室。流傳署款作品見於清聖祖康熙元（1662）年。（見無聲詩史、圖繪寶鑑續纂、中國畫家人名大辭典）

李肇亨

為偶萍禪師作山水（雲間十一家山水卷之第8段，與孝初畫同幅）	卷	紙	設色	20.7 × 98.7	辛酉（天啟元年，1621）清和	台北 故宮博物院	故畫 01109-8
山水圖	卷	紙	設色	24.3 × 561.2	天啟元年（辛酉，1621）閏二月	北京 故宮博物院	
山水圖	卷	紙	設色	不詳	崇禎元年（戊辰，1628）仲夏	北京 故宮博物院	
山水圖	卷	紙	水墨	25.9 × 94.8		美國 華盛頓特區弗瑞爾藝術館	80.178
瓠子澄秋圖	軸	金箋	設色	45 × 32.7		台北 長流美術館	
為守謙作山水圖	軸	紙	水墨	不詳	乙卯（萬曆四十三	北京 故宮博物院	

名稱		質地	色彩	尺寸 高x寬cm	創作時間	收藏處所	典藏號碼
					年，1615）		
為梵孝作山水圖	軸	絹	設色	不詳	己巳（崇禎二年，1629）	北京 故宮博物院	
仿黃子久山水圖	軸	紙	設色	不詳	崇禎庚午（三年，1630）清和月望前一日	北京 故宮博物院	
寫黃公望山水圖（訪眉翁山中作）	軸	紙	水墨	不詳	乙亥（崇禎八年，1635）冬	北京 故宮博物院	
茂林疊嶂圖	軸	絹	設色	不詳	甲申（順治元年，1644）	北京 故宮博物院	
泉樹清疎圖	軸	紙	水墨	95 x41.2		北京 故宮博物院	
高樹小亭圖	軸	紙	水墨	64 x 29		天津 天津市藝術博物館	
松谿漁隱圖	軸	紙	水墨	123 .6 x 57.8		天津 天津市藝術博物館	
幽谷觀泉圖	軸	紙	水墨	100.5 x 48	甲戌（崇禎七年，1634）夏仲	鎮江 江蘇省鎮江市博物館	
山齋獨坐圖（趙左、常瑩合作）	軸	紙	水墨	126 x 40	己卯（崇禎十二年，1639）	嘉興 浙江省嘉興市博物館	
秋山遠岫（明人便面畫冊肆冊（四）之17）	摺扇面	紙	設色	不詳		台北 故宮博物院	故畫 03540-17
山水圖（名人畫扇冊之6）	摺扇面	紙	水墨	不詳		台北 故宮博物院	故畫 03553-6
白雲出岫圖	冊頁	金箋	水墨	28.5 x 20		台北 黃君璧白雲堂	
山水圖（6幀）	冊	金箋	設色	（每幀）31.4 x 39.4	庚午（崇禎三年，1630）	瀋陽 遼寧省博物館	
山頭長嘯圖（王維詩意圖冊16之1幀）	冊頁	紙	設色	28 x 29.7	戊辰（崇禎元年，1628）冬仲	北京 故宮博物院	
山水圖（8幀）	冊	紙	設色	不詳	甲戌（崇禎七年，1634）秋日	北京 故宮博物院	
山水圖（韶九等書畫合裝冊卷之1幀）	冊頁	紙	設色	不詳		北京 故宮博物院	
山水圖（為端士作）	摺扇面	紙	設色	不詳	乙酉（順治二年，1645）夏日	北京 中國歷史博物館	
雲山圖	摺扇面	灑金箋	水墨	不詳		南通 江蘇省南通博物苑	
山水圖（10幀）	冊	絹	設色	（每幀）31.2 x 26.5	壬寅（萬曆三十年，1602）	成都 四川省博物院	
摹古山水圖（11幀）	冊	紙	設色	不詳	辛酉（天啟元年，	成都 四川省博物院	

名稱		質地	色彩	尺寸 高x寬cm	創作時間	收藏處所	典藏號碼
					1621）三月		
山水圖（唐酬等雪裏紅書畫冊12之1幀）	冊頁	紙	設色	不詳	崇禎癸未（十六年，1643）	廣州 廣東省博物館	
清暑觀瀑圖	摺扇面	紙	水墨	16.2 x 48.8	戊戌（順治十五年，1658）	烏魯木齊 新疆維吾爾自治區博物館	
仿大癡筆意山水圖（明人書畫集冊之第6幀）	冊頁	紙	水墨	30 x 21.8		日本 兵庫縣黑川古文化研究所	
仿元人山水圖	摺扇面	紙	水墨	17.7 x 51.8		美國 耶魯大學藝術館	1989.9.3
山水圖（8幀）	冊	絹	水墨	（每幀）21 x 16.8		美國 聖路易斯市藝術館（米蘇里州梅林先生寄存）	
附：							
深山樵子圖	軸	金箋	水墨	33.7 x 23	辛巳（崇禎十四年，1641）中秋	紐約 佳士得藝品拍賣公司/拍賣目錄1988,06,02.	
萬壑雪封圖（為約庵作，明董其昌等書畫冊16之1幀）	冊頁	絹	設色	39 x 33	丙寅（天啟六年，1626）秋日	天津 天津市文物公司	
山水圖（為約庵作，明董其昌等書畫冊16之1幀）	冊頁	絹	設色	39 x 33		天津 天津市文物公司	
山水圖	摺扇面	紙	水墨	17.5 x 52		紐約 佳士得藝品拍賣公司/拍賣目錄1988,11,30.	
山水圖	摺扇面	金箋	水墨	19 x 52		紐約 佳士得藝品拍賣公司/拍賣目錄1988,11,30.	
山水圖（明季書畫名家集冊畫8之1幀）	冊頁	金箋	水墨	28 x 20	丁丑（崇禎十年，1637）冬日	紐約 佳士得藝品拍賣公司/拍賣目錄1989,06,01.	
山水（明名家書畫集冊16之1幀）	冊頁	金箋	水墨	29.8 x 20.3	丁丑（崇禎十年，1637）秋日	香港 蘇富比藝品拍賣公司/拍賣目錄1999,10,31.	
水墨山水（明末諸家壽李瞻翁書畫冊10之第2幀）	冊頁	金箋	水墨	34.3 x 26.3	丁丑（崇禎十年，1637）春日	香港 蘇富比藝品拍賣公司/拍賣目錄1999,10,31.	

畫家小傳：李肇亨。字會嘉。號珂雪、醉鷗、爽溪釣士。浙江嘉興人。李日華之子。後為僧，法號常瑩，住超果寺。工書法。精畫理。善畫山水，氣息渾古，風韻靜穆，不落時習。與趙左齊名。流傳署款紀年作品見於萬曆三十（1602）年。至清世祖順治二（1645））年。（見明畫錄、桐陰論畫、嘉興縣志、顧領集、中國畫家人名大辭典）

吳 振

名稱		質地	色彩	尺寸 高x寬cm	創作時間	收藏處所	典藏號碼
湖山晚晴圖	卷	絹	設色	31 x 313.7	庚申（萬曆四十八年，1620）	北京 首都博物館	
山水圖（八家山水卷8之1段	卷	紙	設色	24 x 278.7		北京 首都博物館	

名稱		質地	色彩	尺寸 高x寬㎝	創作時間	收藏處所	典藏號碼

）

名稱		質地	色彩	尺寸 高x寬㎝	創作時間	收藏處所	典藏號碼
濟川圖	卷	絹	設色	26.2 x 183	壬寅（萬曆三十年，1602）	重慶 重慶市博物館	
山水圖	卷	紙	水墨	不詳	壬申（崇禎五年，1632）秋月	日本 長崎縣橋本辰二郎	
仿倪瓚山水圖（為茂弘作）	軸	紙	水墨	69.4 x 29.7	天啟丁卯（七年，1627）	北京 故宮博物院	
山高水長圖	軸	紙	設色	51.8 x 35	辛未（崇禎四年，1631）夏六月	北京 故宮博物院	
匡廬秋瀑圖	軸	紙	設色	211 x 61.1	崇禎辛未（四年，1631）	北京 故宮博物院	
山村停舟圖（為君俞作）	軸	紙	水墨	78.3 x 47.6	天啟乙丑（五年，1625）秋八月	上海 上海博物館	
雉衡草堂圖	軸	絹	設色	151 x 48	乙卯（萬曆四十三年，1615）六月	廣州 廣東省博物館	
霜林遠岫圖	軸	紙	水墨	79 x 33.5	崇禎二年（己巳，1629）	廣州 廣東省博物館	
溪山秋思圖	軸	絹	設色	不詳	崇禎元年（戊辰，1628）七月	日本 東京靜嘉堂文庫	
溪山秋晚圖	軸	絹	設色	155 x 48	己巳（崇禎二年，1629）臘月既望	日本 大阪橋本大乙先生	
山水圖（趙左、宋旭等八人合冊8之1幀）	冊頁	紙	設色	不詳	丙午（萬曆三十四年，1606）	瀋陽 故宮博物院	
梅花書屋圖（為對廷作）	摺扇面	紙	設色	不詳	己酉（萬曆三十七年，1609）秋仲	北京 故宮博物院	
秋江泛艇圖（為甤生作）	摺扇面	金箋	設色	18.3 x 53	己未（萬曆四十七年，1619）六月	北京 故宮博物院	
山水圖（4幀）	冊	絹	設色	不詳	丁卯（天啟七年，1627）初春	南寧 廣西壯族自治區博物館	
山水圖	摺扇面	金箋	設色	18.2 x 51.2	庚申（泰昌元年，1620）夏日	日本 東京岩崎小彌太先生	

附：

名稱		質地	色彩	尺寸 高x寬㎝	創作時間	收藏處所	典藏號碼
雪釣圖	摺扇面	金箋	設色	不詳	丙辰（萬曆四十四年，1616）	武漢 湖北省武漢市文物商店	

名稱		質地	色彩	尺寸 高x寬cm	創作時間	收藏處所	典藏號碼
山水圖（4幀）	冊	絹	設色	不詳	丁卯（天啟七年，1627）初春	南寧 廣西壯族自治區博物館	
山水圖	摺扇面	金箋	設色	18.2 x 51.2	庚申（泰昌元年，1620）夏日	日本 東京岩崎小彌太先生	
附：							
雪釣圖	摺扇面	金箋	設色	不詳	丙辰（萬曆四十四年，1616）	武漢 湖北省武漢市文物商店	

畫家小傳：吳振。字振之（一作元振）。號竹嶼（一作竹里）、雪鴻。江蘇華亭人。善畫山水，筆墨秀潤，法黃公望。能接雲間正派。流傳署款紀年作品見於神宗萬曆三十（1602）年至思宗崇禎五（1632）年。（見無聲詩史、圖繪寶鑑續纂、畫髓元詮、松江府志、中國畫家人名大辭典）

吳 鑾

紅樹秋山圖	軸	紙	設色	不詳		鎮江 江蘇省鎮江市博物館	

畫家小傳：吳鑾。畫史無載。身世待考。

趙焞夫

湖石牡丹圖	軸	紙	水墨	198.5 x 74.2	八十一（順治十五年，戊戌，1658）	廣州 廣東省博物館	
竹石圖（為淑俊作）	軸	紙	水墨	205 x 83	乙巳（康熙四年，1665）中秋	廣州 廣東省博物館	
牡丹圖	摺扇面	金箋	水墨	不詳	壬辰（順治九年，1652）	瀋陽 遼寧省博物館	
梅竹圖	摺扇面	金箋	水墨	不詳		北京 故宮博物院	
花卉圖（12幀）	冊	紙	水墨	（每幀）37 x 27.4	八十七翁（康熙三年，甲辰，1664）	廣州 廣東省博物館	

畫家小傳：趙焞夫。生於神宗萬曆六（1578）年，清聖祖康熙四（1665）年尚在世。畫史無載。身世待考。

趙 左

為偶萍禪師作山水（雲間十一家山水卷之第5幅，與陳繼儒、李紹箕畫同幅）	卷	紙	水墨	20.7 x 140.5	庚申（泰昌元年，1620）二月	台北 故宮博物院	故畫01109-5
山水圖	卷	紙	設色	28 x 315.5	萬曆辛亥（三十九年，1611）秋	台北 清玩雅集	
山水圖（為純仁兄作）	卷	紙	水墨	13.7 x 138	丙辰（萬曆四十四	香港 劉作籌虛白齋	

名稱		質地	色彩	尺寸 高x寬㎝	創作時間	收藏處所	典藏號碼
					年，1616）秋九月		
煙靄橫看圖	卷	絹	設色	不詳	壬子（萬曆四十年，1612）	瀋陽 故宮博物院	
富春大嶺圖	卷	絹	設色	30.1 x 209.7	甲辰（萬曆三十二年，1604）	北京 故宮博物院	
谿山無盡圖	卷	紙	水墨	26.4 x 670.2	萬曆四十年，壬子（1612）	北京 故宮博物院	
群玉山房圖（為汪玉吾作）	卷	絹	設色	28.5 x 237.5	萬曆癸丑（四十一年，1613）	北京 故宮博物院	
秋山無盡圖	卷	紙	設色	67.7 x 32.2	己未（萬曆四十七年，1619）	北京 故宮博物院	
山水圖	卷	紙	設色	不詳		北京 故宮博物院	
送生明還雪竇山圖	卷	紙	水墨	25.5 x 135.5		北京 故宮博物院	
長江疊翠圖	卷	紙	設色	不詳	丙辰（萬曆四十四年，1616）	北京 中國美術館	
谿山無盡圖	卷	紙	設色	24.5 x 270	戊午（萬曆四十六年，1618）秋九月	北京 首都博物館	
山水圖	卷	紙	設色	不詳	丙辰（萬曆四十四年，1616）夏	天津 天津市藝術博物館	
桃花源圖	卷	紙	設色	31 x 113		天津 天津市藝術博物館	
摹子久富春大嶺圖	卷	紙	設色	不詳	甲辰（萬曆三十二年，1604）夏五	上海 上海博物館	
仿大癡秋山無盡圖	卷	紙	設色	28.3 x 424.2	己未（萬曆四十七年，1619）夏六月	上海 上海博物館	
群玉山圖	卷	絹	設色	26.4 x 214		南京 南京博物院	
谿山平遠圖	卷	紙	設色	不詳	乙卯（萬曆四十三年，1615）冬十一月	成都 四川省博物館	
仿宋元諸大家山水圖	卷	紙	設色	不詳	乙亥（崇禎八年，1635）秋日	長沙 湖南省博物館	
溪山平遠圖	卷	紙	設色	21 x 387.2		成都 四川省博物院	
煙江疊嶂圖	卷	絹	水墨	32 x 132.5	庚戌（萬曆三十八年，1610）秋仲	廣州 廣東省博物館	
仿黃子久山水圖	卷	紙	設色	23 x 530	己未（萬曆四十七	廣州 廣州市美術館	

名稱		質地	色彩	尺寸 高x寬cm	創作時間	收藏處所	典藏號碼
					年，1619）		
江村幽僻圖	卷	絹	設色	33.5 x 230	丁巳（萬曆四十五年，1617）	蘭州 甘肅省博物館	
秋景山水圖	卷	紙	設色	26.8 x ？	庚申（泰昌元年，1620）夏五月	日本 兵庫縣黑川古文化研究所	
仿古諸家山水圖	卷	絹	設色	20.4 x ？	丙寅（天啟六年，1626）初夏日	日本 兵庫縣黑川古文化研究所	
谿山無盡圖	卷	紙	設色	不詳	萬曆四十四年（丙辰，1616）六月	美國 耶魯大學藝術館	
仿黃公望谿山無盡圖	卷	紙	設色	24.5 x ？	萬曆辛亥（三十九年，1611）夏五月至壬子（四十年，1612）春三月朔	美國 紐約大都會藝術博物館	1976.219
谿山高隱圖	卷	紙	水墨	30.5 x ？	己酉（萬曆三十七年，1609）秋九月至庚戌（三十八年，1610）正月望日	美國 勃克萊加州大學藝術館（高居翰教授寄存）	CM22
雲巖響瀑圖	軸	絹	設色	140.5 x 38.5		台北 故宮博物院	故畫 00587
秋山紅樹圖	軸	絹	設色	150 x 53.7	萬曆辛亥（三十九年，1611）秋九月	台北 故宮博物院	故畫 00588
寒山石溜圖	軸	紙	水墨	52.7 x 36.9		台北 故宮博物院	故畫 00589
寒江草閣	軸	絹	設色	160 x 51.8	乙卯（萬曆四十三年，1615）夏日	台北 故宮博物院	故畫 00590
秋林書屋圖	軸	絹	設色	103.1 x 51.4	己未（萬曆四十七年，1619）夏五月	台北 故宮博物院	故畫 01350
山水	軸	紙	設色	122.5 x 34.7		台北 故宮博物院	故畫 01351
秋山紅樹圖	軸	絹	設色	101.1 x 40.3	辛亥（萬曆三十九年，1611）秋九月	台北 故宮博物院	故畫 01360
寒厓積雪	軸	絹	設色	211.5 x 76	丙辰（萬曆四十四年，1616）仲夏十日	台北 故宮博物院	故畫 02263
山水圖	軸	紙	水墨	99.5 x 38.5		台北 國泰美術館	
子月山居圖	軸	絹	設色	130.3 x 55.8	萬曆丁未（三十五年，1607）十一月	台北 華叔和後真賞齋	

名稱		質地	色彩	尺寸 高×寬㎝	創作時間	收藏處所	典藏號碼

朔

名稱		質地	色彩	尺寸 高×寬㎝	創作時間	收藏處所	典藏號碼
秋江漁隱圖	軸	紙	設色	187.6 × 62.4		香港 劉作籌虛白齋	34
浮嵐暖翠圖	軸	絹	設色	77 × 27		瀋陽 故宮博物院	
華山圖	軸	絹	設色	193.2 × 81.4	萬曆辛亥（三十九年，1611）	瀋陽 遼寧省博物館	
仿巨然山水圖	軸	紙	水墨	93 × 30.3	戊午（萬曆四十六年，1618）夏日	長春 吉林省博物館	
秋林圖	軸	紙	設色	67.5 × 32.2	己未（萬曆四十七年，1619）秋日	北京 故宮博物院	
望山垂釣圖	軸	紙	設色	不詳	己未（萬曆四十七年，1619）	北京 故宮博物院	
仿王蒙山居圖(為瞻瀛作)	軸	紙	設色	132 × 39	己未（萬曆四十七年，1619）秋杪	北京 故宮博物院	
秋山雲深圖	軸	紙	設色	不詳	己未（萬曆四十七年，1619）	北京 故宮博物院	
長林積雪圖	軸	絹	設色	141.7 × 60.7		北京 故宮博物院	
谿山花隱圖	軸	絹	設色	不詳	辛亥（萬曆三十九年，1611）春月	北京 中國歷史博物館	
華陽仙館圖	軸	紙	設色	不詳	癸丑（萬曆四十一年，1613）冬十月	北京 首都博物館	
茅屋晴眺圖	軸	絹	設色	97.5 × 39.2	甲寅（萬曆四十二年，1614）	天津 天津市藝術博物館	
寒江草閣圖	軸	紙	設色	不詳	乙卯（萬曆四十三年，1615）夏日	天津 天津市藝術博物館	
林巒深秀圖	軸	絹	設色	104.5 × 53		天津 天津市藝術博物館	
澤國長風圖	軸	紙	設色	115 × 37.5		天津 天津市藝術博物館	
雙壽圖	軸	絹	設色	107 × 54		天津 天津市藝術博物館	
山水圖	軸	紙	設色	不詳		天津 天津市藝術博物館	
煙江漁樂圖	軸	絹	設色	不詳	丙辰（萬曆四十四年，1616）	濟南 山東省博物館	
罨畫圖	軸	絹	設色	42 × 29		合肥 安徽省博物館	
臨溪書屋圖	軸	絹	設色	121 × 38.6		合肥 安徽省博物館	
摹趙松雪高山流水圖	軸	絹	設色	121.3 × 39.5	萬曆辛亥（三十九	上海 上海博物館	

名稱		質地	色彩	尺寸 高x寬cm	創作時間	收藏處所	典藏號碼
					年，1611）秋九二十日		
高山流水圖	軸	絹	設色	不詳	壬子（萬曆四十年，1612）	上海 上海博物館	
山居閒眺圖	軸	紙	設色	161 x 67.8	丙辰（萬曆四十四年，1616）	上海 上海博物館	
谿山進艇圖	軸	絹	設色	156.1 x 50.1		南京 南京博物院	
雪景山水圖	軸	紙	設色	51 x 35.8		杭州 浙江省博物館	
山齋獨坐圖（趙左、常瑩合作）	軸	紙	水墨	126 x 40	己卯（崇禎十二年，1639）	嘉興 浙江省嘉興市博物館	
深居圖	軸	絹	設色	不詳	庚戌（萬曆三十八年，1610）	寧波 浙江省寧波市天一閣文物保管所	
平林小屋圖	軸	紙	水墨	不詳		寧波 浙江省寧波市天一閣文物保管所	
秋山高隱圖	軸	紙	設色	180 x 61.6	戊申（萬曆三十六年，1608）秋七月既望	重慶 重慶市博物館	
林下垂釣圖	軸	紙	水墨	72.5 x 38.6	庚申（萬曆四十八年，1620）	重慶 重慶市博物館	
寒山石溜圖	軸	紙	水墨	50.5 x 34.9		廣州 廣東省博物館	
梅花書屋圖	軸	絹	設色	111.4 x 49.4	乙卯（萬曆四十三年，1615）冬日	日本 東京山本悌二郎先生	
秋景山水圖	軸	絹	設色	180 x 42.1	己巳（崇禎二年，1629）九月望後三日	日本 東京岩崎小彌太先生	
雪景山水圖	軸	絹	設色	不詳		日本 東京岩崎小彌太先生	
谿山進艇圖	軸	絹	設色	147 x 54.2		日本 東京高島菊次郎先生	
竹院逢僧圖	軸	紙	設色	67.9 x 31.2		日本 大阪市立美術館	
層巒高遠圖	軸	紙	水墨	112.1 x 39.8		日本 兵庫縣黑川古文化研究所	
湖山煙雨圖	軸	絹	水墨	87.7 x 33	己未（萬曆四十七年，1619）春日	美國 哈佛大學福格藝術館	
山水圖	軸	紙	設色	54.2 x 21		美國 耶魯大學藝術館（Drab	

名稱		質地	色彩	尺寸 高x寬cm	創作時間	收藏處所	典藏號碼
						-kin 先生寄存）	
雲巒秋霽圖	軸	紙	設色	132 × 61.2		美國 勃克萊加州大學藝術館	1983.9
冬景（雪景山水）	軸	絹	設色	76.5 × 94.8		美國 加州史坦福大學藝博館	
						（私人寄存）	
山水圖	軸	紙	設色	212 × 94	乙卯（萬曆四十三年，1615）秋日	瑞典 斯德哥爾摩遠東古物館	NMOK266
倣王蒙山水（趙左山水冊之1）	冊頁	絹	設色	23 × 21.5		台北 故宮博物院	故畫 03168-1
倣董源山水（趙左山水冊之2）	冊頁	絹	設色	23 × 21.5		台北 故宮博物院	故畫 03168-2
倣黃公望山水（趙左山水冊之3）	冊頁	絹	設色	23 × 21.5		台北 故宮博物院	故畫 03168-3
倣巨然山水（趙左山水冊之4）	冊頁	絹	水墨	23 × 21.5		台北 故宮博物院	故畫 03168-4
倣高克恭山水（趙左山水冊之5）	冊頁	絹	設色	23 × 21.5		台北 故宮博物院	故畫 03168-5
倣李成山水（趙左山水冊之6）	冊頁	絹	設色	23 × 21.5		台北 故宮博物院	故畫 03168-6
倣米芾山水（趙左山水冊之7）	冊頁	絹	水里	23 × 21.5		台北 故宮博物院	故畫 03168-7
倣范寬山水（趙左山水冊之8）	冊頁	絹	設色	23 × 21.5		台北 故宮博物院	故畫 03168-8
墨畫山水（明人畫扇集冊貳冊（下）之9）	摺扇面	紙	水墨	不詳		台北 故宮博物院	故畫 03535-9
幽窗讀易圖（明人畫扇集冊貳冊（下）之10）	摺扇面	紙	設色	不詳		台北 故宮博物院	故畫 03535-10
山水（名人畫扇（甲）冊之1）	摺扇面	紙	設色	不詳		台北 故宮博物院	故畫 03547-1
亭橋遠山（名人畫扇冊之4）	摺扇面	紙	設色	不詳		台北 故宮博物院	故畫 03553-4
秋山紅樹圖	摺扇面	紙	設色	不詳		台北 故宮博物院	故扇 00171
寒林瀟灑圖	摺扇面	紙	水墨	不詳		台北 故宮博物院	故扇 00254
松林小坐圖	摺扇面	紙	設色	不詳		台北 故宮博物院	故扇 00255
雪山圖	摺扇面	紙	不詳	不詳		台北 故宮博物院	故扇 00256
山水圖	冊頁	金箋	水墨	26.2 × 49.7		香港 鄭德坤木扉	
山水圖（明人書畫扇面冊之7）	摺扇面	金箋	設色	14.5 × 45		香港 潘祖堯小聽颿樓	CP35g
山水圖	摺扇面	金箋	設色	15.3 × 47.2		香港 潘祖堯小聽颿樓	CP67
山水圖（趙左、宋旭等八人合冊8之1幀）	冊頁	紙	設色	不詳		瀋陽 故宮博物院	
山水圖	摺扇面	金箋	設色	14.8 ×43.2	甲辰（萬曆三十二	北京 故宮博物院	

名稱		質地	色彩	尺寸 高x寬cm	創作時間	收藏處所	典藏號碼
					年，1604）		
山水圖（10幀）	冊	絹	設色	（每幀）26.1 x 22.2	癸丑（萬曆四十一年，1613）夏日	北京 故宮博物院	
山水圖（10幀）	冊	紙	設色	（每幀）25.2 x 15.4		北京 故宮博物院	
仿古山水圖（10幀）	冊	紙	設色	（每幀）25.3 x 21.8		北京 故宮博物院	
山水圖（韶九等書畫合裝冊卷之1幀）	冊頁	紙	設色	不詳		北京 故宮博物院	
山水圖（錢穀等雜畫扇面冊9之1幀）	摺扇面	金箋	設色	17.7 x 49.6		北京 首都博物館	
仿古山水圖（8幀）	冊	絹	設色	不詳		北京 中國美術館	
山水圖	摺扇面	金箋	設色	不詳	丙子（崇禎是二年，1636）	天津 天津市藝術博物館	
山水圖（12幀）	冊	紙	水墨	（每幀）32 x 20.3		青島 山東省青島市博物館	
山居圖	摺扇面	金箋	設色	不詳	丙辰（萬曆四十四年，1616）	合肥 安徽省博物館	
寒梅草舍圖	摺扇面	金箋	設色	不詳		合肥 安徽省博物館	
水村樹色圖	摺扇面	金箋	設色	不詳		常熟 江蘇省常熟市文物管理委員會	
山水圖（10幀）	冊	紙	設色	不詳		杭州 浙江省杭州市文物考古所	
茅舍讀書圖	摺扇面	金箋	設色	16.5 x 47	戊午（萬曆四十六年，1618）三月	日本 大阪橋本大乙先生	
山水圖（溪橋林藪）	摺扇面	金箋	設色	16.8 x 49	辛丑（萬曆二十九年，1601）七月	日本 橫濱岡山美術館	
山水圖	摺扇面	金箋	設色	16.8 x 51.6		日本 琦玉縣萬福寺	
山水畫（？幀）	冊	金箋	水墨、設色	（每幀）26.4 x 48.7		日本 私人	
鬱容秋色圖	摺扇面	金箋	設色	18 x 53.4		美國 勃克萊加州大學藝術館（高居翰教授寄存）	
山水圖（明清扇面圖冊之1）	摺扇面	金箋	設色	不詳		美國 勃克萊加州大學藝術館（Schlenker 先生寄存）	

名稱		質地	色彩	尺寸 高×寬㎝	創作時間	收藏處所	典藏號碼
山水圖	摺扇面	金箋	設色	15.5 × 47.4		瑞士 蘇黎士黎得堡博物館	RCH.1125a
玉映蘭馨山水（寫贈元長先生，明人畫冊之6）	冊頁	金箋	設色	28.6 × 37.8		英國 倫敦大英博物館	1902.6.6.60-6(ADD360)
倣李營丘山水圖（明人畫冊之1）	冊頁	金箋	設色	28.4 × 27.2		英國 倫敦大英博物館	1902.6.6.60-2(ADD360)
椿萱並茂圖	摺扇面	金箋	設色	16.1 × 50.2		德國 柏林東亞藝術博物館	1988-377
附：							
山水圖	卷	紙	設色	不詳	己未（萬曆四十七年，1619）秋日	北京 北京市文物商店	
谿山無盡圖	卷	紙	設色	28 × 608	始於壬子（萬曆四十年，1612）春三月，成於癸丑（1613）中秋前二日	紐約 佳士得藝品拍賣公司/拍賣目錄 1995,10,29.	
寒林讀易圖	軸	紙	設色	不詳	戊申（萬曆三十六年，1608）十月朔	北京 北京市文物商店	
摹馬遠山水圖	軸	絹	設色	68.2 × 28		北京 北京市工藝品進出口公司	
疏樹竹亭圖	軸	紙	水墨	130 × 33	戊午（萬曆四十六年，1618）春日	青島 青島市文物商店	
清溪濯足圖	軸	絹	設色	不詳		上海 朵雲軒	
仿古山水圖（4幅）	軸	絹	設色	（每幅）31 × 25		上海 朵雲軒	
秋山策杖圖	軸	綾	設色	156.7 × 46.1	丙辰（萬曆四十四年，1616）	上海 上海文物商店	
煙靄秋色圖	軸	紙	設色	61.3 × 53		上海 上海文物商店	
松溪石壁圖	軸	絹	設色	126.5 × 64	丁巳（萬曆四十五年，1617）	武漢 湖北省武漢市文物商店	
水村圖	軸	紙	設色	54 × 21		紐約 佳士得藝品拍賣公司/拍賣目錄 1988,11,30.	
秋林閒步圖	軸`	絹	設色	95.5 × 33	戊申（萬曆三十六年，1608）夏六月	紐約 佳士得藝品拍賣公司/拍賣目錄 1989,06,01.	
仿倪高士山居圖	軸	紙	水墨	128.9 × 31.3	丙辰（萬曆四十四年，1616）秋日	紐約 佳士得藝品拍賣公司/拍賣目錄 1992,12,02.	
秋山高遠圖	軸	絹	設色	138.5 × 37		紐約 佳士得藝品拍賣公司/拍	

名稱		質地	色彩	尺寸 高x寬cm	創作時間	收藏處所	典藏號碼
竹院逢僧圖	軸	紙	設色	67.3 x 29.8		紐約 佳士得藝品拍賣公司/拍 賣目錄1993,06,04. 賣目錄1998,03,24.	
雲山秋樹圖	摺扇面	金箋	設色	不詳	己酉（萬曆三十七 年，1609）	揚州 揚州市文物商店	
山水圖（2幀）	冊頁	絹	設色	（每幀）30.5 x 21		紐約 蘇富比藝品拍賣公司/拍 賣目錄1984,12,05.	
山水圖`（8幀）	冊	紙	水墨	（每幀）25 x 17	辛亥（萬曆三十九 年，1611）夏六月	紐約 佳士得藝品拍賣公司/拍 賣目錄1995,09,19.	

畫家小傳：趙左（一作佐）。字文度。江蘇華亭人。善畫山水，與宋懋晉同受業於宋旭，畫法宗董源，兼得黃公望、倪瓚之勝，畫雲山
　　　則能出己意。後人稱其為蘇松派。流傳署款紀年作品見於神宗萬曆二十九（1601）年至思宗崇禎八（1635）年。（見明畫錄、
　　　無聲詩史、圖繪寶鑑續纂、松江志、桐陰論畫、中國畫家人名大辭典）

區亦軫

名稱		質地	色彩	尺寸 高x寬cm	創作時間	收藏處所	典藏號碼
山水人物	摺扇面	金箋	設色	? x 47.8	癸卯（萬曆三十一 年，1603）	香港 中文大學中國文化研究 所文物館	
秋林停舟圖	摺扇面	金箋	設色	不詳		廣州 廣州市美術館	

畫家小傳：區亦軫。廣東南海人。善丹青。萬曆間廣州重修光孝寺六祖髮塔、菩提壇，區為之繪畫刻石。流傳署款紀年作品見於神宗
　　　萬曆三十一（1603）年。（見嶺南畫徵略、中國美術家人名辭典）

張成龍

名稱		質地	色彩	尺寸 高x寬cm	創作時間	收藏處所	典藏號碼
羅漢圖	卷	瓷青紙	水墨	不詳		長沙 湖南省圖書館	
仿張僧繇山水	軸	絹	青綠	150.2 x 21.9		台北 故宮博物院	故畫00792
青天白鶴圖	軸	絹	設色	不詳		上海 上海博物館	
山水圖	軸	絹	設色	不詳		南京 南京市博物館	
峨帽積雪圖	軸	紙	水墨	不詳	癸卯（萬曆三十一 年，1603）冬日	長沙 湖南省文化局	
餞行圖	摺扇面	金箋	設色	不詳		北京 故宮博物院	
雲山圖	摺扇面	金箋	水墨	不詳	己酉（萬曆三十七 年，1609）	北京 中國歷史博物館	

畫家小傳：張成龍。字白雲。大梁人。善畫山水，臨摹名畫久而彌化，細密精工，筆力高古；兼工白描人物。流傳署款紀年作品見於
　　　神宗萬曆三十一（1603）至三十七（1609）年。（見畫髓元詮、中國畫家人名大辭典）

趙廷璧

名稱		質地	色彩	尺寸 高x寬㎝	創作時間	收藏處所	典藏號碼
雪禽圖	軸	紙	設色	132 x 43	丙戌（順治三年，1646）中秋	香港 香港美術館	FA1972.032
花鳥圖	軸	紙	水墨	152.5 x 45.9		香港 許義晉崇宜齋	AG97
花鳥圖	軸	金箋	設色	不詳	癸卯（萬曆三十一年，1603）	北京 故宮博物院	
山水圖（清王穀等山水冊5之1幀）	摺扇面	金箋	設色	不詳		南京 南京博物院	
山水圖（清何遠等山水小品冊之1幀）	冊頁	金箋	設色	15.4 x 9.6	己亥（順治十六年，1659）冬日	蘇州 江蘇省蘇州博物館	

畫家小傳：趙廷璧。字連城。江蘇華亭人。畫山水，得沈士充之傳。兼工人物。流傳署款紀年作品見於神宗萬曆三十一（1603）年，至清世祖順治十六（1659）年。（見圖繪寶鑑續纂、國朝畫識、中國畫家人名大辭典）

楊所修

名稱		質地	色彩	尺寸 高x寬㎝	創作時間	收藏處所	典藏號碼
墨竹圖	卷	綾	水墨	29.5 x ?		日本 私人	
墨竹圖	卷	綾	水墨	25.9 x ?		日本 私人	
竹石圖	軸	綾	水墨	不詳	戊戌（順治十五年，1658）秋	北京 中國美術館	
竹石圖	軸	綾	水墨	不詳	癸卯（萬曆三十一年，1603）春日	太原 山西省博物館	
竹石圖	軸	綾	水墨	156.8 x 48.9	乙巳（萬曆三十三，1605）	重慶 重慶市博物館	
竹石圖	軸	綾	水墨	149.5 x 51.1		日本 中埜又左衛門先生	
山水圖（五鹿山房圖冊之第3）	冊頁	金箋	設色	31.8 x 60.9		美國 華盛頓特區弗瑞爾藝術館	1988.8c

畫家小傳：楊所修。字修白。號岷樵。河南商城人。神宗萬曆三十八（1610）年進士。善畫墨竹，有名於時。流傳署款紀年作品見於萬曆三十一（1603）年，至清世祖順治十五（1658）年。（見明畫錄、中國畫家人名大辭典）

唐志契

名稱		質地	色彩	尺寸 高x寬㎝	創作時間	收藏處所	典藏號碼
山雨欲來圖	軸	絹	設色	215 x 69		瀋陽 故宮博物院	
雪山寒流圖	軸	絹	設色	不詳	戊子（順治五年，1648）長至後五日	北京 故宮博物院	

名稱		質地	色彩	尺寸 高×寬㎝	創作時間	收藏處所	典藏號碼
山水圖	軸	絹	水墨	不詳	七十叟（順治五年，戊子，1648）	北京 故宮博物院	
攜杖溪頭圖	軸	絹	水墨	不詳	壬辰（順治九年，1652）夏四月	揚州 江蘇省揚州市博物館	
臨白石翁山水圖	軸	綾	水墨	不詳		揚州 江蘇省揚州市博物館	
亂山茅屋圖	軸	花絹	水墨	不詳	七十二叟（順治七年，1650）	泰州 江蘇省泰州市博物館	
山水圖	軸	絹	水墨	不詳	甲申（順治元年，1644）	鎮江 江蘇省鎮江市博物館	
門泊漁舟圖	軸	綾	水墨	132.3 × 46.1	辛卯（順治八年，1651）秋八月	蘇州 江蘇省蘇州博物館	
石路杖藜圖	軸	絹	設色	204 × 58.3		廣州 廣東省博物館	
山水圖（坐石看秋圖）	軸	綾	水墨	151.8 × 52.9	戊亥（？）深秋	日本 山口良夫先生	
茅山上宮圖	摺扇面	金箋	水墨	16.8 × 52.3	己巳（崇禎二年，1629）初春	北京 故宮博物院	
畫（唐志契等書畫冊8之1幀）	冊頁	花綾	水墨	不詳		上海 上海博物館	
山水圖	摺扇面	金箋	水墨	不詳	戊子（順治五年，1648）	南京 南京博物院	
水閣松風圖	摺扇面	金箋	水墨	不詳	戊午（萬曆四十六年，1618）	南通 江蘇省南通博物苑	
寒鴉歸林圖	摺扇面	金箋	水墨	不詳		蘇州 江蘇省蘇州博物館	
山水圖	摺扇面	粉箋	水墨	16.5 × 52.5	甲申（崇禎十七年，1644）	武漢 湖北省博物館	
墨筆山水（明人書畫扇丁冊之6）	摺扇面	金箋	水墨	不詳		日本 東京橋本辰二郎先生	

附：

水仙圖	軸	綾	水墨	不詳	辛巳（崇禎十四年，1641）	北京 中國文物商店總店	
山水圖	軸	紙	設色	不詳	甲申（順治元年，1644）長至後十日	鎮江 鎮江市文物商店	

畫家小傳：唐志契。字元生。又字敷五。海陵人。生於神宗萬曆七（1579）年。卒於清世祖順治八（1651）年。嗜好繪畫。通畫理，撰繪事微言四卷行世。（見明畫錄、無聲詩史、圖繪寶鑑續纂、中國畫家人名大辭典）

名稱		質地	色彩	尺寸 高×寬cm	創作時間	收藏處所	典藏號碼

盛 安

| 半蓬春圖 | 卷 | 紙 | 水墨 | 不詳 | | 北京 故宮博物院 | |

畫家小傳：盛安。字行之。號雪蓬。江蘇江寧人。工書，善畫。畫擅寫梅及竹石，其它花卉如菊、萱草之屬，亦佳，用筆蒼老，形類草書。
（見明畫錄、無聲詩史、圖繪寶鑑續纂、江寧縣志、中國畫家人名大辭典）

沈 昭

秋景山水圖	軸	金箋	設色	不詳	甲辰（萬曆三十二年，1604）秋九月	北京 故宮博物院	
峨嵋積雪圖	軸	絹	設色	不詳		北京 故宮博物院	
竹徑觀泉圖（明人便面畫冊肆冊（二）之17）	摺扇面	紙	設色	不詳		台北 故宮博物院	故畫 03538-17
松徑圖（名人畫扇（戊）冊之3）	摺扇面	紙	設色	不詳		台北 故宮博物院	故畫 03550-3
山水圖（明人書畫扇面冊之7）	摺扇面	金箋	設色	15.8 × 49.1		香港 潘祖堯小聽颿樓	CP35g
山水圖	摺扇面	紙	設色	不詳	癸亥（天啟三年，1623）春仲	北京 故宮博物院	
山水圖	摺扇面	金箋	設色	不詳		北京 中國歷史博物館	
山徑聽泉圖	摺扇面	金箋	設色	不詳	癸卯（萬曆三十一年，1603）	合肥 安徽省博物館	
五月江深草閣寒圖	摺扇面	金箋	設色	15.9 × 50.2		日本 橫濱岡山美術館	
山棧行旅圖	摺扇面	金箋	設色	17.7 × 54.4	乙卯（萬曆四十三年，1615）春日	日本 琦玉萬福寺	
山水圖	摺扇面	金箋	設色	16.5 × 49.3		日本 琦玉縣萬福寺	
附：							
四季山水圖	卷	絹	設色	不詳		濟南 山東省濟南市文物商店	

畫家小傳：沈昭。字秋萼。江蘇長洲人。與兄沈鼎俱善畫山水。擅長大劈斧，青綠著色尤佳。流傳署款紀年作品見於神宗萬曆三十二（1604）年至熹宗天啟三（1623）年。（見明畫錄、無聲詩史、畫史會要、中國畫家人名大辭典）

廖大受

| 雪庵像 | 軸 | 紙 | 設色 | 115.3 × 26.2 | 甲辰（萬曆三十二年，1604）秋日 | 北京 故宮博物院 | |
| 文昌像 | 軸 | 紙 | 設色 | 不詳 | | 北京 故宮博物院 | |

名稱		質地	色彩	尺寸 高×寬㎝	創作時間	收藏處所	典藏號碼

畫家小傳：廖大受。字君可。福建人，客居江蘇宜興。善寫照，為曾鯨弟子，稱精絕，譽為曾後允稱第一。流傳署款紀年作品見於神宗
　　　萬曆三十二（1605）年。（見明畫錄、江南通志、中國畫家人名大辭典）

魏 克

名稱		質地	色彩	尺寸 高×寬㎝	創作時間	收藏處所	典藏號碼
山水圖	卷	金箋	設色	不詳	萬曆甲寅（四十二年，1614）	北京 故宮博物院	
山水圖	卷	紙	設色	27.8 × 1144.3	泰昌元年（庚申，1620）	北京 故宮博物院	
山水圖	卷	紙	設色	不詳	崇禎甲戌（七年，1634）	上海 上海博物館	
水仙圖	卷	紙	水墨	32.5 × 535.5		成都 四川大學	
江濤清覽圖	卷	絹	設色	32.6 × 275	萬曆己未（四十七年，1619）正月	日本 大阪橋本大乙先生	
山水圖（古木寒江茅屋）	卷	紙	水墨	15.5 × 115.5	天啟元年（辛酉，1621）夏五	日本 東京島田修二郎先生	
山水圖	卷	紙	設色	30.3 × ?	崇禎乙亥（八年，1635）二月	美國 紐約大都會藝術博物館	68.195
千巖萬壑圖	卷	紙	設色	19.5 × 687		美國 俄州托雷多市藝術博物館	54.14
二十四番花信圖	卷	紙	設色	31.6 × ?	甲辰（萬曆三十二年，1604）中秋	美國 印地安那波里斯市藝術博物館	60.141
水仙圖	軸	紙	水墨	104 × 58		香港 劉作籌虛白齋	
策杖看山圖	軸	紙	設色	不詳	萬曆乙卯（四十三年，1615）	旅順 遼寧省旅順博物館	
水仙圖	軸	紙	水墨	63.1 × 29	乙亥（崇禎八年，1635）	上海 上海博物館	
歲寒圖（張風、孫謀、盛胤昌、魏之璜、魏之克、彭舉、希允合作）	軸	紙	水墨	不詳	丙子（崇禎九年，1636）	上海 上海博物館	
端午即景圖（魏之璜、魏之克、汪建、劉邁、殳君素合作）	軸	紙	設色	134.5 × 53.7	天啟元年（辛酉，1621）五月	廣州 廣州市美術館	
松蔭流泉圖	軸	金箋	設色	142 × 37.5	甲子（天啟四年，1624）	廣州 廣州市美術館	

名稱		質地	色彩	尺寸 高x寬㎝	創作時間	收藏處所	典藏號碼
高士觀瀑圖（山水人物圖扇面合冊之2）	冊頁	金箋	設色	15.6 x 46.6		香港 潘祖堯小聽颿樓	CP37c
梅下高士圖（山水人物圖扇面合冊之5）	冊頁	金箋	設色	18.3 x 54.4		香港 潘祖堯小聽颿樓	CP37f
雲山圖（山水人物圖扇面合冊之6）	冊頁	金箋	設色	15.3 x 47.4		香港 潘祖堯小聽颿樓	CP37g
□崖待渡圖	摺扇面	紙	水墨	不詳	己酉（萬曆三十七年，1609）	北京 故宮博物院	
山水圖（程勝等合作山水冊9之1幀）	冊頁	紙	設色	不詳	辛亥（萬曆三十九年，1611）	北京 故宮博物院	
山水圖	摺扇面	金箋	設色	16.7 x 52.6	己未（萬曆四十七年，1619）	北京 故宮博物院	
山水圖	摺扇面	金箋	設色	不詳	乙卯（萬曆四十三年，1615）	天津 天津市藝術博物館	
山水圖（鄒典、魏克山水合冊2之1幀）	冊頁	金箋	設色	29.8 x 7.5	天啟丙寅（六年，1626）	天津 天津市藝術博物館	
高峰遠帆圖	摺扇面	金箋	設色	18.5 x 54.5	乙卯（萬曆四十三年，1615）	南京 南京博物院	
江天樓閣圖	摺扇面	金箋	設色	16.9 x 54.5	甲子（天啟四年，1624）	南京 南京博物院	
瀟湘夜雨圖	摺扇面	金箋	水墨	不詳	庚申（萬曆四十八年，1620）	南京 南京市博物館	
山水圖	摺扇面	金籤	水墨	不詳	壬戌（天啟二年，1622）	成都 四川省博物院	
山水圖	摺扇面	金箋	設色	不詳	戊辰（崇禎元年，1628）	重慶 重慶市博物館	
山水圖（溪山琳宇)	摺扇面	金箋	設色	15.8 x 52.1	庚戌（萬曆三十八年，1610）夏日	日本 埼玉縣萬福寺	
附：							
山水圖	卷	紙	設色	28.5 x 210	萬曆乙卯（四十三年，1615）二月	紐約 佳士得藝品拍賣公司/拍賣目錄1992,12,02.	
水仙圖	軸	紙	設色	不詳	丁巳（萬曆四十五年，1617）	北京 北京市文物商店	
古寺晚鴉圖	摺扇面	灑金箋	設色	17.5 x 52	乙丑（天啟五年，1625）九月	紐約 佳仕得藝品拍賣公司/拍賣目錄1986,12,01.	

名稱		質地	色彩	尺寸 高×寬㎝	創作時間	收藏處所	典藏號碼

畫家小傳：魏克。原名之克，後改名克。字叔和。江蘇上元人。魏之璜弟。工詩。善畫山水、花卉、水仙，妙極古今。與兄俱以賣畫為生。流傳署款紀年作品見於神宗萬曆三十二（1604）年，至思宗崇禎九(1636)年。(見明畫錄、無聲詩史、圖繪寶鑑續纂、江寧志、列朝詩集小傳、中國畫家人名大辭典)

(釋) 隱 元

蘭竹圖	軸	絹	水墨	115 × 38.3	甲辰（萬曆三十二年，1604）冬	日本 京都萬福寺	
布袋圖	軸	絹	水墨	115 × 38.3		日本 京都萬福寺	
水仙菊花圖	軸	絹	水墨	115 × 38.3	甲辰（萬曆三十二年，1604）冬	日本 京都萬福寺	

畫家小傳：隱元。僧。本名陸琦。號木庵。為禪宗臨濟宗正傳三十二世。卓錫黃蘗。嘗東渡日本，頗受彼邦人士禮敬。能書畫。流傳署款紀年作品見於神宗萬曆三十二（1604）年。

張堯恩

村舍煙巒圖	軸	金箋	水墨	127 × 44.2	甲辰（萬曆三十二年，1604）	福州 福建省博物館	
秋山書屋（明人便面畫冊肆冊（四）之4）	摺扇面	紙	設色	不詳		台北 故宮博物院	故畫 03539-4
茂林清暑（明人便面畫冊肆冊（四）之5）	摺扇面	紙	設色	不詳		台北 故宮博物院	故畫 03539-5
山水圖	摺扇面	紙	設色	不詳	乙卯（萬曆四十三年，1615）春	北京 故宮博物院	
梅竹石圖	摺扇面	金箋	水墨	不詳	丁巳（萬曆四十五年，1617）	北京 故宮博物院	
附：							
山水圖	摺扇面	金箋	水墨	不詳		天津 天津市文物公司	
風雨歸舟圖	摺扇面	紙	水墨	18.5 × 54.5		紐約 佳士得藝品拍賣公司/拍賣目錄 1983,11,30.	
山水圖	摺扇面	灑金箋	水墨	18.4 × 55.3	癸亥（天啟三年，1623）夏	紐約 蘇富比藝品拍賣公司/拍賣目錄 1988,06,01.	

畫家小傳：張堯恩。字孺承。浙江杭州人。善畫山水，筆意與文徵明相似，又仿效元吳鎮，亦佳。流傳署款紀年作品見於神宗萬曆三十二(1604)至熹宗天啟三（1623）年。(見圖繪寶鑑續纂、中國畫家人名大辭典)

宥立愛

名稱		質地	色彩	尺寸 高x寬㎝	創作時間	收藏處所	典藏號碼
菜蔬圖（19幀）	冊	紙	水墨	（每幀）24.2 x 38.6	萬曆甲辰（三十二 年，1604）	廣州 廣州市美術館	

畫家小傳：宥立愛。畫史無載。流傳署款紀年作品見於神宗萬曆三十二(1604)年。身世待考。

張　純

附：

| 龍圖、虎圖（2幅） | 軸 | 絹 | 水墨 | （每幅）137.2 x 75.9 | | 紐約 蘇富比藝品拍賣公司/拍 賣目錄 1984,10,12、13. | |

畫家小傳：張純。畫史無載。作品自署甲辰進士，知為活動於神宗萬曆三十二(1604)年前後。身世待考。

劉世珍

| 山水圖 | 摺扇面 | 紙 | 水墨 | 不詳 | | 南通 江蘇省南通博物苑 | |
| 山水圖 | 摺扇面 | 金箋 | 設色 | 14.3 x 45 | 乙巳（萬曆三十三 年，1605）秋日 | 美國 勃克萊加州大學藝術館 （高居翰教授寄存） | CM12d |

畫家小傳：劉世珍。字武夷。江蘇儀真人。以繪畫出名。流傳署款紀年作品見於神宗萬曆三十三（1605）年。（見明畫錄、畫史會要、中國 畫家人名大辭典）

劉原起

蘭竹石圖	卷	紙	水墨	30.5 x 407	庚午（崇禎三年， 1630）秋日	上海 上海博物館	
幽谷生香圖（明劉原起、陳元 素、周瑞、曹羲、蔣體中、南 陽山樵、王皋分作）	卷	紙	設色、 水墨	不詳	己未（萬曆四十七 1619）年	蘇州 江蘇省蘇州博物館	
雪景	軸	紙	設色	136.1 x 59.7	庚午（崇禎三年， 1630）冬日	台北 故宮博物院	故畫 00605
歲朝豐樂圖	軸	紙	設色	97.3 x 51.5	壬申（崇禎五年， 1632）元旦	台北 故宮博物院	故畫 00606
靈巖積雪圖	軸	絹	設色	63.3 x 31.6	壬子（萬曆四十年 ，1612）冬月	台北 故宮博物院	故畫 00607
林巒積雪	軸	紙	設色	136.3 x 33.5		台北 故宮博物院	故畫 01357
松墅高閒	軸	紙	水墨	96.7 x 46.1		台北 故宮博物院	故畫 02288
雪霽圖	軸	紙	設色	31 x 32.5		台北 黃君璧白雲堂	
仿梅道人山水圖	軸	紙	水墨	92.5 x 41.5	壬申（崇禎五年， 1632）	長春 吉林省博物館	

名稱		質地	色彩	尺寸 高x寬cm	創作時間	收藏處所	典藏號碼
虎丘歸棹圖	軸	紙	設色	106.2 x 32.5	戊午（萬曆四十六年，1618）	北京 故宮博物院	
溪山訪友圖	軸	紙	設色	205.2 x 57	己未（萬曆四十七年，1619）	北京 故宮博物院	
蘭竹石圖（陳元素、劉原起、陳白合作）	軸	紙	水墨	不詳	庚申（泰昌元年，1620）浴佛日	北京 故宮博物院	
雪景山水圖	軸	金箋	設色	不詳	丙寅（天啟六年，1626）	北京 故宮博物院	
雪景山水圖	軸	紙	設色	不詳	丁卯（天啟七年，1627）	北京 故宮博物院	
雪山遲客圖	軸	絹	設色	不詳	天啟丁卯（七年，1627）	北京 故宮博物院	
綠天高士圖	軸	紙	設色	120 x 35	辛未（崇禎四年，1631）	北京 故宮博物院	
溪樓觀瀑圖	軸	紙	設色	不詳	辛未（崇禎四年，1631）	北京 故宮博物院	
雪江賣魚圖	軸	紙	設色	98 x 49.3		北京 故宮博物院	
雪景山水圖	軸	紙	設色	不詳		北京 故宮博物院	
靈巖雪積圖	軸	絹	設色	不詳	壬子（萬曆四十年，1612）	天津 天津市藝術博物館	
歲寒五友圖	軸	紙	設色	157.5 x 26.5	乙丑（天啟五年，1625）嘉平二十七日	天津 天津市藝術博物館	
雪景山水圖	軸	紙	設色	208.8 x 70	崇禎戊辰（元年，1628）	天津 天津市藝術博物館	
歲寒圖（陳嘉言、盛茂燁、劉原起、王子元、王中立合作）	軸	紙	設色	158 x 63		天津 天津市藝術博物館	
水天獨坐圖	軸	紙	水墨	173.3 x 22	乙丑（天啟五年，1625）	天津 天津市歷史博物館	
秋山圖	軸	紙	設色	137.6 x 30.2	己未（萬曆四十七年，1619）夏日	上海 上海博物館	
雪山行旅圖	軸	絹	水墨	251.7 x 80.6	天啟辛酉（元年，1621）	南京 南京博物院	

名稱		質地	色彩	尺寸 高×寬㎝	創作時間	收藏處所	典藏號碼
（虎丘）憨憨泉圖	軸	紙	設色	101.5 × 51.3	庚午（崇禎三年，1630）	南京 南京博物院	
雪江垂釣圖	軸	絹	設色	不詳	丁巳（萬曆四十五年，1617）冬日	杭州 浙江省杭州市文物考古所	
春元瑞雪圖	軸	紙	設色	138.3 × 33.7	庚午（崇禎三年，1630）夏五月	成都 四川省博物館	
城關驟雨圖	軸	紙	設色	122 × 60.5	崇禎戊辰（元年，1628）	廣州 廣州市美術館	
歲朝晴雪圖	軸	絹	設色	118.5 × 48	崇禎戊辰（元年，1628）	南寧 廣西壯族自治區博物館	
春、秋山水圖（對幅）	軸	絹	設色	（每幅）115.6 × 41.7		日本 仙台市博物館	
雪閒煎茶圖	軸	紙	設色	132.8 × 60.2	崇禎辛未（四年，1631）二月廿二日	美國 普林斯頓大學藝術館（私人寄存）	
蘭花圖（明人便面集錦冊之17）	摺扇面	紙	設色	不詳		台北 故宮博物院	故畫 03541-17
風雨歸渡（明人書畫扇亨冊之3）	冊頁	紙	設色	16.8 × 52.6		台北 故宮博物院	故畫 03565-3
雨中山溪（明人書畫扇亨冊之4）	冊頁	紙	水墨	15.9 × 49.3		台北 故宮博物院	故畫 03565-4
梧竹草堂	摺扇面	紙	設色	不詳		台北 故宮博物院	故扇 00261
山水圖（明劉原起等山水冊之1幀）	冊頁	絹	設色	不詳		天津 天津市藝術博物館	
春耕圖	摺扇面	金箋	設色	不詳	丁巳（萬曆四十五年，1617）	常熟 江蘇省常熟市文物管理委員會	
春耕圖	摺扇面	紙	設色	不詳	丁巳（萬曆四十五年，1617）九月	廣州 廣州美術學院	
雪景山水圖	摺扇面	紙	設色	不詳	辛未（崇禎四年，1631）冬十二月五日	美國 維吉尼亞州美術館	
山水圖	冊頁	絹	設色	32.2 × 35.2		美國 密歇根大學藝術博物館	1966/1.91
山水圖	摺扇面	金箋	設色	17.9 × 55.8		美國 舊金山亞州藝術館	
山水圖	摺扇面	金箋	設色	16.6 × 51.1	天啟辛酉（元年，1621）中秋	德國 科隆東亞藝術博物館	A55.52

名稱		質地	色彩	尺寸 高×寬㎝	創作時間	收藏處所	典藏號碼

附：

名稱		質地	色彩	尺寸 高×寬㎝	創作時間	收藏處所	典藏號碼
靈巖雪積圖	軸	絹	設色	不詳	壬子（萬曆四十年，1612）	濟南 山東省濟南市文物商店	
深山結廬圖	軸	紙	水墨	334.5 × 99	萬曆辛丑（二十九年，1601）仲夏	紐約 佳士得藝品拍賣公司/拍賣目錄1991,05,29.	
長松健鶴圖	軸	紙	設色	126 × 64	崇禎己巳（二年，1629）七月既望	紐約 佳士得藝品拍賣公司/拍賣目錄1993,06,04.	
雪齋品茗圖	軸	紙	設色	127.5 × 55.5	崇禎己巳（二年，1629）初秋	香港 蘇富比藝品拍賣公司/拍賣目錄1999,10,31.	
雪山行旅圖	摺扇面	金箋	設色	16.2 × 51.2	乙巳（萬曆三十三年，1605）三月	紐約 佳士得藝品拍賣公司/拍賣目錄1995,3,22.	

畫家小傳：劉原起。初名祚，字原起，後以字行，更字子正。號振之。江蘇吳縣人。工詩。善畫山水，師於錢穀。流傳署款紀年作品
　　見於神宗萬曆三十三(1605)年至思宗崇禎五(1632)年。（見明畫錄、吳縣志、中國畫家人名大辭典）

王尚廉

名稱		質地	色彩	尺寸 高×寬㎝	創作時間	收藏處所	典藏號碼
菊石圖	卷	紙	水墨	不詳	萬曆乙巳（三十三年，1605）	廣州 廣州市美術館	
竹菊圖	軸	紙	水墨	126.1 × 29.6	甲寅（萬曆四十二年，1614）	蘇州 江蘇省蘇州博物館	

畫家小傳：王尚廉。字清宇。江蘇金壇人。善寫菊花，得孤芳之神。流傳署款紀年作品見於神宗萬曆三十三（1605）、四十二（1614）年（見
　　無聲詩史、中國畫家人名大辭典）

黃炳中

名稱		質地	色彩	尺寸 高×寬㎝	創作時間	收藏處所	典藏號碼
臨溪院落圖（明俞之彥等山水卷4之1段）	卷	金箋	設色	31.2 × 59.6	萬曆壬子（四十年，1612）仲冬望	天津 天津市藝術博物館	
梅園（申時行適適圃圖景冊之1）	冊頁	絹	設色	34.7 × 63.7	萬曆乙巳（三十三年，1605）仲夏日	台北 故宮博物院	故畫03578-1
杏壇（申時行適適圃圖景冊之2）	冊頁	紙	設色	34.7 × 63.7		台北 故宮博物院	故畫03578-2
柳塘（申時行適適圃圖景冊之3）	冊頁	紙	設色	34.7 × 63.7		台北 故宮博物院	故畫03578-3
桃塢（申時行適適圃圖景冊之4）	冊頁	紙	設色	34.7 × 63.7		台北 故宮博物院	故畫03578-4
水竹居（申時行適適圃圖景冊	冊頁	紙	設色	34.7 × 63.7		台北 故宮博物院	故畫03578-5

名稱		質地	色彩	尺寸 高x寬cm	創作時間	收藏處所	典藏號碼
之5)							
牡丹亭（申時行適適圃圖景冊之6）	冊頁	紙	設色	34.7 x 63.7		台北 故宮博物院	故畫 03578-6
竹徑（申時行適適圃圖景冊之7）	冊頁	紙	設色	34.7 x 63.7		台北 故宮博物院	故畫 03578-7
蓮池（申時行適適圃圖景冊之8）	冊頁	紙	設色	34.7 x 63.7		台北 故宮博物院	故畫 03578-8
菊圃（申時行適適圃圖景冊之9）	冊頁	紙	設色	34.7 x 63.7		台北 故宮博物院	故畫 03578-9
賜閒堂（申時行適適圃圖景冊之10）	冊頁	紙	設色	34.7 x 63.7		台北 故宮博物院	故畫 03578-10

畫家小傳：黃炳中。畫史無載。與申時行同時。流傳署款紀年作品見於神宗萬曆三十三（1605）年。身世待考。

王　偕

名稱		質地	色彩	尺寸 高x寬cm	創作時間	收藏處所	典藏號碼
蘆雁圖	軸	絹	設色	180 x 98.5	丙午（萬曆三十四年，1606）	北京 故宮博物院	
蓮塘秋禽圖	軸	紙	設色	116 x 59		揚州 江蘇省揚州市博物館	
松鷹飛禽圖	軸	紙	設色	99.5 x 94.6		南京 南京博物院	
芙蓉（清花卉畫冊二冊之5）	冊頁	紙	設色	不詳		台北 故宮博物院	故畫 03518-5
花鳥（6幀）	冊	紙	設色	不詳		北京 故宮博物院	

畫家小傳：王偕。籍里、身世不詳。善畫花鳥。為唐志尹之師。流傳署款紀年作品見於神宗萬曆三十四（1606）年。（見畫史會要、中國畫家人名大辭典）

杜大綬

名稱		質地	色彩	尺寸 高x寬cm	創作時間	收藏處所	典藏號碼
品硯圖并書端谿硯譜	卷	絹	設色	27.5 x ?		美國 普林斯頓大學藝術館（Edward Elliott 先生寄存）	L296.70
幽蘭秀石圖	軸	紙	設色	不詳	萬曆四十三年（乙卯，1615）春二月望日	北京 故宮博物院	
蘭竹石圖（沈公繩、薛明益、沈顥、周垍、陳元素、陳潤、杜大綬、鄒國豐合作）	軸	紙	水墨	不詳		北京 故宮博物院	

名稱		質地	色彩	尺寸 高×寬㎝	創作時間	收藏處所	典藏號碼
幽蘭圖	軸	紙	設色	110.3 × 32.8	萬曆乙卯（四十三年，1615）	南京 南京博物院	

畫家小傳：杜大綬。字子紓。江蘇吳人。工書。善畫山水，頗有逸趣。流傳署款紀年作品見於神宗萬曆三十四（1606）至四十六（1618）年。（見無聲詩史、耕硯田齋筆記、中國畫家人名大辭典）

王維烈

名稱		質地	色彩	尺寸 高×寬㎝	創作時間	收藏處所	典藏號碼
梅花圖（王維烈、顧景、王璽、陳嘉言合作）	卷	紙	水墨	不詳		北京 故宮博物院	
瀟湘八景圖（吳令等八人合作分繪於二扇面，裝卷）	卷	金箋	設色	（每面）16.7 × 52.2		北京 故宮博物院	
四季花鳥圖	卷	絹	設色	不詳		日本 東京藤井善助先生	
雙喜圖	軸	紙	設色	118.7 × 63.1		台北 故宮博物院	故畫 01356
蓉塘秋鴨圖	軸	紙	設色	122.7 × 45.3		台北 故宮博物院	中畫 00037
梅石鳴禽圖	軸	絹	設色	不詳	崇禎庚辰（十三年，1640）臘月朔日	北京 故宮博物院	
玉蘭杏花圖	軸	絹	設色	不詳		北京 故宮博物院	
白鷴圖	軸	絹	設色	167 × 85.5		北京 故宮博物院	
松鶴凌霄圖	軸	絹	設色	不詳		北京 故宮博物院	
貓石圖	軸	紙	水墨	94 × 40.2	戊寅（崇禎十一年，1638）午月	北京 中國美術館	
梅石花籃圖	軸	綾	設色	104.5 × 47.5		天津 天津市藝術博物館	
辛夷花圖	軸	紙	水墨	27.3 × 30.4		南京 南京博物院	
菱塘哺雛圖	軸	絹	設色	105.9 × 403		南京 南京博物院	
梅石雉雞圖	軸	絹	設色	不詳		寧波 浙江省寧波市天一閣文物保管所	
百春平安圖	軸	絹	設色	123.5 × 60.2		日本 東京岩崎小彌太先生	
花石草蟲圖	軸	金箋	設色	63.5 × 29.2		日本 東京林宗毅先生	
百子花圖（石榴幽禽）	軸	紙	設色	80.4 × 32	丙午（萬曆三十四年，1606）新正望	日本 盛田昭夫先生	
菊兔圖	軸	絹	設色	102.1 × 47.7		日本 私人	

名稱		質地	色彩	尺寸 高x寬cm	創作時間	收藏處所	典藏號碼
花鳥圖	軸	絹	設色	145.1 x 60.2		日本 私人	
蕉竹林亭（明人畫扇冊四冊之10）	摺扇面	紙	設色	不詳		台北 故宮博物院	故畫 03530-10
梅花（明人畫扇集冊貳冊（下）之11）	摺扇面	紙	設色	不詳		台北 故宮博物院	故畫 03535-11
設色菊花（明人書畫扇亨冊之5）	摺扇面	紙	設色	17.7 x 52.2		台北 故宮博物院	故畫 03565-5
梅花山鳥	摺扇面	紙	設色	不詳		台北 故宮博物院	故扇 00262
蓮石鴛鴦圖	摺扇面	紙	設色	不詳	癸亥（天啟三年，1623）夏	北京 故宮博物院	
花卉圖（10幀）	冊	絹	設色	（每幀）29.5 x 27	庚午（崇禎三年，1630）元日	上海 上海博物館	
附：							
桃柳飛燕圖	軸	絹	設色	不詳	丙寅（天啟六年，1626）	上海 上海文物商店	
孔雀圖	軸	絹	設色	不詳		上海 上海文物商店	
梅雀圖	軸	絹	設色	不詳	崇禎庚午（三年，1630）	蘇州 蘇州市文物商店	
春江水暖	軸	金箋	設色	58 x 30	甲寅（萬曆四十二年，1614）春莫	紐約 佳士得藝品拍賣公司/拍賣目錄 1993,12,01.	

畫家小傳：王維烈。字無競。江蘇吳縣人。善畫花鳥。評者謂品在周之冕下、高陽之上。流傳署款紀年作品見於神宗萬曆三十四年（1606）年至思宗崇禎十三（1640）年。（見明畫錄、海虞畫苑略、常熟志、畫史會要、中國畫家人名大辭典）

汪 澄

山水圖	軸	絹	設色	140.8 x 51.1		美國 加州 Richard Vinogra-d 先生	
秋溪遊艇圖	摺扇面	金箋	設色	不詳	丙午（萬曆三十四年，1606）春日	北京 故宮博物院	

畫家小傳：汪澄。字澹然。安徽徽州人。身世不詳。工畫。流傳署款紀年作品見於神宗萬曆三十四（1606）年。（見畫史會要、中國美術家人名辭典）

郝 敬

名稱		質地	色彩	尺寸 高×寬cm	創作時間	收藏處所	典藏號碼
隱居圖	軸	紙	水墨	143.7 × 47	萬曆丙午（三十四年，1606）六月八日	北京 故宮博物院	

畫家小傳：郝敬。字仲輿。號楚望。京山人。神宗萬曆年間進士。幼稱神童。長折節讀書，通經學，富著述。亦善畫。流傳署款紀年作品見於神宗萬曆三十四(1606)年。（見明史本傳、藝文志、安陸府志、畫史會要、中國畫家人名大辭典）

鄒之麟

名稱		質地	色彩	尺寸 高×寬cm	創作時間	收藏處所	典藏號碼
仿子久富春山居圖	卷	紙	水墨	29 × 1012	辛卯（順治八年，1651）冬日	香港 黃秉章先生	
仿黃子久山水圖	卷	紙	水墨	不詳	辛卯（順治八年，1651）中秋	北京 故宮博物院	
倣大癡山水圖	軸	絹	設色	134.1 × 87.3	壬午（崇禎十五年，1642）秋中	香港 中文大學中國文化研究所文物館	95.551
擬大癡山水圖（為昌裔作）	軸	紙	設色	166.9 × 52	崇禎乙亥（八年，1635）二月晦日	香港 何耀光至樂樓	
仿黃公望南山喬木圖	軸	紙	設色	163.8 × 56		香港 香港美術館・虛白齋	XB1992.126
甘露瓶供圖	軸	紙	設色	120.5 × 50.7		香港 徐伯郊先生	
山水圖	軸	紙	水墨	133.3 × 62.8		北京 故宮博物院	
山水圖	軸	絹	水墨	129 × 54.6		北京 故宮博物院	
山水圖	軸	紙	水墨	不詳		北京 故宮博物院	
仿董源山水圖	軸	紙	水墨	不詳		北京 首都博物館	
古寺高峰圖	軸	綾	設色	109 × 49	庚辰（崇禎十三年，1640）	天津 天津市藝術博物館	
富春逸興圖	軸	紙	水墨	138.2 × 26.5		天津 天津市藝術博物館	
破虜齋仿古山水圖	軸	絹	設色	91.5 × 45		合肥 安徽省博物館	
水閣秋深圖	軸	綾	水墨	不詳		上海 上海博物館	
近水遠山圖	軸	紙	水墨	144.9 × 67.4		上海 上海博物館	
仿王蒙薜蘿山房圖（為景陽作）	軸	紙	水墨	98 × 44	戊寅（崇禎十一年，1638）	南京 南京博物院	
滄江水閣圖	軸	紙	設色	93.5 × 29.9	辛巳（崇禎十四年	重慶 重慶市博物館	

名稱		質地	色彩	尺寸 高×寬cm	創作時間	收藏處所	典藏號碼
					，1641）		
山舟圖	軸	紙	設色	94 × 48		南寧 廣西壯族自治區博物館	
怪石松筠圖	軸	紙	水墨	94.2 × 39.1		日本 東京山本悌三郎先生	
仿大癡溪山無盡圖意山水圖	軸	紙	水墨	不詳	壬午（崇禎十五年，1642）秋中	日本 東京張允中先生	
仿黃子久溪山無盡圖	軸	紙	水墨	110 × 47		日本 大阪橋本大乙先生	
仿黃公望茂林仙館圖	軸	綾	水墨	121.6 × 37.7		美國 聖路易斯市藝術館（米蘇里州梅林先生寄存）	
仿古山水圖	軸	綾	設色	91.5 × 45		合肥 安徽省博物館	
山水（明人畫扇冊四冊之3）	摺扇面	紙	水墨	不詳		台北 故宮博物院	故畫 03530-3
春山晴碧（明人便面畫冊肆冊（四）之14）	摺扇面	紙	設色	不詳		台北 故宮博物院	故畫 03539-14
書畫（8幀）	冊	紙	設色	不詳		上海 上海博物館	
山水（9幀）	冊	紙	設色	不詳		上海 上海博物館	
臨元人山水（10幀）	冊	紙	設色	不詳		上海 上海博物館	
墨竹圖	摺扇面	紙	水墨	不詳	崇禎辛巳（十四年，1641）	杭州 浙江省博物館	
山水圖（明蔡世新等雜畫冊4之1幀）	冊頁	紙	設色	不詳		杭州 浙江省杭州市西泠印社	
空山疏樹圖	摺扇面	金箋	水墨	不詳	戊寅（崇禎十一年，1638）	南寧 廣西壯族自治區博物館	
擬子久筆意圖	冊頁	紙	設色	不詳		美國 波士頓美術館	
山水（7幀）	冊	紙	水墨	（每幀）28 × 21.8		美國 New Haven 翁萬戈先生	
山水圖	摺扇面	金箋	水墨	16 × 55		美國 紐約顧洛阜先生	
山水圖	摺扇面	金箋	水墨	16.1 × 51.4		美國 舊金山亞洲藝術館	B84 D1.2
山水圖	摺扇面	金箋	水墨	15.7 × 49.6		德國 柏林東亞藝術博物館	1988-391
山水圖	摺扇西	金箋	水墨	15.9 × 48.5		德國 柏林東亞藝術博物館	1988-392
附：							
青綠山水圖	軸	絹	設色	162 × 60.6		上海 上海文物商店	
平陵水色圖	軸	綾	水墨	140 × 51.5	崇禎十四年（辛巳，1641）	武漢 湖北省武漢市文物商店	
廬山圖	軸	紙	設色	256 × 74		紐約 佳士得藝品拍賣公司/拍賣目錄 1989,06,01.	

名稱		質地	色彩	尺寸 高x寬cm	創作時間	收藏處所	典藏號碼
天池石壁圖	軸	紙	設色	145.5 x 45		紐約 佳士得藝品拍賣公司/拍賣目錄 1990,11,28.	
山水圖（9幀）	冊	紙	水墨	（每幀）24.5 x 27.6	甲午（順治十一年，1654）	武漢 湖北省武漢市文物商店	
山水圖	摺扇面	金箋	水墨	不詳		紐約 佳士得藝品拍賣公司/拍賣目錄 1984,06,29.	
山水圖	摺扇面	金箋	水墨	15.5 x 45.5		紐約 蘇富比藝品拍賣公司/拍賣目錄 1985,06,03.	
山水法書（10幀）	摺扇面	金箋	水墨	不詳		紐約 佳士得藝品拍賣公司/拍賣目錄 1994,11,30.	
山水（鄒之麟、方以智山水合冊8之4幀）	冊頁	紙	水墨	（每幀）19.5 x 39		香港 佳士得藝品拍賣公司/拍賣目錄 1995,04,30.	
溪山對話	摺扇面	金箋	設色	16 x 51	壬辰（順治九年，1652）冬	紐約 佳士得藝品拍賣公司/拍賣目錄 1996,09,18.	
山水（明清各家山水扇面冊12之1幀）	摺扇面	金箋	水墨	不詳		紐約 佳士得藝品拍賣公司/拍賣目錄 1997,09,19.	

畫家小傳：鄒之麟。字虎臣，號昧庵、白衣山人。江蘇武進人。神宗萬曆三十八（1610）年進士。善詩、古文辭。福王時，官尚寶丞。明亡歸里，以逸老自號。清世祖順治八（1651）年尚在。工畫山水，學黃公望畫法。（見明畫錄、無聲詩史、圖繪寶鑑續纂、國朝畫徵錄、桐陰論畫、中國畫家人名大辭典）

趙 澄

名稱		質地	色彩	尺寸 高x寬cm	創作時間	收藏處所	典藏號碼
仙山夢影圖	軸	絹	設色	48.5 x 30.6	七十四（順治十一年，甲午，1654）	天津 天津市藝術博物館	
江天雪霽圖	軸	絹	設色	不詳		天津 天津市藝術博物館	
竹石圖	軸	綾	水墨	165.5 x 53		濟南 山東省博物館	
奇峰煙樹圖	軸	絹	水墨	47.5 x 31	甲午（順治十一年1654）九月	鎮江 江蘇省鎮江市博物館	
臨古山水（2幅）	軸	絹	設色	不詳		嘉興 浙江省嘉興市博物館	
秋溪策蹇圖	軸	絹	設色	不詳		寧波 浙江省寧波市天一閣文物保管所	
仿范寬雪爐竹屋圖	軸	絹	水墨	110 x 47	丁亥（順治四年，1647）	成都 四川大學	
傚夏仲圭竹亭觀柳圖（趙澄仿古山水冊之1）	冊頁	絹	設色	31.5 x 22		台北 故宮博物院	故畫 03433-1

名稱		質地	色彩	尺寸 高x寬cm	創作時間	收藏處所	典藏號碼
傲張遵禮溪橋觀泉圖（趙澄仿古山水冊之 2）	冊頁	絹	設色	31.5 x 22		台北 故宮博物院	故畫 03433-2
傲劉松年春城桃李圖（趙澄仿古山水冊之 3）	冊頁	絹	設色	31.5 x 22	丁酉（順治十四年，1657）新正□前三日午夜	台北 故宮博物院	故畫 03433-3
傲李龍眠山溪訪友圖（趙澄仿古山水冊之 4）	冊頁	絹	設色	31.5 x 22	丁酉（順治十四年，1657）元宵前二日，時年七十有七	台北 故宮博物院	故畫 03433-4
傲范中立飛泉棧道圖（趙澄仿古山水冊之 5）	冊頁	絹	設色	31.5 x 22		台北 故宮博物院	故畫 03433-5
傲趙子固雲山台閣圖（趙澄仿古山水冊之 6）	冊頁	絹	設色	31.5 x 22		台北 故宮博物院	故畫 03433-6
傲荊浩晚照翻壁圖（趙澄仿古山水冊之 7）	冊頁	絹	設色	31.5 x 22		台北 故宮博物院	故畫 03433-7
傲王摩詰江天雪霽圖（趙澄仿古山水冊之 8）	冊頁	絹	設色	31.5 x 22	丁酉（順治十四年，1657）新正十五夜	台北 故宮博物院	故畫 03433-8
仿古山水圖（12 幀）	冊	絹	設色	不詳	癸巳（順治十年，1653）	北京 故宮博物院	
煙樹讀書圖	摺扇面	金箋	水墨	16.3 x 49.4		南京 南京博物院	
附：							
山海巨關圖	軸	絹	設色	不詳		濟南 山東省濟南市文物商店	
高山流水圖	軸	絹	設色	不詳	順治辛丑（十八年，1661）	上海 上海文物商店	
摹宋人山水圖（8 幀）	冊	絹	設色	（每幀）20.6 x 50	己亥（順治十三年，1656）	天津 天津市文物公司	
山水圖	摺扇面	金箋	水墨	16.5 x 52		紐約 佳士得藝品拍賣公司/拍賣目錄 1988,11,30.	
山水圖	摺扇面	金箋	設色	20.3 x 52.1		紐約 佳士得藝品拍賣公司/拍賣目錄 1993,12,01.	

畫家小傳：趙澄。晚署名作澂。號雪江。潁州人。生於明神宗萬曆九（1581）年。清世祖順治十八（1661）年八十一歲尚在世。博學能詩。善畫山水，潑墨、細謹兩擅其長。學宗范寬、李唐、董源諸家，尤苦臨摹；又工寫照。（見櫟園讀畫錄、圖繪寶鑑續纂、國朝畫徵錄、桐陰論畫、中國畫家人名大辭典）

梁元柱

名稱	質地	色彩	尺寸 高x寬㎝	創作時間	收藏處所	典藏號碼

| 風竹圖 | 軸 灑金箋 | 水墨 | 128 x 55 | 天啟甲子（四年，
1624）初秋 | 廣州 廣州市美術館 | |

畫家小傳：梁元柱。字仲玉（又字森琅）。廣東順德人。生於神宗萬曆九（1581）年。卒於思宗崇禎元（1628）年。天啟二年進士。仕官至
　　　　御史。以畫竹出名；醉後縱筆作山水、松石，人物、鬼神，無不精絕；又能寫貌。署款紀年作品見於熹宗天啟四（1624）年。
　　　　（見粵東詩海、順德縣誌、番禺縣誌、五林山志、中國美術家人名辭典）

徐 智

仿曹知白筆意山水圖	軸	紙	設色	117.4 x 55	壬辰（順治九年， ，1652）春陽日	日本 山口正夫先生	
雲山圖（為仲裕作，陳道等十 人山水冊10之1幀）	冊頁	紙	設色	23.4 x 31.5	辛亥（萬曆三十九 年，1611）暮春	北京 故宮博物院	
江樹泊舟圖	摺扇面 金箋		設色	15 x 47.8	乙巳（萬曆三十四 年，1605）	日本 京都萬福寺	

畫家小傳：徐智。號閒閒居士。江蘇長洲人。善畫山水，筆法宋趙大年。流傳署款紀年作品見於神宗萬曆三十四（1605）年，至清世祖
　　　　順治九（1652）年。（見耕硯田齋筆記、中國畫家人名大辭典）

方維儀

西池大阿羅漢圖	卷	絹	水墨	不詳	順治著雍閹茂（戊 戌，十五年，1658）	旅順 遼寧省旅順博物館	
觀音圖	軸	紙	水墨	不詳	時年七十五（順治 十五年，1658）	合肥 安徽省博物館	
羅漢圖	軸	絹	水墨	66.8 x 31.7	時年七十六（順治 十六年，1659）	合肥 安徽省博物館	
羅漢圖	軸	紙	水墨	61.5 x 26	時年七十六（順治 十六年，1659）	合肥 安徽省博物館	
羅漢圖	軸	紙	水墨	不詳	辛丑（順治十八年 ，1661）	合肥 安徽省博物館	

畫家小傳：方維儀。女。字仲賢。安徽桐城人。生於明神宗萬曆十（1582）年，卒於聖祖康熙七（1668）年。適秀水姚氏。早寡守志。
　　　　酷精禪藻、文史。與姐孟式俱工詩畫，長繪佛像、大士。（見明畫錄、國朝畫徵錄、池北偶談、靜志居詩話、婦女集、中國畫
　　　　家人名大辭典）

張應召

| 牡丹圖 | 卷 | 綾 | 水墨 | 不詳 | 丁卯（天啟七年，
1627）秋日 | 北京 故宮博物院 | |

名稱		質地	色彩	尺寸 高x寬cm	創作時間	收藏處所	典藏號碼
萬竿煙雨圖	軸	絹	水墨	不詳	己丑（順治六年，1649）	上海 上海博物館	
孟堅（黃培）像	軸	紙	設色	不詳	癸酉（崇禎六年，1633）初夏	濟南 山東省博物館	
竹石圖	軸	絹	水墨	不詳	戊子（順治五年，1648），六十七歲	濟南 山東省博物館	
山水圖	摺扇面	金箋	水墨	不詳	壬戌（天啟二年，1622）	長春 吉林省博物館	
山水圖	摺扇面	金箋	水墨	不詳	壬戌（天啟二年，1622）夏日	北京 故宮博物院	

畫家小傳：張應召。字用之。山東膠州人。生於神宗萬曆十（1582）年，清世祖順治六（1649）年尚在世。善畫墨竹，效法蘇東坡；並工山水、人物及寫真。（見山東通志、中國畫家人名大辭典）

盛茂燁

名稱		質地	色彩	尺寸 高x寬cm	創作時間	收藏處所	典藏號碼
仿沈周盤古圖	卷	紙	設色	不詳	崇禎癸酉（六年，1633）臘月廿六日	北京 故宮博物院	
瀟湘八景圖（吳令等八人合作分繪於二扇面，裝成）	卷	金箋	設色	（每面）16.7 x 52.2		北京 故宮博物院	
羅漢圖	卷	紙	設色	31.5 x 160.2	崇禎壬申（五年，1632）	石家莊 河北省博物館	
仿黃子久溪山深秀圖	卷	紙	設色	不詳	崇禎甲戌（七年，1634）夏五月	上海 上海博物館	
溪雲初起圖	卷	紙	設色	26.9 x 352.6	泰昌元年（庚申，1620）小春日	杭州 浙江省博物館	
山水圖	卷	綾	設色	42.3 x 160	庚辰（崇禎十三年，1640）冬日	日本 大阪市立美術館	
蘭亭修禊圖	卷	絹	設色	30.4 x ?	天啟元年（辛酉，1621）秋七月既望	美國 密歇根大學藝術博物館	1974/1.244
山水（3幅合裝）	卷	紙	設色	（每幅）29.1 x 48.5		美國 舊金山亞州藝術館	B75 D5
花鳥圖（梅鵲竹石）	軸	絹	設色	150.3 x 53.2	崇禎壬申（五年，1632）臘月既望	香港 中文大學中國文化研究所文物館	95.538
雪景山水圖	軸	紙	水墨	112.6 x 41.8	壬申（崇禎五年，1632）仲冬月既望	香港 徐伯郊先生	

名稱		質地	色彩	尺寸 高x寬cm	創作時間	收藏處所	典藏號碼
江深草閣寒圖	軸	紙	設色	不詳		瀋陽 故宮博物院	
仿黃鶴山樵山水圖	軸	絹	水墨	81.6 x 28.2	萬曆己未（四十七年，1619）	瀋陽 遼寧省博物館	
風雪歸人圖	軸	絹	設色	163.8 x 41.8	萬曆乙卯（四十三年，1615）	瀋陽 魯迅美術學院	
仿黃子久山水圖	軸	絹	設色	213.5 x 98	崇禎庚午（三年，1630）	旅順 遼寧省旅順博物館	
竹林高逸圖	軸	紙	設色	不詳	甲戌（崇禎七年，1634）長夏	北京 故宮博物院	
歲朝圖	軸	紙	設色	不詳	戊寅（崇禎十一年，1638）臘月	北京 故宮博物院	
仙山樓閣圖	軸	絹	設色	不詳	崇禎己卯（十二年，1639）	北京 故宮博物院	
錦洞青山圖	軸	絹	設色	193.5 x 97.5		北京 故宮博物院	
仿吳鎮山水圖	軸	絹	設色	不詳	崇禎甲戌（七年，1634）	北京 北京畫院	
古木寒山圖	軸	絹	設色	不詳	崇禎戊辰（元年，1628）	天津 天津市藝術博物館	
歲寒圖（陳嘉言、盛茂燁、劉原起、王子元、王中立合作）	軸	紙	設色	158 x 63		天津 天津市藝術博物館	
岳陽樓圖	軸	紙	設色	291.5 x 98		天津 天津市歷史博物館	
亂山古渡圖	軸	絹	設色	178 x 98	天啟元年（辛酉，1621）	煙臺 山東省煙臺市博物館	
溫飛卿詩意圖	軸	紙	設色	不詳	壬申（崇禎五年，1632）	上海 上海博物館	
坐愛楓林圖	軸	絹	設色	不詳		上海 上海博物館	
泰山松圖	軸	紙	設色	308.8 x 96.7		上海 上海博物館	
板橋雞聲圖	軸	絹	設色	1558 x 70.5	崇禎建元（戊辰，1628）夏五月	無錫 江蘇省無錫市博物館	
水閣賣魚圖	軸	絹	設色	不詳	崇禎己卯（十二年，1639）二月	杭州 浙江省嘉興市博物館	
峨嵋雪圖	軸	絹	設色	不詳	崇禎戊寅（十一年	武漢 湖北省博物館	

名稱		質地	色彩	尺寸 高×寬㎝	創作時間	收藏處所	典藏號碼
					, 1638) 臘月既望		
紅葉煮茗圖	軸	紙	設色	110.5 × 31.5	甲戌（崇禎七年，1634）	南寧 廣西壯族自治區博物館	
歲朝題詩圖	軸	絹	設色	184.8 × 70.9	天啟丙寅（六年，1626）臘月廿又八日	日本 東京國立博物館	
小景山水圖	軸	金箋	設色	30 × 30.9	丙寅（天啟六年，1626）夏五月	日本 東京帝室博物館	
山水（春江待渡圖）	軸	金箋	設色	143.3 × 36.3		日本 東京藤田美術館	
元旦慶樂圖	軸	絹	設色	185.7 × 71.2	天啟丙寅（六年，1626）臘月廿又八日	日本 東京岩崎小彌太先生	
遊山漁水圖	軸	金箋	設色	127 × 32.1		日本 東京鄉誠之助先生	
松石藤蘿圖	軸	紙	設色	159.1 × 100	崇禎庚午（三年，1630）小春既望	日本 東京山本悌二郎先生	
梅柳待臘圖	軸	絹	設色	185.73 114.5	崇禎癸酉（六年，1633）小春既望	日本 東京桑名鉄城先生	
山水圖	軸	絹	設色	不詳	丁丑(崇禎十年，1637) 清和既望	日本 東京團伊能先生	
天池石壁圖	軸	絹	設色	不詳	崇禎庚午（三年，1630）中秋既望	日本 東京藪本俊一先生	
溪頭閑興圖	軸	絹	設色	不詳	崇禎丁丑（十年，1637）夏五月既望	日本 京都小川廣己先生	
崇閣聽秋圖	軸	絹	設色	176.3 × 42.9	崇禎壬申（五年，1632）秋月	日本 京都北野正男先生	
秋山觀瀑圖	軸	絹	設色	176.6 × 102	崇禎癸酉（六年，1633）清和三日	日本 大阪橋本大乙先生	
梅柳待臘圖	軸	絹	設色	186 × 98.5	崇禎癸酉（六年，1633）小春既望	日本 大阪橋本大乙先生	
天池石壁圖	軸	絹	設色	128.8 × 42.3	崇禎庚午（三年，1630）仲秋既望	日本 群馬縣立近代美術館	
松下人物圖	軸	絹	設色	171.7 × 92.9	天啟丙寅（六年，1626）仲冬既望	日本 私人	

名稱		質地	色彩	尺寸 高×寬㎝	創作時間	收藏處所	典藏號碼
雨中賞花圖	軸	絹	設色	168.4 × 50.2		日本 私人	
清溪訪友圖	軸	紙	設色	130.1 × 49.4		日本 私人	
驟雨滿空圖	軸	金箋	設色	133.3 × 51.4		日本 私人	
古木幽居圖	軸	絹	設色	180.2 × 92.4	崇禎庚午（三年，1630）小春	美國 克利夫蘭藝術博物館	61.88
匡廬圖	軸	絹	設色	203.5 × 99.4		美國 勃克萊加州大學藝術館	1971.15
琵琶行圖	軸	絹	設色	42.6 × 30.2	戊午（崇禎十五年，1642）仲秋	美國 勃克萊加州大學藝術館（高居翰教授寄存）	CM61
山水圖	小軸	金箋	設色	16.2 × 52		美國 勃克萊加州大學藝術館（高居翰教授寄存）	CM62
峨嵋雪景圖	軸	絹	設色	204.1 × 102.4	崇禎癸酉（六年，1633）九月望）	美國 火魯奴奴 Hutchinson 先生	
石湖暮色圖	軸	紙	設色	98.3 × 46.9	天啟癸亥（三年，1623）八月既望	英國 倫敦大英博物館	1979.1.29.051（ADD414）
山水瀑布圖	軸	紙	設色	91 × 29.8	崇禎十三年（庚辰，1640）	瑞典 斯德哥爾摩遠東古物館	NMOK280
設色山水(松柏激泉圖)	軸	絹	設色	158.3 × 99.4	崇禎庚午（三年，1630）小春既望	德國 柏林東亞藝術博物館	1964-13
唐人詩意山水圖	軸	絹	設色	不詳		德國 柏林宋鳳恩先生	
石湖烟雨（明人蘇台古蹟冊之6）	冊頁	絹	設色	31.3 × 25.1		台北 故宮博物院	故畫 01272-6
盤螭春色（明人蘇台古蹟冊之9）	冊頁	絹	設色	31.3 × 25.1		台北 故宮博物院	故畫 01272-9
樹石藤蘿（明諸臣書畫扇面冊頁冊之12）	摺扇面	紙	設色	不詳		台北 故宮博物院	故畫 03546-12
松風高閣	摺扇面	紙	設色	不詳		台北 故宮博物院	故扇 00198
山水（諸家山水集冊 20 之 1 幀）	冊頁	紙	設色	25.9 × 14	（萬曆四十七年，己未，1619）	北京 故宮博物院	
梅花書屋圖	摺扇面	金箋	設色	16.7 × 54.6	丙寅（天啟六年，1626）	北京 故宮博物院	

名稱		質地	色彩	尺寸 高×寬㎝	創作時間	收藏處所	典藏號碼
山水圖	摺扇面 紙		設色	不詳		北京 故宮博物院	
竹林書齋圖	摺扇面 紙		設色	不詳	甲子（天啟四年，1624）	北京 中央美術學院	
孤舟獨釣圖	冊頁 紙		水墨	20.8 × 21.6		合肥 安徽省博物館	
松下觀泉圖	摺扇面 金箋		設色	不詳	乙卯（萬曆四十三年，1615）	合肥 安徽省博物館	
松溪清遊圖	摺扇面 金箋		設色	不詳	甲子（天啟四年，1624）仲冬	合肥 安徽省博物館	
幽壑停舟圖	摺扇面 金箋		設色	不詳	癸酉（崇禎六年，1633）	合肥 安徽省博物館	
蘇臺勝景圖（七家蘇臺勝覽圖冊10之1幀）	冊頁 紙		設色	30.8 × 28.6	崇禎丁丑（十年，1637）	上海 上海博物館	
山水圖	摺扇面 金箋		設色	不詳	乙丑（天啟五年，1625）	南京 南京博物院	
寒山行旅圖	摺扇面 金箋		水墨	不詳	癸酉（崇禎六年，1633）	南京 南京博物院	
山水圖（10幀）	冊 紙		設色	（每幀）30.8 × 31.2	崇禎丙子（九年，1636）仲夏	南京 南京博物院	
山水圖	摺扇面 金箋		設色	不詳	崇禎戊寅（十一年，1638）	南京 南京博物院	
萬木溪橋圖	摺扇面 金箋		設色	不詳	壬戌（天啟二年，1622）	寧波 浙江省寧波市天一閣文物保管所	
石徑松門圖	摺扇面 金箋		設色	不詳	癸亥（天啟三年，1623）	寧波 浙江省寧波市天一閣文物保管所	
桃園圖	摺扇面 金箋		設色	17.5 × 53.5	崇禎甲戌（七年，1634）	武漢 湖北省博物館	
秋澗古松圖	摺扇面 金箋		設色	不詳	辛未（崇禎四年，1631）	南寧 廣西壯族自治區博物館	
澗水空山圖	摺扇面 金箋		設色	不詳	辛未（崇禎四年，1631）	南寧 廣西壯族自治區博物館	
春夜宴桃李園圖	摺扇面 金箋		設色	不詳		日本 東京村上與四郎先生	
寒山暮雨圖	摺扇面 金箋		設色	不詳	癸亥（天啟三年，1623）三月	日本 東京村上與四郎先生	
山水人物（江館夜笛聲）	摺扇面 金箋		設色	不詳		日本 東京村上與四郎先生	
山水人物（山永水長流）	摺扇面 金箋		設色	不詳	辛未（崇禎四年，	日本 東京村上與四郎先生	

名稱		質地	色彩	尺寸 高x寬cm	創作時間	收藏處所	典藏號碼
					1631）冬		
山水人物（溪橋友相值）		摺扇面 金箋	設色	不詳	庚辰（崇禎十三年，1640）夏日	日本 東京村上與四郎先生	
山水人物		摺扇面 金箋	設色	不詳		日本 東京村上與四郎先生	
山水圖（水閣流泉）		摺扇面 金箋	水墨	15.5 x 47.6	戊寅（崇禎十一年，1638）春日	日本 京都泉屋博古館	
枯木群鴉圖		摺扇面 紙	水墨	不詳	戊子（順治五年，1648）仲冬	日本 大阪橋本大乙先生	
春夜宴桃李園圖		摺扇面 金箋	設色	17.5 x 55	庚午（崇禎三年，1630）秋九月	日本 大阪橋本大乙先生	
秋郊策蹇圖		摺扇面 金箋	設色	15.7 x 50	辛未（崇禎四年，1631）冬月	日本 大阪橋本大乙先生	
松林高士圖		摺扇面 金箋	設色	不詳	壬申（崇禎五年，1632）二月	日本 西宮武川盛次先生	
坐樓觀瀑圖（明清諸大家扇面冊之1幀）		摺扇面 紙	設色	16.5 x 50.5	戊寅（崇禎十一年，1638）清和	日本 中垈又左衛門先生	
泛舟賞秋圖		摺扇面 金箋	設色	17.2 x 48.7	壬申（崇禎五年，1632）仲春	日本 私人	
秋景山水圖		摺扇面 金箋	設色	16.6 x 52.3		日本 私人	
松林書屋圖		摺扇面 金箋	設色	16.7 x 54		日本 私人	
虎溪三笑圖		摺扇面 金箋	設色	15.8 x 51.8		日本 私人	
賞梅圖		摺扇面 金箋	設色	不詳	壬申（崇禎五年，1632）秋日	美國 普林斯頓大學藝術館	
仿唐人詩意山水（6幀）	冊	絹	設色	（每幀）28.2 x 30.2		美國 紐約大都會藝術博物館	69.242.1-6
山水圖（8幀）	冊	紙	設色	（每幀）30 x 39.9		美國 聖路易斯市藝術館（米蘇里州梅林先生寄存）	
山水圖（8幀）	冊	紙	設色	（每幀）29.7 x 48.5		美國 舊金山亞洲藝術館	B75 D5
山水圖		摺扇面 金箋	設色	16.2 x 52		美國 勃克萊加州大學藝術館	
山水圖（扇面圖冊之9）		摺扇面 金箋	設色	17.5 x 53.8		美國 聖地牙哥藝術博物館	68.73i
山水圖（柴門送客）		摺扇面 金箋	水墨	18 x 51.5	天啟元年（辛酉，1621）重九日	美國 鳳凰市美術館(Mr.Roy And Marilyn Papp 寄存)	
山水圖		摺扇面 金箋	水墨	16.9 x 52		德國 柏林東亞藝術博物館	1988-281

名稱		質地	色彩	尺寸 高x寬㎝	創作時間	收藏處所	典藏號碼
山水圖	摺扇面	金箋	設色	16 x 47.7		德國 柏林東亞藝術博物館	1988-282
虎溪三笑圖	摺扇面	金箋	設色	13.6 x 45.4		德國 科隆東亞西亞藝術館	A55.51
虎溪三笑圖	摺扇面	金箋	設色	13.6 x 45.4	丙辰（萬曆四十四年，1616）春二月	德國 科隆東亞西亞博物館	
山水圖	摺扇面	金箋	設色	19.4 x 54	庚申（泰昌元年，1620）六月	德國 科隆東亞西亞藝術館	A55.21
山水圖	冊頁	紙	設色	28.9 x 48.1		瑞士 蘇黎士黎德堡博物館	RCH.1182
附：							
蘭蕙竹石圖（陳元素、盛茂燁合作）	卷	灑金箋	水墨	30.8 x 476.7	辛未（崇禎四年，1631）	紐約 蘇富比藝品拍賣公司/拍賣目錄 1986,06,03.	
幽蘭竹石圖（陳元素、盛茂燁合作）	卷	紙	水墨	31 x 477.5	盛補竹石於辛未（崇禎四年，1631）臘月	紐約 佳士得藝品拍賣公司/拍賣目錄 1989,12,04.	
溪亭觀瀑圖	軸	紙	設色	171.9 x 46	崇禎庚辰（十三年，1640）	上海 上海文物商店	
山水圖	軸	紙	設色	110.5 x 36.9	崇禎壬申（五年，1632）九月既望	紐約 蘇富比藝品拍賣公司/拍賣目錄 1981.05.07.	
煙靄松泉圖	軸	紙	設色	184.5 x 70.5	崇禎乙亥（八年，1635）仲秋	紐約 佳士得藝品拍賣公司/拍賣目錄 1983,11,30.	
鍾馗圖	軸	紙	設色	96.5 x 54	崇禎己巳（二年，1629）冬日	紐約 佳士得藝品拍賣公司/拍賣目錄 1984,06,29.	
山水圖	軸	紙	設色	128 x 63	己未（萬曆四十七年，1619）清和既望	紐約 蘇富比藝品拍賣公司/拍賣目錄 1985,06,03.	
山水圖	軸	絹	水墨	96.5 x 68.3	崇禎戊寅（十一年，1638）夏日	紐約 蘇富比藝品拍賣公司/拍賣目錄 1986,06,03.	
山水圖	摺扇面	灑金箋	設色	18 x 54.3	丙寅（天啟六年，1626）臘月	紐約 佳仕得藝品拍賣公司/拍賣目錄 1986,12,01.	
仿古山水（8幀）	冊	紙	設色	（每幀）29.8 x 40	萬曆乙卯（四十三年，1615）秋九月	紐約 蘇富比藝品拍賣公司/拍賣目錄 1986,12,04.	
夢中山水圖	摺扇面	金箋	設色	15.2 x 45	壬子（萬曆四十年，1612）十一月	紐約 佳士得藝品拍賣公司/拍賣目錄 1987,06,03.	

畫家小傳：盛茂燁（一作茂煜）。號念庵、研庵。江蘇長洲人。善畫山水，布景設色，頗具煙林清曠之概；所作人物，亦精工典雅。

流傳署款紀年作品見於神宗萬曆三十五（1607）年至思宗崇禎十三（1640）年。（見明畫錄、無聲詩史、圖繪寶鑑續纂、中國畫家人名大辭典、宋元明清書畫家年表）

名稱		質地	色彩	尺寸 高×寬㎝	創作時間	收藏處所	典藏號碼

殷自成

| 花卉圖 | 卷 | 紙 | 設色 | 不詳 | 萬曆丁未（三十五 年，1607）夏日 | 北京 首都博物館 | |
| 綬帶荔枝圖 | 摺扇面 紙 | | 設色 | 不詳 | | 蘇州 江蘇省蘇州博物館 | |

畫家小傳：殷自成。字元素、完夫。江蘇無錫人。工畫花鳥，筆致細緻，能步談志伊後塵。流傳署款紀年作品見於神宗萬曆三十五(1607) 年。(見無聲詩史、中國畫家人名大辭典)

璩之璞

| 雪景山水 | 軸 | 紙 | 設色 | 152.4 × 33.6 | 萬曆丁未（三十五 年，1607）清和七 日 | 日本 東京竹內利治先生 | |

畫家小傳：璩之璞。字君瑕。江蘇上海人。人品高潔。能詩、工書及篆刻。善畫山水及水墨花竹、翎毛，筆致矜貴，蕭然清遠。流傳署款 紀年作品見於神宗萬曆三十五(1607)年。(見明畫錄、明史藝文志、松江志、海上墨林、中國畫家人名大辭典)

陳遵

花卉圖	卷	絹	設色	29.2 × ？		香港 劉作籌虛白齋	29
秋江圖（為懷玉作）	卷	紙	設色	28.8 × 272.8	萬曆丁巳（四十五 年，1617）冬日	北京 故宮博物院	
四季花卉圖（陳遵、凌必正合 寫）	卷	紙	水墨	30.8 × 387	丙申（順治十三年 ，1656）	北京 中央美術學院	
花卉圖	卷	紙	水墨	不詳	萬曆己酉（三十七 年，1609）小春	成都 四川大學	
鴝鵒圖	軸	絹	設色	36.6 × 29.7		香港 羅桂祥先生	
封蔭圖	軸	絹	設色	129 × 58	萬曆甲寅（四十二 年，1614）	瀋陽 故宮博物院	
雪景花鳥（山茶白鷳圖）	軸	絹	設色	147.7 × 61.8	萬曆（？）秋七日	北京 故宮博物院	
仿沈周枇杷圖	軸	紙	水墨	不詳	癸丑（萬曆四十一 年，1613）六月	北京 故宮博物院	
芙蓉鶇鴒圖	軸	紙	水墨	79.4 × 28.5	萬曆壬子（四十年 ，1612）	天津 天津市藝術博物館	
桂陰墨兔圖	軸	紙	設色	146 × 79.5		天津 天津市藝術博物館	
秋山野兔圖	軸	紙	設色	116 × 29	萬曆甲寅（四十二	上海 上海博物館	

名稱		質地	色彩	尺寸 高x寬㎝	創作時間	收藏處所	典藏號碼
					年，1614）七月既望		
柳岸立鳧圖	軸	紙	設色	120.5 x 44	萬曆癸丑（四十一年，1613）小春	南京 南京博物院	
枯木白頭圖	軸	紙	設色	不詳		南京 南京市博物館	
芭蕉竹石圖	軸	絹	水墨	不詳	萬曆乙卯（四十三年，1615）	杭州 浙江省博物館	
梅竹山禽圖	軸	絹	設色	29.8 x 16.7	萬曆丙申（二十四年，1596）	湖州 浙江省湖州市博物館	
夏日花卉圖	軸	絹	設色	136.8 x 57.8	萬曆丙辰（四十四年，1616）端陽前	日本 京都泉屋博古館	
芥子狸奴圖	軸	紙	水墨	120.8 x 37.8		美國 密歇根大學藝術博物館	1977/2.17
菊花草蟲（明花卉畫冊之6）	冊頁	紙	設色	15 x 46.8		台北 故宮博物院	故畫 03514-8
秋芙寒蝶（明人便面畫冊肆冊（三）之12）	摺扇面	紙	設色	不詳		台北 故宮博物院	故畫 03539-12
梅竹水仙石圖	摺扇面	紙	設色	不詳	萬曆丁未（三十五年，1607）臘月	北京 故宮博物院	
寫生花鳥圖（8幀）	冊	紙	設色	不詳	萬曆壬子（四十年，1612）仲冬	北京 故宮博物院	
花鳥（4幀）	冊	絹	設色	不詳		上海 上海博物館	
竹雀圖	摺扇面	金箋	設色	不詳		廣州 廣州市美術館	
荷鵝圖	軸	紙	設色	136 x 60	壬子（萬曆四十年，1612）	深圳 廣東省深圳市博物館	
秋色蛺蝶（明人書畫扇乙冊之4）	摺扇面	金箋	設色	不詳		日本 東京橋本辰二郎先生	
松鶴圖	摺扇面	金箋	設色	18.1 x 55.7	乙卯（萬曆四十三年，1615）中秋	日本 埼玉縣萬福寺	
附：							
花卉圖	卷	紙	設色	不詳	萬曆壬子（四十年，1612）臘月	北京 北京市文物商店	
花鳥圖	軸	紙	水墨	不詳	萬曆己酉（三十七年，1609）	北京 中國文物商店總店	
蕉石狸奴圖	軸	紙	設色	142.3 x 61.7	萬曆乙卯（四十三	上海 上海文物商店	

名稱		質地	色彩	尺寸 高×寬cm	創作時間	收藏處所	典藏號碼
					年，1615）		
古柏八哥圖	軸	紙	水墨	171 × 39	萬曆庚戌（三十八 年，1610）仲春	紐約 佳士得藝品拍賣公司/拍 賣目錄 1989,12,04.	
八百遐齡圖	軸	紙	設色	172.5 × 39.5	萬曆庚戌（三十八 年，1610）仲春	紐約 佳士得藝品拍賣公司/拍 賣目錄 1998,09,15.	
竹雀圖	摺扇面	金箋	水墨	15.5 × 48	辛亥（萬曆三十九 年，1611）秋日	紐約.佳士得藝品拍賣公司/拍 賣目錄 1993,12,01.	

畫家小傳：陳遵。浙江嘉興人，寓江蘇吳縣。善畫花鳥，筆力蒼老。流傳署款紀年作品見於神宗萬曆三十五（1607）至四十五（1617）年。
　　（見明畫錄、吳縣志、中國畫家人名大辭典）

龔 顯

名稱		質地	色彩	尺寸 高×寬cm	創作時間	收藏處所	典藏號碼
椒老像	軸	紙	設色	不詳	萬曆丁未（三十五 年，1607）	北京 故宮博物院	

畫家小傳：龔顯。畫史無載。流傳署款紀年作品見於神宗萬曆三十五(1607)年。身世待考。

王中立

名稱		質地	色彩	尺寸 高×寬cm	創作時間	收藏處所	典藏號碼
花鳥圖	卷	紙	設色	28 × 535	萬曆乙卯（四十三 年，1615）	廣州 廣州市美術館	
花鳥	軸	紙	設色	137.8 × 47.7	天啟元年（辛酉， 1621）二月既望	台北 故宮博物院	故畫 02302
松樹喜鵲圖（為昌侯作）	軸	紙	水墨	134 × 39.5	萬曆戊申（三十六 年，1608）四月廿 日	北京 故宮博物院	
花卉圖	軸	紙	設色	不詳	萬曆乙卯（四十三 年，1615）	北京 故宮博物院	
松樹雙鶴圖	軸	紙	設色	不詳	丙辰（萬曆四十四 年，1616）	北京 故宮博物院	
杏花春燕圖	軸	紙	設色	不詳	天啟丙寅（六年， 1626）二月	北京 故宮博物院	
歲寒圖（陳嘉言、盛茂燁、劉 原起、王子元、王中立合作）	軸	紙	設色	158 × 63		天津 天津市藝術博物館	
梅禽圖	軸	紙	水墨	115.2 × 29.9	萬曆丁未（三十五 年，1607）仲冬	上海 上海博物館	
菊花圖	軸	紙	水墨	67.7 × 30.6	丙辰（萬曆四十四	上海 上海博物館	

名稱		質地	色彩	尺寸 高×寬㎝	創作時間	收藏處所	典藏號碼
					年，1616）秋		
芭蕉竹石圖	軸	紙	水墨	不詳	萬曆丁巳（四十五年，1617）	上海 上海博物館	
菊石雙貓圖	軸	紙	設色	不詳	天啟元年（辛酉，1621）暮秋既望	上海 上海博物館	
山水圖（名筆集勝圖冊 12 之第 6 幀）	冊頁	紙	設色	約 23.9×32.8		上海 上海博物館	
蘭石山禽圖	軸	紙	設色	157.5 × 40.4	萬曆己未（四十七年，1619）大寒	杭州 浙江省博物館	
花塢鳴雞（明人畫扇一冊之 20）	摺扇面	紙	設色	不詳		台北 故宮博物院	故畫 03527-20
海棠山雀（明人書畫扇（利）冊之 25）	摺扇面	紙	設色	17.5 × 53.5		台北 故宮博物院	故畫 03566-25
楊柳月中疏	冊頁	金箋	設色	27 × 38		台北 黃君璧白雲堂	
蕉石圖	摺扇面	紙	設色	不詳	萬曆己酉（三十七年，1609）	北京 故宮博物院	
花石鴛鴦圖	摺扇面	紙	設色	不詳	泰昌元年（庚申，1620）	北京 故宮博物院	
花鳥圖	摺扇面	金箋	設色	17.5 × 53.1		美國 印地安那波里斯市藝術博物館（印州私人寄存）	
附：							
花卉圖（為秋空禪兄作）	卷	紙	設色	不詳	乙卯（萬曆四十三年，1615）十月既望	北京 北京市文物商店	
蘆雁圖	軸	絹	設色	104.5 × ？	萬曆丙午（三十四年，1606）	上海 上海工藝品進出口公司	
桃花鵪鶉圖	軸	紙	設色	128 × 32	萬曆丁巳（四十五年，1617）春日	紐約 佳士得藝品拍賣公司／拍賣目錄 1990,05,31.	

畫家小傳：王中立。字振之。江蘇吳縣人。善畫花鳥。流傳署款紀年作品見於神宗萬曆三十四（1606）年至熹宗天啟六（1626）年。
　　　（見明畫錄、畫史會要、中國畫家人名大辭典）

楊大臨

名稱		質地	色彩	尺寸 高×寬㎝	創作時間	收藏處所	典藏號碼
梅鷹圖	軸	絹	設色	156.4 × 63.1	丁未（萬曆三十五年，1607）夏日	北京 故宮博物院	

名稱		質地	色彩	尺寸 高x寬cm	創作時間	收藏處所	典藏號碼
水鳥圖	軸	紙	水墨	不詳		上海 上海博物館	
花木泉石圖	軸	紙	設色	不詳	萬曆丁巳（四十五 年，1617）仲冬日	杭州 杭州市文物研究所	

畫家小傳：楊大臨。字治卿。浙江鄞人。善畫花鳥、墨鷹，佳者勝過呂紀，有名於神宗萬曆間。流傳署款紀年作品見於神宗萬曆三十五（16
　　07）至四十五（1617）年。（見明畫錄、中國畫家人名大辭典）

心源道人

| 老婦人圖 | 軸 | 絹 | 設色 | 不詳 | 萬曆丁未（三十五
年，1607）夏日 | 北京 故宮博物院 | |
| 秋湖讀書圖 | 軸 | 絹 | 設色 | 157.1 x 75 | | 廣州 廣東省博物館 | |

畫家小傳：心源道人。朱氏宗室，襲封華山王，佚名，號心源道人。善畫人物，嘗作瑤池獻壽圖，繪筆似唐寅。有名於神宗萬曆間。
　　流傳署款紀年作品見於萬曆三十五（1607）年。（見鄧僉事遠遊詩集、耕硯田齋筆記、中國畫家人名大辭典）

張德純

| 貓蝶圖（耄耋圖） | 卷 | 紙 | 設色 | 不詳 | 萬曆丁未（三十五
年，1607） | 天津 天津市藝術博物館 | |

畫家小傳：張德純。畫史無載。流傳署款紀年作品見於神宗萬曆三十五（1607）年。身世待考。

建安王

| 雙鶴圖 | 軸 | 絹 | 設色 | 154 x 92 | | 天津 天津市藝術博物館 | |

畫家小傳：建安王。佚名。疑為明宗室。。工畫花鳥。身世待考。

顧 源

寒山林屋圖	軸	紙	水墨	52.7 x 33.4		香港 利榮森北山堂	K92.5
山水圖	軸	紙	水墨	不詳		北京 故宮博物院	
林谷清遊圖	軸	金箋	水墨	不詳	丁未（萬曆三十五 年，1607）	杭州 浙江省博物館	
附：							
溪山煙靄圖	摺扇面 金箋		設色	16.5 x 48.5	庚戌（萬曆三十八 年，1610）秋日	紐約 佳士得藝品拍賣公司/拍 　　賣目錄1989,06,01.	
溪山煙靄圖	軸	紙	水墨	53 x 33.5		紐約 佳士得藝品拍賣公司/拍 　　賣目錄1983,11,30.	

畫家小傳：顧源，字清甫。號丹泉、寶幢居士。江蘇江寧人。通禪理。工詩、書。善畫山水，師法米元暉，作品頗自矜。流傳署款紀年作
　　品見於神宗萬曆三十五（1607）至三十八（1610）年。（見明畫錄、無聲詩史、金陵瑣事、列朝詩集小傳、中國畫家人名大辭典）

名稱		質地	色彩	尺寸 高x寬cm	創作時間	收藏處所	典藏號碼

魯 王

| 墨梅圖 | 軸 | 綾 | 水墨 | 126.3 x 46.5 | | 日本 大阪橋本大乙先生 | |

畫家小傳：魯王。畫作自署「乾峰主人畫於墨光殿」，疑似明皇室王族。身世待考。

吳 麟

| 蘭竹石圖 | 卷 | 紙 | 設色 | 不詳 | 戊申（萬曆三十六年，1608) | 北京 故宮博物院 | |

畫家小傳：吳麟。安徽歙縣人。吳萬春之從子。能承家學。善寫蘭石。流傳署款紀年作品見於神宗萬曆三十六（1608)年。（見虹廬畫談、中國畫家人名大辭典）

顧懿德

春綺圖	軸	紙	設色	51.7 x 32.4	庚申（泰昌元年，1620) 冬日	台北 故宮博物院	故畫00626
仿黃公望山水圖	軸	絹	設色	不詳	崇禎己巳（二年，1629) 夏五月	北京 故宮博物院	
西園雅集圖	軸	紙	設色	不詳	崇禎壬申（五年，1632) 長至	北京 故宮博物院	
仿王蒙松濤泉韻圖	軸	絹	設色	不詳	甲戌（崇禎七年，1634)	北京 故宮博物院	
秋林落照圖	軸	絹	設色	93 x 36.5	壬子（萬曆四十年，1612) 冬十月	北京 徐悲鴻紀念館	
山川出雲圖	軸	紙	水墨	67.7 x 25.5	壬子（萬曆四十年，1612)	天津 天津市藝術博物館	
翠微蒼霧圖	軸	灑金箋	設色	128 x 37	壬戌（天啟二年，1622)	濟南 山東省濟南市博物館	
山水圖（移梅圖）	軸	紙	水墨	106 x 31.3	乙亥（崇禎八年，1635) 夏日	日本 江田勇二先生	
臨王蒙溪橋翫月圖	軸	紙	設色	154.7 x 46.2		美國 紐約大都會藝術博物館	13.220.111
仿王蒙溪橋翫月圖	軸	紙	設色	不詳	戊辰（崇禎元年，1628) 春日	美國 耶魯大學藝術館	
萱香晴暉（明人祝壽書畫合璧冊之3)	冊頁	紙	設色	35.5 x 37		台北 故宮博物院	故畫03443-3

名稱		質地	色彩	尺寸 高×寬㎝	創作時間	收藏處所	典藏號碼
山水圖（趙左、宋旭等八人合冊8之1幀）	冊頁	紙	設色	不詳		瀋陽 故宮博物院	
江深閑泛圖	摺扇面	金箋	設色	不詳	乙丑（天啟五年，1625）仲夏	合肥 安徽省博物館	
山水圖	摺扇面	金箋	設色	15.7 × 47.6		德國 柏林東亞藝術博物館	1988-223
附：							
山水圖（仿趙松雪煙江疊嶂圖）	卷	紙	設色	23 × 935	戊申（萬曆三十六年，1608）夏六月	紐約 佳士得藝品拍賣公司/拍賣目錄 1997,09,19.	
青綠山水（明末諸家壽李瞻翁書畫冊10之1幀）	冊頁	金箋	設色	34.3 × 26.3	丁丑（崇禎十年，1637）春日	香港 蘇富比藝品拍賣公司/拍賣目錄 1999,10,31.	

畫家小傳：顧懿德。字原之。江蘇華亭人。顧正誼從子。善畫山水，法王蒙，行筆秀潔；亦繪佛像。署款紀年作品見於神宗萬曆三十六（1608）年至思宗崇禎十（1637）年。（見明畫錄、松江府志、中國畫家人名大辭典）

吳士冠

名稱		質地	色彩	尺寸 高×寬㎝	創作時間	收藏處所	典藏號碼
蜀道圖	軸	金箋	設色	129.5 × 32	甲寅（萬曆四十二年，1614）	天津 天津市藝術博物館	
草閣臨溪圖	軸	金箋	設色	141 × 32	辛未（崇禎四年，1631）	廣州 廣東省博物館	
後赤壁賦圖（明人畫扇集冊之9）	摺扇面	紙	設色	不詳		台北 故宮博物院	故畫 03536-9
樓閣遠帆（明人書畫扇（利）冊之9）	摺扇面	紙	水墨	15.2 × 48.2		台北 故宮博物院	故畫 03566-9
山水圖	冊頁	紙	設色	不詳	戊申（萬曆三十六年，1608）夏	北京 故宮博物院	
山水圖	摺扇面	金箋	設色	15.9 × 47.5		德國 科隆東亞藝術博物館	A55.10

畫家小傳：吳士冠。字相如。江蘇蘇州人。善書、畫。工畫山水、墨花，頗有別致。流傳署款紀年作品見於神宗萬曆三十六（1608）至思宗崇禎四（1631）年。（見無聲詩史、畫史會要、中國畫家人名大辭典）

謝道齡

名稱		質地	色彩	尺寸 高×寬㎝	創作時間	收藏處所	典藏號碼
嶢峰飛瀑（明人畫幅集冊之3）	冊頁	紙	設色	34.5 × 60.5	乙卯（萬曆四十三年，1615）閏八月	台北 故宮博物院	故畫 01298-3
山水圖	摺扇面	金箋	設色	不詳	崇禎元年（戊辰，1628）	北京 故宮博物院	
山水圖	摺扇面	金箋	設色	不詳	戊申（萬曆三十六	北京 故宮博物院	

名稱		質地	色彩	尺寸 高×寬cm	創作時間	收藏處所	典藏號碼
					年，1608）		
山水圖		摺扇面 紙	設色	13 × 53.5	丙寅（天啟六年，1626）	北京 中國歷史博物館	
設色山水（明人書畫扇乙冊之9）		摺扇面 金箋	設色	不詳		日本 東京橋本辰二郎先生	
山水圖		摺扇面 金箋	水墨	17.3 × 53		德國 柏林東亞藝術博物館	1988-229
山水		冊頁 金箋	水墨	不詳		德國 漢堡 Museum fü kunst und Gewele	

畫家小傳：謝道齡。字邢臺（一作彬臺）。江蘇吳人，移居江寧。善畫花鳥；兼工山水，類趙伯駒、趙孟頫。流傳署款紀年作品見於神宗萬曆三十六（1608）年，至思宗崇禎元（1628）年。（見明畫錄、無聲詩史、讀畫錄、中國畫家人名大辭典）

郭 甸

名稱		質地	色彩	尺寸 高×寬cm	創作時間	收藏處所	典藏號碼
寒鴉宿雁		軸	絹	水墨	168.8 × 97.7	戊申（萬曆三十六年，1608）秋日	台北 故宮博物院	故畫00942
秋樹棲鴉圖		軸	絹	水墨	不詳		上海 上海博物館	

畫家小傳：郭甸。畫史無載。流傳署款紀年作品見於神宗萬曆三十六（1608）年。身世待考。

高 陽

名稱		質地	色彩	尺寸 高×寬cm	創作時間	收藏處所	典藏號碼
江山勝覽圖（金陵三家合璧江山勝覽圖卷之第3幅）		卷	紙	設色	24 × 277	丙辰（萬曆四十四年，1616）冬仲	香港 利榮森北山堂	
花卉（梓澤移春圖）		卷	紙	設色	不詳	壬戌（天啟二年，1622）秋暮	北京 故宮博物院	
四季長春圖		卷	紙	設色	30 × 563	壬申（崇禎五年，1632）仲秋	杭州 浙江省杭州市文物考古所	
花石圖		軸	紙	設色	不詳	庚午（崇禎三年，1630）夏	北京 故宮博物院	
水仙幽石圖		軸	紙	水墨	不詳	丙寅（天啟六年，1626）春	南京 南京博物院	
貓蝶藤花圖		軸	紙	設色	172.3 × 83		南京 南京博物院	
江村風雨圖		軸	絹	設色	不詳		寧波 浙江省寧波市天一閣文物保管所	
喬松湖石圖		軸	紙	設色	不詳	庚申（泰昌元年，1620）夏	日本 張允中先生	
怪石圖		軸	紙	設色	126.3 × 53.5		美國 芝加哥藝術中心	1972.1203

名稱		質地	色彩	尺寸 高x寬cm	創作時間	收藏處所	典藏號碼
競秀爭流圖	軸	紙	設色	201.9 x 44.8		美國 勃克萊加州大學藝術館 CM43（高居翰教授寄存）	
山水圖	軸	紙	設色	不詳	萬曆戊申（三十六年，1608）夏	藏處不詳	
山水圖	軸	紙	設色	不詳	萬曆己酉（三十七年，1609）冬	藏處不詳	
紫薇竹石（明人畫扇面（丙）冊之1）	摺扇面	紙	設色	不詳		台北 故宮博物院	故畫 03533-1
山水圖	摺扇面	金箋	設色	不詳	庚午（崇禎三年，1630）夏	北京 故宮博物院	
山水圖	摺扇面	金箋	設色	不詳	甲午（順治十一年，1654）	北京 故宮博物院	
水仙茶花圖	摺扇面	金箋	設色	不詳	辛未（崇禎四年，1631）臘月	揚州 江蘇省揚州市博物館	
設色山水（明人書畫扇丙冊之6）	摺扇面	金箋	設色	不詳		日本 東京橋本辰二郎先生	
奇石圖（為君園詞丈作）	摺扇面	金箋	水墨	18.6 x 55.2	甲子（天啟四年，1624）夏	日本 私人	
山水圖（寫似象三老詞宗）	摺扇面	金箋	設色	15.9 x 48.6	癸亥（天啟三年，1623）春	德國 科隆東亞藝術博物館	A55.14
附：							
辛夷花圖	軸	絹	設色	115.5 x 38.6		武漢 湖北省武漢市文物商店	
樹石圖	軸	紙	設色	129.5 x 31.7	庚戌（萬曆三十八年，1610）夏	紐約 蘇富比藝品拍賣公司/拍賣目錄 1980,12,18.	
繡球牡丹圖	軸	紙	設色	179 x 45.1		香港 蘇富比藝品拍賣公司/拍賣目錄 1984,11,11.	
芭蕉花石圖	軸	紙	設色	180 x 61.5	乙卯（萬曆四十三年，1615）春正	紐約 佳士得藝品拍賣公司/拍賣目錄 1993,06,04.	

畫家小傳：高陽。字秋甫。浙江四明人。為趙備之婿。善畫花鳥，尤精於畫石，後改畫山水，更有名。流傳署款紀年作品見於神宗萬曆三十六（1608）年，至清世祖順治十一年（1654）年。（見明畫錄、無聲詩史、寧波府志、中國畫家人名大辭典）

陳 璸

名稱		質地	色彩	尺寸 高x寬cm	創作時間	收藏處所	典藏號碼
楊柳觀音圖（黃檗隱元贊）	軸	綾	水墨	100 × 43.2	隱元題於戊申（萬曆三十六年，1608）孟夏	日本 中埜又左衛門先生	
山水圖（明清扇面圖冊之7）	摺扇面	金箋	設色	不詳		美國 勃克萊加州大學藝術館（Sch-lenker先生寄存）	
山水圖	摺扇面	金箋	水墨	15.5 × 49.5		瑞士 蘇黎士黎德堡博物館	RCH.1125g

畫家小傳：陳璜。福建泉州晉江人。為人磊落負奇氣。善畫山水，蕭疏閑放，有米芾、倪瓚遺法。流傳署款作品約見於神宗萬曆三十六（1608）年前後。（見泉州府志、中國畫家人名大辭典）

吳　令

名稱		質地	色彩	尺寸 高x寬cm	創作時間	收藏處所	典藏號碼
瀟湘八景圖（吳令等八人合作分繪於二扇面，裝卷）	卷	金箋	設色	（每面）16.7 × 52.2		北京 故宮博物院	
堂上白頭圖	軸	紙	設色	142.6 × 54.3	己丑（順治六年，1649）小春	台北 故宮博物院	故畫 00669
端午小景圖	軸	紙	設色	不詳	戊申（萬曆三十六年，1608）夏月	北京 中國歷史博物館	
楓岸醉漁圖	軸	紙	設色	163 × 85.5	庚戌（萬曆三十八年，1610）	南京 南京博物院	
清溪畫舫圖	軸	絹	設色	177 × 55.8		日本 東京帝室博物館	
天池（明人蘇台古蹟冊之3）	冊頁	絹	設色	31.3 × 25.1	丁丑（崇禎十年，1637）小春	台北 故宮博物院	故畫 01272-3
靈巖（明人蘇台古蹟冊之4）	冊頁	絹	設色	31.3 × 25.1		台北 故宮博物院	故畫 01272-4
江天遠景（明人畫扇冊四冊之13）	摺扇面	紙	水墨	不詳		台北 故宮博物院	故畫 03530-13
松亭雲湧（名人畫扇面（庚）冊之2）	摺扇面	紙	設色	不詳		台北 故宮博物院	故畫 03552-2
打魚圖	摺扇面	紙	設色	不詳		台北 故宮博物院	故扇 00206
秋花圖	摺扇面	紙	設色	不詳		台北 故宮博物院	故扇 00207
雪景	摺扇面	紙	設色	不詳		台北 故宮博物院	故扇 00289
松山圖	摺扇面	紙	設色	不詳		台北 故宮博物院	故扇 00290
山水（明末二十名家書畫冊之2）	冊頁	綾	設色	23.2 × 17.6	癸未（崇禎十六年，1643）九秋	台北 故宮博物院（蘭千山館寄存）	
山水圖（山水圖冊之8）	冊頁	絹	設色	25.2 × 19.8	癸未（崇禎十六年，1643）夏日	台北 華叔和後真賞齋	

名稱	質地	色彩	尺寸 高x寬cm	創作時間	收藏處所	典藏號碼
花鳥圖	摺扇面 紙	設色	不詳	壬戌（天啟二年，1622）九月	北京 故宮博物院	
臨陸治秣陵春色圖	摺扇面 紙	設色	計詳	丙寅（天啟六年，1626）	北京 故宮博物院	
古木高士圖	摺扇面 紙	設色	不詳	丁亥（順治四年，1647）	北京 故宮博物院	
山水圖（為仲裕作，陳道等十人山水冊10之1幀）	冊頁 紙	設色	23.4 x 31.5	辛亥（萬曆三十九年，1611）夏	北京 故宮博物院	
山水圖（錢穀等雜畫扇面冊9之1幀）	摺扇面 金箋	設色	17.7 x 49.6		北京 首都博物館	
青綠山水圖	摺扇面 金箋	設色	不詳	崇禎癸未（十六年，1643）	南京 南京市博物館	
山水圖	摺扇面 金箋	設色	不詳	庚午（崇禎三年，1630	南寧 廣西壯族自治區博物館	
山水圖	摺扇面 金箋	設色	16.9 x 52.2		德國 柏林東亞藝術博物館	1988-323
附：山水（明人山水冊10之1幀）	冊頁 絹	設色	25.5 x 19.8		紐約 佳士得藝品拍賣公司/拍賣目錄 1994,11,30.	

畫家小傳：吳令。字信之。號宣遠、幻漚。江蘇吳人。工畫花卉、禽鳥、山水，絕似元人。流傳署款紀年作品見於神宗萬曆三十六（1608）年至清世祖順治六（1649）年。（見明畫錄、畫史會要、中國畫家人名大辭典）

汪 都

名稱	質地	色彩	尺寸	創作時間	收藏處所	
坐觀飛泉圖	軸 紙	水墨	124 x 32	萬曆戊申（三十六年，1608）	婺源 江西省婺源縣博物館	

畫家小傳：汪都。字瀛海。安徽婺源人。工書，善畫，有絕技，晚年能以雙箸代筆而作，山水、人物，點染頗佳。流傳署款作品約見於神宗萬曆三十六(1608)年。（見徽州府志、中國畫家人名大辭典）

周順昌

名稱	質地	色彩	尺寸	創作時間	收藏處所	
山居幽趣圖	軸 紙	水墨	132.6 x 61.8	天啟癸亥（三年，1623）臘八夜	香港 利榮森北山堂	
附：枯樹蒼鷹圖	軸 紙	設色	110 x 40.5	天啟五年（乙丑1625）春分前二日	紐約 佳士得藝品拍賣公司/拍賣目錄 1995,03,22.	

畫家小傳：周順昌。字景父。號蓼洲。江蘇吳人。生於神宗萬曆十二（1584）年。萬曆四十一年進士。熹宗天啟六（1626）年。以忤魏忠賢而死獄中。追諡忠介。工畫墨蘭；間寫山水，神韻天成。（見明史本傳、忠介年譜、中國畫家人名大辭典）

名稱		質地	色彩	尺寸 高x寬cm	創作時間	收藏處所	典藏號碼

諸念修

名稱		質地	色彩	尺寸 高x寬cm	創作時間	收藏處所	典藏號碼
為偶萍禪師作山水（雲間十一家山水卷之第11，與張舒畫同幅）	卷	紙	水墨	20.7 x 160.9	丁卯（天啟七年，1627）子月	台北 故宮博物院	故畫 01109-11
山水圖（八家山水卷8之1段）	卷	紙	設色	24 x 278.7	（辛亥，萬曆三十九年，1611）	北京 首都博物館	
仿倪瓚山水圖	軸	紙	水墨	不詳	丁卯（天啟七年，1627）臘月	北京 故宮博物院	
聳峰藏閣（明人畫幅集冊之11）	冊頁	紙	設色	34.5 x 60.5	己酉（萬曆三十七年，1609）鞠月	台北 故宮博物院	故畫 01298-11
山水圖	摺扇面	紙	設色	不詳	丙辰（康熙十五年，1676）四月	北京 故宮博物院	
仿宋元山水圖（16幀）	冊	紙	設色	（每幀）21 x 18.5		石家莊 河北省石家莊文物管理所	
仿倪瓚谿山亭子圖（明清諸賢詩畫扇面冊之第10幀）	摺扇面	金箋	水墨	17.8 x 53.5		日本 私人	

畫家小傳：諸念修。畫史無載。流傳署款紀年作品見於神宗萬曆三十七（1609）年，至清聖祖康熙十五(1676)年。身世待考。

毛冠德

名稱		質地	色彩	尺寸 高x寬cm	創作時間	收藏處所	典藏號碼
溪山積雨（明人畫幅集冊之1）	冊頁	紙	設色	34.5 x 60.5	己酉（萬曆三十七年，1609）新正朔二日	台北 故宮博物院	故畫 01298-1

畫家小傳：毛冠德。畫史無載。流傳署款紀年作品見於神宗萬曆三十七（1609）年。身世待考。

王建章

名稱		質地	色彩	尺寸 高x寬cm	創作時間	收藏處所	典藏號碼
敧器圖并書記	卷	綾	設色	26.5 x ?	崇禎丙子（九年，1636）中秋日	日本 中埜又左衛門先生	
蓬瀛春曉圖	卷	金箋	設色	19.7 x 97.3	崇禎戊寅（十一年，1638）三月	美國 西雅圖市藝術館	
秋山暮江圖	軸	絹	設色	不詳		台北 故宮博物院	國贈 031061
臨松雪馬圖	軸	絹	設色	不詳		台北 故宮博物院	國贈 031062
瀛洲春色圖	軸	綾	設色	174.7 x 53.8		杭州 浙江省博物館	
山水圖	軸	絹	設色	141.6 x 51.7	戊寅（崇禎十一年	日本 東京國立博物館	

名稱		質地	色彩	尺寸 高×寬㎝	創作時間	收藏處所	典藏號碼
					，1638）秋日		
盧山觀瀑圖	軸	紙	水墨	279.8×109.8	崇禎庚午（三年，1630）孟春	日本 東京藝術大學美術館	481
川至日升圖	軸	絹	設色	不詳		日本 東京岩崎小彌太先生	
玉華春洞圖	軸	綾	設色	155.1 × 39.7		日本 東京山內豐景先生	
雲嶺水聲圖	軸	絹	設色	95 × 48.1		日本 大阪市立美術館	
山水圖（遙山飛泉）	軸	綾	設色	169.5 × 43	丁卯（天啟七年，1627）春月上浣	日本 大阪橋本末吉先生	
山水圖（水閣觀瀑）	軸	金箋	水墨	180.5 × 37.6	崇禎七年（甲戌，1634）秋日	日本 兵庫縣黑川古文化研究所	
山水圖（泉映高松）	軸	金箋	設色	157.5 × 55.1	天啟甲子（四年，1624）夏日	日本 江田勇二先生	
山水圖（雪霽千峰出）	軸	絹	設色	93 × 48.5	丁丑（崇禎十年，1637）冬十月	日本 中埜又左衛門先生	
米法山水圖（青山白雲）	軸	絹	設色	24.4 × 23.9		日本 平山堂	
山水圖	軸	絹	設色	184.8 × 82.1		日本 私人	A2207
竹澗飛泉圖	軸	絹	設色	24.3 × 24.2		日本 私人	
山水圖（仿范華原畫法）	軸	綾	設色	178.1 × 50.7		美國 克利夫蘭藝術博物館	72.68
寒林暮靄圖（仿柯敬仲）	軸	絹	水墨	108.7 × 55.4		美國 勃克萊加州大學藝術館（高居翰教授寄存）	CM72
山水圖	軸	綾	設色	154 × 48.8		美國 勃克萊加州大學藝術館（高居翰教授寄存）	CM71
端陽寫山水圖	軸	絹	設色	不詳	戊辰（崇禎元年，1628）端陽	美國 勃克萊加州大學藝術館	
山水（明人書畫全扇冊之1）	摺扇面	金箋	設色	17 × 49	戊辰（崇禎元年，1628）六月	台北 故宮博物院（蘭千山館寄存）	
山水圖（為道明作）	摺扇面	金箋	水墨	不詳	甲申（順治元年，1644）修褉日	上海 上海博物館	
寫生山水	摺扇面	金箋	水墨	不詳	己酉（萬曆三十七年，1609）五月	日本 東京尾崎洵盛先生	
蘭亭春褉圖	摺扇面	金箋	設色	不詳	癸酉（崇禎六年，	日本 東京岡部長景先生	

名稱		質地	色彩	尺寸 高×寬㎝	創作時間	收藏處所	典藏號碼

1633）暮春

名稱		質地	色彩	尺寸 高×寬㎝	創作時間	收藏處所	典藏號碼
竹林七賢圖（王建章山水花鳥圖扇面冊之1）		摺扇面 金箋	設色	17.4 × 52.2		日本 東京寺崎正先生	
山水圖（王建章山水花鳥圖扇面冊之2）		摺扇面 金箋	設色	17.6 × 54.1		日本 東京寺崎正先生	
山水圖（王建章山水花鳥圖扇面冊之3）		摺扇面 金箋	設色	18.3 × 50.2		日本 東京寺崎正先生	
漁樂圖（王建章山水花鳥圖扇面冊之4）		摺扇面 金箋	設色	17.4 × 52.1		日本 東京寺崎正先生	
會棋圖（王建章山水花鳥圖扇面冊之5）		摺扇面 金箋	設色	18.5 × 53.6		日本 東京寺崎正先生	
廬山觀書畫圖（王建章山水花鳥圖扇面冊之6）		摺扇面 金箋	設色	17.7 × 51.9		日本 東京寺崎正先生	
落日池上酌圖（王建章山水花鳥圖扇面冊之7）		摺扇面 金箋	設色	16.9 × 52		日本 東京寺崎正先生	
仿吳鎮山水圖（王建章山水花鳥圖扇面冊之8）		摺扇面 金箋	水墨	18 × 53		日本 東京寺崎正先生	
仿沈周山水圖（王建章山水花鳥圖扇面冊之9）		摺扇面 金箋	設色	17.4 × 51.6		日本 東京寺崎正先生	
山水圖（王建章山水花鳥圖扇面冊之10）		摺扇面 金箋	設色	17.7 × 55.1		日本 東京寺崎正先生	
山水圖（王建章山水花鳥圖扇面冊之11）		摺扇面 金箋	設色	17.9 × 53.7		日本 東京寺崎正先生	
廬山歸隱圖（王建章山水花鳥圖扇面冊之12）		摺扇面 金箋	設色	16.5 × 50.6		日本 東京寺崎正先生	
山水圖（王建章山水花鳥圖扇面冊之13）		摺扇面 金箋	設色	18.2 × 49.6		日本 東京寺崎正先生	
花鳥圖（王建章山水花鳥圖扇面冊之14）		摺扇面 金箋	設色	17.6 × 51.6		日本 東京寺崎正先生	
山水圖（王建章山水花鳥圖扇面冊之15）		摺扇面 金箋	設色	18.4 × 51.3		日本 東京寺崎正先生	
廬山觀瀑圖（王建章山水花鳥圖扇面冊之16）		摺扇面 金箋	設色	16.2 × 49		日本 東京寺崎正先生	
擬李成山水圖（王建章山水花		摺扇面 金箋	設色	16.9 × 49.3		日本 東京寺崎正先生	

名稱		質地	色彩	尺寸 高×寬cm	創作時間	收藏處所	典藏號碼
鳥圖扇面冊之17）							
乘舟訪友圖（王建章山水花鳥圖扇面冊之18）	摺扇面	金箋	設色	16.8 × 50.7		日本 東京寺崎正先生	
山水圖（王建章山水花鳥圖扇面冊之19）	摺扇面	金箋	設色	17.8 × 49		日本 東京寺崎正先生	
山水圖（王建章山水花鳥圖扇面冊之20）	摺扇面	金箋	設色	16.7 × 50.8		日本 東京寺崎正先生	
山水圖（王建章山水花鳥圖扇面冊之21）	摺扇面	金箋	設色	18.2 × 52.6		日本 東京寺崎正先生	
擬宋人紈扇山水圖（王建章山水花鳥圖扇面冊之22）	摺扇面	金箋	設色	19.4 × 55.9		日本 東京寺崎正先生	
山水圖（王建章山水花鳥圖扇面冊之23）	摺扇面	金箋	設色	18 × 53.4		日本 東京寺崎正先生	
山水圖（王建章山水花鳥圖扇面冊之24）	摺扇面	金箋	設色	17 × 50.8		日本 東京寺崎正先生	
著色山水圖	冊頁	紙	設色	不詳		日本 東京山中清兵衛先生	
十六羅漢圖	摺扇面	金箋	水墨	16.2 × 52	崇禎癸酉（六年，1633）長夏	日本 東京藪本先生	
山水圖（似章侯老兄）	摺扇面	金箋	設色	15.5 × 47.3	崇禎丙子（九年，1636）首夏	日本 東京林宗毅先生	
山水圖（寒林院落）	摺扇面	金箋	設色	不詳		日本 東京柳孝藏先生	
山水圖	摺扇面	紙	水墨	不詳		日本 東京張允中先生	
山水（12幀）	冊	紙	設色、水墨	（每幀）28.2 × 34.8		日本 大阪松本松藏先生	
附：							
谿山清寂圖書畫	卷	紙	水墨	（畫）18.5 × 265.5	崇禎癸酉（六年，1633）仲秋	紐約 佳士得藝品拍賣公司/拍賣目錄 1997,09,19.	
採芝歸晚圖	軸	絹	設色	85.4 × 51.2	戊辰（崇禎元年，1628）端陽	紐約 佳士得藝品拍賣公司/拍賣目錄 1987,12,11.	
古木枯藤圖	軸	綾	水墨	155 × 47	戊寅（崇禎十一年，1638）秋八月	紐約 佳士得藝品拍賣公司/拍賣目錄 1996,03,27.	
山水（硯田莊圖）	摺扇面	金箋	設色	17.8 × 48.2		紐約 佳士得藝品拍賣公司/拍賣目錄 1988,06,02.	

畫家小傳：王建章。福建泉州人。善繪畫，以寫生時稱絕藝。流傳署款紀年作品見於神宗萬曆三十七（1609）年至清世祖順治元（1644）

名稱		質地	色彩	尺寸 高x寬㎝	創作時間	收藏處所	典藏號碼

。年（見泉州府志、中國畫家人名大辭典）

殳君素

梅花圖	卷	紙	水墨	不詳		北京 故宮博物院	
端午即景圖（魏之璜、魏之克、汪建、劉邁、殳君素合作）	軸	紙	設色	134.5 x 53.7	天啟元年（辛酉，1621）五月	廣州 廣州市美術館	
雲碓釣舟（明人畫幅集冊之12）	冊頁	紙	設色	34.5 x 60.5	己酉（萬曆三十七年，1609）十月	台北 故宮博物院	故畫 01298-12

畫家小傳：殳君素。字質夫。江蘇吳人。為文嘉入室弟子。善畫山水，有出藍美譽。流傳署款紀年作品見於神宗萬曆三十七（1609）年至熹宗天啟元（1621）年。（見無聲詩史、畫髓元詮、弇州續稿、中國畫家人名大辭典）

周允元

| 雪山行旅圖 | 軸 | 紙 | 設色 | 不詳 | 萬曆己酉（三十七年，1609）夏日 | 廣州 廣州市美術館 | |

畫家小傳：周允元。畫史無載。流傳署款紀年作品見於神宗萬曆三十七(1609)年。身世待考。

袁 玄

| 山水圖 | 摺扇面 紙 | 設色 | 不詳 | 己酉（萬曆三十七年，1609）長夏 | 北京 故宮博物院 | |
| 山水圖 | 摺扇面 紙 | 設色 | 不詳 | 丙辰（萬曆四十四年，1616）穀雨 | 北京 故宮博物院 | |

畫家小傳：袁玄（一作元）。隆慶、萬曆時人。畫史無載。流傳署款紀年作品見於萬曆三十七(1609)、四十四(1616)年。身世待考。

魯 岳

| 仿倪山水圖 | 摺扇面 紙 | 水墨 | 不詳 | 萬曆己酉（三十七年，1609） | 北京 故宮博物院 | |

畫家小傳：魯岳。畫史無載。流傳署款紀年作品見於萬曆三十七(1609)。身世待考。

藍 瑛

仿黃公望山水	卷	絹	設色	43.4 x 325.6	己卯（崇禎十二年，1639）中元	台北 故宮博物院	故畫 00931
仿王右丞雪山行旅圖	卷	紙	設色	不詳		台北 故宮博物院	國贈 024591
山水	卷	紙	設色	不詳		台北 故宮博物院（蘭千山館寄存）	
仿古山水（冊頁12幀裝成）	卷	紙	設色	（每幀）25.5		台北 故宮博物院（蘭千山館寄	

名稱		質地	色彩	尺寸 高×寬cm	創作時間	收藏處所	典藏號碼
				× 36.7		存）	
仿元末四大家山水圖	卷	紙	設色	30.8 × ?		台北 私人	
石勒問道圖（仿錢舜舉本）	卷	紙	設色	32.6 × ?	癸未（崇禎十六年，1643）清和	香港 趙從衍先生	
秋水幽居圖	卷	紙	設色	28.8 × 273.7	辛未（崇禎四年，1631）	旅順 遼寧省旅順博物館	
泉林圖	卷	紙	設色	不詳	壬午（崇禎十五年，1642）	北京 故宮博物院	
仿吳鎮山水圖	卷	紙	水墨	不詳	癸未（崇禎十六年，1643）	北京 故宮博物院	
仿王蒙林亭晚酌圖（為美箭作）	卷	絹	設色	23 × 245.9	甲寅（萬曆四十二年，1614）	北京 中國歷史博物館	
山水圖（八家山水卷8之1段）	卷	紙	設色	24 × 278.7		北京 首都博物館	
仿倪雲林山水圖（為石卿作）	卷	紙	水墨	不詳	壬辰（順治九年，1652）仲夏	北京 北京畫院	
溪山秋色圖	卷	絹	設色	23.8 × 180	癸丑（萬曆四十一年，1613）	天津 天津市藝術博物館	
仿梅道人漁隱圖	卷	紙	水墨	26 × 146	戊子（順治五年，1648）清和	天津 天津市藝術博物館	
臥雪草堂圖	卷	絹	設色	31 × 204	丁酉（順治十四年，1657）	天津 天津市文化局文物處	
仿元各家山水圖	卷	紙	水墨	不詳	辛卯（順治八年，1651）	煙臺 山東省煙臺市博物館	
偽大癡山水圖	卷	絹	設色	26.1 × 165.8	丁巳（萬曆四十五年，1617）	上海 上海博物館	
仿董源山水圖（為子琛作）	卷	絹	水墨	35.3 × 414.6	丙戌（順治三年，1646）秋日	上海 上海博物館	
仿倪瓚獅子林圖（為慎翁作）	卷	紙	水墨	29.5 × 477	辛卯（順治八年，1651）秋初	上海 上海博物館	
仿大癡筆意圖	卷	絹	設色	26.9 × 440	癸巳（順治十年，1653）	上海 上海博物館	
臨江竹石圖（為孫克弘作，孫克弘等作朱竹圖卷5之第4段）	卷	紙	設色	20.9 × 416.7	丁未（康熙六年，1667）夏日	上海 上海博物館	
幽谷觀泉圖	卷	絹	設色	26.8 × 185.2	乙亥（崇禎八年，1635）春日	南京 南京博物院	

名稱		質地	色彩	尺寸 高×寬㎝	創作時間	收藏處所	典藏號碼
仿一峰山水圖（擬富春山筆法）	卷	紙	設色	25.4 × 349.3	辛未（崇禎四年，1631）冬日	無錫 江蘇省無錫市博物館	
仿雲林山水圖	卷	絹	水墨	43.9 × 249	己亥（順治十六年，1659）上巳	成都 四川省博物院	
湖石圖	卷	紙	設色	20.1 × 156.5		重慶 重慶市博物館	
山水圖	卷	金箋	設色	27.3 × 545.4	甲子（天啟四年，1624）	日本 東京加藤正治先生	
蘭竹石圖	卷	紙	水墨	32.8 × 559.2		日本 大阪橋本大乙先生	
山水圖	卷	絹	設色	32.1 × 204.2		日本 奈良大和文華館	1134
蘭竹圖（法元人畫）	卷	紙	設色	22.2 × ？		日本　私人	
仿黃公望富春山圖	卷	金箋	設色	28 × ？	甲子（天啟四年，1624）五月	美國 普林斯頓大學藝術館	76-41
仿王蒙山水圖	卷	紙	設色	31.1 × ？	乙亥（崇禎八年，1635）秋日	美國 普林斯頓大學藝術館	58-49
竹石圖	卷	紙	水墨	30.3 × ？	庚辰（崇禎十三年，1640）秋仲	美國 New Haven 翁萬戈先生	
仿黃公望山水圖（楊文驄題跋）	卷	絹	設色	58.7 × ？	楊跋崇禎戊寅（十一年，1638）中秋	美國 芝加哥大學藝術博物館	1987.56
仿元四家山水圖	卷	金箋	設色	26.7 × 640.1		美國 西雅圖藝術館	.77
南屏山圖	卷	絹	設色	29.4 × ？		美國 勃克萊加州大學藝術館	CM105a，b
山水人物圖（謝彬寫人物，藍瑛補景，為士任老社翁作）	卷	紙	設色	29 × ？	戊子（順治五年，1648）秋七月七夕	美國 勃克萊加州大學藝術館（高居翰教授寄存）	CM48
山水圖	卷	金箋	設色	26.5 × ？		美國 西雅圖市藝術館	50.77
四季山水圖	卷	紙	設色	不詳		加拿大 多倫多皇家安大略博物館	
仿黃公望山水圖	卷	紙	水墨	22.2 × ？		德國 柏林東亞藝術博物館	1988-421
山水圖（仿黃公望富春山之法）	卷	紙	設色	31 × 2311	庚寅（順治七年，1650）清和	瑞士 蘇黎士黎得堡博物館	RCH.1155
溪閣清言	軸	絹	設色	167.5 × 48.3		台北 故宮博物院	故畫 00661
秋亭詩思圖	軸	絹	設色	169.3 × 51.8		台北 故宮博物院	故畫 00662

名稱		質地	色彩	尺寸 高x寬㎝	創作時間	收藏處所	典藏號碼
溪山雪霽（仿王右丞畫法）	軸	絹	設色	82.3 x 28.9	天啟三年（癸亥，1623）八月	台北 故宮博物院	故畫 00663
秋老梧桐	軸	紙	設色	136.6 x 31.2		台北 故宮博物院	故畫 00664
畫山水	軸	絹	設色	145.8 x 71.6	己亥（順治十六年，1659）秋仲	台北 故宮博物院	故畫 02337
畫山水	軸	紙	設色	144.3 x 60.4	庚辰（崇禎十三年，1640）冬日	台北 故宮博物院	故畫 02338
畫雪景	軸	絹	設色	268 x 68.8	己亥（順治十六年，1659）花朝	台北 故宮博物院	故畫 02339
群仙上壽圖	軸	紙	設色	56.5 x 47.3		台北 故宮博物院	故畫 02340
山水圖	軸	紙	設色	不詳		台北 故宮博物院	國贈 031057
荷花圖	軸	紙	設色	140.8 x 63.2		台北 故宮博物院（蘭千山館寄存）	
仿李希古山水圖	軸	絹	水墨	189.5 x 49.5		台北 國泰美術館	
仿梅道人山水圖	軸	紙	水墨	114.8 x 48.3		台北 國泰美術館	
設色山水圖	軸	絹	設色	169.4 x 49.1		台北 國泰美術館	
玉洞桃華圖	軸	絹	設色	193 x 69.3		台北 國泰美術館	
松亭清音圖	軸	絹	設色	167 x 70.7		台北 鴻禧美術館	C1-8
山水圖	軸	綾	水墨	157.1 x 44		台北 長流美術館	
法李咸熙山水圖	軸	絹	設色	190 x 65.5	戊戌（順治十五年，1658）秋仲	台北 清玩雅集	
師趙仲穆山水圖	軸	絹	設色	205 x 92		台北 清玩雅集	
仿范華原山水圖	軸	絹	水墨	162.5 x 42.8		台北 王世杰先生	
仿范華原山水圖	軸	絹	設色	139 x 40.5		台北 王世杰先生	
山水圖（4幅）	軸	絹	設色	（每幅）178 x 48		台北 黃君璧白雲堂	
松瀑鳴琴圖	軸	絹	設色	153 x 66	辛末（崇禎四年，1631）夏五月	台北 李鴻球先生	

名稱		質地	色彩	尺寸 高x寬cm	創作時間	收藏處所	典藏號碼
法李成山水圖	軸	絹	設色	171.4 x 49.7		台北 張添根養和堂	
蕭寺閒行圖	軸	絹	設色	150 x 46.5		台北 張添根養和堂	
秋山飛瀑圖	軸	綾	設色	159.3 x 43.4		台北 張建安先生	
仿倪瓚山水圖	軸	紙	水墨	148.8 x 50.2		台北 陳啟斌畏罍堂	
法關仝喬嶽高秋圖	軸	絹	設色	200.6 x 68.1		台北 蔡一鳴先生	
仿李成秋景山水圖	軸	絹	設色	189.3 x 65.4		台中 葉啟忠先生	
山水圖	軸	絹	設色	151.3 x 41.5	天啟二年（壬戌，1622）秋日	香港 香港大學馮平山博物館	HKU.P.67.8
湖山鞏壽（師趙承旨法）	軸	絹	設色	189.2 x 99.2		香港 香港大學馮平山博物館	HKU.P.59.71
竹石圖（與孫杕合作,孫畫竹，藍補石)	軸	絹	水墨	154 x 73		香港 香港大學馮平山博物館	HKU.P.60.1
桃源春曉（師趙榮祿畫法）	軸	金箋	設色	168.3 x 45.4	庚寅（順治七年，1650）	香港 何耀光至樂樓	
仙居樓閣圖（師洪谷子畫法）	軸	金箋	設色	168.3 x 45.4		香港 何耀光至樂樓	
雲壑清陰圖（師巨然蕭翼賺蘭亭法）	軸	金箋	設色	168.3 x 45.4		香港 何耀光至樂樓	
林壑泉聲圖（師一峯道人畫法）	軸	金箋	設色	168.3 x 45.4		香港 何耀光至樂樓	
疊巘高林圖（師燕文貴畫法）	軸	金箋	設色	168.3 x 45.4	庚寅（順治七年，1650）仲夏	香港 何耀光至樂樓	
江皋漁簔圖（師郭河陽畫法）	軸	金箋	設色	168.3 x 45.4		香港 何耀光至樂樓	
溪清九夏圖（師梅沙彌畫法）	軸	金箋	設色	168.3 x 45.4		香港 何耀光至樂樓	
秋溪雙棹圖（師王黃鶴畫法）	軸	金箋	設色	168.3 x 45.4		香港 何耀光至樂樓	
秋山話古圖（師范華原畫法）	軸	金箋	設色	168.3 x 45.4		香港 何耀光至樂樓	

名稱		質地	色彩	尺寸 高x寬cm	創作時間	收藏處所	典藏號碼
蒼巖蕭寺圖（師李咸熙畫法）	軸	金箋	設色	168.3 × 45.4	庚寅（順治七年，1650）夏仲	香港 何耀光至樂樓	
汀樹遙岑圖（師倪雲林畫法）	軸	金箋	設色	168.3 × 45.4		香港 何耀光至樂樓	
寒山飛雪圖（師王摩詰法畫）	軸	金箋	設色	168.3 × 45.4		香港 何耀光至樂樓	
山水圖（擬郭淳夫畫法）	軸	絹	設色	169.5 × 69.6	甲午（順治十一年，1654）七夕	香港 中文大學中國文化研究所文物館	95.524
山水圖	軸	絹	設色	165.8 × 44.1		香港 王南屏先生	
仿王維關山積雪圖	軸	絹	設色	170.8 × 42.1		香港 羅桂祥先生	
仿李成秋景山水圖	軸	紙	設色	173.9 × 65.3		香港 羅桂祥先生	
山水圖	軸	綾	水墨	78 × 48.8		香港 劉作籌虛白齋	26
松壑高秋圖	軸	紙	設色	200 × 78		香港 劉作籌虛白齋	
喬岳松年圖	軸	絹	設色	198 × 118.3	崇禎己卯（十二年，1639）	長春 吉林省博物館	
秋壑飛泉圖	大軸	絹	設色	389 × 102	戊戌（順治十五年，1658）	長春 吉林省博物館	
春溪香遠圖	軸	絹	設色	不詳		長春 吉林省博物館	
秋景山水圖	軸	絹	設色	不詳	庚辰（崇禎十三年，1640）	長春 吉林大學	
古樹歸鴉圖	軸	絹	設色	不詳	丙戌（順治三年，1646）	瀋陽 故宮博物院	
蒼松瑞石圖	軸	紙	設色	不詳	癸巳（順治十年，1653）	瀋陽 故宮博物院	
仿李咸熙山水圖	軸	紙	設色	128 × 58	丙申（順治十三年，1656）	瀋陽 故宮博物院	
曳杖雲林圖	軸	絹	設色	不詳		瀋陽 故宮博物院	
斷橋殘雪圖	軸	絹	設色	不詳		瀋陽 故宮博物院	
草閣清吟圖	軸	紙	設色	不詳		瀋陽 故宮博物院	
春閣聽泉圖	軸	絹	設色	217.7 × 97.7	庚申（泰昌元年，	瀋陽 遼寧省博物館	

名稱		質地	色彩	尺寸 高x寬cm	創作時間	收藏處所	典藏號碼
					，1620）		
山閣延秋圖	軸	絹	設色	172 x 88.6	癸巳（順治十年，1653）	瀋陽 遼寧省博物館	
溪頭柱杖圖	軸	絹	設色	159.2 x 61.5	丙申（順治十三年，1656）	瀋陽 遼寧省博物館	
萬壑高秋圖	軸	絹	設色	168.8 x 64.4		瀋陽 遼寧省博物館	
仿大癡山水圖	軸	綾	水墨	不詳	壬辰（順治九年，1652）	旅順 遼寧省旅順博物館	
秋山圖	軸	絹	設色	不詳		旅順 遼寧省旅順博物館	
溪橋話舊圖	軸	絹	設色	171 x 61.5	天啟二年（壬戌，1622）	北京 故宮博物院	
仿李成萬山飛雪圖	軸	絹	設色	154.5 x 63	己巳（崇禎二年，1629）	北京 故宮博物院	
仿大癡維摩詩意圖	軸	絹	設色	不詳	甲戌（崇禎七年，1634）	北京 故宮博物院	
秋壑晴嵐圖	軸	紙	設色	不詳	庚辰（崇禎十三年，1640）	北京 故宮博物院	
白雲紅樹圖	軸	紙	設色	不詳	戊子（順治五年，1648）	北京 故宮博物院	
仿王蒙秋山高逸圖	軸	紙	設色	120 x 54	己丑（順治六年，1649）	北京 故宮博物院	
秋景山水圖	軸	絹	設色	不詳	己丑（順治六年，1649）	北京 故宮博物院	
雪嶠尋詩圖	軸	絹	設色	不詳	庚寅（順治七年，1650）	北京 故宮博物院	
仿關同松壑清泉圖	軸	絹	設色	不詳	辛卯（順治八年，1651）	北京 故宮博物院	
江皋話古圖	軸	紙	設色	169.4 x 50	辛卯（順治八年，1651）	北京 故宮博物院	
秋色梧桐圖	軸	紙	設色	66 x 32.7	甲午（順治十一年，1654）	北京 故宮博物院	
桃花漁隱圖	軸	絹	設色	不詳	乙未（順治十二年，1655）	北京 故宮博物院	
明人像（謝彬寫像、藍瑛補石	軸	紙	設色	不詳	丙申（順治十三年	北京 故宮博物院	

名稱		質地	色彩	尺寸 高×寬cm	創作時間	收藏處所	典藏號碼
、諸昇添竹)					，1656) 桂月		
仿李晞古雲堅藏漁圖	軸	絹	設色	371.5 × 98.4	丁酉（順治十四年，1657）秋九月	北京 故宮博物院	
邵彌肖像（徐泰寫像，藍瑛補景）	軸	紙	設色	不詳	七十又三叟（順治十四年，丁酉，1657)	北京 故宮博物院	
蕉石戲嬰圖	軸	絹	設色	82.2 × 44.4	戊戌（順治十五年，1658)	北京 故宮博物院	
白雲紅樹圖	軸	絹	設色	190 × 48.2	戊戌（順治十五年，1658）清和	北京 故宮博物院	
仲夏園林圖	軸	灑金箋	水墨	86.5 × 31		北京 故宮博物院	
柳煙春雨圖	軸	金箋	水墨	不詳		北京 故宮博物院	
仿王蒙山水圖	軸	紙	設色	135 × 59		北京 故宮博物院	
仿范寬積雪浮雲圖	軸	絹	設色	213.2 × 101.5		北京 故宮博物院	
仿荊浩盧鴻草堂圖	軸	紙	設色	不詳		北京 故宮博物院	
仿燕文貴秋堅尋詩圖	軸	絹	設色	189.7 × 96.3		北京 故宮博物院	
仿關同秋山蕭寺圖	軸	絹	設色	不詳		北京 故宮博物院	
仿關仝山水圖	軸	絹	設色	不詳	天啟二年（壬戌，1622）初秋	北京 中國歷史博物館	
平湖秋月圖	軸	絹	水墨	不詳		北京 中國歷史博物館	
疊巘寒泉圖	軸	綾	設色	不詳		北京 中國歷史博物館	
暮山凝紫圖	軸	絹	設色	181.2 × 57.7	戊戌（順治十五年，1658）	北京 中國美術館	
谿山玄對圖	軸	紙	設色	不詳		北京 中國美術館	
文友圖	軸	紙	設色	不詳	己亥（順治十六年，1659）	北京 北京市文物局	
仿高克恭山水圖	軸	絹	設色	不詳		北京 北京市文物局	
仿高克恭東山雲起圖	軸	金箋	設色	不詳	乙亥（崇禎八年，1635）	北京 首都博物館	
菊竹圖	軸	綾	設色	138.4 × 51.8	丁酉（順治十四年，1657）	北京 首都博物館	
仿吳鎮溪山書屋圖	軸	絹	水墨	不詳		北京 首都博物館	

名稱		質地	色彩	尺寸 高x寬cm	創作時間	收藏處所	典藏號碼
秋林唱和圖	軸	絹	設色	不詳	丙申（順治十三年，1656）	北京 北京畫院	
雪景山水圖	軸	絹	設色	不詳	戊戌（順治十五年，1658）	北京 北京畫院	
白雲紅樹圖	軸	絹	設色	不詳	七十五叟（順治十六年，1659)	北京 中央美術學院	
仿黃公望山水圖	軸	絹	設色	不詳	己巳（崇禎二年，1629）	北京 中央美術學院	
秋山蕭寺圖	軸	綾	設色	不詳		北京 中央美術學院	
水閣秋深圖（為雋公作）	軸	絹	設色	不詳	壬申（崇禎五年，1632）秋日	北京 中央工藝美術學院	
松蘿晚翠圖	軸	絹	設色	160.5 x 55.5	壬戌（天啟二年，1622）	天津 天津市藝術博物館	
秋山漁隱圖	軸	紙	設色	140 x 45	癸酉（崇禎六年，1633）	天津 天津市藝術博物館	
仿黃鶴山樵山水圖	軸	紙	設色	215 x 75.5	庚辰（崇禎十三年，1640）	天津 天津市藝術博物館	
仿一峰山水圖	軸	紙	設色	163 x 74.4	壬午（崇禎十五年，1642）	天津 天津市藝術博物館	
茅亭話舊圖	軸	絹	設色	203.5 x 91.8	七十二叟（順治十三年，1656）	天津 天津市藝術博物館	
浴研圖（藍瑛、徐泰合作）	軸	紙	設色	138 x 45	己亥（順治十六年，1659）	天津 天津市藝術博物館	
江皋飛雪圖	軸	絹	設色	149.2 x 47		天津 天津市藝術博物館	
直友圖	軸	紙	水墨	147 x 47		天津 天津市藝術博物館	
紅葉秋禽圖	軸	紙	設色	95.3 x 35.4		天津 天津市藝術博物館	
摹張僧繇青綠山水圖	軸	絹	設色	141.5 x 49.5		天津 天津市藝術博物館	
溪山曳杖圖	軸	絹	設色	180 x 66		天津 天津市藝術博物館	
清影圖	軸	紙	設色	不詳		天津 天津市藝術博物館	
仿李晞古山水圖	軸	紙	設色	188 x 93		天津 天津市歷史博物館	
山水圖	軸	紙	設色	不詳	戊戌（順治十五年，1658）	天津 天津市文化局文物處	
秋山行旅圖	軸	絹	設色	187 x 68.5	丙申（順治十三年	石家莊 河北省博物館	

名稱		質地	色彩	尺寸 高x寬㎝	創作時間	收藏處所	典藏號碼
					，1656）秋初		
秋溪放棹圖	軸	絹	設色	159 x 91.5	戊子（順治五年，1648）	太原 山西省博物館	
仿富春山圖	軸	絹	設色	167 x 61.5		太原 山西省博物館	
山水圖	軸	絹	設色	不詳	辛卯（順治八年，1651）	濟南 山東省博物館	
仿倪瓚山水圖	軸	絹	水墨	187 x 51		濟南 山東省博物館	
秋壑清言圖	軸	紙	設色	275.5 x 100		濟南 山東省博物館	
仿趙仲穆山水圖	軸	絹	設色	179 x 94		濟南 山東省濟南市博物館	
晴雲冷翠圖	軸	紙	設色	不詳	庚辰（崇禎十三年，1640）	青島 山東省青島市博物館	
桃源春靄圖	軸	絹	設色	186.5 x 86.2	丙戌（順治三年，1646）	青島 山東省青島市博物館	
曳杖過橋圖	軸	絹	設色	不詳	辛卯（順治八年，1651）	青島 山東省青島市博物館	
霜禽秋色圖	軸	絹	設色	150 x 83	丁酉（順治十四年，1657）	青島 山東省青島市博物館	
暮山飛雪圖	軸	絹	水墨	150 x 52.5	己未（萬曆四十七年，1619）	鄭州 河南省博物館	
水閣臨泉圖（為澹如作）	軸	紙	設色	不詳	乙未（順治十二年，1655）夏至	西安 陝西歷史博物館	
仿李成山水圖	軸	絹	設色	不詳		西安 陝西歷史博物館	
溪山清越圖	軸	絹	設色	163 x 48		西安 陝西歷史博物館	
霖雨蒼生圖	軸	絹	設色	193.4 x 99	天啟三年（癸亥，1623）	合肥 安徽省博物館	
秋林高士圖	軸	紙	設色	140 x 73	天啟六年（丙寅，1626）重九	合肥 安徽省博物館	
春山水閣圖	軸	絹	設色	174 x 64	辛卯（順治八年，1651）	合肥 安徽省博物館	
雲壑高逸圖	軸	絹	設色	172.7 x 67	甲午（順治十一年，1654）	合肥 安徽省博物館	
秋山萬木圖	軸	紙	設色	197 x 95	甲午（順治十一年，1654）	合肥 安徽省博物館	
仿荊浩山水圖	軸	絹	設色	159.5 x 90.2		合肥 安徽省博物館	

名稱		質地	色彩	尺寸 高×寬㎝	創作時間	收藏處所	典藏號碼
秋壑清宮圖	軸	絹	設色	不詳	丙申（順治十三年，1656）春仲	南通 江蘇省南通博物苑	
夏木垂蔭圖	軸	絹	水墨	不詳		南通 江蘇省南通博物苑	
仿黃鶴山樵山水圖	軸	絹	設色	168.5 × 94		泰州 江蘇省泰州市博物館	
仿董、巨霜浦歸漁圖	軸	絹	設色	122.1 × 47.1	庚午（崇禎三年，1630）秋仲	上海 上海博物館	
法李唐山水圖	軸	絹	設色	211.2 × 98.2	崇禎辛未（四年，1631）三月望日	上海 上海博物館	
蜀山行旅圖	軸	絹	設色	177 × 55.7	甲戌（崇禎七年，1634）	上海 上海博物館	
仿吳鎮山水圖	軸	絹	水墨	不詳	戊寅（崇禎十一年，1638）	上海 上海博物館	
禹穴放舟圖	軸	絹	水墨	不詳	庚辰（崇禎十三年，1640）	上海 上海博物館	
疏林春暉圖	軸	紙	設色	不詳	辛巳（崇禎十四年，1641）	上海 上海博物館	
古木竹石圖	軸	紙	水墨	76.5 × 38.1	辛巳（崇禎十四年，1641）春二月	上海 上海博物館	
仿黃子久深山圖	軸	絹	水墨	196.6 × 63.7	甲申（順治元年，1644）清和	上海 上海博物館	
仿王蒙煎茶圖	軸	絹	設色	185 × 64.5	乙酉（順治二年，1645）花朝	上海 上海博物館	
秋壑高隱圖	軸	紙	設色	223.8 × 83.9	戊子（順治五年，1648）秋日	上海 上海博物館	
秋涉圖	軸	紙	設色	235.8 × 87.5	壬辰（順治九年，1652）	上海 上海博物館	
華嶽高秋圖	軸	絹	設色	310.9 × 102.2	壬辰（順治九年，1652）嘉平	上海 上海博物館	
秋山紅樹圖	軸	紙	設色	204.9 × 92.5		上海 上海博物館	
萬山飛雪圖	軸	絹	設色	202.3 × 94.6	丙申（順治十三年，1656）春月	上海 上海博物館	
清聽圖	軸	紙	設色	不詳	丙申（順治十三年，1656）夏仲	上海 上海博物館	

名稱		質地	色彩	尺寸 高×寬㎝	創作時間	收藏處所	典藏號碼
雙松圖	軸	紙	設色	不詳	時年七十三（順治十四年，1657）	上海 上海博物館	
蒼林岳峙圖	軸	絹	設色	171.3 × 93.5	己亥（順治十六年，1659）	上海 上海博物館	
仿一峰山水圖	軸	紙	設色	不詳		上海 上海博物館	
山川白雲圖	軸	紙	設色	198 × 102		上海 上海博物館	
丹峰紅樹圖	軸	絹	設色	184.3 × 51		上海 上海博物館	
拒霜秋鳥圖	軸	絹	設色	163.9 × 62.3		上海 上海博物館	
秋山紅樹圖	軸	紙	設色	204.9 × 92.5		上海 上海博物館	
秋巘晴巒圖	軸	絹	設色	不詳		上海 上海博物館	
仿梅花道人山水圖	軸	絹	水墨	不詳		上海 上海博物館	
仿黃公望山水圖	軸	紙	設色	不詳		上海 上海博物館	
古木文禽圖（為穉合作）	軸	紙	設色	147 × 48.5	甲戌（崇禎七年，1634）秋八月	南京 南京博物院	
仿北苑山水圖	軸	絹	設色	153.5 × 46.5		南京 江蘇省美術館	
柱石高秋圖	軸	金箋	設色	40 × 26.8	庚午（崇禎三年，1630）	南京 南京市博物館	
蘭石圖	軸	紙	水墨	不詳	壬午（崇禎十五年，1642）	南京 南京市博物館	
瑤峰玉樹圖	軸	絹	設色	不詳	天啟甲子（四年，1624）	鎮江 江蘇省鎮江市博物館	
仿王摩詰作瑤峰玉樹圖	軸	絹	設色	不詳	甲子（天啟四年，1624）冬仲	鎮江 江蘇省鎮江市博物館	
青山紅樹圖	軸	絹	設色	不詳		無錫 江蘇省無錫市博物館	
仿大癡山水圖	軸	紙	設色	331.4×100.5	丙子（崇禎九年，1636）春二月花朝	蘇州 江蘇省蘇州博物館	
松巖觀瀑圖	軸	絹	設色	158.7 × 65		蘇州 江蘇省蘇州博物館	
江皋暮雪圖	軸	絹	設色	141.6 × 55.9	丙寅（天啟六年，1626）十一月朔	杭州 浙江省博物館	
秋山水閣圖	軸	絹	設色	142.1 × 36.4	丁卯（天啟七年，	杭州 浙江省博物館	

名稱		質地	色彩	尺寸 高×寬㎝	創作時間	收藏處所	典藏號碼
					1627）春暮		
清朝柱石圖（為崑海作）	軸	絹	設色	147.1 × 43.8	戊寅（崇禎十一年，1638）蒲月	杭州 浙江省博物館	
萬壑清聲圖	軸	絹	設色	184.2 × 71.3	戊戌（順治十五年，1658）春仲	杭州 浙江省博物館	
九畹清芳圖	軸	絹	設色	不詳		杭州 浙江省博物館	
秋山觀瀑圖	軸	絹	設色	153.4 × 43.2		杭州 浙江省博物館	
仿范寬雪景山水圖	軸	紙	設色	155.5 × 85.5		杭州 浙江省博物館	
秋山觀瀑圖	軸	絹	設色	153.4 × 43.2		杭州 浙江省博物館	
嵩岳高秋圖	軸	絹	設色	184.3 × 94.1		杭州 浙江省博物館	
寶祠青貢二石圖	軸	紙	設色	153.6 × 49.7		杭州 浙江省博物館	
春山欲雨圖	軸	紙	設色	215.5 × 89.2	丙申（順治十三年，1656）秋暮	杭州 浙江省杭州市文物考古所	
層巒秋色圖	軸	紙	設色	320 × 98.2	丁酉（順治十四年，1657）秋初	杭州 浙江省杭州市文物考古所	
華嶽丹楓圖	軸	綾	設色	203 × 52	天啟三年（癸亥，1623）	杭州 浙江省杭州西泠印社	
柱石大夫圖	軸	綾	設色	142 × 44.5	甲申（崇禎十七年，1644）	杭州 浙江省杭州西泠印社	
踏雪圖	軸	紙	設色	216 × 95	丙申（順治十三年，1656）	杭州 浙江省杭州西泠印社	
仿李唐山水圖	軸	絹	設色	189 × 49.5		杭州 浙江省杭州西泠印社	
靈芝拳石圖	軸	紙	設色	155.8 × 54.6		嘉興 浙江省嘉興市博物館	
仿黃子久山水圖	軸	絹	設色	不詳	甲子（天啟四年，1624）	寧波 浙江省寧波市天一閣文物保管所	
蘭竹圖	軸	絹	水墨	不詳		寧波 浙江省寧波市天一閣文物保管所	
雲林秋霽圖	軸	絹	設色	不詳	戊子（順治五年，1648）	南昌 江西省博物館	
松山雲起圖	軸	金箋	設色	不詳		武漢 湖北省博物院	
長林紅葉圖（為一丹親翁社長作）	軸	紙	設色	不詳	丙子（崇禎九年，1636）長至日	成都 四川省博物院	
仿范寬溪山飛雪圖	軸	絹	設色	175 × 97	甲午（順治十一年，1654）秋	成都 四川省博物院	

名稱		質地	色彩	尺寸 高×寬㎝	創作時間	收藏處所	典藏號碼
仿吳鎮山水圖	軸	絹	水墨	165 × 44	乙未（順治十二年，1655）秋日	成都 四川省博物院	
荷石圖	軸	紙	設色	145 × 64.3	丙申（順治十三年，1656）初夏	成都 四川省博物院	
溪山峨雪圖	軸	紙	設色	317 × 96	壬申（崇禎五年，1632）	成都 四川大學	
摹王維山水圖	軸	絹	設色	46 × 30		重慶 重慶市博物館	
湖天高逸圖	軸	絹	設色	73.4 × 26		重慶 重慶市博物館	
疏林遠岫圖	軸	絹	水墨	不詳		重慶 重慶市博物館	
山水圖	軸	絹	設色	不詳		福州 福建省博物館	
晴嵐暖翠圖	軸	絹	設色	153.5 × 44.3		福州 福建省博物館	
玄亭話古圖	軸	紙	設色	11.5 × 72.5	癸巳（順治十年，1653）	廣州 廣東省博物館	
江浦秋雲圖	軸	絹	設色	不詳	戊戌七十四叟（順治十五年，1658）	廣州 廣東省博物館	
法北苑山水圖	軸	綾	設色	156 × 50.5	戊戌（順治十五年，1658）	廣州 廣東省博物館	
江閣清陰圖	軸	絹	水墨	152 × 45		廣州 廣東省博物館	
仿大癡山水圖	軸	絹	設色	161.3 × 52		廣州 廣東省博物館	
仿趙吳興山水圖	軸	紙	設色	153 × 52.5		廣州 廣東省博物館	
疏樹遠岫圖	軸	絹	水墨	107 × 44.8		廣州 廣東省博物館	
秋山圖	軸	紙	設色	304.7 × 105	甲申（順治元年，1644）	廣州 廣州市美術館	
仿董源山水圖	軸	紙	設色	不詳		廣州 廣州市美術館	
清溪九夏圖	軸	絹	設色	200 × 99		廣州 廣州市美術館	
秋林著書圖	軸	絹	設色	145.5 × 60.5	己巳（崇禎二年，1629）	廣州 廣州美術學院	
仿黃鶴山樵山水圖	軸	絹	設色	不詳		汕頭 廣東省汕頭市博物館	
兩峰插雲圖	軸	絹	設色	199 × 46	辛卯（順治八年，1651）	南寧 廣西壯族自治區博物館	
松壑飛泉圖	軸	紙	設色	334 × 102	甲午（順治十一年，1654）	南寧 廣西壯族自治區博物館	
仿范寬山水圖	軸	絹	設色	171 × 50		南寧 廣西壯族自治區博物館	
秋壑清音圖	軸	絹	設色	228 × 60	丁酉（順治十四年	貴陽 貴州省博物館	

名稱		質地	色彩	尺寸 高x寬cm	創作時間	收藏處所	典藏號碼
					，1657）		
竹石圖（孫杕寫竹，藍瑛畫石）	軸	絹	水墨	不詳	甲申（順治元年，1644）十月既望	日本 東京國立博物館	
仿高克恭湘山白雲圖	軸	絹	設色	159.1 × 44		日本 東京國立博物館	
秋山幽居圖	軸	絹	設色	187.2 × 52.2	戊寅（崇禎十一年，1638）八月十日	日本 東京靜嘉堂文庫	
夏山雨餘圖	軸	絹	設色	189.5 × 53.2		日本 東京三條公輝先生	
溪山問奇圖	軸	絹	水墨	不詳		日本 東京三條公輝先生	
山水圖（法梅華道人）	軸	絹	設色	不詳		日本 東京村上與四郎先生	
仿王蒙山水圖	軸	紙	設色	130 × 46.1	戊戌（順治十五年，1658）春王	日本 東京小幡醇一先生	
仿大癡秋山圖法山水	軸	紙	設色	128 × 49	癸未（崇禎十六年，1643）重九	日本 東京小幡醇一先生	
秋壑飛虹圖（法李晞古畫）	軸	絹	設色	212.1 × 60.6	戊戌（順治十五年，1658）修襖日	日本 東京小幡酉吉先生	
白岳喬松圖	軸	絹	設色	189.1 × 96.7	泰昌元年（庚申，1620）	日本 東京山本悌二郎先生	
仿北苑山水圖	軸	金箋	水墨	153 × 56.7	甲子（天啟四年，1624）夏仲	日本 東京 山本悌二郎先生	
雷蟄龍孫圖	軸	紙	水墨	不詳		日本 東京篠崎都香佐先生	
擬淳夫畫法山水圖	軸	絹	設色	173.3 × 69.7	甲午（順治十一年，1654）七夕	日本 東京上野太郎先生	
冬景山水圖	軸	絹	設色	不詳		日本 東京 Hara collection	
飛雪千山圖	軸	絹	設色	不詳	庚辰（崇禎十三年，1640）冬日	日本 東京原嘉道先生	
荷鄉清夏圖（仿趙大年法）	軸	絹	設色	153.7 × 49		日本 東京林宗毅先生	
合李成、郭熙法山水	軸	絹	設色	142.4 × 57.2		日本 東京柳孝藏先生	
法梅沙彌畫法山水（雨歇江澄圖）	軸	絹	水墨	不詳	癸未（崇禎十六年，1643）清和	日本 東京張允中先生	
仿大癡天池石壁圖	軸	絹	設色	148.5 × 45.5		日本 神奈川藤原楚水先生	
秋景山水圖	軸	絹	設色	157.7 × 43.8		日本 京都國立博物館	A甲744
仿黃鶴山樵法山水圖	軸	紙	設色	127.5 × 61.3	丙辰（康熙十五年	日本 京都國立博物館	A甲01113

名稱		質地	色彩	尺寸 高×寬㎝	創作時間	收藏處所	典藏號碼
					，1676）秋日		
梧桐老秋圖	軸	紙	設色	166.2 × 52.3		日本 京都柳重之先生	A3029
寒山霽雪圖	軸	絹	設色	144.9 × 60.4		日本 京都市柳孝一先生	A3175
松巖話古圖（法郭河陽）	軸	綾	設色	225.3 × 51.2		日本 大阪市立美術館	
秋景山水圖	軸	絹	設色	177.5 × 57.8	戊子（順治五年，1648）上元	日本 大阪市立美術館	
菫目喬松圖	軸	絹	設色	160.5 × 46.2	崇禎己巳（二年，1629）仲冬	日本 大阪橋本大乙先生	
摹王黃鶴法山水（秋谷幽居）	軸	絹	設色	149 × 41.5		日本 大阪橋本大乙先生	
擬董北苑山水圖	軸	金箋	水墨	38.6 × 25	辛卯（順治八年，1651）春暮	日本 大阪橋本大乙先生	
溪居賞秋圖（法大癡道人）	軸	絹	設色	160.5 × 46.2	癸巳（順治十年，1653）冬仲	日本 大阪橋本大乙先生	
山水（策杖溪棧圖）	軸	紙	設色	156.5 × 46.4	丙申（順治十三年，1656）清和	日本 大阪橋本大乙先生	
仿梅華道人山水圖	軸	紙	水墨	321 × 103		日本 大阪橋本大乙先生	
山水圖（12幅）	軸	絹	水墨、設色	（每幅）186.6 × 48.9		日本 名古屋櫻木俊一先生	
仿李晞古畫法山水圖	軸	紙	設色	33.1 × 27.8		日本 兵庫縣黑川古文化研究所	
山水圖	軸	絹	設色	146 × 70.2		日本 熊本縣松田文庫	11-129
仿一峰山水圖	軸	絹	設色	184.2 × 51.2		日本 高松縣鈴木幾次郎先生	
仿梅道人畫法夏木垂陰圖	軸	絹	水墨	225 × 99		日本 山口良夫先生	
仿高克恭雲林秋霽圖	軸	絹	設色	31.3 × 29.7	乙酉（順治二年，1645）春之上元	日本 山口良夫先生	
仿張僧繇畫法山水圖	軸	絹	設色	31.3 × 29.7		日本 山口良夫先生	
擬大癡富春畫法山水圖	軸	紙	設色	179.6 × 55.9	庚寅（順治七年，1650）冬仲	日本 江田勇二先生	
仿李唐法山水（江濤笛聲圖）	軸	絹	設色	188.8 × 46.2		日本 江田勇二先生	
玉洞桃華圖	軸	絹	設色	193.8 × 69.4		日本 江田勇二先生	
仿黃子久法秋山飛瀑圖	軸	絹	設色	不詳		日本 江田勇二先生	
仿李唐畫法山水圖	軸	絹	設色	不詳		日本 組田昌平先生	
仿荊浩法秋壑雲泉圖	軸	絹	設色	不詳	辛卯（順治八年，	日本 組田昌平先生	

名稱		質地	色彩	尺寸 高x寬cm	創作時間	收藏處所	典藏號碼
					1651）春三月		
山水圖	軸	紙	設色	不詳	庚辰（崇禎十三年，1640）秋日	日本 繭山龍泉堂	
泉壑清芬圖（泉石蘭竹）	軸	紙	設色	221.3 x 75.1	乙未（順治十二年，1655）小春	日本 木佐靖治先生	
秋景山水圖（法趙松雪法）	軸	綾	設色	178.6 x 53.1		日本 中埜又左衛門先生	
溪橋策杖圖（仿梅華道人畫法）	軸	絹	水墨	160.8 x 50.9	癸未（崇禎十六年，1643）中秋	日本 私人	
秋壑雲泉圖（仿李成畫法）	軸	絹	設色	181.8 x 53.2		日本 私人	
山水圖（法趙仲穆畫法）	軸	絹	設色	173.8 x 98.4		日本 私人	
法董源山水圖	軸	紙	水墨	184.8 x 76.2		日本 私人	
仿李成秋山曳杖圖	軸	絹	設色	198.3 x 49.2		日本 私人	
仿范寬山水圖	軸	絹	設色	167.5 x 45.7		日本 私人	
法吳鎮山水圖	軸	金箋	設色	167.1 x 93.2		日本 私人	
法吳鎮山水圖	軸	紙	水墨	201.5 x 80.7		日本 私人	
仿吳鎮夏木垂陰圖	軸	絹	水墨	225 x 98.8		日本 私人	
仿倪瓚疏林書舍圖	軸	絹	水墨	169.1 x 51.1		日本 私人	
秋溪泛舟圖	軸	絹	設色	192.5 x 91.6		日本 私人	
秋林話古圖	軸	絹	設色	234 x 100		日本 私人	
秋景山水圖	軸	絹	設色	179.2 x 46.8		日本 私人	
秋景山水圖	軸	綾	設色	149.5 x 48.4		日本 私人	
雪山覓詩圖	軸	絹	設色	198 x 49.1		日本 私人	
雪景山水圖	軸	絹	設色	177.6 x 56.3		日本 私人	
淺絳山水圖	軸	紙	設色	126.7 x 44.1		日本 私人	
仙山樓閣圖	軸	絹	設色	186.7 x 84.4		日本 私人	
仿趙孟頫春景山水圖	軸	絹	設色	171.5 x 73.8		韓國 首爾朴周煥先生	
山水圖	軸	絹	設色	166.6 x 46.2		韓國 私人	
嵩山高圖	軸	絹	設色	不詳		美國 波士頓美術館	
山莊秋色圖	軸	絹	設色	不詳	七十有五（順治十六年，1659）	美國 哈佛大學福格藝術館	
山水圖（法荊浩大澤垂綸圖）	軸	絹	設色	194.3 x 48.9	癸巳（順治十年，1653）中元	美國 耶魯大學藝術館	1967.75
仿李唐山水圖	軸	絹	設色	173.1 x 55.9		美國 耶魯大學藝術館	1986.128.1

名稱		質地	色彩	尺寸 高×寬cm	創作時間	收藏處所	典藏號碼
山水圖	軸	絹	水墨	39.3 × 24		美國 耶魯大學藝術館（私人寄存）	
山水圖	軸	紙	設色	95.2 × 37.8		美國 普林斯頓大學藝術館	81-44
花鳥圖	軸	紙	設色	164.2 × 53.1	巳亥（順治十六年，1659）秋九月	美國 普林斯頓大學藝術館	66-246
山水圖（秋江放棹）	軸	紙	設色	95 × 37.7	庚辰（崇禎十三年，1650）冬日	美國 普林斯頓大學藝術館（Edward Elliott 先生寄存）	L320.70
春江漁隱圖（為侍源壽丈作）	軸	絹	設色	184.5 × 90.7	壬申（崇禎五年，1632）夏仲	美國 紐約大都會藝術博物館	1989.363.102
紅友疊石圖	軸	紙	設色	148 × 47.4		美國 紐約大都會藝術博物館	1979.26
法趙榮祿松壑仙舟圖	軸	絹	設色	167.5 × 66.7	癸巳（順治十年，1653）七夕	美國 紐約布魯克林藝術博物館	84.72
山陰道寫山水圖	軸	紙	設色	148.5 × 81.5	庚子（順治十七年，1660）重九	美國 紐約王季遷明德堂	
仿王右丞萬山飛雪	軸	絹	設色	160 × 43.5		美國 紐約王季遷明德堂	
仿倪瓚山水圖	軸	紙	水墨	107 × 30.8		美國 紐約 Mr. & Mrs Weill	
花卉圖	軸	絹	設色	146 × 90.4		美國 紐約大都會藝術博物館（Denis 楊先生寄存）	
秋溪漁艇圖	軸	綾	設色	570 × 211.3		美國 紐約 Hobart 先生	
仿吳鎮山水圖	軸	絹	設色	175 × 43.9		美國 密歇根大學艾瑞慈教授	
仿范寬畫寒山雪霽圖（擬似紫翁老祖臺）	軸	紙	設色	140.3 × 59	乙未（順治十二年，1655）上元	美國 底特律藝術中心	77.11
雙鉤竹石圖（藍瑛畫石澗，孫杕勾勒竹）	軸	絹 -	水墨	165 × 57.3		美國 芝加哥大學藝術博物館	1974.89
仿李成山水圖	軸	絹	設色	157.6 × 49.2		美國 芝加哥大學藝術博物館	1974.83
支許清言圖（為五雲禪師作）	軸	紙	水墨	140.8 × 55.5	癸未（崇禎十六年，1643）七月杪	美國 克利夫蘭藝術博物館	70.128
楚山秋霽圖	軸	絹	設色	185.1 × 48.4		美國 克利夫蘭藝術博物館	71.231
仿倪山水圖	軸	絹	水墨	不詳	癸酉（崇禎六年，1633）秋八月	美國 聖路易斯市吳納遜教授	
支許清言圖（為五雲禪師作）	軸	紙	設色	不詳	癸未（崇禎十六年，1643）七月杪	美國 堪薩斯市納爾遜-艾金斯藝術博物館	

名稱		質地	色彩	尺寸 高×寬cm	創作時間	收藏處所	典藏號碼
摹戴進山水圖	軸	紙	設色	228.8 × 90.4		美國 印地安那波里斯市藝術博物館	
仿董源山水圖	軸	紙	設色	127.8 × 39	壬辰（順治九年，1652）蒲月	美國 印地安那波里斯市藝術博物館	60.41
江皋飛雪圖	軸	絹	設色	190 × 92.7	己卯（崇禎十二年，1639）夏日	美國 舊金山亞州藝術館	B69 D56
仿趙孟頫山水圖（為濟之先生作）	軸	金箋	設色	161.5 × 52.3	庚午（崇禎三年，1630）初冬	美國 勃克萊加州大學藝術館	1970.73
山水圖	軸	絹	設色	176.5 × 50.6		美國 勃克萊加州大學藝術館（高居翰教授寄存）	CM88
山水圖	軸	絹	設色	31 × 30.8		美國 勃克萊加州大學藝術館（高居翰教授寄存）	CM52A
山水圖	軸	絹	設色	31 × 31.7	己亥（順治十六年，1659）春仲	美國 勃克萊加州大學藝術館（高居翰教授寄存）	CM52B
仿吳鎮山水圖	軸	絹	水墨	109.3 × 45.6	時年七十二（順治七年，1650）	美國 勃克萊加州大學藝術館（高居翰教授寄存）	
雪景山水圖	軸	紙	設色	139.5 × 58.9		美國 勃克萊加州大學藝術館（高居翰教授寄存）	
仿關仝溪壑秋林圖	軸	紙	設色	195.6 × 68.6		美國 加州史坦福大學藝術博物館	76.63
山水圖	軸	絹	設色	167 × 45.2		美國 加州史坦福大學藝術博物館（私人寄存）	
擬許道寧秋景山水圖	軸	絹	設色	183.3 × 46.6		美國 聖地牙哥藝術博物館	91.48
仿范寬雪山話古圖	軸	絹	設色	186.7 × 79.8		美國 鳳凰市美術館(Mr.Roy And Marilyn Papp 寄存)	
桃林山水圖（法趙承旨畫）	軸	絹	設色	187.7 × 45.8		美國 夏威夷火魯奴奴藝術學院	6046.1
山水圖	軸	絹	設色	不詳		美國 火魯奴奴 Hutchinson 先生	
秋景山水圖	軸	紙	設色	148.6 × 81.5		美國 私人	
太湖石圖	軸	絹	設色	159.9 × 67.1		美國 私人	
雲壑清言圖	軸	金箋	設色	16.3 × 50.7		加拿大 大維多利亞藝術館	68-13
仿范寬秋谿漁艇圖	軸	綾	設色	145 × 53.4		德國 柏林東亞西亞藝術館	1974-9
仿吳鎮山水圖	軸	絹	設色	163 × 47.5	甲申（順治元年，1644）八月廿日	瑞典 斯德哥爾摩遠東古物館	

名稱		質地	色彩	尺寸 高x寬㎝	創作時間	收藏處所	典藏號碼
南山圖（為爾登詞丈作）	軸	金箋	水墨	121.5 x 49.3	天啟二年（壬戌，1622）秋中	瑞典 斯德哥爾摩遠東古物館	
仿王右丞雪霽捕魚圖（藍瑛仿古山水冊之1）	冊頁	絹	設色	32.4 x 55.7	壬戌（天啟二年，1622）秋初	台北 故宮博物院	故畫 01286-1
摹范華原畫法（藍瑛仿古山水冊之2）	冊頁	絹	設色	32.4 x 55.7		台北 故宮博物院	故畫 01286-2
仿董北苑畫法（藍瑛仿古山水冊之3）	冊頁	絹	設色	32.4 x 55.7		台北 故宮博物院	故畫 01286-3
仿巨然蕭翼賺蘭亭圖筆法（藍瑛仿古山水冊之4）	冊頁	絹	設色	32.4 x 55.7		台北 故宮博物院	故畫 01286-4
仿趙令穰荷鄉清夏圖（藍瑛仿古山水冊之5）	冊頁	絹	設色	32.4 x 55.7		台北 故宮博物院	故畫 01286-5
仿米南宮海嶽菴圖（藍瑛仿古山水冊之6）	冊頁	絹	水墨	32.4 x 55.7		台北 故宮博物院	故畫 01286-6
摹李唐（藍瑛仿古山水冊之7）	冊頁	絹	設色	32.4 x 55.7		台北 故宮博物院	故畫 01286-7
仿趙孟頫畫法（藍瑛仿古山水冊之8）	冊頁	絹	設色	32.4 x 55.7		台北 故宮博物院	故畫 01286-8
仿一峰道人晴嵐暖翠圖筆法（藍瑛仿古山水冊之9）	冊頁	絹	設色	32.4 x 55.7		台北 故宮博物院	故畫 01286-9
仿王黃鶴畫法（藍瑛仿古山水冊之10）	冊頁	絹	設色	32.4 x 55.7		台北 故宮博物院	故畫 01286-10
仿倪雲林法（藍瑛仿古山水冊之1）	冊頁	絹	水墨	32.1 x 26.4	乙亥（崇禎八年，1635）春仲	台北 故宮博物院	故畫 01165-1
仿郭熙畫法（藍瑛仿古山水冊之2）	冊頁	絹	設色	32.1 x 26.4		台北 故宮博物院	故畫 01165-2
設色山水（藍瑛仿古山水冊之3）	冊頁	絹	設色	32.1 x 26.4		台北 故宮博物院	故畫 01165-3
仿趙令穰畫法（藍瑛仿古山水冊之4）	冊頁	絹	設色	32.1 x 26.4		台北 故宮博物院	故畫 01165-4
仿黃大痴畫法（藍瑛仿古山水冊之5）	冊頁	絹	設色	32.1 x 26.4		台北 故宮博物院	故畫 01165-5
仿梅花道人畫法（藍瑛仿古山水冊之6）	冊頁	絹	水墨	32.1 x 26.4		台北 故宮博物院	故畫 01165-6
仿高彥敬畫法（藍瑛仿古山水冊之7）	冊頁	絹	設色	32.1 x 26.4		台北 故宮博物院	故畫 01165-7

名稱		質地	色彩	尺寸 高x寬㎝	創作時間	收藏處所	典藏號碼
仿王蒙听泉圖（藍瑛仿古山水冊之8）	冊頁	絹	設色	32.1 x 26.4		台北 故宮博物院	故畫 01165-8
仿趙仲穆畫法（藍瑛仿古山水冊之9）	冊頁	絹	設色	32.1 x 26.4		台北 故宮博物院	故畫 01165-9
仿李唐畫法（藍瑛仿古山水冊之10）	冊頁	絹	設色	32.1 x 26.4	乙亥（崇禎八年，1635）春仲	台北 故宮博物院	故畫 01165-10
仿趙松雪秋林覓句（藍瑛仿古山水冊之11）	冊頁	絹	設色	32.1 x 26.4		台北 故宮博物院	故畫 01165-11
仿王右丞畫法（藍瑛仿古山水冊之12）	冊頁	絹	設色	32.1 x 26.4	乙亥（崇禎八年，1635）春仲	台北 故宮博物院	故畫 01165-12
疎林遠山（藍瑛仿古山水寫生冊之1）	冊頁	紙	水墨	29.9 x 37.7	乙末（順治十二年，1655）冬仲	台北 故宮博物院	故畫 01166-1
村墟晚照法一峰道人（藍瑛仿古山水寫生冊之2）	冊頁	紙	設色	29.9 x 37.7		台北 故宮博物院	故畫 01166-2
松下閒亭法倪瓚（藍瑛仿古山水寫生冊之3）	冊頁	紙	水墨	29.9 x 37.7		台北 故宮博物院	故畫 01166-3
石梁橫磵法黃鶴山樵（藍瑛仿古山水寫生冊之4）	冊頁	紙	設色	29.9 x 37.7	癸末（崇禎十六年，1643）秋仲	台北 故宮博物院	故畫 01166-4
石徑松篁法倪雲林（藍瑛仿古山水寫生冊之5，	冊頁	紙	水墨	29.9 x 37.7	癸末（崇禎十六年，1643）秋仲	台北 故宮博物院	故畫 01166-5
溪山過雨法吳鎮（藍瑛仿古山水寫生冊之6）	冊頁	紙	水墨	29.9 x 37.7		台北 故宮博物院	故畫 01166-6
翠松蒼石法王叔明（藍瑛仿古山水寫生冊之7）	冊頁	紙	設色	29.9 x 37.7		台北 故宮博物院	故畫 01166-7
古柏竹石法梅沙彌（藍瑛仿古山水寫生冊之8）	冊頁	紙	水墨	29.9 x 37.7		台北 故宮博物院	故畫 01166-8
法米芾楚山清曉（藍瑛仿古山水寫生冊之9）	冊頁	紙	水墨	29.9 x 37.7		台北 故宮博物院	故畫 01166-9
山溪垂釣法范華原（藍瑛仿古山水寫生冊之10）	冊頁	紙	水墨	29.9 x 37.7	乙末（順治十二年，1655）仲冬	台北 故宮博物院	故畫 01166-10
秋山平遠法倪雲林（藍瑛仿古山水寫生冊之11）	冊頁	紙	水墨	29.9 x 37.7		台北 故宮博物院	故畫 01166-11
嶺樹烟雲法高房山（藍瑛仿古山水寫生冊之12）	冊頁	紙	水墨	29.9 x 37.7		台北 故宮博物院	故畫 01166-12
叢菊竹石法梅沙彌（藍瑛仿古	冊頁	紙	水墨	29.9 x 37.7		台北 故宮博物院	故畫 01166-13

名稱		質地	色彩	尺寸 高x寬㎝	創作時間	收藏處所	典藏號碼
山水寫生冊之13）							
古木竹石法梅沙彌（藍瑛仿古山水寫生冊之14）	冊頁	紙	水墨	29.9 x 37.7	乙末（順治十二年，1655）冬仲	台北 故宮博物院	故畫 01166-14
仿古山水（12幀	冊	絹	設色	34.7 x 28.5	乙酉（順治二年，1645）小春	台北 故宮博物院	故畫 01300
柳杏春鶯（藍瑛畫花鳥冊之1）	冊頁	金箋	設色	39.3 x 25.5	辛卯（順治八年，1651）秋九	台北 故宮博物院	故畫 01167-1
梨花白頭（藍瑛畫花鳥冊之2）	冊頁	金箋	設色	39.3 x 25.5		台北 故宮博物院	故畫 01167-2
海棠飛雀（藍瑛畫花鳥冊之3）	冊頁	金箋	設色	39.3 x 25.5		台北 故宮博物院	故畫 01167-3
湖石菖蒲（藍瑛畫花鳥冊之4）	冊頁	金箋	設色	39.3 x 25.5		台北 故宮博物院	故畫 01167-4
綠叢飛蝶（藍瑛畫花鳥冊之5）	冊頁	金箋	設色	39.3 x 25.5		台北 故宮博物院	故畫 01167-5
拳石秋筠（藍瑛畫花鳥冊之6）	冊頁	金箋	設色	39.3 x 25.5		台北 故宮博物院	故畫 01167-6
垂崖秋艷（藍瑛畫花鳥冊之7）	冊頁	金箋	設色	39.3 x 25.5		台北 故宮博物院	故畫 01167-7
水鳥芙蓉（藍瑛畫花鳥冊之8）	冊頁	金箋	設色	39.3 x 25.5		台北 故宮博物院	故畫 01167-8
修篁蕉石（藍瑛畫花鳥冊之9）	冊頁	金箋	設色	39.3 x 25.5		台北 故宮博物院	故畫 01167-9
秋巖竹菊（藍瑛畫花鳥冊之10）	冊頁	金箋	設色	39.3 x 25.5		台北 故宮博物院	故畫 01167-10
古樹寒鴉（藍瑛畫花鳥冊之11）	冊頁	金箋	設色	39.3 x 25.5		台北 故宮博物院	故畫 01167-11
梅花文鳥（藍瑛畫花鳥冊之12）	冊頁	金箋	設色	39.3 x 25.5		台北 故宮博物院	故畫 01167-12
江山歸帆（宋元明集繪冊之19）	冊頁	絹	設色	32.7 x 21.7		台北 故宮博物院	故畫 03473-19
牡丹（集名人畫冊之7）	冊頁	絹	設色	30.3 x 23.7		台北 故宮博物院	故畫 03508-7
巖壑秋深（明人書畫扇（辛）冊之11）	摺扇面	紙	設色	不詳		台北 故宮博物院	故畫 03545-11
法巨然山水圖（名人扇面（乙）冊之6）	摺扇面	紙	設色	不詳		台北 故宮博物院	故畫 03548-6
梅花幽鳥（名人畫扇面（庚）冊之9）	摺扇面	紙	設色	不詳		台北 故宮博物院	故畫 03552-9
松亭對話（名人畫扇冊之4）	摺扇面	紙	設色	不詳		台北 故宮博物院	故畫 03554-4
秋林圖	摺扇面	紙	設色	不詳		台北 故宮博物院	故扇 00201
喬松圖	摺扇面	紙	設色	不詳		台北 故宮博物院	故扇 00202
仿王蒙巖巒高士圖（藍瑛仿古山水冊之1）	冊頁	紙	設色	38.7 x 24.9		台北 故宮博物院（蘭千山館寄存）	
仿劉松年風雨歸舟（藍瑛仿古山水冊之2）	冊頁	紙	設色	38.7 x 24.9		台北 故宮博物院（蘭千山館寄存）	
仿倪雲林汀村遙岑（藍瑛仿古山水冊之3）	冊頁	紙	水墨	38.7 x 24.9		台北 故宮博物院（蘭千山館寄存）	

名稱		質地	色彩	尺寸 高x寬cm	創作時間	收藏處所	典藏號碼
師李唐畫法山水（藍瑛仿古山水冊之4）	冊頁	紙	設色	38.7 x 24.9		台北 故宮博物院（蘭千山館寄存）	
仿巨然法山水（藍瑛仿古山水冊之5）	冊頁	紙	設色	38.7 x 24.9		台北 故宮博物院（蘭千山館寄存）	
仿一峰道人富春山法（藍瑛仿古山水冊之6）	冊頁	紙	設色	38.7 x 24.9		台北 故宮博物院（蘭千山館寄存）	
仿關仝畫法（藍瑛仿古山水冊之7）	冊頁	紙	設色	38.7 x 24.9		台北 故宮博物院（蘭千山館寄存）	
仿方方壺奇峰白雲（藍瑛仿古山水冊之8）	冊頁	紙	水墨	38.7 x 24.9		台北 故宮博物院（蘭千山館寄存）	
秋景山水（明人書畫全扇冊之5）	摺扇面	金箋	設色	15.5 x 47.4	癸巳（順治十年，1653）秋	台北 故宮博物院（蘭千山館寄存）	
山水圖（24幀）	冊	絹	設色	（每幀）28.7 x 25.2	壬午（崇禎十五年，1642）春日至夏初	台北 華叔和後真賞齋	
仿大癡山水圖	摺扇面	金箋	設色	15.8 x 50.1		台北 張建安先生	
仿古山水圖（12幀）	冊	紙	設色	不詳	庚寅（順治七年，1650）仲夏	香港 何耀光至樂樓	
山水、花卉圖（4幀）	冊	紙	設色	（每幀）28.1 x 38	戊子（順治五年，1648）	瀋陽 遼寧省博物館	
山水、人物（？幀）	冊	紙	設色	（每幀）29.6 x 25.7		瀋陽 遼寧省博物館	
仿古山水圖（10幀）	冊	紙	設色	（每幀）40.5 x 25.8	癸酉（崇禎六年，1633）	北京 故宮博物院	
山水圖	摺扇面	紙	設色	不詳	乙亥（崇禎八年，1635）	北京 故宮博物院	
玄亭清秋圖	摺扇面	金箋	設色	17 x 55.3	壬午（崇禎十五年，1642）	北京 故宮博物院	
仿馬遠山水圖	摺扇面	金箋	設色	17.5 x 51.5	甲申（崇禎十七年，1644）	北京 故宮博物院	
枯木寒鴉圖	冊頁	絹	設色	不詳	庚寅（順治七年，1650）	北京 故宮博物院	
山水圖	摺扇面	金箋	設色	15.4 x 49.7	庚寅（順治七年，1650）	北京 故宮博物院	
嘉樹晴雲圖（為方翁作）	摺扇面	金箋	設色	16.7 x 51.8	辛卯（順治八年，	北京 故宮博物院	

名稱		質地	色彩	尺寸 高x寬cm	創作時間	收藏處所	典藏號碼
					1651）新秋		
仿范長壽春山紅樹圖（為九一作）	摺扇面	金箋	設色	17.4 x 49.5	壬辰（順治九年，1652）花朝	北京 故宮博物院	
澄觀山水圖（12幀，為介翁作）	冊	金箋	設色	（每幀）42.5 x 30	癸巳（順治十年，1653）清和	北京 故宮博物院	
仿古山水圖（8幀）	冊	紙	設色	（每幀）30.5 x 23.2	乙未（順治十二年，1655）春	北京 故宮博物院	
澄懷觀道圖（12幀）	冊	絹	設色	（每幀）31 x 22.2	乙未（順治十二年，1655）	北京 故宮博物院	
拳石折枝花卉（20幀）	冊	紙	設色	（每幀）30.5 x 22	丁酉（順治十四年，1657）花朝	北京 故宮博物院	
仿李咸熙山水圖	摺扇面	紙	設色	17.7 x 51		北京 故宮博物院	
江皋秋老圖（為仲裕作，陳道等十人山水冊10之1幀）	冊頁	紙	設色	23.4 x 31.5	辛亥（萬曆三十九年，1611）暮春	北京 故宮博物院	
仿古山水圖（8幀）	冊	紙	設色	（每幀）28 x 2.2	丙戌（順治三年，1646）夏	北京 中國歷史博物館	
仿古山水圖（4幀）	冊	絹	設色	（每幀）30 x 30		北京 中國歷史博物館	
花卉圖（12幀）	冊	紙	設色	不詳		北京 中國歷史博物館	
野芳佳木圖（12幀）	冊	紙	設色	不詳		北京 中國歷史博物館	
秋林清話圖	摺扇面	金箋	設色	不詳	壬辰（順治九年，1650）	北京 中國歷史博物館	
仿宋人山水圖	摺扇面	金箋	設色	不詳	乙未（順治十二年，1655）	北京 中國美術館	
山水圖（明藍瑛等山水冊10之3幀）	冊頁	絹	設色	（每幀）36.5 x 25.7	乙未（順治十二年，1655）春日	天津 天津市藝術博物館	
山水圖（明藍瑛等山水花鳥冊11之1幀）	摺扇面	金箋	設色	不詳	庚午（崇禎三年，1630）	濟南 山東省博物館	
水閣對話圖	摺扇面	金箋	設色	不詳	庚申（泰昌元年，1620）	上海 上海博物館	
為晉侯作山水圖	摺扇面	金箋	水墨	不詳	泰昌元年（庚申，1620）長至日	上海 上海博物館	
為仲言作山水圖	摺扇面	金箋	設色	不詳	丙寅（天啟六年，1626）冬	上海 上海博物館	

名稱		質地	色彩	尺寸 高x寬cm	創作時間	收藏處所	典藏號碼
為翁先作柱石圖	摺扇面 金箋		設色	不詳	崇禎元年（戊辰，1628）上元前二日	上海 上海博物館	
仿大癡山水圖	摺扇面 雲母箋		設色	不詳	己巳（崇禎二年，1629）	上海 上海博物館	
水閣延秋圖	摺扇面 金箋		設色	不詳	癸酉（崇禎六年，1633）初夏	上海 上海博物館	
仿李唐山水圖	摺扇面 金箋		設色	不詳	甲戌（崇禎七年，1634）	上海 上海博物館	
荷鄉小景圖	摺扇面 金箋		設色	不詳	甲戌（崇禎七年，1634）	上海 上海博物館	
仿趙松雪梅花仕女圖	摺扇面 金箋		設色	不詳	丙子（崇禎九年，1636）夏仲	上海 上海博物館	
紅樹秋禽圖	摺扇面 金箋		設色	不詳	丁丑（崇禎十年，1637）花朝	上海 上海博物館	
花鳥圖（12幀）	冊　紙		設色	（每幀）23.4 x 33.7	辛巳（崇禎十四年，1641）清和	上海 上海博物館	
仿古山水圖（12幀）	冊　紙		設色	（每幀）20.5 x 13	壬午（崇禎十五年，1642）皋月	上海 上海博物館	
臨溪讀書圖	摺扇面 金箋		水墨	不詳	壬午（崇禎十五年，1642）	上海 上海博物館	
臨泉小閣圖	摺扇面 金箋		水墨	不詳	癸未（崇禎十六年，1643）	上海 上海博物館	
寒林晚鴉圖	摺扇面 金箋		設色	不詳	乙酉（順治二年，1645）	上海 上海博物館	
仿趙孟頫山水圖	摺扇面 金箋		設色	不詳	丙戌（順治三年，1646）	上海 上海博物館	
仿馬遠水圖	摺扇面 金箋		設色	不詳	丙戌（順治三年，1646）仲夏	上海 上海博物館	
仿梅花道人山水圖	摺扇面 金箋		水墨	不詳	戊子（順治五年，1648）	上海 上海博物館	
寒山秋霽圖	摺扇面 金箋		設色	不詳	庚寅（順治七年，1650）	上海 上海博物館	
海棠春鳥圖	摺扇面 金箋		設色	不詳	壬辰（順治九年，1652）	上海 上海博物館	

名稱		質地	色彩	尺寸 高x寬cm	創作時間	收藏處所	典藏號碼
仿梅道人山水圖		摺扇面 金箋	水墨	不詳	壬辰（順治九年，1652）	上海 上海博物館	
為子瑗作山水圖		摺扇面 金箋	水墨	不詳	壬辰（順治九年，1652）	上海 上海博物館	
秋水長橋圖		摺扇面 金箋	設色	不詳	癸巳（順治十年，1653）	上海 上海博物館	
仿古山水（16幀）	冊	紙	設色	不詳	丙申（順治十三年，1656）春仲	上海 上海博物館	
五嶽奇觀圖（為隆翁作）		摺扇面 金箋	設色	不詳	丙申（順治十三年，1656）長至日	上海 上海博物館	
仿李唐山水圖		摺扇面 金箋	設色	不詳	丁酉（順治十四年，1657）	上海 上海博物館	
仿大癡山水圖		摺扇面 金箋	設色	不詳	丁酉（順治十四年，1657）	上海 上海博物館	
為正公世兄作山水圖		摺扇面 金箋	設色	不詳	戊戌（順治十五年，1658）	上海 上海博物館	
為正翁作山水圖		摺扇面 金箋	設色	不詳	己亥（順治十六年，1659）	上海 上海博物館	
仿古山水（10幀）	冊	絹	設色	（每幀）24.9 x 16		上海 上海博物館	
仿大癡山水圖		摺扇面 金箋	設色	不詳		上海 上海博物館	
古樹歸鴉圖		摺扇面 金箋	設色	不詳		上海 上海博物館	
江天暮雪圖		摺扇面 金箋	設色	不詳		上海 上海博物館	
竹石芝蘭圖		摺扇面 金箋	水墨	不詳		上海 上海博物館	
長江飛雪圖		摺扇面 金箋	設色	不詳		上海 上海博物館	
為祇生詞兄作山水圖		摺扇面 金箋	設色	不詳		上海 上海博物館	
萱石長春圖		摺扇面 金箋	設色	不詳		上海 上海博物館	
寧戚飯牛圖		摺扇面 金箋	設色	不詳		上海 上海博物館	
蕉夢圖		摺扇面 金箋	設色	不詳		上海 上海博物館	
竹石圖		摺扇面 紙	水墨	18.9 x 55.3	壬申（崇禎五年，1632）	南京 南京博物院	
秋山水閣圖		摺扇面 金箋	設色	15.7 x 51	庚寅（順治七年，1650）	南京 南京博物院	
山林坐玩圖		摺扇面 金箋	設色	16.3 x 49	己亥（順治十六年	南京 南京博物院	

名稱		質地	色彩	尺寸 高x寬cm	創作時間	收藏處所	典藏號碼
					，1659）		
山水圖	摺扇面	水紙	設色	不詳		南京 南京博物院	
山水圖	摺扇面	金箋	設色	不詳	辛未（崇禎四年，1631）	杭州 浙江省博物館	
山水圖（12幀）	冊	紙	設色	（每幀）51.9 x 29.2	崇禎七年（甲戌，1634）七月朔	杭州 浙江省博物館	
雪景山水圖	摺扇面	紙	設色	不詳	丙申（順治十三年，1656）	杭州 浙江省博物館	
江皋漁父圖	摺扇面	金箋	設色	不詳	丁亥（順治四年，1647）	寧波 浙江省寧波市天一閣文物保管所	
獨坐聽泉圖	摺扇面	紙	設色	不詳	庚寅（順治七年，1650）	寧波 浙江省寧波市天一閣文物保管所	
仿宋人山水圖	摺扇面	金箋	設色	不詳	乙未（順治十二年，1655）	寧波 浙江省寧波市天一閣文物保管所	
楚山清曉圖	摺扇面	金箋	水墨	16.5 x 48	辛亥（萬曆三十九年，1611）	武漢 湖北省博物館	
仿梅道人山水圖	摺扇面	金箋	水墨	不詳	戊寅（崇禎十一年，1638	成都 四川省博物院	
仿北苑山水圖	摺扇面	金箋	設色	不詳	戊子（順治五年，1648）	成都 四川省博物院	
芙蓉秋禽圖	摺扇面	金箋	設色	不詳	壬辰（順治九年，1652）	成都 四川省博物院	
山水圖	摺扇面	金箋	設色	不詳	癸巳（順治十年，1653）	成都 四川省博物院	
靈璧圖	摺扇面	金箋	水墨	不詳	丙申（順治十三年，1656）	成都 四川省博物院	
仿吳仲圭山水圖	摺扇面	金箋	水墨	不詳		成都 四川省博物院	
蘭竹石圖（12幀）	冊	紙	水墨	（每幀）33 x 47	甲戌（崇禎七年，1634）	廣州 廣東省博物館	
水閣聽泉圖	摺扇面	金箋	設色	16.5 x 53	七十（順治十一年，甲午，1654）	廣州 廣州市美術館	
山水、花鳥圖（6幀，藍瑛、孫杕合作）	冊	金箋	設色	（每幀）30 x 30		南寧 廣西壯族自治區博物館	
秋山話古圖	軸	紙	設色	不詳		昆明 雲南省博物館	

名稱		質地	色彩	尺寸 高x寬㎝	創作時間	收藏處所	典藏號碼
山水圖（明名家書畫扇集冊之1幀）	摺扇面	金箋	設色	不詳		日本 東京田邊碧堂安先生	
秋景山水圖	摺扇面	金箋	設色	不詳	乙丑（天啟五年，1625）冬十一月吉	日本 東京岡部長景安先生	
仿古山水圖（8幀）	冊	紙	設色、水墨	不詳	乙末（順治十二年，1655）上元	日本 東京尾崎洵盛安先生	
法一峰道人意山水（明人書畫合璧冊之7，寫似莪翁）	冊頁	絹	設色	28.7 x 20	庚寅（順治七年，1650）	日本 大阪市立美術館	
山水圖（？幀）	冊	紙	設色	（每幀）25.1 x 33	壬午（崇禎十五年，1642）之日	日本 大阪齋藤悅藏安先生	
仿大癡道人法山水圖	摺扇面	金箋	設色	16 x 51	丁酉（順治十四年，1657）秋日	日本 大阪橋本大乙先生	
仿關全畫法山水圖	摺扇面	金箋	設色	17.5 x 53	甲午（順治十一年，1654）冬日	日本 大阪橋本大乙先生	
雜畫（13幀，似弘老社長）	冊	紙	水墨	（每幀）26 x 16.9	丁酉（順治十四年，1657）長至	日本 兵庫縣黑川古文化研究所	
江村秋眺圖	摺扇面	金箋	設色	15.1 x 47.7	辛卯（順治八年，1651）夏日	日本 兵庫縣黑川古文化研究所	
山水圖(明清諸大家扇面冊之1幀)	摺扇西	紙	設色	18 x 51.5	丙寅（天啟六年，1626）九月	日本 中埜又左衛門先生	
山水圖（？幀）	冊	絹	水墨、設色	（每幀）45.7 x 20.5		日本 私人	
秋景山水圖（書畫扇面一冊之2）	摺扇面	金箋	設色	16.2 x 51		日本 私人	
仿倪瓚山水圖（明清諸賢詩畫扇面冊之4）	摺扇面	金箋	水墨	20.1 x 51.2		日本 私人	
仿吳鎮山水圖（明清名家合裝書畫扇面二冊之3）	摺扇面	金箋	水墨	15.9 x 50.6		日本 私人	
仿巨然山水圖仿倪瓚山水圖（明清諸賢詩畫扇面冊之14）	摺扇面	金箋	水墨	16.2 x 51.2		日本 私人	
花卉雜畫扇面（7幀）	冊	金箋	水墨	不詳		韓國 私人	
喬嶽大年圖（為仲翁老祖臺千齡之祝）	摺扇面	金箋	設色	15.5 x 49.7	庚寅（順治七年，1650）冬日	美國 普林斯頓大學藝術館	68-220

名稱		質地	色彩	尺寸 高×寬㎝	創作時間	收藏處所	典藏號碼
仿黃公望山水圖	摺扇面	金箋	設色	16.3 × 52.3	癸酉（崇禎六年，1633）桐月	美國 紐約大都會藝術博物館	13.100.63
仿宋元諸家山水（12幀，為二酉社翁作）	冊	紙	設色	（每幀）31.5 × 25.7	壬午（崇禎十五年，1642）春正月	美國 紐約大都會藝術博物館	1970.2.2a-1
山水圖	摺扇面	金箋	設色	15.5 × 49.7		美國 紐約沙可樂先生	
山水圖（？幀）	冊	紙	設色	（每幀）31 × 22		美國 密歇根大學藝術博物館	1979/2.19
三清圖	摺扇面	金箋	水墨	不詳	丁亥（順治四年，1647）之月	美國 密歇根大學艾瑞慈教授	
仿古山水（8幀，畫似吉偶詞長）	冊	紙	設色	（每幀）25 × 32.5	壬午（崇禎十五年，1642）午日	美國 芝加哥藝術中心	1958.395
仿倪瓚汀樹遙岑圖（為杜允良作）	冊頁	絹	水墨	30.7 × 26.2	癸酉（崇禎六年，1633）秋八月	美國 聖路易斯市吳納孫教授	
法趙孟頫山水圖	摺扇面	金箋	設色	17.2 × 52.1	丙子（崇禎九年，1636）春王月	美國 舊金山亞洲藝術館	B83 D3
花鳥圖（18幀）	冊	紙	設色	（每幀）19.5 × 22.8		美國 勃克萊加州大學藝術館	CM123
溪山積雪圖	摺扇面	金箋	設色	18.5 × 54.1		美國 勃克萊加州大學藝術館	CM124
秋江獨釣圖	摺扇面	金箋	設色	15.8 × 50.2		美國 勃克萊加州大學藝術館	
花卉動物圖（8幀，為弘老社長作）	冊	紙	設色	（每幀）25.8 × 16.9	丁酉（順治十四年，1657）冬日	美國 勃克萊加州大學藝術館（高居翰教授寄存）	CM51
高士觀瀑圖（扇面圖冊之11）	摺扇面	金箋	設色	15 × 47.7		美國 聖地牙哥藝術博物館	68.73k
山水圖（？幀）	冊	不詳	不詳	不詳		美國 夏威夷火魯奴奴藝術學院	
仿古山水圖（12幀）	冊	紙	設色	不詳	丙戌（順治三年，1646）春暮	美國 私人	
山水圖	冊頁	紙	水墨	30.9 × 22.1		美國 私人	
山水圖	摺扇面	金箋	水墨	16.3 × 50.8		英國 倫敦大英博物館	1959.5.9.01（ADD302）
山水圖	摺扇面	金箋	設色	16.5 × 52		德國 柏林東亞藝術博物館	1988-247
山水圖	摺扇面	金箋	設色	16.5 × 50.9		德國 柏林東亞藝術博物館	1988-248
山水圖	摺扇面	金箋	設色	16.5 × 50.7		德國 柏林東亞藝術博物館	1988-249
山水圖	摺扇面	金箋	設色	16 × 49.5		德國 柏林東亞藝術博物館	1988-250
仿郭河陽意圖	摺扇面	金箋	設色	16.2 × 51.8		德國 柏林東亞藝術博物館	1988-251

名稱		質地	色彩	尺寸 高×寬cm	創作時間	收藏處所	典藏號碼
山水圖（為元禮詞丈畫）	摺扇面	金箋	設色	18 × 52.2	己巳（崇禎二年，1629）九日	德國 科隆東亞西亞藝術館	A55.9
附：							
山水圖（諸家合作山水圖卷之1）	短卷	紙	設色	不詳	癸丑（萬曆四十一年，1613）初夏	北京 北京市文物商店	
西湖風景圖	卷	絹	設色	40.5 × 244		紐約 佳士得藝品拍賣公司/拍賣目錄 1988,11,30.	
遊上上方寺圖	卷	紙	水墨	30.5 × 86.5		紐約 佳士得藝品拍賣公司/拍賣目錄 1990,11,28.	
仿黃鶴山樵山水圖	卷	紙	設色	28 × 294.5		紐約 佳士得藝品拍賣公司/拍賣目錄 1993,06,04.	
溪山無盡圖	卷	紙	設色	34.5 × 399	乙酉（順治二年，1645）春之花朝	紐約 佳士得藝品拍賣公司/拍賣目錄 1998,09,15.	
秋山啜茗圖	軸	絹	設色	不詳	丙戌（順治三年，1646）重九	北京 榮寶齋	
雲壑清泉圖	軸	綾	設色	206 × 50	丙申（順治十三年，1656）	天津 天津市文物公司	
怪石圖	軸	紙	設色	不詳		濟南 山東省濟南市文物商店	
奇峰白雲圖	軸	絹	設色	不詳		揚州 揚州市文物商店	
西湖十景圖（10幅）	軸	絹	設色	（每幅）169 × 45		揚州 揚州市文物商店	
秋林獨坐圖	軸	紙	設色	不詳	戊子（順治五年，1648）	上海 朵雲軒	
秋林對坐圖	軸	絹	設色	187 × 63	辛卯（順治八年，1651）花朝	上海 朵雲軒	
松壑高秋圖	軸	絹	設色	201 × 93		上海 朵雲軒	
山水圖	軸	紙	設色	不詳	戊子（順治五年，1648）	上海 上海文物商店	
雲壑秋林圖	軸	絹	設色	179.3 × 63.1		上海 上海文物商店	
華山積雪圖	軸	絹	設色	不詳		上海 上海文物商店	
仿趙仲穆山水圖	軸	絹	設色	153.5 × 44.8		上海 上海文物商店	
楓橋策杖圖	軸	紙	設色	不詳		南京 南京市文物商店	
仿米山水圖	軸	絹	水墨	150 × 29	丙申（順治十三年	武漢 湖北省武漢市文物商店	

名稱		質地	色彩	尺寸 高×寬cm	創作時間	收藏處所	典藏號碼
					，1656）		
法王右丞雲山飛雪圖	軸	絹	設色	159.3 × 43.2		紐約 蘇富比藝品拍賣公司/拍賣目錄1981,05,08.	
仿黃公望山水圖	軸	紙	設色	148.5 × 48.3.	崇禎夏仲己巳（二年，1629）	紐約 蘇富比藝品拍賣公司/拍賣目錄1983,12,07.	
江皋清話圖	軸	紙	設色	141.5 × 61.5	己丑（順治六年，1649）中元	紐約 佳士得藝品拍賣公司/拍賣目錄1983,11,30.	
梁元帝詩意圖	軸	絹	設色	221.6 × 95.2		紐約 蘇富比藝品拍賣公司/拍賣目錄1984,06,13.	
秋山隱居圖	軸	絹	設色	195 × 97	丁酉（順治十四年，1657）花朝	紐約 佳士得藝品拍賣公司/拍賣目錄1984,06,29.	
仿王蒙山水圖	軸	紙	設色	122 × 55.5	七十三歲（順治十四年，1657）	紐約 蘇富比藝品拍賣公司/拍賣目錄1984,12,05.	
法吳鎮山水圖	軸	絹	水墨	81.3 × 31.7		紐約 蘇富比藝品拍賣公司/拍賣目錄1985,06,03.	
仿趙孟頫溪山漁隱圖	軸	絹	設色	193 × 93.3		紐約 蘇富比藝品拍賣公司/拍賣目錄1985,06,03.	
仿梅道人夏木垂蔭圖	軸	絹	水墨	178.7 × 51.1		紐約 蘇富比藝品拍賣公司/拍賣目錄1986,06,03.	
喬嶽高秋圖	軸	絹	設色	200.6 × 68	乙未（順治十二年，1655）夏仲	紐約 蘇富比藝品拍賣公司/拍賣目錄1986,06,03.	
秋山飛瀑圖	軸	絹	設色	166.5 × 70.5	己亥（順治十六年，1659）春三月	紐約 佳仕得藝品拍賣公司/拍賣目錄1986,06,04.	
偽大癡筆意山水圖	軸	紙	設色	205.8 × 100	庚巳（崇禎十四年，1641）夏	紐約 佳仕得藝品拍賣公司/拍賣目錄1986,12,01.	
秋山紅樹圖	軸	紙	設色	170.5 × 78.5	己亥（順治十六年，1659）春仲	紐約 佳士得藝品拍賣公司/拍賣目錄1987,06,03.	
蒼松牡丹圖	軸	紙	設色	158 × 79.8	七十四歲（順治十五年，1658）	紐約 佳士得藝品拍賣公司/拍賣目錄1987,06,03.	
山水圖	軸	絹	設色	102.5 × 45	己酉（萬曆三十七年，1609）初春	紐約 佳士得藝品拍賣公司/拍賣目錄1988,06,02.	
仿范寬山水圖	軸	絹	設色	165.7 × 47		紐約 蘇富比藝品拍賣公司/拍賣目錄1988,11,30.	
平山草鞋圖	軸	絹	設色	188 × 49.5		香港 佳士得藝品拍賣公司/拍賣目錄1991,03,18.	

名稱		質地	色彩	尺寸 高x寬cm	創作時間	收藏處所	典藏號碼
梅竹雙清圖	軸	紙	水墨	108 x 56.5	丁亥（順治四年，1647）二月	紐約 佳士得藝品拍賣公司/拍賣目錄 1991,05,29.	
撫琴老人圖	軸	絹	水墨	95 x 37	丁酉（順治十四年，1657）秋人日	紐約 佳士得藝品拍賣公司/拍賣目錄 1991,05,29.	
金山含月圖	軸	絹	設色	182 x 52	辛巳（崇禎十四年，1641）清和	紐約 佳士得藝品拍賣公司/拍賣目錄 1992,06,02.	
仿倪雲林山水圖	軸	紙	水墨	148 x 49	己卯（崇禎十二年，1639）秋九月	紐約 佳士得藝品拍賣公司/拍賣目錄 1992,06,02.	
桃溪放棹圖	軸	絹	設色	148 x 45.5		紐約 佳士得藝品拍賣公司/拍賣目錄 1992,06,02.	
深山苦讀圖	軸	綾	設色	186 x 49		紐約 佳士得藝品拍賣公司/拍賣目錄 1992,06,02.	
松陰觀瀑圖	軸	紙	設色	249 x 88.3		紐約 佳士得藝品拍賣公司/拍賣目錄 1993,12,01.	
春壑仙舟圖	軸	絹	設色	208 x 97	丙戌（順治三年，1646）菊月	紐約 佳士得藝品拍賣公司/拍賣目錄 1993,12,01.	
仿黃鶴山樵松窗讀易圖	橫幅	絹	設色	28.5 x 47		紐約 佳士得藝品拍賣公司/拍賣目錄 1994,06,01.	
仿黃公望山水圖	軸	絹	設色	160 x 40		紐約 佳士得藝品拍賣公司/拍賣目錄 1994,11,30.	
晴嵐暖翠圖	軸	絹	設色	172.5 x 96	七十五歲（順治十六年，1659）	紐約 佳士得藝品拍賣公司/拍賣目錄 1994,11,30.	
秋窗讀易圖	軸	絹	設色	121.9 x 55.9	庚午（崇禎三年，1630）秋日	紐約 佳士得藝品拍賣公司/拍賣目錄 1995,09,19.	
觀瀑圖	軸	絹	設色	162.3 x 46.3		紐約 佳士得藝品拍賣公司/拍賣目錄 1995,10,29.	
松陰清話圖	軸	絹	設色	198 x 71	己亥（順治十六年，1659）初秋	紐約 佳士得藝品拍賣公司/拍賣目錄 1995,10,29.	
深山觀亭圖	軸	絹	設色	231.2 x 127	丙戌（順治三年，1646）首夏	紐約 佳士得藝品拍賣公司/拍賣目錄 1996,03,27.	
深山訪友圖	軸	絹	設色	166 x 44.5	丁酉（順治十四年，1657）秋仲	紐約 佳士得藝品拍賣公司/拍賣目錄 1996,03,27.	
仿黃公望山水圖	軸	紙	設色	128 x 61	丙申（順治十三年，1656）秋日	香港 佳士得藝品拍賣公司/拍賣目錄 1996,04,28.	
長江飛雪圖	軸	絹	設色	140.3 x 47.3		紐約 佳士得藝品拍賣公司/拍	

名稱		質地	色彩	尺寸 高×寬cm	創作時間	收藏處所	典藏號碼
夏木垂陰圖	軸	絹	水墨	222.9 × 99		紐約 佳士得藝品拍賣公司/拍	賣目錄 1997,09,19.
仿倪元鎮山水圖	軸	絹	設色	185.4 × 46.3		紐約 佳士得藝品拍賣公司/拍	賣目錄 1997,09,19.
策蹇訪友圖	軸	絹	設色	166.4 × 77.5	甲午（順治十一年，1654）秋日	紐約 佳士得藝品拍賣公司/拍	賣目錄 1998,03,24.
秋山結廬圖	軸	紙	設色	122 × 55.5	七十三歲（順治十四年，1657）	香港 佳士得藝品拍賣公司/拍	賣目錄 1998,09,15.
靈芝蘭石圖	軸	紙	設色	125 × 33.5	甲戌（崇禎七年，1634）小春	香港 佳士得藝品拍賣公司/拍	賣目錄 1998,09,15.
山水圖（4幅）	軸	絹	設色	（每幅）178 × 38		香港 蘇富比藝品拍賣公司/拍	賣目錄 1999,10,31.
種松養鶴圖	軸	紙	設色	118.8 × 56.6	壬戌（天啟二年，1622）秋日	香港 蘇富比藝品拍賣公司/拍	賣目錄 1999,10,31.
湖畔讀書圖	軸	絹	設色	154.3 × 46.4	丙申（順治十三年，1656）秋初	香港 佳士得藝品拍賣公司/拍	賣目錄 2001,04,29.
松壑幽泉圖	軸	金箋	設色	171.5 × 87.5	丁酉（順治十四年，1657）清和	香港 佳士得藝品拍賣公司/拍	賣目錄 2001,04,29.
仿古山水圖（10幀）	冊	紙	設色、水墨	不詳	壬午（崇禎十五年，1642）夏日	揚州 揚州市文物商店	
松窗讀易圖	冊頁	絹	設色	不詳		上海 上海友誼商店	
山水圖（祁豸佳、藍瑛山水合冊5之3幀）	冊頁	紙	設色	不詳		上海 上海文物商店	
樹石圖（明藍瑛等樹石冊6之1幀）	冊頁	紙	水墨	不詳		上海 上海文物商店	
仿吳仲圭山水圖	摺扇面	金箋	水墨	16.1 × 51	丁酉（順治十四年，1657）	紐約 佳仕得藝品拍賣公司/拍	賣目錄 1986,12,01.
仿范華原山水圖	摺扇面	金箋	設色	16.5 × 50		紐約 佳士得藝品拍賣公司/拍	賣目錄 1988,11,30.
綺石松齡圖	摺扇面	金箋	設色	18.4 × 52		紐約 蘇富比藝品拍賣公司/拍	賣目錄 1988,11,30.
秋林獨坐圖	摺扇面	金箋	設色	16.5 × 53.2	壬辰（順治九年，1652）春暮	紐約 佳士得藝品拍賣公司/拍	賣目錄 1993,06,04.

名稱		質地	色彩	尺寸 高x寬cm	創作時間	收藏處所	典藏號碼
山水圖（24幀）	冊	絹	設色	（每幀）29.3 x 25.4	壬午（崇禎十五年，1642）春暮	香港 佳士得藝品拍賣公司/拍賣目錄1994,10,30.	
松、梅圖（6幀）	冊	紙	水墨	（每幀）30.5 x 41	己丑（順治六年，1649）秋日	紐約 佳士得藝品拍賣公司/拍賣目錄1994,11,30.	
山居圖	摺扇面	金箋	水墨	16.2 x 48.9	己丑（順治六年，1649）冬日	紐約 佳士得藝品拍賣公司/拍賣目錄1995,03,22.	
仿古山水圖（6幀）	冊	紙	設色	（每幀）25 x 28.5		紐約 佳士得藝品拍賣公司/拍賣目錄1996,09,18.	
古槎竹石圖（明清人扇面冊12之1幀）	摺扇面	金箋	水墨	不詳	庚寅（順治七年，1650）秋九月	紐約 佳士得藝品拍賣公司/拍賣目錄1998,09,15.	
楓江垂釣圖（明清人扇面冊12之1幀）	摺扇面	金箋	設色	不詳		香港 佳士得藝品拍賣公司/拍賣目錄1998,09,15.	
法古山水圖（6幀）	冊	紙	設色、水墨	（每幀）25.4 x 29.2		香港 蘇富比藝品拍賣公司/拍賣目錄1999,10,31.	

畫家小傳：藍瑛。字田叔。號蜨叟、石頭陀等。浙江錢塘人。生於神宗萬曆十三（1585）年。清聖祖康熙六（1667）年八十三歲尚在世。善畫山水、人物、花鳥、蘭石等。早歲追摹唐、宋、元人。晚年用筆蒼勁類似沈周。被歸入「浙派」。（見明畫錄、無聲詩史、圖繪寶鑑續纂、畫徵錄、桐陰論畫、杭州府志、中國畫家人名大辭典）

文震亨

名稱		質地	色彩	尺寸 高x寬cm	創作時間	收藏處所	典藏號碼
白岳游圖	卷	紙	設色	26.8 x 474.5	辛巳（崇禎十四年，1641）正月廿七日	無錫 江蘇省無錫市博物館	
武夷玉女峰圖（為開宇作）	軸	綾	水墨	140 x 52.6	崇禎甲戌（七年，1634）春仲十日	北京 故宮博物院	
雲林小景圖	橫幅	灑金箋	水墨	不詳		上海 上海博物館	
山水（明末二十名家書畫冊之7）	冊頁	綾	設色	23.2 x 17.6	甲申（順治元年，1644）九秋	台北 故宮博物院（蘭千山館寄存）	
唐人詩意圖（12幀）	冊	紙	設色	（每幀）28 x 34.2		北京 故宮博物院	
仿唐寅看松聽泉圖	摺扇面	金箋	水墨	不詳	己未（萬曆四十七年，1619）	南京 南京博物院	
蘭亭修禊圖	摺扇面	紙	設色	19.3 x 56.2		美國 加州Richard Vinograd先生	
盤谷圖	摺扇面	金箋	設色	16.4 x 51	丁丑（崇禎十年，	瑞士 蘇黎士黎得堡博物館	RCH.1125e

名稱		質地	色彩	尺寸 高x寬cm	創作時間	收藏處所	典藏號碼

1637）三月

畫家小傳：文震亨：字啟美。江蘇長洲人。文徵明曾孫。生於神宗萬曆十三（1585）年。卒於清世祖順治二（1645）年。天啟五年拔貢。明亡，絕食。承家學，善書畫。畫山水，格韻兼勝。（見明畫錄、文氏族譜續集、蘇州府志、列朝詩集小傳、殉節傳、中國畫家人名大辭典）

黃道周

名稱		質地	色彩	尺寸 高x寬cm	創作時間	收藏處所	典藏號碼
松石圖	卷	紙	水墨	28.5 × 284		香港 何耀光至樂樓	
松石圖	卷	絹	水墨	27.3 × 232.2		日本 大阪市立美術館	
墨菜圖	卷	紙	設色	23 × 192.8	乙丑（天啟五年，1625）冬季五日	日本 大阪市立美術館	
山水圖	卷	紙	水墨	27.8 × ？	辛巳（崇禎十四年，1641）五月	美國 普林斯頓大學藝術館（Edward Elliott 先生寄存）	L223.70
武夷泛棹圖	軸	紙	水墨	124.8 × 29.4	壬午（崇禎十五年，1642）三月午日	香港 鄭德坤先生	
墨松圖	軸	絹	水墨	172.5 × 47.8		香港 何耀光至樂堂	
雁蕩山圖	軸	絹	水墨	192.5 × 49.3	壬申（崇禎五年，1632）	天津 天津市藝術博物館	
山水圖	軸	綾	水墨	112.8 × 38.6	乙亥（崇禎八年，1635）正月十七日	日本 京都國立博物館	A甲189
山水圖（江干老松）	軸	絹	水墨	不詳	丁丑（崇禎十年，1637）四月十九日	日本 組田昌平先生	
仿元人山水圖	摺扇面	金箋	水墨	15.8 × 50.4		加拿大 大維多利亞藝術館	65-1
附：							
山水圖	摺扇面	金箋	水墨	20.3 × 57.8		紐約 蘇富比藝品拍賣公司/拍賣目錄 1988,06,01.	

畫家小傳：黃道周。字幼元，別字螭若，號石齋。福建漳浦人。生於神宗萬曆十三（1585）年，卒於清世祖順治三（1646）年。天啟二年進士。明亡，被捕，不屈被殺。博學無所不通，文章、風節高天下。善書畫。畫擅山水、人物、松石，皆磊落奇古。（見圖繪寶鑑續纂、明史本傳、黃石齋行狀、漳州府志、桐陰論畫、方望溪集、中國畫家人名大辭典）

伍瑞隆

名稱		質地	色彩	尺寸 高x寬cm	創作時間	收藏處所	典藏號碼
花卉圖	卷	紙	水墨	不詳	甲辰（康熙三年，	廣州 廣州市美術館	

名稱		質地	色彩	尺寸 高×寬㎝	創作時間	收藏處所	典藏號碼
					1664）三月		
淨墨牡丹圖	軸	紙	水墨	115 × 40	壬寅（康熙元年，1662）秋杪，七十八老人	香港 香港美術館	FA1983.137
牡丹圖	軸	紙	水墨	192 × 94	甲申（崇禎十七年，1644）臘月	香港 香港美術館	FA1938.138
牡丹修竹圖	軸	綾	水墨	86.5 × 41.5	壬申（崇禎五年，1632）	天津 天津市藝術博物館	
牡丹圖	軸	紙	水墨	不詳	八十一翁（康熙四年，乙巳，1665）	蘇州 江蘇省蘇州博物館	
牡丹圖	軸	紙	水墨	159 × 47	壬午（崇禎十五年，1642）	廣州 廣東省博物館	
牡丹蕙石圖（伍瑞隆、楊昌文合作）	軸	紙	水墨	208 × 81	（丁酉，順治十四年，1657）	佛山 廣東省佛山市博物館	
附：							
水墨花卉圖	軸	紙	水墨	136 × 36	庚子（順治十七年，1660）仲夏	紐約 佳士得藝品拍賣公司/拍賣目錄 1990,05,31.	

畫家小傳：伍瑞隆。字國開。廣東香山人。生於神宗萬曆十三（1585）年。熹宗天啟元（1621）年解元。工書。善畫牡丹。流傳署款紀年作品見於思宗崇禎五（1632）年至清聖祖康熙四（1665）年。（見廣東通志、漁洋感舊集、劍光樓筆記、中國畫家人名大辭典）

魯得之

名稱		質地	色彩	尺寸 高×寬㎝	創作時間	收藏處所	典藏號碼
墨竹圖	卷	紙	水墨	不詳	戊子（順治五年，1648）秋九月	蘇州 江蘇省蘇州博物館	
墨竹圖	軸	紙	水墨	不詳	壬辰（順治九年，1652）	北京 故宮博物院	
仿王紱墨竹圖	軸	紙	水墨	60 × 36.5		北京 故宮博物院	
竹石圖	軸	紙	水墨	172.5 × 51		北京 故宮博物院	
竹石圖	軸	紙	水墨	119.1 × 56.5		北京 中國美術館	
松竹圖	軸	紙	水墨	不詳	戊戌（順治十五年，1658）	北京 首都博物館	
竹石圖	軸	紙	水墨	不詳		北京 中央工藝美術學院	
蘭石叢篁圖	軸	紙	水墨	231.4 × 85.4	庚子（順治十七年，1660）四月	上海 上海博物館	

名稱		質地	色彩	尺寸 高×寬㎝	創作時間	收藏處所	典藏號碼
墨竹圖（為王石谷作）	軸	紙	水墨	76.6 × 33.8	庚子（順治十七年，1660）重九	上海 上海博物館	
松竹石圖	軸	紙	水墨	137.5 × 55		南京 南京博物院	
墨竹圖	軸	紙	水墨	不詳	乙未（順治十二年，1655）	杭州 浙江省杭州西泠印社	
墨竹圖	軸	絹	水墨	160 × 42.5		日本 東京林宗毅先生	
枯木筠竹圖（祁豸佳等山水花鳥冊27之1幀）	冊頁	絹	設色	30 × 23.4		天津 天津市藝術博物館	
墨竹圖（8幀）	冊	紙	水墨	（每幀）29.5 × 48.1		南京 南京博物院	
墨竹圖	摺扇面	金箋	水墨	不詳		成都 四川省博物院	
附：							
竹石圖	軸	紙	水墨	189.7 × 98	丁亥（順治四年，1647）	上海 上海文物商店	
蘭竹圖	軸	紙	水墨	不詳		上海 上海文物商店	
蘭竹荊石圖	軸	紙	水墨	不詳		上海 上海文物商店	
竹林長嘯圖（謝彬、魯得之合作）	軸	絹	設色	83.2 × 50.8	七十三歲（順治十四年，1657）	紐約 佳士得藝品拍賣公司/拍賣目錄1996,09,18.	

畫家小傳：魯得之。初名參，字得山，後以字行，遂名得之，更字孔孫。浙江錢塘人，僑寓嘉興。生於神宗萬曆十三（1585）年，卒於清世祖順治十七（1660）年。為李日華弟子。工書。善寫墨竹，得法吳鎮、文同、蘇軾。亦善畫蘭。（見明畫錄、圖繪寶鑑續纂、國朝畫徵錄、嘉興府志、桐陰論畫、中國畫家人名大辭典）

褚 勛

名稱		質地	色彩	尺寸 高×寬㎝	創作時間	收藏處所	典藏號碼
煙灘遠眺圖	軸	絹	設色	77.5 × 31	庚戌（萬曆三十八年，1610）秋七月朔	成都 四川大學	
拄杖觀瀑圖（名人畫扇冊之2）	摺扇面	紙	設色	不詳		台北 故宮博物院	故畫03554-2

畫家小傳：褚勛。字叔明。江蘇長洲人。善畫山水，宗法文徵明家。流傳署款紀年作品見於神宗萬曆三十八（1610）年。（見無聲詩史後跋、中國畫家人名大辭典）

顧 騘

名稱		質地	色彩	尺寸 高×寬㎝	創作時間	收藏處所	典藏號碼
朱筆三祝圖	軸	絹	設色	不詳	丁巳（萬曆四十五年，1617）	南通 江蘇省南通博物苑	
竹圖	軸	紙	水墨	不詳		南通 江蘇省南通博物苑	

名稱		質地	色彩	尺寸 高×寬cm	創作時間	收藏處所	典藏號碼
竹石圖（為郁齋作）	軸　綾		水墨	不詳	壬戌（天啟二年，1622）冬仲	杭州 浙江省杭州市文物考古所	
疎林亭子（明人畫扇面（乙）冊之3）	摺扇面 紙		水墨	不詳		台北 故宮博物院	故畫 03532-3
竹石圖	摺扇面 紙		水墨	不詳	乙卯（萬曆四十三年，1615）	北京 首都博物館	
竹圖	摺扇面 金箋		水墨	不詳	己酉（萬曆三十七年，1609）	揚州 江蘇省揚州市博物館	
竹圖	摺扇面 金箋		水墨	不詳	丙辰（萬曆四十四年，1616）	南通 江蘇省南通博物苑	

畫家小傳：顧聰。字雲車（一作雲章）。江蘇通州人。工畫墨竹，仿蘇軾。流傳署款紀年作品見於神宗萬曆三十七(1609)年，至熹宗天啟二(1622年。（見明畫錄、圖繪寶鑑續纂、畫史會要、中國畫家人名大辭典）

陳端甫

松林釣艇（明人畫扇面（乙）冊之1）	摺扇面 紙		水墨	不詳		台北 故宮博物院	故畫 03532-1

畫家小傳：陳端甫。畫史無載。身世待考。

趙 蕃

山水圖（明人畫扇面（乙）冊之4）	摺扇面 紙		水墨	不詳		台北 故宮博物院	故畫 03532-4

畫家小傳：趙蕃。畫史無載。身世待考。

陳元素

蕙蘭圖	卷	綾	水墨	不詳	天啟癸亥（三年，1623）	長春 吉林省博物館	
蘭花圖	卷	綾	水墨	26.3 × 294	天啟癸亥（三年，1623）	旅順 遼寧省旅順博物館	
蘭花圖	卷	灑金箋	水墨	不詳	崇禎元年（戊辰，1628）	北京 故宮博物院	
墨蘭圖	卷	紙	水墨	不詳	崇禎己巳（二年，1629）臘月	北京 故宮博物院	
墨蘭（陳元素等人雜畫卷4之1段）	卷	紙	水墨	不詳		北京 故宮博物院	

名稱		質地	色彩	尺寸 高x寬cm	創作時間	收藏處所	典藏號碼
蘭花圖	卷	紙	水墨	30.9 x 412.6	天啟丁卯（七年，1627）春仲	上海 上海博物館	
蘭花圖并書蘭亭記	卷	綾	水墨	27.5 x 257	崇禎辛未（四年，1631）上巳前一日	上海 上海博物館	
空谷蘭盟圖	卷	灑金箋	水墨	不詳		上海 上海博物館	
幽谷生香圖（明劉原起、陳元素、周瑞、曹羲、蔣體中、南陽山樵、王皋分作）	卷	紙	設色、水墨	不詳		蘇州 江蘇省蘇州博物館	
墨蘭（張復、劉原起、邵彌為補畫）	卷	紙	水墨	不詳		日本 京都藤井善助先生	
幽蘭圖	軸	紙	水墨	121.7 x 29.4		香港 香港美術館・虛白齋	XB1992.081
竹石圖	軸	紙	水墨	103.2 x 38.3	崇禎庚午（三年，1630）花朝	香港 徐伯郊先生	
蘭石圖（陳元素、卞文瑜合作）	軸	紙	水墨	131 x 40		瀋陽 故宮博物院	
蘭竹石圖	軸	紙	水墨	118.5 x 31.2	辛亥（萬曆三十九年，1611）	北京 故宮博物院	
蘭竹石圖（陳元素、劉原起、陳白合作）	軸	紙	水墨	不詳	庚申（泰昌元年，1620）浴佛日	北京 故宮博物院	
蘭花圖（為魯庭作）	軸	紙	水墨	109.2 x 31	天啟丙寅（六年，1626）佛日	北京 故宮博物院	
蘭花圖	軸	紙	水墨	122 x 48	庚午（崇禎三年，1630）菊月	北京 故宮博物院	
墨蘭圖	軸	紙	水墨	不詳		北京 故宮博物院	
蘭竹石圖（沈公繩、薛明益、沈顥、周坻、陳元素、陳潤、杜大綬、鄒國豐合作）	軸	紙	水墨	不詳		北京 故宮博物院	
蘭花圖	軸	紙	水墨	75.7 x 33	萬曆庚戌（三十八年，1610）秋	北京 中國歷史博物館	
蘭花圖（為澹明作）	軸	紙	水墨	不詳	庚戌（萬曆三十八年，1610）中秋	北京 中國美術館	
蘭花圖（文謙光、陳元素合作）	軸	紙	水墨	81 x 31	甲寅（萬曆四十二年，1614）	天津 天津市藝術博物館	

名稱		質地	色彩	尺寸 高x寬㎝	創作時間	收藏處所	典藏號碼
蘭花圖	軸	紙	水墨	103.6 × 31.8		天津 天津市藝術博物館	
蘭竹石圖	摺扇面	金箋	水墨	不詳	己巳（崇禎二年，1626）	昆明 雲南省博物館	
蘭石圖	軸	紙	水墨	27.4 × 28.9		日本 中埜又左衛門先生	
墨蘭圖	軸	紙	水墨	82.2 × 30.1	辛亥（萬曆三十九年，1611）春仲	美國 普林斯頓大學藝術館	68-229
墨蘭圖	軸	紙	水墨	113.2 × 32.7		美國 華盛頓特區弗瑞爾藝術館	80.125
蘭花圖	軸	金箋	水墨	137.2 × 63.3	庚午（崇禎三年，1630）穀雨	瑞典 斯德哥爾摩遠東古物館	NMOK428
蘭亭圖	摺扇面	紙	不詳	不詳		台北 故宮博物院	故扇00279
墨蘭圖	摺扇面	紙	水墨	19.9 × 56.7		香港 莫華釗承訓堂	K92.72
蘭花圖	摺扇面	金箋	水墨	17.7 × 53.7	己未（萬曆四十七年，1619）	北京 故宮博物院	
蘭花圖	摺扇面	金箋	水墨	不詳	乙卯（萬曆四十三年，1615）	成都 四川省博物院	
蘭花竹石圖	摺扇面	紙	水墨	不詳	崇禎二年（己巳，1629）仲秋	昆明 雲南省博物館	

附：

名稱		質地	色彩	尺寸 高x寬㎝	創作時間	收藏處所	典藏號碼
幽蘭竹石圖（陳元素、盛茂燁合作）	卷	紙	水墨	31 × 477.5	盛：辛未（崇禎四年，1631）臘月	紐約 佳士得藝品拍賣公司/拍賣目錄1989,12,04.	
蘭花圖	軸	灑金箋	水墨	不詳		上海 上海工藝品進出口公司	
蘭石圖（陳元素、卞文瑜合作）	軸	絹	水墨	160 × 59.6	壬戌（天啟二年，1622）仲冬	紐約 蘇富比藝品拍賣公司/拍賣目錄1986,06,03.	
墨蘭圖	軸	紙	水墨	107.3 × 37.8	崇禎庚午（三年，1630）二月三日	紐約 佳仕得藝品拍賣公司/拍賣目錄1986,06,04.	
蘭花圖	摺扇面	紙	水墨	不詳		上海 朵雲軒	
五鹿山房圖（李士達、陸士仁陳元素、王驥德合作4幀之1）	冊頁	灑金箋	設色	31.8 × 60.9		紐約 蘇富比藝品拍賣公司/拍賣目錄1988,06,01.	

畫家小傳：陳元素。字古白。江蘇長洲人。神宗萬曆三十四年（1606）應試不第。早負才名，工詩文、善書法。又工畫山水，尤擅寫蘭，超然出塵。流傳署款紀年作品見於神宗萬曆三十八（1610）年至思宗崇禎四（1631）年。（見明畫錄、無聲詩史、圖繪寶鑑續纂、蘇州府志、桐陰論畫、中國畫家人名大辭典）

王驥德

名稱		質地	色彩	尺寸 高×寬㎝	創作時間	收藏處所	典藏號碼

附：

五鹿山房圖（李士達、陸士仁　冊頁　灑金箋　設色　31.8 × 60.9　　　　　　　　　　紐約 蘇富比藝品拍賣公司/拍
陳元素、王驥德合作4幀之1）　　　　　　　　　　　　　　　　　　　　　　　　　賣目錄1988,06,01.

畫家小傳：王驥德。畫史無載。與陳元素同時。身世待考。

汪 徽

墨竹（湘江過雨圖）	軸	絹	水墨	185 × 47.4		日本 私人	
山水圖	摺扇面	金箋	設色	15.3 × 47.4		香港 劉作籌盧白齋	52
雙芝軒圖	冊頁	紙	設色	不詳	萬曆庚戌（三十八年，1610）春日	北京 故宮博物院	
山水圖（明人書畫冊之1幀）	冊頁	紙	設色	不詳	萬曆甲寅（四十二年，1614）	北京 首都博物館	

畫家小傳：汪徽。字仲徽。江西婺源人。工詩，擅八分書，善畫山水，尤精篆刻，人稱「四絕」。流傳署款紀年作品見於神宗萬曆三十八（
　　　　　1610）、四十二（1614）年。（見徽州府誌、中國畫家人名大辭典）

朱叔徵

| 松谿聽泉圖 | 軸 | 絹 | 設色 | 184.5 × 97.2 | 萬曆庚戌（三十八年，1610） | 北京 故宮博物院 | |

畫家小傳：朱叔徵。畫史無載。流傳署款紀年作品見於神宗萬曆三十八(1610)年。身世待考。

王 亮

花鳥圖	卷	紙	設色	不詳	甲寅（萬曆四十二年，1614）	北京 故宮博物院	
牡丹山鷳圖	軸	紙	設色	不詳	崇禎戊寅（十一年，1638）仲春	揚州 揚州市博物館	
芙蓉鵁鶄圖	摺扇面	金箋	設色	不詳	庚戌（萬曆三十八年，1610）	北京 故宮博物院	

附：

| 花鳥圖（清呂琮等山水花鳥冊 | 冊頁 | 絹 | 設色 | 33 × 29 | | 天津 天津市文物公司 | |
| 12之1幀） | | | | | | | |

畫家小傳：王亮。字畹香。江蘇吳人。能畫山水，學元倪瓚。流傳署款紀年作品見於明神宗萬曆三十八（1610）年，至思宗崇禎十一（
　　　　　1638）年。（見墨香居畫識、中國美術家人名辭典）

陳尚古

| 山水圖（陳裸對人仿古山水合 | 卷 | 紙 | 設色 | 不詳 | | 北京 中國歷史博物館 | |

名稱		質地	色彩	尺寸 高x寬cm	創作時間	收藏處所	典藏號碼
卷之1段)							
擬文山水圖	軸	紙	設色	不詳	崇禎六年（癸酉，1633）	鄭州 河南省鄭州市博物館	
夾溪松屋圖	軸	絹	設色	174 x 60	崇禎癸未（十六年，1643）	鄭州 河南省鄭州市博物館	
山水圖（明末二十名家書畫冊之9）	冊頁	綾	設色	23.2 x 17.6	壬午（崇禎十五年，1642）秋日	台北 故宮博物院（蘭千山館寄存）	
山水圖（明劉原起等山水冊之1幀）	冊頁	絹	設色	不詳		天津 天津市藝術博物館	
山水圖（朱之蕃書題二美帖冊之一幀）	冊頁	絹	設色	不詳	庚戌（萬曆三十八年，1610）秋	韓國 首爾國立中央博物館	

畫家小傳：陳尚古。字彥樸。江蘇長洲人。善畫。流傳署款紀年作品見於神宗萬曆三十八（1610）年，至思宗崇禎十六（1643）年。（見明畫錄、畫史會要、中國畫家人名大辭典）

吳 稚

名稱		質地	色彩	尺寸 高x寬cm	創作時間	收藏處所	典藏號碼
山水圖（朱之蕃書題二美帖冊之1幀）	冊頁	絹	設色	不詳	庚戌（萬曆三十八年，1610）九月	韓國 首爾國立中央博物館	

畫家小傳：吳稚。隆慶、萬曆間人。身世不詳。工畫山水。流傳署款紀年作品見於神宗萬曆三十八（1610）年。（見珊瑚網、中國畫家人名大辭典）

文從忠

名稱		質地	色彩	尺寸 高x寬cm	創作時間	收藏處所	典藏號碼
山水圖（朱之蕃書題二美帖冊之一幀）	冊頁	絹	設色	不詳		韓國 首爾國立中央博物館	

畫家小傳：文從忠。號華岳。江蘇長洲人。文從昌之弟。承家學，善畫。流傳署款作品約見於神宗萬曆三十八（1610）年。（見文氏族譜續集、中國畫家人名大辭典）

陳介夫

名稱		質地	色彩	尺寸 高x寬cm	創作時間	收藏處所	典藏號碼
山水圖（4段）	卷	紙	水墨	52.9 x 196	萬曆庚戌（三十八年，1610）	長春 吉林省博物館	
山水圖	摺扇面	金箋	設色	18 x 55.1		日本 京都萬福寺	
山水圖	摺扇面	金箋	設色	15.4 x 48.2		日本 京都萬福寺	

畫家小傳：陳介夫（一作价夫）。字伯儒。福建閩縣人。生性曠達。好吟詠。精書畫。流傳署款紀年作品見於神宗萬曆三十八（1610）年。（見福建通志、中國畫家人名大辭典）

文 正

名稱		質地	色彩	尺寸 高x寬cm	創作時間	收藏處所	典藏號碼
赤壁橫江（白鶴雲竹圖）	軸	絹	設色	149.7 x 84.8		日本 京都相國寺	
九皋唳月（白鶴江濤圖）	軸	絹	設色	149.7 x 84.8		日本 京都相國寺	
梅花圖（寫贈來西詞兄）	摺扇面 金箋		設色	15.5 x 50	庚戌（萬曆三十八年，1610）冬日	美國 紐約大都會藝術博物館	13.100.91

畫家小傳：文正。號泉石。籍里、身世不詳。善畫鶴。流傳署款紀年作品見於神宗萬曆三十八（1610）年。（見明畫續錄、中國美術家人名辭典）

顧 瑛

芙蓉雙鴛圖	軸	紙	設色	118.2 x 37.6		台北 故宮博物院	故畫 00306
畫罌粟	軸	紙	設色	123.9 x 33.9		台北 故宮博物院	故畫 00307
附：							
雪篷圖	卷	紙	設色	26 x 149		紐約 佳士得藝品拍賣公司/拍賣目錄 1998,09,15.	
花鳥圖	摺扇面 金箋		設色	16.5 x 48.5	庚戌（萬曆三十八年，1610）秋日	紐約 佳士得藝品拍賣公司/拍賣目錄 1989,06,01.	

畫家小傳：顧瑛。號玉山道人。浙江秀水人。工詩、善畫。畫山水，宗法董源；花鳥，有黃筌、徐熙筆意；畫人物，人比之吳道子。流傳署款紀年作品見於神宗萬曆三十八（1610）年。（見秀水縣志、中國畫家人名大辭典）

肅 貞

渡海羅漢圖（壽端獻恭熹皇太后繪造）	軸	絹	設色	146.8 x 81.4	萬曆庚戌（三十八年，1610）年	美國 華盛頓特區弗瑞爾藝術館	11.275

畫家小傳：肅貞。畫史無載。流傳署款紀年作品見於神宗萬曆三十八(1610)年。身世待考。

陳 旭

法董北苑筆山水	軸	綾	水墨	129.8 x 44.9	庚戌（？萬曆三十八年，1610）孟秋	日本 京都泉屋博古館	33

畫家小傳：陳旭。畫史無載。流傳署款作品紀年疑為神宗萬曆三十八(1610)年。身世待考。

文從先

亭欄觀景（名人扇面（乙）冊之1）	摺扇面 紙		設色	不詳		台北 故宮博物院	故畫 03548-1

畫家小傳：文從先。畫史無載。身世待考。

名稱		質地	色彩	尺寸 高x寬cm	創作時間	收藏處所	典藏號碼
惲道生							
水墨溪山圖	卷	紙	水墨	20.8 x 130		合肥 安徽省博物館	
仿黃子久山水圖	卷	紙	水墨	96.3 x 28.2		上海 上海博物館	
秋亭嘉樹圖	軸	紙	水墨	67.1 x 29.3	甲午（順治十一年，1654）十二月初九日	台北 故宮博物院	故畫 00698
仿巨然山水圖	軸	紙	水墨	121 x 48		台北 故宮博物院	國贈 024909
疊嶂聽濤圖	軸	紙	設色	162.5 x 43.3	丙子（崇禎九年，1636）二月廿日	台北 鴻禧美術館	C1-23
紫峰閣圖	軸	絹	設色	119.5 x 62.5		台北 清玩雅集	
山水（沉入秀出圖）	軸	紙	設色	304 x 87.5		台北 華叔和後真賞齋	
擬巨然山水圖	軸	紙	水墨	91.7 x 36.2		香港 何耀光至樂樓	
晴川攬勝圖	軸	綾	設色	112 x 39		潘陽 遼寧省博物館	
松溪山色圖	軸	紙	設色	139.2 x 47.5		潘陽 遼寧省博物館	
溪山可居圖	軸	綾	水墨	130 x 52.5		潘陽 遼寧省博物館	
春雨迷離圖（晴雲亂飛圖）	軸	紙	水墨	不詳	乙卯（萬曆四十三年，1615）	北京 故宮博物院	
雪景寒林圖	軸	紙	水墨	97.5 x 39.5	壬申（崇禎五年，1632）初冬	北京 故宮博物院	
仿米家山圖	軸	紙	水墨	不詳	己卯（崇禎十二年，1639）重陽後七日	北京 故宮博物院	
臨黃公望小幅山水圖	軸	絹	水墨	不詳	庚辰（崇禎十三年，1640）	北京 故宮博物院	
夏山圖	軸	紙	水墨	不詳	壬午（崇禎十五年，1642）春日	北京 故宮博物院	
山水圖	軸	紙	水墨	115.5 x 43.3	壬午（崇禎十五年，1642）	北京 故宮博物院	
山水圖	軸	綾	水墨	不詳		北京 故宮博物院	
山居訪舊圖	軸	紙	水墨	不詳		北京 故宮博物院	
倪迂故址圖	軸	絹	水墨	不詳		北京 故宮博物院	
山水圖	軸	紙	設色	不詳		北京 中國歷史博物館	

名稱		質地	色彩	尺寸 高x寬cm	創作時間	收藏處所	典藏號碼
仿北苑山水圖	軸	紙	水墨	101.2 x 48		天津 天津市藝術博物館	
一峰突兀圖	軸	綾	水墨	138.5 x 56.5	戊寅（崇禎十一年，1638）	濟南 山東省博物館	
溪山圖（為子聲姪作）	軸	紙	水墨	不詳	己卯（崇禎十二年，1639）春盡	太原 山西省博物館	
亭林高閣圖	軸	紙	水墨	104 x 46.2		西安 陝西歷史博物館	
仿王維鍾聲圖	軸	紙	水墨	153 x 51.5	癸巳（順治十年，1653）春日	合肥 安徽省博物館	
秋林平遠圖	軸	紙	水墨	148.8 x 61.5	戊寅（崇禎十一年，1638）	上海 上海博物館	
山水圖	軸	紙	水墨	不詳		上海 上海博物館	
仿子久山水圖	軸	紙	水墨	127.2 x 60		上海 上海博物館	
青山綺皓圖	軸	紙	水墨	290.4 x 101.8		上海 上海博物館	
秋林圖	軸	紙	水墨	104.5 x 32.2		上海 上海博物館	
浮巒暖翠圖	軸	紙	設色	231.4 x 94		上海 上海博物館	
仿雲林小景圖	軸	紙	水墨	不詳		上海 上海博物館	
水墨溪山圖	軸	紙	水墨	115.5 x 47		上海 上海博物館	
錫山圖	軸	紙	水墨	62.5 x 36		上海 上海博物館	
董巨遺意圖	軸	紙	水墨	135 x 59	壬申（崇禎五年，1632）仲秋後	常州 江蘇省常州市博物館	
深山水閣圖	軸	綾	水墨	148 x 48		成都 四川省博物院	
仿燕文貴山水圖	軸	紙	水墨	152 x 52.5		廣州 廣州市美術館	
山水圖	軸	紙	水墨	93.6 x 31.3		日本 京都國立博物館(上野有竹齋寄贈)	A甲207
江村蕭索圖	軸	紙	水墨	不詳		日本 京都藤井善助先生	
臨元鄭僖畫高松瀑布圖	軸	紙	水墨	287.7 x 98.7		日本 京都桑名鐵城先生	
冬景山水圖	軸	紙	水墨	130.4 x 30.6		日本 奈良大和文華館	1121
林壑流泉圖	軸	紙	水墨	95.2 x 32.7		日本 大阪橋本大乙先生	
六月溪深草閣寒圖（仿董源筆意）	軸	紙	水墨	211.7 x 84	甲午（順治十一年，1654）五月既望	日本 大阪橋本大乙先生	

名稱		質地	色彩	尺寸 高x寬㎝	創作時間	收藏處所	典藏號碼
松蔭飛瀑圖	軸	紙	水墨	47 x 51.2		日本 明石松村吉兵衛先生	
擬黃子久筆意山水圖（為體老親翁作）	軸	綾	水墨	114.5 x 49.5	戊子（順治五年，1648）春初	日本 山口良夫先生	
山水圖	軸	紙	水墨	165.7 x 50.9		日本 繭山龍泉堂	
山水圖	軸	絹	水墨	148 x 52.1		日本 私人	
花卉圖（屏風）	軸	絹	設色	152.1 x 42		美國 紐約大都會藝術博物館	14.76.67
山水圖	軸	紙	水墨	165.7 x 50.8		美國 紐約布魯克林藝術博物館	78.143.2
墨筆寫為元老山水圖	軸	紙	水墨	121 x 53.3		美國 紐約王季遷明德堂	
山水圖	軸	紙	水墨	107.1 x 41.2		德國 科隆東亞藝術博物館	A78.1
得倪迂筆法山水圖	軸	紙	水墨	135.6 x 51	丙戌（順治三年，1646）至後	瑞士 蘇黎士黎得堡博物館	RCH.1145
仿北苑太守（惲向倣古冊之1）	冊頁	紙	水墨	26.6 x 22.6		台北 故宮博物院	故畫 01176-1
學董巨筆意（惲向仿古冊之2）	冊頁	紙	水墨	26.6 x 22.6		台北 故宮博物院	故畫 01176-2
雪日江閣仿倪瓚意（惲向仿古冊之3）	冊頁	紙	水墨	26.6 x 22.6		台北 故宮博物院	故畫 01176-3
學王叔明筆意（惲向仿古冊之4）	冊頁	紙	水墨	26.6 x 22.6		台北 故宮博物院	故畫 01176-4
摹吳仲圭筆意（惲向仿古冊之5）	冊頁	紙	水墨	26.6 x 22.6		台北 故宮博物院	故畫 01176-5
仿黃公望筆意（惲向仿古冊之6）	冊頁	紙	水墨	26.6 x 22.6		台北 故宮博物院	故畫 01176-6
江渚蘆雁（惲向仿古冊之7）	冊頁	紙	水墨	26.6 x 22.6		台北 故宮博物院	故畫 01176-7
臨鄭僖筆意（惲向仿古冊之8）	冊頁	紙	水墨	26.6 x 22.6		台北 故宮博物院	故畫 01176-8
仿趙大年意（惲向仿古冊之9）	冊頁	紙	水墨	26.6 x 22.6		台北 故宮博物院	故畫 01176-9
學高彥敬筆意（惲向仿古冊之10）	冊頁	紙	水墨	26.6 x 22.6		台北 故宮博物院	故畫 01176-10
溪山煙樹（周亮工集名家山水冊之17）	冊頁	紙	水墨	27 x 28.5		台北 故宮博物院	故畫 01274-17
山水圖（名賢集錦圖冊之1）	冊頁	紙	水墨	21.8 x 15		台北 陳啟斌畏罍堂	

名稱		質地	色彩	尺寸 高x寬㎝	創作時間	收藏處所	典藏號碼
深山茆屋圖		摺扇面 金箋	水墨	17 x 51.5		香港 香港美術館	FA1991.065
仿關仝山水圖		摺扇面 金箋	水墨	17.1 x 53.4	庚午（崇禎三年，1630）五月一日	北京 故宮博物院	
仿關仝山水圖		摺扇面 紙	水墨	不詳	庚午（崇禎三年，1630）中秋後一日	北京 故宮博物院	
仿古山水圖（7幀）		冊 紙	水墨	（每幀）25.7 x 38.5	丙戌（順治三年，1646）十一月廿日	北京 故宮博物院	
山水圖		冊頁 紙	水墨	27.8 x 20.8		北京 故宮博物院	
仿吳鎮山水圖		摺扇面 金箋	水墨	15.5 x 51		北京 故宮博物院	
仿吳鎮山水圖		摺扇面 金箋	水墨	不詳		北京 故宮博物院	
仿古山水圖（10幀）		冊 紙	水墨	（每幀）26.1 x 16.4	丙子（崇禎九年，1636）	北京 中國歷史博物館	
山水圖		摺扇面 金箋	水墨	16 x 49.5		北京 中國歷史博物館	
山水圖		摺扇面 紙	水墨	16.3 x 51		北京 中國歷史博物館	
仿文徵明山水（12幀）		冊 紙	設色	（每幀）37.7 x 29.2	丙戌（順治三年，1646）秋日	上海 上海博物館	
仿古山水（8幀）		冊 紙	水墨	（每幀）24 x 28	癸巳（順治十年，1653）三月	上海 上海博物館	
山水（6幀）		冊 紙	水墨	（每幀）20.1 x 26.8		上海 上海博物館	
仿吳仲圭山水圖		摺扇面 金箋	水墨	16.5 x 50.4		南京 南京博物院	
山水圖（9幀）		冊 紙	設色	（每幀）25.5 x 25.5	己丑（順治六年，1649）清和	鎮江 江蘇省鎮江市博物館	
仿古山水圖（8幀）		冊 絹	設色	（每幀）26.5 x 26.9	甲午（順治十一年，1654）十二月十四日	蘇州 江蘇省蘇州博物館	
山水圖		摺扇面 金箋	設色	不詳		蘇州 江蘇省蘇州博物館	
山水圖		摺扇面 金箋	水墨	17.5 x 56	庚午（崇禎三年，1630）	武漢 湖北省博物館	
山水圖（8幀）		冊 紙	水墨	不詳	壬辰（順治九年，1652）	武漢 湖北省博物館	
山水圖（7幀）		冊 紙	水墨	（每幀）27.5 x 18.5	六十七（順治九年，壬辰，1652）	武漢 湖北省博物館	
仿大癡楚江秋曉圖		摺扇面 金箋	水墨	17 x 53		武漢 湖北省博物館	
墨筆山水（清人書畫扇冊之		摺扇面 金箋	水墨	不詳		日本 東京橋本辰三郎先生	

名稱		質地	色彩	尺寸 高x寬㎝	創作時間	收藏處所	典藏號碼
5）							
山水圖（明清諸賢詩畫扇面冊之16）	摺扇面	金箋	水墨	16.9 x 52.7		日本 私人	
仿古山水圖（10幀）	冊	紙	設色	（每幀）26.3 x 15.6		美國 紐約大都會藝術博物館	1977.171a-j
山水圖	冊頁	紙	設色	22.4 x 26		美國 勃克萊加州大學藝術館（高居翰教授寄存）	CM87
山水圖	摺扇面	金箋	水墨	不詳		美國 勃克萊加州大學藝術館（Schlenker 先生寄存）	
參子久仲圭法山水圖（為慎翁作）	摺扇面	金箋	水墨	15.8 x 48.8		瑞士 蘇黎士黎得堡博物館	RCH.1125i
附：							
山水圖	軸	紙	水墨	78 x 24		濟南 山東省濟南市文物商店	
山水圖	軸	綾	水墨	不詳		上海 上海文物商店	
雨中春山圖	軸	紙	水墨	不詳		上海 上海文物商店	
金陵鍾山圖	軸	絹	水墨	41.3 x 40.7		紐約 蘇富比藝品拍賣公司/拍賣目錄 1986,06,03.	
江南勝景（4幅）	軸	絹	水墨	（每幅）41.5 x 40.5	癸巳（順治十年，1653）	紐約 佳士得藝品拍賣公司/拍賣目錄 1988,06,02.	
溪山亭子圖	軸	紙	水墨	124 x 30		紐約 佳士得藝品拍賣公司/拍賣目錄 1989,12,04.	
山水圖	軸	綾	水墨	144.8 x 50.8	壬辰（順治九年，1652）深秋	紐約 佳士得藝品拍賣公司/拍賣目錄 1994,06,01.	
雪景山水圖	軸	紙	水墨	101 x 40		紐約 佳士得藝品拍賣公司/拍賣目錄 1994,06,01.	
沉入秀出圖	軸	紙	設色	302 x 87.5		紐約 佳士得藝品拍賣公司/拍賣目錄 1994,11,30.	
疏林亭子圖	摺扇面	金箋	水墨	不詳		武漢 湖北省武漢市文物商店	
寒林草屋圖	摺扇面	金箋	水墨	18 x 51		紐約 佳士得藝品拍賣公司/拍賣目錄 1989,12,04.	

畫家小傳：惲道生。字本初，後改名向，又以字行。號香山翁。江蘇武進人。生於神宗萬曆十四（1586）年。卒於清世祖順治十二（1655）年。崇禎間舉賢良方正，授職中書不拜。好詩歌、古文辭。善畫山水，得雄渾之趣。（見無聲詩史、圖繪寶鑑續纂、譚友夏集、國朝畫徵錄、桐陰論畫、中國畫家人名大辭典）

周 埏

名稱		質地	色彩	尺寸 高x寬cm	創作時間	收藏處所	典藏號碼
蘭竹石圖（沈公繩、薛明益、沈顥、周埏、陳元素、陳潤、杜大綬、鄒國豐合作）	軸	紙	水墨	不詳		北京 故宮博物院	
葡萄圖	軸	綾	水墨	不詳	萬曆丙辰（四十四年，1616）	杭州 浙江省博物館	

畫家小傳：周埏。約與沈顥同時。畫史無載。流傳署款紀年作品見於神宗萬曆四十四（1616）年。身世待考。

沈公繩

名稱		質地	色彩	尺寸 高x寬cm	創作時間	收藏處所	典藏號碼
蘭竹石圖（沈公繩、薛明益、沈顥、周埏、陳元素、陳潤、杜大綬、鄒國豐合作）	軸	紙	水墨	不詳		北京 故宮博物院	
桃柳山村（明人書畫扇利冊之20）	冊頁	紙	設色	17.3 x 51.5		台北 故宮博物院	故畫 03565-20

畫家小傳：沈公繩。畫史無載。身世待考。

沈　顥

名稱		質地	色彩	尺寸 高x寬cm	創作時間	收藏處所	典藏號碼
臨黃子久富春山圖	卷	絹	水墨	31.6 x ？	戊戌（順治十五年，1658）窟月	香港 中文大學中國文化研究所文物館	95.554
山水圖（12 冊頁裝成）	卷	絹	水墨	（每幀）27.5 x 28.5	天啟元年（辛酉，1621）春	瀋陽 故宮博物院	
仿古山水（12 幀冊頁裝）	卷	紙	設色	（每幀）27.5 x 21.8	崇禎壬午（十五年，1642）三月	北京 故宮博物院	
花卉圖（沈顥等八人花卉合卷8之1段）	卷	絹	水墨	不詳		北京 故宮博物院	
山水圖（陳裸對人仿古山水合卷之1段）	卷	紙	設色	不詳		北京 中國歷史博物館	
仿大癡富春山圖	卷	紙	水墨	26.4 x 995.3	崇禎十四年辛巳（1641）	上海 上海博物館	
仿沈周山水圖	卷	紙	水墨	不詳	壬午（崇禎十五年，1642）	上海 上海博物館	
香山醉吟圖	卷	紙	設色	不詳	庚寅（順治七年，1650）秋日	上海 上海博物館	
江山萬里圖	卷	紙	設色	45 x 911		廣州 廣州市美術館	
山水（策杖湖嶼圖）	卷	絹	設色	42.2 x 468	庚辰（崇禎十三年，1640）秋月	美國 鳳凰市美術館（Mr.Roy And Marilyn Papp 寄存）	

名稱		質地	色彩	尺寸 高x寬cm	創作時間	收藏處所	典藏號碼
懸崖垂瀑圖	軸	絹	設色	65.2 x 31.3		台北 故宮博物院	故畫 02908
墨筆山水圖（寫贈耿庵先生）	軸	紙	水墨	83.8 x 40.7	丙戌（順治三年，1646）且月	香港 黃仲方先生	
秋林禪定圖	軸	絹	設色	不詳		長春 吉林省博物館	
閉戶著書圖	軸	紙	設色	96.2 x 40.2	癸酉（崇禎六年，1633）中秋	北京 故宮博物院	
攜琴觀瀑圖	軸	絹	設色	166 x 88.8		北京 故宮博物院	
蘭竹石圖（沈公繩、薛明益、沈顥、周埏、陳元素、陳潤、杜大綬、鄒國豐合作）	軸	紙	水墨	不詳		北京 故宮博物院	
北宗山水圖	軸	紙	設色	不詳		北京 故宮博物院	
松響雨來圖	軸	絹	設色	不詳		北京 故宮博物院	
桃柳看泛圖	軸	絹	設色	不詳		北京 故宮博物院	
仿倪瓚山水圖	軸	紙	水墨	不詳	戊辰（崇禎元年，1628）	北京 中央美術學院	
雪滿空山圖	軸	絹	設色	179.3 x 70.8		天津 天津市藝術博物館	
東籬南山圖	軸	絹	水墨	91 x 61	丁巳（萬曆四十五年，1617）	濟南 山東省博物館	
松鶴圖	軸	絹	水墨	121 x 61	丁卯（天啟七年，1627）	濟南 山東省博物館	
仿荊關山水圖（為原定作）	軸	紙	水墨	不詳	崇禎丙子（九年，1636）	上海 上海博物館	
秋林湖嶼田	軸	紙	設色	27.3 x 363.9	庚辰（崇禎十三年，1640）	上海 上海博物館	
橫橋臥柳圖（為晉公作）	軸	絹	設色	72 x 40	辛卯（順治八年，1651）四月	上海 上海博物館	
寒林讀書圖	軸	絹	水墨	不詳		上海 上海博物館	
虞山折柳圖（為晉公作）	軸	紙	設色	74.6 x 38.7	辛卯（順治八年，1651）四月	無錫 江蘇省無錫市博物館	
仿北苑山水圖	軸	絹	水墨	不詳	戊戌（順治十五年，1658）臘月	無錫 江蘇省無錫市博物館	
江山風景圖	軸	絹	設色	不詳		無錫 江蘇省無錫市博物館	
東山雲起圖	軸	絹	設色	不詳	壬申（崇禎五年，1632）季冬	鎮江 江蘇省鎮江市博物館	
武夷沿棹圖	軸	絹	設色	不詳		杭州 浙江省博物館	

名稱		質地	色彩	尺寸 高x寬cm	創作時間	收藏處所	典藏號碼
秋林憩息圖	軸	絹	水墨	134.7 x 47.2		杭州 浙江省博物館	
華岡獨坐圖	軸	絹	水墨	78 x 40	丙戌（順治三年，1646）	武漢 湖北省博物館	
秋林道話圖	軸	紙	設色	113 x 44.6	甲申（崇禎十七年，1644）	廣州 廣東省博物館	
仿董源山水圖	軸	紙	設色	162 x 47		廣州 廣東省博物館	
秋景山水圖	軸	絹	設色	93.5 x 49.5		日本 私人	
山水（明末二十名家書畫冊之3）	冊頁	綾	設色	23.2 x 17.6		台北 故宮博物院（蘭千山館寄存）	
山水圖（山水圖冊之6）	冊頁	絹	設色	25.2 x 19.8		台北 華叔和後真賞齋	
山水圖（12幀）	冊	紙	設色	（每幀）24.6 x 23.8		香港 劉作籌虛白齋	
仿北宋人山水圖	摺扇面	紙	設色	16.4 x 49.8		香港 劉作籌虛白齋	
山水圖（8幀，為無可作）	冊	紙	水墨	（每幀）29 x 31.3	萬曆戊午（四十六年，1618）冬十月	北京 故宮博物院	
山水圖（8幀）	冊	紙	水墨	不詳	天啟二年（壬戌，1622）春	北京 故宮博物院	
仿古山水圖（12幀）	冊	紙	設色	不詳	戊寅（崇禎十一年，1638）	北京 故宮博物院	
山水圖	摺扇面	紙	水墨	不詳	辛巳（崇禎十四年，1641）小春	北京 故宮博物院	
唐人詩意山水圖（16幀，為子白作）	冊	紙	設色	不詳	丁亥（順治四年，1647）冬	北京 故宮博物院	
杏岩獨步圖	摺扇面	紙	設色	不詳	丁亥（順治四年，1647）	北京 故宮博物院	
山水圖（10幀）	冊	紙	設色	（每幀）23.3 x 28.5	乙未（順治十二年，1655）皋月	北京 故宮博物院	
仿古山水（8幀）	冊	紙	設色	不詳		北京 故宮博物院	
仿古山水（8幀）	冊	紙	水墨	不詳		北京 故宮博物院	
仿古山水（10幀）	冊	紙	設色	不詳		北京 故宮博物院	
梅花圖（12幀）	冊	絹	水墨	不詳		北京 故宮博物院	
雙鉤蘭竹圖	摺扇面	灑金箋	水墨	18.2 x 51.6		北京 故宮博物院	
仿古山水（6開）	冊	絹	設色	不詳		北京 中國歷史博物館	

名稱		質地	色彩	尺寸 高x寬cm	創作時間	收藏處所	典藏號碼
山水圖（曹羲等四人山水冊4之1幀）	冊頁	灑金箋	設色	約33 × 62		天津 天津市藝術博物館	
人物圖（10幀）	冊	紙	設色	不詳		天津 天津市藝術博物館	
唐人詩意山水圖（12幀）	冊	紙	設色	（每幀）28.8 × 24	丁亥（順治四年，1647）	天津 天津市藝術博物館	
老梅圖（清葉欣等雜畫冊8之1幀）	冊頁	紙	設色	20.8 × 15.4		青島 山東省青島市博物館	
蘇臺勝景圖（七家蘇臺勝覽圖冊10之1幀）	冊頁	紙	設色、水墨	30.8 × 28.6	崇禎丁丑（十年，1637）	上海 上海博物館	
楊湖八景圖（8幀）	冊	紙	設色	（每幀）34.5 × 29.7	戊寅（崇禎十一年，1638）	上海 上海博物館	
仿古山水圖（22幀，為聞修作）	冊	紙	設色、水墨	（每幀）28.7 × 24.3	壬午（崇禎十五年，1642）秋深	上海 上海博物館	
仿古山水圖（12幀）	冊	紙	設色、水墨	（每幀）29.2 × 33.7	甲午（順治十一年，1654）秋	上海 上海博物館	
山水圖（10幀）	冊	紙	設色	（每幀）15.2 × 23.6		上海 上海博物館	
仿古山水（10幀）	冊	紙	設色	（每幀）22.4 × 19.3		上海 上海博物館	
仿南宋諸家山水圖（10幀）	冊	絹	水墨	（每幀）28.3 × 25.7		廣州 廣州市美術館	
梅花圖	摺扇面	金箋	水墨	不詳	己巳（崇禎二年，1629）	南寧 廣西壯族自治區博物館	
摹古山水圖（10幀）	冊	紙	設色	（每幀）29.8 × 24.3	壬辰（順治九年，1652）冬	美國 普林斯頓大學藝術館（Edward Elliott先生寄存）	L230.70
屈原漁父圖	摺扇面	金箋	水墨	不詳		美國 紐約大都會藝術博物館	13.100.57
月夜山水圖	冊頁	紙	設色	23.6 × 26.9		德國 柏林東亞藝術博物館	1988-428
山水圖	摺扇面	金箋	水墨	17.3 × 54		德國 柏林東亞藝術博物館	1988-274
山水圖（8幀）	冊	紙	設色	（每幀）24.7 × 24.1		瑞士 蘇黎士黎得堡博物館	RCH.1148
附：							
聽泉圖	軸	絹	設色	93.4 × 49.5	辛未（崇禎四年，1631）仲秋	紐約 佳士得藝品拍賣公司/拍賣目錄 1987,06,03.	

名稱		質地	色彩	尺寸 高×寬㎝	創作時間	收藏處所	典藏號碼
山中讀書圖	軸	紙	設色	138.5 × 63.2		紐約 佳士得藝品拍賣公司/拍賣目錄 1990,11,28.	
羅浮山居圖	軸	絹	設色	137 × 57	甲戌（崇禎七年，1634）冬陬	香港 佳士得藝品拍賣公司/拍賣目錄 1998,09,15.	
山水圖（12幀）	冊	絹	設色	（每幀）26.5 × 28	崇禎元年（戊辰，1628）	天津 天津市文物公司	
仿古山水（18幀）	冊	紙	設色	（每幀）27.3 × 26	庚辰（崇禎十三年，1640）	紐約 蘇富比藝品拍賣公司/拍賣目錄 1987,12,08.	
摹古山水（10幀）	冊	紙	設色	（每幀）29.7 × 24.2	壬辰（順治九年，1652）冬	紐約 佳士得藝品拍賣公司/拍賣目錄 1991,11,25.	
梅花（12幀）	冊	絹	水墨	（每幀）33 × 29		紐約 佳士得藝品拍賣公司/拍賣目錄 1993,12,01.	
山水（明人山水冊10之1幀）	冊頁	絹	設色	25.5 × 19.8		紐約 佳士得藝品拍賣公司/拍賣目錄 1994,11,30.	

畫家小傳：沈顥。字朗倩。號石天。江蘇吳縣（一作長洲）人。生於神宗萬曆十四（1586）年。清世祖順治十八（1661）年尚在。性豪放好奇。詩、文、書、畫，無所不能。畫山水，近沈周。又深於畫理，撰有畫塵行世。（見明畫錄、無聲詩史、圖繪寶鑑續纂、蘇州志、桐陰論畫、中國畫家人名大辭典）

薛明益

蘭竹石圖（沈公繩、薛明益、沈顥、周埏、陳元素、陳潤、杜大綬、鄒國豐合作）	軸	紙	水墨	不詳		北京 故宮博物院	
金陵八景圖（蔣乾、周天球等十一人合繪於2摺扇面）	摺扇面	金箋	設色	（每面）17.5 × 53.5		南京 南京市博物館	

畫家小傳：薛明益。約與沈顥同時。畫史無載。身世待考。

陳　潤

蘭竹石圖（沈公繩、薛明益、沈顥、周埏、陳元素、陳潤、杜大綬、鄒國豐合作）	軸	紙	水墨	不詳		北京 故宮博物院	

畫家小傳：陳潤。約與沈顥同時。畫史無載。身世待考。

鄒國豐

蘭竹石圖（沈公繩、薛明益、	軸	紙	水墨	不詳		北京 故宮博物院	

名稱		質地	色彩	尺寸 高x寬cm	創作時間	收藏處所	典藏號碼

沈顥、周埏、陳元素、陳潤、

杜大綬、鄒國豐合作）

畫家小傳：鄒國豐。約與沈顥同時。畫史無載。身世待考。

徐 泰

秋景山水圖	軸	絹	設色	不詳	丁酉（順治十四年，1657）孟秋	北京 故宮博物院	
寫邵彌肖像（藍瑛為補景）	軸	絹	設色	83 × 29.6	（順治十四年，丁酉，1657）	北京 故宮博物院	
浴研圖（藍瑛、徐泰合作）	軸	紙	設色	138 × 45	己亥（順治十六年，1659）新夏	天津 天津市藝術博物館	
漁樂圖（清洪都等雜畫冊8之1幀）	冊頁	絹	設色	26 × 17	癸卯（康熙二年，1663）重九	天津 天津市歷史博物館	

畫家小傳：徐泰。字階平。號枳園。浙江杭州人。生於神宗萬曆十四（1586）年。卒年不詳。善畫。人物、山水皆宗戴進；寫照得之世授，
　　　　　故尤神妙。（見畫傳編韻、中國美術家人名辭典）

張積素

輞川圖	卷	紙	設色	29.8 × 384	乙卯（萬曆四十三年，1615）	天津 天津市藝術博物館	
蘆雁圖	軸	紙	水墨	151.1 × 78.1		北京 故宮博物院	
仿石田山水圖	軸	綾	設色	137 × 47	甲申（順治元年，1644）	濟南 山東省博物館	
雲峰高閣圖	軸	絹	設色	149.5 × 47		太原 山西省晉祠文物管理處	
山水圖	軸	紙	設色	不詳	辛亥（萬曆三十九年，1611）秋日	南寧 廣西壯族自治區博物館	

畫家小傳：張積素。畫史無載。流傳署款紀年作品見於神宗萬曆三十九（1611）年，至清世祖順治元（1644）年。身世待考。

趙 友

附：

| 溪山漫話圖 | 軸 | 絹 | 設色 | 110 × 52 | 辛亥（萬曆三十九年，1611）五月望日 | 紐約 佳士得藝品拍賣公司/拍賣目錄1992,06,02. | |

畫家小傳：趙友。畫史無載。流傳署款紀年作品見於神宗萬曆三十九（1611）。身世待考。

名稱		質地	色彩	尺寸 高x寬㎝	創作時間	收藏處所	典藏號碼

朱 明

名稱		質地	色彩	尺寸 高x寬㎝	創作時間	收藏處所	典藏號碼
山水、花卉圖（8幀）	冊	紙	水墨	不詳	庚寅（順治七年，1650）	天津 天津市藝術博物館	
設色山水（明人書畫扇丁冊之1）	摺扇面	金箋	設色	不詳		日本 東京橋本辰二郎先生	
蘭亭修禊圖	摺扇面	金箋	設色	17.8 x 57.5	辛亥（萬曆三十九年，1611）春日	德國 科隆東亞藝術博物館	A55.13

畫家小傳：朱明。畫史無載。流傳署款紀年作品見於神宗萬曆三十九（1611）年至清世祖順治七（1650）年。身世世考。

程 勝

名稱		質地	色彩	尺寸 高x寬㎝	創作時間	收藏處所	典藏號碼
湖石圖	卷	紙	水墨	不詳	萬曆丁巳（四十五年，1617）夏五月望後	北京 故宮博物院	
仿白石翁蕉石圖	軸	紙	設色	209 x 104	己亥（順治十六年，1659）冬日	泰州 江蘇省泰州市博物館	
山水圖	軸	絹	設色	114.7 x 33.2	己未（萬曆四十七年，1619）夏月	日本 盛田昭夫先生	
山水圖（程勝等合作山水冊9之1幀）	冊頁	紙	設色	不詳	辛亥（萬曆三十九年，1611）	北京 故宮博物院	
山水圖（？幀，為雨若作）	冊	紙	水墨	不詳	辛酉（天啟元年，1621）夏	北京 故宮博物院	
山水圖	摺扇面	金箋	水墨	不詳	戊辰（崇禎元年，1628）	北京 故宮博物院	
山水圖（為仲裕作，陳道等十人山水冊10之1幀）	冊頁	紙	設色	23.4 x 31.5	丁巳（萬曆四十五年，1617）春二月	北京 故宮博物院	
山水圖	摺扇面	金箋	水墨	不詳	丙寅（天啟六年，1626）	杭州 浙江省博物館	

附：

名稱		質地	色彩	尺寸 高x寬㎝	創作時間	收藏處所	典藏號碼
蕉石圖	冊頁	絹	水墨	19.9 x 19		武漢 湖北省武漢市文物商店	

畫家小傳：程勝。字仲奇。號六無。安徽歙縣（一作休寧）人。善畫山水；間以焦墨寫蘭，肆筆草草，晴雨風煙各臻神妙。流傳署款紀年作品見於神宗萬曆三十九(1611)年，至清世祖順治十六(1659)年。（見明畫錄、圖繪寶鑑續纂、國朝畫識、畫史會要、中國畫家人名大辭典）

胡起昆

名稱		質地	色彩	尺寸 高x寬cm	創作時間	收藏處所	典藏號碼
仿王蒙山水圖	軸		設色		己酉（康熙八年，1669）春二月	青島 山東省青島市博物館	
山水圖（程勝等合作山水冊9之1幀）	冊頁	紙	設色	不詳	辛亥（萬曆三十九年，1611）	北京 故宮博物院	
茅堂獨坐（明人畫幅集冊之16）	冊頁	紙	水墨	34.5 x 60.5	乙卯（萬曆四十三年，1615）秋日	台北 故宮博物院	故畫 01109-16

畫家小傳：胡起昆。江蘇上元人。胡宗仁之子。善畫山水，有父風。署款紀年作品見於神宗萬曆三十九（1611）年，至清聖祖康熙
　　　　八（1669）年。（見明畫錄、檉園讀畫錄）

陳 道

古木竹石圖（為仲裕作，陳道等十人山水冊10之第2幀）	冊頁	紙	設色	23.4 x 31.5	辛亥（萬曆三十九年，1611）夏	北京 故宮博物院	

畫家小傳：陳道。畫史無載。流傳署款紀年作品見於神宗萬曆三十九（1611）年。身世待考。

牛從龍

山水圖（程勝等合作山水冊9之1幀）	冊頁	紙	設色	不詳	辛亥（萬曆三十九年，1611）	北京 故宮博物院	

畫家小傳：牛從龍。畫史無載。流傳署款紀年作品見於神宗萬曆三十九（1611）年。身世待考。

徐 藻

山水圖（程勝等合作山水冊9之1幀）	冊頁	紙	設色	不詳	辛亥（萬曆三十九年，1611）	北京 故宮博物院	

畫家小傳：徐藻。畫史無載。流傳署款紀年作品見於神宗萬曆三十九（1611）年。身世待考。

王子年

山水圖（程勝等合作山水冊9之1幀）	冊頁	紙	設色	不詳	辛亥（萬曆三十九年，1611）	北京 故宮博物院	

畫家小傳：王子年。畫史無載。流傳署款紀年作品見於神宗萬曆三十九（1611）年。身世待考。

伍 嘯

山水圖（程勝等合作山水冊9之1幀）	冊頁	紙	設色	不詳	辛亥（萬曆三十九年，1611）	北京 故宮博物院	

畫家小傳：伍嘯。畫史無載。流傳署款紀年作品見於神宗萬曆三十九（1611）年。身世待考。

名稱		質地	色彩	尺寸 高×寬㎝	創作時間	收藏處所	典藏號碼

施起肅

| 山水圖（程勝等合作山水冊 9之1幀） | 冊頁 | 紙 | 設色 | 不詳 | 辛亥（萬曆三十九 年，1611） | 北京 故宮博物院 | |

畫家小傳：施起肅。畫史無載。流傳署款紀年作品見於神宗萬曆三十九（1611）年。身世待考。

潘世祿

| 百喜圖 | 卷 | 紙 | 設色 | 27.3 x 412.5 | 萬曆辛亥（三十九 年，1611） | 重慶 重慶市博物館 | |

畫家小傳：潘世祿。畫史無載。流傳署款紀年作品見於神宗萬曆三十九（1611）年。身世待考。

胡 演

| 山水圖 | 摺扇面 金箋 | | 水墨 | 不詳 | 辛亥（萬曆三十九 年，1611） | 南寧 廣西壯族自治區博物館 | |

畫家小傳：胡演。畫史無載。流傳署款紀年作品見於神宗萬曆三十九（1611）年。身世待考。

王子新

| 蘭花（清花卉畫冊二冊之11 ） | 冊頁 | 紙 | 水墨 | 不詳 | | 台北 故宮博物院 | 故畫 03518-11 |

畫家小傳：王子新。畫史無載。身世待考。

范景文

| 五大夫圖 | 軸 | 金箋 | 水墨 | 102.7 x 30.6 | 已卯（崇禎十二年 ，1639）春日 | 日本 東京尚順先生 | |

附：

秋樹圖	軸	綾	設色	122.5 x 41.2		紐約 蘇富比藝品拍賣公司/拍 賣目錄 1986,12,04.	
隱山雪霽圖	軸	絹	水墨	160 x 95	崇禎庚辰（十三年 ，1640）嘉平月二日	紐約 蘇富比藝品拍賣公司/拍 賣目錄 1987,12,08.	
古木幽亭圖	軸	絹	水墨	91 x 31.8	壬午（崇禎十五年 ，1642）季春	紐約 佳士得藝品拍賣公司/拍 賣目錄 1988,11,30.	

畫家小傳：范景文。字夢章。吳橋人。生於神宗萬曆十五（1587）年。卒於清世祖順治元（1644）年。歷官至東閣大學士。李自成陷京師 時殉難。與妹范景姒俱工畫。（見明史本傳、中國美術家人名大辭典）

周夢龍

名稱		質地	色彩	尺寸 高×寬㎝	創作時間	收藏處所	典藏號碼

附：

梅石水仙圖	軸	紙	設色	不詳	萬曆壬子（四十年 ，1612）春日	北京 榮寶齋	

畫家小傳：周夢龍。字起潛。江蘇吳縣人。萬曆中，中官孫龍徵繪帝鑑圖說，得授官中書科。善畫人物、花鳥。流傳署款紀年作品見於神宗萬曆四十(1612)年。(見吳門畫史、吳縣誌、中國美術家人名辭典)

蘇 宣

蘭石圖（蘇宣、張復合作）	卷	紙	水墨	不詳	萬曆壬子（四十年 ，1612）	上海 上海博物館	

畫家小傳：蘇宣。與張復同時。畫史無載。流傳署款紀年作品見於神宗萬曆四十(1612)年。身世待考。

俞之彥

松屋晤對圖（明俞之彥等山水卷4之1段）	卷	金箋	設色	31.2 × 59.6	萬曆壬子（四十年 ，1612）冬日	天津 天津市藝術博物館	
秋林書屋圖	軸	紙	設色	103.5 × 48	戊午（萬曆四十六 年，1618）	廣州 廣東省博物館	
山水圖	摺扇面	金箋	設色	不詳	癸丑（萬曆四十一 年，1613）	北京 故宮博物院	
山水圖（明劉原起等山水冊之1幀）	冊頁	絹	設色	不詳		天津 天津市藝術博物館	

畫家小傳：俞之彥。字章施。江蘇吳人。善畫。惟傳世罕見。流傳署款紀年作品見於神宗萬曆四十（1612）至四十六(1618)年。(見明畫錄、畫史會要、中國畫家人名大辭典)

董 策

山水圖	摺扇面	金箋	設色	18.4 × 57.2	萬曆壬子（四十年 ，1612）秋日	日本 京都萬福寺	

畫家小傳：董策。字清寰。浙江四明人。善畫。惟畫蹟傳世甚少。流傳署款紀年作品見於神宗萬曆四十（1612）年。(見明畫錄、畫史會要、中國畫家人名大辭典)

鄭 重

摩利支天圖	卷	絹	水墨	30.6 × ?		香港 中文大學中國文化研究所文物館	95.548
山水圖	卷	紙	水墨	132.3 × 23.3	戊辰（崇禎元年，1628）	長沙 湖南省博物館	

名稱		質地	色彩	尺寸 高x寬cm	創作時間	收藏處所	典藏號碼
搜山圖	卷	紙	設色	26.9 x ?		美國 紐約大都會藝術博物館	1991.14
山水圖	卷	紙	設色	35.9 x 534		美國 洛杉磯郡立藝術館	
釋迦牟尼佛	軸	絹	設色	191.9 x 81.5		台北 故宮博物院	故畫 00642
一指華嚴圖	軸	絹	設色	144.5 x 81.2		台北 故宮博物院	故畫 00643
倣王蒙葛洪移居圖	軸	紙	設色	135.8 x 29.1	壬子（萬曆四十年，1612）初夏	台北 故宮博物院	故畫 00644
長生仙桂圖	軸	絹	設色	37.3 x 62.1		台北 故宮博物院	故畫 02333
十八應真像	軸	紙	設色	109.1 x 50.9		台北 故宮博物院	故畫 02334
無量壽佛	軸	絹	設色	103.8 x 44		台北 故宮博物院	中畫 00081
佛像	軸	絹	設色	不詳	天啟丁卯（七年，1627）	北京 故宮博物院	
寫夢圖	軸	紙	設色	不詳		北京 故宮博物院	
羅漢圖	軸	紙	設色	不詳		杭州 浙江省博物館	
雲繞飛泉圖	軸	綾	設色	170 x 46.7	崇禎壬申（五年，1632）	成都 四川省博物院	
幽壑飛泉圖	軸	金箋	水墨	137.6 x 62.1	戊辰（崇禎元年，1628）秋日	日本 西宮武川盛次先生	
普賢菩薩圖	軸	紙	設色	139.8 x 56.5		加拿大 多倫多皇家安大略博物館	921.32.110
十八應真像（12幀）	冊	紙	設色	（每幀）28.5 x 22.8		台北 故宮博物院	故畫 01299
春日幽居（披薰集古冊之7）	冊頁	紙	設色	17.3 x 53.3		台北 故宮博物院	故畫 03499-7
秋樹高關	摺扇面	紙	設色	不詳		台北 故宮博物院	故扇 00205
山水圖	摺扇面	金箋	設色	不詳	戊辰（崇禎元年，1628）	瀋陽 遼寧省博物館	
仿王右丞雪棧圖	摺扇面	紙	設色	不詳	乙亥（崇禎八年，1635）	北京 故宮博物院	
品古圖	摺扇面	金箋	設色	15.5 x 47.5	丙戌（順治三年，1646）	北京 故宮博物院	
松壑飛泉圖	摺扇面	紙	設色	不詳	辛酉（天啟元年，1621）	寧波 浙江省寧波市天一閣文物保管所	
仿大癡山水（明人書畫扇丁冊之第7幀）	摺扇面	金箋	設色	不詳		日本 東京橋本辰二郎先生	

名稱		質地	色彩	尺寸 高x寬cm	創作時間	收藏處所	典藏號碼
萬疊雲山圖	摺扇面 金箋		設色	20.9 x 58.5	甲寅（萬曆四十二年，1614）夏五月	美國　勃克萊加州大學藝術館　（高居翰教授寄存）	CM12c
附：							
江山勝覽圖	卷	紙	設色	28 x 408	戊寅（崇禎十一年，1638）四月	紐約　佳士得藝品拍賣公司/拍賣目錄 1988,11,30.	
醉漢圖	軸	紙	設色	92.3 x 49.7	丙寅（天啟六年，1626）	上海　上海文物商店	
山水圖	摺扇面 金箋		設色	不詳	戊寅（崇禎十一年，1638）	上海　朵雲軒	

畫家小傳：鄭重。字千里。安徽歙人，流寓金陵。善寫佛像；又善山水小景，仿宋元體，均精妍可喜。流傳署款紀年作品見於神宗萬曆四十（112）年，至清世祖順治三（1646）年。（見無聲詩史、圖繪寶鑑續纂、中國畫家人名大辭典）

徐士安

名稱		質地	色彩	尺寸 高x寬cm	創作時間	收藏處所	典藏號碼
花卉草蟲圖	軸	紙	設色	115.8 x 30.6	萬曆壬子（四十年，1612）夏日	無錫　江蘇省無錫市博物館	

畫家小傳：徐士安。畫史無載。流傳署款紀年作品見於神宗萬曆四十（1612）年。身世待考。

袁 楷

名稱		質地	色彩	尺寸 高x寬cm	創作時間	收藏處所	典藏號碼
杏林春色圖	軸	絹	設色	226 x 100.2	萬曆丙辰（四十四年，1616）春	天津　天津市藝術博物館	
松石人物通景屏	軸	紙	設色	不詳	萬曆壬子（四十年，1612）夏日	開封　河南省開封市博物館	
松閣觀泉圖	軸	絹	設色	180.3 x 77.9	萬曆丁巳（四十五年，1617）春月	上海　上海博物館	
山水圖（諸家山水集冊20之4幀）	冊頁	紙	設色	（每幀）25.9 x 14	（萬曆四十七年，己未，1619）	北京　故宮博物院	
附：							
山水圖（明清人山水書法冊之1幀）	摺扇面 金箋		設色	17.2 x 51		紐約　佳士得藝品拍賣公司/拍賣目錄 1995,03,22.	

畫家小傳：袁楷。字雲隱。江蘇無錫人。善畫山水，得張復（元春）傳授。作品丘壑渾成，墨法濃厚，惟嫌筆端濕濁。流傳署款紀年作品見於神宗萬曆四十（1612）至四十七（1619）年。（見明畫錄、無聲詩史、桐陰論畫、畫史會要、中國畫家人名大辭典）

陳良楚

名稱		質地	色彩	尺寸 高x寬cm	創作時間	收藏處所	典藏號碼
渭北暮雲圖	摺扇面 金箋		設色	不詳	壬子（萬曆四十年，1612）中秋	北京　故宮博物院	

名稱		質地	色彩	尺寸 高×寬 cm	創作時間	收藏處所	典藏號碼

畫家小傳：陳良楚。福建晉江人。善詩畫。策杖遊吳越，結識米萬鍾、鍾惺，均招邀入詩畫社。流傳署款紀年作品見於神宗萬曆四十(1612)年。(見福建通志、中國畫家人名大辭典)

謝天游

名稱		質地	色彩	尺寸 高×寬 cm	創作時間	收藏處所	典藏號碼
羅漢圖	卷	絹	水墨	不詳		成都 四川大學	
柴門封雪圖	軸	絹	設色	不詳	萬曆壬子（四十年，1613)	北京 故宮博物院	
青綠山水圖（對幅）	軸	絹	設色	（每幅）133.8 × 65.8		日本 東京永青文庫	

畫家小傳：謝天遊。字爾方（或作仲芳）。福建人。善畫山水，得米芾、倪瓚法，下筆奇古，不同流俗。(見福建通志、圖繪寶鑑續纂、中國畫家人名大辭典)

朱端木

名稱		質地	色彩	尺寸 高×寬 cm	創作時間	收藏處所	典藏號碼
暮春山水圖	軸	紙	設色	115.3 × 48.7	壬子（？萬曆四十年，1612）暮春	日本 京都貝塚茂樹先生	

畫家小傳：朱端木。畫史無載。流傳署款作品紀年疑為神宗萬曆四十(1612)年。身世待考。

周　度

名稱		質地	色彩	尺寸 高×寬 cm	創作時間	收藏處所	典藏號碼
玉蘭圖	軸	絹	設色	不詳	壬寅（康熙元年，1662）秋日	北京 故宮博物院	
楊柳白鷺圖	軸	紙	設色	197 × 79.1		蘇州 江蘇省蘇州博物館	
雪梅鴛鴦圖	軸	絹	設色	195 × 98	己亥（順治十六年，1659)	武漢 湖北省博物館	
花鳥（芙蓉竹石聚禽圖）	軸	絹	設色	不詳		日本 東京根津美術館	
花鳥（花石錦雞圖）	軸	絹	設色	不詳	丁酉（順治十四年，1657）清和月，七十老人	日本 東京根津美術館	
花鳥圖	軸	絹	設色	169.7 × 98.6		日本 私人	
疎林寒鴉（藝林清賞冊之4）	冊頁	紙	水墨	16 × 48.2		台北 故宮博物院	故畫 03490-4
花鳥圖（清呂智等雜畫冊10之1幀)	冊頁	絹	設色	不詳	（己酉，康熙八年，1669)	廣州 廣東省博物館	
蘭菊圖（明清諸賢詩畫扇面冊之28)	摺扇面	金箋	水墨	16.3 × 50		日本 私人	

畫家小傳：周度。字思玉。浙江仁和人。生於明神宗萬曆十六（1588）年，清聖祖康熙八（1669）年尚在世。善畫花卉、翎毛，或點

名稱		質地	色彩	尺寸 高×寬㎝	創作時間	收藏處所	典藏號碼

或鉤，俱純熟老鍊，但乏逸趣。(見圖繪寶鑑續纂、中國畫家人名大辭典)

張 彥

名稱		質地	色彩	尺寸 高×寬㎝	創作時間	收藏處所	典藏號碼
仿陳淳墨花圖	卷	紙	水墨	不詳	崇禎庚辰（十三年，1640）嘉平月	北京 故宮博物院	
山水圖	長卷	紙	設色	不詳	崇禎丁丑（十年，1637）清和閏月	北京 首都博物館	
幽閣聽泉圖	卷	絹	設色	不詳	天啟辛酉（元年，1621）嘉平月	上海 上海博物館	
山水圖	卷	紙	設色	不詳	崇禎己卯（十二年，1639）修禊前一月	上海 上海博物館	
寒林鍾馗圖	軸	紙	設色	不詳	辛未（崇禎四年，1631）	北京 故宮博物院	
雪景山水圖	軸	紙	設色	不詳	丁丑（崇禎十年，1637）	北京 故宮博物院	
秋林獨坐圖	軸	紙	設色	不詳	崇禎己卯（十二年，1639）春仲	北京 故宮博物院	
山水圖	軸	紙	設色	不詳	崇禎戊寅（十一年，1638）長夏	北京 中央工藝美術學院	
寒林鍾馗圖	軸	紙	設色	不詳	崇禎辛未（四年，1631）春日	揚州 江蘇省揚州市博物館	
停舟賞雪圖	軸	紙	設色	130.4 × 59.2	崇禎庚辰（十三年，1640）	上海 上海博物館	
寒林獨坐圖	軸	紙	設色	不詳	辛酉（天啟元年，1621）	南京 南京博物院	
秋林高士圖	軸	紙	水墨	150.5 × 86.6		南京 南京博物院	
雪中四友圖	軸	紙	設色	218.8 × 103	己卯（崇禎十二年，1639）	蘇州 江蘇省蘇州博物館	
雪山行旅圖	軸	紙	設色	不詳	丁丑（崇禎十年，1637	杭州 浙江省杭州市文物考古所	
山水圖	軸	絹	設色	165.9 × 447	崇禎丁丑（十年，1637）長夏	日本 東京岩崎小彌太先生	

名稱		質地	色彩	尺寸 高×寬㎝	創作時間	收藏處所	典藏號碼
仿夏圭山水圖	摺扇面	金箋	水墨	18.1 x 53.7		香港 劉作籌虛白齋	56
山水圖（8幀）	冊	紙	水墨	（每幀）26.6 x 15.4	辛巳（崇禎十四年，1641）八月	北京 故宮博物院	
惠山四景圖（4幀）	冊	絹	設色	不詳	癸亥（天啟三年，1623）	無錫 江蘇省無錫市博物館	
山水圖	摺扇面	金箋	設色	17.9 x 53.9		德國 柏林東亞藝術博物館	1988-368
山水圖	摺扇面	金箋	設色	18.1 x 53		德國 柏林東亞藝術博物館	1988-369
仿王洪山水圖	摺扇面	金箋	水墨	18.1 x 54.4		德國 柏林東亞藝術博物館	1988-370
仿王蒙山水圖	摺扇西	金箋	設色	18.2 x 54.5		德國 柏林東亞藝術博物館	1988-371
附：							
深山話舊圖	軸	紙	設色	130.8 x 61	崇禎庚辰（十三年，1640）二月	紐約 佳士得藝品拍賣公司/拍賣目錄 1997,09,19.	

畫家小傳：張彥。字伯美。江蘇嘉定人。工畫山水、花鳥、人物，與張宏齊名。署年紀年作品見於神宗萬曆四十一1613）年至思宗崇禎十四（1641）年。(見圖繪寶鑑續纂、中國畫家人名大辭典、宋元明清書畫家年表)

林有麟

名稱		質地	色彩	尺寸 高×寬㎝	創作時間	收藏處所	典藏號碼
山水圖（明清書畫綴帖之11）	摺扇面	金箋	設色	15.6 x 49.5	癸丑（萬曆四十一年，1613）冬日	美國 聖路易斯市吳納孫教授	

畫家小傳：林有麟。字仁甫。號衷齋。江蘇華亭人。善畫山水，妍雅茂密，可追宋人。流傳署款紀年作品見於神宗萬曆四十一（1613）年至思宗崇禎四（1631）年。(見無聲詩史、中國畫家人名大辭典、宋元明清書畫家年表)

杜冀龍

名稱		質地	色彩	尺寸 高×寬㎝	創作時間	收藏處所	典藏號碼
赤壁圖	軸	金箋	設色	不詳		北京 故宮博物院	
清江遊舫圖	軸	絹	設色	197.5 x 95.8	癸丑（萬曆四十一年，1613）	南寧 廣西壯族自治區博物館	
山水圖（明諸家山水集冊20之4幀）	冊頁	紙	設色	25.9 x 14	己未（萬曆四十七年，1619）十月	北京 故宮博物院	
山水圖（明劉原起等山水冊之1幀）	冊頁	絹	設色	不詳		天津 天津市藝術博物館	
設色山水圖（為彝石作）	摺扇面	金箋	設色	17.7 x 56.3	己未（萬曆四十七年，1619）八月	德國 柏林東亞藝術博物館	1988-213
附：							
山水圖（晚明八家山水合卷之第8幀）	卷	紙	設色	36 x 66		紐約 蘇富比藝品拍賣公司/拍賣目錄 1984,12,05.	

名稱		質地	色彩	尺寸 高x寬㎝	創作時間	收藏處所	典藏號碼

畫家小傳：杜冀龍。字士良。江蘇吳縣人。工畫山水，宗法沈周，而稍變動。流傳署款紀年作品見於神宗萬曆四十一（1613）至四十七（1619）年。（見畫史會要、中國畫家人名大辭典）

曹履吉

名稱		質地	色彩	尺寸 高x寬㎝	創作時間	收藏處所	典藏號碼
九逸圖	卷	紙	設色	不詳	萬曆癸丑（四十一年，1613）秋八月	北京 故宮博物院	
摹趙松雪八駿圖	卷	紙	設色	不詳	天啟癸亥（三年，1623）七月	北京 故宮博物院	
茅亭遠山圖	軸	紙	水墨	118.9 x 26.5	天啟辛酉（元年，1621）秋仲	北京 故宮博物院	
空亭木落圖	軸	紙	水墨	131.8 x 32.1		北京 故宮博物院	
攜杖過橋圖	軸	綾	設色	不詳		合肥 安徽省博物館	
摹馬遠山水圖（10幀）	冊	絹	設色	不詳	天啟乙丑（五年，1625）八月	北京 故宮博物院	

畫家小傳：曹履吉。字提遠。安徽當塗人。工詩，善書。能畫山水，師法元倪瓚，筆力高雅，品入逸格。流傳署款紀年作品見於神宗萬曆四十一（1613）年，至熹宗天啟五（1625）年。（見明畫錄、畫史會要、中國畫家人名大辭典）

王心一

名稱		質地	色彩	尺寸 高x寬㎝	創作時間	收藏處所	典藏號碼
古木連山圖	軸	紙	水墨	85.9 x 55.5	崇禎癸未（十六年，1643）	上海 上海博物館	
觀瀑圖	軸	紙	水墨	不詳	戊子（順治五年，1648）	上海 上海博物館	
漁浦歸渡圖（作似素翁老先生）	軸	絹	水墨	159.9 x 58.9	崇禎甲申（十七年，1644）秋日	日本 私人	
罨林遠山（明人畫扇一冊之21）	摺扇面	紙	水墨	不詳		台北 故宮博物院	故畫 03527-21

畫家小傳：王心一。字純甫（一作元渚）。號元珠、半禪野叟。江蘇吳縣人。神宗萬曆四十一（1613）年進士。善書畫。畫山水，陳堯峰入室弟子，仿黃公望，筆墨秀逸，簡澹中有寒冷之氣。（見無聲詩史、明史侯震暘傳、蘇州名賢畫像冊、桐陰論畫、中國畫家人名大辭典）

金 門

名稱		質地	色彩	尺寸 高x寬㎝	創作時間	收藏處所	典藏號碼
江樹春到圖（明俞之彥等山水卷4之1段）	卷	金箋	設色	31.2 x 59.6	癸丑（萬曆四十一年，1613）仲冬望	天津 天津市藝術博物館	

名稱		質地	色彩	尺寸 高×寬cm	創作時間	收藏處所	典藏號碼
山水圖	摺扇面 紙		水墨	不詳		日本 江田勇二先生	

畫家小傳：金門。字獻伯。隆慶、萬曆間人。籍里、身世不詳。善畫山水，丹林翠巘，綽有餘妍。流傳署款紀年作品見於神宗萬曆四十一 (1613)年。(見無聲詩史、中國畫家人名大辭典)

陳 範

菁林子像（曾鯨畫像，陳范補景）	卷	紙	設色	28.3 × 73.6	丁卯（天啟七年，1627）	北京 中國歷史博物館	
西王母圖（采藥女仙）	軸	絹	設色	114.8 × 50.7	戊午（萬曆四十六年，1618）中秋	日本 岡山美術館	
山水圖（雪山行旅）	摺扇面	金箋	設色	不詳	癸丑（萬曆四十一年，1613）中秋	日本 琦玉縣萬福寺	

畫家小傳：陳範。自署晉安陳範。畫史無載。流傳署款紀年作品見於神宗萬曆四十一（1613）年至熹宗天啟七（1627）年。身世待考。

汪仲沛

附：

仿董源山水圖	軸	紙	設色	不詳	癸丑（萬曆四十一年，1613）	北京 中國文物商店總店	

畫家小傳：汪仲沛。畫史無載。流傳署款紀年作品見於神宗萬曆四十一(1613)年。身世待考。

葉優之

李陵送蘇武歸漢圖	卷	紙	設色	31 × 255.3		南京 南京大學	
騎獵圖	軸	絹	設色	不詳	萬曆癸丑（四十一年，1613）	上海 上海博物館	

畫家小傳：葉優之。畫史無載。流傳署款紀年作品見於神宗萬曆四十一(1613)年。身世待考。

項御徵

山水（雨後晴山圖）	軸	金箋	設色	216.5 × 50.5	癸丑（？萬曆四十一年，1613）仲夏	日本 大阪橋本大乙先生	

畫家小傳：項御徵。畫史無載。流傳署款作品紀年疑為神宗萬曆四十一（1613）年。身世待考。

邵 徵

松嶽齊年圖	軸	絹	設色	173.5 × 91.2	萬曆甲寅（四十二年，1614）冬仲	台北 故宮博物院	故畫02988

畫家小傳：邵徵。字元凝。畫史無載。作山水似畫院李在風格。流傳署款紀年作品見於神宗萬曆四十二（1614）年。身世待考。

名稱		質地	色彩	尺寸 高x寬cm	創作時間	收藏處所	典藏號碼

(釋) 志 中

名稱		質地	色彩	尺寸 高x寬cm	創作時間	收藏處所	典藏號碼
枯木竹石	軸	紙	水墨	66.6 x 27.8		台北 故宮博物院	故畫 03671

畫家小傳：志中。俗姓梁。畫史無載。籍里、身世不詳。作山水似倪瓚，作品甚獲魏之璜、鄭重頗推許。身世待考。

李鍾衡

名稱		質地	色彩	尺寸 高x寬cm	創作時間	收藏處所	典藏號碼
竹石圖	軸	絹	水墨	130.1 x 47.1		美國 普林斯頓大學藝術館（Edward Elliott 先生寄存）	L112.71
附：							
墨竹圖	軸	絹	水墨	130 x 47		紐約 佳士得藝品拍賣公司/拍賣目錄 1991,11,25.	

畫家小傳：李鍾衡。福建泉州晉江人。工詩文。善書畫。畫花石、翎毛，有生趣，人稱神腕。撰有畫譜行世。（見泉州府志、中國畫家人名大辭典）

莊 嚴

名稱		質地	色彩	尺寸 高x寬cm	創作時間	收藏處所	典藏號碼
山水圖（八家山水卷8之1段）	卷	紙	設色	24 x 278.7		北京 首都博物館	
山水圖（4幅）	軸	絹	設色	不詳	甲寅（萬曆四十二年，1614）	北京 故宮博物院	

畫家小傳：莊嚴。畫史無載。流傳署款紀年作品見於神宗萬曆四十二(1614)年。身世待考。

文謙光

名稱		質地	色彩	尺寸 高x寬cm	創作時間	收藏處所	典藏號碼
蘭花圖（文謙光、陳元素合作）	軸	紙	水墨	81 x 31	甲寅（萬曆四十二年，1614）	天津 天津市藝術博物館	

畫家小傳：文謙光。畫史無載。與陳元素同時。流傳署款紀年作品見於神宗萬曆四十二(1614)年。身世待考。

趙修祿

名稱		質地	色彩	尺寸 高x寬cm	創作時間	收藏處所	典藏號碼
羅漢圖	軸	紙	設色	82.3 x 24.2		台北 故宮博物院	故畫 01372
天衢八駿圖	軸	紙	設色	不詳	崇禎四年（辛未，1631）春二月	北京 故宮博物院	
天衢八駿圖	軸	絹	設色	不詳	崇禎辛未（四年，1631）	杭州 浙江省杭州市文物考古所	
附：							

名稱		質地	色彩	尺寸 高x寬cm	創作時間	收藏處所	典藏號碼
西園雅集圖	卷	絹	設色	26.6 x 420	萬曆甲寅（四十二年，1614）	武漢 湖北省武漢市文物商店	

畫家小傳：趙修祿。巢縣人。身世不詳。善畫，能作佛像，尤工畫馬。流傳署款紀年作品見於神宗萬曆四十二（1614）年，至思宗崇禎四（1631）年。（見江南通志、中國畫家人名大辭典）

王 聲

名稱		質地	色彩	尺寸 高x寬cm	創作時間	收藏處所	典藏號碼
柳蔭春嬉圖	軸	金箋	設色	不詳	甲寅（萬曆四十二年，1614）	長春 吉林省博物館	
洛神圖	摺扇面	金箋	設色	16 x 48.9		香港 潘祖堯小聽颿樓	CP51
賞花鬥草圖	摺扇面	紙	設色	不詳	丁卯（天啟七年，1627）秋九月	北京 故宮博物院	
桐蔭仕女圖	摺扇面	紙	設色	不詳	戊辰（崇禎元年，1628）	北京 故宮博物院	
仕女焚香圖	摺扇面	紙	設色	不詳	辛未（崇禎四年，1631）春三	北京 故宮博物院	
柳燕仕女圖	摺扇面	紙	設色	不詳	辛巳（崇禎十四年，1641）夏日	北京 故宮博物院	
人騎圖	冊頁	絹	設色	27.6 x 26.5		北京 故宮博物院	
人物圖（唐酬等雪裏紅書畫冊12之1幀）	冊頁	紙	設色	不詳	崇禎癸未（十六年，1643）	廣州 廣東省博物館	
附：							
貴妃上馬圖	卷	紙	設色	26.5 x 134.6		紐約 佳士得藝品拍賣公司/拍賣目錄 1989,12,04.	
仕女吹簫圖	軸	絹	設色	不詳	甲寅（萬曆四十二年，1674）	上海 朵雲軒	
嬰戲圖	軸	絹	設色	73 x 28		紐約 佳士得藝品拍賣公司/拍賣目錄 1993,12,01.	
人物山水	摺扇面	紙	設色	16.5 x 51.5	甲子（天啟四年，1624）秋日	紐約 佳士得藝品拍賣公司/拍賣目錄 1993,06,04.	
秋山論道圖	摺扇面	金箋	設色	18.5 x 54.5	乙卯（萬曆四十三年，1615）秋日	紐約 佳士得藝品拍賣公司/拍賣目錄 1993,12,01.	
月夜鵲飛圖	摺扇面	金箋	設色	16.8 x 52		紐約 佳士得藝品拍賣公司/拍賣目錄 1993,12,01.	

畫家小傳：王聲。字遹駿。江蘇吳人。工畫仕女，豐神態度，蒨筆婉雅，時稱能品。流傳署款紀年作品見於神宗萬曆四十二（1614）年至

名稱		質地	色彩	尺寸 高x寬㎝	創作時間	收藏處所	典藏號碼

思宗崇禎十四（1641）年。（見無聲詩史、圖繪寶鑑續纂、中國畫家人名大辭典）

陸瑞徵

| 玄武湖圖（明人畫冊之8） | 冊頁 | 絹 | 設色 | 29.8 x 21.6 | | 美國 勃克萊加州大學藝術館（高居翰教授寄存） | |

畫家小傳：陸瑞徵（一作泰徵）。字兆登。江蘇常熟人。工書、畫。（見虞山畫志、海虞畫徵錄、中國畫家人名大辭典）

黃 益

| 雞籠山圖（明人畫冊之2） | 冊頁 | 絹 | 設色 | 29.8 x 21.6 | | 美國 勃克萊加州大學藝術館（高居翰教授寄存） | |
| 獻花巖圖（明人畫冊之6） | 冊頁 | 絹 | 設色 | 29.8 x 21.6 | | 美國 勃克萊加州大學藝術館（高居翰教授寄存） | |

畫家小傳：黃益。畫史無載。身世待考。

龔 遠

| 山水圖（明人畫冊之3） | 冊頁 | 絹 | 設色 | 29.8 x 21.6 | | 美國 勃克萊加州大學藝術館（高居翰教授寄存） | |

畫家小傳：龔遠。畫史無載。身世待考。

盛於斯

| 山水圖（明人畫冊之7） | 冊頁 | 絹 | 設色 | 29.8 x 21.6 | | 美國 勃克萊加州大學藝術館（高居翰教授寄存） | |

畫家小傳：盛於斯。畫史無載。身世待考。

盧象昇

| 仿沈周王宮諭太湖送別圖 | 軸 | 紙 | 設色 | 137.9 x 38.1 | | 美國 聖路易斯市藝術館（米蘇里州梅林先生寄存） | |

畫家小傳：盧象昇。字建斗。江蘇宜興人。生於明神宗萬曆二十八（1600）年。卒於思宗崇禎十一（1638）年。天啟二年進士，累官至兵部左侍郎。能畫。畫史無載。（見明史卷二百六十一、本傳，歷代人物年里碑傳總表）

張 愷

| 策杖過橋圖 | 軸 | 紙 | 水墨 | 201 x 46.5 | | 南京 南京博物院 | |

畫家小傳：張愷。字無忮。號松石道人。江蘇無錫人。為張譽弟子。善畫山水，筆意蕭散，墨法鬆秀。有出藍之譽。與同時之張復、張宏有「三張」之目。（見無錫縣志、桐陰論畫、中國畫家人名大辭典）

名稱		質地	色彩	尺寸 高x寬㎝	創作時間	收藏處所	典藏號碼

李士遠

| 松下二老圖 | | 軸 | 紙 | 設色 | 137 × 42.5 | 萬曆乙卯（四十三年，1615） | 天津 天津市歷史博物館 | |

畫家小傳：李士遠。畫史無載。疑似李士達兄弟，待考。流傳署款紀年作品見於神宗萬曆四十三(1615)年。

茅 培

| 竹蘭圖 | | 摺扇面 紙 | 水墨 | 不詳 | | 萬曆乙卯（四十三年，1615）春日 | 北京 故宮博物院 | |

畫家小傳：茅培。字厚之。浙江會稽人。工畫蘭竹。流傳署款紀年作品見於神宗萬曆四十三(1615)年。（見明畫錄、中國畫家人名大辭典）

吳弘猷

| 山水畫（明季八家合畫卷之第2段） | | 卷 | 紙 | 設色 | 21.6 × ？ | 丙寅（天啟六年，1626）夏日 | 台北 華叔和後真賞齋 | |
| 仿白陽筆法花鳥圖（繁花語燕圖） | | 卷 | 紙 | 水墨 | 28.6 × 534.8 | 萬曆乙卯（四十三年，1615） | 南京 南京博物院 | |

畫家小傳：吳弘猷。崇禎(1628-1644)時人。籍里、身世不詳。善畫。曾為汪珂玉寫摩詰詩意圖。流傳署款紀年作品見於神宗萬曆四十三(1615)年，至熹宗天啟六(1626)年。（見珊瑚網、中國畫家人名大辭典）

劉 度

仿小李將軍海市圖		卷	絹	設色	41 × 162	己丑（順治六年，1649）夏月	北京 故宮博物院	
摹宋元諸家畫法山水圖		卷	紙	設色、水墨	不詳	乙亥（崇禎八年，1635）	天津 天津市藝術博物館	
春山台榭		軸	絹	設色	119.9 × 47.8	崇禎九年（丙子，1636）春日	台北 故宮博物院	故畫00655
仿趙承旨長春翠柏		軸	絹	設色	289 × 97.5	癸未（崇禎十六年，1643）仲秋之吉	台北 故宮博物院	故畫00913
山水圖		軸	絹	設色	156.6 × 63.1	壬辰（順治九年，1652）仲冬	台北 故宮博物院	故畫01369
仿李營丘筆意山水圖		軸	綾	水墨	147.5 × 52.5	庚寅（順治七年，1650）十月之望	台北 長流美術館	
仿范寬臺岳秋雲圖		軸	紙	設色	129.4 × 42.1		香港 中文大學中國文化研究所文物館	95.530
山水圖（10幅）		軸	絹	設色	不詳	壬辰（順治九年，1652）	北京 故宮博物院	

名稱		質地	色彩	尺寸 高x寬cm	創作時間	收藏處所	典藏號碼
梅花書屋圖	軸	絹	設色	不詳	乙亥（崇禎八年，1635）	北京 中國歷史博物館	
江皋暮雪圖	軸	絹	設色	不詳		北京 中國歷史博物館	
仿李成大寒林圖	軸	絹	設色	不詳		天津 天津市藝術博物館	
山水圖	軸	絹	設色	140 x 60.6	壬申（崇禎五年，1632）	天津 天津市歷史博物館	
仿王維山水圖	軸	絹	設色	131 x 59	庚辰（崇禎十三年，1640）	太原 山西省博物館	
雪棧圖	軸	絹	設色	不詳	甲申（順治元年，1644）	濟南 山東省博物館	
白雲紅樹圖	軸	絹	設色	159 x 73.5	甲申（順治元年，1644）十月	濟南 山東省博物館	
仿張僧繇山水圖	軸	絹	設色	不詳	丙戌（順治三年，1646	濟南 山東省博物館	
蹇驢衝雪圖	軸	絹	設色	不詳	辛卯（順治八年，1651）	濟南 山東省博物館	
仿李成層巒煙靄圖	軸	絹	設色	不詳	戊子（順治五年，1648）	青島 山東省青島市博物館	
雷峰夕照圖	軸	絹	設色	182.7 x 45.9	癸巳（順治十年，1653）	杭州 浙江省博物館	
觀瀑圖	軸	絹	設色	171 x 46.5	辛卯（順治八年，1651）	杭州 浙江省杭州西泠印社	
秋林覓句圖	軸	絹	設色	不詳	戊子（順治五年，1648）	寧波 浙江省寧波市天一閣文物保管所	
劍閣飛瓊圖（仿王右丞畫）	軸	絹	設色	153 x 49.2	丁丑（崇禎十年，1637）花朝	日本 東京國立博物館	
看楓圖	軸	絹	設色	197 x 60.6	壬申（崇禎五年，1632）上巳	日本 東京小幡酉吉先生	
秋深蜀棧圖（蜀中棧道）	軸	絹	設色	168 x 66.3	丙子（崇禎九年，1636）暘月	日本 東京小幡醇一先生	
仿李咸熙寒林圖	軸	紙	水墨	不詳	癸酉（崇禎六年，1633）桂月	日本 西宮縣武川盛次先生	
仿趙承旨山水圖	軸	綾	設色	136.7 x 52.2	庚寅（順治七年，1650）小春	美國 克利夫蘭藝術博物館	71.227

名稱		質地	色彩	尺寸 高x寬cm	創作時間	收藏處所	典藏號碼
仿李成寒林覓句畫法山水圖	軸	絹	設色	90.8 x 38.4	丙子（崇禎九年，1636）長至前一日	美國 加州史坦福大學藝術博物館	67.65
仿李咸熙山水（名人畫扇（甲）冊之8）	摺扇面	紙	設色	不詳		台北 故宮博物院	故畫 03547-8
仿趙孟頫山水（名人畫扇貳冊（上）冊之11）	摺扇面	紙	設色	不詳		台北 故宮博物院	故畫 03556-11
仿張僧繇青綠山水圖（為則之作）	摺扇面	金箋	設色	16.6 x 512	己卯（崇禎十二年，1639）冬日	香港 香港美術館·虛白齋	FA1991.067
仿高克恭山水圖	摺扇面	金箋	設色	17.8 x 53.3		香港 莫華釗承訓堂	K92.77
山水圖（10幀）	冊	絹	設色	（每幀）30.1 x 44.8	庚辰（崇禎十三年，1640）	北京 故宮博物院	
雪山行旅圖	摺扇面	金箋	設色	18.4 x 52	甲申（順治元年，1644）	北京 故宮博物院	
溪亭客話圖	摺扇面	紙	設色	16.5 x 51.8	丁亥（順治四年，1647）	北京 故宮博物院	
仿趙伯駒山水圖	摺扇面	金箋	設色	16.1 x 50	辛卯（順治八年，1651）	北京 故宮博物院	
臨趙幹畫山水（清劉度等山水花鳥冊8之1幀）	冊頁	絹	水墨	24.2 x 18.3	（癸巳，順治十年，1653）	天津 天津市藝術博物館	
仿趙伯駒山水圖	摺扇面	金箋	設色	不詳	癸卯（康熙二年，1663）	合肥 安徽省博物館	
山水圖（8幀）	冊	絹	設色	（每幀）27 x 20	己卯（崇禎十二年，1639）十一月	上海 上海博物館	
仿李成山水圖	摺扇面	金箋	設色	16.4 x 50.5	己卯（崇禎十二年，1639）	南京 南京博物院	
桂花圖	摺扇面	金箋	設色	16.5 x 50	乙酉（順治二年，1645）	成都 四川省博物院	
仿李營丘畫山水（寫似莪翁，明人書畫合璧冊之9）	冊頁	絹	設色	28.7 x 20	庚寅（順治七年，1650）	日本 大阪市立美術館	
仿李成山水圖（四季山水圖冊頁合軸之2）	冊頁	絹	設色	39.7 x 24.4		美國 耶魯大學藝術館	
春、秋山水圖（2幀）	冊頁	絹	設色	（每幀）25.8 x 23.7		美國 印地安那波里斯市藝術博物館	1987.106/19 87.107
仿米法山水圖（似耕子老弟	摺扇	金箋	水墨	16 x 49.5	癸未（崇禎十六年	瑞士 蘇黎士黎德堡博物館	RCH.1119

名稱		質地	色彩	尺寸 高x寬cm	創作時間	收藏處所	典藏號碼
）	面				，1643）八月		
附：							
仿李成山水圖	卷	絹	設色	40.4 x 317	丁亥（順治四年，1647）二月	紐約 佳士得藝品拍賣公司/拍賣目錄1988,06,01.	
蜀道圖	卷	綾	設色	36.5 x 312	乙卯（萬曆四十三年，1615）二月	紐約 佳士得藝品拍賣公司/拍賣目錄1988,11,30.	
仿王維江行暮雪圖	軸	絹	設色	不詳		北京 中國文物商店總店	
山水圖	軸	絹	設色	不詳		北京 北京市工藝品進出口公司	
秋山觀瀑圖	軸	絹	設色	159.5 x 58	壬申（崇禎五年，1632）上巳	紐約 佳士得藝品拍賣公司/拍賣目錄1984,06,29.	
山水圖	軸	絹	設色	150.5 x 60.3	丙戌（順治三年，1646）冬	紐約 蘇富比藝品拍賣公司/拍賣目錄1984,06,13.	
春夜宴桃李園圖	軸	紙	設色	168 x 94		紐約 佳士得藝品拍賣公司/拍賣目錄1988,11,30.	
松石圖	軸	絹	設色	113.5 x 56.3		紐約 佳士得藝品拍賣公司/拍賣目錄1989,12,04.	
仿趙松雪山水圖	摺扇面 金箋		設色	不詳		揚州 揚州市文物商店	
山水圖	摺扇面 灑金箋		設色	15.3 x 47	壬辰（順治九年，1652）冬仲	紐約 佳仕得藝品拍賣公司/拍賣目錄1986,12,01.	

畫家小傳：劉度。字叔憲。浙江錢塘人。善畫山水，臨摹北宋人，以得李成畫法為多。流傳署款紀年作品見於神宗萬曆四十三（1615）年。至清世祖順治十年（1653）年。（見明畫錄、無聲詩史、圖繪寶鑑續纂、錢塘縣志、桐陰論畫、中國畫家人名大辭典）

孫 杕

名稱		質地	色彩	尺寸 高x寬cm	創作時間	收藏處所	典藏號碼
竹石圖（與藍瑛合作，孫畫竹，藍補石）	軸	絹	水墨	154 x 73		香港 香港大學馮平山博物館	HKU.P.60.1
竹石水仙圖	軸	絹	設色	103 x 49.2	癸未（崇禎十六年，1643）夏日	北京 故宮博物院	
芙蓉水鳥圖	軸	紙	設色	164 x 74	崇禎己卯（十二年，1639）	北京 首都博物館	
玉堂富貴圖	軸	絹	設色	208 x 99.5		天津 天津市歷史博物館	
梅茶水仙圖	軸	絹	設色	169 x 65	辛卯（順治八年，1651）	濟南 山東省博物館	

名稱		質地	色彩	尺寸 高×寬㎝	創作時間	收藏處所	典藏號碼
榮蕑圖	軸	絹	設色	178.6 × 92	戊寅（崇禎十一年，1638）	上海 上海博物館	
竹石芙蓉圖	軸	紙	設色	不詳	戊寅（崇禎十一年，1638）秋月既望	上海 上海博物館	
竹石圖	軸	絹	設色	13.8 × 47.7	丙子（崇禎九年，1636）	杭州 浙江省博物館	
竹石圖（孫杕寫竹，藍瑛畫石）	軸	絹	水墨	不詳	甲申（順治元年，1644）十月既望	日本 東京國立博物館	
竹石水仙圖	軸	絹	水墨	122.4 × 49.1	辛卯（順治八年，1651）又二日	日本 東京帝室博物館	
山茶花圖	軸	絹	設色	161.2 × 50.6		日本 京都桑名鉄城先生	
牡丹湖石圖	軸	絹	設色	163.5 × 50.2		日本 大阪橋本大乙先生	
富貴玉照圖	軸	絹	設色	117.7 × 41		日本 福岡縣石詢道雄先生	32
雙鉤竹石圖（藍瑛畫石潤，孫杕補勾勒竹）	軸	絹	水墨	165 × 57.3		美國 芝加哥大學藝術博物館	1974.89
水仙（曹有光孫杕畫冊之8）	冊頁	紙	設色	30.4 × 39	庚寅（順治七年，1650）冬月	台北 故宮博物院	故畫 01230-8
蘭石（曹有光孫杕畫冊之9）	冊頁	紙	設色	30.4 × 39	辛卯（順治八年，1651）夏五月	台北 故宮博物院	故畫 01230-9
菊石（曹有光孫杕畫冊之10）	冊頁	紙	設色	30.4 × 39		台北 故宮博物院	故畫 01230-10
海棠（曹有光孫杕畫冊之11）	冊頁	紙	水墨	30.4 × 39		台北 故宮博物院	故畫 01230-11
茶花（曹有光孫杕畫冊之12）	冊頁	紙	設色	30.4 × 39		台北 故宮博物院	故畫 01230-12
萱花（曹有光孫杕畫冊之13）	冊頁	紙	設色	30.4 × 39		台北 故宮博物院	故畫 01230-13
梅花（曹有光孫杕畫冊之14）	冊頁	紙	水墨	30.4 × 39		台北 故宮博物院	故畫 01230-14
秋葵（曹有光孫杕畫冊之15）	冊頁	紙	設色	30.4 × 39	庚寅（順治七年，1650）秋日	台北 故宮博物院	故畫 01230-15

名稱		質地	色彩	尺寸 高x寬cm	創作時間	收藏處所	典藏號碼
竹石牽牛（曹有光孫杕畫冊之16）	冊頁	紙	設色	30.4 x 39		台北 故宮博物院	故畫 01230-16
滿握清風圖	摺扇面	紙	水墨	不詳	丁丑（崇禎十年，1637）夏日	北京 故宮博物院	
竹圖（為子壽作）	摺扇面	紙	水墨	不詳	庚辰（崇禎十三年，1640）初夏	北京 故宮博物院	
梅花圖	摺扇面	紙	水墨	不詳	辛巳（崇禎十四年，1641）暢月	北京 故宮博物院	
梅竹圖	摺扇面	紙	水墨	不詳	丙戌（順治三年，1646）小春望日	北京 故宮博物院	
墨竹圖	摺扇面	紙	水墨	不詳	庚寅（順治七年，1650）	北京 故宮博物院	
摹元人鉤勒竹圖（為仲裕作，陳道等十人山水冊10之1幀）	冊頁	紙	設色	23.4 x 31.5	乙卯（萬曆四十三年，1615）三月三十日	北京 故宮博物院	
過牆竹圖（為文長作）	摺扇面	紙	水墨	不詳	戊子（順治五年，1648）八月廿五日	常熟 江蘇省常熟市文物管理委員會	
山水、花鳥圖（6幀，藍瑛、孫杕合作）	冊	金箋	設色	（每幀）30 x 30		南寧 廣西壯族自治區博物館	
雙鉤蘭（清人書畫扇冊之2）	摺扇面	金箋	水墨	不詳		日本 東京橋本辰二郎先生	
蘭竹圖（明清書畫合綴帖之10）	摺扇面	金箋	水墨	15.6 x 49.5	乙亥（崇禎八年，1635）長至後十日	美國 聖路易斯市吳納孫教授	
柘榴圖（明清書畫合綴帖之13）	摺扇面	金箋	設色	15.6 x 49.5	癸酉（崇禎六年，1633）夏五月	美國 聖路易斯市吳納孫教授	
附：							
菊蝶圖	摺扇面	金箋	設色	17 x 51	辛巳（崇禎十四年，1641）冬月二日	香港 佳士得藝品拍賣公司/拍賣目錄 1991,03,18.	
梅花圖（明清人山水書法冊之1幀）	摺扇面	金箋	水墨	17.2 x 51	壬申（崇禎五年，1632）七月望	紐約 佳士得藝品拍賣公司/拍賣目錄 1995,03,22.	
石榴圖	摺扇面	金箋	水墨	17.8 x 50.2		紐約 佳士得藝品拍賣公司/拍賣目錄 1995,03,22.	

畫家小傳：孫杕。字子周，號竹癡。浙江鐵塔人。能書、善畫。擅長花卉、竹石，筆墨遒勁，設色穠艷，得古人正派。流傳署款紀年作品見於神宗萬曆四十三（1615）年。至清世祖順治八（1651）年。（見圖繪寶鑑續纂、中國畫家人名大辭典）

名稱		質地	色彩	尺寸 高×寬㎝	創作時間	收藏處所	典藏號碼

汪明際

名稱		質地	色彩	尺寸 高×寬㎝	創作時間	收藏處所	典藏號碼
為偶萍禪師作山水（雲間十一家山水合卷之第7）	卷	紙	設色	20.7 x 51.5	乙卯（萬曆四十三年，1615）秋日	台北 故宮博物院	故畫 01109-7
墨蘭圖（為伯慈作，唐時升等十人合作蘭花卷）	卷	紙	水墨	26 x 267.5	崇禎辛未歲（四年，1631）夏日	北京 故宮博物院	

畫家小傳：汪明際。字無際。浙江餘姚人，占籍江蘇華亭。善畫山水，筆致秀逸，以士氣取勝。流傳署款紀年作品見於神宗萬曆四十三（1615）年至思宗崇禎四（1631）年。（見明畫錄、中國畫家人名大辭典）

吳訥

名稱		質地	色彩	尺寸 高×寬㎝	創作時間	收藏處所	典藏號碼
山水小幀（仿董北苑）	軸	金箋	水墨	不詳	癸酉（崇禎六年，1633）秋日	日本 西宮武川盛次先生	
山水圖（為仲裕作，陳道等十人山水冊 10 之 1 幀）	冊頁	紙	設色	23.4 x 31.5	乙卯（萬曆四十三年，1615）春暮	北京 故宮博物院	
仿吳鎮山水圖	摺扇面	金箋	水墨	不詳	己巳（崇禎二年，1629）春仲	北京 故宮博物院	
山水圖（陳道、徐智等十人山水冊 10 之 1 幀）	冊頁	紙	設色	23.4 x 31.5		北京 故宮博物院	

畫家小傳：吳訥。字仲言。浙江杭州人。畫山水，學藍瑛；花卉學孫杕。流傳署款紀年作品見於神宗萬曆四十三（1615）年至思宗崇禎六（1633）年。（圖繪寶鑑續纂、考槃社支那名畫選集、中國美術家人名辭典）

鮑時逖

名稱		質地	色彩	尺寸 高×寬㎝	創作時間	收藏處所	典藏號碼
山水圖	軸	綾	設色	不詳	乙卯（萬曆四十三年，1615）	歙縣 安徽省歙縣博物館	
江村漁隱（明賢墨妙冊之 14）	冊頁	紙	水墨	15.6 x 49		台北 故宮博物院	故畫 03509-14

畫家小傳：鮑時逖。畫史無載。流傳署款紀年作品見於神宗萬曆四十三（1615）年。身世待考。

馬士英

名稱		質地	色彩	尺寸 高×寬㎝	創作時間	收藏處所	典藏號碼
寒林書屋圖	軸	紙	水墨	33.3 x 32	天啟癸亥（三年，1623）秋	北京 故宮博物院	
山水圖	冊頁	絹	水墨	25.5 x 29.8	辛未（崇禎四年，1631）	青島 山東省青島市博物館	
山水圖	摺扇面	金箋	水墨	不詳		南京 南京市博物館	

畫家小傳：馬士英。字瑤草。貴州貴陽人，流寓金陵。生於神州萬曆十九（1591）年。卒於清世祖順治三（1646）年。萬曆四十七年進士。清

名稱		質地	色彩	尺寸 高x寬㎝	創作時間	收藏處所	典藏號碼

兵陷北京，參與擁立福王於南京，官至東閣大學士。工畫山水，學董源，變以己意，筆法縱橫，饒有別趣。(見明畫拾遺、國朝畫徵錄、中國畫家人名大辭典)

陸 定

名稱		質地	色彩	尺寸	創作時間	收藏處所	典藏號碼
萬木朝松圖（為木翁作）	軸	絹	設色	不詳	戊申（康熙七年，1668）冬日	北京 故宮博物院	
山水圖	軸	綾	水墨	不詳		北京 首都博物館	
仿王晉卿山水圖（2幀）	軸	絹	設色	不詳	丁未（康熙六年，1667）仲夏	天津 天津楊柳青畫社	
溪水疊翠圖	軸	絹	設色	不詳	壬午（崇禎十五年，1642）	濟南 山東省博物館	
仿王晉卿山水圖	軸	綾	水墨	不詳	乙亥（崇禎八年，1635）	大連 遼寧省大連市文物商店	
仿王晉卿筆意山水圖（清曹岳等山水冊8之1幀）	摺扇面 金箋	設色	不詳	丁未（康熙六年，1667）仲夏日	天津 天津市歷史博物館	
仿盛懋筆意山水圖（清曹岳等山水冊8之1幀）	摺扇面 金箋	設色	不詳	丁未（康熙六年，1667）夏日，七十七叟	天津 天津市歷史博物館	

畫家小傳：陸定。字文祥。江蘇華亭人。生於明神宗萬曆十九（1591）年，康熙七(1668)年尚在世。善畫，畫山水喜作青綠重色，近似北宗。(見圖繪寶鑑續纂、甬上耆舊集、嘯雪庵集、中國畫家人名大辭典、中國畫家人名大辭典)

朱多樵

名稱		質地	色彩	尺寸	創作時間	收藏處所	典藏號碼
松崦開樓（明人畫幅集冊之19）	冊頁	紙	設色	34.5 x 60.5	丙辰（萬曆四十四年，1616）秋仲	台北 故宮博物院	故畫 01298-19

畫家小傳：朱多樵。畫史無載。流傳署款紀年作品見於神宗萬曆四十四（1616）年。身世待考。

姜貞吉

名稱		質地	色彩	尺寸	創作時間	收藏處所	典藏號碼
山靜日長圖（為無為作）	卷	紙	設色	23.2 x 61.3	萬曆丙辰（四十四年，1616）夏仲	上海 上海博物館	
雪景山水圖	軸	絹	設色	119.7 x 56.8		日本 私人	

畫家小傳：姜貞吉。畫史無載。惟明畫錄記載有姜貞。號楚雲。錢塘人。工畫山水。疑似其人。待考。流傳署款紀年作品見於萬曆四十四(1616)年。

王舜國

名稱		質地	色彩	尺寸 高×寬㎝	創作時間	收藏處所	典藏號碼
羅漢圖	卷	紙	水墨	28.2 × ?		香港 何耀光至樂樓	
羅漢圖	卷	紙	水墨	27.5 × 371.5	丙辰（萬曆四十四年，1616）夏	天津 天津市歷史博物館	
射雉圖	軸	絹	設色	137.6 × 117.2		台北 故宮博物院	故畫 00939
南極仙翁圖	軸	灑金箋	水墨	127 × 59.5		瀋陽 故宮博物院	

畫家小傳：王舜國（一作正國）。號桂宮。為江寧朝天宮道士，居太倉。善畫人物，粗疏古拙，有吳偉筆意。流傳署款紀年作品見於萬曆四十四（1616）年。（見蘇州府志、蔗堂外集、金螯集、中國畫家人名大辭典）

朱文實

名稱		質地	色彩	尺寸 高×寬㎝	創作時間	收藏處所	典藏號碼
瓊林玉樹圖	軸	絹	水墨	149 × 77.4		德國 柏林東亞藝術博物館	5812
倚山敞屋（明人畫幅集冊之18）	冊頁	紙	水墨	34.5 × 60.5	丙辰（萬曆四十四年，1616）六月	台北 故宮博物院	故畫 01298-18

畫家小傳：朱文實。畫史無載。流傳署款紀年作品見於神宗萬曆四十四（1616）年。身世待考。

沈迂

名稱		質地	色彩	尺寸 高×寬㎝	創作時間	收藏處所	典藏號碼
撫宋人筆意山水圖	軸	紙	設色	不詳	丙辰（萬曆四十四年，1616）夏五	揚州 江蘇省揚州市博物館	
雲嶺高松圖	軸	絹	設色	不詳		揚州 江蘇省揚州市博物館	
附：							
麥舟圖	卷	紙	水墨	不詳		濟南 山東省濟南市文物商店	

畫家小傳：沈迂。又名守正。字無回。工詩文，有時譽。善畫山水，摹倪瓚、黃公望，筆饒深遠之趣。流傳署款紀年作品見於神宗萬曆四十四（1616）年。（見畫髓元詮、中國畫家人名大辭典）

邵彌

名稱		質地	色彩	尺寸 高×寬㎝	創作時間	收藏處所	典藏號碼
泉隱圖	卷	紙	水墨	21.2 × 127.3	崇禎甲戌（七年，1634）	北京 故宮博物院	
載鶴圖	卷	絹	設色	29.8 × 108.2	崇禎庚辰（十三年，1640）四月朔	北京 故宮博物院	
山水圖（為季貞作）	卷	絹	設色	20.4 × 257.4	崇禎庚辰（十三年，1640）夏五	北京 故宮博物院	
山水圖	卷	絹	設色	19.3 × 119	崇禎庚辰（十三年，1640）	北京 故宮博物院	
秋聲賦圖并書	卷	絹	設色	17.5 × 113.6	壬午（崇禎十五年，1642）春季	北京 故宮博物院	

名稱		質地	色彩	尺寸 高x寬cm	創作時間	收藏處所	典藏號碼
茅亭讀書圖	卷	紙	設色	25.7 x 49.9		北京 故宮博物院	
臨沈周仿倪瓚山水	卷	紙	水墨	25.1 x 265.7		上海 上海博物館	
雜畫（4段）	卷	紙	設色	（每段）21.7 x 45.5		上海 上海博物館	
仿古山水圖（楊補等 十四家仿古山水卷14之第7段）	卷	紙	設色	（全卷）20.1 x 654.5		上海 上海博物館	
梅竹圖（與司馬垔書賞紅梅詩合裝）	卷	紙	水墨	22 x 220		蘇州 江蘇省蘇州博物館	
山水圖	卷	紙	水墨	不詳		日本 靜岡縣熱海美術館	
雲山平遠圖	卷	紙	水墨	26 x 781.7	庚辰（崇禎十三年，1640）七月既望	日本 大阪市立美術館	
香里館圖（為錦屏道長寫）	卷	紙	設色	不詳		藏處不詳	
蓮華大士像	軸	紙	水墨	65.1 x 34.4	丙寅（天啟六年，1626）秋中	台北 故宮博物院	故畫00665
山水圖	軸	紙	設色	58.8 x 35.6		台北 故宮博物院（蘭千山館寄存）	
煙波釣叟圖（邵彌寫樹石，曹胤穀補漁舟）	軸	絹	設色	132.7 x 47		台北 長流美術館	
山水（觀賞山泉圖，為緝甫先生作）	軸	紙	水墨	59 x 24	崇禎己巳（二年，1629）餘月	台北 蘭千山館	
泉壑遐思圖（寫贈文撫社兄）	軸	紙	水墨	112.5 x 23.6	甲戌（崇禎七年，1634）三月清明前二日	香港 利榮森北山堂	
三友圖(寫贈聖默法兄)	軸	紙	水墨	65.3 x 41.6	己卯（崇禎十二年，1639）十一月	香港 徐伯郊先生	
山水圖（雲壑一區圖）	軸	紙	水墨	111.5 x 29	甲戌（崇禎七年，1634）三月清明前二日	新加坡 Dr.E.Lu	
觀瀑圖（為鳴節作）	軸	紙	設色	92 x 35	戊寅（崇禎十一年，1638）秋十月上浣	長春 吉林省博物館	
山莊圖	軸	絹	設色	24.8 x 37.8		長春 吉林省博物館	
寒林曳杖圖	軸	紙	設色	120.8 x 41.4		瀋陽 遼寧省博物館	
風林月上圖（為以寧作）	軸	紙	設色	不詳	崇禎元年（戊辰，1628）九月廿二日	北京 故宮博物院	

名稱		質地	色彩	尺寸 高x寬㎝	創作時間	收藏處所	典藏號碼
探泉圖	軸	絹	設色	70.8 x 29.8	庚午（崇禎三年，1630）	北京 故宮博物院	
幽芳孤韻圖	軸	紙	設色	不詳	辛未（崇禎四年，1631）夏五月廿九日	北京 故宮博物院	
疏梅圖	軸	紙	水墨	121.4 x 32.9	辛未（崇禎四年，1631）	北京 故宮博物院	
梅花圖	軸	紙	水墨	80 x 34.5	丁丑（崇禎十年，1637）	北京 故宮博物院	
采芝圖	軸	絹	設色	73.3 x 62.5	崇禎丁丑（十年，1637）	北京 故宮博物院	
貽鶴寄書圖（為蒼書作）	軸	紙	設色	87.3 x 51	崇禎丁丑（十年，1637）六月	北京 故宮博物院	
仿倪瓚枯木竹石圖	軸	紙	水墨	116 x 32.2	壬午（崇禎十五年，1642）	北京 故宮博物院	
墨梅圖	軸	綾	水墨	不詳	壬寅（康熙元年，1662）冬日	北京 故宮博物院	
仿唐寅山水圖	軸	絹	設色	66 x 30.4		北京 故宮博物院	
梅花圖	軸	紙	水墨	不詳		北京 故宮博物院	
梅花圖	軸	紙	水墨	122.5 x 32.7		北京 故宮博物院	
梅竹圖（邵彌、王峻合作）	軸	紙	水墨	不詳		北京 故宮博物院	
水閣遠眺圖	軸	紙	設色	不詳	天啟七年（丁卯，1627）九月中浣	北京 中國歷史博物館	
淺絳山水圖	軸	紙	設色	不詳	天啟七年（丁卯，1627）九月	北京 中國歷史博物館	
仿荊浩山水圖	軸	絹	設色	130 x 31.5	己巳（崇禎二年，1629）	北京 首都博物館	
隱樂圖	軸	紙	設色	不 詳		濟南 山東省博物館	
九龍山峰圖	軸	紙	設色	130 x 56	崇禎丁丑（十年，1637）	濟南 山東省濟南市博物館	
風林月上圖	軸	絹	水墨	83.4 x 37.8	戊辰（崇禎元年，1628）	上海 上海博物館	
湖山放棹圖（為九章作）	軸	紙	設色	不詳	庚午（崇禎三年，1630）陽月上浣	上海 上海博物館	

名稱		質地	色彩	尺寸 高x寬cm	創作時間	收藏處所	典藏號碼
墨竹圖	軸	紙	水墨	75 x 31.9	崇禎甲戌（七年，1634）	上海 上海博物館	
山窗悟語圖（為聖鄰作）	軸	絹	設色	62 x 41	崇禎戊寅（十一年，1638）四月十一日	上海 上海博物館	
高松遠澗圖（為存翁作）	軸	絹	設色	144.3 x 60.4	崇禎己卯（十二年，1639）嘉平月	上海 上海博物館	
擬沈周鵝圖	軸	紙	設色	85.1 x 30.2		上海 上海博物館	
積書岩圖（為南明作）	軸	絹	設色	101 x 31.5	崇禎十年，丁丑（1637）六月	無錫 江蘇省無錫市博物館	
擬古山水圖	軸	絹	設色	92.7 x 53.4	壬申（崇禎五年，1632）	廣州 廣東省博物館	
山水圖	軸	紙	水墨	117.5 x 38.5	辛未（崇禎四年，1631）夏至日	日本 京都泉屋博古館	34
溪亭訪友圖	軸	紙	設色	50 x 34.6		日本 大阪橋本大乙先生	
擬梅道人山水圖	軸	紙	水墨	80.9 x 29.2	甲戌（崇禎七年，1634）秋	日本 中垫又左衛門先生	
山水圖	軸	紙	設色	不詳		日本 江田勇二先生	
山水（寒山探梅圖）	軸	紙	設色	不詳	丙辰（萬曆四十四年，1616）二月	日本 東京張允中先生	
松庵清課圖	軸	紙	設色	不詳	戊寅（崇禎十一年，1638）冬十月	美國 耶魯大學藝術館	
墨竹	軸	紙	水墨	47 x 12		美國 明尼安阿波里斯市藝術博物館	
山水人物圖	軸	絹	設色	79.7 x 32.6		美國 私人	
山水圖（為為谿老先生作）	軸	紙	設色	110 x 33.6	癸酉（崇禎六年，1633）初春	瑞典 斯德哥爾摩遠東古物館	OM 2/63
畫山水（8幀）	冊	紙	設色	（每幀）18.4 x 14.6		台北 故宮博物院	故畫 01168
畫人物山水（10幀）	冊	絹	設色、水墨	（每幀）29.6 x 21.2		台北 故宮博物院	故畫 01169
梅花（明人畫扇冊四冊之2）	摺扇面	紙	水墨	不詳		台北 故宮博物院	故畫 03530-2
梅（明人畫扇面（甲）冊之12）	摺扇面	紙	設色	不詳		台北 故宮博物院	故畫 03532-12

名稱		質地	色彩	尺寸 高x寬㎝	創作時間	收藏處所	典藏號碼
竹深荷靜	摺扇面	紙	設色	不詳		台北 故宮博物院	故扇00203
山水（畫中九友集錦冊之10）	冊頁	紙	設色	17 x 12.5		台北 故宮博物院（蘭千山館寄存）	
擬古山水圖（山水圖冊之2）	冊頁	絹	設色	25.2 x 19.8	丁丑（崇禎十年，1637）如月	台北 華叔和後真賞齋	
擬古山水圖（10幀）	冊	紙	設色、水墨	不詳	乙亥（崇禎八年，1635）春日	香港 王南屏先生	
仿古山水圖（10幀）	冊	紙	設色	（每幀）19.8 x 16		瀋陽 故宮博物院	
坐看雲起圖	冊頁	金箋	設色	39 x 32		瀋陽 故宮博物院	
梅花圖（？幀）	冊	紙	水墨	不詳	丁卯（天啟七年，1627）秋	北京 故宮博物院	
小可觀山水圖（10幀，為季遠作）	冊	紙	設色	（每幀）21.8 x 45.6	崇禎丁丑（十年，1637）	北京 故宮博物院	
劃開眾皴圖（14幀）	冊	紙	設色	（每幀）20.5 x 32	崇禎丁丑（十年，1637）	北京 故宮博物院	
春溪放棹圖	摺扇面	紙	設色	不詳	戊寅（崇禎十一年，1638）春	北京 故宮博物院	
小可觀山水圖（8幀）	冊	紙	水墨	（每幀）14.9 x 27.9	庚辰（崇禎十三年，1640）夏五	北京 故宮博物院	
秋溪書屋圖	摺扇面	紙	設色	不詳	庚辰（崇禎十三年，1640）七月	北京 故宮博物院	
梅花圖（12幀）	冊	紙	水墨	不詳	庚辰（崇禎十三年，1640）季冬	北京 故宮博物院	
松岩高士圖	摺扇面	紙	設色	16.8 x 50.5	壬午（崇禎十五年，1642）春二月	北京 故宮博物院	
雜畫（8幀）	冊	絹	設色	（每幀）28.8 x 19.4		北京 故宮博物院	
林壑澄鮮圖	摺扇面	金箋	水墨	18.8 x 54.5		北京 故宮博物院	
仿古山水圖（8幀，為范質公作）	冊	絹	水墨	30.5 x 19.2	丁卯（天啟七年，1627）夏	天津 天津市藝術博物館	
山水圖（8幀，為魏仲雪作）	冊	紙	設色	不詳	崇禎丁丑（十年，1637）秋七月五日	天津 天津市藝術博物館	

名稱		質地	色彩	尺寸 高x寬cm	創作時間	收藏處所	典藏號碼
擬子固筆意作水仙（祁豸佳等山水花鳥冊27之1幀）	冊頁	絹	設色	30 x 23.4		天津 天津市藝術博物館	
松溪喚渡圖	摺扇面	金箋	設色	不詳	崇禎丙子（九年，1636）一陽月	上海 上海博物館	
墨梅圖（12幀）	冊	紙	水墨	不詳	丁丑（崇禎十年，1637）	上海 上海博物館	
蘇臺勝景圖（七家蘇臺勝覽圖冊10之1幀）	冊頁	紙	設色、水墨	30.8 x 28.6	崇禎丁丑（十年，1637）	上海 上海博物館	
山水圖（9幀）	冊	紙	設色	（每幀）23.9 x 29.2	己卯（崇禎十二年，1639）夏	上海 上海博物館	
山水、人物圖（10幀）	冊	絹	設色、水墨	（每幀）28.6 x 21.1	庚辰（崇禎十三年，1640）陽月	上海 上海博物館	
山水圖（卞文瑜、張宏、邵彌、袁尚統四家山水合冊）	冊頁	紙	設色	不詳	庚辰（崇禎十三年，1640）臘月	南京 南京博物院	
為在久作山水圖（明畫中九友山水扇面冊9之1幀）	摺扇面	金箋	設色	16.3 x 51.4	丙子（崇禎九年，1636）冬十一月	南京 南京博物院	
摹唐寅山水圖	摺扇面	金箋	設色	不詳	丁丑（崇禎十年，1637）	蘇州 江蘇省蘇州博物館	
三友圖（邵彌、張宏、傅汝清合作）	摺扇面	金箋	設色	不詳	丙子（崇禎九年，1636）	杭州 浙江省博物館	
龍渚水石圖	摺扇面	金箋	設色	不詳	乙亥（崇禎八年，1635）	溫州 浙江省溫州博物館	
山水圖（8幀）	冊	紙	水墨	（每幀）22 x 14		廣州 廣東省博物館	
山水圖（柳岸江亭）	摺扇面	金箋	設色	不詳	庚午（崇禎三年，1630）秋	日本 江田勇二先生	
山水圖（12幀）	冊	紙	設色	（每幀）28.6 x 31.1		韓國 首爾朴周煥先生	
倣文徵明山水圖	摺扇面	金箋	設色	15.3 x 47.5	庚辰（崇禎十三年，1640）春杪	美國 紐約大都會藝術博物館	13.100.87
仿王紱山水圖	摺扇面	金箋	水墨	15.7 x 50.6		美國 紐約大都會藝術博物館	1989.363.192
盧山觀瀑圖	冊頁	絹	設色	35.8 x 35.3		美國 密歇根大學藝術博物館	1966/1.92
山水圖（明清書畫合綴帖之1）	摺扇面	金箋	設色	不詳		美國 聖路易斯市吳納孫教授	
靈境仙所圖（12幀）	冊	紙	設色	（每幀）28.7 x 43.2	崇禎戊寅（十一年，1638）四月	美國 西雅圖市藝術館	70.18a－1

名稱		質地	色彩	尺寸 高×寬㎝	創作時間	收藏處所		典藏號碼
仿沈周山水圖	摺扇面	金箋	設色	16 × 52.7	壬午（崇禎十五年，1642）秋日	美國	夏威夷火魯奴奴藝術學院	23.2.1
擬倪瓚山水圖（四朝墨寶冊之6）	冊頁	紙	水墨	27.2 × 20.5	癸未（崇禎十六年，1643）小春	英國	倫敦大英博物館	1946.4.13.6（ADD219）
山水圖	摺扇面	金箋	水墨	16.7 × 51.3		德國	柏林東亞藝術博物館	1988-272
山水人物圖	摺扇面	金箋	設色	17.8 × 55.5		德國	柏林東亞藝術博物館	1988-273
附：								
墨梅圖（為公遠作）	卷	紙	水墨	不詳	崇禎己巳（二年，1629）	北京	北京市文物商店	
水村圖	卷	綾	設色	28.5 × 174	壬午（崇禎十五年，1642）春三月	紐約	佳士得藝品拍賣公司/拍賣目錄1987,12,11.	
盧墓圖	卷	紙	水墨	28 × 87.5	崇禎歲辛未（四年，1631）	紐約	佳士得藝品拍賣公司/拍賣目錄1992,06,02.	
桐江歸棹圖	卷	紙	設色	25.5 × 206	庚辰（崇禎十三年，1640）秋晚	紐約	佳士得藝品拍賣公司/拍賣目錄1996,03,27.	
並蒂蓮圖（為彥哲作）	軸	紙	設色	不詳	崇禎十二年（己卯，1639）夏五	北京	北京市文物商店	
松竹梅圖（文從簡、邵彌合作）	軸	紙	水墨	84.6 × 32.5		武漢	湖北省武漢市文物商店	
山行詩意圖	軸	絹	設色	79.3 × 32.8	庚午（崇禎三年，1630）首夏	紐約	蘇富比藝品拍賣公司/拍賣目錄1984,06,13.	
泉壑遐思圖	軸	紙	水墨	122 × 70.5	甲戌（崇禎七年，1633）春三月清明前二日	紐約	蘇富比藝品拍賣公司/拍賣目錄1984,10,12、13.	
憶寫滇南升里鋪景	軸	金箋	設色	82 × 55.2		紐約	蘇富比藝品拍賣公司/拍賣目錄1985,04,17.	
山水圖	軸	絹	設色	76.2 × 29.2		紐約	蘇富比藝品拍賣公司/拍賣目錄1988,11,30.	
梧桐山莊圖	軸	紙	設色	162 × 51	崇禎二年（己巳，1629）	紐約	佳士得藝品拍賣公司/拍賣目錄1988,11,30.	
松竹石圖	軸	紙	水墨	49.5 × 24		紐約	佳士得藝品拍賣公司/拍賣目錄1992,12,02.	
仿古山水圖（12幀）	冊	紙	設色	（每幀）30 × 16.5		紐約	佳士得藝品拍賣公司/拍賣目錄1989,12,04.	

名稱		質地	色彩	尺寸 高x寬cm	創作時間	收藏處所	典藏號碼
觀瀑圖（畫中九友山水書法冊之一幀）	摺扇面	金箋	設色	不詳	丁丑（崇禎十年，1637）冬	紐約 佳士得藝品拍賣公司/拍賣目錄 1993,12,01.	
山水 4幀）	冊頁	絹	設色、水墨	（每幀）23 x 27.5		紐約 佳士得藝品拍賣公司/拍賣目錄 1994,11,30.	
山水圖（明人山水冊10之1幀）	冊頁	絹	設色	25.5 x 19.8	丁丑（崇禎十年，1637）如月	紐約 佳士得藝品拍賣公司/拍賣目錄 1994,11,30.	
山水圖	摺扇面	金箋	設色	16.6 x 53.5	庚午（崇禎三年，1630）八月	紐約 佳士得藝品拍賣公司/拍賣目錄 1995,03,22.	
仿古山水圖（8幀）	冊	紙	水墨、設色	（每幀）30 x 16.5		紐約 佳士得藝品拍賣公司/拍賣目錄 1995,03,22.	
山水	摺扇面	紙	設色	19.3 x 59		紐約 佳士得藝品拍賣公司/拍賣目錄 1996,09,18.	
山水（與李流芳山水合裱成軸）	冊頁	紙	設色	27.3 x 29.2	崇禎己巳（二年，1629）餘月	紐約 佳士得藝品拍賣公司/拍賣目錄 1997,09,19.	
山水（明各家山水書法扇面冊10之1幀）	摺扇面	金箋	設色	17.8 x 56.7		紐約 佳士得藝品拍賣公司/拍賣目錄 1998,09,15.	

畫家小傳：邵彌。字僧彌。號瓜疇。江蘇長洲人。性迂癖，不諧俗。工詩、書。善畫山水，筆墨清瘦枯逸，閒情冷致。流傳署款紀年作品見於神宗萬曆四十四（1616）年，至清聖祖康熙元（1662）年。（見明畫錄、圖繪寶鑑續纂、國朝畫徵錄、桐陰論畫、蘇州志、中國畫家人名大辭典）

曹肯穀

| 煙波釣叟圖（邵彌寫樹石，曹肯穀補漁舟） | 軸 | 絹 | 設色 | 132.7 x 47 | | 台北 長流美術館 | |

畫家小傳：曹肯穀。畫史無載。與邵彌同時。身世待考。

顧凝遠

山水圖（陳裸對人仿古山水合卷之1段）	卷	紙	設色	不詳		北京 中國歷史博物館	
山水	軸	紙	設色	82.3 x 41.2		台北 故宮博物院	故畫 00666
江山秋色圖	軸	紙	設色	53.9 x 31.1		美國 勃克萊加州大學藝術館（高居翰教授寄存）	CM？
山水圖	摺扇面	金箋	水墨	16.6 x 50.2		北京 故宮博物院	
山水圖	摺扇面	紙	水墨	16.4 x 50.9		北京 中國歷史博物館	

名稱		質地	色彩	尺寸 高x寬㎝	創作時間	收藏處所	典藏號碼
吳中名勝十景圖（10幀）	冊	紙	設色	（每幀）30.5 x 53.2	壬辰（順治九年，1652）六月望日	蘇州 江蘇省蘇州博物館	
山水圖	摺扇面	金箋	水墨	不詳	丙辰（萬曆四十四年，1616）	廣州 廣州市美術館	
花蝶圖	摺扇面	金箋	設色	不詳		廣州 廣州市美術館	
附：							
仿曹雲西山水（明清人山水合冊之1幀）	冊頁	紙	水墨	不詳		紐約 佳士得藝品拍賣公司/拍賣目錄 1994,06,01.	

畫家小傳：顧凝遠。號青霞。江蘇吳縣人。善畫山水，出入荊浩、關仝。又精畫理，撰有畫引一書行世。流傳署款紀年作品見於神宗萬曆四十四（1616）年至熹宗天啟三（1623）年至清世祖順治九(1652)年。（見蘇州府志、畫引、中國畫家人名大辭典）

來　復

竹石圖	軸	絹	水墨	134.3 x 38.2		日本 東京山中建生氏精華堂	

畫家小傳：來復。字陽伯。三原人。神宗萬曆四十四(1616)年進士。性通慧。詩文、書、畫而外，琴、棋、劍術、百工技藝，無不通曉。畫山水，能窮諸家微妙，格力俱勝。（見明畫錄、列朝詩集小傳、中國畫家人名大辭典）

李陀那

水仙（明花卉畫冊之12）	冊頁	紙	水墨	16.5 x 52.3		台北 故宮博物院	故畫 03515-12

畫家小傳：李陀那。女。福建人。善畫山水，筆法類似趙孟堅，幽妍秀潔可愛。（見明畫錄、無聲詩史、列朝詩集小傳、中國畫家人名大辭典）

盛紹先

秋溪小亭圖	軸	絹	水墨	177.2 x 48.5		日本 東京田文次郎先生	
仿陳琳山水圖	軸	綾	水墨	186.4 x 47.1		日本 私人	
墨竹（清花卉畫冊二冊之4）	冊頁	紙	水墨	不詳		台北 故宮博物院	故畫 03518-4

畫家小傳：盛紹先。字克振。江蘇揚州人，善畫。（見明畫錄、畫史會要、中國畫家人名大辭典）

錢　永

梅花圖	軸	絹	設色	111.7 x 34.7		日本 群馬縣立近代美術館	6

畫家小傳：錢永，一作永善。籍里、身世不詳。工畫，作花鳥宗法邊文進。（見明畫錄、畫史會要、中國畫家人名大辭典）

名稱		質地	色彩	尺寸 高x寬cm	創作時間	收藏處所	典藏號碼

朱國盛

山水圖	冊頁	絹	設色	不詳	丙寅（天啟六年，1626）	北京 故宮博物院	
山水、花卉圖（8幀）	冊	金箋	設色	（每幀）31 x 24.8		北京 故宮博物院	
山水圖	摺扇面	金箋	水墨	不詳	丙辰（萬曆四十四年，1616）	南寧 廣西壯族自治區博物館	
秋山書屋圖	摺扇面	金箋	水墨	不詳		南寧 廣西壯族自治區博物館	

畫家小傳：朱國盛。字敬韜。號雲來。後以字行。江蘇華亭人。工畫山水，宗法米友仁，極得董其昌稱許。流傳署款紀年作品見於神宗萬曆四十四（1616）年至熹宗天啟六（1626）年。（見圖繪寶鑑續纂、畫禪室隨筆、南匯新志、松江詩徵、中國畫家人名大辭典）

朱謀覲

| 山居清眺圖 | 軸 | 紙 | 水墨 | 136.5 x 45.3 | 丁巳（萬曆四十五年，1617）冬日 | 南京 南京博物院 | |

附：

| 山水圖（為嗣宗長姪作） | 軸 | 紙 | 設色 | 不詳 | 丁巳（萬曆四十五年，1617） | 北京 北京市文物商店 | |

畫家小傳：朱謀覲。字太沖。號鹿洞。占籍武昌。明宗室，太祖八世孫。朱多炡之子。善畫山水、花鳥，兼有文徵明、沈周、周之冕、陸治之長。流傳署款紀年作品見於神宗萬曆四十五（1617）年。（見明畫錄、畫史會要、中國畫家人名大辭典）

有子裔

| 瓜瓞圖 | 橫幅 | 紙 | 設色 | 27.5 x 47.4 | 萬曆丁巳（四十五年，1617）春日 | 日本 阿形邦三先生 | |

畫家小傳：有子裔。字君榮。畫史無載。流傳署款紀年作品見於神宗萬曆四十五（1617）年。身世待考。

吳廷羽

仿倪瓚溪山亭子圖	軸	紙	水墨	87 x 43	萬曆丁巳（四十五年，1617）仲春	北京 首都博物館	
春江釣艇（明人便面畫冊肆冊（四）之12）	摺扇面	紙	設色	不詳		台北 故宮博物院	故畫 03539-12
漁父圖	摺扇面	金箋	設色	16.6 x 47		香港 劉作籌虛白齋	57
林泉高逸圖	摺扇面	紙	設色	不詳	天啟乙丑（五年，1625）夏日	北京 故宮博物院	

畫家小傳：吳廷羽。字左千。安徽休寧人。善畫。佛像精雅，師丁雲鵬；畫山水法李唐。亦工製墨，與製墨名家方于魯並駕。流傳署款紀年作品見於神宗萬曆四十五(1617)至熹宗天啟五(1625)年。（見明畫錄、畫史會要、中國畫家人名大辭典）

名稱		質地	色彩	尺寸 高x寬㎝	創作時間	收藏處所	典藏號碼

陳繼善

| 林泉高致圖 | 摺扇面 金箋 | 水墨 | 不詳 | 丁卯（天啟七年，1627） | 北京 故宮博物院 | |
| 山水圖（為伯起作） | 卷 | 紙 | 設色 | 不詳 | 萬曆丁巳（四十五年，1617）夏日 | 北京 北京市文物商店 | |

畫家小傳：陳繼善。畫史無載。流傳署款紀年作品見於神宗萬曆四十五(1617)年，至熹宗天啟七(1627)年。身世待考。

沈士鯁

徐元亮像（曾鯨、沈士鯁合作）	卷	絹	設色	25.5 x 68.2	天啟甲子（四年，1624）	廣州 廣東省博物館	
金谷園圖通景屏	軸	絹	設色	不詳	辛丑（順治十八年，1661）小春	北京 故宮博物院	
耆英勝集圖	軸	絹	設色	不詳	崇禎戊寅（十一年，1638）	天津 天津市藝術博物館	
採桑圖	軸	絹	設色	70.5 x 35.8	壬午（崇禎十五年，1642）	天津 天津市藝術博物館	
桃李芳園圖	軸	絹	設色	184 x 92.5		天津 天津市藝術博物館	
雪江賣魚圖	軸	絹	設色	不詳	甲午（順治十一年，1654）	上海 上海古籍書店	
秋暮離懷圖	摺扇面 金箋	設色	不詳	癸未（崇禎十六年，1643）	北京 故宮博物院	
秋暮離懷圖	摺扇面 金箋	設色	不詳	戊寅（崇禎十一年，1638）	天津 天津市藝術博物館	
山水人物圖（明清扇面圖冊之4）	摺扇面 金箋	設色	不詳		美國 勃克萊加州大學藝術館（加州 Schlenker 先生寄存）	
山水人物圖	摺扇面 金箋	設色	16.4 x 51.2		瑞士 蘇黎士黎得堡博物館	RCH.1125d
附：							
商山四皓圖圖	摺扇面 金箋	設色	不詳	丁巳（萬曆四十五年，1617）	上海 朵雲軒	

畫家小傳：沈士鯁。天啟、崇禎間人。籍里、身世不詳。善畫山水、人物，類似唐寅。流傳署款紀年作品見於神宗萬曆四十五(1617)年至清世祖順治十八(1661)年。(見耕硯田齋筆記、中國畫家人名大辭典)

周　龍

名稱		質地	色彩	尺寸 高×寬㎝	創作時間	收藏處所	典藏號碼
千里江程圖	卷	紙	水墨	32.2 × 825.7	天啟辛酉（元年，1621）夏日	台北 故宮博物院	故畫 01080
人物圖	卷	紙	設色	29.4 × ?	崇禎戊辰（元年，1628）春日	瑞典 斯德哥爾摩遠東古物館	NMOK275
風雨看龍圖	軸	紙	設色	344.7 × 103		台北 私人	
附：							
起蟄圖	軸	紙	設色	345.5 × 103	萬曆丁巳（四十五年，1617）冬日	香港 佳士得藝品拍賣公司/拍賣目錄 1991,03,18.	

畫家小傳：周龍。字東陽。江南人。善畫。畫山水，師巨然；畫人物、鬼判，出諸創意，恍從雲霧中來。流傳署款紀年作品見於神宗萬曆四十五（1617）年至思宗崇禎元（1628）年。（見畫髓元詮、中國畫家人名大辭典）

徐安生

蘭竹石圖	卷	紙	水墨	不詳	丁巳（萬曆四十五年，1617）小春望日	上海 上海博物館	

畫家小傳：徐安生。女。籍里、身世不詳。善畫，曾作六君子圖，儼然倪雲林再見。流傳署款紀年作品見於神宗萬曆四十五（1617）年。（見珊瑚網、中國畫家人名大辭典）

士 中

蘭竹石圖	卷	紙	水墨	不詳	丁巳（萬曆四十五年，1617）	上海 上海博物館	

畫家小傳：士中。畫史無載，流傳署款紀年作品見於神宗萬曆四十五(1617)年。身世待考。

劉鐸

羅漢圖	卷	紙	水墨	不詳	丁巳（萬曆四十五年，1617）	丹東 遼寧省丹東市抗美援朝紀念館	

畫家小傳：劉鐸。畫史無載。流傳署款紀年作品見於神宗萬曆四十五(1617)年。身世待考。

周 鼎
附：

巖壑高居圖（仿梅道人法）	軸	紙	水墨	92.4 × 28.2	萬曆丁巳（四十五年，1617）冬日	紐約 佳士得藝品拍賣公司/拍賣目錄 1995,09,19.	

畫家小傳：周鼎。畫史無載。流傳署款紀年作品見於神宗萬曆四十五(1617)年。身世待考。

褚 篆

名稱		質地	色彩	尺寸 高x寬cm	創作時間	收藏處所	典藏號碼
松壑雲泉圖	摺扇面	紙	水墨	不詳	年八十三（康熙十三年，甲寅，1674）	長春 吉林省博物館	

畫家小傳：褚篆。畫史無載。生於明思宗萬曆二十（1592）年，清聖祖康熙十三（1674）年尚在世。身世待考。

沈 龍

名稱		質地	色彩	尺寸 高x寬cm	創作時間	收藏處所	典藏號碼
仿米山水圖	卷	絹	水墨	30 x 416	庚申（泰昌元年，1620）	鎮江 江蘇省鎮江市博物館	
仿梅道人山水圖	軸	絹	水墨	186.2 x 46.5		天津 天津市藝術博物館	
仿黃子久山水圖	軸	絹	水墨	98.4 x 38.3		杭州 浙江省博物館	
仿董北苑山水圖	摺扇面	金箋	水墨	不詳	丁巳（萬曆四十五年，1617）	藏處不詳	

畫家小傳：沈龍。畫史無載。流傳署款紀年作品見於神宗萬曆四十五(1617)年至光宗泰昌元（1620）年。身世待考。

倪元璐

名稱		質地	色彩	尺寸 高x寬cm	創作時間	收藏處所	典藏號碼
墨竹	卷	紙	水墨	36 x 248.6		台北 故宮博物院	國贈 005327
書畫	卷	紙	水墨	不詳		台北 故宮博物院	國贈 024582
花果圖	卷	紙	設色	24.4 x 266.4	甲戌（崇禎七年，1634）季夏戲寫	香港 鄭德坤木扉	
竹石圖	卷	紙	水墨	24 x 114		香港 利榮森北山堂	
松石圖	卷	綾	水墨	24.3 x 177.5	壬申（崇禎五年，1632）初夏	天津 天津市藝術博物館	
花卉圖	卷	紙	水墨	26.9 x 313.6	戊辰（崇禎元年，1628）仲夏	美國 華盛頓特區弗瑞爾藝術館	42.7
仿倪瓚筆意山水圖（為台翁作）	卷	綾	水墨	26.4 x 317.2	崇禎己巳（二年，1629）八月廿一日	日本 京都國立博物館（上野有竹齋寄贈）	A甲171
朱竹	軸	紙	硃紅	125.7 x 61.3	崇禎己卯（十二年，1639）蒲月	台北 故宮博物院	故畫 00628
山石圖	軸	紙	水墨	不詳		台北 故宮博物院	國贈 025392
松石圖	軸	紙	水墨	不詳		台北 故宮博物院	國贈 025393
奇石圖	軸	紙	水墨	不詳		台北 故宮博物院	國贈 024975
萬柏雲泉圖	軸	絹	水墨	197.8 x 52.1		台北 華叔和後真賞齋	
松石圖	軸	紙	水墨	不詳		台北 陳啟斌畏罍堂	
枯木竹石圖	軸	紙	水墨	100 x 32.7		香港 香港美術館・虛白齋	XB1992.125

名稱		質地	色彩	尺寸 高x寬cm	創作時間	收藏處所	典藏號碼
山水圖（米法雲山圖）	軸	紙	水墨	112.6 x 55.9	丙子（崇禎九年，1636）至前五日	新加坡 Dr.E.Lu	
江畔停舟圖	軸	綾	水墨	51 x 28.3		瀋陽 遼寧省博物館	
竹石圖（為昭如作）	軸	絹	水墨	165.4 x 47.8	壬申（崇禎五年，1632）初夏	北京 中國美術館	
山水圖	軸	灑金箋	水墨	25.7 x 30.4		上海 上海博物館	
松石圖	軸	綾	設色	不詳		上海 上海博物館	
山水圖	軸	紙	水墨	不詳	庚辰（崇禎十三年，1640）	無錫 江蘇省無錫市博物館	
松石圖	軸	紙	水墨	不詳		無錫 江蘇省無錫市博物館	
古木竹石圖	軸	綾	水墨	112.5 x 47.5	戊寅（崇禎十一年1638）	廣州 廣東省博物館	
山水圖	軸	綾	水墨	113.2 x 50.8		日本 東京靜嘉堂文庫	
秋景山水圖	軸	綾	水墨	不詳		日本 東京岩崎小彌太先生	
山水圖	軸	絹	水墨	119.7 x 50	戊寅（崇禎十一年，1638）春孟	日本 東京田邊碧堂先生	
文石圖	軸	綾	水墨	156.3 x 47.8	丙子（崇禎九年，1636）重九之明日	日本 大阪市立美術館	
秋山蕭寺圖	軸	綾	水墨	158 x 37.6		日本 大阪橋本大乙先生	
孤松圖	軸	紙	水墨	不詳		日本 繭山龍泉堂	
太湖石圖	軸	綾	水墨	35.4 x 41.4		日本 中埜又左衛門先生	
山水圖	軸	綾	水墨	不詳		日本 張允中先生	
白鶴芭蕉圖	軸	紙	水墨	不詳	崇禎戊寅（十一年，1638）黃鐘日	美國 紐約顧洛阜先生	
石圖	軸	紙	水墨	130 x 45.2		美國 紐約顧洛阜先生	
仿米家山（明人便面畫冊肆冊（四）之3）	摺扇面	紙	水墨	不詳		台北 故宮博物院	故畫 03539-3
木石（4幀，1、石；2、山水；3、石；4、高鳳翰題）	冊	紙	水墨	（每幀）26.3 x 26.2		台北 故宮博物院（蘭千山館寄存）	
仿倪瓚臨江獨坐圖	摺扇面	金箋	水墨	18.3 x 54.6		香港 莫華釗承訓堂	K92.54
仿米芾山水圖	摺扇面	金箋	水墨	17.6 x53		北京 故宮博物院	
山水圖（為超宗作）	摺扇面	金箋	水墨	不詳	庚午（崇禎三年，1630）夏	上海 上海博物館	

名稱		質地	色彩	尺寸 高×寬cm	創作時間	收藏處所	典藏號碼
山水、花卉（8幀，為平遠作）	冊	綾	水墨	（每幀）37.3 × 65.3	己卯（崇禎十二年，1639）上元日	上海 上海博物館	
山水圖	摺扇面	金箋	水墨	不詳	庚辰（崇禎十三年，1640）秋日	杭州 浙江省博物館	
松蔭客話圖	摺扇面	金箋	水墨	不詳	天啟辛酉（元年，1621）	廣州 廣州市美術館	
層巒圖（倪元璐書畫冊之1）	冊頁	紙	水墨	42 × 29.5		日本 東京高島菊次郎槐安居	
太湖石（倪元璐書畫冊之3）	冊頁	紙	水墨	42 × 29.5		日本 東京高島菊次郎槐安居	
樹石圖（倪元璐書畫冊之5）	冊頁	紙	水墨	42 × 29.5		日本 東京高島菊次郎槐安居	
山水圖	摺扇面	金箋	水墨	不詳	丁丑（崇禎十年，1637）夏閏	日本 京都長尾雨山先生	
山水圖	摺扇面	金箋	設色	18.1 × 49.7	庚申（泰昌元年，1620）相月	日本 京都泉屋博古館	59
山水樹石圖（？幀）	冊	綾	水墨	（每幀）23 × 24.2		日本 私人	
石交圖（10幀）	冊	綾	設色	（每幀）21.4 × 19.9		美國 普林斯頓大學藝術館（Edward Elliott 先生寄存）	L229.70
附：							
秋林亭子圖	軸	綾	設色	74.3 × 44.8		紐約 蘇富比藝品拍賣公司/拍賣目錄1988,11,30.	
松下高士圖	軸	紙	水墨	123 × 57	壬申（崇禎五年，1632）初夏	紐約 佳士得藝品拍賣公司/拍賣目錄1988,11,30.	
松石圖	軸	紙	水墨	172.6 × 86.5		紐約 佳士得藝品拍賣公司/拍賣目錄1989,12,04.	
松石山水	軸	綾	水墨	105 × 25		紐約 佳士得藝品拍賣公司/拍賣目錄1990,11,28.	
松石圖	軸	金箋	水墨	140.5 × 57	崇禎五年，壬申（1632）季春	紐約 佳士得藝品拍賣公司/拍賣目錄1990,11,28.	
松石圖	軸	紙	水墨	36.2 × 28		紐約 佳士得藝品拍賣公司/拍賣目錄1994,11,30.	
山水圖	軸	絹	水墨	140 × 40.5	戊辰（崇禎元年，1628）仲秋	紐約 佳士得藝品拍賣公司/拍賣目錄1994,11,30.	
仿倪瓚山水	摺扇面	金箋	水墨	14.5 × 36		紐約 佳士得藝品拍賣公司/拍	

名稱		質地	色彩	尺寸 高×寬cm	創作時間	收藏處所	典藏號碼

賣目錄1996,9,18.

畫家小傳：倪元璐。字汝玉。號鴻寶。浙江上虞人。生於神宗萬曆二十一（1593）年。卒於清世祖順治元（1644）年。天啟二年進士，與黃道周同科，風節文章亦相似。李自成陷京師，自縊殉國。善詩文，工書畫。畫山水，蒼潤古雅，頗饒別致；竹石亦佳。（見無聲詩史、圖繪寶鑑續纂、明史本傳、桐陰論畫、五石瓠、中國畫家人名大辭典）

張 度

名稱		質地	色彩	尺寸	創作時間	收藏處所	典藏號碼
萬壑松風圖	軸	紙	設色	不詳	萬曆戊午（四十六年，1618）季春	太原 山西省博物館	

畫家小傳：張度。畫史無載。流傳署款紀年作品見於神宗萬曆四十六（1618）年。身世待考。

杜玄禮

名稱		質地	色彩	尺寸	創作時間	收藏處所	典藏號碼
山水圖	摺扇面 金箋		設色	不詳	戊午（萬曆四十六年，1618）	瀋陽 遼寧省博物館	
山水圖	摺扇面 金箋		水墨	不詳		廣州 廣州市美術館	

畫家小傳：杜玄禮（一作元禮）。江蘇吳人。隆慶、萬曆間，以善畫山水名於時，說者謂其畫力追文、沈、唐三家。流傳署款紀年作品見於神宗萬曆四十六（1618）年。（見珊瑚網、畫髓元詮、中國畫家人名大辭典）

張 翀

名稱		質地	色彩	尺寸	創作時間	收藏處所	典藏號碼
蘭竹芝石圖（袁尚統、張鳳儀合作）	卷	紙	水墨	32.3 × 382.5	乙丑（天啟五年，1625）春	無錫 江蘇省無錫市博物館	
松竹圖	卷	紙	水墨	81.7 × 148.5		義大利 巴馬中國藝術博物館	
夏雲時雨圖	軸	紙	設色	不詳		北京 故宮博物院	
山雨欲來圖	軸	絹	設色	不詳		北京 中央工藝美術學院	
寒林鍾馗圖	軸	紙	水墨	76.5 × 30	壬戌（天啟二年，1622）臘月	天津 天津市藝術博物館	
巖壑幽居圖	軸	紙	設色	不詳		上海 上海博物館	
歲朝圖（元日題詩圖）	軸	紙	設色	51.5 × 42		南京 南京博物院	
古木寒鴉圖	軸	紙	水墨	不詳		杭州 浙江省杭州市文物考古所	
柳岸繫舟圖	軸	綾	水墨	165 × 41		武漢 湖北省博物館	
俯眺帆檣（明人書画扇（利）冊之8）	冊頁	紙	設色	16.7 × 49		台北 故宮博物院	故畫 03566-8
秋山行旅圖	摺扇面 金箋		設色	18.4 × 56	甲子（天啟四年，1624）	北京 故宮博物院	
山水圖	摺扇面 紙		設色	不詳		北京 故宮博物院	

名稱		質地	色彩	尺寸 高x寬cm	創作時間	收藏處所	典藏號碼
為景崖作山水圖		摺扇面 金箋	水墨	不詳	戊午（萬曆四十六年，1618）	上海 上海博物館	
虎丘春饗圖（蘇州太守寇慎去任圖冊10之1幀）	冊頁	紙	設色	32.7 x 64.5		蘇州 江蘇省蘇州博物館	
赤壁圖		摺扇面 金箋	設色	不詳	癸酉（崇禎六年，1633）	杭州 浙江省杭州西泠印社	
溪山行旅圖		摺扇面 灑金箋	設色	不詳	天啟元年（辛酉，1621）	寧波 浙江省寧波市天一閣文物保管所	
山水圖（雲樹飛瀑）		摺扇面 金箋	設色	不詳	己巳（崇禎二年，1629）秋七月	日本 江田勇二先生	
山水圖（停舟觀泉）	冊頁	金箋	設色	30.6 x 29.2	乙亥（崇禎八年，1635）仲秋	日本 中埜又左衛門先生	
枯木竹石圖		摺扇面 紙	水墨	17.2 x 49.5	丁卯（天啟七年，1627）秋日	日本 中埜又左衛門先生	
涉水渡溪圖（明清諸大家扇面冊之一幀）		摺扇面 紙	設色	16.6 x 51	乙亥（崇禎八年，1635）春日	日本 中埜又左衛門先生	
山水群鴉圖（明人畫冊之1）		摺扇面 金箋	設色	17.7 x 53.5	癸酉（崇禎六年，1633）仲夏日	美國 勃克萊加州大學藝術館（高居翰教授寄存）	CM12-j
附：							
浴馬圖		卷 紙	設色	41.8 x 404		紐約 佳士得藝品拍賣公司/拍賣目錄1987,12,11.	
浴馬圖		卷 紙	設色	41.8 x 404		紐約 佳士得藝品拍賣公司/拍賣目錄1988,11,30.	
梅雀圖		軸 絹	設色	不詳		蘇州 蘇州市文物商店	
山水（諸家書畫扇面冊18之1幀）		摺扇面 金箋	水墨	不詳		香港 佳士得藝品拍賣公司/拍賣目錄1996,04,28.	
天池殘雪圖		摺扇面 金箋	設色	16.5 x 51.4	甲戌（崇禎七年，1634）仲冬日	紐約 佳士得藝品拍賣公司/拍賣目錄1998,09,15.	

畫家小傳：張翀。字鳳儀。江蘇長洲人。善畫人物、山水，精細處深得元人遺韻。流傳署款紀年作品見於神宗萬曆四十六（1618）年，至思宗崇禎八（1635）年。（見明畫錄、畫史會要、中國畫家人名大辭典）

沈 白

名稱		質地	色彩	尺寸 高x寬cm	創作時間	收藏處所	典藏號碼
寒林圖		軸 紙	設色	46.5 x 32.5	戊午（？萬曆四十六年，1618）冬日	香港 香港大學馮平山博物館	HKU.P.68.2

名稱		質地	色彩	尺寸 高x寬㎝	創作時間	收藏處所	典藏號碼

畫家小傳：沈白。字濤思。號貧園、天墉子。江蘇婁縣人。工詩、善書。兼畫山水，縱橫疏快，有別趣。流傳署款作品紀年疑為神宗萬曆四十六（1618）年。（見青浦縣志、松江詩徵、國朝畫徵續錄、海上墨林、中國畫家人名大辭典）

李一白

名稱		質地	色彩	尺寸	創作時間	收藏處所	典藏號碼
山水圖		摺扇面 金箋	水墨	不詳	戊午（？萬曆四十六年，1618）	成都 四川大學	
桐下奕棋圖		摺扇面 金箋	設色	17.2 x 54.1		日本 京都萬福寺	
山水圖（松巖遠岑）		摺扇面 金箋	設色	17.4 x 54.2	戊午（？萬曆四十六年，1618）仲春日	日本 京都萬福寺	

畫家小傳：李一白。畫史無載。流傳署款作品紀年疑為神宗萬曆四十六（1618）年。身世待考。

陳 士

名稱		質地	色彩	尺寸	創作時間	收藏處所	典藏號碼
移居圖		軸 絹	設色	不詳		廣州 廣東省博物館	

畫家小傳：陳士。畫史無載。身世待考。

楊 瓊

名稱		質地	色彩	尺寸	創作時間	收藏處所	典藏號碼
蔬菜圖		軸 絹	水墨	119.5 x 62.6		日本 仙台市博物館	

畫家小傳：楊瓊。安徽當塗人。仕官儒學教諭。善畫菜蔬，有生意。（見明畫錄、無聲詩史、圖繪寶鑑續纂、中國畫家人名大辭典）

吳 支

名稱		質地	色彩	尺寸	創作時間	收藏處所	典藏號碼
秋海棠（明人便面集錦冊之11）		摺扇面 紙	設色	不詳		台北 故宮博物院	故畫 03541-11
梅石水仙圖		摺扇面	水墨	16.2 x 50.6	戊午（？萬曆四十六年，1618）	北京 故宮博物院	
附：							
花卉圖		摺扇面 灑金箋	水墨	不詳		紐約 蘇富比藝品拍賣公司/拍賣目錄 1981,11,05.	

畫家小傳：吳支。畫史無載。流傳署款作品紀年疑為神宗萬曆四十六（1618）年。身世待考。

祁豸佳

名稱		質地	色彩	尺寸	創作時間	收藏處所	典藏號碼
徐渭畫鶴賦		卷 綾	水墨	24.5 x 384.4		日本 福岡縣石韵道雄先生	94
山水		軸 紙	水墨	不詳		台北 故宮博物院	國贈 024976
秋壑雲容圖		軸 絹	水墨	193 x 96		香港 何耀光至樂樓	

名稱		質地	色彩	尺寸 高x寬㎝	創作時間	收藏處所	典藏號碼
峨嵋積雪圖	軸	絹	設色	241.5 x 93.4		長春 吉林省博物館	
林屋遠峰圖	軸	綾	水墨	不詳	丙午（康熙五年，1666）	瀋陽 故宮博物院	
山水圖	軸	絹	水墨	不詳	辛丑（順治十八年，1661）	旅順 遼寧省旅順博物館	
山明水秀圖	軸	紙	水墨	71 x 35	己丑（順治六年，1649）	北京 故宮博物院	
山水圖	軸	綾	水墨	不詳	丁酉（順治十四，1657）孟冬	北京 故宮博物院	
仿高克恭山水圖	軸	綾	設色	不詳	辛酉（康熙二十年，1681）夏日	北京 故宮博物院	
仿王蒙山水圖	軸	紙	設色	不詳	康熙壬戌（二十一年，1682）仲冬	北京 中國歷史博物館	
松石圖	軸	紙	設色	不詳	戊申（康熙七年，1668）春	北京 中央工藝美術學院	
華嶽喬松圖	軸	綾	水墨	不詳	乙卯（康熙十四年，1675）	天津 天津市藝術博物館	
山水圖	軸	紙	設色	不詳	己未（康熙十八年，1679）	天津 天津市藝術博物館	
仿梅道人山水圖	軸	紙	水墨	不詳		天津 天津市藝術博物館	
松亭飛瀑圖	軸	綾	水墨	143 x 40	甲辰（康熙三年，1664）	太原 山西省博物館	
仿王晉卿山水圖	軸	絹	設色	不詳		濟南 山東省藝術學院	
仿董源山水圖	軸	絹	水墨	125.5 x 46.1		合肥 安徽省博物館	
仿梅道人山水圖	軸	絹	水墨	不詳		南通 江蘇省南通博物苑	
秋山策杖圖	軸	紙	設色	不詳	己未（康熙十八年，1679）	上海 上海博物館	
仿董源山水圖	軸	紙	水墨	不詳		上海 上海博物館	
林屋聽泉圖	軸	綾	水墨	不詳		南京 南京市博物館	
仿趙承旨山水圖	軸	絹	設色	165.2 x 46.3		無錫 江蘇省無錫市博物館	
仿黃鶴山樵山水圖	軸	綾	水墨	不詳	癸巳（順治七年，	杭州 浙江省博物館	

名稱		質地	色彩	尺寸 高×寬㎝	創作時間	收藏處所	典藏號碼
					1650）		
仿王蒙山水圖	軸	絹	設色	不詳	丁未（康熙六年，1667）	杭州 浙江省博物館	
仿趙松雪山水圖	軸	綾	水墨	不詳	丁未（康熙六年，1667）	杭州 浙江省博物館	
喬嶽雙松圖	軸	絹	設色	不詳	庚戌（康熙九年，1670）	紹興 浙江省紹興市博物館	
水閣讀書圖	軸	紙	水墨	139.2 × 71.1		長沙 湖南省博物館	
仿吳仲圭山水圖	軸	絹	水墨	159 × 50	甲辰（康熙三年，1664）	重慶 重慶市博物館	
仿趙松雪山水圖	軸	絹	設色	132.5 × 45.3		廣州 廣東省博物館	
仿巨然山水圖	軸	紙	水墨	253.7 × 105	癸亥（康熙二十二年，1683）春二月	南寧 廣西壯族自治區博物館	
仿子久山水圖	軸	綾	水墨	149 × 47	甲辰（康熙三年，1664）	貴陽 貴州省博物館	
山水（仿北苑溪橋圖）	軸	紙	水墨	129.4 × 59.4	壬寅（康熙元年，1662）夏	日本 東京內野皎亭先生	
仿巨然山水圖	軸	絹	水墨	不詳		日本 東京村上與四郎先生	
仿僧巨然山水圖	軸	綾	水墨	170.6 × 45.3		日本 東京林宗毅先生	
水墨山水圖	軸	綾	水墨	155 × 46.6	己酉（康熙八年，1669）冬日	日本 京都園田湖城先生	
仿王叔明筆意山水圖	軸	綾	水墨	150.2 × 43.1	甲午（順治十一年，1654）冬日	日本 京都貝塚茂樹先生	
山窗寄傲圖	軸	綾	水墨	156.2 × 44.3	丁酉（順治十四年，1657）仲秋	日本 大阪市立美術館	
水閣觀魚圖(仿吳鎮筆法)	軸	不詳	不詳	不詳	庚寅（順治七年，1650）秋	日本 大阪橋本末吉先生	
仿趙松雪畫法山水圖	軸	綾	設色	172 × 45		日本 大阪橋本大乙先生	
溪山聽泉圖（仿北苑筆法）	軸	絹	水墨	159 × 45	辛卯（順治八年，1651）嘉平月	日本 滋賀縣柴田源七先生	
山水圖	軸	絹	水墨	不詳	永曆五年（辛卯，	日本 滋賀縣柴田哲之助	

名稱		質地	色彩	尺寸 高x寬cm	創作時間	收藏處所	典藏號碼
					1651）		
溪橋清和圖	軸	絹	水墨	144.7 x 43.4		日本 福岡縣石詢道雄先生	10
仿北苑筆意山水圖	軸	綾	設色	135.6 x 43.8	癸卯（康熙二年，1663）春日	日本 江田勇二先生	
仿巨然雲峰暮靄圖	軸	綾	水墨	198.1 x 52.6	己亥（順治十六年，1659）夏	日本 江田勇二先生	
山水圖	軸	絹	水墨	不詳	甲午（順治十一年，1654）冬日	日本 組田昌平先生	
仿米芾秋山仙隱圖	軸	綾	水墨	106.5 x 45.7		日本 私人	
為子華作山水圖	軸	紙	水墨	78.9 x 35	辛酉（天啟元年，1621）秋	美國 普林斯頓大學藝術館（Edward Elliott 先生寄存）	L210.70
仿倪瓚山水圖	軸	紙	水墨	92.1 x 51	辛卯（順治八年，1651）夏日	美國 紐約大都會藝術博物館	63.24
寒林孤亭圖	軸	紙	水墨	116 x 50		美國 紐約 Weill 先生	
仿王蒙山水圖	軸	紙	水墨	不詳	庚申（康熙十九年，1680）秋仲，	美國 芝加哥藝術中心	
山水圖	軸	綾	水墨	149.6 x 44.6		美國 印地安那波里斯市藝術博物館	78.37
山水圖	軸	絹	設色	69.1 x 34.7		美國 聖地牙哥藝術博物館	82.87
山水圖	摺扇面	金箋	水墨	17 x 50.3		香港 何耀光至樂樓	
山水圖	摺扇面	金箋	水墨	16.1 x 49.7		香港 劉作籌虛白齋	157
為城武年丈作山水圖	摺扇面	金箋	水墨	17 x 50.3	戊子（順治五年，1648）春仲	新加坡 E. Lu 先生	
仿吳鎮筆意山水（清惲壽平等山水花鳥冊10之第9幀）	冊頁	金箋	設色	23.2 x 13.4	（庚戌，康熙九年，1670）	瀋陽 遼寧省博物館	
雲山圖	摺扇面	金箋	水墨	17.2 x 54.2	己巳（崇禎二年，1629）	北京 故宮博物院	
仿古山水圖（12幀）	冊	絹	設色	（每幀）40.3 x 33.2	癸巳（順治十年，1653）夏日	北京 故宮博物院	
仿古山水圖（10幀）	冊	絹	設色	不詳		北京 故宮博物院	
仿古山水圖（12幀）	冊	絹	設色	（每幀）46.7		北京 故宮博物院	

名稱		質地	色彩	尺寸 高x寬㎝	創作時間	收藏處所	典藏號碼
				x 29			
山水圖	摺扇面	金箋	水墨	不詳	順治庚寅（七年，1650）	北京 中國歷史博物館	
山水圖（書畫集錦冊 14 之 1）	冊頁	絹	設色	不詳		北京 中國歷史博物館	
山水圖（8幀）	冊	絹	設色	（每幀）31 x 25	己亥（順治十六年，1659）	北京 首都博物館	
山水圖	摺扇面	金箋	水墨	不詳	己丑（順治六年，1649）	天津 天津市藝術博物館	
仿李咸熙筆意山水（祁豸佳等山水花鳥冊 27 之 1 幀）	冊頁	絹	設色	30 x 23.4		天津 天津市藝術博物館	
水村疊嶂圖	摺扇面	金箋	水墨	不詳	辛未（崇禎四年，1631）	合肥 安徽省博物館	
蘆渚泊舟圖（寫似芝田詞兄）	摺扇面	紙	水墨	17.5 x 50.7	庚午（崇禎三年，1630）夏日	杭州 浙江省博物館	
仿王蒙山水圖	紈扇面	金箋	水墨	28.5 x 28.8		成都 四川省博物院	
山水圖（10幀）	冊	絹	設色	（每幀）31 x 25.5		廣州 廣東省博物館	
仿董源山水圖	摺扇面	金箋	水墨	不詳		廣州 廣州市美術館	
山水圖（寫似梓明詞兄）	摺扇面	金箋	水墨	不詳	己丑（順治六年，1649）冬	日本 東京岡部長景先生	
溪山聽泉圖	摺扇面	金箋	水墨	16.3 x 50.6	庚寅（順治七年，1650）夏	日本 大阪橋本大乙先生	
水閣觀魚圖（仿吳仲圭法，為舍章作）	軸	紙	水墨	218.5 x 85.5	庚寅（順治七年，1650）秋	日本 大阪橋本大乙先生	
仿吳鎮山水圖	摺扇面	金箋	水墨	16.1 x 51.2		日本 福岡縣石詢道雄先生	1
山水圖	摺扇面	紙	水墨	16.2 x 49	癸未（崇禎十六年，1643）春日	美國 紐約大都會藝術博物館	13.100.83
附：							
花果圖	卷	紙	設色	23 x 231.2	庚寅（順治七年，1650）季夏	紐約 佳士得藝品拍賣公司/拍賣目錄 1989,06,01.	
仿董北苑筆意山水圖	軸	絹	水墨	139 x 43.8	庚子（順治十七年，1660）夏	紐約 蘇富比藝品拍賣公司/拍賣目錄 1982,06,04.	
山水圖	軸	紙	水墨	135.3 x 46.3	戊子（順治五年，	紐約 佳士得藝品拍賣公司/拍	

名稱		質地	色彩	尺寸 高×寬㎝	創作時間	收藏處所	典藏號碼
					1648）仲春	賣目錄 1996,03,27.	
仿倪瓚山水圖	軸	紙	水墨	78 × 35	辛酉（康熙二十年，1681）秋	紐約 佳士得藝品拍賣公司/拍 賣目錄 1996,09,18.	
仿北苑筆意山水圖	軸	紙	設色	117.2 × 43	戊午（康熙十七年，1678）秋日	紐約 佳仕得藝品拍賣公司/拍 賣目錄 1986,12,01.	
山水圖（祁豸佳、藍瑛山水合冊5之第3幀）	冊頁	紙	設色	不詳		上海 上海文物商店	
山水圖	摺扇面 紙		水墨	16.5 × 51	戊子（順治五年，1648）冬孟	紐約 佳士得藝品拍賣公司/拍 賣目錄 1983,11,30.	
山水圖	摺扇面 金箋		水墨	16.5 × 51		紐約 佳士得藝品拍賣公司/拍 賣目錄 1993,06,04.	

畫家小傳：祁豸佳。字止祥。浙江山陰人。生於明神宗萬曆二十二（1594）年，聖祖康熙二十二（1683）年尚在世。明熹宗天啟七（1627）年舉人。明亡，隱居梅市。與兄彪佳俱善畫山水，仿沈周，筆力挺拔，氣勢淋漓；亦能作花卉。（見明畫錄、國朝畫識、陰論畫、百幅庵畫寄、紹興府志、中國畫家人名大辭典）

王 恒

名稱		質地	色彩	尺寸 高×寬㎝	創作時間	收藏處所	典藏號碼
倣米芾楚山清曉（明人畫幅集冊之20）	冊頁	紙	水墨	34.5 × 60.5	丁巳（萬曆四十五年，1617）秋日	台北 故宮博物院	故畫 01298-20
桃源圖（明人畫幅集冊之14）	冊頁	紙	設色	34.5 × 60.5		台北 故宮博物院	故畫 01298-14

畫家小傳：王恒。字見可。江蘇松江人，徙居武林。善摹畫，為董其昌稱許。流傳署款紀年作品見於神宗萬曆四十五(1617)年。（見畫髓元詮、中國畫家人名大辭典）

楊繼鵬

名稱		質地	色彩	尺寸 高×寬㎝	創作時間	收藏處所	典藏號碼
竹溪峻嶺圖	摺扇面 金箋		水墨	不詳		成都 四川省博物院	

畫家小傳：楊繼鵬。字念沖。江蘇華亭人。善畫山水，師資董其昌，得其心印。董氏晚年代筆，多出其手。（見無聲詩史、中國畫家人名大辭典）

袁孔彰

名稱		質地	色彩	尺寸 高×寬㎝	創作時間	收藏處所	典藏號碼
野渡橫舟（明人便面集錦冊之18）	摺扇面 紙		設色	不詳		台北 故宮博物院	故畫 03541-18
草亭竹樹（明人便面集錦冊之19）	摺扇面 紙		設色	不詳		台北 故宮博物院	故畫 03541-19
山水圖	摺扇面 金箋		設色	24.5 × 53.9		香港 潘祖堯小聽颿樓	CP52
江上林舍圖（為樾林作，尤	冊頁	紙	設色	28 × 30.6	己未（萬曆四十七	北京 故宮博物院	

名稱		質地	色彩	尺寸 高x寬㎝	創作時間	收藏處所	典藏號碼

求等雜畫冊 8 之 1 幀）　　　　　　　　　　　　　　　　　　　　　　　　年，1619）冬日

仿唐寅筆意山水圖（李流芳　　冊頁　灑金箋　設色　26.6 x 58.1　丙寅（天啟六年，　北京 故宮博物院

等名賢合璧冊 10 之 1 幀）　　　　　　　　　　　　　　　　　　1626）中秋既望

山水圖（為仲裕作，陳道等　　冊頁　紙　　設色　23.4 x 31.5　丁巳（萬曆四十五　北京 故宮博物院

十人山水冊 10 之 1 幀）　　　　　　　　　　　　　　　　　　　年，1617）仲夏

畫家小傳：袁孔彰（一作孔璋）。字叔賢。江蘇吳人。善畫山水，面目清秀，用筆不苟。流傳署款紀年作品見於神宗萬曆四十五（1617）年

　　　　至熹宗天啟六（1626）年。（見明畫錄、無聲詩史、畫史會要、中國畫家人名大辭典）

周 瑞

幽谷生香圖（明劉原起、陳　　卷　紙　　設色、不詳　　　　　　　　　　蘇州 江蘇省蘇州博物館

元素、周瑞、曹羲、蔣體中　　　　　　水墨

、南陽山樵、王皋分作）

畫家小傳：周瑞。畫史無載。身世待考。

蔣體中

幽谷生香圖（明劉原起、陳　　卷　紙　　設色、不詳　　　　　　　　　　蘇州 江蘇省蘇州博物館

元素、周瑞、曹羲、蔣體中　　　　　　水墨

、南陽山樵、王皋分作）

畫家小傳：蔣體中。畫史無載。身世待考。

南陽山樵

幽谷生香圖（明劉原起、陳　　卷　紙　　設色、不詳　　　　　　　　　　蘇州 江蘇省蘇州博物館

元素、周瑞、曹羲、蔣體中　　　　　　水墨

、南陽山樵、王皋分作）

畫家小傳：南陽山樵。姓名不詳。身世待考。

王 皋

幽谷生香圖（明劉原起、陳　　卷　紙　　設色、不詳　　　　　　　　　　蘇州 江蘇省蘇州博物館

元素、周瑞、曹羲、蔣體中　　　　　　水墨

、南陽山樵、王皋分作）

畫家小傳：王皋。畫史無載。身世待考。

周 咸

山水圖　　　　　　　　　　　摺扇面 金箋　水墨　不詳　　己未（萬曆四十七　天津 天津市藝術博物館

　　　　　　　　　　　　　　　　　　　　　　　　　　　　年，1619）

名稱		質地	色彩	尺寸 高×寬㎝	創作時間	收藏處所	典藏號碼

畫家小傳：周咸。畫史無載。流傳署款紀年作品見於神宗萬曆四十七（1619）年。身世待考。

趙　福

| 羊群飲水圖（唐繪手鑑筆耕圖下冊之第35） | 冊頁 | 絹 | 設色 | 24.2 x 24.7 | | 日本 東京國立博物館 | TA-487 |
| 花石犬圖（唐繪手鑑筆耕圖下冊之第36） | 冊頁 | 絹 | 設色 | 24.3 x 24.6 | | 日本 東京國立博物館 | TA-487 |

畫家小傳：趙福。畫史無載。作品自署「錦衣指揮」，知為內廷供奉。身世待考。

（釋）蕉　幻

| 山水圖（八家山水卷8之1段） | 卷 | 紙 | 設色 | 24 x 278.7 | | 北京 首都博物館 | |

畫家小傳：蕉幻。僧。畫史無載。身世待考。

張自修

| 溪山高逸（明人便面畫冊肆冊（三）之8） | 摺扇面 紙 | | 設色 | 不詳 | | 台北 故宮博物院 | 故畫 03539-18 |

畫家小傳：張自修。畫史無載。身世待考。

沈　寅

| 春山雲樹（明人便面畫冊肆冊（三）之9） | 摺扇面 紙 | | 設色 | 不詳 | | 台北 故宮博物院 | 故畫 03539-9 |

畫家小傳：沈寅。畫史無載。身世待考。

錢　昱

| 樹陰垂釣（明人便面畫冊肆冊（四）之1） | 摺扇面 紙 | | 設色 | 不詳 | | 台北 故宮博物院 | 故畫 03539-1 |

畫家小傳：錢昱。畫史無載。身世待考。

（釋）木　麖

| 花鳥圖（對幅） | 軸 | 絹 | 設色 | （每幅）103.5 x 41.1 | | 日本 仙台市博物館 | |

畫家小傳：木麖。僧。名不詳，自號南華木麖。畫史無載。身世待考。

龍　伸

名稱		質地	色彩	尺寸 高×寬cm	創作時間	收藏處所	典藏號碼

附:

名稱		質地	色彩	尺寸 高×寬cm	創作時間	收藏處所	典藏號碼
仿倪黃合作山水圖	軸	金箋	設色	84.4 × 39.7		紐約 蘇富比藝品拍賣公司/拍賣目錄1985,04,17.	

畫家小傳:龍伸。畫史無載。身世待考。

蔣 鎧

附:

名稱		質地	色彩	尺寸 高×寬cm	創作時間	收藏處所	典藏號碼
晚山暮靄圖	軸	絹	水墨	167 × 103.5		紐約 蘇富比藝品拍賣公司/拍賣目錄1982,11,19.	

畫家小傳:蔣鎧。畫史無載。身世待考。

文 俶

名稱		質地	色彩	尺寸 高×寬cm	創作時間	收藏處所	典藏號碼
戲蝶圖	卷	紙	設色	23 × 485	庚午(崇禎三年,1630)三月	台北 歷史博物館	
戲蝶圖	卷	紙	設色	21.5 × ?		香港 中文大學中國文化研究所文物館	95.676
名葩異卉圖	卷	紙	設色	28 × 397		青島 山東省青島市博物館	
寫生花蝶圖	卷	紙	設色	28.2 × 155.6	戊辰(崇禎元年,1628)	上海 上海博物館	
寫生花卉圖	卷	紙	設色	不詳		美國 夏威夷火魯蝦奴藝術學院	
春蠶食葉圖	軸	紙	設色	78.5 × 32.7	庚午(崇禎三年,1630)三月既望	台北 故宮博物院	故畫00673
花蝶圖	軸	絹	設色	149.3 × 47	庚午(崇禎三年,1630)仲春十三日	台北 故宮博物院	故畫00674
金魚圖	軸	紙	設色	66.9 × 31.2	庚午(崇禎三年,1630)夏日	台北 蘭千山館	
水仙棘石圖	軸	紙	水墨	51.6 × 29.4	庚午(崇禎三年,1630)夏日	台北 張建安先生	
惜花春起早圖	軸	絹	設色	111.2 × 57.1	辛未(崇禎四年,1631)穀雨	香港 王南屏先生	
秋花蛺蝶圖	軸	絹	設色	68 × 30.3	壬申(崇禎五年,1632)	瀋陽 遼寧省博物館	
秋園芳色圖	軸	紙	設色	118 × 40.2	癸酉(崇禎六年,1633)	瀋陽 遼寧省博物館	

名稱		質地	色彩	尺寸 高×寬 cm	創作時間	收藏處所	典藏號碼
罌粟花圖	軸	絹	設色	不詳	辛未（崇禎四年，1631）	北京 故宮博物院	
萱花芝石圖	軸	紙	設色	不詳		北京 故宮博物院	
秋花蛺蝶圖	軸	絹	設色	102.5 × 65.3	庚午（崇禎三年，1630）	天津 天津市藝術博物館	
梅花圖	軸	紙	設色	116.9 × 52.6	丁卯（天啟七年，1627）正月元日	上海 上海博物館	
花蝶圖	軸	紙	設色	118 × 53	丁卯（天啟七年，1627）夏日	上海 上海博物館	
花鳥圖	軸	紙	設色	78.5 × 49.5	辛未（崇禎四年，1631）小春	上海 上海博物館	
葵石圖	軸	紙	設色	83 × 34	辛未（崇禎四年，1631）夏五	上海 上海博物館	
罌粟花圖	軸	絹	設色	97 × 44	天啟丁卯（七年，1627）	廣州 廣東省博物館	
百合圖	軸	綾	設色	73.9 × 28.5		日本 東京河井荃廬先生	
芥子圖	軸	絹	設色	94.1 × 36.5		日本 私人	
百合圖（花蝶棘石圖）	軸	紙	設色	126 × 51.2	丁卯（天啟七年，1627）夏日	美國 紐約顧洛阜先生	
花卉圖	軸	紙	設色	114.3 × 40		美國 華盛頓特區弗瑞爾藝術館	80.120
罌粟圖	摺扇面	紙	設色	不詳		台北 故宮博物院	故扇 00210
秋花圖	摺扇面	紙	設色	不詳		台北 故宮博物院	故扇 00211
野卉螳螂（明花卉畫冊之3）	冊頁	紙	設色	17 × 52.9		台北 故宮博物院	故畫 03515-3
花蝶圖（文氏畫扇集冊之9）	摺扇面	紙	設色	不詳		台北 故宮博物院	故畫 03525-9
設色花卉（明人畫扇集冊貳冊（上）之10）	摺扇面	紙	設色	不詳		台北 故宮博物院	故畫 03534-10
罌粟圖	摺扇面	金箋	設色	20 × 55		台北 華叔和後真賞齋	
草蟲圖（與寶筏山水圖扇面合裝）	摺扇面	金箋	設色	18 × 53.2		香港 羅桂祥先生	
竹石圖	摺扇面	紙	水墨	17.6 × 50.7		新加坡 Dr.E.Lu	
花蝶圖（8幀）	冊	紙	設色	（每幀）20.6 × 15		瀋陽 遼寧省博物館	
花蝶圖	摺扇面	金箋	設色	16.5 × 52.9	己巳（崇禎二年，1629）	北京 故宮博物院	

名稱		質地	色彩	尺寸 高x寬cm	創作時間	收藏處所	典藏號碼
花卉圖（10幀）	冊	金箋	設色	（每幀）26.8 x 21.3	庚午（崇禎三年，1630）	北京 故宮博物院	
花卉圖（8幀）	冊	紙	設色	（每幀）27.7 x 42.6	辛未（崇禎四年，1631）	北京 故宮博物院	
蘭石圖	摺扇面	金箋	設色	17.2 x 52.4		北京 故宮博物院	
花蝶、草蟲圖（10幀）	冊	絹	設色	（每幀）30.5 x 22.8		青島 山東省青島市博物館	
芝石圖	摺扇面	金箋	水墨	不詳	甲子（天啟四年，1624）	上海 上海博物館	
山中草蟲圖（8幀）	冊	紙	設色	不詳	戊辰（崇禎元年，1628）初夏	上海 上海博物館	
花蝶草蟲圖（12幀）	冊	紙	設色	（每幀）28.2 x 44.4	戊辰（崇禎元年，1628）秋日	上海 上海博物館	
花卉草蟲（8幀）	冊	絹	設色	（每幀）25.4 x 23.4	戊辰（崇禎元年，1628）	上海 上海博物館	
石榴花圖	摺扇面	金箋	設色	不詳	辛未（崇禎四年，1631）	上海 上海博物館	
花石圖	摺扇面	金箋	設色	不詳	辛未（崇禎四年，1631）	上海 上海博物館	
菊石圖	摺扇面	金箋	設色	不詳		上海 上海博物館	
蝴蝶百合圖	摺扇面	金箋	設色	不詳		上海 上海博物館	
蘭花圖	摺扇面	金箋	水墨	不詳		上海 上海博物館	
湖石花蝶圖	摺扇面	金箋	設色	不詳		廣州 廣州市美術館	
墨梅圖	摺扇面	金箋	水墨	不詳	己巳（崇禎二年，1629）	貴陽 貴州省博物館	
石榴花圖	摺扇面	紙	設色	不詳	辛未（崇禎四年，1631）二月	美國 耶魯大學藝術館	
墨蘭圖	摺扇面	金箋	水墨	15.9 x 45		美國 勃克萊加州大學藝術館（高居翰教授寄存）	CM121
花蝶文石圖'	摺扇面	金箋	設色	15.9 x 49.5		美國 鳳凰市美術館（Mr.Roy And Marilyn Papp寄存）	
花石圖	摺扇面	金箋	水墨	16.7 x 53.7	丁卯（天啟七年，1627）夏五月	美國 夏威夷火魯奴奴藝術學院	2306.1
附：							
宜男圖	卷	絹	設色	28.5 x 81		紐約 佳士得藝品拍賣公司/拍	

名稱		質地	色彩	尺寸 高x寬㎝	創作時間	收藏處所	典藏號碼
嘉禾圖	軸	絹	設色	91.8 x 34.6		紐約 佳士得藝品拍賣公司/拍 賣目錄 1993,12,01.	
花石蛺蝶圖	摺扇面	金箋	設色	17 x 51		紐約 佳士得藝品拍賣公司/拍 賣目錄 1987,06,03.	
花鳥圖（12幀）	冊	絹	設色	（每幀）27.8 x 20.5	壬申（崇禎五年， 1632）三月	紐約 佳士得藝品拍賣公司/拍 賣目錄 1984,06,29.	
花蝶圖	摺扇面	金箋	設色	19 x 53.5	辛未（崇禎四年， 1631）仲秋	紐約 佳士得藝品拍賣公司/拍 賣目錄 1987,06,03.	

畫家小傳：文俶。女。字端容。江蘇長洲人。文從簡女。吳中趙靈筠之妻。生於神宗萬曆廿三（1595）年。卒於思宗崇禎七（1634）年。善畫花卉、草蟲，盡得生態性情；兼寫仕女，精妙絕倫；亦繪蒼松怪石，筆墨老勁。（見無聲詩史、圖繪寶鑑續纂、國朝畫徵錄、初學集、池北偶談、中國畫家人名大辭典）

崔子忠

名稱		質地	色彩	尺寸 高x寬㎝	創作時間	收藏處所	典藏號碼
白描佛像圖	卷	紙	水墨	30 x 56	辛未（崇禎四年， 1631）九月	上海 上海博物館	
長白仙踪圖	卷	絹	設色	35.6 x 97.4	甲戌（崇禎七年， 1634）三秋	上海 上海博物館	
掃象圖	軸	絹	設色	166.1 x 50.5		台北 故宮博物院	故畫 00656
雲中雞犬	軸	絹	設色	191.4 x 84.2		台北 故宮博物院	故畫 00657
蘇軾留帶圖	軸	紙	設色	81.4 x 50		台北 故宮博物院	故畫 00658
雲林洗桐圖	軸	綾	設色	160 x 53		台北 故宮博物院	故畫 00659
桐陰博古圖	軸	紙	設色	181.2 x 75.3	庚辰（崇禎十三年 ，1640）中秋	台北 故宮博物院	故畫 00660
掃象圖	軸	紙	設色	101.2 x 53.3		台北 故宮博物院	故畫 01370
人物圖(仙人異獸)	軸	紙	設色	108.5 x 49.4	天啟六年（丙寅， 1626）三月望日	香港 中文大學中國文化研究 所文物館	95.520
藏雲圖	軸	絹	設色	189 x 50.6	丙寅（天啟六年， 1626）	北京 故宮博物院	
洗象圖	軸	絹	設色	不詳		北京 故宮博物院	
人物故事圖	軸	絹	設色	55 x 65		煙臺 山東省煙臺市博物館	

名稱		質地	色彩	尺寸 高×寬cm	創作時間	收藏處所	典藏號碼
洗象圖	軸	綾	設色	177.7 × 507	庚辰（崇禎十三年，1640）	上海 上海博物館	
伏生授經圖	軸	絹	設色	184.4 × 61.7		上海 上海博物館	
雲中玉女圖	軸	綾	設色	168 × 52.5		上海 上海博物館	
官女圖	軸	紙	設色	不詳		日本 兵庫縣武居綾藏先生	
普賢菩薩洗象圖	軸	絹	設色	74.3 × 27.3		日本 私人	
品畫圖	軸	絹	設色	61 × 41.4	天啟壬戌（二年，1622）初冬	美國 普林斯頓大學藝術館	58-52
洗象圖	軸	絹	設色	124.3 × 52.1		美國 華盛頓特區弗瑞爾藝術館	16.520
葛洪移居圖	軸	絹	設色	164.7 × 63.9		美國 克利夫蘭藝術博物館	61.90
杏園送客圖	軸	絹	設色	153.7 × 52.4	戊寅（崇禎十一年，1638）中秋月三日	美國 勃克萊加州大學藝術館（高居翰教授寄存）	CM67
仕女圖	軸	絹	設色	不詳		瑞典 斯德哥爾摩遠東古物館	
兒童圖	軸	絹	設色	132 × 51.5		捷克 布拉格 Praze Narodoni Galerie v Praze	Vm2453-1161/168
桐蔭論道圖	摺扇面	金箋	設色	20.5 × 60		北京 故宮博物院	
漁家圖	摺扇	金箋	設色	17.8 × 52.6		北京 故宮博物院	
樂昌對鏡圖（清人書畫扇冊之2）	摺扇面	紙	設色	不詳		日本 東京橋本辰二郎先生	
山水人物圖	冊頁	紙	設色	37.3 × 27.7		美國 華盛頓特區弗瑞爾藝術館	11.492
飲茶圖	冊頁	絹	設色	26.2 × 26.5		瑞典 斯德哥爾摩遠東古物館（Erickson 先生寄存）	
附：							
佛像	軸	絹	設色	122 × 65	庚辰（崇禎十三年，1640）秋日	紐約 佳士得藝品拍賣公司/拍賣目錄 1990,05,31.	

畫家小傳：崔子忠。初名丹，字開予，更名後，字道母。號北海、青蚓。山東人，占籍順天。約生於神宗萬曆二十三（1595）年。卒於清世祖順治元（1644）年。善畫人物，雖規撫晉、唐大家，白描、設色皆能自出新意。與陳洪綬齊名，有「南陳北崔」之稱。（見明畫錄、無聲詩史、圖繪寶鑑續纂、國朝畫徵錄、桐陰論畫、畿輔人物志、中國畫家人名大辭典）

名稱		質地	色彩	尺寸 高x寬㎝	創作時間	收藏處所	典藏號碼

陸 經

| 山水圖（金闕承恩書畫冊之1幀） | 摺扇面 紙 | 設色 | 不詳 | | 上海 上海博物館 | |

畫家小傳：陸經。畫史無載。身世待考。

潘守忠

| 山水圖（金闕承恩書畫冊之2幀） | 摺扇面 紙 | 設色 | 不詳 | | 上海 上海博物館 | |

畫家小傳：潘守忠。字小橋。畫史無載。身世待考。

朱受甫

| 溪山飛瀑圖 | 卷 絹 | 設色 | 不詳 | 泰昌元年（庚申，1620）十二月 | 旅順 遼寧省旅順博物館 | |

畫家小傳：朱受甫。畫史無載。流傳署款紀年作品見於光宗泰昌元（1620）年。身世待考。

王 醴

江湖小景圖	卷 紙	設色	不詳	辛未（崇禎四年，1631）秋日	北京 故宮博物院	
四季花卉圖	卷 紙	設色	27.3 × 769.6		日本 東京和田榮太郎先生	
雪梅鴛鴦圖	軸 紙	設色	不詳	己巳（崇禎二年，1629）冬日	北京 故宮博物院	
梅石鵬鴿圖	軸 紙	設色	156.2 × 53.1	庚申（泰昌元年，1620）春日	美國 紐約 Hobart 先生	
月季花（清花卉畫冊二冊之10）	冊頁 紙	水墨	不詳		台北 故宮博物院	故畫 03518-10
竹石鶺鴒（名人畫扇冊之8）	摺扇面 紙	設色	不詳		台北 故宮博物院	故畫 03553-8
芙蓉幽鳥（名人畫扇冊之3）	摺扇面 紙	設色	不詳		台北 故宮博物院	故畫 03554-3
梅雀圖	摺扇面 紙	設色	不詳	己巳（崇禎二年，1629）	北京 故宮博物院	
花蝶圖	摺扇面 紙	設色	不詳	己巳（崇禎二年，1629）	北京 故宮博物院	
山水圖	摺扇面 金箋	設色	不詳	崇禎戊辰（元年，1628）	北京 中國歷史博物館	

名稱		質地	色彩	尺寸 高x寬㎝	創作時間	收藏處所	典藏號碼
花鳥圖（陳道復等雜畫冊 12 之第 11 幀）	冊頁	紙	設色	24.5 x 25.3	戊辰（崇禎元年，1628）孟冬	上海 上海博物館	
草蟲圖（陳道復等雜畫冊 12 之第 12 幀）	冊頁	紙	設色	24.5 x 25.3	己巳（崇禎二年，1629）孟冬	上海 上海博物館	
山水圖（明王醴等琴堂幽興 圖冊之 1 幀）	冊頁	紙	設色	不詳		蘇州 江蘇省蘇州博物館	
附：							
花鳥	摺扇面	金箋	設色	17.5 x 53	丙子（崇禎九年，1636）夏日	紐約 佳士得藝品拍賣公司/拍 賣目錄 1984,06,29.	
荷花小鳥	摺扇面	金箋	設色	16 x 49	甲戌（崇禎七年，1634）春日	紐約 佳士得藝品拍賣公司/拍 賣目錄 1993,12,01.	

畫家小傳：王醴。字三泉。浙江嘉興人。善畫花鳥，學周之冕；晚年工山水。流傳署款紀年作品見於光宗泰昌元（1620）年至思宗崇禎九（1636）年。（見明畫錄、圖繪寶鑑續纂、畫髓元詮、中國畫家人名大辭典）

陳 白

蘭竹石圖（陳元素、劉原起、陳白合作）	軸	紙	水墨	不詳	庚申（泰昌元年，1620）浴佛日	北京 故宮博物院	

畫家小傳：陳白。畫史無載。流傳署款紀年作品見於光宗泰昌元（1620）年。身世待考。

李存箕

仿黃公望山水圖	軸	紙	設色	不詳	庚申（泰昌元年，1620）	北京 故宮博物院	

畫家小傳：李存箕。畫史無載。流傳署款紀年作品見於光宗泰昌元（1620）年。身世待考。

董朱貴

附：							
花卉圖	卷	紙	水墨	28 x 548	萬曆庚申（四十八年，1620）	濟南 山東省濟南市文物商店	

畫家小傳：董朱貴。畫史無載。流傳署款紀年作品見於光宗泰昌元（1620）年。身世待考。

汪一駿

崑源像	軸	紙	設色	不詳	萬曆庚申（四十八年，1620）	歙縣 安徽省歙縣博物館	

畫家小傳：汪一駿。畫史無載。流傳署款紀年作品見於光宗泰昌元（1620）年。身世待考。

名稱		質地	色彩	尺寸 高×寬cm	創作時間	收藏處所	典藏號碼

韓夢麟

附：

| 赤壁圖 | 卷 | 綾 | 設色 | 26 × 151 | 庚申（泰昌元年，1620）秋 | 紐約 佳士得藝品拍賣公司/拍賣目錄 1989,12,04. | |

畫家小傳：韓夢麟。畫史無載。流傳署款紀年作品見於光宗泰昌元（1620）年。身世待考。

朱　暉

| 秋英圖 | 卷 | 紙 | 設色 | 不詳 | 萬曆庚申（四十八年，1620） | 北京 故宮博物院 | |

畫家小傳：朱暉。畫史無載。流傳署款紀年作品見於光宗泰昌元（1620）年。身世待考。

餘庵貞

| 下馬賞梅圖（四家山水冊頁裝卷4之第1幀） | 卷 | 紙 | 設色 | 26.9 × 41.2 | 庚申（泰昌元年，1620）蘭月 | 上海 上海博物館 | |

畫家小傳：餘庵貞。畫史無載。署款紀年作品見於光宗泰昌元（1620）年。身世待考。

吳　韶

| 柳溪放艇圖（四家山水冊頁裝卷4之2幀） | 卷 | 紙 | 設色 | 26.9 × 41.2 | 庚申（泰昌元年，1620）新秋 | 上海 上海博物館 | |

畫家小傳：吳韶。畫史無載。署款紀年作品見於光宗泰昌元（1620）年。身世待考。

朱　鈗

| 秋林覓句圖 | 摺扇面 | 金箋 | 設色 | 不詳 | 庚申（？泰昌元年，1620） | 北京 故宮博物院 | |

畫家小傳：朱鈗。畫史無載。流傳署款作品紀年疑為光宗泰昌元（1620）年。身世待考。

余世權

| 柏樹雙鷹 | 軸 | 絹 | 設色 | 33.5 × 35.5 | 萬曆庚申（四十八年，1620）歲佛日 | 日本 京都泉屋博古館 | 20 |

畫家小傳：余世權。畫史無載。流傳署款紀年作品見於光宗泰昌元（1620）年。身世待考。

（釋）可　瑞

| 書字大士像(木庵題贊) | 軸 | 紙 | 水墨 | 95.5 × 28.2 | 釋隱元木庵題於庚申（萬曆四十八年 | 日本 中埜又左衛門先生 | |

名稱		質地	色彩	尺寸 高×寬㎝	創作時間	收藏處所	典藏號碼

　　　　　　　　　　　　　　　　　　　　　　　　　　　　，1680）春

畫家小傳：可瑞。僧。畫史無載。身世待考。

姚子祥

| 松石圖 | 軸 | 綾 | 水墨 | 158.3 × 46.5 | 泰昌庚申（元年，
1620）長至 | 日本 中埜又左衛門先生 | |

畫家小傳：姚子祥。畫史無載。流傳署款紀年作品見於光宗泰昌元（1620）年。身世待考。

王　友

| 花鳥（錦雉牡丹玉蘭圖） | 軸 | 絹 | 設色 | 187.5 × 82.1 | 庚申（？泰昌元年
，1620）蘭月 | 英國 倫敦大英博物館 | 1910.2.12.50
0(ADD219) |
| 水仙圖 | 納扇面 絹 | | 水墨 | 23.7 × 24.4 | | 美國 紐約大都會藝術博物館 | 13.100.112 |

畫家小傳：王友。自署「稽山王友」畫史無載。流傳署款作品紀年疑為光宗泰昌元（1620）年。身世待考。

張　維

秋山覓句圖	軸	絹	設色	不詳	己巳（崇禎二年， 1629）	上海 上海博物館	
林風潤雪圖（為子建作）	軸	絹	水墨	不詳	辛酉（天啟元年， 1621）六月	常熟 江蘇省常熟市文物管理 委員會	
仿黃鶴山樵山水圖	軸	絹	設色	不詳	癸亥（天啟三年， 1623）	常熟 江蘇省常熟市文物管理 委員會	
山水圖	摺扇面 金箋		設色	不詳	庚申（萬曆四十八 年，1620）	北京 中國歷史博物館	
寫景山水（20幀）	冊	絹	設色	不詳		天津 天津市藝術博物館	
山水圖（書畫扇面冊一冊之 第10幀）	摺扇面 金箋		水墨	17.6 × 53.3		日本 私人	

附：

| 山水圖 | 摺扇面 金箋 | | 設色 | 不詳 | | 天津 天津市文物公司 | |

畫家小傳：張維。字叔維。號西泠寓客。江蘇常熟人，流寓杭州。張季之弟。工詩、畫。畫山水，宗法董源、吳鎮。善狀吳、越山水形勝。
　　　　流傳署款紀年作品見於光宗泰昌元(1620)年、思宗崇禎二（1629）年。（見明畫錄、海虞畫苑略、常熟志、中國畫家人名大辭
　　　　典）

林　雪

| 山水圖 | 卷 | 紙 | 不詳 | 不詳 | | 台北 故宮博物院（蘭千山館 | |

名稱		質地	色彩	尺寸 高x寬cm	創作時間	收藏處所	典藏號碼
						寄存）	
蘭花圖（馬守真、吳娟娟、林雪、王定儒水仙蘭花合卷4之1段）	卷	紙	設色	21.7 x 137		無錫 江蘇省無錫市博物館	
觀音像	軸	綾	水墨	146.4 x 50	己酉（康熙八年，1669）	南通 江蘇省南通博物苑	
山水圖	軸	綾	設色	不詳	天啟辛酉（元年，1621）	上海 上海博物館	
雪景寒林圖	軸	綾	水墨	不詳	天啟元年（辛酉，1621）	杭州 浙江省博物館	
蘆浦群雁圖	軸	絹	設色	185.3 x 99.4		美國 華盛頓特區弗瑞爾藝術館	19.180
折枝梅竹圖	軸	紙	設色	86 x 18.6		美國 芝加哥藝術中心	1988.172
蘆雁圖	摺扇面	金箋	水墨	不詳	辛酉（天啟元年，1621）	北京 首都博物館	
倣子久筆意山水圖 附：	摺扇面	金箋	水墨	19 x 56		德國 科隆東亞藝術博物館	A55.7
山水圖	卷	絹	設色	24 x 288		紐約 佳士得藝品拍賣公司/拍賣目錄 1993,12,01.	

畫家小傳：林雪。閩人。身世不詳。工詩。善畫蘭。流傳署款紀年作品見於熹宗天啟元(1621)年，至清聖祖康熙八（1669）年。（見無聲詩史、圖繪寶鑑續纂、珊瑚網、中國畫家人名大辭典）

劉　邁

石友圖	卷	紙	水墨	不詳		天津 天津市藝術博物館	
杏林春燕	軸	紙	設色	113.4 x 31.6	天啟元年（辛酉，1621）二月	台北 故宮博物院	故畫 02304
柳燕圖	軸	紙	設色	不詳	天啟元年（辛酉，1621）二月	南京 南京博物院	
端午即景圖（魏之璜、魏之克、汪建、劉邁、殳君素合作）	軸	紙	設色	134.5 x 53.7	天啟元年（辛酉，1621）五月	廣州 廣州市美術館	

畫家小傳：劉邁。字種德。江蘇金陵人。身世不詳。工畫花卉。流傳署款紀年作品見於熹宗天啟元（1621）年。（見金陵瑣事、中國畫家人名大辭典）

戴明說

名稱		質地	色彩	尺寸 高x寬cm	創作時間	收藏處所	典藏號碼
墨竹圖	卷	綾	水墨	23.7 x 90.5		德國 科隆東亞藝術博物館	A78.2
山水圖	軸	紙	設色	240 x 97.1		香港 中文大學中國文化研究所文物館	95.549
竹石圖（4幅）	軸	絹	水墨	（每幅）142.7 x 45.2		長春 吉林省博物館	
竹石圖	軸	綾	水墨	不詳	癸丑（康熙十二年，1673）	瀋陽 故宮博物院	
竹石圖	軸	綾	水墨	187 x 52		瀋陽 遼寧省博物館	
竹石圖	軸	紙	水墨	不詳		瀋陽 魯迅美術學院	
竹石圖	軸	絹	水墨	不詳	乙丑（天啟五年，1625）	北京 故宮博物院	
仿董源山水圖	軸	紙	水墨	不詳	壬申（崇禎五年，1632）	北京 故宮博物院	
風竹圖	軸	綾	水墨	不詳	壬午（崇禎十五年，1642）	北京 故宮博物院	
山水圖	軸	綾	水墨	125 x 48.2	順治乙未（十二年，1655）	北京 故宮博物院	
仿米芾山水圖	軸	絹	水墨	118.3 x 42.8	丙申（順治十三年，1656）	北京 故宮博物院	
竹石圖	軸	綾	水墨	不詳	戊戌（順治十五年，1658）	北京 故宮博物院	
竹石圖	軸	綾	水墨	133 x 49.4	辛丑（順治十八年，1661）	北京 故宮博物院	
竹石圖	軸	綾	水墨	不詳	甲寅（康熙十三年，1674）	北京 故宮博物院	
竹石圖	軸	絹	水墨	144 x 49	丁巳（康熙十六年，1677）	北京 故宮博物院	
山水圖	軸	綾	水墨	不詳		北京 故宮博物院	
竹圖	軸	綾	水墨	不詳		北京 故宮博物院	
竹石圖	軸	綾	水墨	不詳		北京 故宮博物院	
竹石圖	軸	綾	水墨	不詳		北京 故宮博物院	
竹石圖	軸	綾	水墨	不詳	丁未（康熙六年，1661）冬日	北京 中國歷史博物館	
竹石圖	軸	綾	水墨	不詳	丁酉（順治十四年	北京 首都博物館	

名稱		質地	色彩	尺寸 高x寬㎝	創作時間	收藏處所	典藏號碼
					，1657）		
畫竹	軸	綾	水墨	不詳		北京 首都博物館	
竹石圖	軸	綾	水墨	不詳		北京 首都博物館	
竹石圖	軸	花綾	水墨	不詳	己未（康熙十八年，1679）	天津 天津市藝術博物館	
墨竹圖	軸	綾	水墨	149 x 51.3		天津 天津市藝術博物館	
竹石圖	軸	綾	水墨	不詳		天津 天津市藝術博物館	
竹石晚月圖	軸	綾	水墨	不詳		天津 天津市藝術博物館	
仿北苑山水圖	軸	綾	設色	不詳		天津 天津市楊柳青畫社	
竹石圖	軸	綾	水墨	163.9 x 52.3	戊午（康熙十七年，1678）秋日	石家莊 河北省博物館	
竹圖	軸	綾	水墨	不詳		石家莊 河北省博物館	
竹石圖	軸	綾	水墨	136.6 x 53.8	丁亥（順治四年，1647）	石家莊 河北省石家莊文物管理所	
竹圖	軸	絹	水墨	不詳		太原 山西省博物館	
竹石圖	軸	綾	水墨	不詳	甲寅（康熙十三年，1674）	濟南 山東省博物館	
竹石圖	軸	綾	水墨	不詳		煙臺 山東省煙臺市博物館	
竹石圖	軸	綾	水墨	不詳		西安 陝西歷史博物館	
仿米山水圖	軸	綾	水墨	108.5 x 48.6	乙未（順治十二年，1655）	合肥 安徽省博物館	
墨竹圖	軸	綾	水墨	不詳	乙卯（康熙十四年，1675）	合肥 安徽省博物館	
為濯翁作雲山圖并書題（吳偉業等書畫屏8之1幅）	軸	紙	水墨	48.6 x 21.5	丙申（順治十三年，1656）秋	南京 南京博物院	
竹石圖	軸	紙	水墨	173.5 x 49	丁酉（順治十四年，1657）九月	南京 江蘇省美術館	
竹石圖	軸	絹	水墨	194 x 48		昆山 崑崙堂美術館	
墨竹圖	軸	綾	水墨	127 x 52.5	庚申（康熙十九年，1680）	杭州 浙江省杭州西泠印社	
竹石圖	軸	絹	水墨	不詳		成都 四川省博物院	
仿米山水圖（為介伯社兄作）	軸	綾	水墨	160.6 x 48.3	乙未（順治十二年，1655）冬日	重慶 重慶市博物館	
竹石圖	軸	綾	水墨	167.9 x 51.9	丙申（順治十三年	重慶 重慶市博物館	

名稱		質地	色彩	尺寸 高x寬cm	創作時間	收藏處所	典藏號碼
					1656）		
墨竹圖	軸	綾	水墨	不詳		重慶 重慶市博物館	
山水圖	軸	絹	設色	不詳		廈門 福建省廈門華僑博物館	
竹石圖	軸	綾	水墨	不詳	己卯（崇禎十二年，1639）春日	廣州 廣東省博物館	
溪山雲樹圖	軸	綾	水墨	177 × 53	辛卯（順治八年，1651）	廣州 廣東省博物館	
竹石圖	軸	綾	水墨	178 × 49	丁未（康熙六年，1667）	廣州 廣東省博物館	
禦風圖	軸	綾	水墨	135 × 45.5		廣州 廣東省博物館	
竹石圖	軸	綾	水墨	不詳	乙卯（康熙十四年，1675）	廣州 廣州市美術館	
竹石圖	軸	綾	水墨	不詳		廣州 廣州市美術館	
風竹圖	軸	綾	水墨	不詳		南寧 廣西壯族自治區博物館	
竹石圖	軸	絹	水墨	不詳		日本 東京張允中先生	
水閣觀瀑圖	軸	綾	水墨	不詳		日本 東京張允中先生	
墨竹圖	軸	綾	水墨	135.5 × 50.6		日本 染殿花院	
墨竹圖	軸	綾	水墨	166.9 × 50.3		日本 私人	
米法山水圖	軸	綾	水墨	151.5 × 52.7		日本私人	
墨竹圖（匈庵老親翁作）	軸	綾	水墨	152.5 × 48.9	戊午（康熙十七年，1678）夏日	美國 勃克萊加州大學藝術館（高居翰教授寄存）	CM
墨竹圖	軸	綾	水墨	130.7 × 47.5		美國 夏威夷火魯奴奴藝術學院	5385.1
竹石圖	軸	綾	水墨	不詳		美國 火魯奴奴 Hutchinson 先生	
墨竹圖	軸	綾	水墨	186.2 × 45.7		美國 私人	
墨竹圖	軸	綾	水墨	217.3 × 16.5		英國 倫敦大英博物館	1978.11.13.06（ADD411）
墨竹圖	摺扇面	金箋	水墨	15.8 × 50.5	丙申（順治十三年	北京 故宮博物院	

名稱		質地	色彩	尺寸 高x寬cm	創作時間	收藏處所	典藏號碼
					，1656）		
擬米芾筆意作奇石圖（戴明說等雜畫冊12之1幀）	冊頁	紙	水墨	18.5 x 17.2	（康熙五年，丙午，1666）	北京 故宮博物院	
擬大癡筆意作奇石圖（戴明說等雜畫冊12之1幀）	冊頁	紙	水墨	18.5 x 17.2	（康熙五年，丙午，1666）	北京 故宮博物院	
為石友翁作雪景山水圖（清莊冏生等山水冊6之1幀）	冊頁	紙	水墨	19.6 x 16.5	辛卯（順治八年，1651）四月	天津 天津市藝術博物館	
附：							
竹石圖	軸	絹	水墨	不詳	癸丑（康熙十二年，1673）秋月	北京 榮寶齋	
竹石圖	軸	綾	水墨	不詳	辛酉（天啟元年，1621）	天津 天津市文物公司	
竹石圖（為公愚作）	軸	綾	水墨	不詳	丁亥（順治四年，1647）六月	石家莊 石家莊市文物商店	
竹石圖	軸	紙	水墨	不詳		濟南 山東省文物商店	
竹石圖	軸	綾	水墨	不詳		上海 朵雲軒	
墨竹	軸	絹	水墨	150 x 51		紐約 佳士得藝品拍賣公司/拍賣目錄 1992,06,02.	
墨竹	軸	綾	水墨	137.2 x 51	癸丑（康熙十二年，1673）燈宵	紐約 佳士得藝品拍賣公司/拍賣目錄 1992,12,02.	
仿荊浩空巖古雪圖	軸	綾	水墨	112.5 x 55	丁亥（順治四年，1647）九月廿八日	紐約 佳士得藝品拍賣公司/拍賣目錄 1994,06,01.	
竹石圖	軸	緞	水墨	156.8 x 46.3		紐約 佳士得藝品拍賣公司/拍賣目錄 1996,09,18.	

畫家小傳：戴明說。字道默。號嚴犖。河北滄州人。崇禎七年進士。入清，官至尚書。工詩文。善畫墨竹，筆法飄舉，飛舞生動；間作山水，亦超脫有致。流傳署款紀年作品見於熹宗天啟元（1621）年至清聖祖康熙十九(1680)年。（見圖繪寶鑑續纂、國朝畫徵錄、梅村集、桐陰論畫、中國畫家人名大辭典）

汪浩

名稱		質地	色彩	尺寸 高x寬cm	創作時間	收藏處所	典藏號碼
芙蓉翠禽圖	摺扇面	紙	設色	不詳	天啟元年（辛酉，1621）秋日	北京 故宮博物院	
山水圖（金闕承恩書畫冊之1幀）	冊頁	紙	設色	不詳		上海 上海博物館	

名稱		質地	色彩	尺寸 高x寬㎝	創作時間	收藏處所	典藏號碼

畫家小傳：汪浩。字小邨。江蘇揚州人。身世不詳。工畫山水、人物。流傳署款紀年作品見於熹宗天啟元(1621)年。(見無聲詩史、
　　　　圖繪寶鑑續纂、中國畫家人名大辭典)

姜思周

溪山無盡圖	卷	紙	水墨	30.1 x ？	天啟辛酉(元年，1621)長夏	加拿大 多倫多皇家安大略博物館	965.158
蘭森毓秀圖	軸	絹	設色	不詳		北京 故宮博物院	
竹石圖	摺扇面 金箋	設色	不詳	辛未(崇禎四年，1631)夏季	北京 故宮博物院	

畫家小傳：姜思周。字周臣。號花酒頭陀。浙江錢塘人。師事關思，與藍瑛友善。善畫山水，得沈周遺意；又畫牡丹，勾勒、設色
　　　　俱佳。流傳署款紀年作品見於熹宗天啟元(1621)年至思宗崇禎四(1631)年。(見圖繪寶鑑續纂、杭州府志、錢塘縣志、櫟
　　　　園讀畫錄、中國畫家人名大辭典)

戴 晉

劍閣圖	卷	紙	水墨	不詳	辛酉(天啟元年，1621)	北京 故宮博物院	
山水圖	卷	絹	設色	31.9 x 29.5	辛酉(天啟元年，1621)	天津 天津市歷史博物館	
劍閣圖(為范臣作)	軸	紙	水墨	111 x 54.5	戊寅(崇禎十一年，1638)五月	北京 中國歷史博物館	
草閣帆影圖(明人書畫扇(利)冊之10)	摺扇面 紙	水墨	18.3 x 53.9		台北 故宮博物院	故畫 03566-10
秋塞牧馬圖(王維詩意圖冊16之1幀)	冊頁 紙	設色	28 x 29.7	戊辰(崇禎元年，1628)十月	北京 故宮博物院	
山水圖	摺扇面 金箋	水墨	不詳		成都 四川省博物館	

畫家小傳：戴晉。崇禎間人。籍里、身世不詳。善畫山水。曾為汪珂玉寫摩詰詩意圖。流傳署款紀年作品見於熹宗天啟元(1621)年，
　　　　至思宗崇禎十一(1638)年。(見珊瑚網、中國畫家人名大辭典)

汪 建

| 端午即景圖(魏之璜、魏之克、汪建、劉邁、歿君素合作) | 軸 | 紙 | 設色 | 134.5 x 53.7 | 天啟元年(辛酉，1621)五月 | 廣州 廣州市美術館 | |

畫家小傳：汪建。字元植。安徽歙縣人。身世不詳。工畫。流傳署款紀年作品見於熹宗天啟元(1621)年。(見明畫錄、畫史會要、中國
　　　　美術家人名辭典)

名稱		質地	色彩	尺寸 高x寬㎝	創作時間	收藏處所	典藏號碼

楊 渻

名稱		質地	色彩	尺寸 高x寬㎝	創作時間	收藏處所	典藏號碼
山水（山齋讀書圖）	軸	絹	設色	127 x 53.1		日本 京都柳孝先生	
山水（柳溪春泛圖）	軸	絹	設色	127 x 53.1		日本 京都柳孝先生	

畫家小傳：楊渻。字汝文。浙江鄞人。身世不詳。工畫山水，長於界畫。（見寧波府志、中國畫家人名大辭典）

陳 廉

名稱		質地	色彩	尺寸 高x寬㎝	創作時間	收藏處所	典藏號碼
為偶萍禪師作山水（雲間十一家山水卷之第3）	卷	紙	水墨	20.7 x 139.9	乙丑（天啟五年，1625）清和	台北 故宮博物院	故畫 01109-3
山水圖（為煙客作）	卷	紙	水墨	22.4 x 376	甲子（天啟四年，1624）正月上浣	北京 故宮博物院	
山水圖（八家山水卷8之1段）	卷	紙	設色	24 x 278.7		北京 首都博物館	
富春大嶺圖	卷	紙	設色	23.2 x 281	天啟元年（辛酉，1621）	天津 天津市藝術博物館	
巖居積雪等四景圖（4幅）	軸	紙	設色	不詳	己巳（崇禎二年，1629）冬十月望	北京 故宮博物院	
蘆汀飛瀑圖	軸	紙	水墨	106.2 x 34.6	甲戌（崇禎七年，1634）	上海 上海博物館	
松林策杖圖	軸	紙	設色	150 x 47		上海 上海古籍書店	
金堤虹影圖	軸	金箋	水墨	不詳		上海 上海古籍書店	
山水圖（韶九等書畫合裝冊卷之1幀）	冊頁	紙	設色	不詳		北京 故宮博物院	
郊園小景圖（10幀）	冊	紙	設色	（每幀）35.3 x 33.4	壬戌（天啟二年，1622）菊月	上海 上海博物館	
山溪棹舟圖	摺扇面	金箋	設色	不詳		南京 南京博物院	
附：							
富春山居圖	卷	紙	設色	28.5 x 237.5		紐約 佳士得藝品拍賣公司/拍賣目錄 1989,12,04	
設色山水（明末諸家壽李瞻翁書畫冊10之第7幀）	冊頁	金箋	設色	34.3 x 26.3	丁丑（崇禎十年，1637）春日	香港 蘇富比藝品拍賣公司/拍賣目錄 1999,10,31.	

畫家小傳：陳廉。字明卿。江蘇松江人。為趙左高足。善畫山水，筆墨清秀，無煙火氣。流傳署款紀年作品見於熹宗天啟元（1621）年至思宗崇禎十（1637）年。（見明畫錄、畫髓元詮、中國畫家人名大辭典）

傅道坤

名稱		質地	色彩	尺寸 高x寬cm	創作時間	收藏處所	典藏號碼
枯木竹石圖	軸	紙	水墨	不詳	辛酉（天啟元年，1621）	北京 故宮博物院	

畫家小傳：傅道坤。畫史無載。流傳署款紀年作品見於熹宗天啟元(1621)年。身世待考。

張學曾

山水圖	卷	紙	水墨	25.2 x 135.6	丁酉（順治十四年，1657）春朝	北京 故宮博物院	
山水圖（吳山濤、張學曾山水合裝卷）	卷	綾	水墨	23.9 x 244	壬辰（順治九年，1652）	上海 上海博物館	
山水	軸	紙	不詳	不詳		台北 故宮博物院（蘭千山館寄存）	
山水（秋山落葉圖）	軸	紙	水墨	120 x 51.4	乙酉（順治二年，1645）孟春	台北 故宮博物院（蘭千山館寄存）	
擬曹知白平遠山水圖	軸	紙	水墨	86 x 27.8		香港 中文大學中國文化研究所文物館	95.488
山寺綠蔭圖	軸	綾	水墨	198 x 50.8		香港 徐伯郊先生	
仿董北苑山水圖（為劉老夫子作）	軸	綾	水墨	不詳	甲午（順治十一年，1654）初冬	香港 王南屏先生	
崇阿茂樹圖	軸	綾	水墨	202.2 x 52	壬辰（順治九年，1652）新秋前二日	北京 故宮博物院	
為巽翁作山水圖	軸	綾	水墨	190 x 51.6	甲午（順治十一年，1654）	北京 故宮博物院	
仿董北苑山水圖（為子木作）	軸	紙	水墨	93.4 x 41.5	乙未（順治十二年，1655）仲冬	北京 故宮博物院	
仿倪瓚山水圖	軸	紙	水墨	不詳	丙申（順治十三年，1656）長至前	北京 故宮博物院	
長林遠岫圖	軸	紙	水墨	104 x 50	己亥（順治十六年，1659）孟秋	上海 上海博物館	
山寺綠陰圖	軸	綾	設色	197.9 x 50.6		日本 名古屋淺井喜一先生	
著色小景圖	摺扇面	金箋	設色	17.4 x 53.5		香港 劉作籌虛白齋	171
山水圖	摺扇面	金箋	水墨	16.3 x 49.7	丁丑（崇禎十年，1637）秋日	北京 故宮博物院	

名稱		質地	色彩	尺寸 高x寬㎝	創作時間	收藏處所	典藏號碼
山水圖	冊頁	紙	水墨	不詳	辛卯（順治八年，1651）	北京 故宮博物院	
山水圖（陳丹衷等十家山水冊10之1幀）	冊頁	紙	設色	33.2 x 45.5		北京 故宮博物院	
山水圖（為則之作）	冊頁	綾	水墨	不詳	戊子（順治五年，1648）冬日	北京 中國歷史博物館	
山水圖	冊頁	紙	水墨	不詳	戊戌（順治十五年，1658）冬月	北京 中國歷史博物館	
為石友寅翁作山水圖（清莊冏生等山水冊6之1幀）	冊頁	紙	水墨	19.6 x 16.5	順治己丑（六年，1649）春	天津 天津市藝術博物館	
仿大癡筆意山水圖（明畫中九友山水扇面冊9之1幀）	摺扇面	金箋	設色	16.3 x 51.4		南京 南京博物院	
附：							
交翠軒吟社圖	卷	紙	水墨	21 x 185.4		紐約 佳士得藝品拍賣公司/拍賣目錄1987,12,11.	
仿曹雲西山水圖	軸	紙	水墨	82 x 28	辛酉（天啟元年，1621)秋暮	紐約 佳士得藝品拍賣公司/拍賣目錄1984,06,29.	
山水圖	軸	紙	水墨	84 x 28	壬午（崇禎十五年，1642）仲春月	紐約 佳士得藝品拍賣公司/拍賣目錄1992,12,02.	
深山訪友圖	軸	紙	設色	67.5 x 31.5	崇禎癸酉（六年，1633）秋日	紐約 佳士得藝品拍賣公司/拍賣目錄1994,06,01.	
蘭竹圖	摺扇面	金箋	水墨	17 x 50		紐約 佳士得藝品拍賣公司/拍賣目錄1989,12,04.	
山水圖	冊頁	紙	水墨	不詳	癸未（崇禎十六年，1643）中秋	紐約 佳士得藝品拍賣公司/拍賣目錄1991,05,29.	
仿李成新春圖（畫中九友山水書法冊之一幀）	摺扇面	金箋	設色	不詳		紐約 佳士得藝品拍賣公司/拍賣目錄1993,12,01.	

畫家小傳：張學曾。字爾唯。號約庵。浙江會稽人。思宗崇禎六（1633）年副貢。曾官吳郡太守。善畫山水，宗法董源，蒼秀絕倫。署款紀年作品見於熹宗天啟元（1621）年，至清世祖順治十六（1662）年。（見圖繪寶鑑續纂、櫟園讀畫錄、桐陰論畫、中國畫家人名大辭典）

楊文驄

名稱		質地	色彩	尺寸 高x寬㎝	創作時間	收藏處所	典藏號碼
山水圖	卷	綾	水墨	41.7 x ?	甲申（順治元年，1644）陽月	香港 香港大學馮平山博物館	HKU.P.67.10

名稱		質地	色彩	尺寸 高x寬cm	創作時間	收藏處所	典藏號碼
谿山深秀圖	卷	紙	設色	27.3 x ?	壬午（崇禎十五年，1642）九月	香港 中文大學中國文化研究所文物館	95.484
九峰三泖圖	卷	紙	水墨	15.2 x 363.2		香港 劉作籌虛白齋	
贈別潭公山水圖	卷	紙	設色	33.5 x 325.7	乙亥（崇禎八年，1635）春日	北京 故宮博物院	
白日掩荊扉圖	卷	紙	設色	25 x 32.2		北京 故宮博物院	
山水圖（為範我作）	卷	紙	水墨	26.3 x 184	己卯（崇禎十二年，1639）春	天津 天津市歷史博物館	
壽陳白庵蘭竹書畫	卷	綾	水墨	27.3 x 116.2	丙子（崇禎九年，1636）秋日	上海 上海博物館	
蘭竹圖	卷	紙	水墨	28.2 x 249.4	己卯（崇禎十二年，1639）陽月	上海 上海博物館	
山水圖（為石田仁兄畫）	卷	金箋	水墨	31 x 570.1	崇禎戊辰（元年，1628）夏日	日本 東京國立博物館	
山水圖	卷	紙	水墨	22.7 x 121.2	崇禎戊寅（十一年，1638）六月	日本 東京林熊光先生	
蘭石圖	卷	紙	設色	26.1 x 149.6		日本 京都國立博物館	A甲638
山水圖	卷	紙	水墨	27.2 x ?		荷蘭 阿姆斯特丹 Rijks 博物館	MAK360
蘭竹	軸	綾	水墨	83.5 x 24.9	戊寅（崇禎十一年，1638）十二月	台北 故宮博物院	故畫00645
山水圖（仿郭河陽松壑雲泉，寫為繼之年丈先生政）	軸	綾	設色	191.5 x 49.8	壬申（崇禎五年，1632）冬十月	台北 故宮博物院（蘭千山館寄存）	
桐蔭讀書圖	軸	紙	水墨	27.8 x 34.9		台北 鴻禧美術館	C1-37
山水圖（寫似雲峰先生）	軸	綾	水墨	148 x 46.4	庚辰（崇禎十三年，1640）春三月	台北 華叔和後真賞齋	
仿元人山水圖	軸	紙	水墨	110.1 x 46.6		香港 中文大學中國文化研究所文物館	95.481
山水圖	軸	絹	設色	124 x 41.4	庚辰（崇禎十三年，1640）二月	香港 鄭德坤木扉	
山水圖	軸	紙	水墨	不詳	甲戌（崇禎七年，1634）	北京 故宮博物院	

名稱		質地	色彩	尺寸 高×寬㎝	創作時間	收藏處所	典藏號碼
仙人村塢圖	軸	紙	水墨	131.7 × 51.3	壬午（崇禎八年，1642）春仲	北京 故宮博物院	
仙都折柳圖	軸	綾	水墨	131 × 56.4	丙子（崇禎九年，1636）元旦	北京 中國歷史博物館	
仿董、巨山水圖	軸	綾	水墨	208 × 54	丙子（崇禎九年，1636）	北京 北京市文物局	
仿吳鎮梅花高逸圖	軸	紙	水墨	121.9 × 61.8	崇禎戊寅（十一年，1638）八月一日	上海 上海博物館	
別一山川圖	軸	紙	水墨	100.5 × 47	崇禎丙子（九年，1636）元旦	上海 上海博物館	
古木竹石圖	軸	紙	水墨	85 × 39	戊寅（崇禎十一年，1638）清明	南京 南京博物院	
鷗江墨戲小景圖（為无碍作）	軸	綾	水墨	99 × 26.5	壬午（崇禎十五年，1642）暮春	廣州 廣東省博物館	
蘭竹石圖	軸	紙	水墨	97 × 37.5	壬午（崇禎十五年，1642）	廣州 廣東省博物館	
山水圖（疏林野水）	軸	綾	水墨	115.3 × 48.5		日本 東京藤田美術館	
山水圖	軸	綾	水墨	190.1 × 48.4		日本 京都國立博物館	A甲556
溪亭山色圖	軸	綾	水墨	85.4 × 26.6		日本 京都國立博物館	A甲555
蘭石圖	軸	紙	設色	63.3 × 29	己亥（？）春仲五日	日本 京都國立博物館（上野有竹齋寄贈）	A甲170
蘭影圖	軸	絹	水墨	71.8 × 36.7	己巳（崇禎二年，1629）冬日	日本 京都圓山淳一先生	
秋林遠岫圖（為石翁老先生作）	軸	綾	水墨	144.5 × 55.8	辛未（崇禎四年，1631）夏日	日本 大阪市立美術館	
山水圖	軸	紙	水墨	不詳	壬午（萬曆四十六年，1618）九月	日本 長崎縣橋本辰二郎先生	
山水圖	軸	綾	水墨	101.5 × 55.7		日本 石川縣樋爪讓太郎先生	
江山孤亭圖	軸	綾	水墨	113 × 53.3	癸未（崇禎十六年，1643）仲秋	美國 堪薩斯市納爾遜-艾金斯藝術博物館	70-23

名稱		質地	色彩	尺寸 高x寬cm	創作時間	收藏處所	典藏號碼
山水圖	軸　紙		水墨	55 x 145		德國 柏林宋鳳恩先生	
山水圖（名人畫扇（戊）冊之12）	摺扇面 紙		水墨	不詳		台北 故宮博物院	故畫 03550-12
山水（畫中九友集錦冊之6）	冊頁　紙		水墨	17.1 x 12.6		台北 故宮博物院（蘭千山館寄存）	
松山圖	摺扇面 金箋		水墨	17.4 x 53.2	庚午（崇禎三年，1630）十月	北京 故宮博物院	
仿大癡山水圖	冊頁　紙		設色	25 x 32.2		北京 故宮博物院	
蘭石圖（壽許母作，楊文驄等雜畫冊6之1幀）	冊頁　金箋		水墨	29 x 23	（己卯，崇禎十二年，1639）	上海 上海博物館	
雁蕩八景圖（8幀）	冊　紙		設色	（每幀）24.5 x 17.5		南京 南京博物院	
為晉昭作山水圖（明畫中九友山水扇面冊9之1幀）	摺扇面 金箋		設色	16.3 x 51.4	戊寅（萬曆三十六年，1608）夏六月	南京 南京博物院	
山水圖	摺扇面 金箋		水墨	不詳	甲戌（崇禎七年，1634）	福州 福建省福州市博物館	
山水（5幀）	冊頁　紙		水墨	（每幀）28.2 x 35.1	壬申（崇禎五年，1632）八月既望	日本 東京工藤壯平先生	
山水圖（8幀）	冊　紙		水墨	（每幀）22.7 x 16.1		日本 京都國立博物館（上野有竹齋寄贈）	A甲 169
林泉清集圖（12幀）	冊　紙		水墨	（每幀）23.9 x 32.1	崇禎戊寅（十一年，1638）十月	日本 大阪市立美術館	
仿大癡筆意山水圖	冊頁　紙		水墨	不詳		日本 大阪市立美術館	
山水圖	摺扇面 金箋		水墨	16.4 x 48.7	戊寅（崇禎十一年，1638）三月	日本 大阪橋本大乙先生	
倒垂紅梅圖	摺扇面 紙		設色	18.5 x 53.9		日本 福岡縣石詢道雄先生	
仿元人山水圖	摺扇面 金箋		水墨	16.4 x 48.7		美國 加州 Richard Vinograd 先生	
山水圖	摺扇面 金箋		水墨	16.5 x 49.3		德國 柏林東亞藝術博物館	1988-337
附：							
幽蘭竹石圖	卷　紙		設色	26 x 149	戊寅（崇禎十一年，1638）六月廿七日	紐約 佳士得藝品拍賣公司/拍賣目錄 1988,11,30.	
清溪亭子圖	軸　金箋		水墨	131.4 x 50.5	庚辰（崇禎十三年	上海 上海文物商店	

名稱		質地	色彩	尺寸 高×寬㎝	創作時間	收藏處所	典藏號碼
					，1640）		
邋邨水閣圖	軸	綾	設色	155 × 79	甲申（崇禎十七年，1644）陽月	上海 上海工藝品進出口公司	
山水圖	軸	紙	設色	108.5 × 54.6	壬申（崇禎五年，1632）春日	紐約 蘇富比藝品拍賣公司/拍賣目錄 1988,06,01.	
山居圖	軸	灑金箋	水墨	86.8 × 29.5	崇禎壬午（十五年，1642）九月	香港 佳士得藝品拍賣公司/拍賣目錄 1995,09,19.	
松陰詩意圖	軸	紙	水墨	135 × 48.3		香港 佳士得藝品拍賣公司/拍賣目錄 1995,10,29.	
水閣對話圖	摺扇面	灑金箋	設色	15.3 × 44.7		紐約 佳仕得藝品拍賣公司/拍賣目錄 1986,12,01.	
山水圖	摺扇面	金箋	水墨	16 × 47.5	丙子（崇禎九年，1636）十月	紐約 佳士得藝品拍賣公司/拍賣目錄 1988,11,30.	
山水（10幀）	冊	絹	水墨、設色	（每幀）25.5 × 17.2		紐約 佳士得藝品拍賣公司/拍賣目錄 1998,09,15.	

畫家小傳：楊文驄。字龍友。貴州人，流寓金陵。生於神宗萬曆二十五（1597）年。卒於清世祖順治二（1645）年。萬曆末年孝廉。博學好古。工畫山水，極獲董其昌讚許。（見明畫錄、無聲詩史、圖繪寶鑑續纂、明史本傳、容臺集、桐陰論畫、中國畫家人名大辭典）

黃珮

| 竹蘭石譜圖（10幀） | 冊 | 紙 | 水墨 | （每幀）30 × 47.2 | 壬戌（天啟二年，1622）春日 | 上海 上海博物館 | |

畫家小傳：黃珮。畫史無載。流傳署款紀年作品見於熹宗天啟二(1622)年。身世待考。

欽睢

| 仿杜瓊山陰秋墅圖 | 軸 | 紙 | 設色 | 不詳 | 天啟壬戌（二年，1622）清和 | 北京 故宮博物院 | |
| 山水圖 | 摺扇面 | 紙 | 設色 | 不詳 | 戊午（康熙十七年，1678）穀雨 | 北京 故宮博物院 | |

畫家小傳：欽睢。畫史無載。流傳署款紀年作品見於熹宗天啟二(1622)年，至清聖祖康熙十七(1678)年。身世待考。

朱士瑛

| 歲朝圖（陳嘉言、張宏、朱士英合作） | 軸 | 紙 | 設色 | 不詳 | | 北京 故宮博物院 | |

名稱		質地	色彩	尺寸 高x寬cm	創作時間	收藏處所	典藏號碼
梅園圍爐圖	軸	絹	設色	133.3 x 59.6	己卯（崇禎十二年，1639）	天津 天津市藝術博物館	
蘭亭修褉圖	軸	絹	設色	157 x 60	壬午（崇禎十五年，1642）九月	太原 山西省博物館	
海棠山鵲（明人書畫扇（利）冊之15）	冊頁	紙	設色	17.4 x 52.3		台北 故宮博物院	故畫 03566-15
竹籬茆舍	便面	紙	設色	不詳		台北 故宮博物院	故扇 00213
山水圖（山水圖冊之9）	冊頁	絹	設色	25.2 x 19.8	癸未（崇禎十六年，1643）夏日	台北 華叔和後真賞齋	
設色秋景山水圖	摺扇面	金箋	設色	18.8 x 52.8		香港 莫華釗承訓堂	K92.49
西園雅集圖	摺扇面	紙	設色	不詳	壬午（崇禎十五年，1642）	北京 故宮博物院	
長蕩荷風圖	冊頁	紙	設色	21.3 x 28.8		北京 故宮博物院	
山水圖	摺扇面	紙	設色	16.4 x 46.8	壬戌（天啟二年，1622）秋	北京 故宮博物院	
山水圖（明藍瑛等山水花鳥冊11之1幀）	摺扇面	金箋	設色	不詳		濟南 山東省博物館	
湧泉圖	摺扇面	金箋	設色	不詳	癸酉（崇禎六年，1633）	長沙 湖南省長沙市博物館	
秋到江樓圖	摺扇面	金箋	設色	不詳	癸未（崇禎十六年，1643）	南寧 廣西壯族自治區博物館	
山水圖（明王峻等山水冊10之1幀）	冊頁	金箋	設色	（每幀）30.2 x 38.4	（壬申，崇禎五年，1632）	蘭州 甘肅省博物館	
松壑流泉圖（明清扇面圖冊之2）	摺扇面	金箋	設色	不詳	丁丑（崇禎十年，1637）清和	美國 勃克萊加州大學藝術館（加州 Schlenker 先生寄存）	
松壑風泉圖（寫似謙尊先生）	摺扇面	金箋	設色	16.2 x 49	丁丑（崇禎十年，1637）清和	瑞士 蘇黎士黎得堡博物館	RCH.1125b
附：							
山水（明人山水冊10之1幀）	冊頁	絹	設色	25.5 x 19.8		紐約 佳士得藝品拍賣公司/拍賣目錄 1994,11,30.	
藏書圖	摺扇面	金箋	設色	不詳	辛巳（崇禎十四年，1641）夏	紐約 佳士得藝品拍賣公司/拍賣目錄 1998,09,15.	

畫家小傳：朱士瑛。籍里、身世不詳。工畫工筆人物，近似仇英。流傳署款紀年作品見於熹宗天啟二（1622）年至思宗崇禎十六（1643）

名稱		質地	色彩	尺寸 高x寬cm	創作時間	收藏處所	典藏號碼

年。（見歷代畫史彙傳補錄、中國美術家人名辭典）

吳家鳳

| 仿倪瓚耕雲軒圖 | 卷 | 紙 | 水墨 | 35.4 x 104.3 | 崇禎乙亥（八年，1635）仲夏 | 北京 故宮博物院 | |
| 萬木奇峰圖 | 軸 | 紙 | 設色 | 228.8 x 109 | 天啟二年（壬戌，1622） | 合肥 安徽省博物館 | |

畫家小傳：吳家鳳。字瑞生。畫史無載。流傳署款紀年作品見於熹宗天啟二（1622）年至思宗崇禎八（1635）年。身世待考。

姚剡

寒江孤棹圖	摺扇面	紙	水墨	不詳	壬戌（天啟二年，1622）秋	北京 故宮博物院	
枕漱圖	摺扇面	金箋	水墨	不詳		北京 中國歷史博物館	
溪山釣艇圖	摺扇面	紙	水墨	不詳	壬戌（天啟二年，1622）仲冬	北京 中央工藝美術學院	

畫家小傳：姚剡。字雪芝。浙江山陰人。學問淹博。尤工繪事。以不應權宦魏忠賢逼繪壽屏，飲毒而亡。流傳署款紀年作品見於熹宗天啟二（1622）年。（見沂州府志、中國畫家人名大辭典）

任賀

| 松竹梅三友圖 | 卷 | 紙 | 水墨 | 不詳 | 天啟二年（壬戌，1622）小春 | 北京 中央美術學院 | |

畫家小傳：任賀。畫史無載。流傳署款紀年作品見於熹宗天啟二（1622）年。身世待考。

家鳴鸞

| 菩薩像 | 軸 | 絹 | 設色 | 不詳 | 天啟二年（壬戌，1622） | 北京 中國歷史博物館 | |
| 觀音像 | 軸 | 絹 | 設色 | 不詳 | 天啟二年（壬戌，1622） | 北京 中國歷史博物館 | |

畫家小傳：家鳴鸞。畫史無載。流傳署款紀年作品見於熹宗天啟二（1622）年。身世待考。

孫湛

| 汪瑞宇像 | 軸 | 紙 | 設色 | 不詳 | 天啟壬戌（二年，1622） | 歙縣 安徽省歙縣博物館 | |

畫家小傳：孫湛。畫史無載。流傳署款紀年作品見於熹宗天啟二（1622）年。身世待考。

名稱		質地	色彩	尺寸 高x寬cm	創作時間	收藏處所	典藏號碼

章 美

| 瀟湘八景圖（吳令等八人合作分繪於二扇面，裝卷） | 卷 | 金箋 | 設色 | （每面）16.7 x 52.2 | | 北京 故宮博物院 | |

畫家小傳：章美。與吳令同時。畫史無載。身世待考。

李 隆

| 瀟湘八景圖（吳令等八人合作分繪於二扇面，裝卷） | 卷 | 金箋 | 設色 | （每面）16.7 x 52.2 | | 北京 故宮博物院 | |

畫家小傳：李隆。與吳令同時。畫史無載。身世待考。

錢 旭

中流砥柱	軸	紙	水墨	127.5 x 32.6		台北 故宮博物院	故畫 02708
仿倪雲林山水圖	軸	紙	水墨	不詳	崇禎四年（辛未，1631）	北京 故宮博物院	
山水圖	摺扇面	金箋	設色	16.8 x 47		香港 潘祖堯小聽颿樓	CP50

畫家小傳：錢旭。字東白。浙江杭州人。熹宗天啟二（1622）年進士。卒於思宗崇禎十六（1643）年。工畫山水、人物。（見圖繪寶鑑續纂、中國畫家人名大辭典）

馮可賓

竹石圖	卷	紙	水墨	26.4 x ？		台北 私人	
竹石圖（馮起震、馮可賓合作）	卷	紙	水墨	不詳	（崇禎九年，丙子，1636	煙臺 山東省煙臺市博物館	
竹石圖（馮起震、馮可賓合作）	卷	紙	水墨	不詳		天津 天津市藝術博物館	
竹石圖（馮起震、馮可賓合作）	卷	紙	水墨	不詳		廣州 廣州市美術館	
寫意竹石圖	卷	紙	水墨	26.1 x 424.5	壬戌（天啟二年，1622）	美國 普林斯頓大學藝術館（Edward Elliott 先生寄存）	L295.70
竹石圖（馮起震、馮可賓合作）	軸	綾	水墨	147.5 x 54.5		日本 私人	
竹石圖	摺扇面	金箋	水墨	不詳	丁卯（天啟七年，1627）	旅順 遼寧省旅順博物館	

名稱		質地	色彩	尺寸 高×寬cm	創作時間	收藏處所	典藏號碼
畫石（8幀，對幅董其昌書8幀）	冊	紙	水墨	（每幀）31.6 × 32.9		日本 東京柳孝藏先生	
附：							
壽石圖（倪元璐題）	軸	紙	水墨	26 × 26	倪題於乙亥（崇禎八年，1635）嘉平	紐約 佳士得藝品拍賣公司/拍賣目錄 1992,06,02.	

畫家小傳：馮可賓。畫史無載。字楨卿。熹宗天啟二（1622）年進士。流傳署款紀年作品見於熹宗天啟二（1622）年至思宗崇禎九（1636）年。身世待考。

戚伯堅

霖雨蒼生圖	卷	絹	設色	不詳	天啟五年（乙丑，1625）六月	南京 南京博物院	
山水圖	摺扇面	金箋	設色	不詳	壬戌（天啟二年，1622）	成都 四川省博物院	

畫家小傳：戚伯堅。籍里、身世不詳。隆慶、萬曆間人。工畫山水。流傳署款紀年作品見於熹宗天啟二（1622）、五(1625)年。(見珊瑚網、中國畫家人名大辭典)

孝 初

為偶萍禪師作山水（雲間十一家山水卷之第9幀）	卷	紙	水墨	20.7 × 98.7	壬戌（天啟二年，1622）中秋	台北 故宮博物院	故畫 01109-9

畫家小傳：孝初。畫史無載。流傳署款紀年作品見於熹宗天啟二（1622）年。身世待考。

沈翹楚

花果松鼠圖	軸	紙	水墨	不詳	天啟二年（壬戌，1622）	天津 天津市文化局文物處	
竹枝松鼠圖	軸	紙	水墨	124.1 × 31.8		南京 南京博物院	

畫家小傳：沈翹楚。以字行。號漢陽。浙江慈谿人。官至副使。善畫葡萄松鼠，變化入神。流傳署款紀年作品見於熹宗天啟二(1622)年。(見明畫錄、寧波府誌、中國美術家人名辭典)

周東瞻

雲溪垂綸圖（四家山水冊頁裝卷4之3幀）	卷	紙	設色	26.9 × 41.2	壬戌（天啟二年，1622）小春	上海 上海博物館	

畫家小傳：周東瞻。畫史無載。流傳署款紀年作品見於熹宗天啟二（1622）年。身世待考。

名稱		質地	色彩	尺寸 高×寬cm	創作時間	收藏處所	典藏號碼

欽 義

| 修竹遠山圖 | | 摺扇面 紙 | 水墨 | 不詳 | 壬戌（天啟二年，1622）冬月 | 北京 故宮博物院 | |

畫家小傳：欽義。字湛懷。江蘇金壇人。善畫山水，仿元倪瓚，疏秀澹遠，落筆便佳；兼寫墨梅，得南宋揚補之法。流傳署款作品見於熹宗二(1622)年。（見明畫錄、中國畫家人名大辭典）

吳 眉

| 秋江獨釣圖 | | 摺扇面 金箋 | 水墨 | 不詳 | 壬戌（天啟二年，1622） | 合肥 安徽省博物館 | |

畫家小傳：吳眉。畫史無載。流傳署款紀年作品見於天啟二（1622）年。身世待考，

道 全

| 竹石圖 | | 卷 紙 | 水墨 | 31 × 279.4 | 壬戌（天啟二年，1622） | 廣州 廣東省博物館 | |
| 竹石圖 | | 摺扇面 金箋 | 水墨 | 不詳 | 甲戌（？崇禎七年，1634） | 北京 故宮博物院 | |

畫家小傳：道全。畫史無載。流傳署款作品紀年疑似熹宗天啟二（1622）年至思宗崇禎七(1634)年。身世待考。

王應祥

王昭君像		軸 絹	水墨	116.3 × 61.5	辛未（崇禎四年，1631）	合肥 安徽省博物館	
人物（明馬臧等書畫合卷之一段）		卷 紙	設色	不詳	（壬戌，天啟二年，1622）	濟南 山東省濟南市博物館	
附：							
人物圖（12幀）		冊 紙	設色	（每幀）16.3 × 42.8		武漢 湖北省武漢市文物商店	

畫家小傳：王應祥。畫史無載。流傳署款作品紀年疑似熹宗天啟二（1622）年至思宗崇禎四(1631)年。身世待考。

鄭元勳

樹石圖		軸 絹	水墨	不詳		合肥 安徽省博物館	
臨沈石田山水		軸 紙	水墨	125.2 × 52	辛未（崇禎四年，1631）	蘇州 江蘇省蘇州博物館	
山水圖		摺扇面 金箋	水墨	不詳	壬午（崇禎十五年，1642）	北京 故宮博物院	

名稱		質地	色彩	尺寸 高×寬 cm	創作時間	收藏處所	典藏號碼
山水（8幀）	冊	紙	水墨	（每幀）24 × 31	甲戌（崇禎七年，1634）	南京 南京博物院	
為鏡月作山水圖	摺扇面 金箋		水墨	不詳	辛巳（崇禎十四年，1641）	蘇州 江蘇省蘇州博物館	

畫家小傳：鄭元勳。字超宗。江蘇揚州人。生於神宗萬曆二十六（1598）年。卒於清世祖順治二（1645）年。思宗崇禎十六年進士。善畫山水，措筆灑落，充溢文學氣息。（見明畫錄、無聲詩史、畫史會要、中國畫家人名大辭典）

陳洪綬

名稱		質地	色彩	尺寸 高×寬 cm	創作時間	收藏處所	典藏號碼
百老共祝圖	卷	絹	設色	36.3 × 601.5		台北 故宮博物院	故畫01652
出處圖	卷	絹	設色	不詳		台北 長流美術館	
西園雅集圖（陳畫未竟，清華嵒補完）	卷	絹	設色	41.7 × 429	華嵒補畫於雍正乙巳（三年，1725）	北京 故宮博物院	
梅石蛺蝶圖	卷	灑金箋	水墨	38 × 122.3		北京 故宮博物院	
問道圖（陳洪綬、陳虞胤、嚴湛合卷）	卷	絹	設色	34.3 × 375.7		北京 故宮博物院	
淮南八公圖	卷	絹	設色	26 × 274.5		天津 天津市文化局文物處	
仕女圖	卷	絹	設色	24.5 × 172.1		濟南 山東省博物館	
春風蛺蝶圖	卷	絹	設色	24.6 × 150.9	辛卯（順治八年，1651）暮春	上海 上海博物館	
花鳥草蟲圖	卷	絹	設色	32.6 × 161.5		上海 上海博物館	
雅集圖	卷	紙	水墨	29.8 × 98.4		上海 上海博物館	
何天章行樂圖（陳洪綬畫像、嚴湛補景，李畹生諸人題跋）	卷	絹	設色	25.3 × 163.2		蘇州 江蘇省蘇州博物館	
松蔭幽憩圖	卷	絹	設色	30.2 × 116.8	庚寅（順治七年，1650）	廣州 廣東省博物館	
陶淵明故事圖（為周櫟老作）	卷	絹	設色	30.3 × ？	庚寅（順治七年，1650）冬仲	美國 夏威夷火魯奴奴藝術學院	1912.1
魯生居士四樂圖	卷	絹	設色	30.8 × 289.5	己丑（順治六年，	瑞士 蘇黎士黎得堡博物館	RCH.1023

名稱		質地	色彩	尺寸 高x寬cm	創作時間	收藏處所	典藏號碼
					1649）仲冬		
喬松仙壽圖	軸	絹	設色	202.1 x 97.8	乙亥（崇禎八年，1635）之春	台北 故宮博物院	故畫 00943
蓮池應化圖	軸	絹	設色	174.1 x 72.1		台北 故宮博物院	故畫 00646
布袋和尚像	軸	絹	設色	65.3 x 40.1		台北 故宮博物院	故畫 00647
倚杖閒吟圖	軸	紙	白描	79.3 x 31.7		台北 故宮博物院	故畫 00648
玩菊圖	軸	紙	設色	118.6 x 55.1		台北 故宮博物院	故畫 00649
撫琴圖	軸	絹	設色	107.7 x 52.3		台北 故宮博物院	故畫 00650
梅花山鳥	軸	絹	設色	124.3 x 49.6		台北 故宮博物院	故畫 00651
花蝶寫生	軸	絹	設色	76.9 x 25.8		台北 故宮博物院	故畫 00652
歲朝圖	軸	絹	設色	90.2 x 41.1		台北 故宮博物院	故畫 00653
卷石山茶	軸	紙	水墨	113.6 x 27.9		台北 故宮博物院	故畫 00654
三星圖	軸	絹	設色	125.3 x 52.2		台北 故宮博物院	故畫 01365
仙人獻壽圖	軸	絹	設色	182.1 x 98.1		台北 故宮博物院	故畫 01366
壽萱圖	軸	紙	設色	107.5 x 42.5		台北 故宮博物院	故畫 01367
荷花	軸	絹	設色	75.8 x 39		台北 故宮博物院	故畫 01368
羅漢	軸	紙	設色	88.8 x 30.7		台北 故宮博物院	故畫 02335
古木雙鳩圖	軸	綾	設色	141.1 x 46.5		台北 故宮博物院	故畫 02336
壽星觀音圖	軸	絹	設色	97.8 x 44.5		台北 故宮博物院	中畫 00039
山水圖	軸	絹	設色	138.5 x 44.1		台北 故宮博物院（蘭千山館寄存）	
秋林策杖圖	軸	絹	設色	27.5 x 24.1		台北 鴻禧美術館	C1-836
蓮鷺青蛙	軸	絹	設色	30 x 69		台北 黃君璧白雲堂	

名稱		質地	色彩	尺寸 高x寬㎝	創作時間	收藏處所	典藏號碼
人物圖	軸	絹	設色	162 x 54.5		台北 華叔和後真賞齋	
墨筆山水圖	軸	紙	水墨	125.1 x 56.5		台北 王靄雲先生	
龍王禮佛圖	軸	絹	設色	109.5 x 47		香港 何耀光至樂樓	
棹雲祁谿圖	軸	絹	設色	125.3 x 45.4		香港 何耀光至樂樓	
群嬰拜佛圖	軸	紙	設色	113.2 x 52		香港 鄭德坤木扉	
松下高士圖	軸	絹	設色	109.4 x 50.9		香港 葉義先生	
人物圖	軸	絹	設色	120.5 x 50.6		香港 黃仲方先生	
梅石圖	軸	絹	水墨	108.5 x 47		香港 劉作籌虛白齋	
醉吟圖	軸	絹	設色	139 x 50		香港 劉作籌虛白齋	
山茶梅石圖	軸	絹	設色	94.7 x 46		香港 香港美術館・虛白齋	XB1992.060
品茶圖	軸	絹	設色	86 x 47		香港 香港美術館・虛白齋	XB1992.061
怪石圖	軸	絹	設色	127.1 x 47.1		香港 莫華釗承訓堂	K92.39
人物圖	軸	絹	設色	97.8 x 52.1		新加坡 Dr.E.Lu	
梅花圖	軸	絹	設色	116.4 x 51		長春 吉林省博物館	
菩薩像	軸	絹	設色	72.5 x 34		長春 吉林省博物館	
閑話宮事圖	軸	紙	設色	93.4 x 46.8		瀋陽 故宮博物院	
竹石圖	軸	絹	水墨	114.2 x 46.8	庚午（崇禎三年，1630）	瀋陽 遼寧省博物館	
仕女圖	軸	紙	設色	110.5 x 44.8	庚寅（順治七年，1650）	瀋陽 遼寧省博物館	
鬥草圖	軸	絹	設色	134.3 x 48	庚寅（順治七年，1650）秋	瀋陽 遼寧省博物館	
歲朝清供圖	軸	絹	設色	不詳	辛未（崇禎四年，1631）	北京 故宮博物院	
羅漢松石圖	軸	紙	設色	不詳	癸酉（崇禎六年，1633）	北京 故宮博物院	
乞士圖	軸	絹	設色	不詳		北京 故宮博物院	
嬉佛圖	軸	絹	設色	149.4 x 67.5		北京 故宮博物院	
荷花圖	軸	絹	設色	178 x 52.6		北京 故宮博物院	

名稱		質地	色彩	尺寸 高×寬 cm	創作時間	收藏處所	典藏號碼
荷花鴛鴦圖	軸	絹	設色	183 × 98.3		北京 故宮博物院	
三老品硯圖	軸	絹	設色	94.2 × 49.3		北京 故宮博物院	
仕女圖	軸	綾	設色	112 × 50.3		北京 故宮博物院	
山水人物圖	軸	絹	設色	171.8 × 48.5		北京 故宮博物院	
芝石圖	軸	紙	設色	不詳		北京 故宮博物院	
枯木竹石圖	軸	絹	水墨	不詳		北京 故宮博物院	
紅蓮圖	軸	絹	設色	177.5 × 52.5		北京 故宮博物院	
梅石圖	軸	絹	設色	115.2 × 55.3		北京 故宮博物院	
龍王禮佛圖	軸	絹	設色	127.5 × 54.8		北京 故宮博物院	
彈唱圖	軸	絹	設色	不詳		北京 故宮博物院	
聽琴圖	軸	綾	設色	119 × 45.3		北京 故宮博物院	
觀音圖	軸	絹	設色	82 × 24.1		北京 故宮博物院	
觀畫圖	軸	絹	設色	127.3 × 51.4		北京 故宮博物院	
麻姑圖	軸	絹	設色	172.5 × 95.5		北京 故宮博物院	
梅石圖	軸	絹	水墨	74.5 × 43.1		北京 中國歷史博物館	
煙霞策杖圖	軸	絹	設色	不詳	辛卯（順治八年，1651）暮春之初	北京 首都博物館	
聽琴圖	軸	絹	設色	100.5 × 52.7		北京 首都博物館	
對鏡仕女圖	軸	絹	設色	103.5 × 43.2		北京 中央工藝美術學院	
互像圖	軸	絹	設色	101 × 48.5		北京 徐悲鴻紀念館	
松下策杖圖	軸	絹	設色	113.5 × 35.5		北京 徐悲鴻紀念館	
淵明載菊圖	軸	絹	設色	170 × 38.5		北京 徐悲鴻紀念館	
荷石圖	軸	絹	設色	90.5 × 46		北京 徐悲鴻紀念館	
展卷策杖	軸	絹	設色	91.7 × 30.2		天津 天津市藝術博物館	
墨竹小幅	軸	紙	水墨	31.8 × 53		天津 天津市藝術博物館	

名稱		質地	色彩	尺寸 高x寬㎝	創作時間	收藏處所	典藏號碼
摘梅高士圖	軸	絹	設色	119 × 51.7		天津 天津市藝術博物館	
花蝶圖	軸	絹	設色	158 × 44.5		天津 天津市藝術博物館	
蕉林酌酒圖	軸	絹	設色	156.2 × 107		天津 天津市藝術博物館	
餐芝圖	軸	絹	設色	107.4 × 44.9		天津 天津市藝術博物館	
梅花圖	軸	絹	水墨	45 × 48		濟南 山東省濟南市博物館	
梅花書屋圖	軸	絹	設色	126 × 50	甲寅（萬曆四十二年，1614）冬	合肥 安徽省博物館	
墨竹圖	軸	絹	水墨	104.4 × 48.2	己巳（崇禎二年，1629）	合肥 安徽省博物館	
秋林嘯傲圖	軸	絹	設色	153.5 × 54		合肥 安徽省博物館	
聽吟圖	軸	絹	設色	78.8 × 47.9		揚州 江蘇省揚州市博物館	
無極長生圖	軸	絹	設色	52.6 × 22.2	萬曆乙卯（四十三年，1615）秋	上海 上海博物館	
鑄劍圖	軸	絹	設色	144.9 × 51.8	壬戌（天啟二年，1622）暮秋	上海 上海博物館	
墨竹圖	軸	紙	水墨	122.7 × 51.2	己巳（崇禎二年，1629）	上海 上海博物館	
飲酒讀書圖	軸	絹	設色	100.8 × 49.4	癸未（崇禎十六年，1643）孟秋	上海 上海博物館	
蓮石圖	軸	紙	水墨	151.4 × 61.9		上海 上海博物館	
人物圖	軸	絹	設色	132.6 × 44.8		上海 上海博物館	
拈花仕女圖	軸	絹	設色	90.8 × 33.9		上海 上海博物館	
松溪放眼圖	軸	絹	水墨	127.5 × 44.5		上海 上海博物館	
松溪對奕圖	軸	紙	設色	210.4 × 95.8		上海 上海博物館	
參禪圖	軸	絹	設色	116.6 × 47.5		上海 上海博物館	
高士圖	軸	綾	設色	118.6 × 51		上海 上海博物館	
捕蝶仕女圖	軸	絹	設色	93.7 × 45.7		上海 上海博物館	
梅花山鳥圖	軸	絹	設色	120.5 × 47.8		上海 上海博物館	

名稱		質地	色彩	尺寸 高x寬cm	創作時間	收藏處所	典藏號碼
梅花小鳥圖	軸	絹	設色	137.3 x 48		上海 上海博物館	
斜倚薰籠圖	軸	綾	設色	129.6 x 47.3		上海 上海博物館	
溪山放棹圖	軸	絹	設色	101.2 x 45.7		上海 上海博物館	
椿萱圖	軸	絹	設色	不詳		上海 上海博物館	
策杖圖	軸	紙	設色	71.8 x 36.6		上海 上海博物館	
觀音像	軸	綾	水墨	65.2 x 50.9		上海 上海博物館	
唫梅圖	軸	絹	設色	125 x 58	己丑（順治六年，1649）	南京 南京博物院	
竹石萱草圖	軸	絹	設色	113.3 x 48		南京 南京博物院	
三教圖	軸	絹	設色	不詳		鎮江 江蘇省鎮江市博物館	
三教圖	軸	絹	設色	130.2 x 45.7	天啟七年（丁卯，1627）四月朔	無錫 江蘇省無錫市博物館	
枯木竹禽圖	軸	絹	設色	125.1 x 50.3		無錫 江蘇省無錫市博物館	
樓月德像圖（陳洪綬、徐易合作）	軸	絹	設色	不詳	丙辰（萬曆四十四年，1616）嘉平月	杭州 浙江省博物館	
三清圖	軸	絹	設色	48.1 x 27.1		杭州 浙江省博物館	
羲之籠鵝圖	軸	絹	設色	103.1 x 47.7		杭州 浙江省博物館	
稀林岩石	軸	不詳	不詳	不詳		杭州 杭州市博物館	
荷花雙蝶圖	軸	絹	設色	61.5 x 23		杭州 浙江美術學院	
嬰戲圖	軸	絹	設色	41 x 30		杭州 浙江美術學院	
釋迦牟尼像	軸	紙	設色	127 x 57.5		杭州 浙江美術學院	
竹石圖	軸	絹	水墨	53.4 x 25		杭州 浙江省杭州市文物考古所	
為戴茂齊母祝壽圖	軸	絹	設色	176 x 90		杭州 浙江省杭州西泠印社	
蕉蔭絲竹圖	軸	絹	設色	154.5 x 94	庚寅（順治七年，1650）清秋	紹興 浙江省紹興市博物館	
授經圖（徐易、陳洪綬合作）	軸	絹	設色	89 x 48.5		溫州 浙江省溫州博物館	
松亭讀書圖	軸	絹	設色	不詳		寧波 浙江省寧波市天一閣文物保管所	

名稱		質地	色彩	尺寸 高x寬㎝	創作時間	收藏處所	典藏號碼
梅石山禽圖	軸	絹	設色	127.3 x 52.6		寧波 浙江省寧波市天一閣文物保管所	
魚籃觀音圖	軸	絹	設色	不詳		寧波 浙江省寧波市天一閣文物保管所	
策杖尋春圖	軸	絹	設色	111.4 x 47.5		寧波 浙江省寧波市天一閣文物保管所	
王右軍籠鵝圖	軸	紙	設色	107 x 45.6		成都 四川省博物院	
聽琴圖	軸	絹	設色	115 x 64.7		成都 四川大學	
祝壽圖	軸	絹	設色	129.1 x 53.2		重慶 重慶市博物館	
晞髮圖	軸	紙	設色	105 x 58.1		重慶 重慶市博物館	
停舟對話圖	軸	絹	設色	120 x 96		重慶 重慶市博物館	
紅葉秋蟲圖	軸	絹	設色	不詳		福州 福建省博物館	
右軍籠鵝圖	軸	絹	設色	109.5 x 50.5		廣州 廣東省博物館	
麻姑獻壽圖（陳洪綬、嚴湛合作）	軸	絹	設色	182 x 100		廣州 廣東省博物館	
寒香幽鳥圖	軸	絹	設色	64 x 30.3		廣州 廣東省博物館	
調梅圖	軸	綾	設色	129.5 x 48		廣州 廣東省博物館	
松蔭高士圖	軸	絹	設色	不詳		廣州 廣州市美術館	
琴會圖	軸	絹	設色	158 x 61.4		廣州 廣州美術學院	
松蔭讀書圖	軸	絹	設色	149.1 x 46.7		日本 東京山本悌二郎先生	
米芾拜石圖	軸	絹	設色	114.9 x 47.1		日本 京都 Mizuta Keiven	
山水圖（溪山亭子）	軸	絹	設色	134 x 56.8	崇禎庚辰（十三年，1640）夏日	日本 江田勇二先生	
米芾拜石圖	軸	絹	設色	125.2 x 50.5		日本 私人	
王陽明像	軸	絹	設色	不詳		美國 哈佛大學福格藝術館	
仙人圖	軸	絹	設色	50.2 x 41.3		美國 哈佛大學福格藝術館	1923.178
人物圖	軸	絹	設色	169.2 x 68.3		美國 麻州 Henry & Harrison 先生	
蘭花圖	軸	絹	設色	119 x 46.3		美國 普林斯頓大學藝術館（	L146.74

名稱		質地	色彩	尺寸 高×寬㎝	創作時間	收藏處所	典藏號碼
						私人寄存）	
人物圖	軸	絹	設色	114.2 × 49.5		美國 普林斯頓大學藝術館（ 私人寄存）	
陶淵明對菊圖	軸	絹	設色	27.3 × 23.9		美國 普林斯頓大學藝術館（ 私人寄存）	
梅花竹石圖	軸	絹	設色	158 × 47		美國 普林斯頓大學藝術館（ 私人寄存）	
山水人物（A）	軸	絹	設色	236 × 77.5	癸酉（崇禎六年， 1633）仲冬	美國 紐約大都會藝術博物館	1972.278.1
山水人物（B）	軸	絹	設色	214 × 78		美國 紐約大都會藝術博物館	1972.163
高士圖	軸	絹	設色	112 × 54.5		美國 紐約哥倫比亞大學藝術 館	
人物圖	軸	絹	設色	126 × 57.5		美國 紐約大都會藝術博物館 （Denis 楊先生寄存）	
龍王禮佛圖	軸	絹	設色	107.2 × 51.8		美國 華盛頓弗特區瑞爾藝術 館	16.604
觀音圖	軸	絹	設色	126 × 60.1		美國 華盛頓特區弗瑞爾藝術 館	09.399
宣文君授經圖	軸	絹	設色	173.4 × 55.6	崇禎戊寅（十一年 ，1638）八月二日	美國 克利夫蘭藝術博物館	61.89
五洩山圖	軸	絹	水墨	117.8 × 52.8		美國 克利夫蘭藝術博物館	66.366
高士（阮修圖）	軸	絹	設色	124.5 × 49.5		美國 舊金山亞洲藝術館	B79 D8
仕女人物圖	軸	絹	設色	90.4 × 46		美國 勃克萊加州大學藝術館	1967.12
張仙圖	軸	絹	設色	74 × 33		美國 勃克萊加州大學藝術館	1980.42.3
人物圖	軸	絹	設色	125.1 × 48.3		美國 勃克萊加州大學藝術館	CM108
白衣送酒圖	軸	絹	設色	91.6 × 47		美國 勃克萊加州大學藝術館 （高居翰教授寄存）	
蝶圖	小軸	絹	設色	19.9 × 24.9		美國 勃克萊加州大學藝術館 （高居翰教授寄存）	
山水圖	軸	絹	設色	136.2 × 45.6		美國 夏威夷火魯奴奴藝術學 院	3710.1
芭蕉秋葵圖	軸	絹	設色	149.3 × 42.6		美國 私人	

名稱		質地	色彩	尺寸 高×寬㎝	創作時間	收藏處所	典藏號碼
仙女圖	軸	紙	設色	190.2 × 104.6		英國 倫敦大英博物館	1910.2.12.555（ADD 190）
嬰戲圖	軸	紙	設色	84.1 × 31.9		英國 倫敦大英博物館	1967.12.11.04（ADD362）
瓶花圖	軸	絹	設色	174.5 × 98		英國 倫敦大英博物館	1978.10.9.01（ADD408）
老母圖	軸	絹	設色	131.4 × 51.5		瑞典 斯德哥爾摩遠東古物館	NMOK423
松下仙人圖	軸	絹	設色	115.6 × 50.4		瑞士 蘇黎士黎得堡博物館	RCH.1022
人物圖	軸	絹	設色	98.1 × 30.3		法國 巴黎賽紐斯基博物館	
古觀音像（陳洪綬雜畫甲冊之1）	冊頁	紙	設色	24.3 × 31.1	己酉（康熙八年，1669）	台北 故宮博物院	故畫 01163-1
古梅（陳洪綬雜畫甲冊之2）	冊頁	紙	設色	24.3 × 31.1		台北 故宮博物院	故畫 01163-2
枯枝黃鳥（陳洪綬雜畫甲冊之3）	冊頁	紙	水墨	24.3 × 31.1		台北 故宮博物院	故畫 01163-3
樹石（陳洪綬雜畫甲冊之4）	冊頁	紙	設色	24.3 × 31.1		台北 故宮博物院	故畫 01163-4
護花立石（陳洪綬雜畫甲冊之5）	冊頁	紙	設色	24.3 × 31.1		台北 故宮博物院	故畫 01163-5
仕女（陳洪綬雜畫甲冊之6）	冊頁	紙	設色	24.3 × 31.1		台北 故宮博物院	故畫 01163-6
紅杏（陳洪綬雜畫甲冊之7）	冊頁	紙	設色	24.3 × 31.1		台北 故宮博物院	故畫 01163-7
芙蓉（陳洪綬雜畫甲冊之8）	冊頁	紙	設色	24.3 × 31.1		台北 故宮博物院	故畫 01163-8
菊花（陳洪綬雜畫甲冊之9）	冊頁	紙	設色	24.3 × 31.1		台北 故宮博物院	故畫 01163-9
竹石（陳洪綬雜畫甲冊之10）	冊頁	紙	水墨	24.3 × 31.1		台北 故宮博物院	故畫 01163-10
訪莊（陳洪綬畫隱居十六觀冊之1，為石天作）	冊頁	紙	設色	21.4 × 29.8	辛卯（順治八年，1651）中秋	台北 故宮博物院	故畫 01162-1
釀桃（陳洪綬畫隱居十六觀冊之2）	冊頁	紙	設色	21.4 × 29.8		台北 故宮博物院	故畫 01162-2
澆書（陳洪綬畫隱居十六觀冊之3）	冊頁	紙	白描	21.4 × 29.8		台北 故宮博物院	故畫 01162-3
醒石（陳洪綬畫隱居十六觀冊之4）	冊頁	紙	白描	21.4 × 29.8		台北 故宮博物院	故畫 01162-4

名稱		質地	色彩	尺寸 高×寬cm	創作時間	收藏處所	典藏號碼
噴墨（陳洪綬畫隱居十六觀冊之5）	冊頁	紙	設色	21.4 × 29.8		台北 故宮博物院	故畫 01162-5
味象（陳洪綬畫隱居十六觀冊之6）	冊頁	紙	設色	21.4 × 29.8		台北 故宮博物院	故畫 01162-6
漱句（陳洪綬畫隱居十六觀冊之7）	冊頁	紙	白描	21.4 × 29.8		台北 故宮博物院	故畫 01162-7
仗菊（陳洪綬畫隱居十六觀冊之8）	冊頁	紙	白描	21.4 × 29.8		台北 故宮博物院	故畫 01162-8
滌硯（陳洪綬畫隱居十六觀冊之9）	冊頁	紙	設色	21.4 × 29.8		台北 故宮博物院	故畫 01162-9
寒沽（陳洪綬畫隱居十六觀冊之10）	冊頁	紙	設色	21.4 × 29.8		台北 故宮博物院	故畫 01162-10
問月（陳洪綬畫隱居十六觀冊之11）	冊頁	紙	設色	21.4 × 29.8		台北 故宮博物院	故畫 01162-11
譜泉（陳洪綬畫隱居十六觀冊之12）	冊頁	紙	設色	21.4 × 29.8		台北 故宮博物院	故畫 01162-12
囊幽（陳洪綬畫隱居十六觀冊之13）	冊頁	紙	白描	21.4 × 29.8		台北 故宮博物院	故畫 01162-13
孤往（陳洪綬畫隱居十六觀冊之14）	冊頁	紙	白描	21.4 × 29.8		台北 故宮博物院	故畫 01162-14
縹香（陳洪綬畫隱居十六觀冊之15）	冊頁	紙	設色	21.4 × 29.8		台北 故宮博物院	故畫 01162-15
品梵（陳洪綬畫隱居十六觀冊之16）	冊頁	紙	設色	21.4 × 29.8	辛卯（順治八年，1651）中秋	台北 故宮博物院	故畫 01162-16
山水圖	摺扇面	金箋	水墨	不詳		天津 天津市藝術博物館	
溪亭柳色（陳洪綬雜畫乙冊之1）	冊頁	絹	設色	18.6 × 16		台北 故宮博物院	故畫 01380-1
木芙蓉（陳洪綬雜畫乙冊之2）	冊頁	絹	設色	18.6 × 16		台北 故宮博物院	故畫 01380-2
桃花源（陳洪綬雜畫乙冊之3）	冊頁	絹	設色	18.6 × 16		台北 故宮博物院	故畫 01380-3
練雀（陳洪綬雜畫乙冊之4）	冊頁	絹	設色	18.6 × 16		台北 故宮博物院	故畫 01380-4
山茶（陳洪綬雜畫乙冊之5）	冊頁	絹	設色	18.6 × 16		台北 故宮博物院	故畫 01380-5
劍仙（陳洪綬雜畫乙冊之6）	冊頁	絹	設色	18.6 × 16		台北 故宮博物院	故畫 01380-6

名稱		質地	色彩	尺寸 高x寬cm	創作時間	收藏處所	典藏號碼
扁舟載酒（陳洪綬雜畫乙冊之7）	冊頁	絹	設色	18.6 x 16		台北 故宮博物院	故畫 01380-7
夢筆生花（陳洪綬雜畫乙冊之8）	冊頁	絹	設色	18.6 x 16		台北 故宮博物院	故畫 01380-8
薔薇（陳洪綬雜畫乙冊之9）	冊頁	絹	設色	18.6 x 16		台北 故宮博物院	故畫 01380-9
文石（陳洪綬雜畫乙冊之10）	冊頁	絹	水墨	18.6 x 16		台北 故宮博物院	故畫 01380-10
東方朔偷桃（陳洪綬雜畫乙冊之11）	冊頁	絹	設色	18.6 x 16		台北 故宮博物院	故畫 01380-11
蘭竹文雉（陳洪綬雜畫乙冊之12）	冊頁	絹	設色	18.6 x 16		台北 故宮博物院	故畫 01380-12
梅花松鼠（集名人畫冊之9）	冊頁	紙	設色	32.2 x 33		台北 故宮博物院	故畫 03508-9
秋葵蝴蝶（明花卉畫冊之1）	冊頁	紙	設色	16.8 x 52.8		台北 故宮博物院	故畫 03514-1
桃花（明人畫扇集冊之12）	摺扇面	紙	設色	不詳		台北 故宮博物院	故畫 03536-12
梅竹圖	摺扇面	紙	設色	不詳		台北 故宮博物院	故扇 00173
水滸傳人物圖（40幀）	冊	紙	水墨	（每幀）12.9 x 5.3		台北 陳啟斌畏罍堂	
梅菊圖	摺扇面	金箋	水墨	15.3 x 48.7		香港 莫華釗承訓堂	K92.70
人物圖（為岳父槎翁作）	摺扇面	金箋	設色	16.5 x 52.4	丙辰（萬曆四十四年，1616）八月	北京 故宮博物院	
山水人物圖（為壁生作）	摺扇面	金箋	設色	不詳	天啟甲子（四年，1624）冬仲	北京 故宮博物院	
秋江泛艇圖（為素中作）	摺扇面	金箋	設色	16.3 x 51.8	乙酉（順治二年，1645）暮春	北京 故宮博物院	
水仙竹石圖	摺扇面	金箋	水墨	16.5 x 52.3	庚寅（順治七年，1650）孟冬	北京 故宮博物院	
玉蘭倚石圖	冊頁	絹	設色	30.2 x 27.4		北京 故宮博物院	
雜畫（8幀）	冊	絹	設色	（每幀）30.2 x 25		北京 故宮博物院	
人物圖（陳洪綬、白漢合作）	摺扇面	金箋	設色	16.2 x 51.2		北京 故宮博物院	
古木雙禽圖	摺扇面	金箋	設色	16.5 x 50.5		北京 故宮博物院	

名稱		質地	色彩	尺寸 高x寬cm	創作時間	收藏處所	典藏號碼
仙石圖	摺扇面 金箋		水墨	17.2 x 53		北京 故宮博物院	
花石蝴蝶圖	摺扇面 紙		設色	16.1 x 50.9		北京 故宮博物院	
枯木竹石圖	摺扇面 金箋		水墨	18 x53.2		北京 故宮博物院	
秋溪泛艇圖	摺扇面 金箋		設色	16.2 x52		北京 故宮博物院	
梅仙圖	摺扇面 金箋		水墨	16.2 x 51.5		北京 故宮博物院	
梅花圖	摺扇面 金箋		設色	17.2 x 50.7		北京 故宮博物院	
梅雀圖	摺扇面 金箋		水墨	16.2 x 51.6		北京 故宮博物院	
仿趙孟頫水仙圖	摺扇面 金箋		水墨	16.4 x 52		北京 故宮博物院	
松溪圖（陳洪綬、祁鴻孫合作）	摺扇面 金箋		設色	16.2 x 51.1		北京 故宮博物院	
墨竹圖（陳洪綬等十人花卉山水冊 10 之 1 幀）	冊頁　絹		水墨	23.1 x 3.5		天津 天津市藝術博物館	
花鳥圖（10 幀）	冊　絹		設色	（每幀）25 x 20.2	癸酉（崇禎六年，1633）	上海 上海博物館	
林壑泉聲圖	摺扇面 金箋		水墨	不詳	甲戌（崇禎七年，1634）秋九月	上海 上海博物館	
抱琴探梅圖	摺扇面 金箋		設色	不詳	己丑（順治六年，1649）	上海 上海博物館	
秋遊圖	摺扇面 金箋		設色	不詳	庚寅（順治七年，1650）秋	上海 上海博物館	
雜畫（4 幀）	冊　紙		設色	（每幀）28.4 x 17.8		上海 上海博物館	
人物故事圖	摺扇面 金箋		設色	不詳		上海 上海博物館	
水仙靈芝圖	摺扇面 金箋		設色	不詳		上海 上海博物館	
水邊蘭若圖	摺扇面 金箋		設色	不詳		上海 上海博物館	
古木竹石圖	摺扇面 金箋		水墨	不詳		上海 上海博物館	
古梅修篁圖	摺扇面 金箋		水墨	不詳		上海 上海博物館	
為生翁作山水圖	摺扇面 金箋		設色	不詳		上海 上海博物館	
竹圖	摺扇面 金箋		水墨	不詳		上海 上海博物館	
竹石圖	摺扇面 金箋		水墨	不詳		上海 上海博物館	
竹石圖	摺扇面 金箋		水墨	不詳		上海 上海博物館	
竹石圖	摺扇面 金箋		水墨	不詳		上海 上海博物館	
竹石圖	摺扇面 金箋		水墨	不詳		上海 上海博物館	
竹石圖	摺扇面 金箋		水墨	不詳		上海 上海博物館	

名稱		質地	色彩	尺寸 高x寬cm	創作時間	收藏處所	典藏號碼
松蔭對話圖	摺扇面 金箋		設色	不詳		上海 上海博物館	
為周臣社弟作山水圖	摺扇面 金箋		設色	不詳		上海 上海博物館	
秋山會友圖	摺扇面 金箋		設色	不詳		上海 上海博物館	
梅花圖	摺扇面 金箋		水墨	不詳		上海 上海博物館	
梅竹圖	摺扇面 金箋		水墨	不詳		上海 上海博物館	
梅竹圖	摺扇面 金箋		水墨	不詳		上海 上海博物館	
問道圖	摺扇面 金箋		設色	不詳		上海 上海博物館	
雲山策杖圖	摺扇面 金箋		設色	不詳		上海 上海博物館	
蕉蔭讀書圖	摺扇面 金箋		設色	不詳		上海 上海博物館	
獨往圖	摺扇面 金箋		設色	不詳		上海 上海博物館	
蘆江垂釣圖	摺扇面 金箋		設色	不詳		上海 上海博物館	
雜畫（12幀）	冊	絹	設色	（每幀）31.7 x 24.9		南京 南京博物院	
梅竹、山水圖（8幀）	冊	紙	設色	（每幀）21 x 19.9		蘇州 江蘇省蘇州博物館	
撲蝶圖	摺扇面 金箋		設色	不詳		蘇州 江蘇省蘇州博物館	
花卉圖（8幀）	冊	絹	設色	（每幀）25 x 24.3		成都 四川省博物院	
花鳥圖（10幀）	冊	綢	設色	（每幀）26.9 x 24.4	戊辰（崇禎元年，1628）	廣州 廣州市美術館	
凌煙閣廿四功臣畫像（24幀）	冊	絹	設色	（每幀）30 x 29.9		日本 兵庫縣藪本莊五郎先生	
梅石圖（明清諸賢詩畫扇面冊之22）	摺扇面 金箋		水墨	17.2 x 53.1		日本 私人	
松竹梅圖（明清諸賢詩畫扇面冊之8）	摺扇面 金箋		水墨	16.4 x 51.1		日本 私人	
梅花水仙圖	摺扇面 金箋		設色	16.5 x 50.4		美國 耶魯大學藝術館	1989.9.4
撫古畫（A冊，12幀，為仲青道士作）	冊	絹	設色	（每幀）24.5 x 22.7		美國 New Haven 翁萬戈先生	
撫古畫（B冊，12幀）	冊	絹	設色	（每幀）24.5 x 22.7		美國 New Haven 翁萬戈先生	
陶淵明對菊圖	冊頁	絹	設色	27.3 x 23.9		美國 普林斯頓大學藝術館	
扇面畫（？幀）	冊	金箋	設色	（每幀）15.9 x 50.6		美國 紐約大都會藝術博物館	1989.364

名稱		質地	色彩	尺寸 高x寬 cm	創作時間	收藏處所	典藏號碼
雜畫（12幀）	冊	紙	設色	（每幀）22.2 x 9.2	庚申（泰昌元年，1620）秋日	美國 紐約大都會藝術博物館	1985.121
撫古（？幀）	冊	紙	水墨	（每幀）17.8 x 17.9		美國 紐約大都會藝術博物館	L.1989.20.7
人物圖（陳洪綬陳字父子合作雜畫冊之2）	冊頁	絹	設色	26.7 x 23.8	己未（萬曆四十七年，1619）秋日	美國 紐約大都會藝術博物館	L.1989.20.8b
山水圖（陳洪綬陳字父子合作雜畫冊之3）	冊頁	絹	設色	26.7 x 23.8		美國 紐約大都會藝術博物館	L.1989.20.8c
花鳥圖（陳洪綬陳字父子合作雜畫冊之4）	冊頁	絹	設色	26.7 x 23.8		美國 紐約大都會藝術博物館	L.1989.20.8d
梅竹圖（陳洪綬陳字父子合作雜畫冊之5）	冊頁	絹	設色	26.7 x 23.8		美國 紐約大都會藝術博物館	L.1989.20.8e
烹茶圖	摺扇面	金箋	設色	19.2 x 56		美國 紐約顧洛阜先生	
山水人物圖（16幀，畫8，書8）	冊	紙	設色	（每幀）33.5 x 27.3		美國 華盛頓特區弗瑞爾藝術館	61.10a -h
園庭習坐（陳洪綬撫古冊之1）	冊頁	絹	設色	24.6 x 22.6		美國 克利夫蘭藝術博物館	
老子騎牛（陳洪綬撫古冊之2）	冊頁	絹	設色	24.6 x 22.6		美國 克利夫蘭藝術博物館	
水仙枯卉（陳洪綬撫古冊之3）	冊頁	絹	設色	24.6 x 22.6		美國 克利夫蘭藝術博物館	
尋秋（陳洪綬撫古冊之4）	冊頁	絹	設色	24.6 x 22.6		美國 克利夫蘭藝術博物館	
陶淵明像（陳洪綬撫古冊之5）	冊頁	絹	設色	24.6 x 22.6		美國 克利夫蘭藝術博物館	
荷花池石（陳洪綬撫古冊之6）	冊頁	絹	設色	24.6 x 22.6		美國 克利夫蘭藝術博物館	
攜鶴賞秋（陳洪綬撫古冊之7）	冊頁	絹	設色	24.6 x 22.6		美國 克利夫蘭藝術博物館	
林仲青綠（陳洪綬撫古冊之8）	冊頁	絹	設色	24.6 x 22.6		美國 克利夫蘭藝術博物館	
菊石（陳洪綬撫古冊之9）	冊頁	絹	設色	24.6 x 22.6		美國 克利夫蘭藝術博物館	
仿倪瓚山水（陳洪綬撫古冊之10）	冊頁	絹	設色	24.6 x 22.6		美國 克利夫蘭藝術博物館	
五柳先生（陳洪綬撫古冊之	冊頁	絹	設色	24.5 x 22.6		美國 克利夫蘭藝術博物館	

名稱		質地	色彩	尺寸 高x寬cm	創作時間	收藏處所	典藏號碼
11）							
羅漢（陳洪綬撫古冊之 12）	冊頁	絹	設色	25.3 x 23.7		美國 克利夫蘭藝術博物館	
桃禽（陳洪綬撫古冊之 13）	冊頁	絹	設色	23.8 x 22.5		美國 克利夫蘭藝術博物館	
秋山行旅（陳洪綬撫古冊之 14）	冊頁	絹	設色	25.6 x 22.5		美國 克利夫蘭藝術博物館	
仕女（陳洪綬撫古冊之 15）	冊頁	絹	設色	24.5 x 22.8		美國 克利夫蘭藝術博物館	
菊花（陳洪綬撫古冊之 16）	冊頁	絹	設色	23.6 x 22.6		美國 克利夫蘭藝術博物館	
水亭清課（陳洪綬撫古冊之 17）	冊頁	絹	設色	24.6 x 22.6		美國 克利夫蘭藝術博物館	
題壁（陳洪綬撫古冊之 18）	冊頁	絹	設色	24.5 x 22.6		美國 克利夫蘭藝術博物館	
古木（陳洪綬撫古冊之 19）	冊頁	絹	水墨	24.5 x 22.6		美國 克利夫蘭藝術博物館	
古木竹石（陳洪綬撫古冊之 20）	冊頁	絹	水墨	24.6 x 22.6		美國 克利夫蘭藝術博物館	
梅花圖（明清書畫合綴帖之 24）	摺扇面	金箋	水墨	15.6 x 49.5		美國 聖路易斯市吳納孫教授	
梅竹圖	摺扇面	金箋	水墨	16.9 x 54.2		美國 舊金山亞洲藝術館	B83 D1
山水圖	摺扇面	金箋	設色	16.5 x 47.9		美國 勃克萊加州大學藝術館（高居翰教授寄存）	CM28
山水、花卉雜畫（12 幀）	冊	絹	設色	21 x 15.2		美國 勃克萊加州大學藝術館（高居翰教授寄存）	CM27
山水、人物、花鳥雜畫（16 幀）	冊	絹	水墨、設色	（每幀）25.5 x 29.4		美國 夏威夷火魯奴奴藝術學院	3420.1
山水圖（周櫟園上款什冊之 2）	冊頁	紙	設色	24.6 x 32		英國 倫敦大英博物館	1965.7.24.011（ADD362）
人物圖	摺扇面	金箋	設色	15.8 x 50.8		德國 柏林東亞藝術博物館	1988-193
附：							
百蝶圖	卷	絹	設色	31.7 x 530.8		紐約 佳士得藝品拍賣公司/拍賣目錄 1990,05,31.	
祖師待詔圖	卷	絹	水墨	27 x 452.5	庚辰（崇禎十三年，1640）春仲	紐約 佳士得藝品拍賣公司/拍賣目錄 1994,06,01.	
山水圖	卷	紙	設色	23.7 x 300		香港 佳士得藝品拍賣公司/拍賣目錄 1996,04,28.	
提籃老人圖	軸	絹	設色	57 x 24		天津 天津市文物公司	
人物圖	軸	絹	設色	49.5 x 30		濟南 山東省濟南市文物商店	

名稱		質地	色彩	尺寸 高×寬㎝	創作時間	收藏處所	典藏號碼
停琴圖	軸	綾	設色	105 × 46.5		揚州 揚州市文物商店	
停琴品茗圖	軸	絹	設色	75 × 53		上海 朵雲軒	
松竹芝石圖	軸	絹	設色	99.8 × 44.5	戊寅（崇禎十一年，1638）	上海 上海文物商店	
把杯賞梅圖	軸	絹	設色	131.3 × 49.1	庚寅（順治七年，1650）	上海 上海文物商店	
花蝶竹石圖	軸	絹	設色	110.5 × 44.8		上海 上海文物商店	
梅花圖	軸	絹	設色	58.6 × 28.2		上海 上海文物商店	
煉芝圖	軸	絹	設色	126.8 × 46.8		上海 上海文物商店	
花鳥圖（4幅）	軸	絹	設色	（每幅）166.4 × 50.1		上海 上海文物商店	
水仙靈石圖	軸	絹	設色	48 × 26.5		蘇州 蘇州市文物商店	
人物圖	軸	絹	設色	107.4 × 47.7		武漢 湖北省武漢市文物商店	
美人戲蝶圖	軸	絹	設色	109.2 × 58		香港 蘇富比藝品拍賣公司/拍賣目錄 1984,11,11.	
嬰戲圖	軸	絹	設色	83.2 × 40		紐約 蘇富比藝品拍賣公司/拍賣目錄 1984,12,05.	
工筆花鳥圖	軸	絹	設色	45.7 × 33		紐約 蘇富比藝品拍賣公司/拍賣目錄 1986,06,03.	
蕉蔭賞古圖	軸	絹	設色	160 × 51.1		紐約 蘇富比藝品拍賣公司/拍賣目錄 1986,12,04.	
麻姑獻壽圖	軸	絹	設色	193 × 93.4		紐約 佳仕得藝品拍賣公司/拍賣目錄 1986,12,01.	
童子拜佛圖	軸	絹	設色	122.5 × 56.8		紐約 蘇富比藝品拍賣公司/拍賣目錄 1988,06,01.	
壽星圖	軸	絹	設色	137.2 × 47.3		紐約 蘇富比藝品拍賣公司/拍賣目錄 1988,11,30.	
美人賦詩圖	軸	絹	設色	94.5 × 42		紐約 佳士得藝品拍賣公司/拍賣目錄 1989,12,04.	
林逋賞梅圖	軸	絹	設色	66 × 40.5		紐約 佳士得藝品拍賣公司/拍賣目錄 1990,05,31.	

名稱		質地	色彩	尺寸 高×寬㎝	創作時間	收藏處所	典藏號碼
松蔭高士圖	軸	絹	設色	150.5 × 76.5		紐約 佳士得藝品拍賣公司/拍賣目錄 1990,05,31.	
白荷圖	軸	絹	設色	145.5 × 50.8		紐約 佳士得藝品拍賣公司/拍賣目錄 1990,11,28.	
荷塘蛙鷺圖	軸	絹	水墨	69 × 29.5		香港 佳士得藝品拍賣公司/拍賣目錄 1991,03,18.	
荷花蝴蝶圖	軸	絹	設色	96.5 × 28.5		紐約 佳士得藝品拍賣公司/拍賣目錄 1991,05,29.	
高士賞蓮圖	軸	絹	設色	118 × 50.1		紐約 佳士得藝品拍賣公司/拍賣目錄 1993,12,01.	
樹下談禪圖	軸	絹	設色	162.5 × 54.6		紐約 佳士得藝品拍賣公司/拍賣目錄 1993,12,01.	
松下問道圖	軸	絹	設色	151.1 × 91.4		紐約 佳士得藝品拍賣公司/拍賣目錄 1994,06,01.	
梅花水仙小鳥圖	軸	紙	水墨	122 × 59	戊寅（崇禎十一年，1638）秋月	紐約 佳士得藝品拍賣公司/拍賣目錄 1994,06,01.	
壽者仙人圖	軸	絹	設色	200 × 98.5	戊寅（崇禎十一年，1638）孟暑	紐約 佳士得藝品拍賣公司/拍賣目錄 1994,06,01.	
梅花圖	軸	紙	設色	110.5 × 29.2		紐約 佳士得藝品拍賣公司/拍賣目錄 1994,11,30.	
人物圖	軸	絹	設色	144.8 × 55.9	庚寅（順治七年，1650）秋造	紐約 佳士得藝品拍賣公司/拍賣目錄 1994,11,30.	
人物圖	軸	絹	設色	86.7 × 67.3		香港 佳士得藝品拍賣公司/拍賣目錄 1995,04,30.	
仙女圖	軸	絹	設色	190.5 × 91.4		紐約 佳士得藝品拍賣公司/拍賣目錄 1996,03,27.	
博古圖	軸	絹	設色	64 × 42		香港 佳士得藝品拍賣公司/拍賣目錄 1998,09,15.	
卜居圖	軸	紙	設色	120 × 61	庚午（崇禎三年，1630）冬日	香港 蘇富比藝品拍賣公司/拍賣目錄 1999,10,31.	
谿亭秋光圖	摺扇面	金箋	設色	不詳	戊寅（崇禎十一年，1638）	武漢 湖北省武漢市文物商店	
拽杖看山圖	摺扇面	金箋	設色	不詳		武漢 湖北省武漢市文物商店	
梅石山禽圖	摺扇面	金箋	設色	不詳		武漢 湖北省武漢市文物商店	

名稱		質地	色彩	尺寸 高x寬cm	創作時間	收藏處所	典藏號碼
古木歸鴉圖	摺扇面	金箋	水墨	不詳		武漢 湖北省武漢市文物商店	
仿王叔明山水（明末清初山水名家集冊之1幀）	冊頁	絹	設色	24.7 x 28		紐約 佳士得藝品拍賣公司/拍賣目錄 1987,12,11.	
水仙梅花圖	摺扇面	金箋	設色	16.5 x 50		紐約 佳士得藝品拍賣公司/拍賣目錄 1988,11,30.	
梅花高士圖	摺扇面	金箋	設色	16 x 46.5		紐約 佳士得藝品拍賣公司/拍賣目錄 1989,06,01.	
人物（10幀）	冊	紙	設色	（每幀）32.3 x 37		紐約 佳士得藝品拍賣公司/拍賣目錄 1989,12,04.	
梅花圖	摺扇面	金箋	水墨	20.3 x 54.5		紐約 佳士得藝品拍賣公司/拍賣目錄 1993,06,04.	
梅花	摺扇面	金箋	水墨	20.3 x 54.5		紐約 佳士得藝品拍賣公司/拍賣目錄 1993,06,04.	
水滸葉子（41幀）	冊頁	紙	水墨	（每幀）12.6 x 5.3		紐約 佳士得藝品拍賣公司/拍賣目錄 1993,12,01.	
策杖尋幽	摺扇面	金箋	設色	17 x 51		香港 佳士得藝品拍賣公司/拍賣目錄 1998,09,15.	
花石蛺蝶	摺扇面	粉箋	設色	？		香港 佳士得藝品拍賣公司/拍賣目錄 2001,04,29.	

畫家小傳：陳洪綬。字章侯。號老蓮、悔遲、勿遲。浙江諸暨人。張爾葆婿。生於神宗萬曆二十七（1599）年。卒於清世祖順治九（1652）年。善畫人物、經史故實，造型軀幹偉岸，衣紋用筆清圓細勁，兼得李公麟、趙孟頫、吳道子、陸探微之妙；兼作花鳥、草蟲，亦精妙。（見明畫錄、無聲詩史、圖繪寶鑑續纂、國朝畫徵錄、桐陰論畫、紹興府志、中國畫家人名大辭典）

許 儀

名稱		質地	色彩	尺寸 高x寬cm	創作時間	收藏處所	典藏號碼
磊石叢竹圖（為宗皋作，孫克弘等作朱竹圖卷5之5段）	卷	紙	設色	20.9 x 416.7	乙酉（順治二年，1645）端月	上海 上海博物館	
荷香清夏	軸	絹	設色	198.9 x 95.9		台北 故宮博物院	故畫 00944
杞菊圖	軸	紙	設色	不詳	辛卯（順治八年，651）嘉平	北京 故宮博物院	
匡廬瀑布圖	軸	絹	設色	156.5 x 59.5	庚子（順治十七年，1660）	濟南 山東省博物館	
梅花白鴿圖	軸	絹	設色	170.2 x 47.2	丙午（康熙五年，1666）	合肥 安徽省博物館	

名稱		質地	色彩	尺寸 高×寬㎝	創作時間	收藏處所	典藏號碼
牡丹圖	軸	絹	設色	96 × 45.6		無錫 江蘇省無錫市博物館	
學士圖	軸	絹	設色	120 × 92		美國 紐約市布魯克林博物館	
茶花石圖（似南青道兄作）	摺扇面	紙	設色	不詳	乙酉（順治二年，1645）日	北京 故宮博物院	
花果圖（8幀）	冊	紙	設色	不詳	戊申（康熙七年，1668）桂月	北京 故宮博物院	
松柏竹石圖（為電翁作）	摺扇面	金箋	設色	17 × 49.3	乙酉（順治二年，1645）浴佛節	日本 東京林宗毅先生	
附：							
山水圖	軸	絹	設色	不詳	辛丑（順治十八年，1661）	北京 中國文物商店總店	

畫家小傳：許儀。字子韶。號歇公、顧影子。江蘇無錫人。生於神宗萬曆二十七（1599）年。卒於清聖祖康熙八（1669）年。畫得舅氏李采石之傳。善畫山水、人物、界畫、花鳥、蟲魚，無一不精；尤工寫照。（見無聲詩史、圖繪寶鑑續纂、櫟園讀畫錄、崑新合志桐陰論畫、中國畫家人名大辭典），

王崑仲

桑谿修禊圖	卷	絹	設色	不詳	天啟癸亥（三年，1623）暮春	北京 故宮博物院	
山水圖	軸	絹	設色	158.5 × 37.2		日本 山形縣美術館	大A-57

畫家小傳：王崑仲。籍里、身世不詳。能畫。流傳署款紀年作品見於明熹宗天啟三（1623）年。（見宋元明清書畫家年表、中國美術家人名辭典）

沈 宣

法家石田筆作秋山讀易圖	軸		設色	151.3 × 72	天啟三年（癸亥，1623）秋八月	南京 南京博物院	

畫家小傳：沈宣。字明德。浙江仁和人。神宗萬曆（1573-1619）中，以詩鳴於時。晚年好畫山水，多逸致。流傳署款紀年作品見於熹宗天啟三（1623）年。（見杭州府志、分省人物考、中國畫家人名大辭典）

朱 瑛

仿沈石田竹樓清話圖	軸	紙	水墨	不詳	辛丑（順治十八年，1661）	寧波 浙江省寧波市天一閣文物保管所	
秋光雨意圖（名人畫扇冊之7）	摺扇面	紙	設色	不詳		台北 故宮博物院	故畫03554-7

名稱		質地	色彩	尺寸 高x寬㎝	創作時間	收藏處所	典藏號碼
補「結庵十詠」圖（10幀）	冊	紙	設色	（每幀）19.9 x 36.3	癸亥（天啟三年，1623）	北京 故宮博物院	
秋溪獨釣圖（為元青作）	摺扇面	紙	設色	不詳	崇禎九年（丙子，1636）小春	北京 故宮博物院	
陂塘晚座圖	摺扇面	紙	設色	17.2 x 48.7	丙子（崇禎九年，1636）	北京 故宮博物院	

畫家小傳：朱瑛。字君求。浙江嘉興人。朱寶之子。承家學，善畫山水。流傳署款紀年作品見於熹宗天啟三(1623)年，至清世祖順治十八(1661)年。（見圖繪寶鑑續纂、兩浙名畫記、珊瑚網、中國畫家人名大辭典）

葉有年

名稱		質地	色彩	尺寸 高x寬㎝	創作時間	收藏處所	典藏號碼
雲山圖	卷	紙	水墨	14 x 385		南寧 廣西壯族自治區博物館	
花苑春雲圖	軸	絹	設色	169.8 x 61.7		北京 故宮博物院	
雲山圖	軸	紙	水墨	84.5 x 34.5		天津 天津市藝術博物館	
松高峰峻圖	軸	絹	設色	117 x 53.5	癸亥（天啟三年，1623）	青島 山東省青島市博物館	
柳塘送芝圖	軸	紙	設色	116.8 x 47.6	乙亥（崇禎八年，1635）長夏	上海 上海博物館	
雲山圖	軸	紙	水墨	116.3 x 42.6	癸巳（順治十年，1653）秋日	上海 上海博物館	
谿山高隱圖（寫祝有翁壽）	軸	紙	設色	77.2 x 46	甲午（順治十一年，1654）小春	日本 江田勇二先生	
山水圖（韶九等書畫合裝冊卷之1幀）	冊頁	紙	設色	不詳		北京 故宮博物院	
山水圖（清葉有年等山水冊10之1幀）	冊頁	金箋	設色	31 x 35.5		合肥 安徽省博物館	
山水圖（清何遠等山水小品冊之1幀）	冊頁	金箋	設色	15.4 x 9.6	己亥（順治十六年，1659）冬日	蘇州 江蘇省蘇州博物館	
附：							
山水（清初諸家花卉山水冊10之1幀）	冊頁	金箋	設色	30.5 x 38	辛丑年（順治十八年，1661）	紐約 佳士得藝品拍賣公司/拍賣目錄 1994,11,30.	
山水（明清諸家賀斗南翁壽山水冊8之1幀）	冊頁	金箋	設色	29.8 x 35.8	戊戌（順治十五年，1658）夏	紐約 佳士得藝品拍賣公司/拍賣目錄 1995,03,22.	

畫家小傳：葉有年。字君山。江蘇南匯（一作華亭）人。善畫山水，學於孫雪居，並能斟酌趙左、竹嶼，出奇無窮，又能遍歷名山，有助畫筆，故名甲八都。流傳署款紀年作品見於熹宗天啟三（1623）年，至清世祖順治十八（1661）年。（見圖繪寶鑑續纂、

名稱		質地	色彩	尺寸 高x寬㎝	創作時間	收藏處所	典藏號碼

榡園讀畫錄、桐陰論畫、海上墨林、上海縣志、中國畫家人名大辭典）

陳玄藻

畫祝碧池禪師壽山水圖	軸	綾	設色	139.2 x 53.6		日本 中埜又左衛門先生	
仿高克恭山水圖	摺扇面	紙	水墨	不詳	天啟三年（癸亥，1623）	北京 故宮博物院	

畫家小傳：陳玄藻（一作元藻）。字爾鑑。福建莆田人。神宗萬曆三十八(1610)年進士。工詩畫。流傳署款紀年作品見於熹宗天啟三(1623)年。（見莆田縣志、中國畫家人名大辭典）

張　舒

為偶萍禪師作山水（雲間十一家山水卷之第10幅，與諸念修畫於同幅）	卷	紙	水墨	24.7 x 160.9	癸亥（天啟三年，1623）嘉平月	台北 故宮博物院	故畫 01109-10
荷花圖	軸	紙	設色	不詳		瀋陽 故宮博物院	
山水圖	軸	紙	設色	不詳		天津 天津市藝術博物館	
鷦鴂野菊（明花卉畫冊之4）	冊頁	紙	設色	16.1 x 50.2		台北 故宮博物院	故畫 03514-4

畫家小傳：張舒。畫史無載。流傳署款紀年作品見於熹宗天啟三（1623）年。身世待考。

白　漢

人物圖（陳洪綬、白漢合作）	摺扇面	金箋	設色	16.2 x 51.2		北京 故宮博物院	

畫家小傳：白漢。與陳洪綬同時。畫史無載。身世待考。

祁鴻孫

松溪圖（陳洪綬、祁鴻孫合作）	摺扇面	金箋	設色	16.2 x 51.1		北京 故宮博物院	

畫家小傳：祁鴻孫。與陳洪綬同時。畫史無載。身世待考。

胡　皐

仿吳鎮觀瀑圖	軸	紙	水墨	不詳	辛巳（崇禎十四年，1641）初春	北京 故宮博物院	
山水圖	軸	紙	設色	不詳		北京 故宮博物院	
泰山日出圖	軸	綾	設色	不詳	崇禎壬午（十五年，1642）	合肥 安徽省博物館	

名稱		質地	色彩	尺寸 高x寬㎝	創作時間	收藏處所	典藏號碼
和風煙雨圖	軸	紙	水墨	81.7 x 31	丁亥（順治四年，1647）	合肥 安徽省博物館	
溪山泛舟圖	軸	絹	設色	不詳	癸亥（天啟三年，1623）	上海 上海博物館	
群山雲繞圖	軸	絹	設色	145 x 60.5		婺源 江西省婺源縣博物館	
山水圖（8幀）	冊	紙	設色	（每幀）30 x 26		合肥 安徽省博物館	
附：							
溪山訪友圖	軸	紙	水墨	不詳	己巳（崇禎二年，1629）	上海 上海文物商店	

畫家小傳：胡皐。字公邁。安徽婺源人。善畫，兼工畫法、詩、古文辭。天啟中曾參贊軍務至朝鮮，彼邦人士頗珍愛其墨楮。流傳署款紀年作品見於熹宗天啟三（1623）年至思宗崇禎十四（1641）年。（見徽州志、鶩源縣志、耕硯田齋筆記、中國畫家人名大辭典）

嘉 賓

名稱		質地	色彩	尺寸 高x寬㎝	創作時間	收藏處所	典藏號碼
雜畫（名人畫扇冊之1）	摺扇面	紙	設色	不詳		台北 故宮博物院	故畫 03554-1

畫家小傳：嘉賓。畫史無載。身世待考。

張 檟

名稱		質地	色彩	尺寸 高x寬㎝	創作時間	收藏處所	典藏號碼
山水圖	軸	金箋	設色	不詳	天啟甲子（四年，1624）春仲	北京 故宮博物院	
載菊舟行圖	軸	絹	設色	149 x 46.6		日本 大阪橋本大乙先生	

畫家小傳：張檟。字士美。江蘇崑山人。張大年之子。承家學，工畫花鳥、山水。流傳署款紀年作品見於熹宗天啟四（1624）年。（見圖繪寶鑑續纂、崑新合志、中國畫家人名大辭典）

徐弘澤

名稱		質地	色彩	尺寸 高x寬㎝	創作時間	收藏處所	典藏號碼
山水圖	軸	紙	設色	不詳	天啟乙丑（五年，1625）月望日	北京 故宮博物院	
寒山古寺圖	摺扇面	紙	設色	不詳	天啟甲子（四年，1624）夏日	北京 故宮博物院	
江上孤舟圖	摺扇面	金箋	水墨	不詳		佛山 廣東省佛山市博物館	

畫家小傳：徐弘澤。字潤卿。號春門、竹浪老人。浙江嘉興人。工書畫。畫山水，出入黃公望、王蒙、吳鎮、柯九思、沈周、陳淳諸前賢，故落筆不失法度。流傳署款紀年作品見於熹宗天啟四（1624）至五（1625）年。（見明畫錄、國朝畫徵錄、嘉興縣志、恬致堂集、中國畫家人名大辭典）

吳 隆

名稱		質地	色彩	尺寸 高×寬㎝	創作時間	收藏處所	典藏號碼
歲寒三友圖	軸	紙	水墨	不詳	天啟甲子（四年，1624）	寧波 浙江省寧波市天一閣文物保管所	
附：							
仿趙大年山水圖	軸	絹	設色	不詳	崇禎二年（己巳，1629）	上海 朵雲軒	

畫家小傳：吳隆。畫史無載。流傳署款紀年作品見於熹宗天啟四（1624）年至思宗崇禎二(1629)年。身世待考。

季如泰

名稱		質地	色彩	尺寸 高×寬㎝	創作時間	收藏處所	典藏號碼
花鳥圖	卷	紙	設色	32.1 × 895	天啟乙丑（五年，1625）	瀋陽 遼寧省博物館	
四景圖	卷	絹	設色	30 × 398	天啟甲子（四年，1624）	濟南 山東省博物館	

畫家小傳：季如泰。畫史會要記載，有季如太，籍里、身世不詳，善畫花鳥，布置有深意。疑即此人。流傳署款紀年作品見於熹宗天啟四（1624）、五（1625）年。（見畫史會要、中國畫家人名大辭典）

吳晃

名稱		質地	色彩	尺寸 高×寬㎝	創作時間	收藏處所	典藏號碼
山水圖	摺扇面	金箋	設色	17.2 × 53.3	甲子（天啟四年，1624）中秋	美國 勃克萊加州大學高居翰教授	CC180

畫家小傳：吳晃。字仙台。浙江山陰人。善畫山水，追摹宋、元。兼善蘭竹、木石。流傳署款紀年作品見於熹宗天啟四（1624）年。（見明畫錄、中國畫家人名大辭典）

葛旭

名稱		質地	色彩	尺寸 高×寬㎝	創作時間	收藏處所	典藏號碼
山水圖	軸	紙	設色	不詳	己巳（崇禎二年，1629）	北京 故宮博物院	
胥江晚渡（明人蘇台古蹟冊之第8幀）	冊頁	絹	設色	31.3 × 25.1	己卯（崇禎十二年，1639）春日	台北 故宮博物院	故畫 01272-8
山水圖（落日古渡）	摺扇面	金箋	設色	16.8 × 51,7	甲子（天啟四年，1624）秋日	日本 橫濱岡山美術館	
山窗聽鳥聲圖（明清諸大家扇面冊之1幀）	摺扇面	金箋	設色	16.5 × 51	癸酉（崇禎六年，1633）夏日	日本 中埜又左衛門先生	

畫家小傳：葛旭。畫史無載。流傳署款紀年作品見於熹宗天啟四（1624）年，至思宗崇禎十二（1639）年。身世待考。

倪瑛

名稱		質地	色彩	尺寸 高×寬㎝	創作時間	收藏處所	典藏號碼
歸庵圖	卷	紙	設色	29 × 127	甲子（天啟四年，1624）	瀋陽 遼寧省博物館	

名稱		質地	色彩	尺寸 高x寬㎝	創作時間	收藏處所	典藏號碼

| | | | | | 1624） | | |
| 坐看洗馬圖（各人書畫扇（王 ）冊之18） | 摺扇面 紙 | | 設色 | 不詳 | | 台北 故宮博物院 | 故畫 03560-18 |

畫家小傳：倪瑛。畫史無載。流傳署款紀年作品見於熹宗天啟四年（1624）年。身世待考。

王真真

| 蘭花圖 | 摺扇面 金箋 | | 水墨 | 不詳 | 甲子（天啟四年，1624） | 瀋陽 遼寧省博物館 | |

畫家小傳：王真真。畫史無載。流傳署款紀年作品見於熹宗天啟四（1624）年。身世待考。

王 贅

| 天竺畫眉圖 | 軸 | 絹 | 設色 | 不詳 | 天啟甲子（四年，1627）初夏 | 北京 首都博物館 | |
| 蜀葵貓石圖 | 軸 | 絹 | 設色 | 不詳 | 丁卯（天啟七年，1627）夏日 | 常熟 江蘇省常熟市文物管理委員會 | |

畫家小傳：王贅。籍里、身世不詳。善畫。流傳署款紀年作品見於熹宗天啟四（1624）至七（1627）年。（見晉唐五代宋元明清書畫集、中國美術家人名辭典）

張 瓊

| 山水圖 | 摺扇面 金箋 | | 設色 | 18.5 × 56.1 | 甲子（？天啟四年，1624）仲夏 | 德國 科隆東亞藝術博物館 | A55.76 |

畫家小傳：張瓊。自署中條山人。畫史無載。流傳署款作品紀年疑為熹宗天啟四（1624）年。身世待考。

楊克忠

| 桃花源圖 | 軸 | 絹 | 設色 | 172 × 105.5 | 甲子（？天啟四年，1624） | 重慶 重慶市博物館 | |
| 山水圖 | 冊頁 | 金箋 | 設色 | 19.2 × 57.2 | | 香港 潘祖堯小聽颿樓 | CP72 |

畫家小傳：楊克忠。畫史無載。流傳署款作品紀年疑為熹宗天啟四（1624）年。身世待考。

顧 景

| 梅花圖（王維烈、顧景、王璽、陳嘉言合作） | 卷 | 紙 | 水墨 | 不詳 | | 北京 故宮博物院 | |

畫家小傳：顧景。與王維烈、陳嘉言同時。畫史無載。身世待考。

王 璽

名稱		質地	色彩	尺寸 高×寬cm	創作時間	收藏處所	典藏號碼
梅花圖（王維烈、顧景、王璽、陳嘉言合作）	卷	紙	水墨	不詳		北京 故宮博物院	

畫家小傳：王璽。與王維烈、陳嘉言同時。畫史無載。身世待考。

因 宏

名稱		質地	色彩	尺寸 高×寬cm	創作時間	收藏處所	典藏號碼
為偶萍禪師作山水（雲間十一家山水卷之第2幅）	卷	紙	水墨	20.7 x 139.9	乙丑（天啟五年，1625）維夏	台北 故宮博物院	故畫 01109-2

畫家小傳：因宏。畫史無載。流傳署款紀年作品見於熹宗天啟五（1625）年。身世待考。

盛茂煐

名稱		質地	色彩	尺寸 高×寬cm	創作時間	收藏處所	典藏號碼
仿黃公望山水圖	軸	紙	設色	不詳	天啟乙丑（五年，1625）仲夏	北京 故宮博物院	
戲筆竹石（名人畫扇冊之6）	摺扇面	紙	水墨	不詳		台北 故宮博物院	故畫 03554-6
山水圖	摺扇面	紙	設色	不詳	丙寅（天啟六年，1626）	北京 故宮博物院	
人物圖	摺扇面	金箋	設色	不詳	癸酉（崇禎六年，1633）	天津 天津市藝術博物館	
山水圖（明劉原起等山水冊之1幀）	冊頁	絹	設色	不詳		天津 天津市藝術博物館	
雪景山水圖	摺扇面	金箋	設色	18 x 52		美國 密歇根大學藝術博物館	1990/2.1
附：							
奕棋圖	摺扇面	金箋	水墨	17 x 55	壬子（萬曆四十年，1612）冬日	紐約 佳士得藝品拍賣公司/拍賣目錄 1993,12,01.	

畫家小傳：盛茂煐。江蘇長洲人。盛茂燁之弟。亦善畫山水。流傳署款紀年作品見於神宗萬曆四十（1612）年，至熹宗天啟六（1626）年。（見郎消夏百一詩注、中國畫家人名大辭典）

盛茂穎

名稱		質地	色彩	尺寸 高×寬cm	創作時間	收藏處所	典藏號碼
馬耆煙雨圖	卷	紙	設色	不詳	癸酉（崇禎六年，1633）	瀋陽 遼寧省博物館	
觀瀑圖（為也珍作）	軸	絹	設色	103.6 x 45.6	乙丑（天啟五年，1625）春日	上海 上海博物館	
寒山萬木圖	軸	絹	設色	不詳		上海 上海博物館	
松陰高士（名人書畫合冊之18）	冊頁	紙	設色	17.6 x 55.4		台北 故宮博物院	故畫 03582-18

名稱		質地	色彩	尺寸 高x寬cm	創作時間	收藏處所	典藏號碼
山水圖（8幀）	冊	紙	設色	不詳	丁卯（天啟七年，1627）暮春	北京 故宮博物院	
幽溪深梅圖	摺扇面	紙	水墨	不詳	己未（萬曆四十七年，1619）	北京 故宮博物院	
禮佛圖（？幀）	冊	紙	設色	不詳	己巳（崇禎二年，1829）	南京 南京博物院	

畫家小傳：盛茂穎。江蘇長洲人。盛茂燁之弟。工畫山水。流傳署款紀年作品見於熹宗天啟五(1625)至思宗崇禎六（1633）年。（見郎消夏百一詩注、中國畫家人名大辭典）

張鳳翼

名稱		質地	色彩	尺寸 高x寬cm	創作時間	收藏處所	典藏號碼
後赤壁賦圖	卷	紙	設色	不詳	丁卯（天啟七年，1627）夏五月	北京 故宮博物院	
瀟湘八景圖（吳令等八人合作分繪於二扇面，裝卷）	卷	金箋	設色	（每面）16.7 x 52.2		北京 故宮博物院	
蘭竹芝石圖（張鳳翼、袁尚統合作）	卷	紙	設色	不詳	乙丑（天啟五年，1625）春	無錫 江蘇省無錫市博物館	
江上歸帆圖（明人書畫扇利冊之8）	冊頁	紙	設色	17.5 x 52.1		台北 故宮博物院	故畫 03566-8
潯陽江圖	摺扇面	紙	設色			台北 故宮博物院	故扇 00288
金陵八景圖（蔣乾、周天球等十一人合繪於2摺扇面）	摺扇面	金箋	設色	（每面）17.5 x 53.5		南京 南京市博物館	

畫家小傳：張鳳翼。字伯起。畫史無載。惟有張燕翼者，江蘇長洲人，能書、工詩、善畫蘭竹木石，與鳳翼、獻翼兄弟三人，俱以才藝名吳中。流傳署款紀年作品見於熹宗天啟五(1625)、七(1627)年。。（見明史皇甫涍傳、弇州續藁、中國畫家人名大辭典）

杜大中

名稱		質地	色彩	尺寸 高x寬cm	創作時間	收藏處所	典藏號碼
金陵八景圖（蔣乾、周天球等十一人合繪於2摺扇面）	摺扇面	金箋	設色	（每面）17.5 x 53.5		南京 南京市博物館	

畫家小傳：杜大中。畫史無載。約與張鳳翼同時。身世待考。

趙 洞

名稱		質地	色彩	尺寸 高x寬cm	創作時間	收藏處所	典藏號碼
仿宋元人山水圖（為竹素作）	冊頁	金箋	設色、水墨	不詳	乙丑（天啟五年，1625）夏日	天津 天津市藝術博物館	
喬松亭瀑圖（壽許母作，楊文驄等雜畫冊6之第3幀）	冊頁	金箋	水墨	29 x 23	己卯（崇禎十二年，1639）秋日	上海 上海博物館	

名稱		質地	色彩	尺寸 高x寬cm	創作時間	收藏處所	典藏號碼

畫家小傳：趙洞。字希遠。江蘇華亭人。博學能文。與董其昌、王時敏交好。福王時，楊文驄作書招之出，謝卻。晚年以書畫自娛。
流傳署款紀年作品見於熹宗天啟五(1625)年，至思宗崇禎十二（1639）年。（見海上墨林、中國畫家人名大辭典）

李 蔚
附：

| 盆蘭圖 | 軸 | 紙 | 水墨 | 107.3 x 34.6 | 天啟乙丑（五年，1625）冬季之望 | 紐約 佳士得藝品拍賣公司/拍賣目錄 1997.09.19 | |

畫家小傳：李蔚。畫史無載。流傳署款紀年作品見於熹宗天啟五(1625)年。身世待考。

吳志伊

| 仿大癡山水圖 | 軸 | 絹 | 設色 | 113 x 50 | 天啟乙丑（五年，1625） | 天津 天津市藝術博物館 | |

畫家小傳：吳志伊。畫史無載。流傳署款紀年作品見於熹宗天啟五（1625）年。身世待考。

李杭之

山水圖	軸	紙	設色	不詳	甲申（崇禎十七年，1644）	北京 故宮博物院	
篷帆待揚（名人畫扇（下）冊之1）	摺扇面	紙	設色	不詳		台北 故宮博物院	故畫 03555-1
山水圖	摺扇面	金箋	設色	不詳	乙丑（天啟五年，1625）	北京 故宮博物院	
山水圖（8幀）	冊	紙	設色	不詳	甲申（順治元年，1644）	北京 故宮博物院	
赤壁圖	摺扇面	灑金箋	設色	不詳	康熙戊午（十七年，1678）秋	北京 中國歷史博物館	
仿古山水（12幀）	冊	紙	水墨	（每幀）20.3 x 16.8		上海 上海博物館	
山水圖	摺扇面	金箋	水墨	不詳	壬午（崇禎十五年，1642）	杭州 浙江省博物館	
溪橋散步圖	摺扇面	金箋	設色	不詳	甲申（崇禎十七年，1644）	杭州 浙江省博物館	

附：

| 竹石圖（為子石作） | 摺扇面 | 紙 | 水墨 | 不詳 | 庚辰（崇禎十三年，1640）秋日 | 北京 北京市文物商店 | |

名稱		質地	色彩	尺寸 高x寬cm	創作時間	收藏處所	典藏號碼

畫家小傳：李杭之。字僧筏。江蘇嘉定人。李流芳之子。工畫，似其父。流傳署款紀年作品見於熹宗天啟五(1625)至，至清聖祖康熙十七(1678)年。(見列朝詩集小傳、中國畫家人名大辭典)

楊 宛

| 送子觀音圖 | 軸 | 絹 | 設色 | 不詳 | 乙丑（天啟五年，1625） | 蘇州 江蘇省蘇州博物館 | |

畫家小傳：楊宛。女。字宛若。江蘇金陵人。茅現儀側室。善寫蘭，清妍饒韻。流傳署款紀年作品見於熹宗天啟五(1625)年。(見無聲詩史、中國畫家人名大辭典)

查繼佐

高躅空觀圖	卷	綾	設色	21.6 x 180	戊申（康熙七年，1668）八月朔日	上海 上海博物館	
酒約水村中（山水冊頁10幀裝成，10之1）	卷	紙	設色	（每幀）28.2 x 54.1		香港 何耀光至樂樓	
積翠引危路（山水冊頁10幀裝成，10之2）	卷	紙	設色	（每幀）28.2 x 54.1		香港 何耀光至樂樓	
懸溜別其流（山水冊頁10幀裝成，10之3）	卷	紙	設色	（每幀）28.2 x 54.1		香港 何耀光至樂樓	
海戌障天遠（山水冊頁10幀裝成，10之4）	卷	紙	設色	（每幀）28.2 x 54.1		香港 何耀光至樂樓	
晚集向河招（山水冊頁10幀裝成，10之5）	卷	紙	設色	（每幀）28.2 x 54.1		香港 何耀光至樂樓	
急流觴刺眼（山水冊頁10幀裝成，10之6）	卷	紙	設色	（每幀）28.2 x 54.1		香港 何耀光至樂樓	
窗意在千里（山水冊頁10幀裝成，10之7）	卷	紙	設色	（每幀）28.2 x 54.1		香港 何耀光至樂樓	
回眼落泉涼（山水冊頁10幀裝成，10之8）	卷	紙	設色	（每幀）28.2 x 54.1		香港 何耀光至樂樓	
因流寄永和（山水冊頁10幀裝成，10之9）	卷	紙	設色	（每幀）28.2 x 54.1		香港 何耀光至樂樓	
尋魚必有朋（山水冊頁10幀裝成，10之10）	卷	紙	設色	（每幀）28.2 x 54.1		香港 何耀光至樂樓	
秋景山水圖	軸	綾	設色	不詳		北京 故宮博物院	
溪山圖	軸	紙	設色	不詳		上海 上海博物館	

名稱		質地	色彩	尺寸 高x寬㎝	創作時間	收藏處所	典藏號碼
溪橋策杖圖	軸	絹	設色	107.4 x 35.		杭州 浙江省博物館	
山水圖	軸	絹	設色	152.5 x 47.6		美國 密歇根大學藝術博物館	1974/1.94
吼石成梁圖	摺扇面	金箋	設色	不詳		重慶 重慶市博物館	
附：							
園居圖	卷	絹	設色	54 x 258		紐約 佳士得藝品拍賣公司/拍 賣目錄 1993,06,04.	

畫家小傳：查繼佐。初名佑，以考試誤為今名，遂用之。字伊璜、敬修。號輿齋、東山。浙江海寧人。生於神宗萬曆二十九（1601）年。卒於清聖祖康熙十六（1677）年。工詩、書法。善畫山水，學黃公望。（見圖繪寶鑑續纂、東山外記、耕硯田齋筆記、中國畫家人名大辭典）

高　友

名稱		質地	色彩	尺寸 高x寬㎝	創作時間	收藏處所	典藏號碼
山水圖（明人書畫扇（寅）冊之5）	摺扇面	紙	設色	不詳		台北 故宮博物院	故畫 03543-5
山水圖（為守恒作）	摺扇面	金箋	設色	14.6 x 46	丙午（康熙五年，1666）秋	香港 香港美術館‧虛白齋	FA1991.068
紫薇竹石圖（為克振作）	摺扇面	金箋	設色	不詳	甲戌（崇禎七年，1634）新秋	揚州 江蘇省揚州市博物館	

畫家小傳：高友。字三益。浙江四明人。高陽從子。能傳父業，善畫山水，時稱「二高」。流傳署款紀年作品見於熹宗天啟六（1626）年，至清聖祖康熙五(1666)年。（見明畫錄、畫史會要、中國畫家人名大辭典）

王子元

名稱		質地	色彩	尺寸 高x寬㎝	創作時間	收藏處所	典藏號碼
朱竹蘭石圖	卷	紙	設色	不詳	崇禎己卯（十二年，1639）	北京 故宮博物院	
歲寒三友圖（王子元、丘岳、陳嘉言合作）	卷	紙	水墨	不詳	丙申（順治十三年，1656）	煙臺 山東省煙臺市博物館	
水仙奇石圖	軸	紙	設色	114.5 x 42.5	庚辰（崇禎十三年，1640）冬日	香港 香港美術館‧虛白齋	XB1992.155
八哥圖	軸	紙	設色	不詳	崇禎乙亥（八年，1635）	北京 故宮博物院	
花鳥圖	軸	絹	設色	不詳	崇禎丙子（九年，1636）	北京 故宮博物院	
歲寒圖（陳嘉言、盛茂燁、劉	軸	紙	設色	158 x 63		天津 天津市藝術博物館	

名稱		質地	色彩	尺寸 高×寬cm	創作時間	收藏處所	典藏號碼

原起、王子元、王中立合作）

花果圖（袁尚統、王子元、陳嘉言合作）	軸	紙	設色	100 × 49		合肥 安徽省博物館	
端午即景圖	軸	紙	設色	不詳	天啟丙寅（六年，1626）	重慶 重慶市博物館	
茶花臘嘴圖	軸	絹	設色	112 × 30	崇禎丁丑（十年，1637		
花鳥圖（4幀）	冊	絹	設色	（每幀）28.5 × 30.5	辛未（崇禎四年，1631）	瀋陽 遼寧省博物館	
葡萄（清花卉畫冊三冊之第9幀）	冊頁	紙	設色	不詳		台北 故宮博物院	故畫 03519-9
花鳥圖（8幀）	冊	絹	設色	不詳	庚午（崇禎三年，1630）中秋	北京 故宮博物院	
竹石鴛鴦圖	摺扇面	金箋	設色	17.2 × 53.7	乙亥（崇禎八年，1635）	北京 故宮博物院	

附：

| 蘭花（與王時敏書庭蘭賦合卷） | 卷 | 紙 | 水墨 | （畫）31.5 × 386.5 | 崇禎丁丑（十年，1637）六月 | 紐約 佳士得藝品拍賣公司/拍賣目錄 1994,11,30. | |

畫家小傳：王子元。字台宇。江蘇吳人。身世不詳。喜畫花卉。流傳署款紀年作品見於明熹宗天啟六（1626）年，至清世祖順治十三（1656）年。（見圖繪寶鑑續纂、中國畫家人名大辭典）

陳夢蓮

附：

| 萬壑雪封圖（壽約庵作，明董其昌等書畫冊16之1幀） | 冊頁 | 絹 | 設色 | 39 × 33 | （丙寅，天啟六年，1626） | 天津 天津市文物公司 | |
| 水墨芝蘭圖（明末諸家壽李瞻翁書畫冊10之第5幀） | 冊頁 | 金箋 | 水墨 | 34.3 × 26.3 | 丁丑（崇禎十年，1637）春日 | 香港 蘇富比藝品拍賣公司/拍賣目錄 1999.10.31. | |

畫家小傳：陳夢蓮。畫史無載。流傳署款紀年作品見於熹宗天啟六（1626）年至思宗崇禎十（1637）年。身世待考。

林台衡

竹石圖	軸	絹	設色	不詳		杭州 浙江省博物館	
竹石圖	軸	綾	水墨	138.2 × 50.6	丙寅（天啟六年，1626）夏五月	日本 大阪高松長左衛門先生	
祝壽圖（松鵲萱花）	軸	綾	水墨	124.1 × 53.	崇禎六年（癸酉，	日本 中埜又左衛門先生	

名稱		質地	色彩	尺寸 高x寬cm	創作時間	收藏處所	典藏號碼

4 　　1633）春

畫家小傳：林台衡。字兆清。福建莆田人。熹宗天啟元（1621）年舉人。以詩畫名時。流傳署款紀年作品見於熹宗天啟六（1626）年至思宗崇禎六（1633）年。（見莆田縣志、中國畫家人名大辭典）

姚 巖

| 五月江深草閣寒圖（李流芳等 | 冊頁 | 灑金箋 | 設色 | 26.6 x 58.1 | 丙寅（天啟六年， | 北京 故宮博物院 | |
| 名賢合璧冊10之1幀） | | | | | 1626）仲冬 | | |

畫家小傳：姚巖。字會昌。善畫。畫史無載。流傳署款紀年作品見於熹宗天啟六(1626)年。身世待考。

王璩峻

| 長橋晚照圖（蘇州太守寇慎去 | 冊頁 | 紙 | 設色 | 32.7 x 64.5 | （丙寅，天啟六年 | 蘇州 江蘇省蘇州博物館 | |
| 任圖冊10之1幀） | | | | | ，1626） | | |

畫家小傳：王璩峻。畫史無載。流傳署款作品約在熹宗天啟六(1626)年前後。身世待考。

陳 思

| 金閶曉發圖（蘇州太守寇慎去 | 冊頁 | 紙 | 設色 | 32.7 x 64.5 | （丙寅，天啟六年 | 蘇州 江蘇省蘇州博物館 | |
| 任圖冊10之1幀） | | | | | ，1626） | | |

畫家小傳：陳思。畫史無載。流傳署款作品約在熹宗天啟六(1626)年前後。身世待考。

馮 停

| 靈巖積翠圖（蘇州太守寇慎去 | 冊頁 | 紙 | 設色 | 32.7 x 64.5 | （丙寅，天啟六年 | 蘇州 江蘇省蘇州博物館 | |
| 任圖冊10之1幀） | | | | | ，1626） | | |

畫家小傳：馮停。畫史無載。流傳署款作品約在熹宗天啟六(1626)年前後。身世待考。

朱 質

春溪泛艇圖	摺扇面 金箋	設色	不詳		北京 故宮博物院	
天平萬笏圖（蘇州太守寇慎去	冊頁	紙	設色	32.7 x 64.5	丙寅（天啟六年，	蘇州 江蘇省蘇州博物館	
任圖冊10之1幀）					1626）		

畫家小傳：朱質。字吟餘。江蘇長洲人。善畫，山水、人物並佳。（見明畫錄、畫史會要、中國畫家人名大辭典）

明 旭

| 陽山積雪圖（蘇州太守寇慎去 | 冊頁 | 紙 | 設色 | 32.7 x 64.5 | （丙寅，天啟六年 | 蘇州 江蘇省蘇州博物館 | |
| 任圖冊10之1幀） | | | | | ，1626） | | |

畫家小傳：明旭。畫史無載。流傳署款作品約在熹宗天啟六(1626)年前後。身世待考。

名稱		質地	色彩	尺寸 高x寬cm	創作時間	收藏處所	典藏號碼

棠　陰

洞庭眺遠圖（蘇州太守寇慎去　冊頁　紙　設色　32.7 x 64.5　（丙寅，天啟六年　蘇州 江蘇省蘇州博物館
任圖冊 10 之 1 幀）　　　　　　　　　　　　　　　，1626）

畫家小傳：棠陰。畫史無載。流傳署款作品約在熹宗天啟六(1626)年前後。身世待考。

范明光

春山雲樹圖（明季八家合畫卷　卷　紙　設色　21.6 x ?　丙寅（天啟六年，　台北 華叔和後真賞齋
之第 1 段）　　　　　　　　　　　　　　　　1626）夏日

明月照松林（王維詩意圖冊 16　冊頁　紙　設色　28 x 29.7　己巳（崇禎二年，　北京 故宮博物院
之 1 幀）　　　　　　　　　　　　　　　　　1629）

畫家小傳：范明光。崇禎間人。籍里、身世不詳。與汪珂玉熟稔，曾為寫王維詩句圖。流傳署款紀年作品見於熹宗天啟六(1626)年思宗崇
　　　　禎二(1629)年。(見珊瑚網、中國畫家人名大辭典)

晉　民

仿倪瓚疎林野篁（明季八家合　卷　紙　設色　21.6 x ?　丙寅（天啟六年，　台北 華叔和後真賞齋
畫卷之第 3 段）　　　　　　　　　　　　　　　1626）夏日

畫家小傳：晉民。畫史無載。流傳署款紀年作品見於熹宗天啟六(1626)年。身世待考。

俞　愫

仿大癡山水（明季八家合畫卷　卷　紙　設色　21.6 x ?　丙寅（天啟六年，　台北 華叔和後真賞齋
之第 4 段）　　　　　　　　　　　　　　　　1626）夏日

畫家小傳：俞愫。畫史無載。流傳署款紀年作品見於熹宗天啟六(1626)身世待考。

俞　素

奇石圖（明季八家合畫卷之第　卷　紙　設色　21.6 x ?　丙寅（天啟六年，　台北 華叔和後真賞齋
5）　　　　　　　　　　　　　　　　　　　1626）夏日

畫家小傳：俞素。字公受。號雪竹道人。浙江秀水人。工書畫。工畫山水、花卉，能從篆、隸中悟筆法。流傳署款紀年作品見於熹宗天啟六
　　　　(1626)年。(見明畫錄、中國畫家人名大辭典)

劉光遠

山水圖　　　　　　　　摺扇面 金箋　設色　不詳　　　丙寅（天啟六年，　天津 天津市藝術博物館
　　　　　　　　　　　　　　　　　　　　　　1626）

畫家小傳：劉光遠。中洲人。仕官留都游戎，以文事兼職武備。善畫山水，宗法荊、關、巨然諸家。好事者得其片楮，重若南金。流傳
　　　　署款紀年作品見於熹宗天啟六(1626)年。(見畫髓元詮、中國畫家人名大辭典)

名稱		質地	色彩	尺寸 高x寬㎝	創作時間	收藏處所	典藏號碼

蔡 曦

| 山水圖 | | 摺扇面 金箋 | 水墨 | 不詳 | 丙寅（？天啟六年，
1626） | 北京 故宮博物院 | |

畫家小傳：蔡曦。畫史無載。流傳署款作品紀年疑為熹宗天啟六(1626)年。身世待考。

顧時啓

| 蕙蘭圖 | | 軸 | 紙 | 設色 | 64.5 × 30.3 | 天啟丙寅（六年，
1626） | 廣州 廣東省博物館 | |

畫家小傳：顧時啟。隆慶、萬曆、天啟間人。身世不詳。工畫人物、花草。流傳署款紀年作品見於熹宗天啟六(1626)年。（見珊瑚網、中國
畫家人名大辭典）

黎遂球

山水圖		小卷	紙	設色	30.9 × 30.1		香港 何耀光至樂樓	
山水圖（4幀）		冊	紙	水墨	（每幀）29 × 25		香港 中文大學中國文化研究 所文物館	84.67
山水圖（2幀）		冊	絹	水墨	（每幀）25 × 33	辛巳（崇禎十四年 ，1641）	廣州 廣州市美術館	

畫家小傳：黎遂球。字美周。廣東番禺人。生於神宗萬曆三十（1602）年。卒於清世祖順治十一（1654）年。崇禎間，歷官至兵部職
方司主事，出守贛州，城破殉節。善畫山水，作山石林木，蒼老風秀。（見明史楊廷麟傳、明史藝文志、廣東通志、國朝畫
徵錄、花間笑語、中國畫家人名大辭典）

魯 集

松竹梅石圖		軸	紙	水墨	107.5 × 30.9	癸丑（康熙十二年 ，1673）	杭州 浙江省博物館	
溪橋釣艇圖		軸	紙	設色	177 × 93	丙辰（康熙十五年 ，1676）嘉平	紹興 浙江省紹興市博物館	
山居林蔭圖		摺扇面 金箋	設色	不詳	壬子（康熙十一年 ，1672）	南京 南京博物院	
山水圖		摺扇面 金箋	水墨	不詳	丙申（順治十三年 ，1656）	杭州 浙江省杭州西泠印社	

畫家小傳：魯集。字仲集。浙江會稽人。生於明神宗萬曆三十（1602）年，清聖祖康熙十五(1676)年尚在世。善畫山水，出入宋元，
風格秀潤。（見明畫錄、中國畫家人名大辭典）

唐 可

名稱		質地	色彩	尺寸 高x寬cm	創作時間	收藏處所	典藏號碼
仿董北苑山水圖	摺扇面 金箋		設色	18.5 x 55	丁卯（天啟七年，1627）春	德國 科隆東亞藝術博物館	A55.20

畫家小傳：唐可。籍里、身世不詳。萬曆（1573-1619）時人。畫山水，類蔣嵩。流傳署款紀年作品見於熹宗天啟七（1627）年。（見耕硯田齋筆記、中國畫家人名大辭典）

陳嘉言

名稱		質地	色彩	尺寸 高x寬cm	創作時間	收藏處所	典藏號碼
花卉	卷	紙	水墨	21.9 x 225.4		台北 故宮博物院	故畫 01653
花鳥圖	卷	絹	設色	27.3 x ?		台北 鴻禧美術館	C3-605
折枝花鳥圖	卷	紙	設色	不詳	甲寅（康熙十三年，1674）	旅順 遼寧省旅順博物館	
歲寒三友圖	卷	紙	水墨	30 x440	辛丑（順治十八年，1661）	北京 故宮博物院	
梅花圖（王維烈、顧景、王璽、陳嘉言合作）	卷	紙	水墨	不詳		北京 故宮博物院	
花卉圖（沈顥等八人花卉合卷8之1段）	卷	絹	水墨	不詳		北京 故宮博物院	
歲寒三友圖（王子元、丘岳、陳嘉言合作）	卷	紙	水墨	不詳	丙申（順治十三年，1656）	煙臺 山東省煙臺市博物館	
花卉鳥獸圖	卷	紙	設色	31.3 x 890.3	崇禎癸酉（六年，1633）七月之望	上海 上海博物館	
春卉聚禽圖	卷	絹	設色	不詳	丙申（順治十三年，1656）春日	日本 江田勇二先生	
墨華圖	卷	紙	水墨	27.2 x 387.3		美國 芝加哥藝術中心	1951.186
端陽景	軸	紙	設色	140.3 x 37.1	甲辰（康熙三年，1664）端陽前	台北 故宮博物院	故畫 02341
雪中芭蕉圖	軸	絹	設色	86.2 x 51.7		台北 鴻禧美術館	C1-39
三友圖	軸	紙	水墨	91.8 x 27	丁未（康熙六年，1667）秋仲	香港 鄭德坤木扉	
前世雙禽圖	軸	金箋	設色	130 x 49	崇禎甲申（十七年，1644）	瀋陽 故宮博物院	
玉堂富貴圖	軸	金箋	設色	190 x 92	丁亥（順治四年，	瀋陽 故宮博物院	

名稱		質地	色彩	尺寸 高×寬㎝	創作時間	收藏處所	典藏號碼
					1647）		
梅花四喜圖	軸	紙	水墨	218 × 77.5	丁酉（順治十四年，1657）	瀋陽 故宮博物院	
梅竹寒禽圖	軸	紙	水墨	55.9 × 57	戊申（康熙七年，1668）	旅順 遼寧省旅順博物館	
梨花斑鳩圖	軸	紙	設色	122.2 × 49.2	癸酉（崇禎六年，1633）春日	北京 故宮博物院	
荷花小鳥圖	軸	紙	設色	不詳	崇禎壬午（十五年，1642）	北京 故宮博物院	
時時報喜圖	軸	紙	設色	181.4 × 95.2	戊申（康熙七年，1668）清和	北京 故宮博物院	
古柏喜鵲圖	軸	紙	水墨	181 × 95.2	康熙九年（庚戌，1670）	北京 故宮博物院	
歲朝圖（陳嘉言、張宏、朱士英合作）	軸	紙	設色	不詳		北京 故宮博物院	
花鳥圖	軸	紙	水墨	113.3 × 55.6	辛卯（順治八年，1651）	北京 首都博物館	
三喜圖	軸	紙	設色	不詳	乙卯（康熙十四年，1675）長夏	北京 炎黃藝術館	
梅竹寒禽圖	軸	紙	設色	212.5 × 81.5	丁末（康熙六年，1667）小春望後	天津 天津市藝術博物館	
秋塘花鴨圖	軸	紙	設色	108.5 × 37	丁巳（康熙十六年，1677）七十九叟	天津 天津市藝術博物館	
梅竹寒雀圖	軸	紙	水墨	不詳	己未（康熙十八年，1679）新正元日，八十一叟	天津 天津市藝術博物館	
歲寒圖（陳嘉言、盛茂燁、劉原起、王子元、王中立合作）	軸	紙	設色	158 × 63		天津 天津市藝術博物館	
花果圖（袁尚統、王子元、陳嘉言合作）	軸	紙	設色	100 × 49		合肥 安徽省博物館	
梅竹白頭圖	軸	絹	水墨	129 × 63	戊午（康熙十七年，1678）	歙縣 安徽省歙縣博物館	

名稱		質地	色彩	尺寸 高x寬cm	創作時間	收藏處所	典藏號碼
芝石水仙圖	軸	紙	水墨	132.8 x 61.3	丁未（康熙六年，1667）臘月之望	上海 上海博物館	
梅石竹雀圖	軸	紙	水墨	212 x 97.8	庚戌（康熙九年，1670）七月之望	上海 上海博物館	
松鵲雙兔圖	軸	紙	設色	167 x 42.6	七十二叟（康熙十二年，1673）	上海 上海博物館	
花鳥（4幅）	軸	紙	設色	（每幅）203 x 48.2	康熙戊午（十七年，1678）十月望後	上海 上海博物館	
寒梅野雀圖	軸	紙	水墨	111.5 x 48.7	乙卯（康熙十四年，1675）	南京 南京博物院	
寒梅野禽圖	軸	紙	水墨	122.5 x 59.6	乙卯（康熙十四年，1675）秋暮	南京 南京博物院	
水仙梅雀圖	軸	紙	設色	不詳	壬辰（順治九年，1652）臘月之望	蘇州 江蘇省蘇州博物館	
喜報春先圖（為文老作）	軸	紙	水墨	202.5 x 93.5	戊午（康熙十七年，1678）冬月	日本 東京國立博物館	TA-519
松禽圖	軸	紙	設色	131.5 x 59.1	甲辰（康熙三年，1664）春三月	日本 東京岡部長景先生	
芭蕉花卉圖	軸	絹	設色	86.5 x 52.1	辛亥（康熙十年，1671）冬初，七十叟	日本 江田勇二先生	
花卉嬉雀圖	軸	絹	設色	不詳		日本 江田勇二先生	
春景花鳥圖	軸	絹	設色	120.8 x 55.4		日本 私人	A2301
花鳥圖（摹陳淳筆意）	軸	紙	水墨	120 x 51.8	崇禎癸末（十六年，1643）之夏	美國 聖路易斯市吳納孫教授	
竹石水仙圖	軸	紙	水墨	80 x 43.5	壬辰（順治九年，1652）元日	美國 德州金貝爾（Kinbell）藝術館	AP1984.20
蓮荷（清花卉畫冊二冊之6）	冊頁	紙	水墨	不詳		台北 故宮博物院	故畫 03518-6
花鳥圖（名人畫扇（甲）冊之12）	摺扇面	紙	設色	不詳		台北 故宮博物院	故畫 03547-12
枇杷松鼠（名人畫扇（戊）冊之4）	摺扇面	紙	水墨	不詳		台北 故宮博物院	故畫 03550-4
梅花山鳥	摺扇面	紙	設色	不詳		台北 故宮博物院	故扇 00204

名稱		質地	色彩	尺寸 高×寬㎝	創作時間	收藏處所	典藏號碼
山水圖（山水圖冊之5）	冊頁	絹	設色	25.2 × 19.8	癸未（崇禎十六年，1643）六月一日	台北 華叔和後真賞齋	
梅鳥圖	摺扇面	紙	水墨	16.3 × 50.6		香港 莫華釗承訓堂	K92.75
竹菊圖（而肅六秩祝壽集錦畫冊8之1幀）	冊頁	金箋	水墨	31 × 34	戊戌（順治十五年，1658）	瀋陽 遼寧省博物館	
菊花圖（明陳嘉言等菊花冊10之1幀）	冊頁	紙	設色	不詳	八十歲（康熙十七年，1678）	瀋陽 遼寧省博物館	
雞鳴圖	摺扇面	金箋	設色	不詳	崇禎癸酉（六年，1633）	北京 故宮博物院	
花鳥圖	摺扇面	金箋	水墨	16.4 × 52.2	丁丑（崇禎十年，1637）	北京 故宮博物院	
鶺鶺圖	摺扇面	金箋	水墨	15.3 × 48.4	己卯（崇禎十二年，1639）	北京 故宮博物院	
梅花圖	摺扇面	金箋	設色	18 × 56.5	丁亥（順治四年，1647）	北京 故宮博物院	
三思圖	摺扇面	金箋	設色	16.4 × 46.8	丁亥（順治四年，1647）	北京 故宮博物院	
竹深荷靜圖	摺扇面	金箋	設色	16.5 × 52.5	壬辰（順治九年，1652）	北京 故宮博物院	
仿陳白陽歲寒三友圖	摺扇面	紙	水墨	不詳	辛丑（順治十八年，1661）	北京 故宮博物院	
野堂秋色圖	摺扇面	金箋	設色	16.5 × 51.3	丙午（康熙五年，1666）	北京 故宮博物院	
松鼠葡萄圖	摺扇面	紙	設色	不詳	癸亥（康熙二十二年，1683）	北京 故宮博物院	
野庭秋色圖	摺扇面	紙	設色	不詳	癸亥（康熙二十二年，1683）	北京 故宮博物院	
花鳥圖（朱陵等雜畫冊10之1幀）	冊頁	紙	設色	不詳		北京 中國歷史博物館	
松梅圖（金俊明梅、陳嘉言補松，金俊民花卉冊10之1幀）	冊頁	紙	設色	28 × 20.6	庚午（崇禎三年，1630）嘉平月	上海 上海博物館	
為仲翁作山水圖	摺扇面	金箋	設色	不詳	辛卯（順治八年，1651）	上海 上海博物館	

名稱		質地	色彩	尺寸 高×寬㎝	創作時間	收藏處所	典藏號碼
荷葉蓮蓬圖（壽宋母王太君作，王武等花卉冊8之第1幀）	冊頁	紙	設色	24.3 × 17.2	（戊申秋，康熙七年，1668）	上海 上海博物館	
花卉（清名家花卉冊8之1幀）	冊	紙	設色	24.3 × 17.2		上海 上海博物館	
花鳥圖	摺扇面	金箋	設色	不詳	己亥（順治十六年，1659）	蘇州 江蘇省蘇州博物館	
水仙竹禽圖	摺扇面	金箋	水墨	不詳	庚戌（康熙九年，1670）	杭州 浙江省博物館	
松鼠葡萄圖	摺扇面	金箋	水墨	不詳	壬辰（順治九年，1652）	武漢 湖北省博物館	
寫意花卉（明人書畫扇丁冊之5）	摺扇面	金箋	水墨	不詳		日本 東京橋本辰二郎先生	
花卉圖（18幀）	冊	絹	水墨、設色	（每幀）25.5 × 23.2		日本 京都山岡泰造先生	A3052
花卉草蟲圖	摺扇面	金箋	設色	16.5 × 48.5	甲午（順治十一年，1654）秋月	日本 江田勇二先生	
梅竹幽禽圖	摺扇面	金箋	水墨	17.7 × 53	戊午（康熙十七年，1678）九月望前	日本 私人	
仿陳淳菊石圖	摺扇面	金箋	水墨	16.5 × 51.9		美國 耶魯大學藝術館	1984.31
花卉圖（花卉雜畫冊之4）	冊頁	絹	設色	不詳		美國 耶魯大學藝術館	1986.4.1.4
花鳥草蟲圖	摺扇面	金箋	水墨	不詳	甲申（順治元年，1644）中秋前	美國 克利夫蘭市何惠鑑先生	
花鳥圖（山水畫冊之9）	冊頁	紙	設色	22.3 × 16.1		美國 加州曹仲英先生	
附：							
花卉圖	卷	紙	水墨	31.8 × 445.8	甲辰（康熙三年，1664）仲冬望前	紐約 蘇富比藝品拍賣公司/拍賣目錄1988,06,01.	
梅花圖	卷	絹	水墨	27.2 × 352	庚戌（康熙九年，1670）仲冬望前	紐約 佳士得藝品拍賣公司/拍賣目錄1992,06,02.	
花鳥圖	卷	紙	設色	31.7 × 298	丙申（順治十三年，1656）春日花朝	香港 佳士得藝品拍賣公司/拍賣目錄2001,04,29.	
蕉石雄雞圖	軸	紙	設色	不詳	丙辰（康熙十五年，1676）	北京中國文物商店總店	
待哺圖	軸	紙	水墨	135.9 × 43.8		香港 蘇富比藝品拍賣公司/拍賣目錄1984,11,11.	

名稱		質地	色彩	尺寸 高x寬cm	創作時間	收藏處所	典藏號碼
山澗竹雀圖	橫幅	紙	設色	32 × 49.5		紐約 佳士得藝品拍賣公司/拍賣目錄 1996,09,18.	
山水圖（清丘岳等山水冊 10 之 1 幀）	冊頁	紙	設色	22.2 × 15.9	（戊子，順治五年，1648）	紐約 蘇富比藝品拍賣公司/拍賣目錄 1988,11,30.	
梅竹小鳥圖	摺扇面	紙	水墨	16.5 × 51		紐約 佳士得藝品拍賣公司/拍賣目錄 1988,11,30.	
仿陳白陽花果（12 幀）	冊	紙	水墨	（每幀）16.2 × 24.5	七十二歲（康熙十二年，1673）	紐約 佳士得藝品拍賣公司/拍賣目錄 1989,06,01.	
仿陳白陽花果（12 幀）	冊	紙	水墨	（每幀）16.2 × 24.5	七十歲（康熙十年，辛亥，1671）	紐約 佳士得藝品拍賣公司/拍賣目錄 1992,06,02.	
梅雀圖	摺扇面	金箋	水墨	16.5 × 51	壬子（康熙十一年，1672）春月	紐約 佳士得藝品拍賣公司/拍賣目錄 1993,12,01.	
山水（明人山水冊 10 之 1 幀）	冊頁	絹	設色	25.5 × 19.8		紐約 佳士得藝品拍賣公司/拍賣目錄 1994,11,30.	

畫家小傳；陳嘉言。字孔彰。浙江嘉興人。生於神宗萬曆三十（1602）年。清聖祖康熙二十二（1683）年尚在世。善畫花鳥，畫筆鬆秀，頗臻妙境。（見明畫錄、圖繪寶鑑續纂、桐陰論畫、中國畫家人名大辭典）

王 悅

山水圖（10 幀）	冊	絹	設色	（每幀）27.2 × 20.3		美國 加州曹仲英先生	

附：

仿名家人物山水圖（10 幀）	冊	絹	水墨、設色	（每幀）17.5 × 20.5	丁卯（天啟七年，1627）新秋	紐約 佳士得藝品拍賣公司/拍賣目錄 1996,03,27.	

畫家小傳：王悅。字慶源。浙江武林人。工畫人物、山水、花鳥，萬曆間，曾與張瑞圖合作畫冊。流傳署款紀年作品見於熹宗天啟七（1627）年。（見明畫補錄、中國畫家人名大辭典）

朱治燗

山水圖（為青翁作）	卷	紙	水墨	不詳	辛未（崇禎四年，1631）仲冬	北京 中國歷史博物館	
仿吳仲圭山水圖	摺扇面	金箋	水墨	不詳	丁卯（天啟七年，1627）春杪	湖州 浙江省湖州市博物館	
山水圖（唐酬等雪裏紅書畫冊 12 之 1 幀）	冊頁	紙	設色	不詳	崇禎癸未（十六年，1643）	廣州 廣東省博物館	

畫家小傳：朱治燗。籍里、身世不詳。流寓常熟。工畫金碧山水。流傳署款紀年作品見於熹宗天啟七（1627）年，至思宗崇禎四（1631）年。

名稱		質地	色彩	尺寸 高x寬㎝	創作時間	收藏處所	典藏號碼

（見海虞畫苑略、中國畫家人名大辭典）

譚 玄

花卉圖	卷	絹	設色	27.2 x 247.5	丙子（崇禎九年，1636）春日	天津 天津市藝術博物館	
停雲館圖	軸	紙	設色	不詳		北京 故宮博物院	
砥柱中流圖	軸	絹	設色	250 x 130.2	庚午（崇禎三年，1630）	天津 天津市藝術博物館	
芳樹亭臺圖	軸	紙	設色	不詳		杭州 浙江省博物館	
桂花綬帶圖	摺扇面	金箋	設色	不詳	甲戌（崇禎七年，1634）	北京 故宮博物院	
春山桃柳圖	摺扇面	金箋	設色	不詳	癸酉（崇禎六年，1633）	合肥 安徽省博物館	
佛像圖（？幀）	冊	紙	水墨	（每幀）26.8 x 47.2	丁卯（天啟七年，1627）二月朔日	南京 南京博物院	
游春圖	摺扇面	金箋	設色	不詳	甲戌（崇禎七年，1634）	成都 四川省博物院	

畫家小傳：譚玄（一作元）。江蘇吳人。身世不詳。善畫山水。流傳署款紀年作品見於熹宗天啟七（1627）年至至思宗崇禎九（1636）年。
　　　（見退齋心賞錄、中國畫家人名大辭典）

汪 復

| 山水圖（為生宗作） | 摺扇面 | 紙 | 設色 | 不詳 | 天啟甲子（七年，1627）初夏 | 北京 故宮博物院 | |

畫家小傳：汪復。畫史無載。流傳署款紀年作品見於熹宗天啟七（1627）年。身世待考。

邵 高

| 水閣遠眺圖 | 軸 | 紙 | 設色 | 98.9 x 39.7 | 天啟丁卯（七年，1627） | 北京 中國歷史博物館 | |
| 山水圖（明清書畫綴冊之第 23 幀） | 摺扇面 | 金箋 | 設色 | 15.6 x 49.5 | 戊辰（崇禎元年，1628）春 | 美國 聖路易斯市吳訥孫教授 | |

附：

| 枯木湖石圖 | 冊頁 | 金箋 | 水墨 | 不詳 | | 北京 中國文物商店總店 | |

畫家小傳：邵高。字彌高。江蘇吳縣人。工畫山水。流傳署款紀年作品見於熹宗天啟七（1627）年、思宗崇禎元（1628）年（見無聲詩史、中國畫家人名大辭典）

名稱		質地	色彩	尺寸 高×寬㎝	創作時間	收藏處所	典藏號碼

殳胤執

名稱		質地	色彩	尺寸 高×寬㎝	創作時間	收藏處所	典藏號碼
竹深水閣圖	軸	紙	設色	221.8 × 92	天啟丁卯（七年，1627）夏五月一日	石家莊 河北省博物館	

畫家小傳：殳胤執。江蘇吳人。殳君素之子。承家學，亦善畫山水。流傳署款紀年作品見於熹宗天啟七(1627)年。(見明畫續錄、中國畫家人名大辭典)

張 愷

名稱		質地	色彩	尺寸 高×寬㎝	創作時間	收藏處所	典藏號碼
長松翠閣圖	軸	絹	設色	不詳	丁卯（天啟七年，1627）小春之初	北京 故宮博物院	

畫家小傳：張愷。身世不詳。江蘇吳人。工畫山水。流傳署款紀年作品見於熹宗天啟七(1627)年。(見圖繪寶鑑續纂、中國畫家人名大辭典)

傅 崑

名稱		質地	色彩	尺寸 高×寬㎝	創作時間	收藏處所	典藏號碼
二十五圓通像	卷	紙	水墨	28.8 × 667.1	天啟丁卯（七年，1627）孟秋	台北 故宮博物院	故畫 01744

畫家小傳：傅崑。烏傷人。畫史無載。流傳署款紀年作品見於熹宗天啟七(1627)年。身世待考。

袁 問

名稱		質地	色彩	尺寸 高×寬㎝	創作時間	收藏處所	典藏號碼
花蝶圖	摺扇面 金箋		設色	不詳		北京 故宮博物院	
附：							
楊柳水禽圖	摺扇面 金箋		設色	不詳	辛卯（順治八年，1651）	上海 上海友誼商店	
草蟲圖	摺扇面 灑金箋		設色	17 × 49.5	丁卯（天啟七年，1627）夏	紐約 佳士得藝品拍賣公司/拍賣目錄 1984.06.29.	

畫家小傳：袁問。字審焉。江蘇吳人，居杭州。善畫人物、仕女，得仇英真諦，纖秀可愛。流傳署款紀年作品見於熹宗天啟七(1627)年至清世祖順治八(1651)年。(見畫髓元全、中國畫家人名大辭典)

曹泰然

名稱		質地	色彩	尺寸 高×寬㎝	創作時間	收藏處所	典藏號碼
山居林屋（明賢墨妙冊之6）	冊頁	紙	設色	16.3 × 51		台北 故宮博物院	故畫 03509-6
山水圖（陳丹衷等十家山水冊10之1幀）	冊頁	紙	設色	33.2 × 45.5		北京 故宮博物院	

畫家小傳：曹泰然。畫史無載。身世待考。

袁崝丘

名稱		質地	色彩	尺寸 高×寬㎝	創作時間	收藏處所	典藏號碼
溪山小景圖	軸	紙	水墨	26.3 × 31.4		台北 故宮博物院	故畫 02350

畫家小傳：袁崝丘。畫史無載。身世待考。

名稱		質地	色彩	尺寸 高x寬cm	創作時間	收藏處所	典藏號碼

唐志尹

名稱		質地	色彩	尺寸 高x寬cm	創作時間	收藏處所	典藏號碼
花卉圖（藍瑛等合作花卉卷之1段）	卷	紙	設色	不詳		北京 故宮博物院	
平安歲穀圖	軸	紙	設色	103.1 x 28.6		台北 故宮博物院	故畫 00627
柳雀圖	軸	紙	水墨	不詳		南京 南京博物院	
海棠翎毛（明花卉畫冊之12）	冊頁	紙	設色	16.4 x 51.3		台北 故宮博物院	故畫 03514-12
鷹鵲圖	摺扇面	紙	設色	不詳	癸酉（崇禎六年，1633）春日	北京 故宮博物院	
花鳥圖（12幀）	冊	絹	設色	（每幀）31.2 x 36.5	丙子（崇禎九年，1633）深秋	北京 故宮博物院	
戴勝圖	冊頁	絹	設色	32 x 36.5		北京 故宮博物院	
花鳥圖（明藍瑛等山水花鳥冊11之1幀）	摺扇面	金箋	設色	不詳		濟南 山東省博物館	
花鳥圖（唐志契等書畫冊8之1幀）	冊頁	花綾	水墨	不詳		上海 上海博物館	
附：							
花鳥圖	軸	絹	設色	不詳		北京 中國文物商店總店	
竹雀圖	摺扇面	紙	設色	不詳	丁卯（天啟七年，1627）	上海 朵雲軒	
桃花幽禽圖	摺扇面	金箋	設色	不詳	己卯（崇禎十二年，1639）	上海 朵雲軒	

畫家小傳：唐志尹。字聘三。海陵人。唐志契之弟。善畫花卉，得王偕、呂紀之傳。與兄齊名，時號「二唐」。流傳署款紀年作品見於
　　　　熹宗天啟七（1627）年至思宗崇禎十二（1639）年。（見無聲詩史、圖繪寶鑑續纂、畫史會要、中國畫家人名大辭典）

陸 蒙

名稱		質地	色彩	尺寸 高x寬cm	創作時間	收藏處所	典藏號碼
山水圖（明藍瑛等山水花鳥冊11之1幀）	摺扇面	金箋	設色	不詳		濟南 山東省博物館	

畫家小傳：陸蒙。畫史無載。身世待考。

魏時敏

名稱		質地	色彩	尺寸 高x寬cm	創作時間	收藏處所	典藏號碼
西園雅集圖	摺扇面	金箋	設色	16.9 x 51.6		美國 舊金山亞州藝術館	B79 D19h

畫家小傳：魏時敏。福建莆田人。善作詩歌。工畫山水。（見福建通志、列朝詩集小傳、黃氏增訂筆精、中國畫家人名大辭典）

名稱		質地	色彩	尺寸 高x寬㎝	創作時間	收藏處所	典藏號碼

徐　讚

山水圖（明人書畫扇面冊之8）	摺扇面 金箋	設色	15.8 x 49.1		香港 潘祖堯小聽颿樓	CP35h

畫家小傳：徐讚。畫史無載。身世待考。

陳　鼏

法張僧繇山水圖	軸	絹	設色	90.9 x 30.3		日本 東京尾崎洵盛先生

畫家小傳：陳鼏，林縣人。仕官至守禦所百戶。思宗崇禎十五（1642）年，守城破，為賊所殺。（見勝朝殉節錄、中國畫家人名大辭典）

嚴　湛

問道圖（陳洪綬、陳虞胤、嚴湛合卷）	卷	絹	設色	34.3 x 375.7		北京 故宮博物院	
何天章行樂圖（陳洪綬畫像、嚴湛補景，李畹生諸人題跋）	卷	絹	設色	25.3 x 163.2		蘇州 江蘇省蘇州博物館	
鞠壽圖	軸	絹	設色	107.7 x 47.2		北京 故宮博物院	
賞音圖	軸	絹	設色	155.1 x 65.9		杭州 浙江省博物館	
麻姑獻壽圖（陳洪綬、嚴湛合作）	軸	絹	設色	182 x 100		廣州 廣東省博物館	

畫家小傳：嚴湛。字水子。浙江山陰人。師於陳洪綬，工畫人物，不讓其師。（見圖繪寶鑑續纂、中國畫家人名大辭典）

王逢元

鞠謙詩畫	卷	絹	水墨	65.3 x 27		南京 南京市博物館	
山水圖	摺扇面 金箋		水墨	18.8 x 52.2		德國柏林東亞藝術博物館	1988-292

畫家小傳：王逢元。字子新。號吉山。江蘇上元人。善書、畫。書法出入王羲之。畫山水，師法趙孟頫，筆力勁秀，風韻天成。（見明畫錄、無聲詩史、金陵志、金陵瑣事、中國畫家人名大辭典）

（釋）曉　庵

葡萄圖（唐繪手鑑筆耕圖下冊之42）	冊頁	紙	水墨	27.4 x 29.2		日本 東京國立博物館	TA-487

畫家小傳：曉庵。僧。江蘇東吳人。善畫葡萄。（見明畫錄、無聲詩史、圖繪寶鑑續纂、中國畫家人名大辭典）

（釋）上　復

名稱		質地	色彩	尺寸 高x寬cm	創作時間	收藏處所	典藏號碼
梅花（明賢墨妙冊之12）	冊頁	紙	設色	16.5 x 48.5		台北 故宮博物院	故畫 03509-12
畫家小傳：上復。畫史無載。身世待考。							
周 穎							
竹石（明賢墨妙冊之4）	冊頁	紙	水墨	16.4 x 52.2		台北 故宮博物院	故畫 03509-4
畫家小傳：周穎。畫史無載。身世待考。							
郭世元							
石林村舍（明賢墨妙冊之10）	冊頁	紙	水墨	16.2 x 49.3		台北 故宮博物院	故畫 03509-10
畫家小傳：郭世元。畫史無載。身世待考。							
王桂蟾							
花卉圖	軸	紙	設色	不詳		北京 故宮博物院	
文俶像	軸	紙	設色	不詳		上海 上海古籍書店	
畫家小傳：王桂蟾。畫史無載。身世待考。							
嚴 陵							
江南春色圖	卷	絹	設色	29 x 238.5	丁卯（天啟七年， 1627）	天津 天津市藝術博物館	
仿古山水圖（12幀）	冊	金箋	設色	不詳		天津 天津市藝術博物館	
畫家小傳：嚴陵。畫史無載。流傳署款紀年作品見於熹宗天啟七（1627）年。身世待考。							
張 列							
曲江春色圖	摺扇面	金箋	設色	不詳	丁卯（？天啟七年 ，1627）	重慶 重慶市博物館	
畫家小傳：張列。畫史無載。流傳署款作品紀年疑似熹宗天啟七（1627）年。身世待考。							
吳蘇臺							
奇松壽石圖（明蔣乾等山水花 卉卷4之1段）	卷	紙	設色	24.1 x 36.6 不等	（戊子，順治五年 ，1648）	瀋陽 遼寧省博物館	
附：							
山水圖	摺扇面	灑金箋	水墨	18 x 54	丙寅（天啟七年， 1626）春	紐約 蘇富比藝品拍賣公司拍 賣目錄 1988.06.01.	
畫家小傳：吳蘇臺。畫史無載。流傳署款紀年作品見於熹宗天啟七（1626）年，至清世祖順治五（1648）年。身世待考。							

名稱		質地	色彩	尺寸 高x寬cm	創作時間	收藏處所	典藏號碼

鄒式金

名稱		質地	色彩	尺寸	創作時間	收藏處所	
梅花圖（二十家梅花圖冊20之第5幀）	冊頁	紙	設色	23 x 19.3		上海 上海博物館	
山水圖（清名家書畫合冊之第9幀）	冊頁	紙	水墨	26.1 x 30.5		日本 私人	

畫家小傳：鄒式金。字木石。江蘇無錫人。思宗崇禎元（1628）年任南京戶部郎中。工畫山水。（見無聲詩史、中國畫家人名大辭典）

葛徵奇

名稱		質地	色彩	尺寸	創作時間	收藏處所	
山水(山高水長圖)	卷	綾	水墨	24 x ？	己卯（崇禎十二年，1639）清和月	香港 利榮森北山堂	
花卉圖（花卉圖合卷之1）	卷	綾	水墨	24.3 x ？		日本 私人	
空江垂釣圖	軸	綾	水墨	不詳	崇禎丁丑（十年，1637）	北京 故宮博物院	
閬閣吟秋圖	軸	綾	水墨	不詳	甲申（順治元年，1644）冬杪	北京 故宮博物院	
山水圖	軸	綾	水墨	不詳	癸未（崇禎十六年，1643）	北京 故宮博物院	
松泉圖	軸	綾	水墨	不詳	崇禎甲戌（七年，1634）	廣州 廣州市博物館	
故山尋道圖（為新翁作）	軸	綾	水墨	不詳	崇禎乙亥（八年，1635）春日	廣州 廣州市博物館	
夏景山水（溪山清趣圖）	軸	絹	水墨	188.1 x 53.3	崇禎甲戌（七年，1634）七月朔	日本 東京靜嘉堂文庫	
山水圖（10幀）	冊	金箋	水墨	（每幀）29 x 28	庚辰（崇禎十三年，1640）	廣州 廣東省博物館	

畫家小傳：葛徵奇。字無奇。號介龕。浙江海寧人。思宗崇禎元（1628）年進士。卒於清世祖順治二（1645）年。善畫山水。（見無聲詩史、中國畫家人名大辭典）

李　辰

名稱		質地	色彩	尺寸	創作時間	收藏處所	
花卉圖（藍瑛等合作花卉卷之1段）	卷	紙	設色	不詳		北京 故宮博物院	
喜鵲圖	軸	紙	設色	不詳	崇禎庚辰（十三年，1640）	北京 故宮博物院	
雪景八哥圖	軸	紙	設色	85.8 x 45.8		北京 故宮博物院	

名稱		質地	色彩	尺寸 高×寬㎝	創作時間	收藏處所	典藏號碼
雪雀雙鶴圖	軸	絹	設色	216.8 x 93.9		蘇州 江蘇省蘇州博物館	
花鳥圖	軸	絹	設色	160.9 x 88.7		日本 私人	
海棠（清花卉畫冊二冊之1）	冊頁	紙	設色	不詳		台北 故宮博物院	故畫 03518-1
冬日芭蕉（名人畫扇（戊）冊之10）	摺扇面	紙	設色	不詳		台北 故宮博物院	故畫 03550-10
蘆雁圖	摺扇面	金箋	水墨	不詳	庚辰（崇禎十三年，1640）	北京 故宮博物院	
花鳥圖（6幀）	冊	紙	設色	不詳	壬午（崇禎十五年，1642）秋日	天津 天津市藝術博物館	
枯木寒鴉圖	摺扇面	金箋	水縣	不詳	戊辰（崇禎元年，1628）	蘇州 江蘇省蘇州博物館	

畫家小傳：李辰（一作宸）。字奎南。浙江四明人。工盡翎毛。流傳署款紀年作品見於思宗崇禎元（1628）至十五（1642）年（見圖繪
　　　寶鑑續纂、畫史會要、中國畫家人名大辭典）

陳 賢

名稱		質地	色彩	尺寸 高×寬㎝	創作時間	收藏處所	典藏號碼
祖師圖	卷	綾	設色	49.5 x 731.3	崇禎癸未歲（十六年，1643）菊月	美國 華盛頓特區弗瑞爾藝術館	55.17
羅漢圖	軸	紙	水墨	114.9 x 54.6	崇禎戊辰（元年，1628）	廣州 廣東省博物館	
白衣觀音圖	軸	紙	設色	221.8 x 95.4		日本 東京國立博物館	
老子過關圖	軸	絹	設色	137.1 x 51.2		日本 東京岩崎小彌太先生	
羅漢像（4幅）	軸	紙	設色	（每幅）180.9 x 95.4		日本 東京小阪順造先生	
觀世音像	軸	紙	設色	133.6 x 57.3		日本 東京幡生彌治郎先生	
蓮舟觀音圖	軸	紙	設色	120.7 x 65.6		日本 兵庫縣住友吉左衛門先生	
觀音像（佛日慧林題贊）	軸	綾	設色	33.7 x 47.8	慧林題於壬子（康熙十一年，1672）夏四月	日本 兵庫縣藪本莊五郎先生	

名稱		質地	色彩	尺寸 高×寬㎝	創作時間	收藏處所	典藏號碼
觀世音像	軸	紙	設色	249.7 × 95.7		日本 長崎高見和平先生	
趺坐觀音圖（獨知幾性贊）	軸	綾	設色	33.9 × 50.4		日本 中埜又左衛門先生	
觀音圖	橫幅	綾	設色	30.6 × 46.7		美國 勃克萊加州大學藝術館（高居翰教授寄存）	
李鐵拐渡海圖	軸	紙	水墨	95.4 × 50.5		英國 倫敦大英博物館	1936.10.9.057(ADD137)
梨花春燕圖	摺扇面	金箋	水墨	15.7 × 49.6		日本 京都國立博物館	A甲559
觀音圖（18幀，黃檗隱元題贊）	冊	綾	設色	（每幀）35.5 × 53.6	丙子（崇禎九年，1636）	日本 京都萬福寺	
列祖圖（38幀，黃檗隱元序於永曆八年季夏）	冊	紙	設色	（每幀）49.2 × 38.2	甲午（順治十一年，1654）立春日	日本 京都萬福寺	
觀音圖	冊頁	綾	設色	33.7 × 50.7		日本 京都泉屋博古館	3
觀音圖	冊頁	絹	設色	33.1 × 42.8		日本 京都泉屋博古館	4

畫家小傳：陳賢。號希三、瞻葵、半禿僧。籍里不詳。喜畫佛像、人物。又善書法，近似文徵明。署款紀年作品見於思宗崇禎元（1628）年，至清世祖順治十一（1654）年。（見歷代畫史彙傳補編、新版世界美術全集年表、中國美術家人名辭典）

吳必榮

名稱		質地	色彩	尺寸 高×寬㎝	創作時間	收藏處所	典藏號碼
林下看山圖（王維詩意圖冊16之1幀）	冊頁	紙	設色	28 × 29.7	戊辰（崇禎元年，1628）冬日	北京 故宮博物院	

畫家小傳：吳必榮。籍里、身世不詳。思宗崇禎時人。曾為汪珂玉作畫王維詩意圖。流傳署款紀年作品見於思宗崇禎元（1628）年。（見珊瑚網、中國畫家人名大辭典）

周　志

名稱		質地	色彩	尺寸 高×寬㎝	創作時間	收藏處所	典藏號碼
溪山客話圖	軸	紙	設色	不詳		無錫 江蘇省無錫市博物館	
樹下奕棋圖（王維詩意圖冊16之1幀）	冊頁	紙	設色	28 × 29.7	（崇禎元年，戊辰，1628）	北京 故宮博物院	

畫家小傳：周志。崇禎間人。籍里、身世不詳，嘗為汪珂玉作畫王維詩意圖。流傳署款作品約見於思宗崇禎元（1628）年。（見珊瑚網、中國畫家人名大辭典）

沈　燁

名稱		質地	色彩	尺寸 高×寬㎝	創作時間	收藏處所	典藏號碼
山水圖（王維詩意圖冊16之1幀）	冊頁	紙	設色	28 × 29.7	（崇禎元年，戊辰，1628）	北京 故宮博物院	

畫家小傳：沈燁。崇禎間人。籍里、身世不詳，嘗為汪珂玉作畫王維詩意圖。流傳署款作品約見於思宗崇禎元（1628）年。（見珊瑚網、

名稱		質地	色彩	尺寸 高x寬cm	創作時間	收藏處所	典藏號碼

中國畫家人名大辭典）

劉壽家

| 倚窗臨鏡圖（王維詩意圖冊16 | 冊頁 | 紙 | 設色 | 28 x 29.7 | 戊辰（崇禎元年， | 北京 故宮博物院 | |
| 之1幀） | | | | | 1628）仲冬 | | |

畫家小傳：劉壽家。畫史無載。籍里、身世不詳。曾為汪珂玉作畫王維詩意圖。流傳署款紀年作品見於思宗崇禎元（1628）年。

萬祚亨

| 谷靜松響圖（王維詩意圖冊16 | 冊頁 | 紙 | 設色 | 28 x 29.7 | 戊辰（崇禎元年， | 北京 故宮博物院 | |
| 之1幀） | | | | | 1628）冬日 | | |

畫家小傳：萬祚亨。字元嘉。號雪城。浙江嘉興人。善畫山水。與汪珂玉熟稔。流傳署款紀年作品見於思宗崇禎元（1628）年。（見圖繪
　　　　寶鑑續纂、珊瑚網、中國畫家人名大辭典）

曹 堂

山水圖	軸	絹	設色	不詳	崇禎元年（戊辰，	北京 故宮博物院	
					1628）仲夏		
仿王蒙山水圖	軸	紙	設色	129.6 x 64.4	己丑（順治六年，	合肥 安徽省博物館	
					1649）		
山水圖（12幀）	冊	絹	設色	（每幀）28.9	癸亥（天啟三年，	香港 中文大學中國文化研究	95.556
				x 24.3	1623）中秋	所文物館	
青綠山水圖	摺扇面	金箋	設色	16.3 x 50.3		香港 劉作籌虛白齋	55
振衣千仞圖	摺扇面	金箋	設色	不詳	己丑（順治六年，	成都 四川省博物院	
					1649）		
泉聲危石圖	摺扇面	金箋	設色	不詳		成都 四川省博物院	
附：							
山水圖（明清各家山水扇面冊	摺扇面	金箋	設色	不詳		紐約 佳士得藝品拍賣公司/拍	
12之1幀）						賣目錄 1997,09,19.	

畫家小傳：曹堂。字仲升。安徽績溪人。善畫山水，水墨淹潤。又丹墨精工。流傳署款紀年作品見於思宗崇禎元（1628）年至清世祖
　　　　順治六（1649）年。（見無聲詩史、中國畫家人名大辭典）

李來宣

| 古柏水仙圖 | 軸 | 絹 | 水墨 | 不詳 | 崇禎戊辰（元年， | 上海 上海博物館 | |
| | | | | | 1628） | | |

畫家小傳：李來宣。畫史無載。流傳署款紀年作品見於思宗崇禎元（1628）年。身世待考。

名稱		質地	色彩	尺寸 高×寬㎝	創作時間	收藏處所	典藏號碼

（釋）了 明

| 荷花圖 | 軸 | 紙 | 水墨 | 不詳 | 崇禎戊辰（元年，1628） | 北京 首都博物館 | |

畫家小傳：了明。僧。畫史無載。流傳署款紀年作品見於思宗崇禎元（1628）年。身世待考。

沈春澤

| 蘭石圖 | 軸 | 紙 | 水墨 | 不詳 | 崇禎元年（戊辰，1628） | 北京 故宮博物院 | |

畫家小傳：沈春澤。字雨若。江蘇常熟人。工詩、書法。善畫蘭竹，得元趙孟頫遺意。流傳署款紀年作品見於思宗崇禎元（1628）年。
（見明畫錄、海虞畫苑錄、常熟志、中國畫家人名大辭典）

楊復光

| 榴石鴛鴦圖 | 摺扇面 金箋 | 設色 | 不詳 | 崇禎改元（戊辰，1628） | 北京 故宮博物院 | |

畫家小傳：楊復光。畫史無載。流傳署款紀年作品見於思宗崇禎元（1628）年。身世待考。

田 賦

| 山水圖 | 卷 | 絹 | 設色 | 不詳 | 庚午（崇禎三年，1630） | 北京 故宮博物院 | |
| 竹菊石圖 | 摺扇面 紙 | 水墨 | 不詳 | 戊辰（崇禎元年，1628） | 北京 故宮博物院 | |

畫家小傳：田賦。字公賦。浙江山陰人。畫山水，初師關仲通，神似足可亂真；後學藍瑛，遂變關法。兼善花鳥、蘭竹。流傳署款紀年作品見於思宗崇禎元（1628）、三（1630）年。（見明畫錄、圖繪寶鑑續纂、歷代畫史彙傳、耕硯田齋筆記、中國畫家人名大辭典）

錢從古

| 山水圖 | 摺扇面 金箋 | 設色 | 不詳 | 戊辰（？崇禎元年，1628）季春 | 北京 故宮博物院 | |

畫家小傳：錢從古。畫史無載。流傳署款作品紀年疑為思宗崇禎元（1628）年。身世待考。

楊達仙

雙鶴圖	軸	絹	設色	141.7 × 86.6		日本 京都國立博物館	A甲597
奕棋、撫琴圖（2幅）	軸	絹	設色	（每幅）158.1 × 102.8		日本 京都相國寺	
奕棋、撫琴圖（2幅）	軸	絹	設色	（每幅）158.1		日本 京都慈照寺（銀閣寺）	

名稱		質地	色彩	尺寸 高x寬㎝	創作時間	收藏處所	典藏號碼

x 52.8

天風鳴珮（風竹圖）　　　軸　絹　水墨　120.5 x 68.7　　　　　日本 私人

畫家小傳：楊達仙。自號紫聲山人，又稱慢亭仙侶，亦署名十六洞天埜人。泰寧人。工詩畫，凡山水、花鳥、竹石，俱以己意點染，無
　　　　一筆似前人，而能窮神盡妙。（見邵武府志、中國畫家人名大辭典）

唐 泰

前赤壁賦書畫　　　　　卷　絹　設色　27.5 x 376　崇禎戊辰（元年，　廣州 廣州市美術館
　　　　　　　　　　　　　　　　　　　　　1628）

畫家小傳：唐泰。畫史無載。流傳署款紀年作品見於思宗崇禎元(1628)年。身世待考。

王 質

梨花綬帶圖　　　　　　軸　絹　設色　不詳　　康熙元年（壬寅，　北京 故宮博物院
　　　　　　　　　　　　　　　　　　　　　1662）清秋

錦衣玉食圖　　　　　　軸　絹　設色　209 x 97　己巳（崇禎二年，　濟南 山東省博物館
　　　　　　　　　　　　　　　　　　　　　1629）

杏林春燕圖　　　　　　軸　絹　設色　91.4 x 37.9　　　　　杭州 浙江省博物館

松鶴圖　　　　　　　　軸　絹　設色　34.9 x 41.1　　　　　日本 福岡縣石訽道雄先生　62

海棠秋蝶（明人集繪冊之8）　冊頁　紙　設色　31 x 37.7　　　　　台北 故宮博物院　故畫 03510-8
附：
山水圖（清王琦等雜畫冊6之　冊頁　紙　設色　55 x 26　　　　　上海 朵雲軒
1幀）
花卉圖（清章日能等雜畫冊14　摺扇面 金箋 設色　29 x 37.4　（乙巳，康熙四年　武漢 湖北省武漢市文物商店
之1幀）　　　　　　　　　　　　　　　　　　　，1665）

畫家小傳：王質。字孟文。江蘇江寧人。身世不詳。工畫花鳥、草蟲、山水、人物，俱精。流傳署款作品見於思宗崇禎二年，至清聖祖
　　　　康熙四（1665）年。（見圖繪寶鑑續纂、中國畫家人名大辭典）

許崇謙

疊嶂飛泉圖　　　　　　軸　紙　設色　不詳　　崇禎己巳（二年，　濟南 山東省博物館
　　　　　　　　　　　　　　　　　　　　　1629）

雪景柳雁圖　　　　　　軸　紙　設色　不詳　　甲戌（崇禎七年，　濟南 山東省博物館
　　　　　　　　　　　　　　　　　　　　　1634）

畫家小傳：許崇謙。畫史無載。流傳署款紀年作品見於思宗崇禎二（1629）至七（1634）年。身世待考。

名稱		質地	色彩	尺寸 高×寬㎝	創作時間	收藏處所	典藏號碼

陳 墉

| 寫吳仲圭筆意山水圖（王維詩意圖冊16之1幀） | 冊頁 | 紙 | 設色 | 28 × 29.7 | 己巳（崇禎二年，1629）二日 | 北京 故宮博物院 | |

畫家小傳：陳墉。崇禎間人，籍里、身世不詳。善畫山水。與汪珂玉熟稔，曾為寫王維詩句圖。流傳署款紀年作品見於思宗崇禎二元(1629)年。(見珊瑚網、中國畫家人名大辭典)

姚 潛

| 松聲泚日遊（王維詩意圖冊16之1幀） | 冊頁 | 紙 | 設色 | 28 × 29.7 | （崇禎二年，己巳，1629） | 北京 故宮博物院 | |

畫家小傳：姚潛。崇禎間人。籍里、身世不詳。與汪珂玉熟稔，曾為寫王維詩句圖。流傳署款紀年作品見於思宗崇禎二元(1629)年。(見珊瑚網、中國畫家人名大辭典)

沈士麟

| 扣舷明月中（王維詩意圖冊16之1幀） | 冊頁 | 紙 | 設色 | 28 × 29.7 | 己巳（崇禎二年，1629）夏日 | 北京 故宮博物院 | |

畫家小傳：沈士麟。崇禎間人。籍里、身世不詳。與汪珂玉熟稔，曾為寫王維詩句圖。流傳署款紀年作品見於思宗崇禎二元(1629)年。

徐 榮

| 日斜歸鳥還（王維詩意圖冊16之1幀） | 冊頁 | 紙 | 設色 | 28 × 29.7 | （崇禎二年，己巳，1629） | 北京 故宮博物院 | |

畫家小傳：徐榮。崇禎間人。籍里、身世不詳。善畫山水，與汪珂玉熟稔，曾為寫王維詩句圖。流傳署款紀年作品見於思宗崇禎二元(1629)年。(見珊瑚網、中國畫家人名大辭典)

梁清遠

附：

| 奇石圖 | 摺扇面 紙 | 水墨 | 不詳 | 崇禎己巳（二年，1629）初夏 | 北京 北京市文物商店 | |

畫家小傳：梁清遠。畫史無載。流傳署款紀年作品見於思宗崇禎二(1629)年。身世待考。

陸 驥

| 山水圖（寫似上之詞兄） | 摺扇面 金箋 | 水墨 | 16.8 × 52.2 | 己巳（崇禎二年，1629）仲秋 | 德國 科隆東亞藝術博物館 | A55.28 |

畫家小傳：陸驥。畫史無載。流傳署款作品紀年疑為思宗崇禎二(1629)年。身世待考。

名稱		質地	色彩	尺寸 高×寬cm	創作時間	收藏處所	典藏號碼

朱統鎠

| 竹鶉圖 | | 摺扇面 紙 | 設色 | 不詳 | 己巳（崇禎二年，1629） | 北京 故宮博物院 | |

畫家小傳：朱統鎠。畫史無載。流傳署款紀年作品見於思宗崇禎二(1629)年。身世待考。

林　質

| 王觀我畫像 | | 卷　紙 | 設色 | 不詳 | 己巳（崇禎二年，1629） | 北京 故宮博物院 | |

畫家小傳：林質。畫史無載。流傳署款紀年作品見於思宗崇禎二(1629)年。身世待考。

李良任

| 為耀垣畫像 | | 軸　紙 | 設色 | 不評 | 崇禎二年（己巳，1629） | 北京 故宮博物院 | |

畫家小傳：李良任。畫史無載。流傳署款紀年作品見於思宗崇禎二(1629)年。身世待考。

朱統鑼

| 柳塘浴鵝圖 | | 摺扇面 金箋 | 設色 | 不詳 | 己巳（崇禎二年，1629） | 北京 故宮博物院 | |

畫家小傳：朱統鑼。畫史無載。疑與朱統鎠、朱統鎯等，皆為宗室兄弟。流傳署款紀年作品見於思宗崇禎二(1629)年。身世待考。

盛茂煒

| 夏雲時雨圖 | | 軸　金箋 | 設色 | 90.5 × 47 | 崇禎己巳（二年，1629） | 廣州 廣州市美術館 | |

畫家小傳：盛茂煒。畫史無載。疑為盛茂燁兄弟輩。流傳署款紀年作品見於思宗崇禎二(1629)年。

陸　翰

仕女嗅蘭圖		軸　絹	設色	不詳		北京 中央工藝美術學院	
清溪載鶴圖		軸　絹	設色	不詳	崇禎己巳（二年，1629）清秋	青島 山東省青島市博物館	
關羽像		軸　絹	設色	不詳		杭州 浙江省博物館	
附：							
鍾馗騎獅圖		軸　絹	設色	不詳		上海 朵雲軒	

畫家小傳：陸翰。字少微。浙江杭州人。工畫人物，尤善鬼、仙。流傳署款紀年作品見於明思宗崇禎二(1629)年。（見圖繪寶鑑續纂、中國畫家人名大辭典）

名稱		質地	色彩	尺寸 高x寬cm	創作時間	收藏處所	典藏號碼

陳貞慧

附：

| 牡丹圖 | 軸 | 紙 | 水墨 | 89 x 30.5 | | 香港 佳士得藝品拍賣公司/拍賣目錄 2001.04.29. | |

畫家小傳：陳貞慧。生於明神宗萬曆三十二（1604）年。卒於清世祖順治十三（1656）年。畫史無載。身世待考。

盛　穎

| 馬嗜煙雨圖 | 卷 | 紙 | 設色 | 28.2 x 59.2 | 癸酉（崇禎六年，1633） | 瀋陽 遼寧省博物館 | |
| 禮佛圖（2幀） | 冊頁 | 紙 | 水墨 | （每幀）26 x 58.6 | 崇禎己巳（二年，1629） | 南京 南京博物院 | |

畫家小傳：盛穎。畫史無載。流傳署款紀年作品見於思宗崇禎二（1629）至六（1633）年。身世待考。

羅　縉

| 梅林高士圖 | 摺扇面 | 金箋 | 設色 | 不詳 | 己巳（？崇禎二年，1629） | 北京 故宮博物院 | |
| 剪燭客來圖 | 軸 | 絹 | 設色 | 不詳 | 丁丑（？崇禎十年，1637 | 南京 南京博物院 | |

畫家小傳：羅縉。畫史無載。流傳署款作品紀年疑為思宗崇禎二（1629）、十（1637）年。身世待考。

劉　屺

| 仿古山水圖（楊補等十四家仿古山水卷14之第11段） | 卷 | 紙 | 設色 | （全卷）20.1 x 654.5 | | 上海 上海博物館 | |
| 策杖行吟圖 | 摺扇面 | 紙 | 設色 | 不詳 | 己巳（？崇禎二年，1629） | 北京 故宮博物院 | |

畫家小傳：劉屺。畫史無載。流傳署款作品紀年疑為思宗崇禎二（1629）年，至清世祖順治十六（1659）年。身世待考。

崔　璞

| 仿吳鎮山水圖 | 軸 | 綾 | 設色 | 不詳 | | 北京 首都博物館 | |
| 柳溪秋風圖 | 摺扇面 | 金箋 | 水墨 | 17.6 x 54.2 | 己巳（？崇禎二年，1629）暮秋 | 日本 大阪橋本大乙先生 | |

畫家小傳：崔璞。畫史無載。流傳署款作品紀年疑為思宗崇禎二（1629）年。身世待考。

劉若宰

名稱		質地	色彩	尺寸 高×寬cm	創作時間	收藏處所	典藏號碼
空山古木圖	軸	綾	設色	不詳	己巳（崇禎二年， 1629）	合肥 安徽省博物館	

畫家小傳：劉若宰。字蔭平。懷寧人。思宗崇禎元（1628）年，殿試第一人及第。工詩，善書。戲作水墨花卉，頗有別致。流傳署款作品
　　　紀年見於崇禎二（1629）年。（見無聲詩史、貢舉考、中國畫家人名大辭典）

秦懋德

| 山水圖（7幀，為禎卿作） | 冊 | 絹 | 設色 | （每幀）30.3
× 19.1 | 崇禎三年（庚午，
1630）夏日 | 北京 故宮博物院 | |

畫家小傳：秦懋德。畫史無載。流傳署款紀年作品見於思宗崇禎三(1630)年。身世待考。

吳紹瓚

| 房海客像 | 軸 | 紙 | 設色 | 不詳 | 崇禎三年（庚午，
1630）秋八月 | 北京 故宮博物院 | |

畫家小傳：吳紹瓚。畫史無載。流傳署款紀年作品見於思宗崇禎三(1630)年。身世待考。

王 烈

| 遊春圖 | 摺扇面 金箋 | 設色 | 不詳 | 庚午（崇禎三年，
1630） | 北京 故宮博物院 | | |

畫家小傳：王烈。籍里、身世不詳。崇禎時人。善畫。曾為汪珂玉寫摩詰詩意圖。流傳署款紀年作品見於思宗崇禎三(1630)年。（見珊瑚網
　　　、中國畫家人名大辭典）

安廣譽

仿倪瓚山水圖	軸	紙	設色	96.6 × 46		無錫 江蘇省無錫市博物館	
古木竹石圖	摺扇面 金箋	水墨	17.9 × 54.5	癸酉（崇禎六年， 1633）小春		日本 橫濱岡山美術館	
山水（水閣觀帆圖）	摺扇面 金箋	設色	17.5 × 53.9	庚午（崇禎三年， 1630）春杪		日本 橫濱岡山美術館	

畫家小傳：安廣譽。字无咎。江蘇無錫人。安紹芳之子。家多蓄古蹟，因善畫山水，結法出自元黃公望，林巒煙靄，皴染鬆秀，超然谿徑
　　　之外。流傳署款紀年作品見於思宗崇禎三(1630)、六（1633）年。（見無聲詩史、國朝畫識、桐陰論畫、中國畫家人名大辭典）

盛弘景
附：

| 水月觀音圖 | 橫幅 | 紙 | 水墨 | 59 × 26 | 崇禎庚午（三年，
1630） | 上海 上海文物商店 | |

畫家小傳：盛弘景。畫史無載。流傳署款紀年作品見於明思宗崇禎三（1630）年。身世待考。

名稱		質地	色彩	尺寸 高×寬㎝	創作時間	收藏處所	典藏號碼

孫熊兆

| 倦繡圖 | 軸 | 絹 | 設色 | 不詳 | 崇禎庚午（三年， 1630） | 杭州 浙江省博物館 | |

畫家小傳：孫熊兆。畫史無載。流傳署款紀年作品見於明思宗崇禎三（1630）年。身世待考。

郭世隆

| 水閣秋風圖 | 摺扇面 金箋 | 水墨 | 不詳 | 庚午（崇禎三年， 1630） | 合肥 安徽省博物館 | |

畫家小傳：郭世隆。畫史無載。流傳署款紀年作品見於明思宗崇禎三（1630）年。身世待考。

朱命世

附：

| 山水圖 | 摺扇面 灑金箋 | 設色 | 17.5 × 52.5 | 庚子（崇禎三年， 1630）春仲 | 紐約 佳士得藝品拍賣公司/拍賣目錄 1984.06.29 | |

畫家小傳：朱命世。畫史無載。流傳署款紀年作品見於明思宗崇禎三（1630）年。身世待考。

陳 熙

桐蔭書屋圖	卷	絹	設色	不詳		上海 上海古籍書店	
採花老人圖	軸	紙	設色	132 × 62		南寧 廣西壯族自治區博物館	
太湖石圖	軸	綾	水墨	81.5 × 34.6		日本 中埜又左衛門先生	
水岸竹林圖（王維詩意圖冊 16 之 1 幀）	冊頁	紙	設色	28 × 29.7	辛未（崇禎四年， 1631）春日	北京 故宮博物院	

畫家小傳：陳熙。字子明。號五陵。江蘇吳縣人。善畫山水，特宋元人筆意片性豪曠，不喜塵囂，興至揮染，購者必坐候乃得。（見明畫錄、吳縣志、中國畫家人名大辭典）

徐柏齡

| 歸雲抱峰圖（王維詩意圖冊 16 之 1 幀） | 冊頁 | 紙 | 設色 | 28 × 29.7 | 辛未（崇禎四年， 1631） | 北京 故宮博物院 | |
| 山水圖（8 幀） | 冊 | 絹 | 設色 | 不詳 | | 上海 上海博物館 | |

畫家小傳：徐柏齡。字節庵。號于王。浙江嘉興人。徐弘澤之子。崇禎三年孝廉。工畫山水，得黃公望筆意；兼善花草。流傳署款紀年作品見於明思宗崇禎四（1631）年。（見明畫錄、國朝畫徵錄、嘉興志、耕硯田齋筆記、中國畫家人名大辭典）

淩必正

名稱		質地	色彩	尺寸 高×寬㎝	創作時間	收藏處所	典藏號碼
四季花卉圖（陳遵、淩必正合寫）	卷	紙	水墨	30.8 × 387	丙申（順治十三年，1656）	北京 中央美術學院	
山水圖（楊補等 十四家仿古山水卷 14 之第 3 段）	卷	紙	設色	（全卷）20.1 × 654.5		上海 上海博物館	
梅花雉雞圖	軸	紙	設色	122 × 59.5	丁亥（順治四年，1647）冬日	北京 首都博物館	
菊花錦雞圖	軸	紙	設色	不詳	丙申（順治十三年，1656）	天津 天津市藝術博物館	
牡丹錦雞圖	軸	紙	設色	不詳		天津 天津市藝術博物館	
東籬秋艷圖	軸	絹	設色	不詳	甲午（順治十一年，1654）中秋	南通 江蘇省南通博物苑	
碧桃山鷗圖	軸	絹	設色	不詳	丙申（順治十三年，1656）初夏	上海 上海博物館	
孔雀牡丹圖	軸	絹	設色	不詳	丙申（順治十三年，1656）春日	南京 南京博物院	
新綠圖	軸	紙	設色	不詳	己亥（順治十六年，1659）	杭州 浙江省博物館	
牡丹錦雞圖	軸	紙	設色	156 × 85.5	壬辰（順治九年，1652）	廣州 廣東省博物館	
雜畫（4 幅）	軸	絹	設色	（每幅）29 × 29	癸未（崇禎十六年，1643）	南寧 廣西壯族自治區博物館	
山水圖	軸	絹	設色	不詳	癸酉（崇禎六年，1633）	烏魯木齊 新疆維吾爾自治區博物館	
花鳥圖	軸	絹	設色	58.9 × 29		日本 私人	
鵪鶉野菊（明花卉畫冊之 4）	冊頁	紙	設色	16.1 × 50.2		台北 故宮博物院	故畫 03514-4
花鳥圖（名人畫扇（戊）冊之 6）	摺扇面 紙		水墨	不詳		台北 故宮博物院	故畫 03550-6
山水圖（山水圖冊之 10）	冊頁	絹	設色	25.2 × 19.8	丙子（崇禎九年，1636）初秋	台北 華叔和後真賞齋	
花鳥圖（12 幀）	冊	紙	設色	不詳	壬午（崇禎十五年，1642）秋日	北京 故宮博物院	
花蝶圖	摺扇面 紙		設色	不詳		北京 故宮博物院	
白頭牡丹圖（清王時敏等書畫冊 16 之 1 幀）	冊頁	金箋	設色	31 × 47.5	癸巳（順治十年，1653）夏	天津 天津市藝術博物館	

名稱		質地	色彩	尺寸 高x寬㎝	創作時間	收藏處所	典藏號碼
海棠春鳥圖		摺扇面 金箋	設色	不詳	丁酉（順治十四年，1657）	南寧 廣西壯族自治區博物館	

附：

名稱		質地	色彩	尺寸 高x寬㎝	創作時間	收藏處所	典藏號碼
山水圖（明袁尚統等書畫冊 8 之幀）		摺扇面 金箋	設色	不詳		天津 天津市文物公司	
山水（明人山水冊 10 之 1 幀）		冊頁 絹	設色	25.5 x 19.8		紐約 佳士得藝品拍賣公司/拍賣目錄 1994,11,30.	

畫家小傳：淩必正。字貞卿，一字蒙求。號約庵。江蘇太倉人。明思宗崇禎四（1631）年進士。善畫山水，設色妍雅，位置精密，接跡宋人。間作花鳥，則欠超逸生動之致。流傳署款紀年作品見於思宗崇禎九（1636）年，至清世祖順治十六(1659)年。（見無聲詩史、太倉志、桐陰論畫、中國畫家人名大辭典）

周之夔

名稱		質地	色彩	尺寸 高x寬㎝	創作時間	收藏處所	典藏號碼
秋景山水（松潤孤亭圖）	軸	綾	水墨	153.6 x 48.2	丙戌（順治三年，1646）春日	日本 京都泉屋博古館	15
江邊茅舍圖（為理庵詞盟寫）	軸	綾	水墨	107.2 x 50.6	崇禎庚辰（十三年，1640）夏	日本 東京張允中先生	
山水圖		摺扇面 金箋	設色	不詳	甲辰（康熙三年，1664）新秋	廣州 廣州市美術館	

畫家小傳：周之夔。字章甫。籍里不詳。明思宗崇禎四（1631）年進士。官至知州。流傳署款紀年作品見於思宗崇禎十三（1640）年，至清聖祖康熙三(1664)年。（見題名碑錄、中國畫家人名大辭典）

陳嘉選

名稱		質地	色彩	尺寸 高x寬㎝	創作時間	收藏處所	典藏號碼
富貴長春圖	軸	絹	設色	164 x 77.1	辛未（崇禎四年，1631）秋暮菊月	北京 故宮博物院	
花卉圖	軸	絹	設色	200.4 x 103.9	庚午（崇禎三年，1630）	上海 上海博物館	

畫家小傳：陳嘉選。江蘇嘉定人。身世不詳。崇禎中，獻書獲授中書，賜鳳池清祕扁額。流傳署款紀年作品見於思宗崇禎三(1630)年。（見南翔鎮誌、中國美術家人名辭典）。

程士顥

名稱		質地	色彩	尺寸 高x寬㎝	創作時間	收藏處所	典藏號碼
墨蘭圖（為伯慈作，唐時升等十人合作蘭花卷）	卷	紙	水墨	26 x 267.5	崇禎歲辛未（四年，1631）夏日	北京 故宮博物院	

畫家小傳：程士顥。畫史無載。流傳署款紀年作品見於思宗崇禎四(1631)年。身世待考。

唐時升

名稱		質地	色彩	尺寸 高x寬㎝	創作時間	收藏處所	典藏號碼

墨蘭圖（為伯慈作，唐時升等　卷　紙　水墨　26 x 267.5　崇禎辛未歲（四年　北京 故宮博物院
人合作蘭花卷）　　　　　　　　　　　　　　　　　　　，1631）夏日

畫家小傳：唐時升。畫史無載。流傳署款紀年作品見於思宗崇禎四(1631)年。身世待考。

婁 堅

墨蘭圖（為伯慈作，唐時升等　卷　紙　水墨　26 x 267.5　崇禎辛未歲（四年　北京 故宮博物院
八人合作蘭花卷）　　　　　　　　　　　　　　　　　　，1631）夏日

畫家小傳：婁堅。畫史無載。流傳署款紀年作品見於思宗崇禎四(1631)年。身世待考。

侯峒曾

墨蘭圖（為伯慈作，唐時升等　卷　紙　水墨　26 x 267.5　崇禎辛未歲（四年　北京 故宮博物院
十人合作蘭花卷）　　　　　　　　　　　　　　　　　　，1631）夏日

畫家小傳：侯峒曾。畫史無載。流傳署款紀年作品見於思宗崇禎四(1631)年。身世待考。

侯岐曾

墨蘭圖（為伯慈作，唐時升等　卷　紙　水墨　26 x 267.5　崇禎辛未歲（四年　北京 故宮博物院
十人合作蘭花卷）　　　　　　　　　　　　　　　　　　，1631）夏日

畫家小傳：侯岐曾。畫史無載。流傳署款紀年作品見於思宗崇禎四(1631)年。身世待考。

黃金耀

墨蘭圖（為伯慈作，唐時升等　卷　紙　水墨　26 x 267.5　崇禎辛未歲（四年　北京 故宮博物院
十人合作蘭花卷）　　　　　　　　　　　　　　　　　　，1631）夏日

畫家小傳：黃金耀。畫史無載。流傳署款紀年作品見於思宗崇禎四(1631)年。身世待考。

嚴 衍

墨蘭圖（為伯慈作，唐時升等　卷　紙　水墨　26 x 267.5　崇禎辛未歲（四年　北京 故宮博物院
十人合作蘭花卷）　　　　　　　　　　　　　　　　　　，1631）夏日

畫家小傳：嚴衍。畫史無載。流傳署款紀年作品見於思宗崇禎四(1631)年。身世待考。

叔 達

墨蘭圖（為伯慈作，唐時升等　卷　紙　水墨　26 x 267.5　崇禎辛未歲（四年　北京 故宮博物院
十人合作蘭花卷）　　　　　　　　　　　　　　　　　　，1631）夏日

畫家小傳：叔達。畫史無載。流傳署款紀年作品見於思宗崇禎四(1631)年。身世待考。

王準初

名稱		質地	色彩	尺寸 高x寬cm	創作時間	收藏處所	典藏號碼
山水圖	卷	綾	水墨	28.5 x 240.5	崇禎四年（辛未，1631）初秋	北京 故宮博物院	
山水圖（8幀）	冊	綾	水墨	（每幀）26 x 17.6	辛未（崇禎四年，1631）	瀋陽 遼寧省博物館	

畫家小傳：王準初。籍里、身世不詳。明萬曆時名公扇譜，有載其所畫花卉扇面。流傳署款紀年作品見於思宗崇禎四（1631）年。（見明代畫譜解題、中國美術家人名辭典）

周 蕃

名稱		質地	色彩	尺寸 高x寬cm	創作時間	收藏處所	典藏號碼
瀟湘八景圖（吳令等八人合作分繪於二扇面，裝卷）	卷	金箋	設色	（每面）16.7 x 52.2		北京 故宮博物院	
秋葵雙雞	軸	紙	水墨	105.2 x 29.1		台北 故宮博物院	故畫 03679
葵雞圖	軸	紙	水墨	不詳	辛卯（順治八年，1651）	上海 上海博物館	
螃蟹圖（陳道復等雜畫冊12之10幀）	冊頁	紙	設色	24.5 x 25.3	辛未（崇禎四年，1631）孟冬	上海 上海博物館	
雞圖（吳歷等花竹禽魚圖冊12之1幀）	冊頁	紙	設色	26.2 x 23.8		上海 上海博物館	
附：							
松樹嘉鵲圖	軸	綾	水墨	不詳	癸未（崇禎十六年，1643）	天津 天津市文物公司	

畫家小傳：周蕃。字自根。人稱周黃頭。江蘇長洲人。書畫俱佳。尤善水墨花鳥。流傳署款紀年作品見於思宗崇禎四（1631）年，至清世祖順治八（1651）年。（見耕硯田齋筆記、中國畫家人名大辭典）

朱 英

名稱		質地	色彩	尺寸 高x寬cm	創作時間	收藏處所	典藏號碼
仿文徵明溪山漁隱圖	卷	綾	設色	28.8 x 1631	辛未（崇禎四年，1631）秋暮菊月	天津 天津市藝術博物館	

畫家小傳：朱英。畫史無載。流傳署款紀年作品見於思宗崇禎四(1631)年。身世待考。

韓 文

名稱		質地	色彩	尺寸 高x寬cm	創作時間	收藏處所	典藏號碼
山水圖（4段）	卷	紙	水墨	25.5 x 516	崇禎辛未（四年，1631）	天津 天津市藝術博物館	

畫家小傳：韓文。畫史無載。流傳署款紀年作品見於思宗崇禎四(1631)年。身世待考。

胡 欽

名稱		質地	色彩	尺寸 高x寬cm	創作時間	收藏處所	典藏號碼
折枝花卉圖	卷	紙	設色	30 x 498	辛未（崇禎四年，1631）	天津 天津市歷史博物館	

畫家小傳：胡欽。畫史無載。流傳署款紀年作品見於思宗崇禎四(1631)年。身世待考。

王起龍
附：

四道人像	軸	紙	設色	86.7 x 29.2	崇禎辛未（四年，1631）冬日	紐約 蘇富比藝品拍賣公司/拍賣目錄 1988,06,01.	

畫家小傳：王起龍。畫史無載。流傳署款紀年作品見於思宗崇禎四(1631)年。身世待考。

傅 山

山水圖	卷	紙	水墨	27.2 x 79	丁未（康熙六年，1667）	台北 張群先生	
書畫（合璧）	卷	紙	水墨	（畫）27.9 x 117.7	辛酉（康熙二十年，1681）寅月	蘇州 江蘇省蘇州博物館	
菊石圖	軸	紙	水墨	172.5 x 44.1		台北 王靄雲先生	
寫生圖（樹鵲水禽圖）	軸	紙	水墨	172.8 x 61.2	戊□（？）清和	香港 何耀光至樂樓	
汴堤春色圖	軸	綾	設色	144 x 50.6	丙申（順治十三年，1656）	北京 故宮博物院	
五月江深草閣寒圖	軸	綾	水墨	176.7 x 49.5	丙午（康熙五年，1666）夏	北京 故宮博物院	
古柏寒鴉圖	軸	綾	水墨	194.2 x 51.7		北京 故宮博物院	
飛泉壁流圖	軸	綾	水墨	不詳		北京 故宮博物院	
荷花圖	軸	絹	水墨	不詳		北京 故宮博物院	
蘭芝圖	軸	綾	水墨	52.2 x 40.8		北京 故宮博物院	
天泉舞柏圖	軸	紙	水墨	119.1 x 59	丙辰（康熙十五年，1676）	太原 山西省晉祠文物管理處	
竹柏圖	軸	絹	水墨	173.8 x 50.5		太原 山西省晉祠文物管理處	
東海喬松圖	軸	綾	水墨	205.5 x 49.3		太原 山西省晉祠文物管理處	

名稱		質地	色彩	尺寸 高x寬cm	創作時間	收藏處所	典藏號碼
蘭石圖	軸	綾	水墨	175.5 × 42.8		太原 山西省晉祠文物管理處	
乾坤壺草亭圖	軸	絹	設色	183.9 × 47.1		杭州 浙江省博物館	
山水漁艇圖	軸	絹	水墨	181 × 49.4		成都 四川省博物館	
竹石（指頭畫）	軸	紙	水墨	168.5 × 44.8		日本 東京幡生彈治郎先生	
斷崖飛帆圖	軸	綾	水墨	142 × 48.2		日本 大阪市立美術館	
倒生柏圖（寫為恒翁先生壽）	軸	綾	水墨	147.9 × 47.7		日本 大阪市立美術館	
雲山寂寞圖	軸	綾	水墨	161.7 × 53.7	八十翁（康熙二十五年，1686）	日本 大阪橋本末吉先生	
竹石圖	軸	綾	水墨	181.8 × 51.1		美國 加州史坦福大學藝術博物館	67.58
山水圖	軸	絹	水墨	170.1 × 44.9		美國 勃克萊加州大學藝術館（高居翰教授寄存）	CC57
老僧圖	軸	綾	水墨	196.7 × 41.2		瑞典 斯德歌爾摩遠東古物館	NMOK551
枇杷（清花卉畫冊三冊之12）	冊頁	紙	水墨	不詳		台北 故宮博物院	故畫 03519-12
山水（8幀）	冊	紙	水墨	（每幀）20.6 × 23.8	乙未（順治十二年，1655）夏	香港 鄭德坤木扉	
山水（6幀）	冊	絹	設色	（每幀）36.5 × 37		北京 故宮博物院	
柳溪歸帆圖	摺扇面	金箋	水墨	16.6 × 52.6		北京 故宮博物院	
山水圖	摺扇面	金箋	水墨	不詳		北京 故宮博物院	
楓江泛艇圖（欽揖等八人山水合冊8之1幀）	冊頁	絹	設色	23 × 20.5		北京 故宮博物院	
山水圖（傅山、傅眉山水花卉冊16之8幀）	冊頁	絹、紙	設色	（每幀）25.7 × 25.2		天津 天津市藝術博物館	
山水圖	冊頁	紙	設色	25.3 × 24.5		天津 天津市藝術博物館	
山水圖（祁豸佳等山水花鳥冊27之1幀）	冊頁	絹	設色	30 × 23.4		天津 天津市藝術博物館	
山水圖	摺扇面	金箋	水墨	不詳		上海 上海博物館	
山水圖（名筆集勝圖冊12之	冊頁	紙	設色	約23.9 × 32.8		上海 上海博物館	

名稱		質地	色彩	尺寸 高x寬cm	創作時間	收藏處所	典藏號碼

第1幀)

山水圖（山水圖冊之2）	冊頁	紙	設色	25.6 x 23.5		美國 密歇根大學藝術博物館 83.80.2b
						（密州私人寄存）
山水圖（山水圖冊之3）	冊頁	絹	設色	26 x 25.2		美國 密歇根大學藝術博物館 83.80.2c
						（密州私人寄存）
山水圖（山水圖冊之4）	冊頁	金箋	水墨	24.1 x 22		美國 密歇根大學藝術博物館 83.80.2d
						（密州私人寄存）
山水圖（山水圖冊之5）	冊頁	金箋	水墨	26.5 x 25.2		美國 密歇根大學藝術博物館 83.80.2e
						（密州私人寄存）
詩畫（8幀）	冊	紙	水墨	（每幀）28.2 x 32.2		美國 加州曹仲英先生

附：

富貴白頭圖（祝山輝年學兄大人千秋作）	卷	綾	水墨	31 x 164		紐約 佳仕得藝品拍賣公司/拍賣目錄 1986,12,01.
山高水長圖	軸	綾	水墨	167 x 48.3		北京 中國文物商店總店
蓮塘荷花圖	軸	紙	設色	162 x 45		紐約 佳仕得藝品拍賣公司/拍賣目錄 1986,12,01.
山水（雲巖古柏圖）	軸	綾	水墨	197.5 x 56.2		紐約 蘇富比藝品拍賣公司/拍賣目錄 1986,12,04.
山水圖	軸	綾	設色	156.2 x 40.6	丁巳（康熙十六年，1677）新秋	紐約 蘇富比藝品拍賣公司/拍賣目錄 1987,12,08.
溪山放艇圖	軸	紙	水墨	150 x 47	辛卯（順治八年，1651）秋日	紐約 佳士得藝品拍賣公司/拍賣目錄 1989,06,01.
乾坤一草堂圖	軸	紙	水墨	195 x 55.5		紐約 佳士得藝品拍賣公司/拍賣目錄 1989,12,04.
仿大癡山水圖	軸	綾	設色	180.5 x 49.5	七十歲（康熙十五年，丙辰，1676）	香港 佳士得藝品拍賣公司/拍賣目錄 1991,03,18.
松下讀書圖	軸	絹	設色	159 x 92.5		紐約 佳士得藝品拍賣公司/拍賣目錄 1993,12,01.
山水圖	軸	綾	水墨	96.5 x 35.5		紐約 佳士得藝品拍賣公司/拍賣目錄 1994,06,01.
蘭石圖	摺扇面	金箋	水墨	17 x 49		紐約 佳士得藝品拍賣公司/拍賣目錄 1989,12,04.

畫家小傳：傅山。初字青竹，復字青主。號嗇廬、石道人、朱衣道人、老蘗禪等。山西陽曲（一作太原）人。生於明神宗萬曆三十五（160

名稱		質地	色彩	尺寸 高×寬㎝	創作時間	收藏處所	典藏號碼

7）年。卒於清聖祖康熙二十三（1684）年。明亡後，以道裝行醫為業。康熙十八年舉鴻博，不應試，詔免試，特加授內閣中書舍人。為人通經史，精書法、金石篆刻，工詩畫。畫善山水、墨竹，骨筆氣韻兼具。（見圖繪寶鑑續纂、國朝畫徵錄、全祖望撰陽曲傅先生事略、劉紹攽撰傅先生傳、桐陰論畫、中國畫家人名大辭典）

胡玉昆

名稱		質地	色彩	尺寸 高×寬㎝	創作時間	收藏處所	典藏號碼
松下清齋圖（朱睿瞀、獨任、胡玉昆山水卷3之第3段）	卷	紙	設色	21 × 23.4		北京 故宮博物院	
春江煙雨圖	卷	紙	水墨	42.9 × 300.3	己丑（順治六年，1649）三月	上海 上海博物館	
蘭石圖	卷	紙	水墨	不詳	乙丑（二十四年，1685）	上海 上海博物館	
畫蓮峰圖	軸	紙	設色	不詳		台北 故宮博物院	國贈 024600
捕魚圖	軸	紙	設色	52.3 × 56	丙寅（康熙二十五年，1686）長夏，時年八十	香港 徐伯郊先生	
松石圖	軸	紙	設色	51 × 27	乙丑（康熙二十四年，1685）	瀋陽 遼寧省博物館	
山水圖	軸	綾	設色	85 × 29.9	乙巳（康熙四年，1665）春日	北京 故宮博物院	
山水圖	軸	紙	水墨	190.5 × 49.7	庚戌（康熙九年，1670）除夕	北京 故宮博物院	
煙雲飛瀑圖	軸	紙	水墨	不詳	甲辰（康熙三年，1664）夏日	青島 山東省青島市博物館	
蘭石圖	軸	綾	水墨	133.2 × 44.3		青島 山東省青島市博物館	
盧山圖	軸	紙	設色	不詳	丁卯（康熙二十六年，1687）春三月	南京 南京博物院	
開先寺看雲圖	軸	絹	設色	77.6 × 53	康熙丁卯（二十六年，1687）春三月	南京 南京博物院	
仿米友仁山水圖	軸	紙	設色	94.8 × 71.1		美國 私人	
拜影樓圖（史爾祉等作山水冊12之1幀）	冊頁	紙	設色	19.5 × 16	（戊戌，順治十五年，1657）	北京 故宮博物院	
松林策杖圖（書畫集錦冊12	冊頁	紙	設色	25 × 19.5	（壬子，康熙十一	北京 故宮博物院	

名稱		質地	色彩	尺寸 高x寬cm	創作時間	收藏處所	典藏號碼
之1幀）					年，1672）		
山水圖（朱岷、胡玉昆山水冊21之7幀）	冊頁	紙	設色	（每幀）12.8 x 14		北京 故宮博物院	
金陵勝景圖（11幀）	冊	絹	設色	（每幀）19 x 20	康熙丙寅（二十五年，1686）閏四月，八十老叟	天津 天津市藝術博物館	
山水圖（8幀）	冊	紙	設色	（每幀）22.7 x 16	甲寅（康熙十三年，1674）	上海 上海博物館	
山水圖（8幀）	冊	紙	設色	（每幀）15 x 40		南京 南京博物院	
江巖崇閣圖（明清諸大家扇面冊之1幀）	摺扇面	紙	設色	14.5 x 46.2	丙寅（康熙二十五年，1686）冬	日本 中埜又左衛門先生	
山水圖（12幀）	冊	紙	設色	（每幀）22.8 x 16.9		美國 勃克萊加州大學藝術館（高居翰教授寄存）	
無筆山水圖（周櫟園上款什冊之1幀）	冊頁	紙	設色	24.8 x 32.3		英國 倫敦大英博物館	1965.7.24.010（ADD308）
附：							
山水圖（6幅）	軸	紙	設色	（每幅）25 x 18		天津 天津市文物公司	
金陵古蹟（12幀，各為：天闕；憑虛；攝山；天印；梅塢；鍾山；祖堂；秦淮；莫愁；靈谷；鳳臺；石城）	冊	紙	設色	（每幀）25.3 x 18.4	庚子（順治十七年，1660）仲夏	紐約 佳士得藝品拍賣公司/拍賣目錄1987,12,11.	
五柳圖（明清人山水合冊之1幀）	冊頁	紙	設色	不詳		紐約 佳士得藝品拍賣公司/拍賣目錄1994,06,01.	
廬山虎溪橋（明清人山水合冊之1幀）	冊頁	紙	設色	不詳		紐約 佳士得藝品拍賣公司/拍賣目錄1994,06,01.	
山水（12幀）	冊	紙	設色	（每幀）15.3 x 21	庚寅（順治七年，1650）春正日	香港 佳士得藝品拍賣公司/拍賣目錄1998,09,15.	

畫家小傳：胡玉昆。字元潤。江蘇上元人。胡宗智之子。生於神宗萬曆三十五（1607）年，清聖祖康熙二十六（1687）年尚在，年已八十一歲。能繼家學，善畫山水，稱逸品。（見明畫錄、圖繪寶鑑續纂、櫟園讀畫錄、桐陰論畫、香祖筆記、賴古堂集、青溪遺稿、中國畫家人名大辭典）

何 白

名稱		質地	色彩	尺寸 高x寬㎝	創作時間	收藏處所	典藏號碼
蘭花圖	卷	絹	水墨	28.5 x 280	崇禎壬申（五年，1632）	溫州 浙江省溫州博物館	
蘭竹圖	軸	綾	水墨	不詳	時年八十有一（？）	鎮江 江蘇省鎮江市博物館	
蘭竹石圖	軸	絹	水墨	51.1 x 122.5		杭州 浙江省杭州西泠印社	
空林泉石圖	軸	紙	水墨	不詳		溫州 浙江省溫州博物館	
竹石菊花圖	軸	絹	設色	142.7 x 68.6		日本 東京柳孝藏先生	
枯木竹石圖	軸	絹	設色	109.8 x 46.6		日本 私人	

畫家小傳：何白。字無咎。號丹丘。浙江永嘉人。工詩詞，善書畫。畫山水，得方從義筆意；作竹石，極得煙潤情致。流傳署款紀年作品見於思宗崇禎五(1632)年。（見無聲詩史、畫史會要、中國畫家人名大辭典）

孫兆麟

水齋禪師像（董其昌書贊）	軸	絹	設色	183.5 x 102	壬申（崇禎五年，1632）夏	天津 天津市藝術博物館	
達磨像	軸	紙	設色	99.1 x 27.2		日本 京都桑名鉄城先生	

畫家小傳：孫兆麟。字開素。江蘇華亭人。善寫照，兼工畫山水、花鳥。流傳署款紀年作品見於思宗崇禎五(1632)年。（見明畫拾遺、中國畫家人名大辭典）

崔繡天

渡海羅漢圖	卷	綾	水墨	不詳	崇禎壬申（五年，1632）立秋日	北京 故宮博物院	
白描羅漢圖	卷	綾	水墨	不詳	庚寅（順治七年，1650）	蘭州 甘肅省蘭州市博物館	

畫家小傳：崔繡天。女。福建人。十三歲即解畫佛像。所作觀音，配置山水雲煙，造微入妙。流傳署款紀年作品見於思宗崇禎五(1632)年。（見明畫錄、中國畫家人名大辭典）

范　玨

蘭花圖（顧眉、范玨作蘭花4段合卷）	短卷	紙	水墨	（每段）30 x 55 不等	崇禎十年（丁丑，1637）秋月	無錫 江蘇省無錫市博物館	
蘭石圖	摺扇面	紙	水墨	不詳	崇禎五年（壬申，1632）秋日	北京 故宮博物院	

名稱		質地	色彩	尺寸 高x寬㎝	創作時間	收藏處所	典藏號碼
山水圖（江左文心集冊12之1幀）	冊頁	紙	設色	16.8 x 21		北京 故宮博物院	

畫家小傳：范珏。女。字雙玉。為金陵妓。性廉靜寡慾，惟嗜經卷。間畫山水，能摹黃公望、吳鎮諸家。流傳署款紀年作品見於思宗崇禎五(1632)至十(1637)年。(見無聲詩史、中國畫家人名大辭典)

盛 琳

名稱		質地	色彩	尺寸 高x寬㎝	創作時間	收藏處所	典藏號碼
訪泉山水圖（盛琳、蘇濟合作）	卷	紙	水墨	不詳		北京 故宮博物院	
松山樓閣圖	軸	紙	設色	273 x 97	崇禎乙亥（八年，1635）	瀋陽 遼寧省博物館	
山水圖	摺扇面	金箋	水墨	不詳	壬申（崇禎五年，1632）	北京 故宮博物院	
山水圖（12幀）	冊	紙	設色	（每幀）24.3 x 17.6	崇禎甲戌（七年，1634）七月	北京 故宮博物院	
林亭遠岫圖（江左文心集冊12之1幀）	冊頁	紙	設色	16.8 x 21	癸巳（順治十年，1653）春	北京 故宮博物院	
山水圖（8幀）	冊	紙	水墨	（每幀）25.1 x 17.6	丁丑（崇禎十年，1637）除夕	上海 上海博物館	
山水圖（盛丹、盛琳山水冊12之6幀）	冊	紙	設色	不詳	甲申（順治元年，1644）秋日	成都 四川省博物院	

畫家小傳：盛琳。號五林。江蘇江寧人。盛胤昌子，盛丹之弟。能紹家業，善畫山水，與兄齊名。流傳署款紀年作品見於思宗崇禎五（1632）至清世祖順治十(1653)年。(見江寧志、榕園讀畫錄、中國畫家人名大辭典)

蘇 濟

名稱		質地	色彩	尺寸 高x寬㎝	創作時間	收藏處所	典藏號碼
訪泉山水圖（盛琳、蘇濟合作）	卷	紙	水墨	不詳		北京 故宮博物院	

畫家小傳：蘇濟。約與盛琳同時。畫史無載。身世待考。

陳 說

名稱		質地	色彩	尺寸 高x寬㎝	創作時間	收藏處所	典藏號碼
石湖夜月圖	摺扇面	金箋	設色	不詳	崇禎壬申（五年，1632）	北京 故宮博物院	

畫家小傳：陳說。畫史無載。署款紀年作品見於思宗崇禎五(1632)年。身世待考。

傅 清

名稱		質地	色彩	尺寸 高x寬cm	創作時間	收藏處所	典藏號碼
荷花雙鶴圖	軸	灑金箋	設色	不詳	癸酉（崇禎六年，1633）	瀋陽 遼寧省博物館	
五樓圖	軸	紙	設色	不詳		北京 故宮博物院	
荷花圖	軸	絹	設色	186 x 77.9		北京 中國歷史博物館	
梅花小鳥圖	軸	金箋	設色	不詳		廣州 廣州市美術館	
梅禽圖	軸	絹	設色	140.5 x 56.9		日本 私人	
萱花蜂石圖	摺扇面	紙	設色	不詳	壬申（崇禎五年，1632）秋日	北京 故宮博物院	
三友圖（邵彌、張宏、傅汝清合作）	摺扇面	金箋	設色	不詳	丙子（崇禎九年，1636）	杭州 浙江省博物館	
老圃秋容圖（明人書畫集冊之第5幀）	冊頁	紙	設色	30 x 21.8	丁丑（崇禎十年，1637）桂月	日本 兵庫縣黑川古文化研究所	
海棠白頭圖	軸	絹	設色	不詳	庚辰（崇禎十三年，1640）	上海 上海文物商店	
梨花白燕圖	軸	絹	設色	38.2 x 29.5		上海 上海文物商店	
附：							
花鳥（明人山水花鳥冊之1幀）	冊頁	灑金箋	設色	34 x 26	丁丑（崇禎十年，1637）春日	紐約 佳士得藝品拍賣公司/拍賣目錄 1992,06,02.	

畫家小傳：傅清。字仲素。江蘇華亭人。有至性。好讀書。喜繪畫，所作花卉、禽鳥，蕭森淡遠，點染欲活。流傳署款紀年作品見於思宗崇禎五(1632)至十三（1640）年。（見明畫錄、耕硯田齋筆記、中國畫家人名大辭典）

倪于讓

山水圖（16幀）	冊	金箋	設色	不詳	壬申（崇禎五年，1632）	天津 天津市藝術博物館	

畫家小傳：倪于讓。畫史無載。流傳署款紀年作品見於思宗崇禎五(1632)年。身世待考。

邵 節

山水圖（陳丹衷等十家山水冊10之1幀）	冊頁	紙	設色	33.2 x 45.5		北京 故宮博物院	

畫家小傳：邵節。浙江餘姚人。善畫翎毛，得林良之傳。（見明畫錄、餘姚縣志、中國畫家人名大辭典）

柯士璜

紫薇蕉石圖（寫似子素詞宗）	軸	絹	設色	132.4 x 51.8	壬申（崇禎五年，	日本 中埜又左衛門先生	

名稱		質地	色彩	尺寸 高x寬cm	創作時間	收藏處所	典藏號碼

					1632）春日		
芭蕉秀石圖	軸	絹	水墨	140.9 x 49.2	庚辰（崇禎十三年，1640）臘月	日本 中埜又左衛門先生	
秋卉奇石圖（為素臣詞丈寫，明人書畫扇面帖之1幀）	摺扇面	金箋	水墨	17.7 x 50.1	歲戊寅（崇禎十一年，1638）九月	日本 橫濱岡山美術館	

畫家小傳：柯士璜。字無瑕。浙江莆田人。身世不詳。善畫著色花卉。流傳署款紀年作品見於思宗崇禎五（1632）至十三（1640）年。
（見莆田縣志、中國畫家人名大辭典）

王 峻

| 效吳仲圭意山水圖（楊補等十四家仿古山水卷14之第8段） | 卷 | 紙 | 設色 | （全卷）20.1 x 654.5 | | 上海 上海博物館 | |
| 山水圖（明王峻等山水冊10之1幀） | 冊頁 | 金箋 | 設色 | （每幀）30.2 x 38.4 | 壬申（崇禎五年，1632） | 蘭州 甘肅省博物館 | |

畫家小傳：王峻。畫史無載。流傳署款紀年作品見於思宗崇禎五（1632）年。身世待考。

杜 煦

| 荔枝（明人畫扇一冊之23） | 摺扇面 紙 | | 設色 | 不詳 | | 台北 故宮博物院 | 故畫03527-23 |
| 山水圖（明王峻等山水冊10之1幀） | 冊頁 | 金箋 | 設色 | （每幀）30.2 x 38.4 | （壬申，崇禎五年，1632） | 蘭州 甘肅省博物館 | |

畫家小傳：杜煦。畫史無載。流傳署款作品約見於思宗崇禎五（1632）年。身世待考。

張 澂

| 山水圖（明王峻等山水冊10之1幀） | 冊頁 | 金箋 | 設色 | （每幀）30.2 x 38.4 | （壬申，崇禎五年，1632） | 蘭州 甘肅省博物館 | |

畫家小傳：張澂。畫史無載。流傳署款作品約見於思宗崇禎五（1632）年。身世待考。

吳 徵

花卉圖（明人畫扇面（乙）冊之8）	摺扇面 紙		設色	不詳		台北 故宮博物院	故畫03532-8
山水圖（葉雨、吳徵山水合冊8之4幀）	冊頁	金箋	設色	（每幀）30 x 29	壬午（崇禎十五年，1642）冬日	常熟 江蘇省常熟市文物管理委員會	
山水圖（明王峻等山水冊10之1幀）	冊頁	金箋	設色	（每幀）30.2 x 38.4	（壬申，崇禎五年，1632）	蘭州 甘肅省博物館	

畫家小傳：吳徵。畫史無載。流傳署款紀年作品見於崇禎五（1632）至十五（1642）年。身世待考。

名稱		質地	色彩	尺寸 高x寬㎝	創作時間	收藏處所	典藏號碼

汪守庸

| 松林覓句（明人畫扇面（乙）冊之6） | 摺扇面 | 紙 | 設色 | 不詳 | | 台北 故宮博物院 | 故畫 03532-6 |

畫家小傳：汪守庸。畫史無載。身世待考。

黃長吉

| 虎溪三笑圖 | 軸 | 紙 | 設色 | 67.4 x 39.7 | | 日本 東京靜嘉堂文庫 | |

畫家小傳：黃長吉。籍里、身世不詳。嘗為天下名山圖記繪成石鍾山圖，崇禎六（1633）由墨翰齋摹版刊行。（見中國美術家人名大辭典）

凌雲翰

| 寒鴉睡鳧圖 | 軸 | 絹 | 設色 | 187 x 93 | 癸酉（崇禎六年，1633）夏日 | 北京 徐悲鴻紀念館 | |
| 花鳥圖 | 軸 | 紙 | 設色 | 129.3 x 58.4 | 己卯（崇禎十二年，1639）孟春 | 上海 上海博物館 | |

畫家小傳：凌雲翰。字五雲。籍里不詳。萬曆至崇禎間人。善畫山水，亦善梅蘭，尤工畫石。天啟七（1627）年，嘗與高陽、高友、魏之璜、魏之克等，同校胡正言所輯刻十竹齋書畫譜。署款紀年作品見於思宗崇禎六(1633)至十二(1639)年。身世待考。（見十竹齋書畫譜、中國美術家人名辭典）

李永昌

江陵圖（為生白作，新安五家合作江陵圖）	卷	紙	設色	29.2 x 385.5	（己卯，崇禎十二年，1639）	上海 上海博物館	
松石圖	軸	紙	水墨	111 x 54.4	甲戌（崇禎七年，1634）初夏	北京 故宮博物院	
山水圖	軸	紙	設色	不詳	庚辰（崇禎十三年，1640）	北京 故宮博物院	
仿大癡山水圖	軸	紙	設色	不詳		北京 故宮博物院	
春山亭子圖	軸	紙	水墨	101 x 46.1	丁丑（崇禎十年，1637）	合肥 安徽省博物館	
仿元人山水圖	軸	紙	設色	132.3 x 45.2	甲戌（崇禎七年，1634）	杭州 浙江省博物館	
山水圖（翁陵等山水冊12之1幀）	冊頁	紙	設色	不詳		北京 故宮博物院	
山水圖（3幀）	冊	絹	設色	（每幀）25 x 15.7不等		合肥 安徽省博物館	

名稱		質地	色彩	尺寸 高×寬㎝	創作時間	收藏處所	典藏號碼
山水、花鳥圖（4幀）	冊	絹	水墨	（每幀）22.4 × 22.6		杭州 浙江省博物館	

附：

| 米氏雲山小景（新安名家合錦冊第5幀） | 冊頁 | 紙 | 水墨 | 11 × 14 | | 紐約 佳士得藝品拍賣公司/拍賣目錄 1990.05.31 | |

畫家小傳：李永昌。字周生。安徽休寧（一作新安）人。善畫山水，仿元人法。為汪之瑞師。撰畫響四卷，以詩闡揚畫理。流傳署款紀年作品見於思宗崇禎七(1634)至十三(1640)年。（見無聲詩史、徽州志、中國畫家人名大辭典）

常 存

| 水村圖（明人書畫集冊之第3幀） | 冊頁 | 紙 | 設色 | 30 × 21.8 | | 日本 兵庫縣黑川古文化研究所 | |

畫家小傳：常存。畫史無載。身世待考。

鄒 典

金陵勝景圖	卷	紙	設色	不詳	甲戌（崇禎七年，1634）	北京 故宮博物院	
花卉圖	卷	紙	水墨	不詳	崇禎丁丑（十年，1637）六月	北京 故宮博物院	
大癡遺格（山水圖）	卷	絹	水墨	30.2 × 147	崇禎戊寅（十一年，1638）三月	南京 南京博物院	
玉洞桃花圖	軸	紙	設色	182 × 52.8	癸酉（崇禎六年，1633）三月	北京 故宮博物院	
山水圖（鄒典、魏克山水合冊2之1幀）	冊頁	金箋	設色	29.8 × 7.5	天啟丙寅（六年，1626）	天津 天津市藝術博物館	
秋山樓閣圖	軸	紙	設色	137.9 × 63.9	崇禎甲戌（七年，1634）七月	上海 上海博物館	
仿黃公望山水圖（為六翁作）	軸	紙	設色	不詳	己卯（崇禎十二年，1639）四月	上海 上海博物館	
山水圖（明人畫冊之9）	冊頁	絹	設色	29.8 × 21.6		美國 勃克萊加州大學藝術館（高居翰教授寄存）	CM12 k

附：

| 水石花木圖（畫5段、書1段） | 卷 | 綾 | 水墨、設色 | 26.7 × 424.3 | 戊寅（崇禎十一年，1638）秋晚，至己卯（十二年，1639） | 香港 蘇富比藝品拍賣公司/拍賣目錄 1999,10,31. | |

名稱		質地	色彩	尺寸 高x寬cm	創作時間	收藏處所	典藏號碼

臘節

畫家小傳：鄒典。江蘇吳縣人，家金陵。工畫山水，筆意高秀，絕去甜俗；亦善寫生，清逸雅秀，超然出塵。流傳署款紀年作品見於思宗崇禎六（1633）至十二（1639）年。（見江寧府志、櫟園讀畫錄、墨香居畫識、桐陰論畫、中國畫家人名大辭典）

楊道真

即非柏岩像	軸	紙	設色	58 x 57.2		日本 九州福聚寺	

畫家小傳：楊道真。畫史無載。生平待考。

王維新

花鳥圖	軸	紙	設色	132.3 x 31	癸酉（崇禎六年，1633）	廣州 廣東省博物館	
花石圖	冊頁	紙	設色	不詳	庚寅（順治七年，1650）秋	北京 故宮博物院	
花鳥（10幀）	冊	絹	設色	（每幀）24 x 24.5		南京 南京博物院	

畫家小傳：王維新。字仲鼎。江蘇吳人。工畫花鳥。流傳署款紀年作品見於思宗崇禎六（1633）年至清世祖順治七（1650）年。（見圖繪寶鑑續纂、中國畫家人名大辭典）

王守謙

千雁圖（2卷）	卷	紙	設色	28.5 x 535；31 x 734	癸酉（崇禎六年，1633）春	瀋陽 遼寧省博物館	

畫家小傳：王守謙。畫史無載。流傳署款紀年作品見於思宗崇禎六（1633）年。身世待考。

董孝初

初日山水圖	橫幅	金箋	水墨	27.7 x 46	癸酉（崇禎六年，1633）秋日	日本 京都貝塚茂樹先生	
仿董源秋山晴靄圖（各人書畫扇（王）冊之15）	摺扇面	紙	設色	不詳		台北 故宮博物院	故畫 03560-15
山居圖	冊頁	金箋	水墨	28.5 x 20		台北 黃君璧白雲堂	
山水圖（松蔭茅舍）	摺扇面	紙	設色	16.3 x 50.8	乙亥（崇禎八年，1635）季冬	日本 中埜又左衛門先生	

附：

山水圖（為約庵作，明董其昌等書畫冊16之1幀）	冊頁	絹	設色	39 x 33	丙寅（天啟六年，1626）秋日	天津 天津市文物公司	

名稱		質地	色彩	尺寸 高x寬cm	創作時間	收藏處所	典藏號碼
山水圖		摺扇面 金箋	水墨	16.5 x 52.5		紐約 佳士得藝品拍賣公司/拍賣目錄 1984,06,29.	
設色山水（明末諸家壽李瞻翁書畫冊 10 之第 3 幀）		冊頁 金箋	設色	34.3 x 26.3	丁丑（崇禎十年，1637）春日	香港 蘇富比藝品拍賣公司/拍賣目錄 1999,10,31.	
山水圖（明名家書畫集冊 16 之 1 幀）		冊頁 金箋	水墨	29.8 x 20.3	丙子（崇禎九年，1636）春日	香港 蘇富比藝品拍賣公司/拍賣目錄 1999,10,31.	

畫家小傳：董孝初。字仁常（一作左常）。江蘇華亭人。善畫山水，具元人法度，筆墨簡遠。流傳署款紀年作品見於思宗崇禎六（1633）至十（1637）年。（見明畫錄、無聲詩史、松江府志、中國畫家人名大辭典）

陶　泓

名稱		質地	色彩	尺寸 高x寬cm	創作時間	收藏處所	典藏號碼
仿高克恭筆意雲山圖		軸 絹	水墨	176.2 x 100.9	癸酉（崇禎六年，1633）春日	美國 克利夫蘭藝術博物館	71.19
松巖訪道圖（名人畫扇（甲）冊之 9）		摺扇面 紙	設色	不詳		台北 故宮博物院	故畫 03547-9

畫家小傳：陶泓。號硯山。畫史無載。流傳署款紀年作品見於思宗崇禎六（1633）年。身世待考。

黃　石

名稱		質地	色彩	尺寸 高x寬cm	創作時間	收藏處所	典藏號碼
仿梅道人山水圖		卷 紙	設色	44 x 543	崇禎己卯（十二年，1639）	瀋陽 故宮博物院	
棧道圖		軸 紙	設色	不詳	崇禎六年，癸酉（1633）秋九月	北京 首都博物館	
崇山疊嶺圖		軸 絹	水墨	不詳	崇禎六年，癸酉（1633）	新鄉 河南省新鄉博物館	

畫家小傳：黃石。字彙萬。江蘇青浦人。工畫出水，得二米、高克恭筆意。流傳署款紀年作品見於思宗崇禎六（1633）至十二（1639）年。（見青浦縣誌、中國美術家人名辭典）

徐文若

名稱		質地	色彩	尺寸 高x寬cm	創作時間	收藏處所	典藏號碼
秋林晚霞圖		摺扇面 紙	設色	不詳	崇禎癸酉（六年，1633）	北京 故宮博物院	

畫家小傳：徐文若。字昭質。浙江人。工畫山水。流傳署款紀年作品見於思宗崇禎六（1633）年。（見無聲詩史、中國畫家人名大辭典）

章元愷

名稱		質地	色彩	尺寸 高x寬cm	創作時間	收藏處所	典藏號碼
山水圖（策杖尋幽）		軸 綾	水墨	107.5 x 48.2	癸酉（？崇禎六年，1633）春月	日本 中埜又左衛門先生	

名稱		質地	色彩	尺寸 高×寬㎝	創作時間	收藏處所	典藏號碼

畫家小傳：章元愷。畫風近似趙左。畫史無載。流傳署款作品紀年疑為思宗崇禎六（1633）年。身世待考。

黃 柱

憑高眺遠圖	軸	紙	設色	188 × 93	己卯（崇禎十二年，1639）	合肥 安徽省博物館	
山水圖（清十家山水冊12之1幀）	冊頁	絹	設色	34 × 27.5		上海 上海博物館	
附：							
仿吳鎮山水圖	軸	金箋	設色	不詳	癸酉（崇禎六年，1633）	武漢 湖北省武漢市文物商店	

畫家小傳：黃柱。虹廬畫談記載，明有黃柱，安徽歙縣人，字子立，號碧峰，工畫人物、山水。疑即此人。流傳署款作品紀年見於思宗崇禎六（1633）至十二（1639）年。

劉 炤

| 蘆雁圖 | 軸 | 絹 | 設色 | 291 × 128.2 | | 台北 故宮博物院 | 故畫03691 |

畫家小傳：劉炤。畫史無載。作品自署監湖釣叟。會稽人。作蘆雁不俗。身世待考。

錢光大

| 樹石圖 | 摺扇面 金箋 | | 水墨 | 不詳 | 癸酉（？崇禎六年，1633）冬 | 北京 故宮博物院 | |

畫家小傳：錢光大。畫史無載。流傳署款作品紀年疑為思宗崇禎六（1633）年。身世待考。

夏 時

| 山水圖 | 摺扇面 紙 | | 設色 | 17 × 47 | 甲戌（崇禎七年，1634）清夏 | 台北 李鴻球先生 | |

畫家小傳：夏時。畫史無載。流傳署款紀年作品見於思宗崇禎七（1634）年。身世待考。

錢 㫤

| 仿古山水圖（8幀，為瞻翁作） | 冊 | 金箋 | 水墨 | （每幀）26.3 × 22.3 | 庚辰（崇禎十三年，1640）初春 | 北京 中國歷史博物館 | |

畫家小傳：錢㫤。字彥林（一字鈍庵）。號檀子。浙江嘉善人。崇禎六年(1633)舉人。善畫山水。流傳署款紀年作品見於思宗崇禎十三(1640)年。（見嘉興府志、中國畫家人名大辭典）

曹 振

名稱		質地	色彩	尺寸 高x寬cm	創作時間	收藏處所	典藏號碼
山水圖（曹振、諸昇合作）	卷	紙	水墨	27.6 x 206.2		杭州 浙江省博物館	
山水圖	軸	紙	設色	不詳	甲戌（崇禎七年，1634）春	北京 故宮博物院	
松閣聽泉圖	軸	絹	設色	165.5 x 47	己卯（崇禎十二年，1639）	廣州 廣州市美術館	
山水圖（6幀，為修之作）	冊	絹	水墨	（每幀）23.3 x 18.8	癸巳（順治十年，1653）清秋	廣州 廣東省博物館	
春色夢裡生（寫似莪翁，明人書畫合璧冊之5）	冊頁	絹	設色	28.7 x 20	庚寅（順治七年，1650）	日本 大阪市立美術館	

畫家小傳：曹振。初名玉，字叔周，號二白。後名振，字二白。江蘇長洲人，寓武林。曹羲之弟。善畫山水，運筆有致，墨無纖塵，秀技一如其兄。人物、花鳥畫亦佳。流傳署款紀年作品見於思宗崇禎七(1634)年至清世祖順治十(1653)年。（見明畫錄、圖繪寶鑑續纂、杭州志、中國畫家人名大辭典）

王錫綬

名稱		質地	色彩	尺寸 高x寬cm	創作時間	收藏處所	典藏號碼
桐蔭對飲圖	軸	絹	設色	不詳	崇禎甲戌（七年，1634）暮春	南京 南京博物院	
對奕圖	軸	紙	設色	不詳		南京 南京博物院	
溪山村落圖	軸	紙	設色	不詳	崇禎甲戌（七年，1634）	杭州 浙江省杭州西泠印社	
山水圖	軸	紙	設色	不詳	崇禎癸未（十六年，1643）秋	武漢 湖北省博物館	

畫家小傳：王錫綬。字分符。號養虛。江蘇常熟人。工畫山水、人物，筆意粗拙，別有致趣，流傳署款紀年作品見於思宗崇禎七(1634)至十六(1643)年。（見虞山畫志、海虞畫苑錄、中國畫家人名大辭典）

何 適

名稱		質地	色彩	尺寸 高x寬cm	創作時間	收藏處所	典藏號碼
蘭竹圖	卷	紙	水墨	不詳	崇禎甲戌（七年，1634）冬日	北京 故宮博物院	
蘭花圖	軸	紙	水墨	不詳		瀋陽 遼寧省博物館	
林中草亭圖	軸	紙	設色	170.2 x 44.8	戊寅（崇禎十一年，1638）	蘇州 江蘇省蘇州博物館	

畫家小傳：何適。字達生。號天遊、白石道人、天台山人。廣東東莞人，占籍江蘇常熟。工詩。善畫山水，有戴進筆意；又善寫蘭，以乾蕊枯葉入妙品。流傳署款紀年作品見於思宗崇禎七(1634)至十一（1638）年。（見明畫錄、海虞畫苑錄、海虞詩苑、常熟縣志、畫史會要、中國畫家人名大辭典）

徐元玠

名稱		質地	色彩	尺寸 高×寬㎝	創作時間	收藏處所	典藏號碼
花卉草蟲圖		摺扇面 金箋	設色	不詳	甲戌（？崇禎七年，1634）	北京 故宮博物院	

畫家小傳：徐元玠。畫史無載。流傳署款作品紀年疑為思宗崇禎七(1634)年。身世待考。

陳　清

夏山圖	軸	綾	設色	143.9 × 49.6		北京 首都博物館	
釣船待客圖	軸	絹	水墨	不詳		青島 山東省青島市博物館	
巴船出峽圖	軸	紙	水墨	112 × 62		日本 大阪橋本大乙先生	
草閣荷風圖	摺扇面	金箋	水墨	不詳	甲戌（？崇禎七年，1634）	北京 故宮博物院	

畫家小傳：陳清。畫史無載。流傳署款作品紀年疑為思宗崇禎七(1634)年。身世待考。

丁雲鴻
附：

煙林水閣圖	摺扇面 金箋	水墨	不詳	甲戌（？崇禎七年，1634）	武漢 湖北省武漢市文物商店	

畫家小傳：丁雲鴻。畫史無載。流傳署款作品紀年疑為思宗崇禎七(1634)年。身世待考。

□　澧

山水圖（程嘉燧、□澧等山水冊4之第2幀）	冊頁	絹	設色	約19.1×22.5		上海 上海博物館	

畫家小傳：□澧。姓氏不明。待考。

朱　微

山水圖	軸	絹	設色	83 × 65		上海 上海博物館	
山水圖（程嘉燧等山水冊4之第3幀）	冊頁	絹	設色	約19.1×22.5		上海 上海博物館	

畫家小傳：朱穉微。約與程嘉燧同時。畫史無載。身世待考。

徐　素

九溙九曲圖（10幀）	冊頁	紙	設色	不詳	甲戌（崇禎七年，1634）	廣州廣東省博物館	

畫家小傳：徐素。畫史無載。流傳署款紀年作品見於思宗崇禎七(1634)年。身世待考。

李　因

名稱		質地	色彩	尺寸 高×寬cm	創作時間	收藏處所	典藏號碼
花鳥圖	卷	綾	水墨	不詳	癸丑（康熙十二年，1673）	長春 吉林省博物館	
花鳥圖	卷	綾	水墨	不詳	崇禎壬午（十五年，1642）	北京 故宮博物院	
花鳥圖	卷	綾	水墨	不詳	庚戌（康熙九年，1670）	北京 故宮博物院	
花鳥圖	卷	綾	水墨	25 × 629.5	甲戌（崇禎七年，1634）秋八月	上海 上海博物館	
花鳥圖	卷	花綾	水墨	不詳	壬戌（康熙二十一年，1682）	上海 上海博物館	
四季花卉圖	卷	綾	水墨	不詳	壬午（崇禎十五年，1642）	杭州 浙江省博物館	
花鳥圖	卷	綾	水墨	27 × 762.6	丁亥（順治四年，1647）	杭州 浙江省博物館	
花鳥圖	卷	綾	水墨	25 × 384		重慶 重慶市博物館	
花鳥圖	卷	綾	水墨	不詳	癸丑（康熙十二年，1673）	廣州 廣東省博物館	
四時墨華圖（仿陳道復花鳥）	卷	綾	水墨	25.4 × ?		美國 火魯奴奴Hutchinson先生	
松鷹圖	軸	絹	水墨	140 × 47.5		台北 國泰美術館	
菊石鳴禽圖	軸	綾	水墨	不詳	乙巳（康熙四年，1665）	旅順 遼寧省旅順博物館	
松鷹圖	軸	綾	水墨	不詳	己丑（順治六年，1649）	北京 故宮博物院	
松鷹圖	軸	綾	水墨	157.9 × 50	己亥（順治十六年，1659）	北京 故宮博物院	
柳鵲圖	軸	綾	水墨	不詳	辛亥（康熙十年，1671）	北京 故宮博物院	
松鷹圖	軸	綾	水墨	不詳	壬子（康熙十一年，1672）	北京 故宮博物院	
八哥石榴圖	軸	綾	水墨	不詳	癸丑（康熙十二年，1673）	北京 故宮博物院	
花鳥圖（12幅）	軸	綾	水墨	不詳		北京 故宮博物院	
荷花圖	軸	紙	水墨	不詳		北京 故宮博物院	

名稱		質地	色彩	尺寸 高×寬㎝	創作時間	收藏處所	典藏號碼
荷花鴛鴦圖	軸	綾	水墨	155.5 × 53.2		北京 故宮博物院	
菊花小鳥圖	軸	綾	水墨	不詳		北京 首都博物館	
芙蓉鴛鴦圖	軸	綾	水墨	139.3 × 48	戊子（順治五年，1648）	天津 天津市藝術博物館	
芙蓉秋禽圖	軸	綾	水墨	不詳	癸酉（崇禎六年，1633）	濟南 山東省博物館	
巖花霜葉圖	軸	綾	水墨	不詳		青島 山東省青島市博物館	
松鷹圖	軸	綾	水墨	不詳	庚戌（康熙九年，1670）新秋	南通 江蘇省南通博物苑	
花鳥圖（4幅）	軸	綾	水墨	不詳	庚子（順治十七年，1660）	上海 上海博物館	
芙蓉鴛鴦圖	軸	綾	水墨	不詳	己酉（康熙八年，1669）	上海 上海博物館	
芙蓉鴛鴦圖	軸	紙	水墨	不詳	庚戌（康熙九年，1670）	上海 上海博物館	
芙蓉水禽圖	軸	綾	水墨	不詳	丁巳（康熙十六年，1677）	上海 上海博物館	
荷塘白鷺圖	軸	綾	水墨	不詳	戊午（康熙十七年，1678）	上海 上海博物館	
山茶綬帶圖	軸	綾	水墨	91.7 × 24.9		上海 上海博物館	
牡丹湖石圖（有葛徵奇題）	軸	紙	設色	不詳	壬午（崇禎十五年，1642）	南京 南京博物院	
霜菊幽禽圖	軸	綾	水墨	不詳	丁巳（康熙十六年，1677）仲冬	南京 南京博物院	
松鷹圖	軸	綾	水墨	不詳	丁巳（康熙十六年，1677）	南京 南京博物院	
荷花鴛鴦圖	軸	綾	水墨	149.5 × 51.5	辛酉（康熙二十年，1681）	南京 南京博物院	
杏花雙燕圖	軸	綾	水墨	不詳	辛亥（康熙十年，1671）	蘇州 江蘇省蘇州博物館	
梅花綬帶圖	軸	綾	水墨	不詳	戊申（康熙七年，1668）	杭州 浙江省博物館	
慈烏圖	軸	綾	水墨	不詳	庚戌（康熙九年，	杭州 浙江省博物館	

名稱		質地	色彩	尺寸 高×寬cm	創作時間	收藏處所	典藏號碼
					1670）		
松鷹圖	軸	綾	水墨	不詳	丙辰（康熙十五年，1676）	杭州 浙江省博物館	
石榴綬帶圖	軸	綾	水墨	125 × 48.5	戊申（康熙七年，1668）	杭州 浙江省杭州西泠印社	
松鷹圖	軸	紙	水墨	不詳	乙卯（康熙十四年，1675）冬日	海寧 浙江省海寧市博物館	
牡丹雙燕圖	軸	綾	水墨	不詳	丙辰（康熙十五年，1676）春日	海寧 浙江省海寧市博物館	
牡丹雙燕圖	軸	綾	水墨	155.5 × 47	戊午（康熙十七年，1678）	重慶 重慶市博物館	
梅禽圖	軸	絹	水墨	不詳	癸卯（康熙二年，1663）	廣州 廣東省博物館	
松鷹圖	軸	紙	水墨	不詳	壬子（康熙十一年，1672）	廣州 廣東省博物館	
四喜圖	軸	綾	水墨	不詳	丙辰（康熙十五年，1676）	廣州 廣東省博物館	
石榴鵲鴿圖	軸	綾	水墨	不詳	戊午（康熙十七年，1678）	廣州 廣州市美術館	
柳禽圖	軸	綾	水墨	不詳	辛酉（康熙二十年，1681）	桂林 廣西壯族自治區桂林市博物館	
墨竹圖	軸	紙	水墨	89.2 × 30.3		日本 京都國立博物館	A甲560
樹枝八哥圖	軸	綾	水墨	105 × 42	庚申（康熙十九年，1680）春日	日本 大阪橋本大乙先生	
花鳥圖（梅花喜鵲）	軸	綾	水墨	124 × 46.6	戊申（康熙七年，1668）初春	日本 江田勇二先生	
牡丹圖	軸	綾	水墨	137.6 × 50.6		日本 私人	
墨荷圖	軸	綾	水墨	141.9 × 48.4		日本 私人	
芙蓉鷺鷥圖	軸	綾	水墨	160.9 × 45		日本 私人	
松鷹圖	軸	綾	水墨	159.3 × 49.5		日本 私人	
梅花雙雀（明花卉畫冊之8）	冊頁	紙	水墨	16.4 × 51.6		台北 故宮博物院	故畫03515-8

名稱		質地	色彩	尺寸 高x寬㎝	創作時間	收藏處所	典藏號碼
雙帆競渡（各人書畫扇（王）冊之28）	摺扇面	紙	設色	不詳		台北 故宮博物院	故畫 03560-28
墨竹圖	摺扇面	金箋	水墨	16.1 x 48.9		香港 劉作籌虛白齋	174
花鳥圖（8幀）	冊	紙	水墨	不詳	戊戌（順治十五年，1658）	瀋陽 故宮博物院	
花卉圖	摺扇面		水墨	16.1 x 50		北京 故宮博物院	
牡丹圖	摺扇面	紙	水墨	不詳		北京 中國歷史博物館	
梅花圖	摺扇面	金箋	水墨	不詳	甲辰（康熙三年，1664）	南京 南京市博物館	
行雀圖	摺扇面	金箋	水墨	不詳	丁酉（順治十四年，1657）	杭州 浙江省杭州西泠印社	
花鳥圖	摺扇面	金箋	水墨	不詳	丙辰（康熙十五年，1676）	成都 四川省博物院	
花鳥、山水圖（7幀）	冊	金箋	水墨	（每幀）28 x 20 不等		廣州 廣東省博物館	
花鳥圖（明人扇面冊之8）附：	摺扇面	金箋	水墨	16.6 x 51.4		日本 私人	
松鷹圖	軸	紙	水墨	不詳	戊申（康熙七年，1668）	上海 朵雲軒	
牡丹圖	軸	綾	水墨	137.5 x 57.6	辛卯（順治八年，1651）	武漢 湖北省武漢市文物商店	
古木集禽圖	軸	綾	水墨	不詳	辛酉（康熙二十年，1681）	武漢 湖北省武漢市文物商店	
芙蓉鴛鴦圖	軸	紙	水墨	125 x 45	丁未（康熙六年，1667）秋日	紐約 蘇富比藝品拍賣公司/拍賣目錄 1985,06,03.	
梅花鸚鵒圖	軸	紙	水墨	141.7 x 47.5	癸丑（康熙十二年，1673）夏日	紐約 佳士得藝品拍賣公司/拍賣目錄 1988,11,30.	
雙喜圖	軸	紙	水墨	124.5 x 56	辛未（崇禎四年，1731）暮春	紐約 佳士得藝品拍賣公司/拍賣目錄 1994,06,01.	
梅雀圖	軸	綾	水墨	123 x 46.5	戊申（康熙七年，1668）初春	紐約 佳士得藝品拍賣公司/拍賣目錄 1995,09,19.	
花鳥圖（8幀）	冊	金箋	水墨	不詳	戊寅（崇禎十一年，1638）	上海 朵雲軒	
荷花翠鳥圖（清章日能等雜畫	摺扇面	金箋	設色	29 x 37.4	（乙巳，康熙四年	武漢 湖北省武漢市文物商店	

名稱		質地	色彩	尺寸 高×寬㎝	創作時間	收藏處所	典藏號碼
冊 14 之 1 幀）					，1665）		
枯荷郭索圖	摺扇面	金箋	水墨	17 × 51.5		紐約 佳士得藝品拍賣公司/拍賣目錄 1984,06,29.	
花鳥（12 幀）	冊	金箋	設色	（每幀）28 × 28	辛巳（崇禎十四年，1641）春日	紐約 佳士得藝品拍賣公司/拍賣目錄 1994,06,01.	

畫家小傳：李因。女。字今生。號是庵、龕山女史。浙江會稽人。生於明神宗萬曆三十八（1610）年。卒於清聖祖康熙二十四（1685）年。善畫花鳥、山水，師法陳淳。（見明畫錄、無聲詩史、圖繪寶鑑續纂、國朝畫徵錄、桐陰論畫、中國畫家人名大辭典）

周鼐

名稱		質地	色彩	尺寸 高×寬㎝	創作時間	收藏處所	典藏號碼
山水圖	軸	絹	設色	不詳	崇禎壬午（十五年，1642）	北京 故宮博物院	
山水圖	軸	絹	設色	不詳	壬辰（順治九年，1652）	南京 南京市博物館	
山水圖（冊頁 2 幀裝成）	軸	絹	設色	不詳		南京 南京市博物館	
喬木籬舍（名人書畫合冊之12）	冊頁	紙	水墨	16.8 × 53.2		台北 故宮博物院	故畫 03582-12
山水（12 幀）	冊	紙	設色	不詳	乙亥（崇禎八年，1635）	北京 首都博物館	
為孚勝作山水圖	摺扇面	紙	設色	不詳	己卯（崇禎十二年，1639）	南通 江蘇省南通博物苑	
山水圖	摺扇面	金箋	設色	不詳		上海 上海博物館	
山水圖	摺扇面	金箋	水墨	16.5 × 47.7		南京 南京博物院	
山水圖（8 幀）	冊	絹	設色	（每幀）27 × 28.5	癸巳（順治十年，1653）	南寧 廣西壯族自治區博物館	

畫家小傳：周鼐。字公調。江蘇江寧人。善畫山水，師法宋李成、董源，用筆濕潤；兼工墨竹。署款紀年作品見於思宗崇禎八（1635）至清世祖順治十（1653）年。（見圖繪寶鑑續纂、國朝畫徵錄、中國畫家人名大辭典）

趙珣

名稱		質地	色彩	尺寸 高×寬㎝	創作時間	收藏處所	典藏號碼
煙墅亂揪圖	卷	絹	水墨	31 × 204		福州 福建省博物館	
山水	軸	絹	設色	156.4 × 44.9		台北 故宮博物院	故畫 02349
松石不老圖	軸	紙	水墨	165 × 106.2		日本 茨城縣萬福寺	
山水（寒林圖）	軸	絹	水墨	95.2 × 40.6	辛巳年（崇禎十四	日本 山口良夫先生	

名稱		質地	色彩	尺寸 高×寬㎝	創作時間	收藏處所	典藏號碼
					年，1641）二月		
雪中梅竹圖（為君節詞兄寫）	軸	綾	水墨	141.7 × 54.6	乙亥（崇禎八年，1635）季冬	日本 中埜又左衛門先生	
雲裡鯨聲圖（蒼松竹石）	軸	絹	水墨	不詳		日本 細田昌平先生	
老松枯木圖	軸	絹	水墨	117.5 × 41.2		日本 私人	
水仙湖石（明名家書畫扇集冊之6）	摺扇面	金箋	設色	不詳	己卯（崇禎十二年，1639）	日本 東京田邊碧堂先生	
松石圖（明人扇面畫冊之33）	摺扇面	金箋	水墨	16.6 × 51.2		日本 京都國立博物館	A甲685
畫松（明清書畫合綴帖之1）	摺扇面	金箋	設色	不詳		美國 聖路易斯市吳納孫教授	
松圖（明清書畫綴帖之2）	摺扇面	金箋	設色	15.6 × 49.5		美國 聖路易斯市吳訥孫教授	

畫家小傳：趙珣。初名之璧。字十五。福建莆田人。為人高潔。善草書。工詩畫。作山水，清雅出塵；亦工花鳥。流傳署款紀年作品見於思宗崇禎八(1635)至十四（1641）年。（見明畫錄、圖繪寶鑑續纂、福建通志、莆田縣志、中國畫家人名大辭典）

姜承宗

山水圖（12幀）	冊	紙	設色	（每幀）17 × 24	崇禎乙亥（八年，1635）八月	北京 故宮博物院	

畫家小傳：姜承宗。畫史無載。流傳署款紀年作品見於思宗崇禎八（1635）年。身世待考。

孫曰紹

摹宋元十家山水圖（10幀，為蕭翁作）	冊	紙	設色	不詳	崇禎乙亥（八年，1635）冬日	北京 故宮博物院	

畫家小傳：孫曰紹。畫史無載。流傳署款紀年作品見於思宗崇禎八（1635）年。身世待考。

梁孟昭

附：

山水圖	軸	綾	水墨	78.5 × 36	乙亥（崇禎八年，1635）	紐約 佳士得藝品拍賣公司/拍賣目錄 1989.06.01.	

畫家小傳：梁孟昭。女。字夷素。浙江錢塘人。適茅氏。工詞翰。雅善山水，作品深遠秀逸，風致不群；亦工花鳥。流傳署款紀年作品見於思宗崇禎八（1635）年。（見明畫錄、無聲詩史、圖繪寶鑑續纂、杭州府志）

郁 凱

調羹補袞圖	軸	絹	設色	不詳	乙亥（崇禎八年，1635）夏日	北京 故宮博物院	

名稱		質地	色彩	尺寸 高x寬cm	創作時間	收藏處所	典藏號碼

畫家小傳：郁凱。畫史無載。流傳署款紀年作品見於思宗崇禎八（1635）年。身世待考。

楊 鉉

附：

仿雲林山水圖	摺扇面 金箋	水墨	不詳	乙亥（崇禎八年，1635）	天津 天津市文物公司	
山水圖	摺扇面 金箋	水墨	不詳	乙亥（崇禎八年，1635）	天津 天津市文物公司	

畫家小傳：楊鉉。畫史無載。流傳署款紀年作品見於思宗崇禎八（1635）年。身世待考。

陳 懿

竹禽蘭石圖	軸	紙	設色	160.8 x 59.8	崇禎乙亥（八年，1635）仲秋	日本 江田勇二先生	
花鳥圖	軸	絹	設色	159.5 x 59.4		美國 印地安那波里斯市藝術博物館	1988.1
白頭海棠（明花卉畫冊之11）	冊頁	紙	設色	16.2 x 48.6		台北 故宮博物院	故畫 03515-11
秋花蛺蝶（明人書畫扇（利）冊之24）	冊頁	紙	設色	16.5 x 51.3		台北 故宮博物院	故畫 03566-24

附：

山水圖（明袁尚統等書畫冊8之幀）	摺扇面 金箋	設色	不詳		天津 天津市文物公司	
蛺蝶萱草	摺扇面 金箋	設色	17.1 x 49.7		紐約 佳士得藝品拍賣公司/拍賣目錄 1995,03,22.	

畫家小傳：陳懿。女。江蘇吳人。畫史無載。自署古吳女史。流傳署款紀年作品見於思宗崇禎八（1635）年。身世待考。

陳季淳

山水人物圖（為雲白詞兄寫）	摺扇面 金箋	設色	18 x 54	乙亥（？崇禎八年，1635）初秋	美國 紐約大都會藝術博物館	13.100.75

畫家小傳：陳季淳。畫史無載。流傳署款作品紀年疑為思宗崇禎八（1635）年。身世待考。

張 風

山水人物圖（為烱伯社師作）	卷	紙	水墨	21 x 87	戊子(順治五年，1648) 冬十二月	香港 劉作籌虛白齋	
嘯賦圖	卷	紙	水墨	24 x ?		美國 麻州 Henry & Harrison	

名稱		質地	色彩	尺寸 高×寬㎝	創作時間	收藏處所	典藏號碼
						先生	
諸葛亮像	軸	紙	水墨	126.4 × 59	甲午（順治十一年，1654）正月廿日	台北 故宮博物院	故畫 00671
題壁圖	軸	紙	水墨	129 × 25.8		台北 蘭千山館	
秋汀豔景圖	軸	紙	設色	94 × 23	戊子（順治五年，1648）秋月	台北 張群先生	
水墨山水（煙雨歸漁圖）	軸	紙	水墨	110.5 × 42	丙申（順治十三年，1656）冬日	香港 何耀光至樂樓	
天目龍鳳圖	軸	紙	水墨	119.5 × 54.8		香港 許晉義崇宜齋	
虯松圖	軸	紙	水墨	100.2 × 35.3	己丑（順治六年，1649）仲冬	香港 香港美術館・虛白齋	XB1992.199
北固煙柳圖	軸	紙	水墨	83.4 × 44.6	戊戌（順治十五年，1658）	北京 故宮博物院	
抱朴子燃薪讀書圖	軸	紙	設色	不詳	己亥（順治十六年，1659）七月	北京 故宮博物院	
淵明嗅菊圖	軸	紙	水墨	34 × 27.3	庚子（順治十七年，1660）	北京 故宮博物院	
幽崖訪梅圖(為晉生作)	軸	紙	水墨	95.2 × 54.4	丙申（順治十三年，1656）三月	北京 首都博物館	
霜林獨步圖	軸	紙	水墨	63.2 × 39.6	戊戌（順治十五年，1658）	青島 山東省青島市博物館	
張良像	軸	紙	水墨	85 × 54		泰州 江蘇省泰州市博物館	
吟梅圖	軸	紙	水墨	85.6 × 38.1	己亥（順治十六年，1659）三月	上海 上海博物館	
觀瀑圖	軸	紙	水墨	172.6 × 61.8	庚子（順治十七年，1660）嘉平	上海 上海博物館	
歲寒圖（張風、孫謀、盛胤昌、魏之璜、魏之克、彭舉、希允合作）	軸	紙	水墨	不詳	丙子（崇禎九年，1636）	上海 上海博物館	
寒林高士圖	軸	紙	水墨	不詳		上海 上海博物館	
踏雪尋梅圖	軸	紙	水墨	51.8 × 28.7		上海 上海博物館	
寒林觀瀑圖	軸	紙	水墨	57 × 37.3		上海 上海人民美術出版社	
顧夢游小像（曾鯨寫貌、張風	軸	紙	設色	105 × 45		南京 南京博物院	

名稱		質地	色彩	尺寸 高×寬cm	創作時間	收藏處所	典藏號碼
補景）							
櫟梧消暑圖（為雪居作）	軸	紙	設色	91.8 × 42.2	崇禎甲申（十七年，1644）夏	重慶 重慶市博物館	
微吟圖	軸	紙	水墨	78.9 × 31.4	己亥（順治十六，1659）三月	廣州 廣州市美術館	
諸葛亮像	軸	紙	水墨	106.6 × 44		日本 東京國立博物館	
竹林高士圖	軸	紙	水墨	120.9 × 33.3		日本 東京山本悌二郎先生	
彩筆山水圖	軸	紙	設色	101.4 × 33.1		日本 東京住友寬一先生	
秋山雨晴圖	軸	紙	水墨	不詳		日本 京都內藤湖南先生	
山水圖	軸	紙	水墨	149.4 × 45	庚子（順治十七年，1660）嘉平	日本 奈良大和文華館	
觀楓圖	軸	紙	設色	150.6 × 45.1	庚子（順治十七年，1660）嘉平	日本 富山縣金山從革先生	
石崖聽泉圖	軸	紙	水墨	93.9 × 40.5	丁酉（順治十四年，1657）	美國 普林斯頓大學藝術館（Edward Elliott 先生寄存）	L218.70
杜濬像	軸	紙	設色	109 × 50.4		美國 芝加哥大學藝術博物館	1952.251
烟林秋聲圖	軸	紙	設色	96.5 × 34.6	丁酉（順治十四年，1657）長至日	美國 克利夫蘭藝術博物館	
山水圖	軸	紙	設色	82 × 42.8		美國 印第安那波里斯市藝術博物館	73.165
月夜山水圖	軸	紙	設色	82.1 × 42.7		美國 印第安那波里斯市藝術博物館	73.165
山水(秋風蕭瑟圖)	軸	紙	設色	89.8 × 42.2	庚寅（順治七年，1650）九月	美國 勃克萊加州大學藝術館（高居翰教授寄存）	CC19
觀瀑圖	軸	紙	設色	100.9 × 34.7		美國 加州曹仲英先生	
嗅菊圖	軸	紙	設色	不詳	戊戌（順治十五年，1658）九月八日	? 寶武堂	
月下漁夫圖（扇面圖冊之12）	摺扇面	金箋	設色	16.8 × 50.3		台北 陳啟斌畏罍堂	
山水圖	摺扇面	金箋	設色	不詳	丁酉（順治十四年，1657）仲冬	北京 故宮博物院	

名稱		質地	色彩	尺寸 高x寬cm	創作時間	收藏處所	典藏號碼
燃薪讀書圖		摺扇面 紙	設色	17.1 x 49	己亥（順治十六年，1659）	北京 故宮博物院	
黃山詩意圖		摺扇面 紙	水墨	16.5 x 51.5	辛丑（順治十八年，1661）初夏	北京 故宮博物院	
桐蔭納涼圖		摺扇面 紙	設色	17.2 x 51.8		北京 故宮博物院	
桐蔭讀書圖		摺扇面 金箋	設色	16.5 x 49.4	癸巳（順治十年，1653）	南京 南京博物院	
金秋延竚圖		摺扇面 紙	設色	17 x 49.8	辛丑（順治十八年，1661）	南京 南京博物院	
讀碑圖		摺扇面 紙	設色	16.6 x 50.1	己亥（順治十六年，1659）	蘇州 江蘇省蘇州博物館	
灞橋風雪圖		摺扇面 紙	設色	不詳	己亥（順治十六年，1659）	重慶 重慶市博物館	
人物圖（8幀）	冊 紙		設色	（每幀）27.9 x 24.8		新加坡 Dr.E.Lu	
山水圖（12幀）	冊 紙		設色	（每幀）15.4 x 23	甲申（崇禎十七年，1644）六、七月	美國 普林斯頓大學藝術館（Edward Elliott 先生寄存）	L149.70
山水圖（為櫟園老先生作）		摺扇面 金箋	水墨	18 x 54.2	壬寅（康熙元年，1662）春	美國 密歇根大學藝術博物館	1972/2.350
古木高士圖		摺扇面 紙	設色	17.5 x 48.9		美國 加州 Richard Vinograd 先生	
山水圖	冊頁 紙		水墨	35.7 x 26.6		德國 科隆東亞藝術博物館	A57.1
附：							
石室仙機圖	卷 紙		設色	24.1 x 222.9	戊戌（順治十五年，1658）六月初三日	紐約 佳士得藝品拍賣公司/拍賣目錄 1996,3,27.	
雪景山水圖	軸 紙		水墨	不詳	丙申（順治十三年，1656）三月十一日	北京 北京市文物商店	
劉海戲蟾圖	軸 紙		水墨	129 x 40.5	庚子（順治十七年，1660）	北京 北京市工藝品進出口公司	
諸葛孔明像	軸 紙		水墨	116 x 56	辛卯（順治八年，1651）八月五日	紐約 佳士得藝品拍賣公司/拍賣目錄 1990,05,31.	

名稱		質地	色彩	尺寸 高x寬cm	創作時間	收藏處所	典藏號碼
天目龍鳳圖	軸	紙	設色	120 x 55.2	庚子（順治十七年，1660）冬十月	紐約 佳士得藝品拍賣公司/拍賣目錄 1990,11,28.	
山崖策杖圖	軸	紙	水墨	153 x 46.4	庚子（順治十七年，1660）嘉平望日	紐約 佳士得藝品拍賣公司/拍賣目錄 1992,12,02.	
山水圖	摺扇面 紙		設色	16.5 x 50	戊戌（順治十五年，1658）冬日	紐約 佳士得藝品拍賣公司/拍賣目錄 1988,11,30.	
山水	摺扇面 金箋		水墨	16 x 49.5	壬辰（順治九年，1652）八月	香港 佳士得藝品拍賣公司/拍賣目錄 1996,04,28.	

畫家小傳：張風。字大風。號昇州道士。江蘇上元人。明崇禎諸生。明亡，出走，遊歷北方諸山。善畫山水、人物，筆墨恬適，神韻悠然。流傳署款紀年作品見於思宗崇禎九（1636）年至清聖祖康熙元（1662）年。（見明畫錄、圖繪寶鑑續纂、國朝畫徵錄、桐陰論畫、江寧府志、中國畫家人名大辭典）

盛胤昌

溪山無盡圖	卷	紙	水墨	不詳	崇禎壬午（十五年，1642）嘉平既望	北京 故宮博物院	
歲寒圖（張風、孫謀、盛胤昌、魏之璜、魏之克、彭舉、希允合作）	軸	紙	水墨	不詳	丙子（崇禎九年，1636）	上海 上海博物館	
溪橋策杖圖	軸	絹	水墨	221 x 73.5		廣州 廣州市美術館	
附：							
松蔭觀山圖	軸	綾	設色	117.2 x 48.7		武漢 湖北省武漢市文物商店	

畫家小傳：盛胤昌。字茂開。江蘇江寧人。為人持身高潔。善畫山水。作畫頗拘尺幅。流傳署款紀年作品見於思宗崇禎九（1636）至十五（1642）年。（見江寧府志、中國畫家人名大辭典）

朱統鍥

調鼎和梅圖	摺扇面 金箋		水墨	不詳	丙子（崇禎九年，1636）	北京 故宮博物院	

畫家小傳：朱統鍥。宗室。太祖九世孫。占籍武昌。朱統鑅之弟，朱謀堊從子。善畫花卉，無塵俗氣。流傳署款紀年作品見於思宗崇禎九（1636）年。（見畫史會要、中國畫家人名大辭典）

朱統鏷

枯木竹石圖	摺扇面 金箋		水墨	不詳		北京 故宮博物院	

畫家小傳：朱統鏷。畫史無載。疑與朱統鍥、朱統鑅為兄弟。待考。

名稱		質地	色彩	尺寸 高x寬㎝	創作時間	收藏處所	典藏號碼

朱以派

| 布袋和尚圖 | 軸 | 絹 | 水墨 | 不詳 | 崇禎九年（丙子，1636） | 北京 故宮博物院 | |

畫家小傳：朱以派。畫史無載。流傳署款紀年作品見於思宗崇禎九（1636）年。身世待考。

周 繩

| 湖畔群雁圖 | 卷 | 紙 | 水墨 | 29.9 x ? | 順治四年（丁亥，1647）秋七月 | 日本 東京林宗毅先生 | |
| 蘆雁圖 | 軸 | 綾 | 設色 | 90.9 x 26.4 | 崇禎丙子（九年，1636）仲冬 | 無錫 江蘇省無錫市博物館 | |

畫家小傳：周繩。畫史無載。惟明畫錄記載有周綸，字龍泓，京口人，神宗萬曆間，以善畫大幅山水有名於時，疑為其兄弟，待考。流傳署款紀年作品見於思宗崇禎九（1636）年至清世祖順治四（1649）年。

孫 謀

| 歲寒圖（張風、孫謀、盛胤昌、魏之璜、魏之克、彭舉、希允合作） | 軸 | 紙 | 水墨 | 不詳 | 丙子（崇禎九年，1636） | 上海 上海博物館 | |

畫家小傳：孫謀。與張風同時。畫史無載。流傳署款紀年作品見於思宗崇禎九（1636）年。身世待考。

彭 舉

| 歲寒圖（張風、孫謀、盛胤昌、魏之璜、魏之克、彭舉、希允合作） | 軸 | 紙 | 水墨 | 不詳 | 丙子（崇禎九年，1636） | 上海 上海博物館 | |

畫家小傳：彭舉。與張風同時。畫史無載。流傳署款紀年作品見於思宗崇禎九（1636）年。身世待考。

希 允

| 歲寒圖（張風、孫謀、盛胤昌、魏之璜、魏之克、彭舉、希允合作） | 軸 | 紙 | 水墨 | 不詳 | 丙子（崇禎九年，1636） | 上海 上海博物館 | |

畫家小傳：希允。與張風同時。畫史無載。流傳署款紀年作品見於思宗崇禎九（1636）年。身世待考。

傅汝清

| 三友圖（邵彌、張宏、傅汝清合作） | 摺扇面 | 金箋 | 設色 | 不詳 | 丙子（崇禎九年，1636） | 杭州 浙江省博物館 | |

名稱		質地	色彩	尺寸 高x寬㎝	創作時間	收藏處所	典藏號碼

畫家小傳：傅汝清。與邵彌、張宏同時。畫史無載。流傳署款紀年作品見於思宗崇禎九（1636）年。身世待考。

陳 雲

| 山水圖 | | 摺扇面 金箋 | 水墨 | 不詳 | 丙子（？崇禎九年，1636） | 北京 故宮博物院 | |

畫家小傳：陳雲。畫史無載。流傳署款作品紀年疑為思宗崇禎九（1636）年。身世待考。

朱 曜

| 老松圖（明清諸大家扇面冊之1幀） | | 摺扇面 紙 | 水墨 | 16.5 x 49 | 丙子（？崇禎九年，1636）長夏 | 日本 中埜又左衛門先生 | |

畫家小傳：朱曜。畫史無載。流傳署款作品紀年疑為思宗崇禎九（1636）年。身世待考。

杜 濬

附：

| 珠海圖 | | 軸 | 紙 | 設色 | 31.1 x 34.3 | | 紐約 佳仕得藝品拍賣公司/拍賣目錄 1986.12.01 |

畫家小傳：杜濬。生於明神宗萬曆三十九（1611）年。卒於清聖祖康熙廿六（1687）年。畫史無載。身世待考。

丁承吉

| 高山流水圖 | | 軸 | 紙 | 水墨 | 236.5 x 46 | 崇禎丙子（九年，1636） | 廣州 廣州市美術館 |

畫家小傳：丁承吉。畫史無載。流傳署款紀年作品見於思宗崇禎九（1636）年。身世待考。

黃景星

| 仕女賞荷圖（明人書畫扇面帖之1幀） | | 摺扇面 金箋 | 水墨 | 17 x 50.3 | 丙子（崇禎九年，1636）夏日 | 日本 橫濱岡山美術館 | |

畫家小傳：黃景星。畫史無載。身世待考。

謝 成

吳公治行圖		軸	絹	設色	170.4 x 48.3		台南 石允文先生
山水圖		軸	絹	設色	不詳	辛丑（順治十八年，1661）季秋	北京 故宮博物院
雪景山村圖		軸	絹	設色	213.5 x 59.5	辛丑（順治十八年	鎮江 江蘇省鎮江市博物館

名稱		質地	色彩	尺寸 高×寬㎝	創作時間	收藏處所	典藏號碼
					，1661）清和月		
山村圖	軸	綾	設色	78.2 × 47.6	甲辰（康熙三年，1664）	景德鎮 江西省景德鎮博物館	
蒼松雲壑（周亮工集名家山水冊之1幀）	冊頁	紙	設色	24.8 × 32.3		台 北故宮博物院	故畫 01274-1
山水圖（金陵諸家山水集錦冊12之1幀）	冊頁	紙	設色	26.3 × 21.3	（乙巳，康熙四年，1665）	北京 故宮博物院	
山水圖（髡殘等十人山水合冊10之1幀）	冊頁	金箋	設色	29.9 × 32.2		北京 故宮博物院	
雲山圖（江左文心集冊12之1幀）	冊頁	紙	設色	16.8 × 21		北京 故宮博物院	
山水圖（明人畫冊之第4幀）	冊頁	絹	設色	29.8 × 21.6		美國 勃克萊加州大學藝術館（高居翰教授寄存）	
附：							
吳公治行圖	軸	絹	設色	171 × 48.2		紐約 佳士得藝品拍賣公司/拍賣目錄 1991,05,29.	

畫家小傳：謝成。字仲美。江蘇江寧人。生於神宗萬曆四十（1612）年，卒於清聖祖康熙五（1666）年。謝道齡之子。承父業，亦善畫。擅長山水、花鳥，亦工寫照。（見圖繪寶鑑續纂、江寧府志、櫟園讀畫錄、中國畫家人名大辭典）

黃子錫

名稱		質地	色彩	尺寸 高×寬㎝	創作時間	收藏處所	典藏號碼
山水樹石圖（為仔肩作，明黃子錫等山水集冊6之1幀）	冊頁	紙	設色	31.4 × 38.6	癸巳（順治十年，1653）	蘇州 江蘇省蘇州博物館	
仿古山水圖（為周櫟園作）	摺扇面	金箋	設色	17 × 51.6	甲午（順治十一年，1654）秋日	德國 柏林東亞藝術博物館	1988-238

畫家小傳：黃子錫。字復仲。號麗農。浙江嘉興人。隱居苕溪。生於神宗萬曆四十（1612）年。卒於清聖祖康熙十一（1672）年。善畫山水，疏散蒼潔，與古為徒，洗去時人甜俗之習。（見明畫錄、嘉興縣誌、中國畫家人名大辭典）

周祚新

名稱		質地	色彩	尺寸 高×寬㎝	創作時間	收藏處所	典藏號碼
墨竹圖	卷	紙	水墨	不詳	甲申（崇禎十七年，1644）中秋前一日	上海 上海博物館	
竹石圖	軸	絹	水墨	不詳	丁亥（順治四年，1647）	北京 故宮博物院	

名稱		質地	色彩	尺寸 高x寬cm	創作時間	收藏處所	典藏號碼
墨竹（明人書畫扇（利）冊之 21）	冊頁	紙	水墨	16.8 x 51.5		台北 故宮博物院	故畫 03566-21
竹石圖（10幀，為公超作）	冊	灑金箋	水墨	不詳	己丑（順治六年， 1649）初夏	北京 故宮博物院	

畫家小傳：周祚新。字又新。貴州人，僑寓金陵。思宗崇禎十（1637）年進士。精鑑藏。善畫墨竹，得文同、吳鎮心印。流傳署款紀年作
　　　品見於思宗崇禎十七（1644）年，至清世祖順治六（1649）年。（見無聲詩史、中國畫家人名大辭典）

張伯美

秋景山水圖	軸	絹	設色	不詳	崇禎丁丑（十年， 1637）	日本 東京岩崎小彌太先生	

畫家小傳：張伯美。畫史無載。流傳署款紀年作品見於思宗崇禎十（1637）年。身世待考。

袁道登

為王時敏作山水圖	卷	紙	水墨	24.7 x ?		香港 中文大學中國文化研究 所文物館	79.37
煙水雲林圖	卷	紙	設色	24 x 242	崇禎丁丑（十年， 1637）	天津 天津市藝術博物館	
山觀雲影圖	卷	紙	水墨	23 x 375.5	崇禎丁丑（十年， 1637）	廣州 廣東省博物館	
筆底煙霞圖	卷	紙	水墨	26.5 x 578	庚辰（崇禎十三年 ，1640）	廣州 廣州市美術館	
山水圖（溪山風雨圖）	軸	紙	水墨	149.5 x 48.3	己卯（崇禎十二年 ，1639）初夏	香港 利榮森北山堂	
附：							
山水圖	卷	紙	水墨	23.5 x 436	己卯（崇禎十二年 ，1639）花朝日	紐約 佳士得藝品拍賣公司/拍 賣目錄 1988,11,30.	
江閣遠帆圖	摺扇面	灑金箋	水墨	16.5 x 51.5	庚辰（崇禎十三年 ，1640）冬盡後一 日	紐約 佳士得藝品拍賣公司/拍 賣目錄 1988,11,30.	

畫家小傳：袁道登。字道生。號強名。廣東東莞人。袁敬之子。工詩、篆刻。善畫山水，宗法胡宗仁，兼習王蒙和米芾。流傳署款紀年作
　　　品見於思宗崇禎十（1637）至十三（1640）年。（見明畫錄、東莞縣志、廣印人傳、畫史會要、中國畫家人名大辭典）

錢 榆

梅竹白頭圖	軸	綾	水墨	不詳	丁丑（崇禎十年，	長春 吉林省博物館	

名稱		質地	色彩	尺寸 高x寬㎝	創作時間	收藏處所	典藏號碼

1637)

畫家小傳：錢榆。字四維。浙江錢塘人。工畫花鳥，渲染藻艷，得天然動植之趣，調設五彩，必出細君手，風調殊韻。流傳署款紀年作品見於思宗崇禎十(1637)年。(見明畫錄、畫髓元詮、中國畫家人名大辭典)

高名衡

蘭竹石圖（為寧翁作）	軸	綾	水墨	不詳	丁丑（崇禎十年，1637）夏日	北京 首都博物館	
蘭竹石圖	軸	綾	水墨	不詳	丁丑（崇禎十年，1637）	濟南 山東省濟南市博物館	
花卉圖（？幀）	冊	綾	水墨	不詳		北京 故宮博物院	

畫家小傳：高名衡。畫史無載。流傳署款紀年作品見於思宗崇禎十（1637）年。身世待考。

沈有邑

擊鼓吹笙（明人祝壽書畫合璧冊之9）	冊頁	紙	設色	35.5 x 37		台北 故宮博物院	故畫 03443-9
仿子久秋山圖	冊頁	金箋	設色	28.5 x 20		台北 黃君璧白雲堂	
山水圖	摺扇面	金箋	水墨	不詳	丁丑（崇禎十年，1637）	北京 故宮博物院	
山水圖（唐酬等雪裏紅書畫冊12之1幀）	冊頁	紙	設色	不詳	崇禎癸未（十六年，1643）	廣州 廣東省博物館	

附：

| 山水圖（明名家書畫集冊16之1幀） | 冊頁 | 金箋 | 設色 | 29.8 x 20.3 | 丁丑（崇禎十年，1637）長夏 | 香港 蘇富比藝品拍賣公司/拍賣目錄 1999,10,31. | |

畫家小傳：沈有邑。畫史無載。流傳署款紀年作品見於明思宗崇禎十（1637）至十六（1643）年。身世待考。

張敦復

醉翁亭圖	卷	紙	設色	不詳	甲午（順治十一年，1654）新夏	北京 故宮博物院	
嵩岳圖	軸	紙	設色	不詳	崇禎丁丑（十年，1637）	北京 故宮博物院	
梅花山茶圖（張敦復、性淨、李奈合作）	軸	紙	水墨	不詳		北京 故宮博物院	
越東名勝山水圖（10幀）	冊	紙	設色	不詳		天津 天津市藝術博物館	
蘇臺勝景圖（七家蘇臺勝覽圖）	冊頁	紙	設色、	30.8 x 28.6	崇禎丁丑（十年，	上海 上海博物館	

名稱		質地	色彩	尺寸 高x寬cm	創作時間	收藏處所		典藏號碼
冊 10 之 1 幀）		水墨			1637）			

畫家小傳：張敦復。籍里、身世不詳。善畫山水。流傳署款紀年作品見於思宗崇禎十（1637）年至清世祖順治十一（1654）年。（見退齋心賞錄、中國美術家人名辭典）

（釋）性 淨

名稱		質地	色彩	尺寸 高x寬cm	創作時間	收藏處所		典藏號碼
梅花山茶圖（張敦復、性淨、李奈合作）	軸	紙	水墨	不詳		北京 故宮博物院		

畫家小傳：性淨。僧。與張敦復同時。畫史無載。身世待考。

李 奈

名稱		質地	色彩	尺寸 高x寬cm	創作時間	收藏處所		典藏號碼
梅花山茶圖（張敦復、性淨、李奈合作）	軸	紙	水墨	不詳		北京 故宮博物院		
山水圖（明劉原起等山水冊之 1 幀）	冊頁	絹	設色	不詳		天津 天津市藝術博物館		
山水圖（清蔡嘉等山水冊 12 之 1 幀）	冊頁	紙	設色	不詳		天津 天津市藝術博物館		

畫家小傳：李奈。與張敦復同時。畫史無載。身世待考。

盛 中

名稱		質地	色彩	尺寸 高x寬cm	創作時間	收藏處所		典藏號碼
花卉（12 幀）	冊	絹	設色	（每幀）22.2 x 16	崇禎十年（丁丑，1637）	上海 上海博物館		

畫家小傳：盛中。畫史無載。流傳署款紀年作品見於思宗崇禎十（1637）年身世待考。

章台鼎

名稱		質地	色彩	尺寸 高x寬cm	創作時間	收藏處所		典藏號碼
山水圖（唐酬等雪裏紅書畫冊 12 之 1 幀）	冊頁	紙	設色	不詳	崇禎癸未（十六年，1643）	廣州 廣東省博物館		
附：								
壺嶠靈椿圖（明季書畫名家集冊畫 8 之 1 幀）	冊頁	金箋	設色	28 x 20	丁丑（崇禎十年，1637）夏日	紐約 佳士得藝品拍賣公司/拍賣目錄 1989,06,01.		
山水（明名家書畫集冊 16 之 1 幀）	冊頁	金箋	水墨	29.8 x 20.3		香港 蘇富比藝品拍賣公司/拍賣目錄 1999,10,31.		

畫家小傳：章台鼎。畫史無載。流傳署款紀年作品見於明思宗崇禎十（1637）至十六（1643）年。身世待考。

張時芳

名稱		質地	色彩	尺寸 高×寬cm	創作時間	收藏處所	典藏號碼

蘇臺勝景圖（七家蘇臺勝覽圖　　冊頁　紙　　設色　30.8 × 28.6　崇禎丁丑（十年，　上海 上海博物館
冊 10 之 1 幀）　　　　　　　　　　　　　　　　　　　　1637）

畫家小傳：張時芳。畫史無載。流傳署款紀年作品見於明思宗崇禎十（1637）年。身世待考。

吳傳清

附：

設色花鳥（明末諸家壽李瞻翁　　冊頁　金箋　設色　34.3 × 26.3　丁丑（崇禎十年，　香港 蘇富比藝品拍賣公司/拍
書畫冊 10 之第 4 幀）　　　　　　　　　　　　　　　　　1637）春日　　　　賣目錄 1999.10.31

畫家小傳：吳傳清。畫史無載。署款紀年作品見於明思宗崇禎十（1637）年。身世待考。

何　璉

山水圖	軸	紙	設色	不詳	丙戌（順治三年，1646）	北京 故宮博物院	
山水圖	軸	金箋	設色	97.8 × 48.1		日本 私人	
山水圖（8 幀）	冊	紙	設色	（每幀）23.5 × 27	丁丑（崇禎十年，1637	天津 天津市歷史博物館	
山水圖（明人扇面畫冊之 48）	摺扇面	金箋	水墨	17 × 51.2		日本 京都國立博物館	A甲 685

畫家小傳：何璉。畫史無載。流傳署款紀年作品見於思宗崇禎十（1637）年至清世祖順治三（1646）年。身世待考。

李　珍

| 梧桐花鳥（明人畫扇面（丙）冊之 4） | 摺扇面 | 紙 | 設色 | 不詳 | | 台北 故宮博物院 | 故畫 03533-4 |
| 桃石游鴨圖 | 摺扇面 | 金箋 | 設色 | 不詳 | 丁丑（崇禎十年，1637）七月 | 北京 故宮博物院 | |

畫家小傳：李珍。女。潛江人。自署潛江女史。為李小峰女。生性聰穎，能承父學，善畫花卉，有出藍之譽。流傳署款作品紀年疑為思宗
　　　　崇禎十（1637）年。（見清朝野史大觀、中國畫家人名大辭典）

陸　原

山水圖（溪山眺賞）	軸	金箋	設色	37.5 × 43.3		日本 大阪橋本大乙先生	
三公圖（花鳥）	軸	金箋	設色	80 × 38.5	癸巳（順治十年，1653）春日	日本 大阪橋本大乙先生	
仿大癡筆意山水圖（明人書畫集冊之第二幀）	冊頁	紙	設色	30 × 21.8	丁丑（崇禎十年，1637）秋日	日本 兵庫縣黑川古文化研究所	
坐賞溪山圖（清名家為俊甫作山水冊 9 之 1 幀）	冊頁	金箋	設色	不詳	庚寅（順治七年，1650）冬日	日本 中埜又左衛門先生	

名稱		質地	色彩	尺寸 高x寬cm	創作時間	收藏處所	典藏號碼

畫家小傳：陸原。畫史無載。流傳署款紀年作品見於思宗崇禎十(1637)至清世祖順治十(1653)年。身世待考。

陳夢遠

附：

設色花鳥圖（明末諸家壽李瞻	冊頁	金箋	設色	34.3 x 26.3	丁丑（崇禎十年，	香港 蘇富比藝品拍賣公司/拍	
翁書畫冊 10 之第 4 幀）					1637）春日	賣目錄 1999.10.31	

畫家小傳：陳夢遠。畫史無載。流傳署款紀年作品見於思宗崇禎十（1637）年。身世待考。

徐 岱

山水圖	軸	紙	設色	不詳	丁丑（崇禎十年，	北京 故宮博物院	
					1637）		
清溪書閣圖	軸	絹	設色	178.8 x 73	崇禎辛巳（十四年	杭州 浙江省博物館	
					，1641）		

畫家小傳：徐岱。畫史無載。流傳署款作品紀年疑為思宗崇禎十（1637）至十四（1641）年。身世待考。

黃正色

山水（思樓圖）	摺扇面	金箋	水墨	不詳	丁丑（？崇禎十年	北京 故宮博物院	
					，1637		

畫家小傳：黃正色。畫史無載。流傳署款作品紀年疑為思宗崇禎十（1637）年。身世待考。

朱文漪

花卉圖	摺扇面	金箋	水墨	不詳	丁丑（？崇禎十年	成都 四川省博物院	
					，1637		

畫家小傳：朱文漪。畫史無載。流傳署款作品紀年疑為思宗崇禎十（1637）年。身世待考。

吳 易

澗戶松濤圖	軸	紙	水墨	94.2 x 39.4	崇禎戊寅（十一年	台北 故宮博物院	故畫 01371
					，1638）立春		

畫家小傳：吳易。初名魁，後改名易。字友素。江蘇上海人。董其昌門下士。思宗崇禎時，仕官文淵閣中書舍人。善書畫，俱得董其昌神
　　　　髓。流傳署款紀年作品見於崇禎十一（1638）年。（見無聲詩史、韻石齋筆談、上海縣志、耕硯田齋筆記、海上墨林、中國畫
　　　　家人名大辭典）

陳明自

附：

名稱		質地	色彩	尺寸 高×寬㎝	創作時間	收藏處所	典藏號碼
花卉圖（8幀）	冊	紙	設色	不詳	崇禎戊寅（十一年，1638）仲春	北京 榮寶齋	

畫家小傳：陳明自。畫史無載。流傳署款紀年作品見於思宗崇禎十一（1638）年。身世待考。

王　琳

| 禮佛圖 | 卷 | 紙 | 水墨 | 31.8 × 394.5 | 崇禎戊寅（十一年，1638）仲春 | 上海 上海博物館 | |
| 龍王禮佛圖 | 卷 | 絹 | 設色 | 33 × 208.5 | | 常熟 江蘇省常熟市文物管理委員會 | |

畫家小傳：王琳。畫史無傳。流傳署款紀年作品見於思宗崇禎十一（1638）年。身世待考。

周淑祐

花果圖（周榮起、周淑祐、周淑禧花果圖4幅之1）	軸	絹	設色	不詳		北京 故宮博物院	
山峰春葩圖（周祐、周禧合作）	軸	紙	設色	不詳		南京 南京博物院	
草際游蜂圖（周淑祐、周淑禧合作）	軸	絹	設色	25.7 × 18.5		南京 南京博物院	
花蝶圖	摺扇面	金箋	設色	不詳		德清 浙江省德清縣博物館	

畫家小傳：周淑祐（或作祐）。女。江蘇江陰人。周仲榮長女。善畫花草、蟲鳥，用筆工細，設色鮮麗，氣韻生動。（見無聲詩史、圖繪寶鑑續纂、墨香居畫識、靜志居詩話、江南通志、中國畫家人名大辭典）

周淑禧

郊獵圖	卷	絹	設色	不詳	乙未（順治十二年，1655）秋杪	北京 故宮博物院	
觀音大士像	卷	絹	設色	不詳	戊寅（崇禎十一年，1638）	天津 天津市藝術博物館	
石榴	軸	絹	設色	67.5 × 31.1	癸巳（順治十年，1653）新秋	台北 故宮博物院	故畫 02524
羅漢（10幅）	軸	絹	設色	（每幅）115.2 × 23	康熙庚戌（九年，1670）仲春中浣	台北 故宮博物院	故畫 02510-02519
洗象圖	軸	絹	設色	不詳	癸卯（康熙二年，1663）春日	北京 故宮博物院	
花果圖（周榮起、周淑祐、周	軸	絹	設色	不詳		北京 故宮博物院	

名稱		質地	色彩	尺寸 高×寬㎝	創作時間	收藏處所	典藏號碼

淑禧花果圖 4 幅之 1）

名稱		質地	色彩	尺寸 高×寬㎝	創作時間	收藏處所	典藏號碼
梅雀圖	軸	絹	設色	66 × 31		上海 上海古籍書店	
山峰春葩圖（周祜、周禧合作）	軸	紙	設色	不詳		南京 南京博物院	
草際游蜂圖（周淑祜、周淑禧合作）	軸	絹	設色	25.7 × 18.5		南京 南京博物院	
杏花飛燕圖	軸	紙	設色	66.2 × 34.6	己未（康熙十八年，1679）夏日	南京 南京博物院	
茶花幽禽圖	軸	絹	設色	43 × 26.9	己卯（崇禎十二年，1639）中元	南京 南京博物院	
花石蛺蝶圖	摺扇面	紙	設色	不詳	戊辰（康熙二十七年，1688）九秋	北京 故宮博物院	
花卉草蟲圖（6 幀）	冊	綾	設色	（每幀）22 × 27.9		南京 南京博物院	
花蝶圖	摺扇面	金箋	設色	不詳	乙卯（康熙十四年，1675）	德清 浙江省德清縣博物館	
海棠雙禽圖	摺扇面	紙	設色	不詳		成都 四川省博物院	

畫家小傳：周淑禧（或作禧）。女。自號江上女史。江蘇江陰人。周仲榮次女。藝與姊同，工畫花鳥，兼寫大士像。作品極得陳繼儒推重，許為才女。流傳署款紀年作品見於明思宗崇禎十一（1638）年至清聖祖康熙二十七（1688）年。（見明畫錄、無聲詩史、圖繪寶鑑續纂、墨香居畫識、靜志居詩話、池北偶談、香祖筆記、中國畫家人名大辭典）

盛 丹

名稱		質地	色彩	尺寸 高×寬㎝	創作時間	收藏處所	典藏號碼
仿黃公望江亭秋色圖	卷	紙	水墨	23.7 × 57.2	丙申（順治十三年，1656）冬日	北京 故宮博物院	
山水圖	卷	紙	設色	不詳		北京 故宮博物院	
仿米氏雲山圖	軸	絹	水墨	163.5 × 50	順治十二年（乙未，1655）	北京 徐悲鴻紀念館	
決㠔江帆（周亮工集名家山水冊之 4）	冊頁	紙	設色	23.9 × 31.1		台北 故宮博物院	故畫 01274-4
山水（周亮工集名家山水冊之 18）	冊頁	紙	水墨	24 × 31.5		台北 故宮博物院	故畫 01274-18
折枝花卉（名人畫扇（甲）冊之 7）	摺扇面	紙	設色	不詳		台北 故宮博物院	故畫 03547-7
擬一峰山水圖	摺扇面	紙	設色	不詳	戊寅（崇禎十一年	北京 故宮博物院	

名稱		質地	色彩	尺寸 高×寬cm	創作時間	收藏處所	典藏號碼
					，1638）春二月		
丹台春曉圖（為克鞏作）		摺扇面 紙	設色	不詳	壬午（崇禎十五年 ，1642）重九	北京 故宮博物院	
仿黃山水圖（為端甫作）		摺扇面 紙	設色	不詳	壬午（崇禎十五年 ，1642）	北京 故宮博物院	
山水圖（陳丹衷等十家山水 冊10之1幀）		冊頁 紙	設色	33.2 x 45.5		北京 故宮博物院	
山水圖（盛丹、盛琳山水冊 12之6幀）		冊 紙	設色	不詳	甲申（順治元年， 1644）秋日	成都 四川省博物院	
水步晚湘圖（明清名家合裝 書畫扇面一冊之第5幀）		摺扇面 金箋	設色	16 x 50		日本 私人	
附：							
端陽花卉圖		摺扇面 金箋	水墨	16 x 49.5	丙申（順治十三年 ，1656）薄月	紐約 佳士得藝品拍賣公司/拍 賣目錄 1984.06.29.	

畫家小傳：盛丹。字伯含。江蘇江寧人。盛胤昌之子。善畫，山水法黃公望；花卉、蘭竹，能集眾家之長。流傳署款紀年作品見於思宗崇禎十一（1638）年，至清世祖順治十三(1656)年。(見無聲詩史、圖繪寶鑑續纂、江寧志、檪園讀畫記、中國畫家人名大辭典)

黃驥

折枝花卉圖		卷	灑金箋 水墨	29.7 x 5571	戊寅（崇禎十一年 ，1638）	瀋陽 遼寧省博物館	

畫家小傳：黃驥。畫史無載。流傳署款紀年作品見於思宗崇禎十一(1638)年。身世待考。

陳嬀

梅竹水仙圖		軸 紙	水墨	不詳		北京 故宮博物院	
花卉圖		摺扇面 金箋	設色	不詳	崇禎戊寅（十一年 ，1638）	天津 天津市藝術博物館	

畫家小傳：陳嬀。畫史無載。流傳署款紀年作品見於思宗崇禎十一（1638）年。身世待考。

戴欽玉

梨花飛燕圖		摺扇面 金箋	設色	不詳	戊寅（？崇禎十一 年，1638）	南京 南京博物院	

畫家小傳：戴欽玉。畫史無載。流傳署款作品紀年疑為思宗崇禎十一（1638）年。身世待考。

梁繼善

名稱		質地	色彩	尺寸 高×寬cm	創作時間	收藏處所	典藏號碼
山水圖		卷	綾	設色	26.5 × 167	戊寅（？崇禎十一年，1638）	廣州 廣東省博物館	

畫家小傳：梁繼善。畫史無載。流傳署款作品紀年疑為思宗崇禎十一（1638）年。身世待考。

蔡 璿

| 山水圖 | | 軸 | 絹 | 設色 | 142 × 51.9 | 崇禎戊寅（十一年，1638） | 廣州 廣東省博物館 | |

畫家小傳：蔡璿。畫史無載。流傳署款紀年作品見於思宗崇禎十一（1638）年。身世待考。

曹熙志

| 人物像（曾鯨、曹熙志合作） | | 軸 | 絹 | 設色 | 118 × 41.2 | 己卯（崇禎十二年，1639）秋七月 | 美國 勃克萊加州大學藝術館 | 1967.22 |

畫家小傳：曹熙志。畫史無載。流傳署款紀年作品見於思宗崇禎十二（1639）年。身世待考。

林長英

| 花卉草蟲圖 | | 卷 | 絹 | 設色 | 不詳 | 崇禎卯歲（己卯，十二年，1639） | 廣州 廣東省博物館 | |
| 武陵桃源圖 | | 卷 | 紙 | 設色 | 35.5 × 378.8 | 崇禎□卯歲（十二年，1639）季春日 | 日本 高松鈴木幾次郎先生 | |

畫家小傳：林長英。畫史無載。流傳署款紀年作品見於思宗崇禎十二（1639）年。身世待考。

汪 度

| 江陵圖（為生白作，新安五家合作江陵圖） | | 卷 | 紙 | 設色 | 29.2 × 385.5 | 己卯（崇禎十二年，1639）春三月 | 上海 上海博物館 | |

畫家小傳：汪度。與李永得、孫逸同時。畫史無載。流傳署款紀年作品見於思宗崇禎十二(1639)年。身世待考。

劉上延

| 江陵圖（新安五家合作江陵圖，為生白作） | | 卷 | 紙 | 設色 | 29.2 × 385.5 | 己卯（崇禎十二年，1639）春三月 | 上海 上海博物館 | |

畫家小傳：劉上延。與李永得、孫逸同時。畫史無載。流傳署款紀年作品見於思宗崇禎十二(1639)年。身世待考。

李 韠

| 山水圖 | | 軸 | 紙 | 設色 | 不詳 | 崇禎己卯（十二年，1639）春日 | 鎮江 江蘇省鎮江市博物館 | |

名稱		質地	色彩	尺寸 高×寬cm	創作時間	收藏處所	典藏號碼
雪景行旅圖	軸	絹	水墨	不詳		杭州 浙江省杭州市文物考古所	
仿黃公望山水圖	摺扇面	金箋	水墨	不詳	崇禎庚寅（十三年，1640）	北京 故宮博物院	

畫家小傳：李驊。號白臣。浙江烏程人。生時不詳，卒於明思宗崇禎十六年。少從關思遊，善畫山水、人物，盡得其傳。作品意氣豪舉，豐儀瀟灑。流傳署款紀年作品見於思宗崇禎十二（1639）、十三（1640）年。（見湖州府誌、中國美術家人名辭典）

江必名

複嶺層岡圖	軸	紙	設色	不詳		新鄉 河南省新鄉博物館	
膏融新雪圖	軸	紙	設色	不詳		合肥 安徽省博物館	
白雲高風圖	軸	紙	設色	299.2×105.4	崇禎己卯（十二年，1639）夏日	蘇州 江蘇省蘇州博物館	

畫家小傳：江必名。字德甫。畫史無載。流傳署款紀年作品見於思宗崇禎十二（1639）年。身世待考。

李癡和

| 冒起宗像 | 軸 | 紙 | 設色 | 128.1×62 | 崇禎己卯（十二年，1639）夏六 | 上海 上海博物館 | |

畫家小傳：李癡和。畫史無載。流傳署款紀年作品見於思宗崇禎十二（1639）年。身世待考。

顧善有

擬盛懋筆意山水圖	軸	紙	設色	30.7×18.7		法國 巴黎居美博物館	AA235
仿古山水圖（8幀）	冊	紙	設色	（每幀）30.9×18.6		德國 柏林東亞藝術博物館	1988-406
傲古山水圖（6幀，畫呈范思翁）	冊	紙	設色	（每幀）25.6×17.9	己卯（崇禎十二年，1639）春日	瑞士 蘇黎士黎得堡博物館	RCH.1140

畫家小傳：顧善有。江蘇華亭人。顧懿德之子。承繼家學，善畫山水。流傳署款紀年作品見於明思宗崇禎十二年（1639）（見明畫錄、松江府志、中國畫家人名大辭典）

姚俊

| 君山圖（明陸士仁等江左名勝圖冊34之1幀） | 冊頁 | 絹 | 設色 | 25.5×50 | | 南京 南京博物院 | |
| 山水圖 | 摺扇面 | 金箋 | 水墨 | 不詳 | 己卯（崇禎十二年，1639）冬十月 | 日本 江田勇二先生 | |

附：

名稱		質地	色彩	尺寸 高x寬㎝	創作時間	收藏處所	典藏號碼

山水圖（晚明八家山水合卷之 　卷　　紙　　設色　 36 x 66 　　　　　　　　　　紐約 蘇富比藝品拍賣公司/拍
第5幀）　　　　　　　　　　　　　　　　　　　　　　　　　　　　　賣目錄 1984.12.05.

山水圖　　　　　　　　　 摺扇面 金箋　 水墨　 15 x 47 　 己卯（崇禎十二年 紐約 佳士得藝品拍賣公司/拍
　　　　　　　　　　　　　　　　　　　　　　　　　　，1639）十月　 賣目錄 1989.06.01.

畫家小傳：姚俊。字叔又。自號元散道人。江蘇吳縣人。喜吟詠。善畫山水，作品蒼潤入格。流傳署款紀年作品見於明思宗崇禎十二（16
　　　39）年。（見明畫錄、畫史會要、中國畫家人名大辭典）

唐 耘

山水圖　　　　　　　　　 摺扇面 金箋　 設色　 16.3 x 50.8 　　　　　　　 美國 耶魯大學藝術館　　　　 1986
附：

山水圖　　　　　　　　　 摺扇面 灑金箋 設色　 16 x 51 　 己卯（崇禎十二年 紐約 佳士得藝品拍賣公司/拍
　　　　　　　　　　　　　　　　　　　　　　　　　　，1639）蒲月　 賣目錄 1984,06,29.

畫家小傳：唐耘。畫史無載。流傳署款紀年作品見思宗崇禎十二（1639）年。身世待考。

錢 清

附：

魚樂圖　　　　　　　　　　軸　 絹　　設色　 不詳　　 己卯（崇禎十二年 上海 上海文物商店
　　　　　　　　　　　　　　　　　　　　　　　　　　，1639）

畫家小傳：錢清。畫史無載。流傳署款紀年作品見思宗崇禎十二（1639）年。身世待考。

顧 重

重珽堂文會圖　　　　　　　　軸　 金箋　 設色　 89.3 x 43.3 　 己卯（崇禎十二年 天津 天津市藝術博物館
　　　　　　　　　　　　　　　　　　　　　　　　　　，1639）

畫家小傳：顧重。畫史無載。流傳署款紀年作品見思宗崇禎十二（1639）年。身世待考。

朱 灝

松山圖（壽許母作，楊文驄等　冊頁　 金箋　 水墨　 29 x 23 　　 （己卯，崇禎十二 上海 上海博物館
雜畫冊6之第2幀）　　　　　　　　　　　　　　　　　　　年，1639）

畫家小傳：朱灝。字宗遠。江蘇華亭人。工詩。深知畫理，善畫山水。流傳署款作品見於思宗崇禎十二（1639）年。（見松江詩徵、中國
　　　畫家人名大辭典）

□蘊高

霜松圖（壽許母作，楊文驄等　冊頁　 金箋　 水墨　 29 x 23 　　 （己卯，崇禎十二 上海 上海博物館
雜畫冊6之第4幀）　　　　　　　　　　　　　　　　　　　年，1639）

名稱		質地	色彩	尺寸 高×寬㎝	創作時間	收藏處所	典藏號碼

畫家小傳：□蘊高。姓氏不詳。流傳署款作品見於思宗崇禎十二（1639）年。身世待考。

張安苞

山水圖（方玉如集諸家山水圖卷之第4幅）	卷	紙	水墨	22.6 × ？		香港 黃仲方先生	K92.25
溪山深秀	冊頁	金箋	水墨	28.5 × 20		台北 黃君璧白雲堂	
山水圖（壽許母作，楊文驄等雜畫冊6之第6幀）	冊頁	金箋	水墨	29 × 23	（己卯，崇禎十二，1639）	上海 上海博物館	
山水圖（清名家為俊甫作山水冊9之1幀）	冊頁	金箋	設色	不詳	庚寅（順治七年，1650）冬日	日本 中垫又左衛門先生	

附：

| 山水圖（明名家書畫集冊16之1幀） | 冊頁 | 金箋 | 設色 | 29.8 × 20.3 | | 香港 蘇富比藝品拍賣公司/拍賣目錄 1999,10,31. | |

畫家小傳：張安苞。字子固。江蘇雲間人。身世不詳。嘗為方玉如合作畫卷。流傳署款紀年作品見於思宗崇禎十二（1639）年，至清世祖順治七（1650）年。（見中國美術家人名辭典）

李黃中

| 雲林山色圖（壽許母作，楊文驄等雜畫冊6之第5幀） | 冊頁 | 金箋 | 水墨 | 29 × 23 | 己卯（崇禎十二年，1639）秋日 | 上海 上海博物館 | |

畫家小傳：李黃中。與楊文驄同時。畫史無載。流傳署款紀年作品見於思宗崇禎十二（1639）年。身世待考。

陳正言

| 花蝶圖 | | 摺扇面 金箋 | 水墨 | 不詳 | 己卯（？崇禎十二年，1639） | 北京 故宮博物院 | |

畫家小傳：陳正言。畫史無載。流傳署款作品紀年疑為思宗崇禎十二（1639）年。身世待考。

胡 靖

山水圖	軸	絹	設色	不詳	崇禎己卯（十二年，1639）冬月既望	日本 江田勇二先生	
山水詩畫（？幀）	冊	絹	設色	（每幀）40.3 × 57.9		日本 私人	
君子萬年圖		摺扇面 女箋	水墨	不詳	辛卯（順治八年，1651）	成都 四川省博物院	

名稱	質地	色彩	尺寸 高x寬cm	創作時間	收藏處所	典藏號碼

畫家小傳：胡靖。字獻卿，後為僧，名澄雪。福建南平人。工詩畫。嘗泛海至琉球，飽覽島嶼風景，繪圖誌概，克盡精妙，參悟妙理，
　　　　並賦詩見志。流傳署款紀年作品見於思宗崇禎十二（1639）年，至清世祖順治八（1651）年。（見福建通志、延平府志、武夷
　　　　山志、中國畫家人名大辭典）

張 喬

| 墨蘭圖 | 摺扇面 金箋 | 水墨 | 16.8 x 49.5 | 丙辰（康熙十五年，1676）秋 | 香港 香港美術館・虛白齋 | XB1992.071 |

附：

| 蘭竹（仿松雪齋意） | 摺扇面 紙 | 水墨 | 16.5 x 51 | | 香港 佳士得藝品拍賣公司/拍賣目錄 1996,04,28. | |

畫家小傳：張喬。女。字喬倩（一作二喬）。本吳籍，遷為廣州校書。生於神宗萬曆四十三（1615）年。年好詩詞，善彈琴。工畫蘭竹。
　　　　（見嶺南畫徵略、中國畫家人名大辭典）

吳繼善

山陰修禊圖	卷 金箋	水墨	不詳	庚辰（崇禎十三年，1640）夏日	北京 故宮博物院	
米法雲山圖	軸 紙	設色	不詳		日本 東京張允中先生	
山村幽居圖（各人書畫扇（王）冊之17）	摺扇面 紙	設色	不詳		台北 故宮博物院	故畫 03560-17
山水圖	冊頁 紙	設色	不詳	壬午（崇禎十五年，1642）仲夏	北京 故宮博物院	

畫家小傳：吳繼善。初姓徐。字志衍。江蘇太倉人。崇禎十（1637）年進士。工詩文。善畫山水，有元人風趣。流傳署款紀年作品見於
　　　　崇禎十三(1640)、十五(1642)年。（見明畫錄、梅村集、中國畫家人名大辭典）

陳 佑

| 桃花源圖（為和翁作） | 卷 紙 | 設色 | 不詳 | 崇禎十三年（庚辰，1640）二月 | 南京 南京博物院 | |
| 漢陰風味圖 | 軸 絹 | 設色 | 55.3 x 98.4 | | 美國 聖地牙哥藝術博物館 | 91.49 |

畫家小傳：陳佑。字惟孝。江蘇常熟人。陳儀之子。承家學，善繪畫。又工書，精篆刻，能鑒古。流傳署款紀年作品見於思宗崇禎十三
　　　　（1640）年。（見蘇州府志、中國畫家人名大辭典）

黃石符

| 仙媛幽憩圖 | 軸 紙 | 設色 | 133.4 x 62.2 | 崇禎庚辰（十三年，1640）小春 | 北京 故宮博物院 | |

畫家小傳：黃石符。字玭人。福建人。善畫仕女，頗得周昉遺格。流傳署款紀年作品見於崇禎十三（1640）年。（見無聲詩史、中國畫家人

名稱		質地	色彩	尺寸 高x寬cm	創作時間	收藏處所	典藏號碼

名大辭典）

吳　皓

| 花鳥圖（16幀） | 冊 | 金箋 | 設色 | 不詳 | 崇禎庚辰（十三年　天津 天津市藝術博物館 ，1640） | | |

畫家小傳：吳皓。字仲白。畫史無載。流傳署款紀年作品見於崇禎十三(1640)年。身世待考。

朱壽餘

| 山水圖 | 軸 | 綾 | 設色 | 不詳 | 庚辰（？崇禎十三 北京 故宮博物院 年，1640） | | |

畫家小傳：朱壽餘。畫史無載。身世待考。流傳署款作品紀年疑為思宗崇禎十三年。身世待考。

申苕清

附：

| 仿黃子久山水圖 | 軸 | 紙 | 水墨 | 不詳 | 庚辰（崇禎十三年　上海 上海工藝品進出口公司 ，1640） | | |

畫家小傳：申苕清。字自然。後以字行。籍里、身世均不詳。善畫山水。流傳署款紀年作品見於思宗崇禎十三（1640）年。（見圖繪
　　寶鑑續纂、中國畫家人名大辭典）

葛　璠

| 赤壁圖 | 摺扇面 金箋 | 設色 | 不詳 | 庚辰（？崇禎十三 北京 故宮博物院 年，1640）仲冬 | | | |

畫家小傳：葛璠。畫史無載。流傳署款作品紀年疑為思宗崇禎十三（1640）年。身世待考。

馮可宗

| 竹石圖（為舉之親翁寫） | 軸 | 綾 | 水墨 | 143.5 x 56. 3 | 庚辰（？崇禎十三 日本 京都泉屋博古館 年，1640）夏日 | | |

畫家小傳：馮可宗。畫史無載。流傳署款作品紀年疑為思宗崇禎十三（1640）年。身世待考。

陳　澍

| 擬倪瓚畫法山水圖 | 軸 | 綾 | 水墨 | 164.8 x 44.4 | 庚辰（？崇禎十三 日本 山口正夫先生 年，1640）仲夏， 真州七十八叟 | | |

畫家小傳：陳澍。自署真州人。畫史無載。流傳署款作品紀年疑為思宗崇禎十三（1640）年。身世待考。

名稱		質地	色彩	尺寸 高x寬㎝	創作時間	收藏處所	典藏號碼

方正陽

名稱		質地	色彩	尺寸 高x寬㎝	創作時間	收藏處所	典藏號碼
三老奕棋圖（明方正陽、朱昂、高朗、徐世陽畫冊之第1幀）	冊頁	紙	水墨	25 x 29.8		台北 故宮博物院	故畫 03457-1
浮槎女仙圖（明方正陽、朱昂、高朗、徐世陽畫冊之第2幀）	冊頁	紙	水墨	27 x 15.7		台北 故宮博物院	故畫 03457-2
柳陰垂釣（明方正陽、朱昂、高朗、徐世陽畫冊之第8幀）	冊頁	紙	淺設色	26.8 x 19.6		台北 故宮博物院	故畫 03457-8
雨過秋山（明方正陽、朱昂、高朗、徐世陽畫冊之第15幀）	冊頁	紙	水墨	26.4 x 17		台北 故宮博物院	故畫 03457-15
瑤台曉立（明方正陽、朱昂、高朗、徐世陽畫冊之第17幀）	冊頁	紙	水墨	24 x 17.5		台北 故宮博物院	故畫 03457-17
春水捕魚（明方正陽、朱昂、高朗、徐世陽畫冊之第18幀）	冊頁	紙	水墨	23.5 x 17.2		台北 故宮博物院	故畫 03457-18
柳岸茅舍（明方正陽、朱昂、高朗、徐世陽畫冊之第19幀）	冊頁	紙	水墨	24 x 177		台北 故宮博物院	故畫 03457-19
松岩觀瀑（明方正陽、朱昂、高朗、徐世陽畫冊之第20幀）	冊頁	紙	水墨	24 x 17		台北 故宮博物院	故畫 03457-20
寒江放棹（明方正陽、朱昂、高朗、徐世陽畫冊之第21幀）	冊頁	紙	水墨	23.6 x 17.5		台北 故宮博物院	故畫 03457-21

畫家小傳：方正陽。畫史無載。身世待考。

朱 昂

名稱		質地	色彩	尺寸 高x寬㎝	創作時間	收藏處所	典藏號碼
水樹臨風（明方正陽、朱昂、高朗、徐世陽畫冊之第3幀）	冊頁	紙	水墨	27 x 18.4		台北 故宮博物院	故畫 03457-3
山色如黛（明方正陽、朱昂、高朗、徐世陽畫冊之第10幀）	冊頁	綾	水墨	28 x 18.5		台北 故宮博物院	故畫 03457-10

畫家小傳：朱昂。初名源，字子□。雲南昆明人。工詩。善畫山水，師法擔當和尚而變通之。著有借庵詩草三卷。（見中國美術家大辭典）

徐世揚

名稱		質地	色彩	尺寸 高x寬㎝	創作時間	收藏處所	典藏號碼
騎驢暮歸（明方正陽、朱昂、高朗、徐世陽畫冊之第4幀）	冊頁	紙	水墨	27 x 20.4		台北 故宮博物院	故畫 03457-4
寒林野杓（明方正陽、朱昂、高朗、徐世陽畫冊之第7幀）	冊頁	絹	水墨	28 x 23.5		台北 故宮博物院	故畫 03457-7
仿倪迂筆意疏林竹亭（明方正	冊頁	紙	水墨	26.3 x 19		台北 故宮博物院	故畫 03457-11

名稱		質地	色彩	尺寸 高×寬㎝	創作時間	收藏處所	典藏號碼

陽、朱昂、高朗、徐世陽畫冊

之第 11 幀）

| 松陰展卷（明方正陽、朱昂、高朗、徐世陽畫冊之第16幀） | 冊頁 | 紙 | 水墨 | 26 × 17 | | 台北 故宮博物院 | 故畫 03457-16 |

畫家小傳：徐世揚。畫史無載。身世待考。

高　朗

山水圖	軸	紙	設色	不詳	壬午（崇禎十五年，1642）中秋前二日	杭州 浙江省杭州市文物考古所	
米氏雲山（明方正陽、朱昂、高朗、徐世陽畫冊之第13幀）	冊頁	絹	水墨	27 × 19		台北 故宮博院院	故畫 03457-13
春罨遠帆（明方正陽、朱昂、高朗、徐世陽畫冊之第12幀）	冊頁	絹	設色	25.8 × 19.6		台北 故宮博院院	故畫 03457-12

畫家小傳：高朗。字明遠。雲南昆明人。諸生。善畫山水，篤志師古，雅有典則。流傳署款紀年作品見於思宗崇禎十五(1642)年。（見滇詩略、太華山詩紀、中國美術家人名辭典）

郭　端

| 山水圖（8幀） | 冊 | 絹 | 設色 | 不詳 | 辛巳（崇禎十四年，1641） | 石家莊 河北省博物館 | |

畫家小傳：郭端。畫史無載。流傳署款紀年作品見於思宗崇禎十四（1641）年。身世待考。

張　裕

| 孟君易行樂圖（吳歷、顧在湄等六人合作，張裕補景） | 卷 | 絹 | 設色 | 63 × 68 | 甲寅歲（康熙十三年，1674） | 瀋陽 遼寧省博物館 | |
| 北堂崗嶺圖 | 軸 | 絹 | 水墨 | 185 × 98 | 崇禎辛巳（十四年，1641） | 嘉善 浙江省嘉善縣博物館 | |

畫家小傳：張裕。畫史無載。流傳署款紀年作品見於思宗崇禎十四（1641）年至清聖祖康熙十三（1674）年。身世待考。

薛始亨

| 石竹芝蘭圖（12幀） | 冊 | 紙 | 水墨 | （每幀）21.1 × 29.7 | | 香港 中文大學中國文化研究所文物館 | 73.76 |
| 墨竹圖 | 摺扇面 | 紙 | 水墨 | 不詳 | 戊子（順治五年，1648）蘭秋 | 香港 何耀光至樂樓 | |

畫家小傳：薛始亨。生於神宗萬曆四十五(1617)年。卒於清聖祖康熙十九(1680)年。畫史無載。身世待考。

名稱		質地	色彩	尺寸 高x寬cm	創作時間	收藏處所	典藏號碼

張 琦

圓信法師像	軸	絹	設色	129.5 x 78.8	癸未（崇禎十六年，1643）冬日	北京 故宮博物院	
琵琶行圖	軸	金箋	設色	不詳		天津 天津市文化局文物處	
尚友圖	軸	絹	設色	38.1 x 25.2		上海 上海博物館	
費隱通容像（張琦、項聖謨合作）	軸	絹	設色	159.1 x 98.5	崇禎壬午（十五年，1642）仲夏日	日本 京都萬福寺	
山水圖（清王穀等山水冊5之1幀）	摺扇面	金箋	設色	不詳		南京 南京博物院	

畫家小傳：張琦。字玉奇。浙江嘉興人。為曾鯨弟子。善寫照。流傳署款紀年作品見於思宗崇禎十五（1642）、十六(1643)年。（見明畫錄、國朝畫徵錄、中國畫家人名大辭典）

呂顧良

| 山水圖 | 摺扇面 | 金箋 | 水墨 | 不詳 | 壬午（？崇禎十五年，1642 | 北京 故宮博物院 | |

畫家小傳：呂顧良。畫史無載。流傳署款作品紀年疑為思宗崇禎十五（1642）年。身世待考。

秦舜友

| 陡壁層巖圖 | 軸 | 紙 | 水墨 | 不詳 | | 北京 首都博物館 | |

畫家小傳：秦舜友。字心卿。號冰玉。安徽宣城人，徙居浙江錢塘。工書，善畫山水。畫摹王維意及寫錢塘景，無人出其右。（見明畫錄、德園集、恬致堂集、中國畫家人名大辭典）

周榮起

花果圖（周榮起、周淑祜、周淑禧花果圖4幅之1）	軸	絹	設色	不詳		北京 故宮博物院	
山水圖（嚴繩孫等書畫合裝冊24之1幀）	冊頁	金箋	設色	30.4 x 39.4		上海 上海博物館	
山水圖	摺扇面	金箋	水墨	不詳	壬午（崇禎十五年，1642）	上海 朵雲軒	

畫家小傳：周榮起。字研農。江蘇江陰人。能詩文。工篆書，曾為常熟毛子晉刊正古書。善畫山水，得米家精意。流傳署款紀年作品見於思宗崇禎十五（1642）年。（見國朝畫識、江南通志、中國畫家人名大辭典）

蔡潤石

| 花鳥圖 | 軸 | 絹 | 設色 | 53.1 x 43.5 | | 義大利 羅馬國立東方藝術博 | 8236 |

名稱		質地	色彩	尺寸 高x寬㎝	創作時間	收藏處所	典藏號碼

物館

附：

| 梅花圖 | 卷 | 紙 | 水墨 | 30 x 198 | | 紐約 佳士得藝品拍賣公司/拍
賣目錄 1995,09,19. | |
| 仿雲西山水圖 | 摺扇面 | 紙 | 水墨 | 不詳 | 崇禎壬午（十五年
，1642）夏五月 | 揚州 揚州市文物商店 | |

畫家小傳：蔡潤石。女。字玉卿。福建漳浦人。為黃道周妻室。工書，能詩，善畫。流傳署款紀年作品見於思宗崇禎十五(1642)年。
　　　（見居易錄、香祖筆記、中國畫家人名大辭典）

張 胤

| 花卉圖（藍瑛等合作花卉卷之
1段） | 卷 | 紙 | 設色 | 不詳 | | 北京 故宮博物院 | |

畫家小傳：張胤。畫史無載。身世待考。

趙化龍

| 花卉圖（藍瑛等合作花卉卷之
1段） | 卷 | 紙 | 設色 | 不詳 | | 北京 故宮博物院 | |
| 蘭石圖 | 軸 | 絹 | 水墨 | 136.4 x 40.5 | | 美國 私人 | |

畫家小傳：趙化龍。字雲門。浙江四明人。善畫。（見畫史會要、中國美術家人名辭典）

孫大癡

| 花卉圖（藍瑛等合作花卉卷之
1段） | 卷 | 紙 | 設色 | 不詳 | | 北京 故宮博物院 | |

畫家小傳：孫大癡。畫史無載。身世待考。

程有光

| 花卉圖（藍瑛等合作花卉卷之
1段） | 卷 | 紙 | 設色 | 不詳 | | 北京 故宮博物院 | |

畫家小傳：程有光。畫史無載。身世待考。

孫 謙

| 花卉圖（藍瑛等合作花卉卷之
1段） | 卷 | 紙 | 設色 | 不詳 | | 北京 故宮博物院 | |

畫家小傳：孫謙。畫史無載。身世待考。

名稱		質地	色彩	尺寸 高x寬cm	創作時間	收藏處所	典藏號碼

眉　生

| 花卉圖（藍瑛等合作花卉卷之1段） | 卷 | 紙 | 設色 | 不詳 | | 北京 故宮博物院 | |

畫家小傳：眉生。畫史無載。身世待考。

殷　輅

| 天香圖 | 軸 | 金箋 | 設色 | 不詳 | 壬午（崇禎十五年，1642） | 廈門 福建省廈門華僑博物館 | |

附：

| 仿巨然山水圖 | 軸 | 絹 | 水墨 | 不詳 | | 上海 上海文物商店 | |

畫家小傳：殷輅。畫史無載。流傳署款紀年作品見於思宗崇禎十五(1642)年。身世待考。

陳允埈

| 山水圖（為柱南作） | 軸 | 紙 | 設色 | 不詳 | 崇禎壬午（十五年，1642）九月望後二日 | 青島 山東省青島市博物館 | |

畫家小傳：陳允埈。畫史無載。流傳署款紀年作品見於崇禎十五(1642)年。身世待考。

黃　彝

| 武夷勝概圖 | 卷 | 絹 | 設色 | 不詳 | 崇禎壬午（十五年，1642）初冬 | 北京 故宮博物院 | |

畫家小傳：黃彝。字子目。浙江莆田人。善畫山水。流傳署款紀年作品見於崇禎十五(1642)年。（見莆田縣志、中國畫家人名大辭典）

潘應聘

| 醉鄉圖 | 卷 | 瓷青紙 | 設色 | 28.2 x 136.3 | 崇禎壬午（十五年，1642）冬日 | 杭州 浙江省博物館 | |

畫家小傳：潘應聘。畫史無載。流傳署款紀年作品見於崇禎十五(1642)年。身世待考。

陳　震

| 蘆雁圖 | 軸 | 金箋 | 設色 | 74.2 x 32 | 崇禎壬午（十五年，1642） | 天津 天津市藝術博物館 | |

畫家小傳：陳震。畫史無載。流傳署款紀年作品見於崇禎十五(1642)年。身世待考。

蔡玉卿

附：

名稱		質地	色彩	尺寸 高x寬㎝	創作時間	收藏處所	典藏號碼
山水圖		摺扇面 金箋	設色	不詳	壬午（崇禎十五年 ，1642）	揚州 揚州市文物商店	

畫家小傳：蔡玉卿。畫史無載。流傳署款紀年作品見於崇禎十五（1642）年。身世待考。

繆謨

| 梅石水仙圖 | | 軸 | 綾 | 水墨 | 180.6 x 55 | 崇禎壬午（十五年 ，1642） | 天津 天津市藝術博物館 | |

畫家小傳：繆謨。字丕文（一字虞皐）。號雲莊。江蘇婁縣人。工詩文。善畫山水。流傳署款紀年作品見於崇禎十五（1642）年。（見婁縣志、
雲莊詞、中國畫家人名大辭典）

殷元
附：

| 蘆雁圖 | | 卷 | 絹 | 設色 | 27.9 x 155.6 | 崇禎癸□（癸未，十六年，1643）秋日 | 上海 上海文物商店 | |

畫家小傳：殷元。畫史無載。流傳署款紀年作品見於崇禎十六（1643）年。身世待考。

魏學濂

荷花鴛鴦圖		軸	紙	水墨	92.9 x 49.9		上海 上海博物館	
竹石圖（明人書畫扇（利）冊之23）		冊頁	紙	水墨	17.2 x 50.8		台北 故宮博物院	故畫 03566-23
桃花柳禽圖		摺扇面 紙	設色	不詳	己卯 崇禎十二年 ，1639）冬	杭州 浙江省博物館	

附：

| 山水（為子猷詞兄作） | | 摺扇面 金箋 | 水墨 | 17 x 52 | | 紐約 佳士得藝品拍賣公司/拍賣目錄 1984,06,29. | |

畫家小傳：魏學濂。字子一。號內齋、客齋。浙江嘉善人。思宗崇禎十六（1643）年進士。仕官戶部司務，以李自成陷京師，自縊
而死。著有後藏密齋詩稿行世。善畫山水。（見明詩綜魏大中傳、中國畫家人名大辭典）

王錫綬

| 仿夏禹玉山水圖 | | 軸 | 紙 | 設色 | 144 x 80 | 崇禎癸未（十六年 ，1643） | 瀋陽 遼寧省博物館 | |
| 山水圖（卞永瑜等集錦冊 16 幀之部分） | | 冊頁 | 灑金箋 | 設色 | 不詳 | | 北京 中國歷史博物館 | |

畫家小傳：王錫綬。畫史無載。疑似王錫綏兄弟。流傳署款紀年作品見於思宗崇禎十六（1643）年。

名稱		質地	色彩	尺寸 高×寬㎝	創作時間	收藏處所	典藏號碼

蘇 霖

| 禮佛圖 | 軸 | 紙 | 設色 | 不詳 | 崇禎癸未（十六年 ，1643）春 | 北京 故宮博物院 | |

畫家小傳：蘇霖。字遺民。畫史無載。流傳署款紀年作品見於思宗崇禎十六（1643）年。身世待考。

施 清

| 雪景山水圖 | 軸 | 絹 | 設色 | 164.2 × 48.3 | 崇禎癸未（十六年 ，1643）三月既望 | 成都 四川省博物院 | |

畫家小傳：施清。字宜從。福建廈門人。能詩。善畫山水。流傳署款紀年作品見於思宗崇禎十六（1643）年。（見福建畫人傳、中國美術家人名辭典）

顧紹和

| 蘭花圖 | 卷 | 紙 | 水墨 | 29.4 × 647.2 | 崇禎癸未（十六年 ，1643）三月既望 | 蘇州 江蘇省蘇州博物館 | |

畫家小傳：顧紹和。畫史無載。流傳署款紀年作品見於思宗崇禎十六（1643）年。身世待考。

陳 衍

| 竹谿圖（為彥回作） | 卷 | 絹 | 水墨 | 不詳 | 崇禎癸未（十六年 ，1643）夏日 | 北京 中央美術學院 | |

畫家小傳：陳衍。字塞翁。籍里、身世不詳。善畫。流傳署款紀年作品見於崇禎十六（1643）年。（見知魚堂書畫錄、中國美術家人名辭典）

方 宗

| 文姬歸漢圖 | 摺扇面 金箋 | 設色 | 17.2 × 48.7 | | 北京 故宮博物院 | |
| 山水圖 | 摺扇面 金箋 | 水墨 | 不詳 | 癸未（？崇禎十六年，1643） | 北京 故宮博物院 | |

畫家小傳：方宗。畫史無載。流傳署款作品紀年疑為思宗崇禎十六年。身世待考。

吳 會

| 山水圖 | 摺扇面 金箋 | 設色 | 不詳 | 甲辰（？康熙三年 ，1664） | 北京 中國歷史博物館 | |
| 山水圖 | 摺扇面 金箋 | 設色 | 15.4 × 47.8 | 癸未（？崇禎十六年，1643）秋日 | 日本 京都萬福寺 | |

名稱		質地	色彩	尺寸 高x寬cm	創作時間	收藏處所	典藏號碼

畫家小傳：吳曾。畫史無載。流傳署款作品紀年疑為思宗崇禎十六年，至清聖祖康熙三（1664）年。身世待考。

茅玉媛

名稱		質地	色彩	尺寸	創作時間	收藏處所	典藏號碼
花卉圖	摺扇面 金箋	設色	16.1 x 50.6		香港 莫華釗承訓堂	K92.80

畫家小傳：茅玉媛。女。字小素。浙江錢塘人。幼承母梁孟昭教。能吟詠。工畫山水。（見圖繪寶鑑續纂、中國畫家人名大辭典）

張 芑

竹譜	卷	紙	水墨	不詳		美國 紐約顧洛阜先生	

畫家小傳：張芑。字子揚。江蘇嘉定人。張彥之子。承家學。工畫山水、花鳥及人物。（見嘉定誌、中國美術家人名辭典）

葉大年

竹鵲圖	軸	紙	水墨	82.7 x 57.7		杭州 浙江省博物館	
附：							
山水圖	軸	絹	水墨	不詳		北京 中國文物商店總店	

畫家小傳：葉大年。浙江杭州人。身世不詳。善畫山水，宗法高克恭；兼工花鳥。（見明畫錄、圖繪寶鑑續纂、中國畫家人名大辭典）

張家珍

觀魚圖	摺扇面 金箋	水墨	16 x 51.2		香港 潘祖堯小聽颿樓	CP61
試馬圖	摺扇面 金箋	設色	16.3 x 51.3		香港 潘祖堯小聽颿樓	CP62

畫家小傳：張家珍。字璪子。廣東東莞人。張家玉之弟。約崇禎末人。能詩。善畫馬、蘭竹。（見嶺南畫徵略、東莞縣志、蒯淞閣隨筆、中國畫家人名大辭典）

王 純

竹林七賢圖	軸	絹	設色	152.7 x 98.8		日本 東京帝室博物館	

畫家小傳：王純。時稱石林先生。江西贛縣人。善畫水墨人物、樹石，筆法蒼古，意趣天成。（見贛縣志、中國畫家人名大辭典）

林之蕃

松石靈芝圖	軸	綾	水墨	不詳		天津 天津市藝術博物館	
山中積翠圖	冊頁	紙	水墨	不詳		北京 故宮博物院	
山水圖	摺扇面		水墨	不詳	己亥（順治十六年，1659）	北京 故宮博物院	
松石新篁圖	摺扇面 金箋		水墨	16.5 x 51.4	甲辰（康熙三年，1664）	北京 故宮博物院	

名稱		質地	色彩	尺寸 高×寬㎝	創作時間	收藏處所	典藏號碼

附：

| 老樹秋山圖 | | 軸 | 絹 | 水墨 | 不詳 | | 上海 上海文物商店 | |

畫家小傳：林之蕃。字孔碩。號涵齋。福建人。林宏衍之子。思宗崇禎十六（1643）年進士，授官嘉興知縣，居官清廉，被劾歸隱。
　　　　　善畫山水，落筆蒼潤，韻致蕭疏。（見無聲詩史、中國畫家人名大辭典）

姚 莅

| 採芝圖 | | 軸 | 絹 | 設色 | 169 × 96.5 | | 青島 山東省青島市博物館 | |

畫家小傳：姚莅。畫史無載。身世待考。

王觀光

| 山水圖（唐酬等雪裏紅書畫冊
12之1幀） | 冊頁 | 紙 | 設色 | 不詳 | 崇禎癸未（十六年
，1643） | 廣州 廣東省博物館 | |
| 山水圖（弘齋先生祝壽書畫冊
之第3幀） | 冊頁 | 金箋 | 水墨 | 29.9 × 36.8 | | 日本 私人 | |

畫家小傳：王觀光。字公覬。江蘇川沙人。能詩。工畫山水。流傳署款紀年作品見於思宗崇禎十六（1643年。（見南匯縣志、中國畫家
　　　　　人名大辭典）

王 圭

| 臨沈周意山水圖 | | 軸 | 絹 | 設色 | 137.2 × 77.5 | 癸未（？崇禎十六
年，1643）秋日 | 日本 山口正夫先生 | |

畫家小傳：王圭。畫史無載。流傳署款作品紀年疑似思宗崇禎十六（1643）年。身世待考。

陳丹衷

臨鎖諫圖		卷	紙	設色	不詳		長春 吉林省博物館	
江山圖		卷	紙	水墨	27.5 × 143.1	壬辰（順治九年， 1652）	廣州廣東省博物館	
山水圖		軸	紙	水墨	不詳		北京 故宮博物院	
山水圖（10幀）		冊	紙	設色	（每幀）19.6 × 22.8	己丑（順治六年， 1649）秋日	北京 故宮博物院	
山水圖		摺扇面	金箋	設色	17.2 × 50.3		北京 故宮博物院	
山水圖（為素臣作，陳丹衷 等六家山水冊12之1幀）	冊頁	紙	設色	12.9 × 21.5	（順治八年，辛卯 ，1651）	北京 故宮博物院	
山水圖（陳丹衷等十家山水 冊10之1幀）	冊頁	紙	設色	33.2 × 45.5		北京 故宮博物院	

名稱		質地	色彩	尺寸 高×寬cm	創作時間	收藏處所	典藏號碼

附：

臨趙承旨山水圖	卷 絹	設色	30.6 × 116.4		武漢 湖北省武漢市文物商店	
山水	摺扇面 紙	設色	16.5 × 52	丙戌（順治三年，1647）夏	紐約 佳士得藝品拍賣公司/拍賣目錄 1984,06,29.	

畫家小傳：陳丹衷。字旻昭。號涉江。江蘇金陵人。思宗崇禎十六(1643)年進士。善畫山水，筆意簡淡，絕去甜俗蹊徑。(見無聲詩史、桐陰論畫、江寧志、中國畫家人名大辭典)

余正元

山水圖	軸 綾	水墨	158.1 × 40.8	癸未（崇禎十六年，1643）春日	日本 盛田昭夫先生	

畫家小傳：余正元。字中山（一作居環）。晚號雪崖樵者（一作雪崖老人）。睢州人。明思宗崇禎十六（1643）年進士。流寇亂後，隱居不入城市。闢鶴林社，造就後學。善草書。能畫山水，自寫胸臆，雖不入格，而意趣自雅。(見國朝畫徵錄、中國畫家人名大辭典)

潘　任

雪景山水（明末二十名家書畫冊之第10幀）	冊頁 綾	設色	23.2 × 17.6	甲申（崇禎十七年，1644）仲春	台北 故宮博物院（蘭千山館寄存）	

畫家小傳：潘任。畫史無載。署款紀年作品見於思宗崇禎十七（1644）年。身世不詳。

顧胤光

仿黃公望山水圖	卷 紙	設色	不詳	丁亥（順治四年，1647）十二月	北京 故宮博物院	
仿倪山水圖	軸 紙	水墨	不詳	崇禎甲申（十七年，1644）	北京 故宮博物院	
仿倪瓚古木頑壁圖	軸 紙	水墨	92 × 35.5	乙酉（順治二年，1645）	天津 天津市藝術博物館	

畫家小傳：顧胤光。字闇生。號寄園。江蘇華亭人。顧正誼從子。承家學，善畫山水，仿元倪瓚，運筆蕭疏秀逸，饒有氣韻。流傳署款紀年作品見於思宗崇禎十七(1644年，至清世祖順治四(1647)年。(見明畫錄、圖繪寶鑑續纂、中國畫家人名大辭典)

王　式

天閑十二圖	卷 絹	水墨	15.1 × 185.4		台北 故宮博物院	故畫00932
西園雅集圖	卷 紙	設色	不詳	戊戌（順治十五年，1658）	眉山 四川省眉山縣三蘇博物館	

名稱		質地	色彩	尺寸 高x寬㎝	創作時間	收藏處所	典藏號碼
月下洗桐圖	軸	紙	設色	125 x 59	戊戌（順治十五年，1658）	天津 天津市藝術博物館	
梧桐待月圖	軸	絹	水墨	不詳		揚州 江蘇省揚州市博物館	
花鳥圖（4幀）	冊	紙	設色	（每幀）29.5 x 35.8		香港 葉承耀先生	
陶淵明事迹圖（16幀）	冊	絹	設色	不詳	甲申（順治元年，1644）冬日	北京 故宮博物院	
畫（唐志契等書畫冊8之1幀）	冊頁	花綾	水墨	不詳	甲戌（康熙三十三年，1694）	上海 上海博物館	
梅下憑時圖	摺扇面	金箋	設色	不詳		南京 南京博物院	
臥聽泉聲圖	摺扇面	金箋	水墨	不詳	癸未（崇禎十六年，1643）	成都 四川省博物院	
蘭亭修禊圖（為聽軒詞兄寫）	摺扇面	金箋	水墨	17.1 x 51.5	乙亥（康熙三十四年，1695）冬月	日本 大阪橋本大乙先生	
賞月圖（書畫扇面二冊之第8幀）	摺扇面	金箋	設色	18.1 x 55.4		日本 私人	
附：							
明月清泉圖	軸	紙	設色	不詳	乙亥（康熙三十四年，1695）春仲	北京 榮寶齋	
山水圖（原濟等雜畫冊6之1幀）	冊頁	紙	設色	23.5 x 28.8		武漢 湖北省武漢市文物商店	
月夜眠遲仕女圖	摺扇面	金箋	設色	22.3 x 50.8	甲申（順治元年，1644）秋日	紐約 佳士得藝品拍賣公司/拍賣目錄1990,11,28.	

畫家小傳：王式。字無倪。江蘇長洲（一作太倉）人。工畫人物，用筆工細，宗法宋人。流傳署款紀年作品見於思宗崇禎十七(1644)年，至清聖祖康熙三十四(1695)年。（見明畫錄、圖繪寶鑑續纂、國朝畫徵錄、中國畫家人名大辭典）

錢暹

宋人詩意圖（明人便面畫冊肆冊（四）之6）	摺扇面	紙	設色	不詳		台北 故宮博物院	故畫03539-6
樹石圖（明人便面畫冊肆冊（四）之9）	摺扇面	紙	設色	不詳		台北 故宮博物院	故畫03539-9

畫家小傳：錢暹。畫史無載。身世待考。

方 旭

名稱		質地	色彩	尺寸 高x寬㎝	創作時間	收藏處所	典藏號碼
吾川圖（明人便面畫冊肆冊（四）之8）	摺扇面 紙	設色	不詳			台北 故宮博物院	故畫 03539-8

畫家小傳：方旭。畫史無載。身世待考。

俞 沬

| 池蓮圖（明人便面畫冊肆冊（四）之10） | 摺扇面 紙 | 設色 | 不詳 | | | 台北 故宮博物院 | 故畫 03539-10 |

畫家小傳：俞沬。畫史無載。身世待考。

胡德位

| 煙水漁村圖 | 卷 紙 | 水墨 | 不詳 | | | 上海 上海博物館 | |
| 茶梅寫朱（明人便面畫冊肆冊（四）之13） | 摺扇面 紙 | 設色 | 不詳 | | | 台北 故宮博物院 | 故畫 03539-13 |

畫家小傳：胡德位。畫史無載。身世待考。

趙 文

| 墨梅（明人便面畫冊肆冊（四）之16） | 摺扇面 紙 | 水墨 | 不詳 | | | 台北 故宮博物院 | 故畫 03539-16 |

畫家小傳：趙文。畫史無載。身世待考。

他 山

| 蘭竹（明人便面畫冊肆冊（四）之18） | 摺扇面 紙 | 水墨 | 不詳 | | | 台北 故宮博物院 | 故畫 03539-18 |

畫家小傳：他山。畫史無載。身世待考。

之 禧

| 蒼崖客話（名人畫扇（甲）冊之5） | 摺扇面 紙 | 設色 | 不詳 | | | 台北 故宮博物院 | 故畫 03547-5 |

畫家小傳：之禧。畫史無載。身世待考。

柴 翹

| 雪積棧道（名人畫扇（甲）冊之6） | 摺扇面 紙 | 水墨 | 不詳 | | | 台北 故宮博物院 | 故畫 03547-6 |

畫家小傳：柴翹。畫史無載。身世待考。

名稱		質地	色彩	尺寸 高x寬cm	創作時間	收藏處所	典藏號碼

馬 湘

蘭竹（名人畫扇（丁）冊之1） 摺扇面 紙　水墨　不詳　　　　　　台北 故宮博物院　　故畫 03549-1

畫家小傳：馬湘。畫史無載。身世待考。

桂 琳

寫竹（名人畫扇（丁）冊之9） 摺扇面 紙　水墨　不詳　　　　　　台北 故宮博物院　　故畫 03549-9

畫家小傳：桂琳。畫史無載。身世待考。

甯 穗

松巖山舍（名人畫扇（丁）冊 摺扇面 紙　設色　不詳　　　　　　台北 故宮博物院　　故畫 03549-6
之6）

畫家小傳：甯穗。畫史無載。身世待考。

林 梅

芙蓉鷺鷥（名人畫扇（戊）冊 摺扇面 紙　設色　不詳　　　　　　台北 故宮博物院　　故畫 03550-13
之13）

畫家小傳：林梅。畫史無載。身世待考。

周孟琇

海棠圖（名人畫扇（戊）冊之 摺扇面 紙　水墨　不詳　　　　　　台北 故宮博物院　　故畫 03550-14
14）

畫家小傳：周孟琇。畫史無載。身世待考。

習於善

白梅山禽（明人書畫扇面（己）摺扇面 紙　設色　不詳　　　　　　台北 故宮博物院　　故畫 03551-2
冊之2）

畫家小傳：習於善。畫史無載。身世待考。

元 徹

韋芳羽集（名人畫扇面（庚） 摺扇面 紙　設色　不詳　　　　　　台北 故宮博物院　　故畫 03552-1
冊之1）

畫家小傳：元徹。畫史無載。身世待考。

程 焿

名稱		質地	色彩	尺寸 高x寬cm	創作時間	收藏處所	典藏號碼
萬松圖（名人畫扇冊之5）	摺扇面 紙	水墨	不詳			台北 故宮博物院	故畫 03554-5

畫家小傳：程熿。畫史無載。身世待考。

澹　田

夜虎圖（名人便面畫冊之1）	摺扇面 紙	水墨	不詳			台北 故宮博物院	故畫 03558-1

畫家小傳：澹田。畫史無載。身世待考。

嵩　濱

墨竹（名人書畫扇（壬）冊1）	摺扇面 紙	水墨	不詳			台北 故宮博物院	故畫 03560-1

畫家小傳：嵩濱。畫史無載。身世待考。

僧　□

孤亭獨舟（名人書畫扇（壬）冊之3）	摺扇面 紙	設色	不詳			台北 故宮博物院	故畫 03560-3

畫家小傳：僧□。畫史無載。身世待考。

□　兼

靜湖泛舟（名人書畫扇（壬）冊之4）	摺扇面 紙	設色	不詳			台北 故宮博物院	故畫 03560-4

畫家小傳：□兼。畫史無載。身世待考。

□　棟

墨蘭（名人書畫扇（壬）冊之5）	摺扇面 紙	水墨	不詳			台北 故宮博物院	故畫 03560-5

畫家小傳：□棟。畫史無載。身世待考。

李于堅

臨流憑軒（名人書畫扇（壬）冊之8）	摺扇面 紙	設色	不詳			台北 故宮博物院	故畫 03560-8

畫家小傳：李于堅。畫史無載。身世待考。

光　襄

雙峰對峙圖（名人書畫扇（壬）冊之9）	摺扇面 紙	設色	不詳			台北 故宮博物院	故畫 03560-9

名稱		質地	色彩	尺寸 高x寬㎝	創作時間	收藏處所	典藏號碼

畫家小傳：光襄。畫史無載。身世待考。

行 齋

結廬幽泉圖（名人書畫扇（王） 摺扇面 紙　設色　不詳　　　　　　　　　台北 故宮博物院　　　故畫 03560-13
冊之 13）

畫家小傳：行齋。畫史無載。身世待考。

趙 珂

攜杖過橋（名人書畫扇（王） 摺扇面 紙　設色　不詳　　　　　　　　　台北 故宮博物院　　　故畫 03560-20
冊之 20）

畫家小傳：趙珂。畫史無載。身世待考。

王 賓

清江明淨圖（各人書畫扇（王） 摺扇面 紙　水墨　不詳　　　　　　　　　台北 故宮博物院　　　故畫 03560-39
冊之 39）

山水圖（為惠翁年兄作）　　摺扇面 紙　水墨　不詳　　　　　　　　　日本 江田勇二先生

畫家小傳：王賓。字仲光。號光庵。江蘇吳郡人。隱晦不仕。嘗於天平山作龍門春曉圖，由是知名於時。（見載吳中人物志、佩文齋書
　　　　　畫譜、列朝詩集明詩綜）

孔貞一

東坡朝雲圖（舊畫扇面冊之 3）　摺扇面 金箋　設色　不詳　　　　　　　　台北 故宮博物院　　　故畫 03526-3

畫家小傳：孔貞一。畫史無載。身世待考。

謝 徵

平湖映月圖（舊畫扇面冊之 4）　摺扇面 金箋　設色　不詳　　　　　　　　台北 故宮博物院　　　故畫 03526-4

畫家小傳：謝徵。畫史無載。身世待考。

劉 夢

山水圖并書（12 幀）　　　　冊　紙　水墨　不詳　　崇禎甲申（十七年 北京 故宮博物院
　　　　　　　　　　　　　　　　　　　　　　　　，1644）孟夏

畫家小傳：劉夢，原名佚。後改名夢。字無逸。畫史無載。流傳署款紀年作品見於思宗崇禎十七（1644）年。身世待考。

李澤普

山水圖（明李澤普等山水人物　冊頁　絹　設色　（每幀）32　甲申（崇禎十七年 太原 山西省博物館

名稱		質地	色彩	尺寸 高x寬cm	創作時間	收藏處所	典藏號碼

冊 8 之 2 幀，為蕉翁作）　　　　　　　　　x 25.5　　　　　，1644）三月

畫家小傳：李澤普。畫史無載。流傳署款紀年作品見於思宗崇禎十七（1644）年。身世待考。

謝星一

山水圖（明李澤普等山水人物　　冊頁　絹　　設色　32 x 25.5　　甲申（崇禎十七年　太原 山西省博物館
冊 8 之 1 幀，為蕉翁作）　　　　　　　　　　　　　　　　，1644）暮春

畫家小傳：謝星一。畫史無載。流傳署款紀年作品見於思宗崇禎十七（1644）年。身世待考。

張　灼

梅花雙鳥圖（明李澤普等山水　　冊頁　絹　　設色　32 x 25.5　　（甲申，崇禎十七　太原 山西省博物館
人物冊 8 之 1 幀，為蕉翁作）　　　　　　　　　　　　　　年，1644）

畫家小傳：張灼。畫史無載。自署浙江人。流傳署款紀年作品見於思宗崇禎十七（1644）年。身世待考。

李時雍

讀畫圖（明李澤普等山水人物　　冊頁　絹　　設色　32 x 25.5　　甲申（崇禎十七年　太原 山西省博物館
冊 8 之 1 幀，為蕉翁作）　　　　　　　　　　　　　　　　，1644）三月

降龍羅漢圖（明李澤普等山水　　冊頁　絹　　設色　32 x 25.5　　甲申（崇禎十七年　太原 山西省博物館
人物冊 8 之 1 幀，為蕉翁作）　　　　　　　　　　　　　　　，1644）三月

畫家小傳：李時雍。畫史無載。流傳署款紀年作品見於思宗崇禎十七（1644）年，自署時年六十歲。身世待考。

梅　顛

擊磬圖（明李澤普等山水人物　　冊頁　絹　　設色　32 x 25.5　　甲申（崇禎十七年　太原 山西省博物館
冊 8 之 1 幀，為蕉石作）　　　　　　　　　　　　　　　　，1644）三月

畫家小傳：梅顛。畫史無載。自署浙江人。流傳署款紀年作品見於思宗崇禎十七（1644）年。身世待考。

李問山

嬰戲圖（明李澤普等山水人物　　冊頁　絹　　設色　32 x 25.5　　甲申（崇禎十七年　太原 山西省博物館
冊 8 之 1 幀，為蕉石作）　　　　　　　　　　　　　　　　，1644）清明前一
　　　　　　　　　　　　　　　　　　　　　　　　　　　　日

畫家小傳：李問山。畫史無載。自署浙江人。流傳署款紀年作品見於思宗崇禎十七（1644）年。身世待考。

趙　岫

叢篁圖		軸	絹	水墨	209 x 106		濟南 山東省博物館	
風竹圖		軸	絹	水墨	不詳		上海 上海博物館	
竹石圖		軸	紙	水墨	不詳		廣州 廣東省博物館	

名稱		質地	色彩	尺寸 高x寬cm	創作時間	收藏處所	典藏號碼

附：

竹石圖　　　　　　　　　　軸　絹　　水墨　　不詳　　　　　　　　　　上海 上海文物商店

畫家小傳：趙岫。畫史無載。身世待考。

曹 玉

棧閣雲峰圖　　　　　　　　軸　絹　　設色　　不詳　　　　　　　　　　濟南 山東省文物商店

附：

畫家小傳：曹玉。畫史無載。身世待考。

安嘉善

附：

青山煙雨圖通景（4幅）　　軸　絹　　設色　　不詳　　　　　　　　　　青島 青島市文物商店

畫家小傳：安嘉善。畫史無載。身世待考。

南 溪

山根讀書圖　　　　　　　　軸　絹　　設色　　113 x 50.1　　　　　　　膠州 山東省膠州市博物館

畫家小傳：南溪。畫史無載。身世待考。

吳世英

秋江罷釣圖　　　　　　　　軸　絹　　水墨　　不詳　　　　　　　　　　濟南 山東省藝術學院

畫家小傳：吳世英。畫史無載。身世待考。

石樵山人

梅園客話圖　　　　　　　　軸　絹　　設色　　83.1 x 65.1　　　　　　　鄭州 河南省博物館

畫家小傳：石樵山人。畫史無載。身世待考。

沈 驪

仿古山水圖（楊補等十四家仿　卷　紙　　設色　　（全卷）20.1　　　　　上海 上海博物館
古山水卷14之第6段）　　　　　　　　　　　　　x 654.5

畫家小傳：沈驪。字南陵。畫史無載。身世待考。

施 玄

仿古山水圖（楊補等十四家仿　卷　紙　　設色　　（全卷）20.1　　　　　上海 上海博物館

名稱		質地	色彩	尺寸 高×寬㎝	創作時間	收藏處所	典藏號碼

古山水卷14之第9段）　　　　　　　　　×654.5

畫家小傳：施玄（一作元）。字鶴山。吳人。與金俊民同時。善畫水墨梅花。（見退齋心賞錄、中國畫家人名大辭典）

宋　澳

附：

| 日暮歸鴉圖 | 軸 | 絹 | 設色 | 不詳 | | 南京 南京市文物商店 | |

畫家小傳：宋澳。畫史無載。身世待考。

于繼鱒

| 獻壽圖 | 軸 | 金箋 | 設色 | 不詳 | | 常熟 江蘇省常熟市文物管理委員會 | |

畫家小傳：于繼鱒。畫史無載。身世待考。

顧　旻

| 仿倪瓚松石圖 | 軸 | 紙 | 水墨 | 不詳 | 甲申（？崇禎十七年，1644） | 常熟 江蘇省常熟市文物管理委員會 | |

畫家小傳：顧旻。畫史無載。流傳署款作品紀年疑為思宗崇禎十七（1644）年。身世待考。

李　華

| 雲山飛瀑圖 | 軸 | 絹 | 設色 | 221 × 105.2 | | 無錫 江蘇省無錫市博物館 | |

畫家小傳：李華。畫史無載。身世待考。

沈　咸

| 墨竹圖 | 摺扇面 | 金箋 | 水墨 | 不詳 | | 杭州 浙江省博物館 | |

畫家小傳：沈咸。畫史無載。身世待考。

朱常淶

附：

| 羅漢圖 | 軸 | 紙 | 設色 | 176.3 × 82.3 | | 紐約 蘇富比藝品拍賣公司/拍賣目錄 1987.12.08. | |

畫家小傳：朱常淶。畫史無載。自署益蕃筠谿王，知為明宗室。身世待考。

王　儉

名稱		質地	色彩	尺寸 高x寬㎝	創作時間	收藏處所	典藏號碼

壺天洞樂圖　　　　　　　卷　絹　　水墨　31.2 x 672.2　　　　　　　　杭州 浙江省博物館

畫家小傳：王儉。畫史無載。身世待考。

朱 摻

中峰瑞煙圖　　　　　　　軸　綾　　水墨　不詳　　　　　　　　　杭州 浙江省博物館

畫家小傳：朱摻。畫史無載。身世待考。

祝天裕

成而行先生行樂圖　　　　軸　絹　　設色　115.4 x 48.3　　　　　　　杭州 浙江省博物館

畫家小傳：祝天裕。浙江山陰人。家世不詳。與兄天祥、天祺，俱善繪事。(見畫名家錄、中國畫家人名大辭典)

朱世恩

桃實圖　　　　　　　　摺扇面 金箋　水墨　不詳　　　八十二老人(？)　杭州 浙江省杭州市文物考古
　　　　　　　　　　　　　　　　　　　　　　　　　　　　　　　所

畫家小傳：朱世恩。畫史無載。身世待考。

朱 琳

花鳥圖（8幀）　　　　　冊　紙　　水墨　（每幀）32.4　　　　　　杭州 浙江省杭州市文物考古
　　　　　　　　　　　　　　　　　　　　x 29.6　　　　　　　　　　所

畫家小傳：朱琳。字子佩。籍里、身世均不詳。善畫花鳥。(見明畫拾遺、中國畫家人名大辭典)

楊應期

梅花圖　　　　　　　　　軸　絹　　水墨　不詳　　　　　　　　　杭州 浙江省杭州市文物考古
　　　　　　　　　　　　　　　　　　　　　　　　　　　　　　　所

畫家小傳：楊應期。畫史無載。身世待考。

陸鳳錫

仿米山水圖　　　　　　　摺扇面 金箋　水墨　不詳　　　　　　　　湖州 浙江省湖州市博物館

畫家小傳：陸鳳錫。畫史無載。身世待考。

任道遜

名稱		質地	色彩	尺寸 高x寬cm	創作時間	收藏處所	典藏號碼
山水圖（3幅）	軸	紙	水墨	147.5 x 61.6		溫州 浙江省溫州博物館	

畫家小傳：任道遜。畫史無載。身世待考。

朱 亶

揭缽圖	卷	紙	設色	不詳		臨海 浙江省臨海市博物館	

畫家小傳：朱亶。畫史無載。身世待考。

俞 臣

芝蘭竹石圖	卷	紙	水墨	不詳	甲申（？崇禎十七年，1644）	餘姚 浙江省餘姚縣文管會	

畫家小傳：俞臣。字臣哉。浙江杭州人，寓居維揚。善寫蘭竹，得元趙孟頫正派。流傳署款紀年作品見於思宗崇禎十七（1644）年。
（見圖繪寶鑑續纂、中國畫家人名大辭典）

劉 敬

群仙圖（4幅）	軸	絹	設色	（每幅）162.4 x 102.6		日本 私人	

畫家小傳：劉敬。籍里、身世不詳。善畫人物。（見圖繪寶鑑續纂、中國畫家人名大辭典）

陸廣明

瀟湘八景圖（吳令等八人合作分繪於二扇面，裝卷）	卷	金箋	設色	（每面）16.7 x 52.2		北京 故宮博物院	
仿倪法山水圖	軸	絹	水墨	143.7 x 52.6	崇禎甲申（十七年，1644）秋日	日本 東京林宗毅先生	

畫家小傳：陸廣明。字無果。籍里、身世不詳。善畫。流傳署款紀年作品見於思宗崇禎十七（1644）年。（見畫名家錄、中國畫家人名大辭典）

徐 崃

山水圖（卞永瑜等集錦冊16幀之部分）	冊頁	灑金箋	設色	不詳		北京 中國歷史博物館	

畫家小傳：徐郟。畫史無載。身世待考。

蘇 先

山水圖（卞永瑜等集錦冊16	冊頁	灑金箋	設色	不詳		北京 中國歷史博物館	

名稱		質地	色彩	尺寸 高x寬cm	創作時間	收藏處所	典藏號碼

帳之部分）

畫家小傳：蘇先。畫史無載。身世待考。

劉 勳

山水圖（明沈士充等山水合裝　摺扇面 金箋　設色　不詳　　　　　　　　　　　上海 朵雲軒

冊9之1幀

畫家小傳：劉勳。畫史無載。身世待考。

楊文輝

山水圖（明王體等琴堂幽興圖　冊頁　紙　　設色　不詳　　　　　　　　　蘇州 江蘇省蘇州博物館

冊之1幀）

畫家小傳：楊文輝。畫史無載。身世待考。

葛 苑

山水圖（明王體等琴堂幽興圖　冊頁　紙　　設色　不詳　　　　　　　　　蘇州 江蘇省蘇州博物館

冊之1幀）

畫家小傳：葛苑。畫史無載。身世待考。

鳳 凰

山水圖（明王體等琴堂幽興圖　冊頁　紙　　設色　不詳　　　　　　　　　蘇州 江蘇省蘇州博物館

冊之1幀）

畫家小傳：鳳凰。畫史無載。身世待考。

全立元

山水圖（明王體等琴堂幽興圖　冊頁　紙　　設色　不詳　　　　　　　　　蘇州 江蘇省蘇州博物館

冊之1幀）

畫家小傳：全立元。畫史無載。身世待考。

陳 鑑

山水圖（明王體等琴堂幽興圖　冊頁　紙　　設色　不詳　　　　　　　　　蘇州 江蘇省蘇州博物館

冊之1幀）

畫家小傳：陳鑑。畫史無載。身世待考。

李鳴鳳

名稱		質地	色彩	尺寸 高×寬cm	創作時間	收藏處所	典藏號碼
山水圖（明王醴等琴堂幽興圖 冊之1幀）	冊頁	紙	設色	不詳		蘇州 江蘇省蘇州博物館	

畫家小傳：李鳴鳳。畫史無載。身世待考。

李昺

山水圖（明王醴等琴堂幽興圖 冊之1幀）	冊頁	紙	設色	不詳		蘇州 江蘇省蘇州博物館	

畫家小傳：李昺。畫史無載。身世待考。

田龍

山水圖（明王醴等琴堂幽興圖 冊之1幀）	冊頁	紙	設色	不詳		蘇州 江蘇省蘇州博物館	

畫家小傳：田龍。畫史無載。身世待考。

王穀

山水圖（清王穀等山水冊5之 1幀）	摺扇面 金箋	設色	不詳			南京 南京博物院	

畫家小傳：王穀。畫史無載。身世待考。

孫文泰

山水圖（清王穀等山水冊5之 1幀）	摺扇面 金箋	設色	不詳			南京 南京博物院	

畫家小傳：孫文泰。畫史無載。身世待考。

謝紹烈

山水圖	摺扇面 金箋	水墨	不詳			合肥 安徽省博物館	

畫家小傳：謝紹烈。字承啟。烏人。身世不詳。工書，善畫。人獲其作品如拱璧。（見虹廬畫談、中國畫家人名大辭典）

汪晟

普賢菩薩圖	摺扇面 金箋	水墨	不詳			合肥 安徽省博物館	

畫家小傳：汪晟。畫史無載。身世待考。

呂希文

四季花鳥圖	卷	絹	設色	29 × 106.5		合肥 安徽省博物館	

名稱		質地	色彩	尺寸 高x寬㎝	創作時間	收藏處所	典藏號碼

畫家小傳：呂希文。畫史無載。身世待考。

楊顯承

| 開閣延賢圖 | 軸 | 綾 | 設色 | 不詳 | | 合肥 安徽省博物館 | |

畫家小傳：楊顯承。畫史無載。身世待考。

萬　象

| 山水圖（10幀） | 冊 | 絹 | 設色 | 不詳 | | 合肥 安徽省博物館 | |

畫家小傳：萬象。畫史無載。身世待考。

沙宛在

| 蘭花圖 | 摺扇面 金箋 | 水墨 | 不詳 | | 合肥 安徽省博物館 | |

畫家小傳：沙宛在。畫史無載。身世待考。

白　理

| 雪松雙鷹圖 | 軸 | 絹 | 設色 | 171.4 × 107.1 | | 合肥 安徽省博物館 | |

畫家小傳：白理。畫史無載。身世待考。

汪惟靜

| 梅花圖 | 軸 | 紙 | 水墨 | 124 × 58 | | 休寧 安徽省休寧縣博物館 | |

畫家小傳：汪惟靜。畫史無載。身世待考。

墨　莊

| 起蛟圖 | 軸 | 絹 | 水墨 | 107 × 73.5 | | 南昌 江西省博物館 | |

畫家小傳：墨莊。姓氏不詳。身世待考。

墨　谿

附：

| 牧牛圖 | 冊頁 | 絹 | 水墨 | 17.7 × 19.1 | | 武漢 湖北省武漢市文物商店 | |

畫家小傳：墨谿。姓氏不詳。身世待考。

高　南

附：

名稱		質地	色彩	尺寸 高×寬㎝	創作時間	收藏處所	典藏號碼

歸漁圖　　　　　　　冊頁　絹　　水墨　19.8 × 11.9　　　　　　武漢 湖北省武漢市文物商店

畫家小傳：高南。畫史無載。身世待考。

□文輝

附：

五湖煙水圖　　　　　摺扇面 金箋　設色　不詳　　　　　　　武漢 湖北省武漢市文物商店

畫家小傳：□文輝。姓氏不詳。身世待考。

唐 棟

江山積雪圖　　　　　卷　　紙　　設色　27.4 × 681　　　　　　成都 四川省博物院

畫家小傳：唐棟。畫史無載。身世待考。

梅之燦

竹石圖　　　　　　　摺扇面 金箋　水墨　不詳　　　　　　　成都 四川省博物院

畫家小傳：唐棟。畫史無載。身世待考。

錢 倖

採菱圖　　　　　　　摺扇面 金箋　設色　不詳　　　　　　　成都 四川大學

畫家小傳：錢倖。畫史無載。身世待考。

沈雲英

瓶菊圖　　　　　　　軸　　綾　　設色　103 × 38　　　　　　重慶 重慶市博物館

畫家小傳：沈雲英。畫史無載。身世待考。

謝

畫像　　　　　　　　軸　　絹　　設色　115.2 × 64.5　　　　　重慶 重慶市博物館

畫家小傳：謝袞。畫史無載。身世待考。

周 新

羅漢圖　　　　　　　卷　　紙　　水墨　不詳　　　　　　　　成都 四川美術學院

畫家小傳：周新。畫史無載。身世待考。

王玉生

幔亭圖　　　　　　　軸　　絹　　設色　不詳　　　　　　　　福州 福建省博物館

名稱		質地	色彩	尺寸 高×寬㎝	創作時間	收藏處所	典藏號碼

畫家小傳：王玉生。畫史無載。身世待考。

徐彥復

| 花鳥圖（4幀） | 冊 | 紙 | 設色 | 不詳 | | 福州 福建省博物館 | |

畫家小傳：徐彥復。畫史無載。身世待考。

仇 譜

| 蓬萊仙奕圖 | 卷 | 絹 | 設色 | 29 × 151.5 | | 廣州 廣東省博物館 | |

畫家小傳：仇譜。畫史無載。身世待考。

朱成鈠

| 停舟觀雁圖 | 軸 | 絹 | 水墨 | 120 × 94.5 | | 廣州 廣東省博物館 | |

畫家小傳：朱成鈠。畫史無載。身世待考。

袁 樞

| 平泉十石圖 | 卷 | 金箋 | 設色 | 不詳 | | 廣州 廣東省博物館 | |

畫家小傳：袁樞。字伯應。號環中，別號石寓。睢州人。工畫，山水出入董、巨、子久間。兼善折枝花卉，有陳淳風致。（見國朝畫徵
　　　　錄、中國畫家人名大辭典）

韓嘉謀

| 竹石圖 | 卷 | 紙 | 水墨 | 37.7 × 458 | | 廣州 廣州市美術館 | |

畫家小傳：韓嘉謀。畫史無載。身世待考。

王 恕

| 鷹梅圖 | 軸 | 紙 | 水墨 | 不詳 | | 廣州 廣州市美術館 | |

畫家小傳：王恕。畫史無載。身世待考。

程 全

| 騎驢踏雪圖 | 軸 | 絹 | 設色 | 124 × 75 | | 佛山 廣東省佛山市博物館 | |

畫家小傳：程全。畫史無載。身世待考。

劉克襄

| 枇杷圖 | 摺扇面 | 灑金箋 | 水墨 | 不詳 | | 佛山 廣東省佛山市博物館 | |

畫家小傳：劉克襄。畫史無載。身世待考。

名稱		質地	色彩	尺寸 高x寬㎝	創作時間	收藏處所	典藏號碼

淩禹績

| 荷塘水閣圖 | | 摺扇面 灑金箋 | 設色 | 不詳 | | 南寧 廣西壯族自治區博物館 | |

畫家小傳：淩禹績。畫史無載。身世待考。

克　晦

| 米法山水圖（明人書畫扇面帖 | 摺扇面 金箋 | 水墨 | 17.7 x 50.1 | | 日本 橫濱岡山美術館 | |
| 之1幀） | | | | | | |

畫家小傳：克晦。姓名、身世待考。

曾　則

| 蘭石竹圖（明人書畫扇面帖之 | 摺扇面 金箋 | 水墨 | 16.1 x 48.5 | | 日本 橫濱岡山美術館 | |
| 1幀） | | | | | | |

畫家小傳：曾則。畫史無載。身世待考。

李光奎

| 山水圖（明清書畫便面冊之1 | 摺扇面 金箋 | 設色 | 17 x 51.7 | | 日本 橫濱岡山美術館 | |
| 幀） | | | | | | |

畫家小傳：李光奎。字聚垣。畫史無載。身世待考。

居　中

| 仙女圖（兩朝合璧連珠畫帖之 | 冊頁 絹 | 設色 | 29.6 x 20 | | 日本 東京出光美術館 | |
| 4） | | | | | | |

畫家小傳：居中。畫史無載。身世待考。

范　珣

| 山水圖（明清名家合裝書畫扇 | 摺扇面 金箋 | 水墨 | 16.8 x 51.4 | | 日本 私人 | |
| 面一冊之5） | | | | | | |

畫家小傳：范珣。畫史無載。身世待考。

照　紳

| 山水圖（明清名家合裝書畫扇 | 摺扇面 金箋 | 設色 | 16.2 x 51.3 | | 日本 私人 | |
| 面一冊之6） | | | | | | |

畫家小傳：照紳。畫史無載。身世待考。

宗　珍

名稱		質地	色彩	尺寸 高×寬㎝	創作時間	收藏處所	典藏號碼

仿李郭山水圖（明清名家合裝　摺扇面 金箋　設色　17.4 × 52　　　　　　　　　日本 私人
書畫扇面一冊之8）

畫家小傳：宗珍。畫史無載。身世待考。

干 斗

南枝疏影圖（明清名家合裝書　摺扇面 金箋　設色　17 × 53.6　　　　　　　　日本 私人
畫扇面二冊之1）

畫家小傳：干斗。畫史無載。身世待考。

蘇 遯

附：

鍾馗圖　　　　　　　　　軸　　紙　　設色　123.2 × 54.6　　　　　　　紐約 蘇富比藝品拍賣公司/拍
　　　　　　　　　　　　　　　　　　　　　　　　　　　　　　　　　　賣目錄 1988.06.01.

畫家小傳：蘇遯。畫史無載。身世待考。

汪道崑

山水圖（峽江民居）　　　軸　　絹　　水墨　151.3 × 57.6 乙酉（順治二年，美國 普林斯頓大學藝術館（　L53.70
　　　　　　　　　　　　　　　　　　　　　　　　1645）秋日　Edward Elliott 先生
　　　　　　　　　　　　　　　　　　　　　　　　　　　　　　寄存）

畫家小傳：汪道崑。字伯玉。號太函、南溟。安徽徽州人。身世不詳。流傳署款紀年作品見於清世祖順治二（1645）年。（見中國美術
　　　　家人名大辭典）

楊文虬

南山萬松圖　　　　　　　軸　　紙　　設色　不詳　　　　　　　　　　　瀋陽 遼寧省博物館
畫家小傳：楊文虬。畫史無載。身世待考。

張 □

墨竹圖　　　　　　　　　卷　　紙　　水墨　31.2 × 187.3　　　　　　　瀋陽 遼寧省博物館
畫家小傳：張□。名不詳。待考。

葛玄芳

墨竹圖　　　　　　　　　卷　　紙　　水墨　26.5 × 333.2　　　　　　　瀋陽 遼寧省博物館
畫家小傳：葛玄芳。畫史無載。身世待考。

名稱		質地	色彩	尺寸 高x寬㎝	創作時間	收藏處所	典藏號碼

陸士琦

| 蘭竹圖 | 卷 | 紙 | 水墨 | 不詳 | 弘光（元年，乙酉，1645）清明前一日 | 北京 故宮博物院 | |

畫家小傳：陸士琦。畫史無載。署款紀年作品見於明福王弘光元(1645)年。身世待考。

張可度

| 詩品圖意山水（12幀） | 冊 | 紙 | 設色 | (每幀)20.3 x 31.5 | 乙酉（順治二年，1645）仲冬廿一日 | 上海 上海博物館 | |

畫家小傳：張可度。畫史無載。署款紀年作品見於清世祖順治二(1645)年。身世待考。

史志堅

| 山水圖（程達等雜畫卷4之1段） | 卷 | 絹 | 設色 | 不詳 | 弘光乙酉（元年，1645） | 北京 故宮博物院 | |
| 山水圖（金陵諸家山水集錦冊12之1幀） | 冊頁 | 紙 | 設色 | 26.3 x 21.3 | 乙巳（康熙四年，1665）重九 | 北京 故宮博物院 | |

畫家小傳：史志堅。字雪幢。畫史無載。署款紀年作品見於明福王弘光元(1645)年，至清聖祖康熙四（1665）年。身世待考。

李長春

| 程芳樂容像 | 卷 | 絹 | 設色 | 不詳 | 丙戌（？順治三年，1646） | 北京 故宮博物院 | |
| 窠石平遠圖 | 軸 | 絹 | 設色 | 不詳 | | 北京 故宮博物院 | |

畫家小傳：李長春。畫史無載。流傳署款作品紀年疑為清世祖順治三（1646）年。身世待考。

陳香泉

| 畫蘭并書寄巢寄喬兩詩 | 卷 | 紙 | 水墨 | 29.5 x 44.8 | 丁亥（順治四年，1647）春二月 | 台北 故宮博物院 | 故畫 01751 |

畫家小傳：陳香泉。畫史無載。作品鈐有「陳子文」、「玉山居士」印。署款紀年作品見於清世祖順治四（1647）年。身世待考。

來 周

| 山水圖 | 軸 | 金箋 | 設色 | 不詳 | 丁亥（順治四年，1647） | 常熟 江蘇省常熟市文物管理委員會 | |

畫家小傳：來周。畫史無載。流傳署款紀年作品見於清世祖順治四（1647）年。身世待考。

名稱		質地	色彩	尺寸 高x寬cm	創作時間	收藏處所	典藏號碼

譚岵

| 吳都一覽圖 | 卷 | 絹 | 設色 | 45 x 137 | 辛巳（康熙四十年，1701） | 廣州 廣東省博物館 | |

附：

| 花蝶圖 | 軸 | 金箋 | 設色 | 不詳 | 丁亥（順治四年，1647） | 上海 朵雲軒 | |

畫家小傳：譚岵。畫史無載。流傳署款紀年作品見於清世祖順治四（1647）年至聖祖康熙四十（1701）年。身世待考。

項德新

秋江雲樹圖	軸	紙	水墨	65 x 23		台北 故宮博物院	故畫 00570
秋林小隱	軸	紙	設色	70 x 28.7		台北 故宮博物院	故畫 00314
水墨竹石圖	軸	紙	水墨	130 x 43.8	乙巳（康熙四年，1665）初秋	香港 中文大學中國文化研究所文物館	95.546
墨竹圖	軸	紙	水墨	101 x 29		香港 利榮森北山堂	
喬岳丹霞圖	軸	絹	設色	130.5 x 38.7	癸丑（康熙十二年，1673）	北京 故宮博物院	
桐陰寄傲圖	軸	紙	水墨	57 x 27.2	丁巳（康熙十六年，1617）	北京 故宮博物院	
仿王紱枯木竹石圖	軸	紙	水墨	88.5 x 30.1		北京 首都博物館	
絕壑秋林圖	軸	紙	水墨	105.6 x 34.5	壬寅（康熙元年，1662）仲夏	上海 上海博物館	
秋江漁艇圖	軸	紙	水墨	91 x 33	癸亥（康熙二十二年，1623）	上海 上海古籍書店	
墨竹（明人畫扇冊一冊之 16）	摺扇面	紙	水墨	不詳		台北 故宮博物院	故畫 03527-16
畫竹（明人畫扇冊四冊之 7）	摺扇面	紙	水墨	不詳		台北 故宮博物院	故畫 03530-7
竹菊（明人畫扇集冊貳冊（下）之 8）	摺扇面	紙	水墨	不詳		台北 故宮博物院	故畫 03535-8
墨竹（明人便面畫冊肆冊（二）之 14）	摺扇面	紙	設色	不詳		台北 故宮博物院	故畫 03538-14
浮巒暖翠圖（明十名家便面會萃冊之 11）	摺扇面	金箋	青綠	15.4 x 47.8		台北 故宮博物院（蘭千山館寄存）	
梅竹（明十名家便面會萃冊之 12）	摺扇面	金箋	水墨	16 x 48.3		台北 故宮博物院（蘭千山館寄存）	

名稱		質地	色彩	尺寸 高x寬㎝	創作時間	收藏處所	典藏號碼
梅竹圖		摺扇面 金箋	水墨	不詳	己卯（崇禎十二年，1639）	成都 四川省博物院	
竹石圖		摺扇面 金箋	水墨	18.3 x 57		日本 橫濱岡山美術館	
竹圖		摺扇面 紙	水墨	不詳		日本 江田勇二先生	
松石流泉圖		摺扇面 金箋	水墨	16 x 48.1		英國 倫敦大英博物館	1959.5.9.02（ADD303）
雙松圖		摺扇面 金箋	水墨	15.7 x 47.5		德國 科隆東亞藝術博物館	A55.23
附：							
蘭石圖		摺扇面 金箋	水墨	16.7 x 51		紐約 佳仕得藝品拍賣公司/拍賣目錄 1986,06,04.	
松樹靈芝圖		摺扇面 金箋	水墨	17.2 x 52.7		紐約 蘇富比藝品拍賣公司/拍賣目錄 1986,06,03.	
蘭石圖		摺扇面 金箋	水墨	17.2 x 50.5		紐約 佳士得藝品拍賣公司/拍賣目錄 1995,03,22.	

畫家小傳：項德新。字復初。浙江嘉興人。項元汴第三子。生於熹宗天啟三（1623）年。清聖祖康熙二十二（1683）年尚在世。工畫山水，師法荊浩、關仝，亦善寫生。（見明畫錄、嘉興府志、珊瑚網、中國畫家人名大辭典）

汪　賢

名稱		質地	色彩	尺寸 高x寬㎝	創作時間	收藏處所	典藏號碼
附：							
山水小景（新安名家合錦冊之第8幀）		冊頁 紙	設色	11 x 14	戊子（順治五年，1648）端陽日	紐約 佳仕得藝品拍賣公司/拍賣目錄 1990.05.31	

畫家小傳：汪賢。安徽新安人。畫史無載。流傳署款紀年作品見於清世祖順治五（1648）年。身世待考。

曾士俊

名稱		質地	色彩	尺寸 高x寬㎝	創作時間	收藏處所	典藏號碼
花蝶圖		摺扇面 金箋	設色	不詳	戊子（順治五年，1648）夏日	天津 天津市藝術博物館	
梔子綬帶圖（金陵名筆集勝冊8之1幀）		冊頁 紙	設色	17 x 21.3		北京 故宮博物院	

畫家小傳：曾士俊。畫史無載。流傳署款紀年作品見於清世祖順治五（1648）年。身世待考。

張　觀

名稱		質地	色彩	尺寸 高x寬㎝	創作時間	收藏處所	典藏號碼
漁樂圖		軸 絹	設色	不詳	己卯（？乾隆二十四年，1759）	南京 南京博物院	
蘆塘垂釣圖		摺扇面 紙	設色	不詳	戊子（？順治五年	北京 中國歷史博物館	

名稱		質地	色彩	尺寸 高x寬cm	創作時間	收藏處所	典藏號碼

，1648）

畫家小傳：張觀。畫史無載。流傳署款作品紀年疑為清世祖順治五（1648）年。身世待考。

茅 旦

| 山水(田疇插秧圖) | 軸 | 絹 | 設色 | 32.4 x 54.6 | 戊子（？順治五年 ，1648）夏日 | 美國 舊金山亞洲藝術館 | |

畫家小傳：茅旦。自署梅溪人。畫史無載。流傳署款作品紀年疑為清世祖順治五（1648）年。身世待考。

獨 任

| 山水圖（朱睿督、獨任、胡玉昆山水卷3之第2段） | 卷 | 紙 | 設色 | 21 x 49 | | 北京 故宮博物院 | |

畫家小傳：獨任。約與胡玉昆同時。畫史無載。身世待考。

項德裕

| 山水圖（明人便面畫冊肆冊（二）之15） | 摺扇面 紙 | | 設色 | 不詳 | | 台北 故宮博物院 | 故畫 03538-15 |

畫家小傳：項德裕。畫史無載。身世待考。

王復高

| 牡丹錦雞圖 | 軸 | 絹 | 設色 | 不詳 | 己丑（？順治六年 ，1649） | 南京 南京博物院 | |

畫家小傳：王復高（虞山畫志作名復亨）。字孚美。善畫花卉、翎毛，刻畫工細。流傳署款作品紀年疑為清世祖順治六（1649）年。（見海虞畫苑略、虞山畫志、中國畫家人名大辭典）

之 鑑

| 水岸圖 | 冊頁 | 紙 | 水墨 | 22.3 x 16.1 | | 美國 加州勃克萊曹仲英先生 | |

附：

| 山水圖（清丘岳等山水冊10之1幀） | 冊頁 | 紙 | 設色 | 22.2 x 15.9 | （己丑，順治六年，1649） | 紐約 蘇富比藝品拍賣公司/拍賣目錄 1988,11,30. | |

畫家小傳：之鑑。畫史無載。身世待考。

陳龍運

| 山水圖（明人書畫合璧冊之1幀，寫似莪翁） | 冊頁 | 絹 | 設色 | 29.7 x 19.9 | 庚寅（順治七年，1650）秋日 | 日本 大阪市立美術館 | |

名稱		質地	色彩	尺寸 高×寬㎝	創作時間	收藏處所	典藏號碼

畫家小傳：陳龍運。字階尺。浙江仁和人。陳紹英之子。承家學，書畫俱逸妙。流傳署款紀年作品見於清世祖順治七（1650）年。
　　　　　（見圖繪寶鑑、中國畫家人名大辭典）

周 軑

| 竹石圖 | 軸 | 紙 | 水墨 | 不詳 | | 北京 首都博物館 | |
| 秋巖林泉（明人書畫合璧冊之 第17幀） | 冊頁 | 絹 | 設色 | 28.7 × 20 | 庚寅（順治七年， 1650）秋 | 日本 大阪市立美術館 | |

附：

| 仿趙孟頫竹石圖 | 軸 | 紙 | 水墨 | 不詳 | | 北京 北京市工藝品進出口公司 | |

畫家小傳：周軑。畫史無載。流傳署款紀年作品見於清世祖順治七(1650)年。身世待考。

賈洙

| 樹重林深（寫似菽翁，明人書 畫合璧冊之1幀） | 冊頁 | 絹 | 淺設色 | 28.7 × 20 | 庚寅（順治七年， 1650）桂月 | 日本 大阪市立美術館 | |

畫家小傳：賈洙。畫史無載。流傳署款紀年作品見於清世祖順治七(1650)年。身世待考。

倪弘鰲

| 山水圖 | 軸 | 絹 | 設色 | 168.5×132.2 | 庚寅（？順治七年 ，1650））夏仲 | 美國 勃克萊加州大學藝術館 （高居翰教授寄存） | |

畫家小傳：倪弘鰲。畫史無載。流傳署款作品紀年疑為清世祖順治七(1650)年。身世待考。

孫亭

| 山水圖（過溪訪友） | 冊頁 | 金箋 | 設色 | 不詳 | 庚寅（？順治七年 ，1650）冬日 | 日本 中垈又左衛門先生 | |

畫家小傳：孫亭。畫史無載。流傳署款作品紀年疑為清世祖順治七(1650)年。身世待考。

陸克正

| 山水圖（仿董北苑） | 摺扇面 | 金箋 | 水墨 | 15.2 × 50 | 辛卯（順治八年， 1651）午日 | 美國 紐約大都會藝術博物館 | 13.100.47 |

畫家小傳：陸克正。畫史無載。流傳署款紀年作品見於清世祖順治八（1651）年。身世待考。

程達

| 山水（程達等雜畫卷4之1段） | 卷 | 絹 | 設色 | 不詳 | 辛卯（順治八年， | 北京 故宮博物院 | |

名稱		質地	色彩	尺寸 高x寬cm	創作時間	收藏處所	典藏號碼
					1651)		

畫家小傳：程達。畫史無載。流傳署款紀年作品見於清世祖順治八(1651)年。身世待考。

朱瑞言

附：

| 起蛟圖 | 軸 | 紙 | 設色 | 151 x 86.7 | 壬辰（順治九年，
1652）秋 | 紐約 佳士得藝品拍賣公司/拍
賣目錄 1988.11.30 | |

畫家小傳：朱瑞言。畫史無載。流傳署款紀年作品見於清世祖順治九（1652）年。身世待考。

程 雲

| 水亭閒適圖 | 軸 | 紙 | 水墨 | 157.9 x 53.3 | | 日本 富山縣金山從革先生 | |

畫家小傳：程雲。字玉林。湖北黃州人。善畫山水，擅用披麻、斧劈皴；兼作虯松怪石，亦稱逸品。（見圖繪寶鑑續纂、中國畫家人名大辭典）

（釋）衡 仁

| 山水圖（明三僧山水冊3之1幀） | 冊頁 | 紙 | 水墨 | 不詳 | 壬辰（順治九年，
1652） | 北京 故宮博物院 | |
| 山水圖（陳道、衡仁、白漢瀓、祖璇山水冊10之2幀） | 冊頁 | 紙 | 設色 | （每幀）23.4
x 31.5 | 辛亥（康熙十年，
1671） | 北京 故宮博物院 | |

畫家小傳：衡仁。僧。畫史無載。流傳署款作品約見於清世祖順治九（1652）至聖祖康熙十（1671）年。身世待考。

（釋）白漢瀓

| 山水圖（明三僧山水冊3之1幀） | 冊頁 | 紙 | 水墨 | 不詳 | 壬辰（順治九年，
1652） | 北京 故宮博物院 | |
| 山水圖（陳道、衡仁、白漢瀓、祖璇山水冊10之2幀） | 冊頁 | 紙 | 設色 | （每幀）23.4
x 31.5 | 辛亥（康熙十年，
1671） | 北京 故宮博物院 | |

畫家小傳：白漢瀓。僧。畫史無載。流傳署款作品約見於清世祖順治九（1652）至聖祖康熙十（1671）年。身世待考。

（釋）祖 璇

| 山水圖（明三僧山水冊3之1幀） | 冊頁 | 紙 | 水墨 | 不詳 | 壬辰（順治九年，
1652） | 北京 故宮博物院 | |
| 山水圖（陳道、衡仁、白漢瀓、祖璇山水冊10之2幀） | 冊頁 | 紙 | 設色 | （每幀）23.4
x 31.5 | 辛亥（康熙十年，
1671） | 北京 故宮博物院 | |

名稱		質地	色彩	尺寸 高x寬cm	創作時間	收藏處所	典藏號碼

畫家小傳：祖璇。僧。畫史無載。流傳署款作品約見於清世祖順治九（1652）至聖祖康熙十（1671）年。身世待考。

李 貞
附：

| 觀音變相圖 | | 卷 | 磁青箋 泥金 | 28 x 785 | 壬辰（？順治九年，1652） | 北京 北京市工藝品進出口公司 | |

畫家小傳：李貞。畫史無載。流傳署款作品紀年疑為清世祖順治九（1652）年。身世待考。

管稚圭

| 潞河贈別圖 | | 卷 | 絹 | 設色 | 28.8 x 138 | 壬辰（？順治九年，1652） | 上海 上海博物館 | |

畫家小傳：管稚圭。畫史無載。流傳署款作品紀年疑為清世祖順治九（1652）年。身世待考。

朱 泗

| 行旅圖 | | 摺扇面 金箋 | 設色 | 不詳 | 壬辰（？順治九年，1652） | 合肥 安徽省博物館 | |

畫家小傳：朱泗。畫史無載。流傳署款作品紀年疑為清世祖順治九（1652）年。身世待考。

鄭守賢

| 山水圖（為愚合詞兄寫） | | 摺扇面 金箋 | 水墨 | 16.6 x 52.7 | 癸巳（？順治十年，1653）冬日 | 德國 科隆東亞藝術博物館 | A55.29 |

畫家小傳：鄭守賢。畫史無載。流傳署款作品紀年疑為清世祖順治十（1653）年。身世待考。

萬人望

山水圖		軸	綾	水墨	91.2 x 41.5		日本 大阪橋本大乙先生	
仿梅道人山水（為仔肩作，明黃子錫等山水集冊6之1幀）		冊頁	紙	設色	31.4 x 38.6	癸巳（順治十年，1653）新秋	蘇州 江蘇省蘇州博物館	
山水圖（清錢黯等山水冊8之1幀）		冊頁	紙	設色	不詳	（辛酉，康熙二十年，1681）	杭州 浙江省圖書館	

畫家小傳：萬人望。畫史無載。流傳署款作品紀年見於清世祖順治十（1653）年、聖祖康熙二十（1681）年。身世待考。

施于政

| 仿一峰道人筆山水（為仔肩作，明黃子錫等山水集冊6之1 | | 冊頁 | 紙 | 設色 | 31.4 x 38.6 | （癸巳，順治十年，1653） | 蘇州 江蘇省蘇州博物館 | |

名稱		質地	色彩	尺寸 高x寬cm	創作時間	收藏處所	典藏號碼

帖）

畫家小傳：施于政。畫史無載。流傳署款作品紀年見於清世祖順治十（1653）年。身世待考。

孟 津

山水圖（為仔肩作，明黃子錫	冊頁	紙	設色	31.4 x 38.6	癸巳（順治十年，	蘇州 江蘇省蘇州博物館	
等山水集冊6之1幀）					1653）桂香月		

畫家小傳：孟津。畫史無載。流傳署款作品紀年見於清世祖順治十（1653）年。身世待考。

朱 雍

山水圖（為仔肩作，明黃子錫	冊頁	紙	設色	31.4 x 38.6	癸巳（順治十年，	蘇州 江蘇省蘇州博物館	
等山水集冊6之1幀）					1653）孟秋		

畫家小傳：朱雍。畫史無載。流傳署款作品紀年見於清世祖順治十（1653）年。身世待考。

袁 璜

山水圖	摺扇面 金箋	設色	不詳		天津 天津市藝術博物館
山水圖（山居策杖）	摺扇面 金箋	設色	17.7 x 50.7		日本 橫濱岡山美術館
仿王蒙山水圖(明清名家合裝	摺扇面 金箋	設色	17.9 x 55.1		日本 私人
書畫扇面二冊之11)					

畫家小傳：袁璜。畫史無載。身世待考。

陳虞胤

問道圖（陳洪綬、陳虞胤、嚴	卷	絹	設色	34.3 x 375.7		北京 故宮博物院	
湛合卷）							
洗象圖	軸	絹	設色	127 x 65.8	甲午（順治十一年 ，1654）	天津 天津市藝術博物館	

畫家小傳：陳虞胤。約與陳洪綬同時。畫史無載。流傳署款紀年作品見於清世祖順治十一（1654）年。身世待考。

沈弘道

山水圖	摺扇面 金箋	設色	不詳	甲午（？順治十一 年，1654）	北京 故宮博物院

畫家小傳：沈弘道。畫史無載。流傳署款作品紀年疑為清世祖順治十一（1654）年。身世待考。

楊時倬

山水圖	摺扇面 金箋	設色	不詳	甲午（？順治十一	北京 故宮博物院

名稱		質地	色彩	尺寸 高x寬cm	創作時間	收藏處所	典藏號碼

年，1654）三月

畫家小傳：楊時倬。畫史無載。流傳署款作品紀年疑為清世祖順治十一（1654）年。身世待考。

誠 意

杏壇絃歌圖 　　　　　軸　絹　設色　145.9×103.9 　　　　日本 伏見宮家先生

畫家小傳：誠意。作品署款古越弟子。畫史無載。身世待考。

陸 密

為戴明說作山水圖 　　　軸　綾　水墨　110 × 53 　　乙未（順治十二年　濟南 山東省博物館
　　　　　　　　　　　　　　　　　　　　　　　　　　　，1655）

畫家小傳：陸密。與戴明說同時。畫史無載。流傳署款紀年作品見於清世祖順治十二（1655）年。身世待考。

陳于王

山水圖 　　　　　　摺扇面 金箋　水墨　不詳 　　乙未（？順治十二 北京 故宮博物院
　　　　　　　　　　　　　　　　　　　　　　　　年，1655）

畫家小傳：陳于王。畫史無載。流傳署款作品紀年疑為清世祖順治十二（1655）年。身世待考。

管 鴻

蘆汀遠眺圖 　　　　摺扇面 金箋　設色　不詳 　　丙申（？順治十三 北京 故宮博物院
　　　　　　　　　　　　　　　　　　　　　　　　年，1656）冬日

畫家小傳：管鴻。畫史無載。流傳署款作品紀年疑為清世祖順治十三（1656）年。身世待考。

吳墨庵

仿羅山人菊石圖 　　　摺扇面 紙　設色　18 × 54 　　丙申（？順治十三 美國 紐約大都會藝術博物館　19.167.A1-091
　　　　　　　　　　　　　　　　　　　　　　　　年，1656）端節前
　　　　　　　　　　　　　　　　　　　　　　　　二日

畫家小傳：吳墨庵。畫史無載。流傳署款作品紀年疑為清世祖順治十三（1656）年。身世待考。

梅 喆

山水圖 　　　　　　摺扇面 金箋　水墨　不詳 　　丁酉（？順治十四 北京 故宮博物院
　　　　　　　　　　　　　　　　　　　　　　　　年，1657）

畫家小傳：梅喆。畫史無載。流傳署款作品紀年疑為清世祖順治十四（1657）年。身世待考。

張盧映

名稱		質地	色彩	尺寸 高×寬㎝	創作時間	收藏處所	典藏號碼
蘭花圖	摺扇面	紙	水墨	不詳	丁酉（？順治十四年，1657）	北京 故宮博物院	

畫家小傳：張廬映。畫史無載。流傳署款作品紀年疑為清世祖順治十四（1657）年。身世待考。

沈士灝

柳蔭讀書圖	摺扇面	金箋	設色	不詳	丁酉（？順治十四年，1657）	合肥 安徽省博物館	

畫家小傳：沈士灝。畫史無載。流傳署款作品紀年疑為清世祖順治十四（1657）年。身世待考。

楊昌文

蘭竹石圖	卷	紙	水墨	28 × 513.3	戊戌（順治十五年，1658）	廣州 廣東省博物館	
牡丹蕙石圖（伍瑞隆、楊昌文合作）	軸	紙	水墨	208 × 81	丁酉（順治十四年，1657）	佛山 廣東省佛山市博物館	

畫家小傳：楊昌文。廣東人。身世不詳。善畫蘭及竹石。流傳署款紀年作品見於清世祖順治十四（1657）、十五（1658）年。（見圖繪寶鑑續纂、中國畫家人名大辭典）

武光輔

竹石圖	摺扇面	金箋	水墨	不詳	戊戌（？順治十五年，1658）	北京 故宮博物院	

畫家小傳：武光輔。畫史無載。流傳署款作品紀年疑為清世祖順治十五（1658）年。身世待考。

周茂源

附：

山水圖（明清諸家賀斗南翁壽山水冊8之1幀）	冊頁	金箋	設色	29.8 × 35.8	戊戌（順治十五年，1658）夏	紐約 佳士得藝品拍賣公司/拍賣目錄 1995,03,22.	

畫家小傳：周茂源。畫史無載。流傳署款紀年作品見於清世祖順治十五（1658）年。身世待考。

胡宋智

雙帆圖	摺扇面	金箋	水墨	不詳	己亥（？順治十六年，1659）	杭州 浙江省杭州市文物考古所	

畫家小傳：胡宋智。畫史無載。流傳署款作品紀年疑為清世祖順治十六(1659)年。身世待考。

吳 楫

名稱		質地	色彩	尺寸 高×寬cm	創作時間	收藏處所	典藏號碼
牡丹圖		摺扇面 金箋	水墨	不詳	己亥（？順治十六年，1659）	北京 故宮博物院	
荷花（名人扇面（乙）冊之5）		摺扇面 紙	設色	不詳		台北 故宮博物院	故畫 03548-5

畫家小傳：吳楫。畫史無載。流傳署款作品紀年疑為清世祖順治十六(1659)年。身世待考。

張 建

林和靖圖（畫似襄翁詞宗）	摺扇面 金箋	設色	16.6 × 49.3	庚子（？順治十七年，1660）冬日	日本 橫濱岡山美術館	

畫家小傳：張建。畫史無載。流傳署款作品紀年疑為清世祖順治十七（1660）年。身世待考。

吳之鎡

為擎雲先生寫山水圖	摺扇面 金箋	設色	15.5 × 48.7	庚子（？順治十七年，1660）冬日	日本 京都萬福寺	

畫家小傳：吳之鐩。畫史無載。流傳署款作品紀年疑為清世祖順治十七（1660）年。身世待考。

袁麗明

山水人物圖	摺扇面 金箋	設色	不詳	辛丑（？順治十八年，1661）	北京 故宮博物院	

畫家小傳：袁麗明。畫史無載。流傳署款作品紀年疑為清世祖順治十八(1661)年。身世待考。

宗支燕

竹蘭圖	摺扇面 金箋	水墨	不詳	辛丑（？順治十八年，1661）	北京 故宮博物院	

畫家小傳：宗支燕。畫史無載。流傳署款作品紀年疑為清世祖順治十八(1661)年。身世待考。

趙淑貞

遊蝶圖	摺扇面 金箋	設色	15.2 × 44.5		香港 潘祖堯小聽颿樓	CP56

畫家小傳：趙淑貞。女。浙江山陰人。諸生趙伯章妻。工畫花鳥、蘆雁，筆法秀潔，更饒姿韻。(見明畫錄、中國美術家人名辭典)

吳之琯

人跡板橋（名人畫扇（丁）冊之2）	摺扇面 紙	水墨	不詳		台北 故宮博物院	故畫 03549-2
枯木寒鴉（名人畫扇（丁）冊之4）	摺扇面 紙	水墨	不詳		台北 故宮博物院	故畫 03549-4

名稱		質地	色彩	尺寸 高x寬㎝	創作時間	收藏處所	典藏號碼
漁家晚唱圖（名人便面畫冊之2）	摺扇面	紙	設色	不詳		台北 故宮博物院	故畫 03558-2
菊石圖（名人便面畫冊之7）	摺扇面	紙	水墨	不詳		台北 故宮博物院	故畫 03558-7
松林古道（名人便面畫冊（二）之1）	摺扇面	紙	設色	不詳		台北 故宮博物院	故畫 03559-1

畫家小傳：吳之琯。畫史無載。身世待考。

李一和

| 五鳳圖 | 軸 | 絹 | 設色 | 171.5×204.8 | | 日本 東京島津忠重先生 | |
| 花鳥圖（2幅） | 軸 | 絹 | 設色 | （每幅）128.8×62.1 | | 日本 東京細川護立先生 | |

畫家小傳：李一和。作品自署「上杭李一和」、「雪峰李一和」。畫史無載。身世待考。

張仲學

| 歲朝鍾馗 | 軸 | 紙 | 設色 | 127.5×63.5 | | 台北 故宮博物院 | 故畫 02707 |

畫家小傳：張仲學。畫作自署「野雲老人」、「松鶴軒」。畫史無載。身世待考。

陳仁秩

| 仁壽圖（係以細書壽字拚畫成松石壽星） | 軸 | 紙 | 水墨 | 126.7×63.2 | | 台北 故宮博物院 | 故畫 02348 |

畫家小傳：陳仁秩。畫史無載。身世待考。

徐 源

| 清風使節圖 | 軸 | 紙 | 水墨 | 不詳 | | 台北 故宮博物院 | 國贈 025166 |

畫家小傳：徐源。字咸清。畫史無載。身世待考。

朱舜水

| 墨竹圖 | 軸 | 紙 | 水墨 | 不詳 | | 台北 故宮博物院（蘭千山館寄存） | |

畫家小傳：朱舜水。畫史無載。身世待考。

林 山

名稱		質地	色彩	尺寸 高x寬cm	創作時間	收藏處所	典藏號碼
風雨歸舟圖	軸 紙		水墨	130.9 x 63		台北 故宮博物院	故畫 01348

畫家小傳：林山。畫史無傳。身世待考。

淮南大布衣

九牧圖	卷 紙		設色	31.1 x 246		台北故宮博物院	故畫 01749

畫家小傳：淮南大布裏。畫史無傳。身世待考。

程仲堅

西園雅集圖	軸 紙		設色	117.4 x 39.6		台北 故宮博物院	故畫 02351

畫家小傳：程仲堅。畫史無載。身世待考。

黃秉義

紫陌穿楊（明人書畫扇（元）冊之10）	冊頁 紙		設色	18.4 x 52.1		台北 故宮博物院	故畫 03564-10

畫家小傳：黃秉義。畫史無載。身世待考。

蔣希周

鴻群校射圖（明人書畫扇（利）冊之14）	摺扇面 紙		設色	17.2 x 55		台北 故宮博物院	故畫 03566-14

畫家小傳：蔣希周。畫史無載。身世待考。

張仲斯

松陰撫軫（明人書画扇（利）冊之22）	冊頁 紙		設色	19.8 x 55.5		台北 故宮博物院	故畫 03566-22

畫家小傳：張仲斯。畫史無載。身世待考。

朱 復

竹梅書屋（集名人畫冊之4）	冊頁 絹		設色	24.3 x 21.2		台北 故宮博物院	故畫 03508-4

畫家小傳：朱復。畫史無載。身世待考。

章汝瑞

拳石修篁（集名人画冊之8）	冊頁 紙		水墨	26.5 x 22.7		台北 故宮博物院	故畫 03508-8

畫家小傳：章汝瑞。畫史無載。身世待考。

名稱		質地	色彩	尺寸 高x寬㎝	創作時間	收藏處所	典藏號碼

錢共宿

煙柳釣艇（名人書畫合冊之 17）	冊頁	紙	設色	16 x 50.2		台北 故宮博物院	故畫 03582-17

畫家小傳：錢共宿。畫史無載。身世待考。

沈 哲

重崖林屋（名人書畫合冊之 19）	冊頁	紙	設色	18.3 x 58.8		台北 故宮博物院	故畫 03582-19

畫家小傳：沈哲。畫史無載。身世待考。

曹 璟

林岩飛瀑（名人書畫合冊之 20)	冊頁	紙	水墨	16.5 x 51.6		台北故宮博物院	故畫 03582-20

畫家小傳：曹璟。畫史無載。身世待考。

嵇永翼

叢林紅圖（明人集繪冊之7）	冊頁	紙	設色	31 x 37.7		台北 故宮博物院	故畫 03510-7

畫家小傳：嵇永翼。畫史無載。身世待考。

嘉 梅

松陰攜琴（明十名家便面會萃 冊之 13)	摺扇面	金箋	設色	15.8 x 51.1		台北 故宮博物院（蘭千山館 寄存）	

畫家小傳：嘉梅。畫史無載。身世待考。

朱 璧

山水圖（明末二十名家書畫冊 之 4)	冊頁	綾	設色	23.2 x 17.6		台北 蘭千山館	
仿王蒙山水圖	摺扇面	金箋	水墨	不詳		北京 故宮博物院	

畫家小傳：朱璧。畫史無載。身世待考。

偉 元

指畫禪僧（藝林清賞冊之11）	冊頁	紙	設色	16.7 x 49.8		台北 故宮博物院	故畫 03490-11

畫家小傳：偉元。畫史無載。身世待考。

名稱		質地	色彩	尺寸 高x寬cm	創作時間	收藏處所	典藏號碼

彭　鶴

| 芳原蝶戲（古香片羽冊之6） | 冊頁 | 絹 | 設色 | 21.7 x 37.9 | | 台北 故宮博物院 | 故畫 03497-6 |

畫家小傳：彭鶴。畫史無載。身世待考。

戴　趙

| 山禽樂意（古香片羽冊之9） | 冊頁 | 絹 | 設色 | 28.6 x 37.5 | | 台北 故宮博物院 | 故畫 03497-9 |

畫家小傳：戴趙。畫史無載。身世待考。

李士光

| 渡海羅漢 | 摺扇面 金箋 | | 設色 | 不詳 | | 台北 故宮博物院 | 故扇 00293 |
| 西園雅集圖 | 摺扇面 金箋 | | 設色 | 不詳 | | 台北 故宮博物院 | 故扇 00212 |

畫家小傳：李士光。畫史無載。身世待考。

管　治

| 修禊圖 | 摺扇面 金箋 | | 設色 | 不詳 | | 台北 故宮博物院 | 故扇 00286 |

畫家小傳：管治。畫史無載。身世待考。

布　穀

| 山居圖 | 冊頁 | 金箋 | 設色 | 28.5 x 20 | | 台北 黃君璧白雲堂 | |

畫家小傳：布穀。畫史無載。身世待考。

顧　懷

| 白描人物圖 | 卷 | 紙 | 水墨 | 30.9 x ? | | 香港 香港大學馮平山博物館 | HKU.P.67.9 |

畫家小傳：顧懷。畫史無載。身世待考。

吳　份

| 設色山水圖 | 卷 | 紙 | 設色 | 29.1 x 114.4 | | 香港 黃仲方先生 | K92.24 |

畫家小傳：吳份。畫史無載。身世待考。

伍　梅

| 山水人物圖 | 摺扇面 金箋 | | 設色 | 16 x 49.2 | | 香港 劉作籌虛白齋 | 159 |
| 竹林避暑圖 | 摺扇面 金箋 | | 設色 | 15 x 44.8 | | 日本 京都萬福寺 | |

畫家小傳：伍梅。畫史無載。身世待考。

名稱		質地	色彩	尺寸 高x寬cm	創作時間	收藏處所	典藏號碼

王 俶

| 竹林七賢圖 | | 摺扇面 金箋 | 設色 | 16.3 x 50 | | 香港 香港美術館 | FA1991.083 |

畫家小傳：王俶。畫史無載。身世待考。

朱 增

| 四季花卉圖 | | 卷　紙 | 水墨 | 24.8 x 444.5 | | 旅順 遼寧省旅順博物館 | |

畫家小傳：朱增。畫史無載。身世待考。

汪少川

| 人物肖像 | | 冊頁　紙 | 設色 | 30 x 23 | | 瀋陽 遼寧省博物館 | |

畫家小傳：汪少川。畫史無載。身世待考。

俞奇逢

| 三思圖 | | 軸　絹 | 設色 | 不詳 | | 北京 故宮博物院 | |

畫家小傳：俞奇逢。福建沙縣人。為邊文進甥俞存勝後裔，得傳家業善畫花鳥，精於花卉翎毛。(見沙縣志、延平府志、中國畫家人名大辭
　　　典）

計 盛

| 貨郎圖 | | 軸　絹 | 設色 | 不詳 | | 北京 故宮博物院 | |

畫家小傳：計盛。畫史無載。身世待考。

胡 聰

| 柳蔭雙駿圖 | | 軸　絹 | 設色 | 不詳 | | 北京 故宮博物院 | |

畫家小傳：胡聰。畫史無載。身世待考。

孫 啓

| 梅花圖 | | 軸　絹 | 水墨 | 156.8 x 61.6 | | 北京 故宮博物院 | |

畫家小傳：孫啟。畫史無載。身世待考。

姚一川

| 秋溪漁艇圖 | | 軸　絹 | 水墨 | 131.7 x 39.3 | | 北京 故宮博物院 | |

畫家小傳：姚一川。畫史無載。身世待考。

名稱		質地	色彩	尺寸 高x寬cm	創作時間	收藏處所	典藏號碼

袁孟德

| 秋雨滋瓊圖 | 軸 | 絹 | 水墨 | 135 x 74 | | 北京 故宮博物院 | |

畫家小傳：袁孟德。畫史無載。身世待考。

東渚翁

| 蘭竹圖 | 卷 | 紙 | 水墨 | 不詳 | | 北京 故宮博物院 | |

畫家小傳：東渚翁。畫史無載。身世待考。

趙 漢

| 雪亭圖 | 卷 | 灑金箋 | 水墨 | 34.2 x 64 | | 北京 故宮博物院 | |

畫家小傳：趙漢。畫史無載。身世待考。

叔 伊

| 蘭石圖 | 軸 | 紙 | 水墨 | 不詳 | | 北京 故宮博物院 | |

畫家小傳：叔伊。畫史無載。身世待考。

譚雪軒

| 雪梅圖 | 卷 | 絹 | 水墨 | 不詳 | | 北京 故宮博物院 | |

畫家小傳：譚雪軒。畫史無載。身世待考。

王之彥

| 嶰谷風聲圖 | 軸 | 綾 | 水墨 | 不詳 | | 北京 故宮博物院 | |

畫家小傳：王之彥。畫史無載。身世待考。

陳 蓮

| 梅花圖 | 軸 | 紙 | 水墨 | 不詳 | | 北京 故宮博物院 | |

畫家小傳：陳蓮。畫史無載。身世待考。

葉向榮

| 山水（8幀） | 冊 | 絹 | 設色 | （每幀）26 x 24.1 | | 北京 故宮博物院 | |

畫家小傳：葉向榮。畫史無載。身世待考。

劉 鎮

名稱		質地	色彩	尺寸 高x寬㎝	創作時間	收藏處所	典藏號碼
梅花書屋圖	軸	絹	設色	不詳		北京 故宮博物院	

畫家小傳：劉鎮。畫史無載。身世待考。

成 邑

| 孫成名像 | 卷 | 絹 | 設色 | 不詳 | | 北京 故宮博物院 | |

畫家小傳：成邑。畫史無載。身世待考。

文元獻

| 桃花源圖 | 卷 | 絹 | 設色 | 30.5 x 524.6 | | 北京 故宮博物院 | |

畫家小傳：文元獻。畫史無載。身世待考。

王允安

| 蘭亭圖 | 卷 | 紙 | 水墨 | 不詳 | | 北京 故宮博物院 | |

畫家小傳：王允安。畫史無載。身世待考。

周伯英

| 瑤池桃源圖 | 卷 | | 設色 | 不詳 | | 北京 故宮博物院 | |

畫家小傳：周伯英。畫史無載。身世待考。

顏 翔

| 漁父圖（30幀） | 冊 | 紙 | 設色 | 不詳 | | 北京 故宮博物院 | |

畫家小傳：顏翔。畫史無載。身世待考。

毛復光

| 人物、花卉（12幀） | 冊 | 紙 | 設色 | 不詳 | | 北京 故宮博物院 | |

畫家小傳：毛復光。畫史無載。身世待考。

邵子潛

| 柏樹鷺鷥圖 | 軸 | 絹 | 設色 | 不詳 | | 北京 故宮博物院 | |

畫家小傳：邵子潛。畫史無載。身世待考。

倪 榮

| 山水圖 | 摺扇面 金箋 | | 水墨 | 18.2 x 50.7 | | 北京 故宮博物院 | |

名稱		質地	色彩	尺寸 高x寬cm	創作時間	收藏處所	典藏號碼

畫家小傳：倪榮。畫史無載。身世待考。

冽 泉

| 竹石圖 | 軸 | 絹 | 水墨 | 不詳 | | 北京 故宮博物院 | |
| 風竹圖 | 軸 | 絹 | 水墨 | 138.7 x 45.7 | | 美國 聖路易斯市吳納孫教授 | |

畫家小傳：冽泉。畫史無載。身世待考。

孫廷振

| 竹石圖 | 軸 | 絹 | 水墨 | 不詳 | | 北京 故宮博物院 | |

畫家小傳：孫廷振。畫史無載。身世待考。

張 瓚

| 三皇圖 | 軸 | 絹 | 設色 | 不詳 | | 北京 故宮博物院 | |

畫家小傳：張瓚。畫史無載。身世待考。

陳 瓊

| 竹石雙鵝圖 | 軸 | 絹 | 設色 | 不詳 | | 北京 故宮博物院 | |
| 荷塘鴛鴦圖 | 軸 | 紙 | 水墨 | 不詳 | | 廣州 廣州市美術館 | |

畫家小傳：陳瓊。畫史無載。身世待考。

與 可

| 松石圖 | 軸 | 紙 | 水墨 | 不詳 | | 北京 故宮博物院 | |

畫家小傳：與可。畫史無載。身世待考。

碧霞野叟

| 呂洞賓故事圖 | 卷 | 紙 | 水墨 | 25.7 x 619.3 | | 北京 故宮博物院 | |

畫家小傳：碧霞野叟。畫史無載。身世待考。

劉 璘

| 梅花圖 | 軸 | 絹 | 水墨 | 不詳 | | 北京 故宮博物院 | |

畫家小傳：劉璘。畫史無載。身世待考。

名稱		質地	色彩	尺寸 高x寬㎝	創作時間	收藏處所	典藏號碼

應 旭

| 墨竹圖 | 卷 | 紙 | 水墨 | 24 x80 | | 北京 故宮博物院 | |

畫家小傳：應旭。畫史無載。身世待考。

韓東洋

| 錦雞圖 | 軸 | 紙 | 設色 | 不詳 | | 北京 故宮博物院 | |

畫家小傳：韓東洋。畫史無載。身世待考。

青丘道人

| 山水圖 | 摺扇面 金箋 | 設色 | 16 x 49.3 | | 北京 故宮博物院 | |

畫家小傳：青丘道人。畫史無載。身世待考。

汝文淑

| 山水圖 | 摺扇面 金箋 | 設色 | 不詳 | | 北京 故宮博物院 | |

畫家小傳：汝文淑。畫史無載。身世待考。

顧壽潛

| 漢山欲雨圖 | 摺扇面 金箋 | 水墨 | 不詳 | | 北京 故宮博物院 | |

畫家小傳：顧壽潛。畫史無載。身世待考。

陸鳴鳳

| 紫柏大師像 | 軸 | 絹 | 設色 | 不詳 | | 北京 故宮博物院 | |

畫家小傳：陸鳴鳳。畫史無載。身世待考。

鄒 鵬

| 寒江獨釣圖 | 軸 | 絹 | 水墨 | 不詳 | | 北京 故宮博物院 | |

畫家小傳：鄒鵬。畫史無載。身世待考。

王祖枝

| 山水圖 | 摺扇面 金箋 | 設色 | 不詳 | | 北京 故宮博物院 | |

畫家小傳：王祖枝。畫史無載。身世待考。

朱乾山

名稱		質地	色彩	尺寸 高x寬cm	創作時間	收藏處所	典藏號碼
墨竹圖		摺扇面 金箋	水墨	不詳		北京 故宮博物院	

畫家小傳：朱乾山。畫史無載。身世待考。

朱 實

| 山水圖 | | 摺扇軸 金箋 | 水墨 | 不詳 | | 北京 故宮博物院 | |

畫家小傳：朱實。畫史無載。身世待考。

朱 樵

| 花卉圖 | | 摺扇面 金箋 | 水墨 | 不詳 | | 北京 故宮博物院 | |

畫家小傳：朱樵。畫史無載。身世待考。

吳 筏

| 閉門著書圖 | | 摺扇面 金箋 | 水墨 | 不詳 | | 北京 故宮博物院 | |

畫家小傳：吳筏。畫史無載。身世待考。

周季節

| 山水圖 | | 摺扇面 金箋 | 水墨 | 不詳 | | 北京 故宮博物院 | |

畫家小傳：周季節。畫史無載。身世待考。

周邵孫

| 菊石圖 | | 摺扇面 金箋 | 水墨 | 不詳 | | 北京 故宮博物院 | |

畫家小傳：周邵孫。畫史無載。身世待考。

邵之鯤

| 柳蔭仕女圖 | | 摺扇面 金箋 | 水墨 | 不詳 | | 北京 故宮博物院 | |

畫家小傳：邵之鯤。畫史無載。身世待考。

胡應麟

| 仙石圖 | | 摺扇面 金箋 | 水墨 | 不詳 | | 北京 故宮博物院 | |

畫家小傳：胡應麟。畫史無載。身世待考。

陸漢昭

| 墨竹圖 | | 摺扇面 金箋 | 水墨 | 不詳 | | 北京 故宮博物院 | |

畫家小傳：陸漢昭。畫史無載。身世待考。

名稱		質地	色彩	尺寸 高x寬cm	創作時間	收藏處所	典藏號碼

陳萬里

山水圖　　　　　　　　摺扇面 金箋　設色　17.6 x 49.2　　　　北京 故宮博物院

畫家小傳：陳萬里。畫史無載。身世待考。

湯婉君

花卉圖　　　　　　　　摺扇面 金箋　設色　不詳　　　　　　北京 故宮博物院

畫家小傳：湯婉君。畫史無載。身世待考。

鄒 遠

鶴鹿圖　　　　　　　　摺扇面 金箋　設色　不詳　　　　　　北京 故宮博物院

畫家小傳：鄒遠。畫史無載。身世待考。

薛 仁

山水圖　　　　　　　　摺扇面 金箋　水墨　不詳　　　　　　北京 故宮博物院

畫家小傳：薛仁。畫史無載。身世待考。

薛 岫

菊石圖　　　　　　　　摺扇面 金箋　水墨　不詳　　　　　　北京 故宮博物院

畫家小傳：薛岫。畫史無載。身世待考。

玄 洲

花卉圖　　　　　　　　卷　　紙　水墨　不詳　　　　　　北京 故宮博物院

畫家小傳：玄洲。畫史無載。身世待考。

商 梅

蘭竹圖　　　　　　　　摺扇面 金箋　水墨　不詳　　　　　　北京 故宮博物院

畫家小傳：商梅。畫史無載。身世待考。

鎦 爵

山水圖　　　　　　　　摺扇面 金箋　設色　不詳　　　　　　北京 故宮博物院

畫家小傳：鎦爵。畫史無載。身世待考。